JOURNAL OF JUSTICE
《司法》第七辑

近代司法 专号
Modern History of Judicial System

徐昕 主 编

主 办　北京理工大学司法研究所
　　　江西师范大学政法学院

本辑执行主编　罗金寿

编辑委员会

常 怡　陈瑞华　范 愉　傅华伶　贺卫方　季卫东

梁治平　龙宗智　王亚新　徐 昕　於兴中　张卫平

厦门大学出版社
XIAMEN UNIVERSITY PRESS
国家一级出版社
全国百佳图书出版单位

Contents

目　录

CONTENTS

Articles

Commentary

Book Review

Judicial Literatures in the Republic of China

编 者 按

清末及民国是中国司法由传统向现代转型的时期。清末通过颁布《各级审判厅试办章程》和《法院编制法》等法律,在司法机构、审判方式等方面推行改革,引入西方国家盛行的审判原则和制度,坚持司法独立。尽管这些司法改革并未完全落实,但司法与行政已开始分离,现代司法制度的基本框架形成。至南京国民政府时期,随着《中华民国国民政府组织法》、《中华民国训政时期约法》的公布实施,南京国民政府开始按照五院政府模式建立和完善新的司法体系。以司法院为最高司法机关,统一行使司法权,建立了一整套现代化的司法机构,全面确立了民事、刑事和行政三大审判制度。

清末及北洋政府时期的司法,法学界一直有所关注。近年来部分学者又将目光投向南京国民政府时期的司法。但总体而言,近代司法及其转型的研究远远不够。《司法》第七辑推出"近代司法"专号,一方面,旨在还原历史真相,另一方面,还希望近代司法转型为当下中国的司法改革提供直接的参考。全书共发表主题研讨论文 1 篇,评论 8 篇,并附录学位论文评阅意见,论文 4篇,评论 3 篇,民国经典文献 10 篇。

●主题研讨:苏报案

《1903 年:上海苏报案与清末司法转型》是蔡斐的博士论文。此文聚焦于1903 年震惊中外的上海苏报案,以"小叙事、大视野"的研究路径,通过完整叙述和详细分析案件,讨论了苏报案涉及的种种问题,揭示了苏报案与清末司法转型的关系,并透过此案论及中国百年司法改革。

作为资料,本书收录了王亚新、汤维建、范愉、潘剑锋、齐树洁教授对蔡斐的博士论文的"盲评"意见。总体上,五位学者对该文评价较高,也指出了论文的一些不足。本文发表前,作者进行了修改,部分吸收了论文评阅意见。

喻中肯定此文为上乘之作的同时，在义理、考据、辞章三方面对该文进行了批评。在"义理"方面，喻中不赞成"传统司法与先进司法"的区分法。在他看来"个案推动说"与"冲击—反应"模式、"中国中心观"几乎没有可比性。虽然该文考据翔实，但政治、经济、社会、文化诸方面的材料还显不足。此外，论文辞章华丽，有些语言却欠审慎精准。

谌洪果认为，蔡文在翔实的资料基础上出色地还原了苏报案的前因后果，利用各种理论解读苏报案与司法转型的关系，但论文存在以下不足：(1)从论文中并不能发现某种融贯一致的理论方法和阐释进路，其结果是论文提出许多一般性的结论和命题；(2)由于理论框架与分析对象之间的脱离，导致作者始终无法清楚地告诉我们，苏报案与清末司法转型的内在勾连到底何在。他认为，作者试图从苏报案中建构某种决定司法转型必然性的脉络，这基本上是一个不可能完成的任务。因为无论如何，苏报案都不过是司法转型一个例证而已，它无法成为司法转型的某种成因或变量。而按照司法服务的主要目标不同，将司法划分为三种类型：事实性司法、法律性司法和政治性司法，这三种类型的区分能更清楚地展示一个国家司法转型的动力、方向与未来。

曾令健认为，蔡文是关于苏报案研究的一部难得的代表性作品，其观点、论述及方法均值得深入理解与审慎评价。蔡文笔触细腻，文风飘逸，将一些有解释力与学术意义的情节及片段挑选、拼结、整合起来，最终形成围绕苏报案而构筑出的事件群。这些事件群又被用以呈现该时期的法律、政治与社会。蔡文是运用布莱克的案件社会结构理论考察苏报案的有益尝试，具有某种开拓意义。蔡文经由追问、假设与比较，希望通过叙事将苏报案引向更开放、广袤的层面。为了从叙事研究走向更具张力的理论探讨，该文引入了一些既有的学术概念与理论，同时也尝试了对苏报案的司法—政治学分析予以突破。倘若蔡文在个案研究与理论提升之间再加磨砺，或许更能体现出苏报案这一关键性个案研究的学术价值。

王斐弘认为，蔡文还原了"立体的"庭审场景，以"两造：原告与被告之间"，"律师：人员及法庭内外的对抗"以及"第三方：法官及其背后的权力角逐"作为分析的架构，揭示苏报案与清末司法转型的关联。在他看来，"文化分析"是苏报案研究的另一条重要进路。

虽然认为蔡文是一篇较好的博士论文，何永军还是"鸡蛋里挑骨头"，在标题、摘要、研究对象、问题、结构、学科与研究方法、"司法是一种变量之和"、"个案推动说"六方面，指陈此文的诸多不足。

冯磊认为，蔡文在选题、叙述、方法上是一篇"非典型"法学博士论文。阅读上极富有快感，"个案推动说"也极富学术见地和勇气。然而，再完美的论文也有瑕疵，该文在理论上有过度阐释之嫌。苏报案作为建构司法转型方向的典型个案，有先天缺陷。

邓长春就蔡文的"小叙事"进行评论，认为但凡文章，用途有三：说理、论事、叙事。而以叙事的功用最为基础，史文也不例外。蔡文在这点上极力倡导"小叙事"，可谓眼力独到。蔡文以徐昕之语"小叙事、大视野"概括之，此与费孝通的"小城镇，大问题"、埃里克森的"小地方，大问题"、步德茂的"小事件，大结论"以及黄仁宇的"大历史观"等研究方法又是一脉相承。善叙事者，还应抱有开放思维，绝不拘泥既有事实，而多做发散思考。蔡文多处设问，句句皆中正鹄。

庄和灏认为，蔡文的关键在于，"苏报案"历史能否在司法层面得以重新并且合理地构建，抑或说是某种程度的还原。而这事关蔡斐最终研究的成败。该文在结构、清末司法转型动因的相关提法、史料扩充及其具体运用等方面有进一步完善的空间。

●论文

龚汝富、吴永丽考察近代以来江西地区"包揽词讼"案，敏锐地发现，古之"讼棍"已还魂成今之"讼托"。由于制度构建的残缺和传统人际勾串的痼疾，近百年来，被传统制度摒弃在外的讼师、讼棍包揽词讼的现象，正以司法黄牛和土讼、讼托等新角色融入新的司法体制，腐蚀现代司法制度的内在构造。民国年间，法官、律师、讼棍、劣绅相互勾结，以讼渔利，民众笼罩在各种包揽词讼的黑幕中，严重损害司法的公信力。

江照信以数字解读民国司法志，提供了一种解读民国司法史的视角。通过此文，作者希望为读者提供解读历史的方便，使读者形成自己的判断。

罗金寿考察了抗战时期重庆的房屋租赁纠纷的解决。抗战时期，重庆市人口激增，房源紧张，房租高涨，房租纠纷频发。国民政府制定了一系列法令，规定租金标准，限制房东退租，强制空房出租，界定房屋被炸时出租人与承租人的权利和义务。重庆市政府专门成立房租评定委员会，以解决房租纠纷，但效果并不好。后房租纠纷移归法院处理。房租纠纷适用简易程序，调解前置。

中国近代侵权纠纷的解决，无论从实体法适用还是程序法运行，都在一定程度上体现了特定时代和特定群体之特色。成文法和传统习惯在司法实务中并行适用。但成文法和民事习惯本质上属于两种法律体系，并行适用必定会产生一定的矛盾和混乱。徐振华对此进行分析,并论及近代侵权司法的历史对当代法制建设的启示。

近代比较法研究,充斥着"古今中西"话语的交相资用,常陷入"格义附会"的误区,扭曲中西方法律文化的本质与精义。一方面,语言的隔阂及文化的保守,使得翻译术语失真的客观事实与引介诠释转义的主观愿景都不可避免,固守传统法律思想话语的本能铸就了"格义附会"的保守面相;另一方面,富强的功利主义心态、法律现代化的现实需求,导致学者难以克制"中国问题意识",消弭中西法律文化差异的普世取向奠定了"格义附会"的激进格调。这矛盾的两方面,共融于国人面对西方法治文明而产生的自尊自卑交织的民族情感之中。黄涛涛、马腾对"格义附会"现象的剖析,有助于深入理解并客观评价近代的比较法研究,并对"法律现代化"的误区与困境有更深的认识与警醒。

中国近代基层政治由传统的乡族自治向现代民主宪政意义上的地方自治转型,肇始于清末,历民国而不辍。南京国民政府基层政治转型是中国近代基层政治转型历时最长、成效相对最彰的时期,对中国基层政治转型进行了摸索性实践。曾绍东对南京国民政府基层政治转型的研究进行综述,以期深化对南京国民政府乃至中国近代基层政治转型的认识,为现代基层民主政治建设提供历史参照和学术智慧。

1948 年上海舞潮案,是一起女性集体暴力抗议事件。王丹评述了马军的《1948 年:上海舞潮案》一书,认为该书以文献和口述史的方式,"多棱镜"地折射了民国的宪政状况、行政运作、司法程序以及经济、民生和媒体的诸多镜像,而这一历史的瞬间不经意间产生了某种叠印和富含关切的联想。

民国时期,社会急剧转型,学人思想独立,《现代司法》《中华法学杂志》《法令周刊》等众多法学刊物创办,出现了许多至今仍有相当参考价值的文献。鉴于这些文献不容易看到,本书精选 10 篇文章:黄佑昌的《中国司法改革之理论基础》;阮毅成的《现阶段的中国司法问题》;吴祥麟的《中国检察制度的改革》;张知本的《五权宪法中的司法建设问题》;梅仲协的《改革吾国司法现状的几点意见》;王宠惠的《今后司法改良之方针》;谢冠生的《战时司法问题》;赵琛的《对于少年犯罪之刑事司法政策》;张达善、王全杜的《科学行刑的理论和实际》;王锡三的《裁判无效史观》。因个别论文的著作权人无法联系,请看到后与《司法》编辑部联系。

本书是我作为江西师范大学兼职教授献给母校的一份礼物,也是北京理工大学司法研究所(IAJS)与江西师范大学政法学院合作的首期成果。北京理工大学司法研究所以"立足司法,推动法治,影响社会"为目标,将努力成为中国司法研究的中心和中国司法改革的思想库。江西师范大学政法学院积极推动法学学科建设，加强对外合作，并筹建司法研究所。今后，北京理工大学司法研究所将与江西师范大学政法学院在课题研究、人才培养、法学讲坛、学术会议等诸多方面密切合作，共同为中国司法制度的研究和建设贡献一份微薄的力量。

徐　昕

2012 年 8 月 12 日

1903 年:上海苏报案与清末司法转型

蔡 斐[*]

苏报案重要人名一览表

陈 范　《苏报》馆馆主,《苏报》主办人
章士钊　《苏报》主笔
蔡元培　《苏报》撰稿人,爱国学社总理
吴稚晖　《苏报》撰稿人,爱国学社学监
章炳麟　《苏报》撰稿人、《驳康有为论革命书》作者
邹 容　《苏报》撰稿人、《革命军》作者
沈 荩　"勤王运动"的领导之一,后遭清政府处决

奕 劻　清政府庆亲王
张之洞　清政府内阁大学士
端 方　清政府湖广总督
魏光焘　清政府两江总督
恩 寿　清政府江苏抚台
袁树勋　清政府上海道台
俞明震　清政府候补道台
金 鼎　清政府武昌知府
汪懋琨　清政府上海知县
梁 诚　清政府驻美公使
张德彝　清政府驻英公使

---

* 西南政法大学新闻传播学院讲师,法学博士。本文为蔡斐的博士学位论文。

胡惟德　　清政府驻俄公使

古　纳　　美国驻沪总领事

康　格　　美国驻华公使

满思礼　　英国代理驻沪总理事

霍必澜　　英国驻沪总理事

萨道义　　英国驻华公使(接任焘讷里)

焘讷里　　英国代理驻华公使

蓝斯唐　　英国外交大臣

吕　班　　法国驻华公使

德尔卡塞　　法国外交部长

拉塔尔　　法国驻上海总领事

福开森　　美国商人,苏报案清方斡旋人

濮兰德　　上海公共租界工部局秘书

莫理循　　英国《泰晤士报》驻华记者

翟理斯　　苏报案主审法官、英国驻沪副领事(有文译为"迪比南")

德为门　　苏报案主审法官、英国驻沪副领事(接任翟理斯)

孙建臣　　苏报案清方谳员

邓文堉　　苏报案清方谳员(接任孙建臣)

黄煊英　　苏报案清方谳员(接任邓文堉)

古　柏　　苏报案原告律师

哈华托　　苏报案原告律师

博　易　　苏报案被告律师(被告被捕时)

雷　满　　苏报案被告律师(初审时)

琼　斯　　苏报案被告律师(正式审判时)

爱立斯　　苏报案被告律师(正式审判时)

李德立　　苏报案证人

西　蒙　　苏报案证人

内容摘要

　　本文从 1903 年上海苏报案这一关键性个案出发，以"小叙事、大视野"的研究路径，通过完整叙述和详细分析个案，借助相关研究理论和分析框架，开阔视野，层层剥笋，厘清和展示当时传统司法与先进司法之间种种矛盾，进而论证清末司法转型的必然性，并延伸出其他相关学理讨论。

　　全文总共分成三大部分：第一部分为绪论，主要介绍选题理由、研究现状、史料类型及研究方法。第二部分是主体部分，共四章。第一章介绍苏报案的过程；第二章分析苏报案的社会结构；第三章讨论苏报案中的若干问题；第四章阐述苏报案与清末司法转型之间的关系。第三部分为结语，主要论证苏报案及清末司法转型发生的必然性，并通过苏报案来谈百年司法改革。

　　绪论部分主要介绍选题理由、研究现状、史料说明及研究方法。本文试图从 1903 年上海苏报案来讨论清末司法转型的必然性，因此首先确定了选题理由，即将苏报案作为关键性个案，强调从个案出发。方法上，以"小叙事、大视野"为研究路径，具体就是通过"深描"与"复调"的叙事策略，并汲取社会科学研究中新法律史、假设—演绎法、事件路径等方法来深化对个案的理论拓展。同时对苏报案的研究现状及本文应用的史料进行了总结。

　　第一章还原了苏报案的过程。1903 年初，上海《苏报》因倡言革命，推介《革命军》、《驳康有为论革命书》，引起清政府的关注。后来，以苏报案必须在公共租界审理为前提，上海公共租界工部局查封了《苏报》馆，抓捕章炳麟、邹容等人。事件发生后，立即引起中外媒体的广泛关注。清朝政府为了达到严惩章、邹等人的目的，一直寻求通过外交途径将苏报案的被关押者"引渡"，以摆脱租界会审公廨的审理。尽管不少外国驻华公使、驻沪领事也同意清政府的要求，但由于租界工部局的坚持和沈荩案的影响，案件最终在会审公廨审理。苏报案前后开庭数次，时间跨度长达半年。庭审之后，由于外方不同意清朝政府拟定的判决，中外双方又展开了长达半年的反复交涉，致使该案直至 1904 年 5 月 21 日，才最终结案。

　　第二章分析了苏报案的社会结构。依据布莱克的案件社会结构理论，文

3

章分别对被告邹容和章炳麟、原告清政府、双方的律师、第三方法官及其背后工部局、领事团和公使团等机构的社会性质作出分析，这实际上是对第一章故事叙述中涉法部分的又一次深入观察。同时顺延案件社会结构的脉络，文章对被告倡言革命引发的后果、清政府从坚持"引渡"到监禁免死方案的转变、辩护律师的庭外争取、庭审适用的法律、关于举证责任的辩论、会审公廨的由来以及外方在会审公廨的权力扩张等内容进行了梳理。这些梳理，详尽地分析了苏报案中的关键变量，方便了对苏报案社会结构的观察，也延伸出司法是一种变量之和的结论，即司法充满着确定性和不确定性因素。

第三章对苏报案提出了若干追问。文章设想，如果审判机构不是会审公廨而是传统的衙门，苏报案的结果会怎么样？如果司法过程中沈荩案没有发生，苏报案的结果又会怎么样？如果苏报案没有吸引足够多的媒体关注，结果是否又有所不同？通过这些追问，比较了会审公廨与衙门的职能和程序、苏报案指控罪名的认定，并透视中国传统司法的审判特征；根据沈荩案对苏报案的影响，文章通过外人的批判和辜鸿铭的辩护进行对比，分析了不同司法之间的矛盾和冲突，解读出司法过程中的偶然性等相关学理；文章还仔细梳理了不同媒体对苏报案的不同立场和中外政府对舆论的关注，最后得出苏报案是裹挟着司法、政治等诸多因子的一个关键个案。

第四章阐述了苏报案与清末司法转型之间的关系。文章从清末司法转型的动因切入，梳理了"冲击—反应"模式、"中国中心观"、"折衷说"等学说，并在此基础上提出"个案推动说"。文章从苏报案来展开清末司法主权与治外法权的有关研究，比较了治外法权与领事裁判权的概念差异，厘清了列强在华攫取领事裁判权的过程，并对清政府在苏报案中收回治外法权的期待和努力作了总结。文章以苏报案为切口，提出会审公廨的窗口作用，即会审公廨展示了现代法庭的诉讼架构、律师制度、程序制度和证据制度，指出中国司法近代化应始于会审公廨。文章主要通过苏报案引发的碰撞与反思，阐释苏报案作为个案在清末司法转型中的意义。

结语部分在前文的基础上，主要论证苏报案及清末司法转型发生的必然性，认为当1903年、上海、《苏报》等因素聚集在一起的时候，苏报案的发生是一种必然，而清末司法转型作为当时社会转型的一个方面，也是一种必然。文章最后从苏报案来看百年司法改革，对清末司法转型诸多学说在苏报案中的体现进行梳理，并从个案谈论了司法的现代性及百年司法改革。

关键词：苏报案；清末司法；现代转型

绪　论

　　"世有万古不易之常经，无一成罔变之治法。大抵法久则弊，法弊则更"，"法令不更，锢习不破，欲求振作，须议更张"。① 1901 年，在仓皇西逃的狼狈中，大清帝国的最高统治者慈禧下诏变法。尽管无法揣摩叶赫那拉氏是否有变法的真意，但当时的中国确也面临着不得不改革的巨大压力。在法制领域，包括领事裁判权的撤废问题、欧日近代法典编纂的冲击、传统社会经济结构的转型以及清政府救亡图存的危机意识等，②都催促着这个庞大却不堪重负的帝国必须撑开沉睡的双眼，细致打量与"祖宗家法"截然不同的西方法世界。

　　清末司法，就是在这场姗姗来迟的改革中，在对西方司法的怀疑、摇摆和坚定之间，在对传统司法欲遮还羞的批判和固守中，在伴随着包括诉讼制度在内的传统律制多领域的革故鼎新中，迈出现代转型的实质性一步。长久以来，学界对于清末司法转型已有颇多研究成果。但是，随着历史资料的发掘、研究方法的创新和思想观念的多元，对这一命题的研究仍有着广阔的拓展空间。借此，本文试图从 1903 年上海苏报案这一关键性个案出发，以"小叙事、大视野"的研究路径，通过完整叙述和详细分析个案，借助相关研究理论和分析框架，开阔视野，层层剥笋，厘清和展示当时传统司法与先进司法之间种种矛盾，进而论证清末司法转型的必然性，并延伸出其他相关学理讨论。

一、之所以苏报案？

　　1903 年发生在上海的苏报案是中国近代史上一个极富影响力的标志性事件。章炳麟（1869—1936）和邹容（1885—1905）二人因在上海《苏报》上发表

---

　　① （清）朱寿朋：《光绪朝东华录》（第四册），中华书局 1958 年版，第 4601 页。

　　② 此为学者黄源盛研究晚清法制变迁归纳的四大动因，参见黄源盛：《晚清法制近代化的动因及其展开》，载《中国传统法制与思想》，台湾五南图书出版有限公司 1998 年版，第 275～290 页。

文章，撰写《驳康有为论革命书》、《革命军》两文，被认为"竟敢造言污毁皇室，妨碍国家安宁"，③根据清朝政府的判断，这属于大逆不道，世所不容的罪行，原本"照律治罪，皆当处决"，④但在外国势力把持的上海公共租界会审公廨的最终判决中，只是分别被判处三年和两年的监禁。

（一）选题理由：作为关键性个案的苏报案

如此迥异的结局，无疑让清政府颜面扫地。正如孙中山先生后来的评论："此案涉及清帝个人，为朝廷与人民聚讼之始。清朝以来所未有也。清廷虽讼胜，而章、邹不过仅得囚禁两年而已。于是民气为之大壮。"⑤这是一代伟人基于革命视角对苏报案的意义概括。

从法学的专业角度来看，苏报案则暴露了领事裁判权对中国司法主权的严重践踏。进一步，如若深究苏报案司法过程中审判机构、原告、被告、诉讼代理人、适用法律、幕后协调、新闻报道等诸多关键变量，就会发现整个审判充满着耐人寻味且不可预测的意味，甚至连一贯政治正确视角下所谓"苏报案是中外反动势力相互勾结的结果"⑥这一结论都值得探讨和商榷，会发现司法与政治、司法与传媒、司法与社会等基本关系在苏报案中有着深刻体现，还会发现中西司法在思想、价值、文化、制度、程序等各种元素上的差异与冲突，中国传统司法的危机重重，清末司法转型的势在必行，这就从最核心的层面奠定了本文研究的可行性。

选择从苏报案来透视清末司法的转型并非牵强附会。一方面，历史是由各式各样纷繁复杂的事件构成的，要观察历史，发掘和探究其必然规律，一个

---

③ 《光绪二十九年闰五月十一日兼湖广总督端方致内阁大学士张之洞电》，《苏报鼓吹革命清方档案》，载中国史学会编：《辛亥革命》（第1册），上海人民出版社1957年版，第451页。

④ 《光绪二十九年十月二十一日南洋大臣魏光焘致外务部电》，《中英等交涉苏报案当事人问题文电》，载《历史档案》1986年第4期。

⑤ 《孙中山全集》第6卷，中华书局1985年版，第236页。

⑥ 如认为：（1）"苏报案"是中外反动派联合上演的一出丑剧，当时就受到海内外纷纷指责。参见汤仁泽：《革命言论之枢纽〈苏报〉》，载《近代中国》第十四辑上海社会科学院出版社2003年版，第288页。（2）清朝统治者费尽心机，竭力勾结租界当局制造"苏报案"事件，其目的不仅是想把极端蔑视他们的章、邹等人凌迟处死，更重要的是想通过残酷的镇压，让中国人噤口不谈革命。参见龚德才：《中国新闻事业史》，湖南师范大学出版社1997年版，第88~89页。（3）英美帝国主义看到中国革命运动的高涨，害怕危害到自己的政治经济利益，因此就和清政府勾结起来，镇压革命党人。参见章回、包村等：《上海近百年革命史话》，上海人民出版社1963年版，第64页。

简捷且实效的方法就是观察"历史中的事件"。观察什么？无非是"事件中的历史"，这里的历史是"小历史"，它包含在大历史之中，成为组成和彰显"大历史"的因子。换句话说，就是运用事件的细微来构建历史的宏大。另一方面，历史的发展是一个流动的进程，所谓承前启后，即每一个历史的节点都是对过去的逻辑继承，也是未来的发展之源，从来也没有独立于历史进程之外的节点。从这个意义而言，苏报案绝不是孤立的，它的发生、发展、结局都是历史的必然体现，同时又连接着历史的之前与之后，即选择苏报案，实际上包含着"瞻前"和"顾后"的双重意义，予透视历史的发展性一种方便。

这一点可以通过领事裁判权给予佐证。随着 19 世纪以来《中英五口通商章程》《中美望厦条约》以及其后不平等条约的签订，领事裁判权逐步在中国确立，中国的司法主权被不断践踏和破坏。恰在苏报案案发的前一年即 1902年，根据变法改革的需要，清政府任命沈家本（1840—1913）、伍廷芳（1842—1922）为修订法律大臣，按照交涉情形，参酌各国法律，主持变法修律。同一年，中英签订《马凯条约》，其中第 12 条规定，"中国深欲整顿本国律例，以期与各西国律例改同一律，英国允愿尽力协助以成此举。一俟查悉中国律例情形及其审断办法及一切相关事宜皆臻妥善，英国即允弃其治外法权"。[7] 而在短短不到一年的时间之后，变法修律尚未完全展开，领事裁判权没有收回半点，领事裁判权在苏报案中又直接妨碍了清政府镇压革命，"审判两名罪犯，还要朝廷出面向会审公廨起诉，而会审公廨在名义上属于中国的司法机构，也就是由中央政府向自己的下属机构告发几位百姓，请求下属机构对这几位百姓定罪量刑，甚至还要聘请律师辩护，朝廷确实大丢脸面。审判结果，几经交涉，直到审判期限截止时，清政府才无可奈何地同意章太炎、邹容分获三年和两年的监禁。如果清政府仍不同意，租界当局就会以拘押超期将章、邹无条件释放"。[8] 可以断定，苏报案中因领事裁判权带来的阻碍和尴尬，又直接或间接坚定清政府官员在以后进一步收回司法主权的要求和决心，而苏报案夹杂在这一过程中的意义，着实耐人寻味。回顾整个晚清司法转型，收回领事裁判权一直都是司法改革的主要动力之一，顺此梳理，苏报案在历史脉络上的价值也就清晰凸显出来了。当然，以上的阐述只是本文观察苏报案的一个维度。

不可否认，苏报案是本文研究特意挑选的一个个案，与一般诉讼意义上的

---

⑦ （清）朱寿朋：《光绪朝东华录》（第五册），中华书局 1958 年版，第 103 页。
⑧ 陈昌凤：《中国新闻传播史——媒介社会学的视角》，北京大学出版社 2007 年版，第 140 页。

个案相比,苏报案因为牵扯到国家的层面和官方的参与,将它置于晚清中国司法转型的宏观背景下,更能够发现司法转型的必然性,因此苏报案可谓关键性个案。这样的话,以苏报案为原点,可以将其信息和理论最大限度地推广到其他个案和类型。对于关键性个案的作用,Harvey在研究中写到:"在关键性个案研究中,研究者出于进行详尽分析的目的,精心挑选出案例,而该案例能够为解析谜团和矛盾提供特殊的焦点……所以关键性个案提出抽象的理论观念,并根据社会实践来解构(或验证)这些观念,并且诠释它们是如何根据社会总体而运转的……批判的社会研究者适用关键性个案的研究,旨在诠释更为广泛的社会结构和历史问题。"⑨引入关键性个案展开研究的观念在当代中国学者中也不乏回应之声,如孙立平先生就提出:"对于研究社会生活实践状态中的逻辑,深度的个案研究是有着明显的优势的。因为它可以使我们深入到现象的过程中去,发现那些真正起作用的隐秘机制。"⑩而在法学研究中,诸如《法治及其本土资源》、《论私力救济》、《村庄审判史中的道德与政治:1951—1976年中国西南一个山村的故事》也已成为通过关键个案来透视法理的重要典范。通过上述几部著作,我们可以发现,作为研究素材的关键性个案一般有如下特点:第一,关键性个案往往是研究者有目的的选择,能为破解研究命题提供特殊的焦点;第二,关键性个案通常包括理论思考,它往往可以依靠个案材料,验证或推翻先在的理论思考,并创新理论;第三,关键性个案在研究方法上具有开放性,提倡研究的跨学科性;第四,关键性个案的研究过程体现了宏观结构和微观分析的有机结合,目的是使学理与历史得到解释,但运行的基础却往往只是个案细枝末节的材料。

显然,作为研究对象的苏报案,是一个具备了穿透力的个案,符合上述的特点,其关键性个案的地位也有力地增强了本文研究的可行性。

(二)研究现状:不同学科领域之间

从现有的研究成果来看,苏报案的相关研究主要集中在中国近代史(尤其是晚清史、辛亥革命史、民国史)和思想史、新闻史、法制史等专门史领域。

在中国近代史研究中,《中国近代史资料丛刊 辛亥革命(一)》与《苏报案纪事》,因为汇集了苏报案的一手材料,如故宫档案馆所藏《苏报鼓吹革命清方档案》中的大批往来电文和章士钊、吴稚晖、张篁溪、章炳麟等亲历者对案件回忆,已经成为研究苏报案不可缺少的基础性材料。在一些重要的近代史著作

---

⑨ Lee Harvey,*Critical Social Research*,Unwin Hyman Ltd,1990,p. 202.

⑩ 孙立平:《迈向实践的社会学》,载《江海学刊》2002年第3期。

中，如陶成章的《浙案纪略》、杜冰坡的《中华民族革命史》、冯自由的《革命逸史》、金冲及等人的《辛亥革命史稿》、胡绳的《从鸦片战争到五四运动》、张海鹏等的《中国近代通史》（第5卷），苏报案都是不可或缺的重要内容。目前，近代史领域有关苏报案最突出的研究当属王敏女士的《建构与意义赋予：苏报案研究》，该文分上下两篇，上篇主要在发掘大量新史料的基础上揭示事件真相，下篇主要研究苏报案及其主要人物是如何被构建的，全文史料翔实、视角独特。

在思想史研究中，（香港）周佳荣的《苏报与清末政治思潮》是最早关于苏报案的学术著作，全书近10万字，以苏报案事件为线索，阐明了《苏报》从主张维新、倡导保皇转变为鼓吹革命排满的因由，探讨了苏报案前后中国思想界的情形，尤其是《苏报》在近代思想转型中所起的多方面作用。直至该书2005年改名为《苏报及苏报案件——1903年上海新闻事件》在大陆出版时，作者在序言中仍称"学界新发表的论著，在资料和观念方面，大体上没有溢出此书的范围"。[11] 另外，严洪昌等人的《癸卯年万岁——1903年的革命思潮与革命运动》、李泽厚的《中国近代思想史论》也对苏报案中作为革命先驱的章炳麟和邹容的思想作了详尽介绍。

在新闻史研究中，几乎每一本中国新闻史教材，从早期的《中国报学史》、《上海的日报》，到时下的《中国新闻事业史》、《中国新闻传播史》、《中国新闻社会史》、《中国新闻传播事业史纲》都或详或略地提及苏报案。在新闻学研究中，苏报案通常是与反对清政府言论压制联系在一起，单独研究的论文数量不是很多，如陈镐汶的《清末苏报案溯源》、冯怡的《从〈苏报〉案看清朝的文字狱》、方平的《从〈苏报〉看清季公众舆论的生成与表达》。蒋含平的论文《苏报案的辨正与思考》是新闻学研究苏报案中较有影响力的一篇，该文从新闻业自身演变的视域，透视因言获罪的苏报案，相比类似的美国曾格案，却为何没有给中国新闻史留下争取言论自由的资源与基础。

在法制史研究中，苏报案的研究一般出现在晚清司法研究、会审公廨研究、领事裁判权研究中，如李启成的《晚清各级审判厅研究》和《领事裁判权制度与晚清司法改革之肇端》、（台湾）杨湘钧的《帝国之鞭与寡头之链——上海会审公廨权力关系变迁研究》。单独研究苏报案的法学论文近年也有出现，如徐中煜的《清末新闻、出版案件研究——以"苏报案"为中心》、任国芳的《"苏报案"反映的中外法文化冲突》、张松的《从"苏报案"看晚清司法现代化》、易江波

---

⑪　周佳荣：《苏报及苏报案件——1903年上海新闻事件》，上海社会科学院出版社2005年版，前言第1～2页。

的《苏报案与西法东渐下的中国传统办案思维》。从标题可以看出，这些研究已经脱离了对事件的单纯叙述和评价，开始不断地向学理层面突进，特别是徐中煜的《清末新闻、出版案件研究——以"苏报案"为中心》一文，采取纵横比较的方法，横向将苏报案的处理与西方新闻出版案件的判决对比，纵向将苏报案的处理与康、雍、乾三朝的文字狱比较，论证了因中国近代社会转型所带来的法律转型，开拓了苏报案的研究广度。

由于历史学科划分的不同，城市史、租界史、人物史等领域的研究中都有涉及苏报案。同样，由于苏报案的标志性意义，国外也有不少研究，这些成果主要集中在中国近代史（特别是中国近代革命史）和中国新闻史（特别是言论自由史）两大领域，两者之中，又以前者数量为最。前者如 J. Lust, The Su-pao Case: An Episode in the Early Chinese Nationalist Movement、Mary C. Wright(ed.)，China in Revolution, The First Phase, 1900—1913、Peter Zarrow, China in War and Revolution, 1895—1949、Rebecca E. Karl, Staging the world: Chinese nationalism at the turn of the twentieth century、岛田虔次等人的《辛亥革命の思想》、菊池贵晴的《现代中国革命の起源——辛亥革命の史的意义》、近藤邦康的《辛亥革命》，后者如 Lee－hsia Hsu Ting, Government Control of the Press in Modern China, 1900—1949。

上述的成果，大部分只停留在对事件介绍的层面，但日积月累的史料和日益拓新的视角，特别是新近有关苏报案的研究力作，为本文从司法角度进一步研究提供了诸多便利和启发。

（三）史料说明：苏报案的"庭前"与"幕后"

本文从司法的角度切入，故而文章有关苏报案的资料收集也是围绕苏报案审理的"庭前"、"幕后"展开的。

在"庭前"部分，当时的诸多报纸如《申报》（上海）、《新闻报》（上海）、《中外日报》（上海）、《国民日日报》（上海）、《华字日报》（香港）、《大公报》（天津）、《泰晤士报》（THE TIMES）（英国）、《纽约时报》（THE NEWYORK TIMES）（美国）、《洛杉矶时报》（LOSANGELES TIMES）（美国）、《华盛顿邮报》（THE WASHINGTON POST）（美国）对苏报案都有所报道与评论。特别是上海本地的英文报纸《字林西报》（North China Daily News）从 1903 年 12 月 4 日至 17 日连续刊载的苏报案在正式审理阶段的庭审笔录，这一被以往忽视的珍贵的文献几乎是第一时间对苏报案的庭审直播，加上《申报》、《文汇西报》、《中外日报》等报纸中对苏报案庭审的详细记录和翻译，可以淋漓尽致还原苏报案的整个庭审现场。

　　在"幕后"部分，除了上述的新闻报道，大量的往来电文、外交档案、会议记录、私人日记、通信邮件也成为研究苏报案的重要资料。除前文提及的故宫档案馆所藏《苏报鼓吹革命清方档案》，台湾中央研究院近代史所收藏的"外务部苏报案交涉档案"⑫也是研究苏报案在判决阶段情况的重要依据。英国外交档案《英国外交部关于中国事务的函件》(Further Correspondence Respecting the Affairs of China(1842—1937))完整保存了英国外交大臣、英国驻华公使、英国驻上海总领事之间以及与中国官员有关苏报案交涉的往来公函，甚至包括了英国下议院关于苏报案的辩论。美国外交档案《国务院致外国公使馆照会 1834—1906(中国)》(Notes to foreign legations in the U. S. from Dept. of State,1834—1906 China)、《美国驻上海领事公文》(Despatches from United States consuls in Shanghai, 1847—1906)、《中国驻美公使馆致美国国务院照会》(Notes from the Chinese legation in the United States to the Department of State,1868—1906)等档案则保存了美国国务院与美国驻上海总领事、中国驻美使馆有关苏报案的往来电函。日本外务省馆藏的《上海二於ケル清国革命煽动者捕縛ノ件》等档案反映了日本对于苏报案的态度。法国外交档案馆馆藏的《政治及商务通讯新专辑之中国(1895—1912)》(Correspondance Politique et Commerciale,Nouvel Série, Chine,1897 à 1918)第 122 卷的《苏报事件》(L'Affaire de Su—pao)，完整保存了法国驻上海总领事、法国驻华公使、法国外交部、法国驻英公使等人之间关于苏报案的讨论，对研究苏报案中法国的态度，尤其是法国关于引渡立场的转变尤为重要。国内上海档案馆编辑整理的《工部局董事会会议录》⑬完整地记录了上海公共租界工部局董事会多次讨论苏报案的内容以及董事会与上海领事团和北京公使团之间的往来信函。时任英国驻华公使萨道义的日记(The Diaries of Sir Ernest Satow, British Envoy in Peking (1900—1906))、时任英国《泰晤士报》驻北京记者莫理循的通

---

⑫　该部分档案卷宗名为《上海苏报馆案英使请减章炳麟、邹容刑期案》，凡 11 件，编号是《清季外务部抄档》02—09，时间起自光绪三十年正月初八，迄于四月初五日。该部分档案为《中国近代史资料丛刊 辛亥革命(第一册)》所未载。后经上海社科院熊月之教授整理，参见《〈点石斋画报〉案件与"苏报"案》，载《档案与史学》2000 年第 5 期。

⑬　该档案经上海市档案馆整理，由上海古籍出版社在 2001 年出版，名为《工部局董事会会议录》，总计 28 册，时间从 1854 年 7 月 17 日工部局董事会成立后召开的第一次会议起，到 1943 年 12 月 17 日工部局解散前的最后一次会议，历时 90 年。

信集(The Correspondence of G. E. Morrison(1895—1912))、⑭日记(The Diary of G. E. Morrison，China through the Western Eyes)、时任清政府驻美公使梁诚所遗文件、上海档案馆馆藏的被告代理律师写给工部局秘书濮兰德的信件等史料都是研究苏报案幕后的重要材料。另外,《近代史资料》、《历史档案》、《档案与史学》等期刊先后整理出《金鼎致梁鼎芬书》、《英外务部致清政府照会》、《外务部致南洋大臣魏光焘电》、《照录英驻沪总领事满思礼来函》、《苏松太道袁树勋分致上海各领事函稿》⑮等资料,中国第一历史档案馆馆藏的《外务部综合电报档》、《清季外交史料》中的部分内容也为研究提供了帮助。

司法,不只是法庭上表现出的辩论和裁量,还包括法庭背后各种力量的隐秘角逐。这些"庭前"、"幕后"材料的发掘与应用,大大推进了苏报案的研究,也从侧面保证了本文选题的可行性。

二、为什么小叙事？

"小叙事、大视野"的研究路径,来源于徐昕先生在《论私力救济》一书的概括与提炼。面对私力救济这一中国现实问题,徐昕先生从华南地区一个细微民间收债个案的调查入手,运用宽泛的理论框架解释实证材料,从纠纷解决的角度切入私力救济和权利保障问题,以此为线索层层深入,全景式展现对纠纷解决机制的面貌,并放宽视野,将私力救济视为一个法律、积极、社会文化和组织问题,运用法学、政治学、经济学、社会学等跨学科方法进行深入的探讨。⑯其中,小叙事是整个研究的基础,也是全文分析的前提。当然,这种叙事(narrative)并非纯粹追求以摇曳生姿的文字来获取布洛赫声称的"史学的诗

---

⑭　莫理循的通信集被澳大利亚学者骆惠敏整理编辑《清末民初政情内幕》,后由刘佳楳等译为中文。参见［澳］莫理循:《清末民初政情内幕》,［澳］骆惠敏编,刘佳楳等译,世界知识出版社 1986 年版。

⑮　这些苏报案电文部分同样也填补了故宫档案馆《苏报鼓吹革命清方档案》中的不足部分,尤其是案件 1904 年之后交涉的内容,借助这些内容,可以完整勾勒出清政府在苏报案上的整个立场变化。

⑯　参见徐昕:《论私力救济》,中国政法大学出版社 2005 年版。

意"。⑰

(一)小叙事：描述与进路

首先，小叙事是一种描述。换言之，就是将苏报案的发生、发展、结局等事件过程以及事件各个环节之间前后相继、因果相承讲述清楚，让阅读者回到个案现场。现场是一个具有时空、地点以及个人与社会互动的三维结构。"有了这套概念，任何具体的研究都可以用这三维空间定义：研究具有时间的维度而且说明时间中的时间；它们可以在探究中寻求个人与社会的平衡；它们在特定的地点或者一系列的地点中发生。"⑱因此，小叙事也是一种解释，可以在叙述事件外貌的同时讨论其内蕴，这是叙事与生俱来的功能，也是历史研究必须达到的最基本要求。事实上，"历史就是叙述事件，叙事就是把历史上的行动者相互之间看来是局部的、混乱的和不可理解的情节联系起来，并加以理解和解释。"⑲这样的话，历史叙事与历史解释冶于一炉，历史不流于简明年鉴或断烂朝报，胥系于此。

其次，小叙事是一种进路。它要求研究者能够"叙事地思考(think narratively)"，即用一种有着内在意义联系的方式来思考叙事的内涵和外延，所以小叙事也是一种具有行动取向的研究方法。简单地说，"小叙事"就成为一种研究的"事件路径"。⑳ 相比单纯的"事件史"，"事件路径"的研究具有明显的开放性。它不再把事件视为自足的研究对象，而将事件视为历史中社会结构的动态反映，从而将研究从关注事件本身转向挖掘事件背后的社会制度、关系和结构。"社会结构潜藏在历史深处，沉默而隐秘，历史事件是它们偶尔发出

---

⑰ "我们要警惕，不要让历史学失去诗意，我们也要注意一种倾向，或者说要觉察到，某些人一听到历史要具有诗意便惶惑不安，如果有人以为历史诉诸感情会有损于理智，那真是太荒唐了。"参见［法］马克·布洛赫：《为历史学辩护》，张和声等译，中国人民大学出版社 2006 年版，第 78 页。

⑱ D. Jean Clandinin and F. Michael Connelly, Narrative Inquiry: *Experience and Story in Qualitative Research*, Jossey Bass Publishers, 2000, p. 50.

⑲ 何兆武、陈启能：《当代西方史学理论》，中国社会科学出版社 1996 年版，第 41 页。以上的观点来源于韦纳在《如何写历史》一书中的观点，布罗代尔对此也有类似的表达："事实上，叙事史包含一种解释，一种可信的历史哲学。"参见 Fernand Braudel, *The Situation of History in* 1950, Chicago, 1980, p. 11.

⑳ "事件路径"的提法参考了李里峰先生在《历史研究》2003 年第 4 期《从"事件史"到"事件路径"的历史——兼论〈历史研究〉两组义和团研究论文》一文中的观点。

的呢喃低语，虽然含混模糊，却是我们借以抓住它们意思的重要契机。"㉑在此，苏报案就被定位为一种研究视角、切入点，成为透视历史的一种进路，超越了案件本身，也开启了研究通往"大视野"的窗口。

（二）历史叙事的复兴与微观史学的兴起

"小叙事"成为研究方法，与历史叙事的复兴和微观史学的兴起密切相关。

叙事本位是传统史学的优良传统，然而近代以来的东西方史学研究，都不约而同地与固有的历史叙事传统渐行渐远。随着西方"新史学"的崛起，特别是上世纪 70 年代末至 80 年代，一批史学家重新采纳了传统史学中富有人文性的表述方式，试图将历史的书写形式进行从"分析"向"叙述"的转变，特别从具体的微观角度去考察事件，对历史演进过程中的事件和个人进行有声有色的叙事性描述，如埃马纽埃尔·勒华拉杜里的《蒙塔尤——1297—1324 年奥克西坦尼的一个山村》、娜塔莉·戴维斯的《马丁·盖尔的回归》、C. 金斯伯格的《奶酪与蛆虫：一个 16 世纪磨坊主的精神世界》和《夜间的战斗——16—17 世纪的巫术和农业崇拜》、E. 勒鲁瓦·拉杜里的《罗曼斯的狂欢节》、G. 布鲁克尔的《乔万尼与卢莎娜》、J. 布朗的《不轨之举：意大利文艺复兴时期的一个修女》等。这些成果的产生，使得历史叙事得以复兴，也促进了微观史学的蓬勃兴起。

与传统史学相比，微观史学更加强调史料的精确性。微观史学的研究者认为，唯其如此，方能更加切近地重构作者所要描述的图景，因此，微观史学通常依赖的几乎都是事件发生时当事人或旁观者留下的文字材料。

其中，司法档案又不约而同成为第一层次的研究史料。勒华拉杜里解读蒙塔尤小山村中农民生活、思想、信仰和习俗的全貌借助的是 1318～1325 年间宗教裁判所进行的 578 次审讯的记录及其他档案。金斯伯格探索磨坊主梅罗奇奥的思想所使用的资料是主人公在教会法庭上受审前后长达十多年的庭审记录。在另一部著作中，他则是利用意大利天主教会宗教法庭的档案整理并研究了弗留利地区一系列宗教审判案例的细节，生动描述了"本南丹蒂"在教会逐步的压力下，对自我的身份产生混淆，进而把自己归为巫师的过程。布鲁克尔叙述乔万尼与卢莎娜长达 12 年的爱情纠葛所依据的，主要是佛罗伦萨世俗法庭和教会法庭若干次审判过程中留下的证词。布朗重现修女贝内代塔一生所用的资料包括教会法庭的审讯记录，教会官员给教皇大使和美第奇大公的报告以及泰亚廷女修院中修女的日记。同样，被誉为"新文化史"开山鼻

㉑　同上注。

祖的美国历史学家戴维斯的《马丹·盖赫返乡记》所依赖的资料也是司法档案及案件承办法官撰写的回忆录。

恰如前文所列举的那样，目前有关苏报案"台前"和"幕后"的大量史料，尤其是预审和正式审判中的记录，各方交涉的往来电函公文，赋予了苏报案这一微观史研究的可行性。㉒

（三）叙事策略："深描"与"复调"

正是在这些优秀作品的鼓舞和大量现场文本的支撑下，本文开始了对苏报案"小叙事"的研究尝试。

具体而言，文章将以案件的过程作为叙事推进的纵轴，以案件特定的"横截面"的"场景"作为分析的横轴。叙事策略采用"深描"和"复调"的结合，这样既能保证深入事件的实际过程，又能实现与外部宏观背景的勾连。在"深描"中展示事物的内在逻辑，在"复调"中展示其内部逻辑形成的外部环境。

这样的思路，也圈定了苏报案在本文研究中的定位。在从个案到法理的研究进路日渐流行的情境下，个案大致可分成作为提问的个案和作为中心的个案。本文旨在对个案进行深入分析并透视相关学理，从个案论证中国近代司法转型的必然性，若以个案为中心无法实现目标，反而有牵强附会的意味，故放弃社会人类学处理个案的方法，不去刻意追求"以小见大"，夸张个案的意义。本文选取第三种进路：作为提问、分析和解答的个案。苏报案在本文中一

㉒　当然，我们必须承认的是，即使在被誉为第一手材料的司法档案中，也会存在纸面表述的历史与实际存在的历史之间的相互脱节，导致了"真实历史"与"虚构历史"之间的纠缠不清。参见［美］戴维斯：《档案中的虚构：十六世纪法国司法档案中的赦罪故事及故事的叙述者》，麦田出版社 2001 年版；徐忠明：《关于明清时期司法档案中的虚构与真实——以〈天启崇祯年间潘氏不平鸣稿〉为中心的考察》，载《法学家》2005 年第 5 期。前者发现和使用了"隆省档案"、"日内瓦国家档案"、"国家档案"、"巴黎警察局档案"等档案里所保留的 164 个男性求赦书和 42 个女性求赦书，通过研究，戴维斯提醒大家，这些赦罪档案所载的故事纯属虚构，史家不可据以重建历史；读者也不可视之为凶案发生的始末。而后者以明末徽州诉讼案卷《不平鸣稿》为素材，通过考察和分析明清时期司法档案中的"虚构"成分与司法制度之间的内在关联，冀以阐明产生虚构的深层原因，并考掘出虚构背后作者的真实动机和目的，从而说明司法档案并非一种单纯的记录，而是一种动机复杂而又充满张力的叙述。

是作为分析的重要文本,二是通过个案来提出并解答问题。㉓

作为叙述对象的苏报案,它满足了故事讲述的需要,其跌宕起伏的情节、一波三折的审判、反反复复的交涉、激烈冲突的对抗,无疑能重构和比较帝国晚期衙门与会审公廨、传统与现代不同的司法场景。同时,苏报案作为转型时期的重要司法事件,其众多可供细致打量和研究的"横截面",是沟通微观与宏观、事件与结构、个案与法理的有效途径,根据苏报案判决的"台前幕后",可以厘清事件的社会结构,探讨事件背后的学理内涵,进而窥视到中华帝国司法的落后与现代转型的必然。

这种窥探结论的要求和苏报案能够提供分析的可能,与"小叙事,大视野"的研究路径契合。这种研究路径抛弃了传统史学研究宏大叙事的研究进路,强调的是"叙事不妨细致,但是结论却要看远而不顾近"。㉔ 在这种写作方式中,时时需要有一个可供分析的"小叙事"作为逻辑可能性分析的互动。有研究将这里的"小叙事"解释为:"在法学实证研究中,作为分析判断前提和基础的个案或者经验事实。"㉕这与前文提出的"小叙事是一种描述"是一致的,所指向的都是具体的个案。本文之中,即为作为提问、分析和解答的苏报案。正是在苏报案这一个案的基础上,全文所展示和推导出的理论逻辑才更具有说服力,也才能更深刻地证明研究结论。

三、怎么样大视野?

无疑,徐昕先生倡导的"小叙事、大视野"研究路径,与费孝通的"小城镇,大问题"、埃里克森的"小地方、大问题"、步德茂的"小事件,大结论",以及黄仁宇的"大历史观"等研究方法有着一脉相承的关联,都是一种由小及大的进路,寻求的是一种从微观"碎片"通达宏观历史和深邃学理的价值目标。

㉓ 之于科学研究,有时候提问比解答更重要。爱因斯坦曾经说过:"提出一个问题往往比解决一个问题更重要。因为解决一个问题也许仅仅是一个数学上的或实验上的技能而已,而提出新的问题、新的可能性,从新的角度看旧的问题,却需要有创造性的想象力,而且标志着科学的真正进步。"[美]爱因斯坦等:《物理学的进化》,上海科学技术出版社 1962 年版,第 66 页。这同样适用于法学和社会科学的相关研究。

㉔ 同注 16,第 41 页。

㉕ 汪演元:《"小叙事"何以获取?——〈送法下乡〉与〈论私力救济〉个案研究之比》,《华侨大学法学论丛》(第 2 卷),厦门大学出版社 2009 版,第 76 页。

(一)汲取社会科学理论与方法的重要性

当然,"结论却要看远而不顾近"不是简单通过个案就能轻而易举得出的,往往必须借助一种有力的叙事性的描述作为中介,前述列举的西方系列微观史学作品的成功大多源于此。相比之下,中国却鲜有这方面成功的著作,应星的《大河移民上访的故事》应该算一个,但学术界对《大河移民的故事》的学术深度表示怀疑,认为此书的理论贡献略显单薄。[26] 这种批判的存在,很大程度是由于中西学术传统的差异决定的。《大河移民上访的故事》中,注释式的理论探讨不仅有助于行文流畅,而且每个讨论都很有见地,但中国学者们往往更易于接受的是正文中存在理论分析的文本,认为正文中只见叙事,不见分析的研究,只能称为"故事",而非"学术"。因此,纯粹叙事的研究方式在当下无疑是具有很大风险性的,这在相对开放的社会学领域如此,在相对保守的法学领域恐怕遭遇的危险会更加巨大。[27]

进一步说,"大视野"不是简单依靠"小叙事"就能水到渠成的。尽管通过叙事可以完整地描述事件,将事件过程中各种力量和因素的生成、灭失、增强、减弱、抵消、转移、角逐、合作展示清楚,从而为研究提供关于社会结构的动态图景。具体到本文之中,即可以通过叙事来厘清苏报案司法过程中各种变量及其社会性质,以清晰解构出案件的社会结构,进而验证和修正相关理论。

但更多时候,"大视野"还需要特定社会科学理论和研究方法的引入。如拉杜里在《罗曼斯的狂欢节》中,就运用人类学方法对罗曼斯狂欢节中的战舞进行了详尽的背景分析。布朗在《不轨之举:意大利文艺复兴时期的一个修女》一书中,分析理论则主要源于心理学,尤其是弗洛伊德的精神分析法。《蒙塔尤——1297—1324 年奥克西坦尼的一个山村》更是借鉴了现代历史学、人类学和社会学的多种方法来再现 600 多年前蒙塔尤村庄的全貌和 14 世纪法国的特点。正是借助于这些社会理论和分析框架,新微观史学往往比传统史学更能揭示事件表象后面的意义。

(二)具体方法:新法律史、假设——演绎法、事件路径等

为达到"大视野"的研究目标,本文也尝试在研究中注重司法档案的运用,

㉖ 参见苏小和:《应星和他的〈大河移民上访的故事〉》,http://www.peoplexz.com/7332/7346/20081208195952.htm,下载日期 2011 年 10 月 20 日。

㉗ 因此,《私力救济》一书的研究中,作者从华南地区一个细微民间收债个案的调查入手后,更多的是运用法学、政治学、经济学、社会学等跨学科方法和宽泛的理论框架来解释实证材料,以放宽视野,将私力救济视为一个法律、积极、社会文化和组织问题,进行深入探讨,这在一定程度上未尝不是一种策略性的研究方式。参见注 16。

借助社会科学中的经验,即依托苏报案的个案事实,引入某些理论和框架,以更深入分析案件,这包括新法律史、假设——演绎法以及"事件路径"等。

新法律史,是以黄宗智教授为核心的加利福尼亚大学洛杉矶校区中国法律史研究群实践的一种法律史的研究新路径,他们试图在"历史感"的观照之下,利用富有学术价值的诉讼档案,并从社会科学理论中汲取灵感且与之真正对话,进而提炼出具有启发性的新的中层概念,以有效连接经验与理论。"从诉讼档案出发"是新法律史的研究的起点,在同名论文合集《从诉讼档案出发:中国的法律、社会与文化》中,这些学者使用的司法档案,就有来自四川巴县、顺天府宝坻县、台湾新竹县、河北获鹿县、奉天海城县等地区的,有来自京师刑部、中央内阁、盛京户部及河北省高等法院、江苏省高等法院、上海第一特区地方法院等机构的,全部档案加起来,所涉及的时间从清代一直延续到民国。在此,本文将进行新法律史的努力,借助苏报案丰富而翔实的档案,鲜活真实地展现历史,并通过与理论的联系与对话,在经验与理论的勾连中发掘历史感,进而尝试提炼出部分具有启发性的概念,从而还原和超越个案。

假设——演绎法,是逻辑科学和法律思维最重要的模式之一。从本体论上说,苏报案作为历史,每个细节都是固定的,这符合历史单向度的规律。但是,"历史之流绝非清澈而是始终有些浑浊的,历史之树绝非如修剪过后那般整齐而是枝枝桠桠的,历史之路绝非曾经以为的那样'非如此不可',而是充满了种种别的可能性的"。[28] 即历史并不是沿着一个设定的模式发展,也不是直线平面地演变;历史运动是多向度、多线条、多层次的。任何事件自发生之初,其进程就充满着多重不确定因素,事件过程中,乃至事件外的人物、行为、背景都会为事件的结局提供诸多可能性。因此,对于苏报案的研究,"不能局限于只研究已经在现实世界中出现了的现实,而应当把眼界扩大到既成事实之外的一切可能性,并形成包括'可能世界'在内的历史构图。"[29]在此,本文也提出一系列假设,审判机构如果是中国传统衙门而不是会审公廨,司法过程中如果沈荩案没有发生,场外因素中如果没有众口沸腾的媒体报道,苏报案最终会是什么样的结局? 进而以这些假设为基础,演绎出不同司法观念、制度和运作的对比,并努力建构诸如司法与政治、司法与传媒等一般性的学理反思。

"事件路径"也是本文着重使用的一个研究路径。"事件路径"的转向,意

---

[28] 吴志翔:《被历史忽略的历史——读余世存的〈非常道〉》,载《银行家》2005年第7期。

[29] 何兆武:《历史研究中的可能与现实》,载《史学理论》1988年第1期。

味着看待"时间"的方式不同。传统的"事件史"注重对历史事件的过程描述和影响分析,历史事件在时间的线性流动中得以发生。因而,传统史学表现出的时间观是单一且表层化的,历史事件拥有的不过是快速而短促的时间,在以长时段为中心的历史时间等级体系中往往是微不足道的。[30] 但"事件路径"则是历史学遭遇社会科学的直接后果,它在对事件过程历时性的考察之外,将更具稳定性的共时性社会结构引入研究视野,事件本身的重要性相对降低,更多探索的是事件对深层、隐蔽的社会历史真相的反映。[31] 简单来说,"事件史"是基于研究对象产生的概念,"事件路径"则是基于研究视角延伸出的概念。在此,本文将借助"事件路径"的概念与视角,不仅辟专门章节分析苏报案背后的社会结构,而且试图超越个案,以苏报案为进路,在多个章节通过中西司法的对比透视传统司法的危机与滞后,进而论证清末司法向现代转型的必然性。

新法律史、假设—演绎法、"事件路径"等具体方法的应用,归根到底,都是力求通过演绎苏报案,以事件为基础和窗口,正视历史的可能性,来寻求更深刻的社会作用机制的透视,进而连接历史与理论,使本文的论述更能够拓展广度和挖掘深度,并由苏报案展示不同司法观念、制度和运作的对比,对学理进行反思和超越,提出诸如"司法是一种变量之和"、"司法过程中的偶然性"、"个案推动说"、"中国大地上的司法近代化进程始于租界"等一些初步性的概念,这也是本文在方法论上力求的目标。

(三)关于全文架构的一点说明

全文在章节架构上,绪论主要介绍选题理由、研究现状、史料说明、研究方法等;正文第一、二、三、四章中,第一章主要还原苏报案的过程,第二、三、四章分别从不同的角度对第一章描述的苏报案展开分析,探讨最终判决的形成,呈现中西司法在当时的对比,剖析清末司法转型的必然性,也即文章的主体部分由故事叙述和理论展开两大部分构成;结语部分对研究进一步进行总结和升

---

[30]　同注 20。

[31]　美国学者孔飞力的《叫魂》一书堪称"事件路径"研究的典范之作。作为叙述主线的叫魂事件,最终证明不过是一连串子虚乌有的妖术指控,是"一出追求幻觉的历史闹剧",然而在作者笔下,它却成了帝制中国官僚君主制中两种权力角逐的舞台,来自皇帝的专制权力与来自官僚的常规权力既密切关联又彼此冲突,它们在对叫魂事件的处理过程中纤毫毕现地展示出各自的利益、能量和特征,从而使官僚君主制中最深刻的内涵大白天下。从动态而不是静态的角度来看待社会制度和社会结构,通过事件过程来透视社会制度和社会结构的实际运作。参见杨念群:《在神秘叫魂案的背后》,载《读书》1996 年第 8 期。

华。

必须说明的是，正文部分之所以放弃采用完全叙事的风格，是因为我们不得不承认的是，叙事这一研究方式，难以得到学界的完全认可。同时是否可以将叙事作为一种研究进路，目前包括史学界在内的整个学界，争议还比较大。在许多学者眼里，研究与叙事是二元对立的。所谓叙事往往只是为研究的一种前提形式。海登·怀特对此指出："在专业历史研究中，叙述往往被看作既不是一种理论的产物，也不是一种方法的基础，而是一种话语的形式，它是否可以用于再现历史事件，依赖于研究的主要目的是否是描述一种境遇，分析一个历史过程，或讲述一个故事。"③②费雷甚至认为，叙事是"一种带点懒惰的历史写作方式，因为从定义上说，它逃避问题，在时间流逝的魔术中，将事实与观点混为一谈，最终对人类知识的增量毫无贡献"。③③

因此，囿于学术风险的规避和学识能力的有限，本文很难游刃有余且天衣无缝般地在叙事中完美地糅合、应用相关理论和框架，所以正文也无可奈何地生硬分成故事叙述和理论展开两大部分，尽管这样的拆分也许会使全文的逻辑结构更加清晰。

但这也并非与前述的研究进路相矛盾，其最终的研究着力点都是由小及大，透过苏报案来层层展现清末司法转型的必然。这恰如斯通所言："叙述一个人、一次审判或一个戏剧性的故事，不为其故事自身的原因，而是为了便于说明一个过去的文化或社会的内部运用。"③④

---

③② Hayden White, The Question of Narrative in Contemporary Historical Theory, *History and Theory*, Vol 23,1984,No. I, p. 2. 转引自陈新：《论 20 世纪西方历史叙述研究的两个阶段》，载《史学理论研究》1999 年第 2 期。

③③ Furet,Beyond the Annales,*Journal of Modern History* No. 55,1983,p. 409,转引自［英］彼得·伯克：《法国史学革命：年鉴学派，1929—1989》，刘永华译，北京大学出版社2006 年版，第 3 页。

③④ T. aw rence Stone,The Revival of Narrative：Reflections in a New Old History, *Past and Present*，Nov 1979,No. 85,p. 19.

第一章　1903 年上海苏报案

早期的《苏报》

公元 1903 年，这本是中国历史上一个极其平常的年份。

此前一年，清朝政府任命刑部侍郎沈家本、出使美国大臣伍廷芳为修律馆总纂，主持法律改革，开启了清末司法转型的大门。在这场渐进式转型的初期，涉及司法制度的改革并没有波澜壮阔，或者轰轰烈烈。如果不是从新兴报纸上读得的只言片语，或许谁也不知道司法领域的这场改革意味着什么。在中国古老的皇城下，一切都显得非常平静，民众们按部就班地生活在京城的晨钟暮鼓声中，任凭紫禁城上落日的余晖将马车的影子拉得多长。

不过，在千里之外中国的另一个城市——上海，一切都表现出和京城的不同，尤其是这个曾经"东南海滨的三等县城"㉟的现代化程度，超出了当时中国任何的一个城市。在十里洋场的上海租界，自 19 世纪中叶起，通过法律移植和展开立法，已经逐步走上法制现代化的轨道，在司法转型的道路上先行一步。本文研究的苏报案就是在这样的背景下铺陈展开的。

一、因言惹祸

（一）《苏报》其报

《苏报》本是"胡璋（铁梅）所经营，但由其妻日本女子生驹悦出名，在驻沪日本总领事馆注册"㊱的一份"营业性质之小报"，㊲创刊时间约为光绪二十二年（1896 年）左右。㊳ 长期以来，《苏报》所刊消息议论，大多颇为无聊，在上海新闻界也没有什么地位。㊴ 再加上报馆与日本外务省和黑龙会关系密切，㊵

㉟　开埠以前的上海，"亦如直隶之静海，浙江之临海，广东之澄海，其名不著于中国十八行省，更何论五洲万国乎？"参见李平书：《论过去之上海》，《上海三论》之一。转引自熊月之：《近代上海形象的历史变迁》，http://wenku. baidu. com/view/b9baff7f5acfa1c7aa00ccf0. html，下载日期 2010 年 11 月 1 日。

㊱　戈公振：《中国报学史》，三联书店 1985 年版，第 152 页。

㊲　张篁溪：《苏报案实录》，中国史学会编：同注 3，第 367 页。

㊳　关于《苏报》的创刊日期，有两种记载：一说是光绪二十二年（1896 年），一说为次年（1897 年）夏季。前者如胡道静《狮子吼"破迷报馆案"索隐》一文，后者如戈公振《中国报学史》一书。周佳荣先生的考证，《苏报》应当创办于光绪二十二年（1896 年）。理由如下：一是在光绪二十九年四月初十日（1903 年 5 月 6 日）的《苏报》报端刊印有"第二四五一号"的字样，以后逐日顺次编号，据此向前推算，如果中间没有停刊，《苏报》的创刊应在光绪二十二年（1896 年）6～7 月间。《上海研究资料续集》开头也加插《苏报》图版一张，上面印有光绪二十四年正月十五日（1898 年 2 月 5 日）及"第五七六号"字样，进一步证明推算结果的可靠。根据笔者掌握的《苏报》（光绪二十九年二至四月份）（台北学生书局影印本），也证明上述推算的正确性。方汉奇教授则具体称《苏报》创办于 1896 年 6 月 26 日，见方汉奇：《中国近代报刊史》（上册），山西人民出版社 1981 年版，第 231 页。

㊴　胡道静：《上海的日报》，上海市通志馆期刊抽印本 1935 年版，第 40 页。

㊵　方汉奇：《中国新闻事业简史》，中国人民大学出版社 1999 年版，第 117 页。章士钊在《苏报案始末记叙》也曾称"夫苏报者，原属日本黑龙会人之侵略工具。"蒋慎吾在《苏报案始末》中引用生驹悦对主笔邹弢的话："馆由东洋外交大臣来的，领事也不能管我。我虽平常人，曾由胡铁梅在日绅日官前保举为馆主。"参见蒋慎吾：《苏报案始末》，载《上海研究资料续集》，中国出版社影印本 1984 年版，第 72 页。

《苏报》更被外界认为是日本外务省在上海设立的机关报。[41] 创办几年来，曾因刊登黄色新闻与法租界公廨发生纠葛，内部也多次爆出纠纷，所以一直以来都不顺当，遂在 1900 年前后全盘出让给陈范(1860—1913)。

陈范，字叔畴，号梦坡，有过宦海经历，曾经担任江西铅山知县，后因教案落职，便举家移居上海。陈范性格中最值得称道之处，在于他不固守陈规，总能顺时而动，站在时代的前沿。上海新党所开展的历次活动中，包括 1900 年初上海千人联名通电请光绪帝"力疾临政"，1900 年唐才常发起正气会以及 1901 年拒俄密约事件，都可以看到陈范的身影。[42] 陈范接手后，《苏报》即以一种新的姿态出现在上海报界，"其主张日追潮流而进步"，[43]在当时的思想风气下，逐渐受到重视。"初力主变法，颇为读者欢迎，嗣复中康、梁学说，高唱保皇立宪之论，时人多以康党目之"。[44]《苏报》的若干论说，也被保皇派所办《清议报》、《新民丛报》转载，足以说明《苏报》言论已被当时的保皇立宪派所重视，甚至引为同道。[45] 1901 年，流亡日本的梁启超也在《清议报》第 100 期发表的长文中，称《苏报》和《中外日报》、《同文沪报》"皆日报佼佼者，屹立于惊涛骇浪狂毒雾之中，难矣，诚可贵矣"。[46]

不过，《苏报》背后的艰辛是一般外人所不了解的。最初的两三年，陈范的办报活动很是惨淡。在上海新闻界，"规模最小，资本最弱，发行量较少，后盾最不足恃"，"报馆中经济既困，人才亦少，陈氏常拉人写论说"，[47]以应付报纸的版面。通常，陈范只得让妹夫汪文溥担任主笔，儿子陈仲彝编发新闻，女儿陈撷芬编辑小品诗歌之类的副刊，这种尴尬的场面被当时上海报人包天笑嘲笑为"合家欢"。实在没有办法，陈范只能亲自操笔上阵，撰写论说，以实现最

㊶　同注 39。

㊷　马光仁：《上海新闻史》，复旦大学出版社 1996 年版，第 231 页。

㊸　同注 39。

㊹　冯自由：《革命逸事》(第 1 集)，商务印书馆 1969 年版，第 175 页。

㊺　不过，根据陈范的妹夫汪文溥的回忆："丁戌(1897—1898)之际，康有为始以维新号召徒党，君(指陈范)私谓余曰：'中国在势当改革，而康君所持非也，君盍偕我以文字饷国人，俾无再入迷途。'于是相与在沪组织一日报。"从该段文字可见陈范当时是不同意康、梁之维新活动的。那么，如何在以后的办报过程中变成保皇立宪的同道中人？据笔者考证，原因可能是陈范的性格上"善听人言"(章士钊在《苏报案始末记叙》中的评价)，违背初衷，转向保皇立宪是有可能的。

㊻　同注 42。

㊼　汪文溥：《蜕盦事略》，载《民立报》1913 年 5 月 30 日。

初办报提出的"思以清议以救天下"⑱的梦想。除了无人可用，经济的困窘制约更大，为了维持报纸的生存，陈范有时不得不长期离开报馆，外出筹钱。⑲这种局促，让《苏报》在当时上海的 20 多家报纸中，显得力不从心，甚至有点无以为继。

《苏报》的转机出现在 1903 年初的那场全国普遍爆发的学潮之际，也正是由于这场波澜壮阔、前赴后继的学界风潮，陈范结识了章士钊（1882—1973）。

当时，在沪担任上海南洋公学总教习的蔡元培（1868—1940）与蒋智由（1866—1929）、黄宗仰（1865—1921）等人成立一个名为"中国教育会"的教育改良机构，目的是改革中国传统教育。待到 1902 年末南洋公学学生集体退学风潮发生之际，蔡元培从中调停无果，反而被诬成学生退学乃是"为子民（指蔡元培）平日提倡民权之影响"，⑳蔡元培不得不引咎辞职，最终在各方的协助下成立了爱国学社。最初学社 55 人，均为南洋公学退学学生。蔡元培、章炳麟、吴稚晖（1865—1953）等人兼任教员。随着学社影响力的扩大，一大批思想激进的青年学生迅速加入学社。3 月间，章士钊从南京陆师学堂退学参加爱国学社；4 月间，张继（1882—1947）、邹容又从日本回国加入学社……一时间，学社气象活跃舒畅，思想清新自由，有关革命的探讨也日趋激烈，"校内师生高谈革命，放言无忌。出版物有《学生世界》，持论尤为激烈"。㉑

很快，这批与传统相悖而驰的师生就惹得上海守旧派大为不满，《申报》、《新闻报》、《中外日报》也常予抨击。这时，《苏报》就与爱国学社签订协议，每天由蔡元培、章炳麟、吴稚晖等学社的教员轮流撰写论说交给报馆，报馆则每月向学社提供一百元的资助。"于是互受其利，而《苏报》遂为爱国学社师生发表言论之园地"。㉒ 由于爱国学社与中国教育会人事重复，并无严分界限，故教育会亦承认《苏报》为其机关报。㉓

有了中国教育会和爱国学社这批有生力量的加入，原本碌碌无为的《苏

---

⑱　章士钊：《苏报案纪事》，载《中华民国史料汇编》，中国国民党中央委员会党史史料编纂委员会印行 1968 年版，第 1 页。

⑲　汪文溥在《蜕盦事略》中就曾回忆说，陈范"自己亲往河北筹款，经年始归。"同注47。

⑳　高平叔：《蔡孑民先生传略》，商务印书馆 1943 年版，第 4 页。

㉑　同注 44，第 118 页。

㉒　同注 37，第 368 页。

㉓　同注 44，第 173 页。

报》一下子迸发出活力,大步走到了言论的前列,报务也由此日益发达,[54]报纸的内容也有很大的改观,最突出的就是增加"学界风潮"一栏,连篇累牍报道各地学堂、书院罢课、散学、退学的消息,并在言论上予以同情,同时还刊登学生来函,揭发各地学堂的腐败情形,支持学生的正义之举,无形之中成为学潮的鼓手和旗帜。"所载文章,素为东南学界所注目"。[55]

跟随着学潮而来的,是一连串的学生爱国运动,最后演变成一场浩浩荡荡的政治运动,比较著名的是抗法运动和拒俄运动。[56] 在这两场运动中,爱国学社作为内地学界的代表机构起到了关键作用,《苏报》也积极为之呐喊助威。这股涌动的潮流,让大清国的统治者伤了一番脑筋,也花费了一番整顿学生的力气。适得其反的是,这场整顿青年学生爱国运动的举措却激起学生(特别是留日学生)排满革命的思潮。东京留日学生杂志《江苏》起初还只是骂骂荣禄等清朝官员,但到了 1903 年第 3 期就在《社论》中宣布:"今而后吾以民族主义"为宗旨,"国亡亦,欧族为主人,满族为奴隶,我为奴隶之奴隶","今运动满清政府之方针(指请求回国参加拒俄斗争),既不可遂,则诸君与其为满清政府刀头之饿鬼,如何为革命之骁将乎",[57]高声倡议革命排满。其他留学生刊物《浙江潮》、《湖北学界》也积极斥责政府卖国,倡导民族主义,明确宣传革命。

作为国内学生言论的阵地,《苏报》和东京的留学生遥相呼应,此时也积极发挥新闻舆论的引导作用,"即鼓吹罢学夹带革命,双方并进",[58]甚至公开倡言,"居今日而欲救吾同胞,舍革命外无他术。非革命不足以破坏,非破坏不足以建设,故革命实为救中国之不二法门。革命乎! 革命乎!"[59]

---

[54] 根据统计,至 1903 年 5 月 6 日,《苏报》还在京、津以及日本横滨等地设立了 22 个分售处,共 32 个代销点。参见 1903 年 5 月 6 日《苏报》头版。

[55] 同注 37,第 368 页。

[56] 1903 年 4 月,东京留学生得知广西巡抚有借法兵法款以平内乱之议,遂致电中国教育会,请求两地共同协助共同抗议政府的行为。俄国在 1900 年入侵北京之际,曾与清政府协议占领东北三省 3 年,但至 1903 年 4 月时,俄国不肯彻底履行撤兵协议,引起国内外学生的集会抗议,留日学生甚至组织"拒俄义勇队"准备奔赴疆场,与俄人决战。关于学生的爱国行为及思想变化可具体参见严昌洪、许小青:《癸卯年万岁——1903 年的革命思潮与革命运动》,华中师范大学出版社 2001 年版。

[57] 转引自李泽厚:《二十世纪初资产阶级革命派思想论纲》,载《中国近代思想史论》,天津社会科学院出版社 2003 年版,第 271 页。

[58] 吴秩晖:《回忆蒋竹庄先生之回忆》,载《上海研究资料续编》,上海书店 1984 年版,第 108 页。

[59] 《敬告守旧诸君》,载《苏报》1903 年 5 月 13 日。

(二)阴差阳错的转变

1903 年 5 月 27 日,是 21 岁的章士钊成为《苏报》主笔的第一天。选择章士钊作为主笔,可以说是《苏报》馆主陈范作出的一个重大决定。

当天,章士钊一挥而就了一篇《论中国当道者皆革命党》的文章,以大胆的言辞鼓吹中国要进行革命。出乎意料的是,第二天天还未亮的时分,陈范就推醒了睡梦中的章士钊,以一种惊魂未定的口气对文章表示出万分担忧,"本报不得作如斯猖狂状",否则就是"自取覆亡"。[60]

陈范的惊骇让章士钊变得有点手足无措,以他的志向,这主笔的位置,恰是实现自己革命抱负的平台,[61]可一篇小小的文章却可能危及馆主几年来辛苦办报创下的基业,"助人为理,覆人之产,不详;自折其志,苟为和同,不义"。[62]

言论倾向革命乃是顺应潮流的举动,可这才写就了一篇文章,拟打算"以耸动当今观听",[63]陈范就吓得胆战心惊,这该如何是好? 按照章士钊的分析,尽管陈范"知非提倡新学,不足以救国,渐与当世志士相往还",[64]使自身不至于固步自封,而能日益前进,但其坚定程度恐怕大不如蔡、章、邹等人,能与学社结盟,参与学潮,或是"以适时言论张之,扩其销路,而未必有醉心革命,遒人木铎之坚决意见也"。[65]

下午时分,正在暗暗思语间,陈范突然间推门而入,慷慨激昂评述了一通当前革命形势,认定只有革命才是中国的出路。"出语壮烈,较前顿若两人",[66]并且承诺,"本报恣君为之,无所顾忌。"[67]

恣君为之? 年轻的章士钊不是不相信陈范的决定,而是这个决定变化得

---

[60]　章行严:《苏报案始末记叙》,中国史学会编:同注 3,第 387 页。

[61]　章士钊在《苏报案始末记叙》的一开始就写到,上海正处于新风荡漾、新潮起伏之际,一班青年志士"正在张脉偾兴,虎气腾上之侯",却苦于没有合适的言论阵地,"深以屠门不得,无由吐纳为憾",迫切希望得到"形势已成之言论机关",以"恣意挥发"胸中"隐志。"由此可见能获得《苏报》主笔的位置,拥有自己的言论机关,对于章士钊等人是多么重要。同上注。

[62]　同注 60。

[63]　同注 37,第 368 页。

[64]　同注 44,第 175 页。

[65]　同注 60,第 388 页。

[66]　同上注。

[67]　同上注。

太急速，太唐突。他不得不请教他的义兄章炳麟，在他眼里，义兄不仅学识渊博，而且经历过维新风波、"勤王"运动等一系列社会大事件，阅历要比自己丰富得多。更重要的是，章炳麟在日本期间与康梁维新势力划清了界限，明确地站到主张反清革命的孙中山这边，意志弥坚，行动果敢。在资产阶级革命派的阵营里，与其说章炳麟是他的义兄，还不如说是他的指路人。可惜，章炳麟听了章士钊的讲述后，也估摸不透陈范的动因。不过，章炳麟指出，陈范"乃是潮流中长厚君子"，此言既出，应该是诚心托付，不得有假，那就索性放开一搏。

据后来的考证，陈范的转变乃是由于当天发生的一桩阴错阳差的"假孙中山案"。当时，《苏报》馆有一个叫钱宝仁的人，也算得上当时上海滩一位有趣人物。他是镇江人，为一流氓，却冒充革命党。当时张园时常有集会演说，他也登台慷慨激昂一番。他在演说时认识了陈范，诡秘地自称是孙中山，秘密返国、策动革命。陈范对他深信不疑，唯钱宝仁之马首是瞻，对他言听计从。钱宝仁便趁机在苏报馆谋了个办事员的位置，当天陈范态度从早到晚发生一百八十度转变，就是因为听了钱宝仁的指示。[68]

(三)倡言革命的先锋

自此，以章士钊担任主笔为标志，《苏报》进入了一个崭新的历史新时期，开始了一段疾风骤雨般猛烈且又惊天动地般壮烈的革命征程，历史风云的变幻，也将《苏报》推上了时代潮流的最顶端。

6月1日，《苏报》实行"大改良"，刊登论说《康有为》，"今日之新社会已少康有为立锥之地。""而天下大势之所趋，其必经过一躺之革命，殆为中国前途万无可逃之例，康有为必欲为革命之反动力……革命之宣告，殆已为全国之所公认，如铁案之不可移。……新水非故水，前沤续故沤。"[69]《康有为》一文，可以说是资产阶级革命派的一份告白，一方面，宣示了保皇派与革命派的不同，划清了二者的界限；另一方面，更是指出了保皇党人的政治行为已成为革命势力发展的一大障碍。

6月2日，首列《本报大注意》，刊登论说《哀哉无国之民》，发表《论江西学堂学生无再留学之理》一文，配合学生运动。

6月3日，首列《本报大沙汰》，宣布加强"时事要闻"，减少"琐屑新闻"，并增设"特别要闻"，"间加按语"。同日刊登论说《客民篇》。"特别要闻"为转载

---

⑥⑧ 参见熊月之:《历史回眸:一百年前的假孙中山案》,载《文汇报》2003 年 6 月 11日。

⑥⑨ 《本报大改良》、《康有为》,载《苏报》1903 年 6 月 1 日。

改良后的《苏报》

《上海泰晤士报》的《查拿新党》，谓"后又得北京密电，上海道严拿蔡、吴、汤、钮新党四人，闻此亦吕海寰之所指名，即聚众会议之首领是也"。⑳

6月4日，刊登论说《论报界》。"特别要闻"为《西报论工部局保护新党事》。

6月6日，《苏报》刊登张继《祝北京大学堂学生》一文，借此鼓吹"中央革命"的理论。"数年以来，革命之声，日盛一日，孙文之党，唐林诸烈士，屡兴革

---

⑳ 《本报大沙汰》、《客民篇》、《查拿新党》，载《苏报》1903年6月3日。

命军与南方，前仆后继，流血淋漓，非不伟也，非不壮也。……吾望中央革命军之起久矣。"⑦

6 月 7 日、8 日，以"来稿"的形式发表章士钊所写的《论中国当道者皆革命党》（上、下），署名韩天民。⑦

6 月 9 日，章士钊发表《读〈革命军〉》，并在"新书介绍"栏目评论《革命军》"其宗旨专在驱除满族，光复中国。笔极犀利，文极沉痛，稍有种族思想者，读之当无不拔剑起舞，发冲肩竖。若能以此书普及四万万人之脑海，中国当兴也勃焉，是所望于读《革命军》者"⑦。

6 月 10 日，"来稿"刊登张继的《读严拿留学生密谕有愤》。⑦ 发表章炳麟《序〈革命军〉》："夫中国吞噬于逆胡，已二百六十年矣。宰割之酷，诈暴之工，人人所身受，当无不昌言革命。……抑吾闻之，同族相代，谓之革命；异族攘窃，谓之灭亡；改制同族，谓之革命；驱除异族，谓之光复。今中国既灭亡于逆胡，所当谋者光复也，非革命云尔。容之署斯名，何哉？谅以其所规画，不驱除异族而已，虽政教学术、礼俗材性，犹有当革者焉，故大言之曰革命也。"⑦

6 月 12 日、13 日，针对《中外日报》刊登抨击革命的《革命驳议》一文，《苏报》立即发表《驳〈革命驳议〉》回应，拉开了保皇派与革命派之间笔战的序幕。"夫小小变法，不过欺饰观听，而无救于中国之亡。立宪足以救中国之亡，又非不知自由者所能就，然则研究实学果安所用耶？然而维新之极点，则必以立宪为归矣。彼所以侈陈维新、讳言革命者，非谓革命之举，必伏尸百万，流血千里，大躁大搏，以与凶顽争命，而维新可从容晏坐以得之耶？"并以"各国新政，

---

⑦　《祝北京大学堂学生》，载《苏报》1903 年 6 月 6 日。五月间，上海风谣四起，《苏报》不放过每一个可以宣传革命排满的机会，凡有关消息，均不厌其烦地予以刊登。当时讹传北京大学堂有两名学生因接应东京义勇军被拘，且遭杀害，其实并无此事，只是大学堂上书管学，请力阻俄约而已。但张继闻讯，即刻撰写《祝北京大学堂学生》一文，号召从中央开始革命，而北京大学堂学生"秘密结社与海内外之士联络，希图革命"则是中央革命将兴之征兆。此文刊出后，引起社会议论纷纷，一些人指责《苏报》是一味煽动学生。章士钊也揣测张继是"明知其无而鼓吹之"，旨在从清政府统治的腹地激起人心，增强革命声势。

⑦　这种不以作者真实身份来署名的做法在当时新闻界非常普遍。现在看来，章士钊借用笔名来发表论说者意图的文章，也算是斗争的手段或者是自我保护的手法。

⑦　《本报大感情》、《读〈革命军〉》，载《苏报》1903 年 6 月 9 日。

⑦　《读严拿留学生密谕有愤》，载《苏报》1903 年 6 月 9 日。

⑦　《序〈革命军〉》，载《苏报》1903 年 6 月 9 日。

无不从革命而成"⑦来佐证。

6 月 18 日，刊登论说《贺满洲人》，直白地在字里行间采用了"杀满"的字眼，称"抑视满人为九世深仇，切齿咧眦，磨砺以须"。⑦

6 月 19 日，刊登论说《虚无党》，文章写到，"（虚无党）虽杀人如麻，血流漂杵，惨酷之气，暗无天日"，但"吾不得不服其手段，羡其势力，诞其幸福"。⑦

6 月 20 日，"新书介绍"推出《驳康有为书》书介，"康有为《最近政见书》力主立宪，议论荒谬，余杭章炳麟移书驳之，持矛刺盾，义正词严，非特康氏无可置辨，亦足以破满人之胆矣。凡我汉种，允宜家置一编，以作警钟棒喝。"⑦

……

6 月 27 日、28 日，"论说界"载《论仇满生》。⑧

6 月 29 日，摘录章炳麟《驳康有为书》其中部分内容刊出，题为《康有为与觉罗君之关系》，点出戊戌时期光绪帝有意维新，乃出于保存自己帝位和权力的目的，他和康有为的关系，是建立在相互利用的基础之上。"载湉（指光绪帝）小丑，未辨菽麦，铤而走险，固不为满洲全部计。长素（指康有为）乘之，投间抵隙，其言获用。"在分析论证的基础上，文章还以饱满的激情、极富感染力的文采赞美革命："然则公理之未明，即以革命明之；旧俗之俱在，即以革命去之。革命非天雄大黄之猛剂，而实补泻兼备之良药矣。"⑧此文一出，尤其是文字直呼光绪皇帝之名，"载湉小丑，未辨菽麦"，朝野轰动，举世哗然。一时间，"上海市上，人人争购"。

短短一月间，《苏报》一直傲立在时代潮流的最前列，它犀利的言论、磅礴的气势、激烈的论调推进了革命的发展，同时也完成了自我的升华。当然，在这样的风口浪尖上，《苏报》敢于倡言排满、呼吁革命乃至大不敬地喊出"载湉小丑，未辨菽麦"，无异于"自甘减亡"。

（四）费力缉拿与捕人闹剧

清政府当局对《苏报》早有关注。在三、四月间，蔡元培、吴稚晖的张园演说，就"惹得满清之注目"，这也是"本年骚动之发端"。上海《泰晤士报》也刊载

---

⑦　《驳〈革命驳议〉》，载《苏报》1903 年 6 月 12～13 日。

⑦　《贺满洲人》，载《苏报》1903 年 6 月 18 日。

⑦　《虚无党》，载《苏报》1903 年 6 月 19 日。

⑦　《驳康有为论革命书》，载《苏报》1903 年 6 月 20 日。

⑧　《论仇满生》，载《苏报》1903 年 6 月 27～28 日。

⑧　《康有为与觉罗君之关系》，载《苏报》1903 年 6 月 29 日。

商约大臣吕海寰函告江苏抚台恩寿，谓上海租界有所谓热心少年在张园议事，请即设法将为首之人密拿严办的消息。等到五、六月间留日学生代表汤槱、钮永建二人回国参与抗俄运动时，蔡吴汤钮四人之名已"扰攘上海数月"，[82]四人也早已被列入吕海寰的捕人名单，6月3日的《苏报》对此也有所报道。[83] 上海《泰晤士报》还透露，此时各驻沪领事已允上海道之照会，业经签名，拟缉捕为首诸人，但工部局独不许。

在大清国的属地上海捕人，为何要照会各驻沪领事，并得到工部局允许？这个在清政府看来最不齿于口的问题却成为最棘手的障碍抑或说是最需要正视的问题。原因很简单，无论是爱国学社，还是《苏报》馆，都坐落在公共租界内。[84] 在所谓的"国中之国"中，"外国领事建立了他们自己的西方式的新机构，而不是建立由各种造反政权或内地士绅领袖建立的那种中国式的统治机构……租界拥有征收地方赋税、维修道路、维持市政警察的权利"，[85]实行独立的立法、行政、司法、军事等管理，拥有以工部局为重心的立法体制和以工部局董事会为核心的行政体制，几乎脱离和排斥中国政府的管辖，清政府无法直接行使职权。对于报界，租界则恰如隔离和缓冲区域，拥有相对自由的言论环境。恰在此时，公共租界工部局又颁布了新的管理章程，明确规定：其一，所有租界内的华人和外国人，无论何案，未经会审公廨核明，一律不准捕捉出界；其二，界外差人不准入界擅自捕人；其三，界外华官所出拘票，须送会审公廨定夺，派员协捕。[86] 无奈之下，天朝只得叹息鞭长莫及，捕人之事也不得不一度搁置。

在这段时间里，还有两段小小的插曲。一是清廷官吏曾设法诱捕蔡元培、吴稚晖等人，但未成功。"十六日尚有上海已革举人童炯来骗我们入城（指华

82 《光绪二十九年五月二十六日外务部发沿江沿海各省督抚电旨》，同注3，第444页。
83 《查拿新党》，载《苏报》1903年6月3日。
84 爱国学社位于租界泥城桥福源里。在从现有的资料来看，《苏报》馆址曾经有三次迁动：(一)根据《上海研究资料续集》书首的《苏报》版图，光绪二十四年(1898年)时馆址在"英租界四马路东首"；(二)根据台湾学生书局版的《中国报学史》(第207页)所刊《苏报》版图，光绪二十六年(1900年)时馆址在"英租界棋盘街中市"；(三)根据光绪二十九年二月后《苏报》的版头，《苏报》馆址在"英租界三马路中市"，亦即"汉口路二十号"。
85 [美]费正清、赖肖尔：《中国：传统与变革》，陈仲丹等译，江苏人民出版社1992年版，第212～217页。
86 汤志钧主编：《近代上海大事记》，上海辞书出版社1989年版，第556页。

界,清政府管辖之地)。他说,他们将开设一文鞭学校,暗寓文人更革之义,叫我与子民等都去演讲,其实他受上海道之使,要骗我等去就捕。"⑧ 二是蔡元培、吴稚晖、章炳麟、黄宗仰等人曾多次被租界巡捕房传讯,而"每次所问之话,大略相同。终说:'你们止是读书和批评,没有军火么? 如其没有,官要捕你们,我们保护你们,我们回说没有军火,即点头而别'。⑧

及至《苏报》言论日趋激烈,《革命军》、《驳康有为论革命书》又先后出版,情况便急转直下,暂时搁置的捕人计划再度列入清政府的议事日程。6 月 20 日,两江总督魏光焘先是电陈查禁爱国学社张园演说,经外务部呈慈禧太后,批饬"严密查拿,随时惩办"。不几日,魏光焘又觉得演说虽禁,"复有《苏报》刊布缪说,而邹容所作《革命军》一书,章炳麟为之序,尤肆无忌惮,因饬一并严密查拿"。⑧ 时兼湖广总督的端方也致电魏光焘,谓《苏报》"悍缪横肆,为患非小,能设法收回自开至妙。否则,我办一事,彼发一议,终无了时"。⑨ 于是,鉴于《苏报》掀起的波澜,"清廷以是责之江苏大吏,大吏以是责之上海道员",⑨ 这种自上而下的追究与督办,在中国几千年形成的官僚体制上,让上海道台袁树勋感觉到"万钧压力,亦可谓重亦迫亦"。⑨

可在当时上海"一地三制"的情境下,要在租界内抓人,并非易事。袁树勋深知"租界之治权,彼实不得过雷池一步,而不能为非分之想、出位之谋",⑨ 远在江宁的魏光焘也明白,"界内拿人,最为棘手"。⑨ 为详慎起见,乃派候补道俞明震(字恪士)(1860—1918)赶赴上海,会同袁树勋同租界领事交涉副署拘票。

翻开厚重的大清国不平等条约,尽管无法查阅到"在租界抓人,要经各国领事同意,经董事局签字,并由巡捕协拿"的字样和条款,但历来双方交涉而成

---

⑧　同注 58。

⑧　同上注。

⑧　胡道静:《上海新闻事业之史的发展》,载《上海市通志馆期刊》第 2 卷第 3 期。

⑨　《光绪二十九年五月二十八日兼湖广总督端方致两江总督魏光焘电》,同注 3,第 444 页。

⑨　张丹、王忍之:《辛亥革命前十年间论选集》(第 1 卷下册),三联书店 1960 年版,第 776 页。

⑨　同注 91,第 777 页。

⑨　同注 91。

⑨　《光绪二十九年闰五月十二日两江总督魏光焘致兼湖广总督端方江苏巡抚恩寿电》,同注 3,第 413 页。

的习惯却逐渐演变为上述程序,⑨⑤这一点也作为正式制度写入了 1902 年会审公廨章程的修正案中。⑨⑥ 这让身为上海父母官的袁树勋很是着急。

相比袁树勋的急躁与担忧,俞明震倒有点处之泰然。他一边不动声色地与袁树勋一道和租界领事交涉,一边暗地里又与《苏报》的成员接触。俞明震一者原本就和陈范、蔡元培相识,属于旧友;二者他担任过南京陆师学堂总办,算起来应当是章士钊的老师,对章也颇为赏识;三者其子俞大纯和吴稚晖乃是留日时的同学,私交很好。这千丝万缕的关系,在传统中国的人情社会里,尽管不会摆上台面,但都是不可不虑之事。加之俞明震也"算个新党",⑨⑦办事的手腕便活泛起来。

6 月 26 日,俞明震到沪的第二天,他就亲自到《苏报》来拜访陈范,可能是由于早就听闻朝廷要抓人的消息,慈厚的陈范吓得闭门不见。次日,俞明震又以俞大纯的名义约请吴稚晖。席间,不仅拿出魏光焘命令严查的公文递给吴阅视,还劝吴可以出国留学,让吴可以秘密与其联络。这一系列莫名的举动,

---

⑨⑤ 1883 年之前,上海县令所发的拘票,一经领事领袖或者代表其参加会审的评审官附署,即可在界内拘拿人犯,即使不附署,也可产生效力,中方捕役可以自由地拘捕除洋人雇员外的华人被告。后来,为了能够获得巡捕房的协助,清方默认领事领袖的同意成为拘捕的必经程序。参见洪佳期:《上海公共租界会审公廨研究》,华东政法大学博士学位论文,2005 年,第 4 章《会审公廨章程的修订与权限的变化》。

⑨⑥ 该修正案第 6 款为:All warrants of the Mixed Court against Chinese in the foreign settlement north of the Yang—King—Pang shall not be enforced unless counter singed by Senior—Consul of Shanghai. If the defendant is in the employ of a foreigner, such warrant must be counter—signed by the Consul of the Nationality of the employment of the defendant. 参见吴圳义:《清末上海租界社会》,文史哲出版社 1978 年版,第 44 页。

⑨⑦ 对俞明震是个"新党"的定位来源于鲁迅先生的结论,鲁迅因为曾经做过俞的学生,对其素有好感。曾多次在日记中提及俞明震,称其为"俞师"或"俞恪士师"。俞去世,鲁迅还专门送去挽幛。周作人也说过,南京路矿学堂"总办是维新的俞明震,空气比较开明"。现在看来,俞明震在苏报案中的一系列举动,同情革命党人,有意网开一面的可能性较大。参见谭湘:《关于俞明震史料的一点辨正》,载《鲁迅研究》1994 年第 5 期。

让吴稚晖有点不知所以然。㉘ 不过，因为业已被巡捕房传讯多次，自持有租界的"保护"，吴稚晖对俞明震的谈话并不以为然。后来的历史表明，吴稚晖显然有点大意过头。清政府在与租界的多次协商后，租界最终做出了妥协，同意抓拿《苏报》一干人等。但要求政府当局书面承认"所拘之人，须在会审公堂中外会审，如果有罪，亦在租界之内办理"。㉙ 无奈之下，袁树勋只得同意，"彼久视租界为其主权，非内地办案可比"。⑩

于是，一幕富有戏剧性的捕人闹剧上演了。

首先，捕人名单由最初风传的"蔡、吴、汤、钮"4人，而后的"所欲捕拿者共6人，其中一系翰林，二系举人，一系商人，一系沙门，一系已辞职之某官员（即蔡元培、陈范、章炳麟、冯镜如、吴稚晖、黄宗仰）"⑩6人，最终变成了"钱允生、程吉甫、陈叔畴，以上《苏报》馆主笔。章炳麟、邹容、龙积之，以上为作《革命军》匪人。陈范，即陈梦坡，《苏报》馆主"⑩7人。这其中，陈范、陈叔畴实为一人，而钱允生、程吉甫则是报馆杂工，龙积之至多只是同之前的勤王运动有点干系，却也上了捕人名单，着实令人费解。⑩

其次，6月29日，中西警探前往《苏报》馆抓人，拘住程吉甫后，遇见陈范，问："陈范在吗？"陈范自己回答不在，巡捕就不再追究，扬长而去。这让陈范有

㉘　这次见面，由于缺少第三人的见证，最终导致了"《苏报》事件"的案外案，即章吴之争。1907年章炳麟在《革命评论》一书上发表《邹容传》的文章，认为是吴稚晖告密出卖了《苏报》一干人等，而吴稚晖则予以否认，两人针锋相对，在东京与巴黎之间，三问三答，交战好几个回合，纠缠不清。直至章炳麟去世，吴稚晖还跳出来澄清章是诬陷。参见《论"苏报案"中的章吴之争》、《苏报案中一公案——吴稚晖献策辩》、《从苏报案看清末报界》等。

㉙　同注89，第960页。

⑩　同注91。

⑪　同注85。

⑫　刘平：《风雷动——风雨如磐苏报案》，山西人民出版社1997年版，第145页。另外，一些材料关于捕人名单的记载稍微有偏差，如吴稚晖《上海苏报案纪事》中则没有钱宝仁，而是刘保恒。其他一些文章更是"陈吉甫"与"程吉甫"相互混淆。

⑬　根据后人的理解和揣测，这份名单应当是由俞明震提供的，名单故意遗漏了《苏报》及爱国学社中主要的蔡元培、吴稚晖、章士钊等人，而搪塞进钱允生、程吉甫、龙积之等不相干人，陈范一分为二，化作二人，其实也是对陈范的保护。同时，龙积之所以上了捕人名单，应该与端方有关。湖广总督端方作为参与苏报案最早和最活跃的官员之一，牵涉龙积之的富有票案就发生在端方管辖的湖北省境内，所以趁机惩办龙积之也就理所当然。

点茫然，"（巡捕）与我则认识，又任我入内而不拘"[104]。吴稚晖的解释是，"俞与梦坡熟人……拘住吉甫，不拘梦坡，延长一日不拘人，必系拘一账房，使其余者逃去，即可从轻发落，自可对付北京，此乃官僚惯技"。[105]

再次，程吉甫被捕之后，除了陈范有点犹豫，其余之人都不以为然。章炳麟称，"小事扰扰"，"诸教员整理学社未竟，不能去，坐待捕耳"，[106]继而蒙头大睡。第二天，警探来到爱国学社指名挨次查问，章自指其鼻："余皆不在，章炳麟是我。"自己不屑逃走，还在巡捕房写信让邹容、龙积之投案，结果龙氏连夜到案，邹容本由张继把他藏在虹口一西教士家中，亦于7月1日自投捕房。[107]

第四，巡捕们前往《女学报》去抓捕陈范，没有找到陈范，却遇见名单上没有的陈仲彝，即陈范的儿子，也一并抓走。中国历来的法律思维就信奉"父债子偿"，这回抓住陈仲彝，在巡捕眼里，恐怕和抓住陈范并无二样。

经过一番例行公事，除了陈范，名单上的人员皆被抓获。同时，在清政府的一再要求下，《苏报》最终在7月7日被查封。此时，距案发已经8天。其间，在章士钊主持下，《苏报》不仅刊出了《密拿新党连志》的消息，还发表章炳麟的《狱中答新闻报记者书》，章在文中坦然表示："吾辈书生，未有寸刃尺匕足与抗衡，相延入狱，志在流血，性分所定，上可以质皇天后土，下可以对四万万人矣。"[108]

需要提出的是，清政府要求查封《苏报》的过程也不是一帆风顺的。一方面，因为《苏报》挂过日人招牌，所以清方特别小心翼翼地注意报馆背景，"查苏报初办，挂日本牌，沪道询小田（指日本驻沪总领事小田万寿之助），不认，即无

---

[104] 吴稚晖：《上海苏报案纪事》，中国史学会编：同注3，第404页。

[105] 同上注。吴稚晖在《回忆蒋竹庄先生之回忆》（同注58）还写到，"我当时心想，捉一账房，见馆主不捉，便是一幕惯常惯作的把戏。办几个小官，了一件大事，终是这么糊涂了解的"。

[106] 汤志钧编：《章太炎政论选集》（上册），中华书局1977年版，第354页。

[107] 蒋维乔：《中国教育会之回忆》，载《东方杂志》第33卷第1号，第12页。转引自李斯颐：《苏报案中邹容投案原因考》，载《新闻学刊》1987年第3期。文章中写到："独章炳麟不肯去（指逃跑）。谓邹容曰：'吾已被清廷查拿七次，今第八次矣，志在流血，焉用逃为。'且戒邹容亦勿去。"

[108] 《狱中答新闻报记者书》，载《苏报》1903年7月6日。

外人保护。"⑩另一方面，"昨发封苏报，会审员翟翻译签字后，值年领（应是美国驻沪领事古纳）及英领事加签，及工部局竟搁起。今晨沪道以该局不从堂谕，即饬会审孙令停堂勿别讯别案。嗣该局自知失理，遂于今午将该报照封"。⑩ 原来，由于工部局的抵制，会审公廨 7 月 6 日发布的查封《苏报》馆的指令并没有得到执行。因为早在 5 天前的 7 月 1 日，工部局董事会会议就形成决议："关于会审公廨谳员下达给公差要求封闭苏报馆之指令，董事会指示，在审讯并判决前不准执行，即使执行也应由部局巡捕负责。"⑪此外，他们还给出了一个理由，就是"所要查封的报馆所有权已在 6 月 30 日转移到了一个英国人的名下，因此这些设备无疑是这个英国人的财产，所以这样一来，无论是会审公廨的英国法官，还是工部局巡捕都宣称无法由会审公廨谳员签发指令"。⑫

7 月 7 日，清方以停止会审其他案件相威胁，工部局才采取行动。此刻，《苏报》早已又出报一期。这里，清方指出的"自知失理"只是想当然的说法。工部局的董事们明白，要签字查封报馆也并非易事，依照租界奉行的法律，正在审理中的案件，除了依照适当的程序，不能采取其他措施。果不其然，《苏报》查封才一天，《上海泰晤士报》就连续两日发表社论，反对"未断案而先封馆"，要求"设法阻止中国守旧官员在租界妄行其权"，⑬并认为会审公廨和领事的行为是"吹灭自由之灯"。⑭ 同期，《字林西报》发表《违背公开集会和言论自由的行为》(The prohibition against public meeting and free speech)，指出"即使报馆当行封禁，亦必须在裁判定罪之后行之，今则未断案而先封官，我等

---

⑩ 《光绪二十九年五月初八日探员志赞希赵竹君致兼湖广总督端方电》，同注 3，第 445 页。中国人民大学新闻学院方汉奇教授在《"苏报"与"苏报案"》一文中，曾说《苏报》被查封前曾用英人罗某的名义登记，托为英商报纸。在中国新闻史上，旧上海的许多报纸都习惯以外人名义登记，借此寻到保护，民间称这种报纸为"洋旗报"。

⑩ 《光绪二十九年闰五月十三日福开森致兼湖广总督端方电》，同注 3，第 415 页。

⑪ 上海市档案馆编：《工部局董事会会议录》（第 15 册），上海古籍出版社 2001 年版，第 610 页。

⑫ 1903 年 7 月 9 日法国驻上海总领事拉塔尔致法国外交部长德尔卡塞的信函，L'Affaire de Su－pao，Correspondance Politique et Commerciale，Nouvel Série，Chine，1897 à 1918.

⑬ 方汉奇主编：《中国新闻事业编年史》（上册），福建人民出版社 2000 年版，第 269 页。

⑭ 1903 年 7 月 9 日古纳致康格的信函，Despatches from United States Consuls in Shanghai，1847—1906. Volume 49. Washington：National Archives，1947.

不知其合法否也。美国之国法,本报主张平等自由之权利,现在上海之美总领事与中国官员同行此守旧之办法,余等深为惋惜之也。"⑪⑤《中外日报》转译《西报论苏报馆封闭之非》、《西报论苏报馆封禁之非》。旋即,英国《泰晤士报》以"中国保守势力镇压维新党"为主题发表了《中国政府与革命党》(The government and the reform party)。美国《纽约时报》所撰文章与《泰晤士报》立场一致,也认为苏报案是政府镇压改革者的行为。

连续的社论让工部局有点骑虎难下。所幸的是,在法庭上对抗的两造,一方是以帝国自居的煌煌天朝,一方是手无寸铁的文弱书生以及这么一个奇特的法庭,双方都请洋律师助阵,官司背后的政治因素,如此盛大的司法套餐以及其中的紧抓眼球的新闻因素,所有的一切,都使人关注和心跳,谁还会在乎工部局的难为情呢?

二、奇异之诉

(一)草草的初审与沸腾的媒体

苏报案的审理机构,可能是一个今天的法律人都觉得陌生的机构——会审公廨——一个可能是世界上最奇怪的混合法庭。

6 月 30 日下午,巡捕房将 5 人(注:此时邹容还没有投案)移送会审公廨,由中方谳员孙建臣、英国领事馆副领事翟理斯进行预审。预审程序是会审公廨后来在《洋泾浜设官会审章程》之外最重要的变革之一。原先对于超越会审公廨裁判权限的重大案件,依章程应立即移送上海县衙,但预审程序确定后,则任何案件一定要在会审公廨"过一堂",再由其决定是否移送上海县衙。现在立即实施预审,一方面,是租界当局不愿司法权旁落,要求清政府遵守起初的约定;另一方面,清政府的目的也很明显——立即审理,尽快执法,以儆效尤,以防意外,为此,他们还聘雇了上海著名的古柏律师充当助手。

预审从一开始就没有进行下去。先是章炳麟等人蹲踞在地,不愿意下跪,直至陪审官翟理斯喝令,5 人才下跪参加审判。"旋有律师博易者投案,声称陈等已延本律师声辩,请订讯案"。⑪⑥ 突然冒出的章炳麟等人的辩护律师博

---

⑪⑤ 对于《字林西报》的评论,公共租界工部局指出:"董事会须注意到该文之虚谬,故提议拟向该报编辑递交驳斥信一封,以供发表。"参见石培华:《从上海英租界工部局档案中有关"苏报案"的资料看"苏报案"的真实情况》,载《华东理工大学学报》,1996 年第 4 期。
⑪⑥ 《会党成擒》,载《申报》1903 年 7 月 2 日。

易,让清方官吏很是吃惊,以往尽管公堂上早有外籍律师的出现,但华民双方都延请律师辩护,还是第一回。[117] 庭审一开始,"华官即欲移县办理,西官以有约在先,不允。（辩护）律师亦谓订期再讯,于是中西官相商,决定还押捕房候讯"。[118]

于是,第一次审讯就这样草草收场。

相比预审的单调和无味,庭外的场景却异常丰富和激烈。

"苏报案"甫发,舆论震惊,上海诸多报纸就立即反应。《申报》连发《饬查叛党》、《会党成擒》、《续获会党》、《会党自首》四篇,追踪事件发展;英文《字林西报》发表社论《本地报纸的自由》,反对查禁《苏报》,要求保护租界的思想和言论自由。即便与《苏报》在革命还是改良问题上有着尖锐分歧的《中外日报》,也发表社论《近事概言》,抗议当局"与言者为难"……隔日,中国教育会常熟支部负责人殷次伊为苏报案愤而投水自杀。顿时,苏报案的影响就超越了上海一隅,引起从清廷到革命党人,从朝廷大员到在野乡绅,从沪上洋商到海外舆论的广泛关注,使得这场公堂角逐尚未开锣就被赋予了太多司法外的意味。

舆论的关注让慈禧太后也始料未及。她担心单纯依靠袁、俞二人在上海处理此事,恐怕力单势薄。为此,她饬令湖广总督端方（1861—1911）负责此事。领命的端方特别卖力,一边与军机大臣张之洞、两江总督魏光焘、江苏巡抚恩寿、上海道袁树勋、江苏候补道俞明震等人密切联系,一边派出知府金鼎、探员志赞希、赵竹君亲赴上海调查,展开一连串紧锣密鼓的幕后活动。一时间,上下左右,文电交驰。端方也明晓,要和各国领事有效斡旋,单凭清方的能力恐不奏效。为此,他特地通过张之洞联系到当时在沪活跃的上海商约公所参赞美商福开森（1866—1945）,把希望寄托到福开森身上。福开森与驻沪各领事熟悉,且与美领事古纳的关系尤其不一般,同时福开森又是上海《新闻报》的幕后老板,可以借此趁机挽回舆论上的劣势,因此,张之洞在致端方的电文

---

[117] 根据学者杨湘钧的总结,在洋泾浜北首理事衙门时期,上海租界即已有了现代律师的辩护制度,但差不多是到会审公廨时期,方才具体落实到华人世界。会审公廨只有"早堂"即"洋原华被"的民刑案件以及纯粹的华人刑事案件,律师才有可能出庭;至于"晚堂"即纯粹华人之间的民事诉讼,由于审理程序与适用法令和内地衙门并无二致,故仍罕见两造聘雇现代律师。参见杨湘钧:《帝国之鞭与寡头之链——上海会审公廨权力关系变迁研究》,北京大学出版社2006年版,第114～115页。

[118] 同注11,第71页。

中称，"此事枢纽全赖福开森"。[119]

《新闻报》与《苏报》本无多大积怨，之前至多只是改良与革命的政见有所不同。苏报案发生后，为避免舆论围攻，端方通过金鼎联系上《新闻报》主笔金煦生，再加之福开森的幕后暗示，《新闻报》态度骤变，发表《论革命党》一文，由原先对朝廷的幸灾乐祸一变而为讥讽革命党，言辞刻薄。[120] 狱中的章炳麟被激怒，旋即通过《苏报》发表《狱中答新闻报》，回击《新闻报》。"去矣，新闻记者！同是汉种，同是四万万人之一分子，亡国覆宗，祀逾二百，奴隶牛马，躬受其辱。不思祀夏配天，光复旧物，而惟以维新革命，锱铢相较，大勇小怯，秒忽相衡，斥鷃井蛙，安足与知鲲鹏之志哉！去矣，新闻记者！浊醪夕引，素琴晨张，郁素霞之奇意，入修夜之不旸。天命方新，来复不远，请看五十年后，铜像巍巍立于云表者，为我为尔，坐以待之，无多聒聒可也。"[121]其文气铿锵有力，论辩攻守兼备，气势酣畅淋漓，又在上海舆论界掀起一场波澜。一番言语较量后，《新闻报》只得补上一篇《党案判词照录》，灰头土脸地草草了事，就此罢言。

(二)7月15日：第一次公开审理

从四马路的老巡捕房到会审公廨，其间只隔了浙江路大桥，路程并不长。就以往来说，要押解嫌犯前往受审，巡捕房一般只需象征性派些印度巡捕就是，但7月15日苏报案第一次公开审理的时候，巡捕房史无前例地给予重视，派出了大量的英国捕头和印度巡捕专职押送。事后，章炳麟的回忆也证明了外人的这种慎重是正确的，"伪关道袁树勋以兵五百，解去号褂，潜伏新衙门（指会审公廨）后，将劫以入城，捕房戒严，每人（指嫌犯）以一英捕陪坐，马车后复有英捕跨辕，数英捕驰车带剑，街巷隘口，亦皆以巡捕伺守，谋不得发"。[122]

正式开庭后，清政府的律师古柏立即就提出了控告《苏报》馆条款，谓《苏报》"任意污蔑今上，挑诋政府，大逆不道，欲使国民仇视今上，痛恨政府，心怀叵测，谋为不轨"。[123] 并从6月份《苏报》鼓吹革命的文章中一一罗列证据。

---

[119] 《光绪二十九年闰五月初十日内阁大学士张之洞致兼湖广总督端方电》，同注3，第412页。

[120] 《论革命党》，载《新闻报》1903年7月5日。有学者认为，在认识到新闻舆论的强大力量后，这是中国官方第一次直接利用上海报纸言论，但维持时间并不长久，《新闻报》并未就此成为官方喉舌，不久仍回到商办报纸的立场。

[121] 《狱中答新闻报》，载《苏报》1903年7月5日。

[122] 同注106，第238～239页。

[123] 同注37，第368页。参见《中国政府控告邹容条款》，载《中外日报》1903年7月20日。

刊载日期	篇　名	指　控　语　句
6月1日	《康有为》	革命之宣告殆已为全国所公认，如铁案之不可移。
6月3日	《客民篇》	哥老会中屡屡肇事，以名不雅驯，遂变称为"客民"，阳以垦荒为名，阴实济其抢劫之计。 客民者，即客帝逼拶而出者也。此客帝盘踞之久也，悉取其主人而奴之，奴之眼光殆无往非其主人，故二百五十年亦无以为帝而必欲屏之也。非颠倒之既久，而乃其跳踉之难制者外之为客民。
6月9日	《读革命军》	吾国乡曲之间，妇孺之口，莫不有男降女不降、老降少不降、生降死不降之谚，而见满人者无不呼为"鞑子"，与呼西人为"鬼子"者同，是仇满之见，固变通人所知也，而今日世袭君主者满人，占贵族之特权者满人，驻防各省以压制奴隶者满人，夫革命之事亦岂有外乎去世袭君主，排贵族特权，覆一切压制之策者乎？
6月9日	《介绍革命军》	《革命军》凡七章：首绪论，次革命之原因，次革命之教育，次革命必剖清人种，次革命必先去奴隶之根性，次革命独立之大义，次结论，约二万言，章炳麟为之序。其宗旨专在驱除满族，光复中国，笔极犀利，文极沉痛。稍有种族思想者读之，当无不拔剑起舞，发冲眉坚。若能以此书普及四万万人，中国当兴也勃焉，是所望读《革命军》者。
6月10日	《读严拿留学生密谕有愤》	贼满人。 游牧政府人。 汝辫发左衽之丑类。 汝诬谬狂戾之上谕。
6月22日	《贺满洲人》	杀满杀满之声已腾众口。 泰然自豪曰：金城汤池，诚子孙帝王万世之业也，乃今者睡虎已醒，群盲豁然，吾汉族之曙光已一发而不可遏，抑视满人为九世深仇，切齿咧眦，磨砺以须。

续表

刊载日期	篇　名	指　控　语　句
6月22日	《杀人主义》	今有二百六十年四万万同胞不共戴天之大仇敌，公等皆熟视而无睹乎。 以四万万人杀一人，奚啻摧枯。 杀尽胡儿方罢手。
6月29日	《康有为与觉罗君之关系》	盖自乙未年以来，彼圣主所以长虑却顾，坐席不暖者，独太后之废置吾耳；殷忧内结，智计外发，知非变法无以交通外人，得其欢心，非交通外人得其欢心，无以挟持重势而排太后之权力。载湉小丑，未辨菽麦，铤而走险，固不为满洲全部计。载湉者，固长素之私友，而汉族之公仇也，况满洲全部蠢如鹿豕者，而可以不革命哉。

　　接着，又指责《苏报》捏造上谕；至于邹容《革命军》为清朝政府指控的地方，则为该书第一、二章，认为文中多侮辱政府词句，大逆不道。[124] 此外又称："《苏报》馆主陈范即陈叔畴，为现在到案之陈仲彝生父，实主持该馆之笔政，应请补捉；程吉甫系司账人；龙积之系汉口富有票案中要犯，应归另案惩办；余人请即一律办理。"[125]

　　控告完毕，谳员孙建臣就喝令堂下人犯如实招来。可章、邹一声不吭，其余更是一言不发。这样的场景让孙谳员有点着急。他原是捐纳出生，先在法租界会审公廨担任谳员，刚调来公共租界接替前任谳员张柄枢不久。[126]

　　见场面僵住，一急之下，孙建臣突然冒出一句，"我求你们快快招供吧！我与你们无冤无仇，早结案，大家都省心。"[127]万般无奈之下，只得指定章炳麟先

---

　　[124]　同注37，第373～375页。

　　[125]　同注11，第74页。

　　[126]　关于会审公廨谳员的选拔和任命，具体可参见同注117第4章第2节第1点《人事组织》部分。总体而言，谳员历来只是候补同知，地位权限皆不如上海知县，一般素质也不是很高，清方也不怎么重视。历届谳员较出名的仅有陈福勋、关炯之等人。两江总督刘坤曾经上奏清廷，谓"上海会审公廨谳员，既非实缺，无俸禄升调之期，即不能与实缺官员一同迁转，致劳绩久着于成例，无阶可升。"参见同注86，第369页。

　　[127]　同注102，第156页。

招供。

章炳麟是整个公廨中最引人注目的。据《申报》当时记载："章长发髭髭然被两肩，其衣不东不西，颇似僧人袈裟之状。邹剪辫，易西服，余人则穿仍用华装。"[128]章炳麟人称"章疯子"，对于谳员的要求，回应到："我乃浙江余杭县人，年三十六年。先曾读书，后在报馆任主笔，戊戌后赴台湾……今年二月在爱国学社任教习。因见康有为著书反对革命，故我作书驳之。所指书中'载湉小丑'四字触犯清帝圣讳一语，我只知清帝乃满人，不知所谓圣讳，'小丑'两字本作'类'字或作'小孩子'解，苏报论说，与我无涉。"[129]以章炳麟的学问功底，"小丑"被化解为作"类"字或作"小孩子"解，着实洗涮了浅薄的孙谳员一把。

孙建臣见此，料想"章炳麟为知名之士，以为必会中式，问得自何科"，章炳麟笑曰："我本满天飞，何窠之有？"[130]将"科"故意误解为鸟"窠"，又戏谑孙建臣一次。

不得已之下，孙建臣只得转向讯问邹容。

邹容答："本人邹容，四川巴县人，十八岁，《革命军》一书，乃我所作。"除此之外，别无他言。

接着，陈仲彝供："那陈范是父亲，事前到东洋去了。《苏报》馆总主笔是吴稚晖。程吉甫是应房，钱允生不认识。报馆是共同开设，归父亲经理。我仅止在馆内读书，于主笔事务，不相过问。于报馆事务，概不料理。馆中共有四个账房，经理原是父亲，如不在馆，归账房代理。我只是专心读书，不管馆中事务。那吴稚晖是专管主笔是实。"

钱宝仁供："我实名钱宝仁，并不是钱允生，前堂也曾得及的，系镇江人，暂寓客栈，《苏报》馆事，并没知道，因办九江矿务来沪，在新马路跑马厅、女学堂内被拿来的，不是在《苏报》中拿来的，是实。"

---

⑫⑧　《初讯革命党》，载《申报》1903 年 7 月 16 日。

⑫⑨　同注 37，第 377 页。

⑬⓪　此处的对话，有的资料认为发生在 12 月 3 日额外公堂的第一次审理上，如周佳荣，《苏报及苏报案件——1903 年上海新闻事件》一书。但根据张篁溪《苏报案实录》的记载，对话的时间为西历 7 月 15 日，对话的主体应为孙建臣与章炳麟二人，而在 12 月 3 日额外公堂的第一次审理时，谳员已经替换为邓文堉。此外，1903 年 7 月 16 日《申报》中《初讯革命党》的新闻也证明了上述谈话的存在。

章炳麟

邹容

程吉甫供："我系《苏报》馆告白账房，即二账房，不管馆中别事，如遇经理人陈范有事他去，系三账房李志园代为料理。况我已于前年十二月辞去，去年三月又进去，所以银钱一切都不管的。有旧报告白，是实。"

龙积之供："广西临桂县人，年四十四岁。由优贡选四川知县，到过省的，庚子年，唐才常京卿于富有票事，职贡因母丧停柩在沪，虽到过汉口，单上并无名字。次年赴广东，单上无名字。今唐京卿已死，是实。"[133]

六人的供述，要么以近乎调戏法官般的语言敷衍，要么以近乎沉默式的表达对抗，要么推卸得一干二净，要么论述得毫无干系。代表清方的律师古柏与哈华托也没有更多的证据来指证。第一次公开审判就这样结束了。法庭宣布："此案会商英副领事，着将陈仲彝等六人，暂行还押捕房，即提供出《苏报》馆主笔吴稚晖，代理经理李志国到案须讯核办。陈范是否避往东瀛，未可经信，仍饬差严缉解究，毋延。"[132]

如果在清政府自己的衙门里，这样的审判恐怕至多是个过场。不出意外的话，章、邹等人便会悄无声息地死去，但在会审公廨中，因为公开审理的"阳

---

[133] 转引自前注 11，第 74～75 页。参见《光绪二十九年闰五月二十一日知府金鼎致兼湖广总督端方电》、《光绪二十九年闰五月二十二日兼湖广总督端方致内阁大学士张之洞电》，同注 3，第 425、465 页。

[132] 高良佐：《记清末两次文字狱——苏报案和沈荩案》，载《建国月刊》10 卷 2 期。

光",有着旁听席上诸多的中外市民,章、邹依旧可以活生生地藐视着清廷的一切,这让政府很失朝廷威仪,可事已至此,只好硬着头皮将官司进行到底。更为有趣的是,由于政府缺乏法律人才,偌大的帝国不得不聘雇两国外籍律师作为代理人,而按照《大清律例》的规定,是严格禁止讼师出现在公堂之上的,[133]清政府又打了自己一个响亮的耳光。

(三)7月21日:第二次公开审理

7月21日,苏报案第二次公开审理,章、邹等人一一被提审,但原告律师以本案已成为国际交涉为由,提出"此事已成交涉重案,须候北京公使与政府妥后再讯",[134]应将案件延期审理的请求,被翟理斯批准。第二次公开庭审的时间比第一次还要短。

原告律师提出暂停审讯的请求,显然是清政府的意图。当天,上海道台袁树勋还专门参加了驻沪领事团的会议,要求废除原来签订的在租界审理和定罪的协议,同时试图将中外交涉的层面由上海领事团引向北京公使团,要求"转请外务部援洋泾浜设官章程,与公使力商"。[135]

第二次审理中,有一个有意思的细节。因为忙着引渡,所以庭审一开始,原告律师就以"另有交涉"为由要求改期。这遭到被告律师博易反对,并反问:"现在原告究系何人?其为政府耶?抑江苏巡抚耶?上海道台耶?本律师无从知悉。"[136]一个问题抛出来,所有人仿佛都被噎住一般,审判都进行第三次,谁是原告的问题似乎谁也没有追究过。此刻若是回答原告是江苏巡抚或者上海道台,那显然和朝廷的意见相左;若回答是大清政府,谁又敢来做大清政府的堂上代理人?还好孙建臣回答得机智,以"系奉旨着江苏巡抚饬拘,本分府惟有尊奉宪札行事而已"[137]模棱两可搪塞过去。

---

[133] 对中国古代讼师的研究,参见邱澎生:《以法为名:讼师与幕友对明清法律秩序的冲击》,载《新史学》2004年第15卷;党江舟:《中国讼师文化——古代律师现象解读》,北京大学出版社2005年版;[日]夫马进:《明清时代的讼师与诉讼制度》,载《明清时期的民事审判与民间契约》,法律出版社1998年版。

[134] 蒋慎吾:《苏报案始末》,载《上海研究资料续集》,中国出版社影印本1984年版,第94页。

[135] 《光绪二十九年闰五月二十七日上海道袁树勋致兼湖广总督端方电》,同注3,第428页。

[136] 方汉奇主编:《中国新闻事业编年史》(上册),福建人民出版社2000年版,第247页。

[137] 《二讯革命党》,载《申报》1903年7月22日。

一个诉讼法上最简单的问题——谁是原告——都没有搞清楚，庭审就这么荒唐地进行着，但大家都清楚，原告乃是由着老佛爷坐镇的煌煌天朝，只是谁都不敢把这层窗户纸给捅破。

按照法律程序，清政府只是此案的原告一方，而章、邹等人属被告一方，是法庭上平等对抗的诉讼主体。堂堂大清国政府，一向以民之父母自居，却在自己的领土上一个最基层的法庭上，以原告的身份起诉自己的子民，这对于天朝而言，颜面何在？再进一步，在世人看来，这场诉讼宛如一场大象与蚂蚁之间的较量，力量惊人地悬殊，结果也应当在意料之中。但因为在租界审理，强大的天朝却如同被束缚着手脚一样，貌似庞大，却施展不开能力，对法庭另一端的被告无能为力，只得等待引渡的消息。

三、引渡夭折

（一）清政府关于引渡的交涉：上海与北京

按照清朝政府的打算，"此事关系太巨，非立正典刑，不能定国是而遏乱萌"，[138]对于苏报案的被关押人员最好能够"一日逮上海，二日发苏州，三日解南京，四日槛京师"，以免"不办首要，祸焰更炽"。[139]

清朝的大小官吏心知肚明，苏报案的审判权为外人所操作，并且"若依西律恐不重办"，[140]"此事仅恃沪道办理，力量较薄，非由外务部商诸公使主持，恐仅在上海监禁，多则三年，少则数月，限满释放，逆焰更凶，大局不可问矣"。[141]为了尽快完成严惩的意图，将《苏报》诸人置于死地，尽管当初有"在公堂定罪，在租界受审"的约定，政府还是企图让租界当局交出嫌犯，解往南京自行审办。袁树勋在致端方电报中说："逆犯章炳麟等大逆不道，世所不容，自以解宁惩办

---

⑬ 《光绪二十九年闰五月初八日兼湖广总督端方致内阁大学士张之洞电》，同注3，第377页。

⑬ 《光绪二十九年闰五月初十日兼湖广总督端方致内阁大学士张之洞电》，同注3，第448页。

⑭ 《光绪二十九年五月十三日探员志赞希赵竹君致兼湖广总督端方电》，同注3，第414页。

⑭ 《光绪二十九年五月十一日兼湖广总督端方致内阁大学士张之洞电》，同注3，第451～452页。

为正义。"⑭²张之洞在致端方电报中也说："务须设法即日将五人交上海道解宁，勿稍迟缓，致令狡脱。"⑭³

清政府内阁大学士张之洞

　　清政府要求租界当局移交苏报案的被关押人员，涉及"引渡"这一问题。所谓引渡，一般是指一国应他国的要求，将被他国指控有罪或已判刑的人移交该国的行为。租界作为中国领土，清政府要求公共租界当局移交犯罪的华人，本来不应该称为引渡，但由于租界事实上已成为清政府不能有效行使主权的特殊地域，因此租界当局视这种行为为引渡。⑭⁴ 谁知这一步却一直未能成功，特别是中外舆论哗然，新闻界开始更加深入介入后，不少国家以引渡制度中"政治犯不引渡"的例外条款来搪塞清朝政府，更有国家以内国法"有证据表明被引渡者在引渡国无法受到公正审判"的规定直接拒绝引渡要求。

　　不过，清政府并未善罢甘休。为了达到引渡的目的，政府在上海和北京同

---

　　⑭²　《光绪二十九年五月十一日上海道袁树勋致兼湖广总督端方电》，同注3，第412～413页。

　　⑭³　《光绪二十九年五月初十日内阁大学士张之洞致兼湖广总督端方电》，同注3，第412页。

　　⑭⁴　自1883年7月"巡捕曹锡荣杀人案"起，租界当局已有拒绝将嫌犯交给清政府当局的处理意见，即拒绝引渡。同注117。

时开展了一系列的外交活动。

在上海，作为清政府代表的福开森、袁树勋等人频频与各国驻沪领事接触，政府在背地里也大展手脚，开展"金钱外交"。据当时《江苏》月刊披露，政府为了引渡章、邹等人，曾许诺以宁沪铁路的权利。[145] 又据英文《上海泰晤士报》透露，清政府曾向工部局出银十万两要求将章、邹处死，而以三百两送给工部局巡捕房。[146] 对此，工部局予以拒绝，认为"六个犯人中的四个显然既与《苏报》的出版没有联系，也与清廷布告中特别提到的爱国社没有瓜葛；既没有说明其罪行，也没有证实其身份；将被告移交即决执行，却不给被告证明其无辜的机会，将在外国租界的治理有方方面令有关列强永久蒙羞，并严重损害其未来的管理。"[147] 并以"此租界事，当于租界治之，为保障租界内居民生命自由起见，决不可不维持吾外人之治外法权"[148] 为由而加以拒绝。

尽管福开森、袁树勋等人忙得团团转，甚至最多的时候，端方一天之内连发 10 封电报，[149] 但"沪领纷纭，我急彼缓"，"沪道往商领袖，各领以训条未一律奉到，致多推辞"，"沪道虽迭商领袖，会同各领设法交人。无如各领不同心，故近日多议少成"。[150] 魏光焘认为引渡之事阻力全在工部局，因为"其局董权势远过领事"，[151] 转而将问题推向北京方面。

在北京，以庆亲王奕劻为首的外务部积极联系各国驻华公使，意图通过公使给驻沪领事施压，完成引渡，袁树勋也要求"电请外部分电出使大臣，执美约十八条、英约二十一条、并租界设官章程，向彼政府再商"。[152] 但"当时各公使

---

⑭⑤　《祝苏报馆之封禁》，载《江苏》1903 年第 4 期。

⑭⑥　《旧金山哥略报·苏报案》，载《国民日日报汇编》（第 1 集），第 32～33 页。

⑭⑦　1903 年 7 月 23 日这封电报的内容转给了领事团并在 1903 年 7 月 25 日给驻京公使团团长 Czikann de Wahlbom 男爵的信中得到确认。Kotenev，Anatol. M. Shanghai：Its Municipality and Chinese. N. C. Daily News and Herald，Limited. 1927，76. 转引自余华川：《从上海公共租界会审公廨看中西法律制度和思想的冲突与融合》，华东师范大学博士学位论文，2005 年，第 84 页。

⑭⑧　同注 37，第 380 页。

⑭⑨　同注 3，第 457～460 页。

⑮⑩　《光绪二十九年七月初五日兼湖广总督端方致内阁大学士张之洞电》，同注 3，第 476 页。

⑮①　《光绪二十九年五月十八日两江总督魏光焘致兼湖广总督端方电》，同注 3，第 422 页。

⑮②　《光绪二十九年六月初八日知府金鼎致兼湖广总督端方电》，同注 3，第 431 页。

之态度,以满清政府多方接洽,殊不一致"。[153] 同时,还电令驻外公使积极运作,在驻地国展开外交斡旋。如驻美公使梁诚多次照会美国政府,要求依据相关条约交出案犯。驻英公使张德彝也亲自拜访英国外交大臣蓝斯唐,要求内阁指示英国驻上海领事交出章邹等人。清政府驻俄公使胡惟德也有所行动。

《苏报》案发生在英国占主导地位的公共租界。有一种来自美国驻上海总领事的说法就是:"明显的是自 1900 以来,当地的英国人绷紧每一根紧张神经引诱或者是迫使他们的政府宣布上海是一个英国人的殖民地或者是一个独立的城市。"[154]因此英国公使的态度对决定是否引渡是至关重要的。为此,政府特地搬出了一系列条款来说服英国公使萨道义:"查英美条约均载有通商各口有中国犯罪人民潜匿各该国船中房屋,一经中国官员照会,领事官即行交出,不得袒庇。是匿在船房之内尚应交出,岂有在口岸地方转行干预。况洋泾浜设官章程,又复详载明确。此等重犯,与洋人无干,应交中国地方官审办。两国交涉,惟凭约章,虽公法亦为所限。今领事工部局实不应违背约章干预。"[155]但萨道义却丝毫不理会,坚决不同意引渡:"苏报诸人当在租界鞫讯,断不可交与华官。使果有罪可据,则加以应获之罪,亦不能出租界一步。"[156]英国蓝斯唐侯爵在上议院谈到苏报案时称章、邹等人被租界拘捕是"受上海道之促迫,不得已而出此",同时表示坚决不能移交给清廷。[157]清政府对此无可奈何,"此次六犯,美法俄比皆允交犯,惟英不允"。[158]

据传,为了加快引渡工作的进展,大清国的最高统治者慈禧太后甚至开展了一场"夫人外交",试图通过各国公使夫人的力量,间接说服公使。按中国人的心理,吃人嘴短,拿人手短,即使不会同意,也不致当面抢白。但一群公使夫人在酒足饭饱后听到慈禧的本意,却认为"太后地位品极尊崇,但无权干涉国

---

[153] 同注 37,第 380 页。

[154] 1903 年 8 月 18 日古纳致美国助理国务卿的信函,同注 114。

[155] 《光绪二十九年六月初六日兼湖广总督端方致内阁大学士张之洞电》,同注 3,第 471 页。

[156] 同注 37,第 383 页。

[157] 同上注。

[158] 《光绪二十九年七月初三日兼湖广总督端方致内阁大学士张之洞电》,同注 3,第 474 页。

政，尤其是司法独立，碰都不要碰"，俨然将中国人的老佛爷给教训了一番。[159]

慈禧太后与外国公使夫人等在一起

官方的态度让清政府失望，旅沪侨报的众口交腾更让清方无处发泄。《北华捷报》首先反对，指出如果将章、邹等人交给清政府，那么按照"中国官场惯用之手段"，定会"加以极刑，强迫供词，殃及无辜"，如此《苏报》诸人难逃"惨酷之刑"。[160]《字林西报》则云："攻苏报者，非指为叛逆，即讥为疯狂。而不知人苟有心，真理不灭。苏报诸君子发为议论著于报端，而千万人观之，则其舆论之表同情者极不乏人。使以苏报诸人加以极刑，是适令中国之有志者愤激而图举义也。吾知在狱诸君必可获免，出版自由，中国亦向无厉禁。使有意外之事出于租界，而以诸人交付华官，则外人素持公理之名誉恐有损伤。外人在租界一日即有一日应得之权利，中国人在租界一日即有一日应受外人保护之权

---

[159]　参见高拜石：《小心抓耙仔——苏报案的一个替死鬼》，载《古春风楼琐记》（第11集），作家出版社 2005 年版，第 90～91 页。对于高先生举出的这个事例，一直没有得到查证。当然，由于丢脸，清方也不可能对此有所记载。后中央电视台录制的《百年中国》讲述《苏报案》时，亦引用该事例。

[160]　同注 37，第 380 页。

利,而华官不得过问也。"⑯这些评论,有对《苏报》诸人同情和支持的成分在内,但更为主要的是强调外国在中国的治外法权。《字林西报》代表了当时西方舆论界在引渡问题上的立场,客观上为反对引渡起了推波助澜的作用。

整个7月,清政府与驻华公使及驻沪领事关于引渡的交涉一直处于胶着状态,但不可否认,交涉还是有相当进展的。

于北京公使而言,《上海泰晤士报》登载:"法公使度派尔(即吕班)甚愿将诸人交于华官,俄公使雷萨则又甚之,美公使康格大意亦与法公使同,惟谓当与上海道熟商,能与租界判断治罪最妙,德国署理公使莱特维芝及荷比两公使皆赞成法公使之议。意公使则独于此事有公正判决,尝谓此系公罪,而报章之言论自由久已准行于租界,无俟上海道之干预也……日本公使内田则不加可否,惟俟上海道之报告以为断。英国政务大臣汤来则待其政府之命令,而奥国公使克徐肯则并无意见也。"⑯

于驻沪领事而言,尽管各领事也存在异议,但并非全都反对引渡。美国驻沪领事古纳就主张支持清方引渡,并且致函袁树勋:"外国人之租界原非为中国有罪者避难之地,以大义论之,当将反抗中国政府诸领袖如今之苏报一案诸

---

⑯　同上注,第380～381页。

⑯　同上注,第380页。在驻京公使团之中,最支持清方引渡的是俄国公使雷萨。他不仅自己同意引渡,还积极为清方出谋划策,力图使驻京外国公使团同意引渡。具体可参见邹容集编注小组所作《老沙皇是残害邹容的刽子手——邹容史事订正(选载)》一文。在公共租界实际占据主导地位的英国领事也于7月4日参与了美领事与上海道的密谈,会后,英国会审翻译翟理斯在会审处宣言会审公堂并无权力审理该案,实际上反映了英领事的意思。到此,清政府所希望的引渡问题似乎可以顺利解决。但不久事情发生了变化,时任英国首相的巴尔福在下议院发表言论,称其已经命令英国驻华公使不要将一干人犯移交给清政府审理。这个消息马上传布出来,在上海引起了巨大的反响,很多报纸登载了此消息,英国驻上海领事及其驻京公使态度发生了变化。英国首相的表态,激怒了法国,其国内有舆论认为:"总之,英首相无若是无上之权,足以裁判此事,而今也竟断言之,岂不甚异?彼表白其意见可也,遽而下令何为哉……事近专擅。"由此我们也可以看出,在北京的公使团里面,英国公使反对引渡的意见并没有占到上风。清政府引渡章、邹还是有希望的。如若"沈荩案"不发生,苏报案的结果恐怕就不会如同历史书中记载的那样。参见李启成:《领事裁判权制度与晚清司法改革之肇端》,载《比较法研究》2003年第4期。

人，一律交华官听其治罪。"[163]

(二)沈荩案使引渡成为不可能

就在引渡问题稍有进展的时候，一件意想不到的事件——沈荩案——发生了，清帝国引渡的企图便彻底夭折了。

沈荩曾为庚子年"勤王运动"的领导之一，运动失败后，便寄居在京城好友刘铁云处，后被吴式钊、庆宽二人告发，称"(沈荩)受康梁之命，潜藏京师，意图将皇上劫出宫去，实现保皇主张"，[164]于是，沈荩被抓。另有学者提出沈荩乃是因披露《中俄密约》惹怒慈禧被抓。[165]但无论怎样，沈荩是被抓了，而且被残忍地活活打死。

中国古代讲究"王者生杀，宜顺时气"，处决死刑犯只能在一年中特定季节、月份、日子执行。春秋时代，"赏以春夏，刑以秋冬"，春夏两季停止行刑。以后历代均有停刑之制，只是时间规定有所不同。清代停刑之例，"每年正月、六月及冬至以前十日，夏至以前五日，一应立决人犯及秋、朝审处决重囚，皆停止行刑"。[166]处死沈荩时，正值六月，例当停刑。

沈 荩

但慈禧害怕夜长梦多，决定将沈荩尽快处死，遂采用杖刑。杖刑本来是用棍杖抽打犯人的背、腿、臀部，比苔刑重，比徒刑轻的一种肉刑，并不是一种死刑。现在用杖击办法将沈荩打死，实际是一种非刑。古代死刑在唐虞三代只有"大辟"，是一种"死刑唯一"原则。后来历朝历代增加了各种酷刑，如商代有炮烙、醢(把人剁成肉酱)、脯(把人做成肉干)、戈伐(用戈杀头)、剖心等；周代有斩(用斧钺砍头)、杀(用刀杀于市)、搏(剥去衣服而磔之，分裂肢体)、焚、罄

---

[163] 同上注。当然，需要注意的是，古纳主张引渡也并非完全出于替清政府考虑，古纳主张引渡的真正原因在于他认为《苏报》案涉案人员"疑与长江一带之匪徒暗相联络，使非治以重罪，恐其势力不久扩张，必有害于各国商务，及骚动全国，而外人之住中国者亦将罹其危难"。参见前注37，第380页。

[164] 同注159，第98页。

[165] 参见黄中黄：《沈荩》，中国史学会编：同注3。这一观点一直被认为是导致沈荩被害的原因。但是，根据彭平一在《关于沈荩与"沈荩案"若干史实的补证》中，严洪昌在《1903年"沈荩案"及其影响》中的考察，这一说法是站不住脚的。

[166] 赵尔巽：《清史稿·刑法志》，中华书局1972年版。

（在隐蔽的地方缢死）等；秦代有"具五刑"（先执行各种肉刑，再执行死刑）、生
戮（先刑辱示众，再斩首）、磔（活着撕裂肢体）、车裂（用车分裂肢体，即五马分
尸）、腰斩、枭首、阬（即坑，活埋）、定杀（抛入水中淹死）、囊扑（盛于袋内扑杀）
等；唐宋以降又有凌迟（一块块地割下犯人的肉，直至其死去）。对沈荩所执行
的杖毙之刑，比古代囊扑还要野蛮，还要残酷。囊扑的受刑者被装在袋中，什
么也看不见，而沈荩是眼睁睁地看着刽子手们将自己一竹鞭、一竹鞭打死。难
怪刑部官员听到杖毙沈荩的圣旨时"相顾愕眙"，感到惊诧。但太后的旨意不
能违抗，便用八人以竹鞭捶之，一直捶了两个小时，血肉横飞，残酷万状，仍未
死去的沈荩痛苦难当，愿求予以绞毙，后才以绳索勒颐气绝。[167] 行刑时间从下
午四点一直持续到晚上八点多。

死讯一出，举国惊愕，中外哗然。特别是外方，一种对中国司法的不信
任——太后命令即为法律；审判官员屈从权势而不敢根据法律力争；刑罚的极
端野蛮，不容于文明社会——在无形中得到加强。《上海泰晤士报》的《论沈
荩》一文指出："接驻各国使臣警报，谓各国执政大臣，观于此事，逆料中国居大
位者，将有不得久安之势……日前英外务部大臣萨斯唐（即前文出现的蓝斯
唐）曾于上议论及此事之非，而拟慎重于苏报一案，亦甚洽舆情……此次沈荩
之死，实使欧美各国大臣，有异常之感触，恐本届清太后七旬之寿，各国之来庆
祝者，将不复如前之踊跃矣。"[168]

这种不信任很快就弥漫到苏报案上，对引渡问题产生了直接的影响，原本
赞成引渡的公使、领事纷纷改变立场，一致主张拒绝引渡。其中，法国反对引
渡的态度转变直接瓦解了最初支持引渡的联盟。最初法国驻华公使吕班是支
持引渡的，后来由于英国政府驻法公使代办德·布森与法国交涉，向法国政府
说明如果将苏报案被关押者交给清政府，就可能阻止不了他们受到最野蛮、最
不人道的待遇，并且表示英国内阁相信法国政府会对英国在苏报案问题上所
持观点感兴趣，两国政府将在同一战线上采取行动。[169] 这一点得到了法国外
交大臣德尔卡塞的完全赞同，加上沈荩案的直接示范效应，最终让法国意识到
清政府的司法现状，迅速在苏报案上转变立场。德尔卡塞在给法国驻英国公
使保罗·甘伯的信函中郑重指出："将这些嫌犯交给中国政府不仅有违于我们

---

⑯ 严洪昌、许小青：《癸卯年万岁——1903 年的革命思潮与革命运动》，华中师范大
学出版社 2001 年版，第 145～146 页。

⑱ "外论"，载《国民日日报汇编》（第 1 集），第 13～14 页。

⑲ 参见王敏：《苏报案研究》，上海人民出版社 2010 年版，第 54～56 页。

的原则和人道主义精神,而且会使我们遭受诸如缺乏责任感的舆论诟病。"⑰
法国的态度转变对苏报案产生了重要影响。《纽约时报》评价说:"自从法国政
府一同加入反对向中国政府引渡人犯的行动后,中国政府已经意识到通过讨
好洋人是无法达到引渡目的的,并且意识到被批捕的人犯将不会被引渡。"⑰8
月 5 日,英国首相向驻华公使直接发出"现在苏报馆之人,不能交与华官审判"
的训令。美国上议院也发来电报,拒绝引渡,命令不得将章、邹等交给清廷处
置,"并将主张引渡之上海领事古纳调任"。⑫

这种转变,让清方也无可奈何,忙于引渡工作的上海道台袁树勋在给端方
的电报中不时地流露出这种沮丧:"职道承办此案,始愿未偿,以沈荩事出,变
故从生,无可补救,悚歉莫名。"⑬

至此,引渡的希望如同那飘在空中的肥皂泡一般,愈是大,也愈是容易破。
正可谓:"节外生枝沈荩死,因祸得福引渡茫。"

四、额外公堂

(一)审判权的争议

由于中外关于"引渡"的交涉的反反复复,苏报案一直久拖不决。对此,舆
论也不断抨击和谴责。

《北华捷报》指出:"六人被禁以来已将四月,身在囹圄,一切自由之权皆以
消灭。最可怪着,受苦如此而究未有一定之凭据,一定罪之状,彼亦不知何日
得出狱也。"⑭《字林西报》则连续发文,批评各国领事"不极力断结",使"被禁
诸人陷于疑似之罪",如果继续拖延下去,"惟使北京各公使而迎合清太后之
意",⑮同时,对工部局也严加批评。鉴于舆论的影响,工部局出于利益的考
虑,认为不能这样一直无限期羁押章、邹等人,先后多次明确提出尽快结案的

---

⑰　1903 年 8 月 18 日法国外交部长德尔卡塞致电法国驻英国公使保罗·甘伯的信
函,同注 112。

⑰　Shanghai Reformers are still in prison, *The New York Times*, Nov. 5, 1903.

⑫　同注 37,第 384 页。

⑬　《光绪二十九年十月十七日上海道袁树勋致兼湖广总督端方电》,同注 3,第 439
页。

⑭　《"苏报案"不公之耻》,载《捷报》,转引自《国民日日报汇编》(第 2 集),第 414～
415 页。

⑮　同注 37,第 381 页。

要求。若证实有罪，按照相关法律与条约施以刑法；如再拖延下去不审理，就将人犯释放，甚至预备了将他们护送出境的打算。⑯

无奈之下，中外双方再次交涉，古纳 10 月 29 日在给魏光焘的信中明确指出：(1)我们接到的指示是不能向您要求的那样交出苏报案的被关押者；(2)他们应该在会审公廨审讯；(3)如果中国政府不接受这个建议，被关押者不可能无限期地被关押。这三条层层递进威胁着清政府。当然，领事团方面也作出了一定的让步："对于审讯，我们愿意除了通常的谳员在座之外，可以派出一名依据中国法律与这样的案件相适应级别的官员参院。"⑰最终确定第三次公开庭审在 12 月 3 日进行，并根据清方的提议，在会审公廨的构架之外，设立了一个名为"额外公堂"的机构负责专门审理苏报案。

政府的代理律师古柏率先发言，建议首先审理陈仲彝、钱允生和程吉甫三人，提出陈、钱、程已经在监狱里关押了 4 个月，清朝政府认为这已足够抵消他在本案中所负的责任，所以不打算对钱允生和程吉甫进一步追究，但要求陈仲彝能在以后的庭审中随叫随到。⑱ 对此，被告的辩护律师爱立斯表示反对，提出"钱允生等人还没有受到惩罚。我不是主张他们要受到惩罚，我的目的是希望中国政府的辩护律师能够提出钱允生等人免于被起诉的结论"。⑲ 翟理斯也表示同意，要求控方要么撤诉，要么起诉。庭审从一开始就充满对抗性。

爱立斯的身份，尽管和初审时一样，依然为被告的辩护律师。但与开始却有所不同，最初他和博易是由章炳麟的朋友吴君遂筹钱聘雇的，现在却是工部局出面聘请的，依据是为因贫困等原因请不起律师的人提供法律援助。工部局的这种举动，特别是法律援助的概念，让清朝官员很是吃惊："诸逆律师系工部局代请，该局自谓泰西律法，从不冤人，凡有穷迫不能雇律师者，国家代雇等

---

⑯　同注 115。

⑰　1903 年 10 月 29 日古纳致两江总督的信函，同注 177。

⑱　需要指出的是，清政府在这里并没有主动提出不进一步追究龙积之是有原因的。按照端方的判断，龙积之牵涉湖北富有票案，且"与梁启超相伯仲，而资格较超为深。自康梁逃遁后，惟泽厚一人在沪，煽动各报馆主持逆论，号为中国提调，其罪不亚于章、邹二犯"。参见《光绪二十九年闰五月十二日兼湖广总督端方致内阁大学士张之洞电》，同注 3，第 454 页。

⑲　The Supao Sedition Trial，*N. C. Daily News*，DEC. 4，1903。

语。"⑱端方也是一肚子不明白:"闻各犯律师系工部局代请,不知何心。"⑱

庭审在上午10:15正式开始,把持庭审的依然是英副领事翟理斯。翟理斯在法庭上的身份是"法官或者行政官的助理",即"Assessor",中文通常称为"观审"。在会审公廨审理的职权配置中,观审是在中国谳员审理的以外国人为原告、华人为被告的案件中,如果对谳员的判决不满,有抗议的权利,但无权直接作判决。但在本案审理中,翟理斯的权力远远超过观审。在当天的审理中,原告律师古柏请求知县汪懋琨、谳员邓文堉和英国观审翟理斯就有关法律问题作出裁决,翟理斯当即明确表示如果没有他的同意,判决不可能形成,更不可能由中国官员单独作出判决。⑱

当古柏对翟理斯的审判权表示质疑,追问其权力是否来源于《烟台条约》时,翟理斯直接表示,会审公廨和《烟台条约》中的观审,两者的使用范围是不相同的,"《烟台条约》中的观审只有观审和抗议的权力。"⑱而现在则不同。显然,翟理斯将会审公廨中观审的权力作了扩大的解释,根据他的解释,中国官员无权独立对案件作出判决,而且在案件的实际审理过程中,这样的权力与直接判决权已经很难划清界限。尽管这一解释难使人信服,但特别法庭的设立已是一个既成事实,因此翟理斯不愿在这个问题上多纠缠——"我们没有必须再来讨论这个问题。我参加会审公廨的审判,与《烟台条约》毫无关系。我已经阐明了我的地位。正如中国官员所说,我们无须再次讨论法庭设立的问题,还是继续审理案件。"⑱

(二)12月3日的庭审:指控罪名与举证责任

12月3日的庭审中,相比翟理斯的活跃,汪懋琨和谳员邓文堉发言不多。据当时的报纸记载,谳员几乎没有发过言,知县提出过几次抗议,但是没有一次得到法庭的支持。这一方面,是因为法庭审讯中使用的主要是英文,他们的

---

⑱ 《金鼎致梁鼎芬书》,载《近代史资料》1956年第3期。

⑱ 《光绪二十九年闰五月二十二日兼湖广总督端方致内阁大学士张之洞电》,同注3,第466页。

⑱ The Supao Sedition Trial, *N. C. Daily News*, DEC. 5, 1903.

⑱ 同上注。实际上,1876年签订的《中英烟台条约》规定:"凡遇内地各省地方或通商口岸有关英人命盗案件,议由英国大臣派员前往该处观审……至中国各口审断交涉案件,两国法律既有不同,只能视被告者为何国之人,即赴何国官员处告诉;原告为何国之人,其本国官员只可赴承审官员处观审。倘观审之员以为办理未妥,可以逐细辩论,庶保各无向隔,各按本国法律审断。"

⑱ 同注182。

发言需要通过翻译；另一方面，他们对法庭的审讯程序、律师在辩护中依据的西方法律原则不甚了解。更多时候，面对双方律师唇枪舌剑的英语交锋，两位只能作壁上观。

幸好，依据会审公廨的审案惯例，被告是中国人的适用中国法律，即《大清律例》。这一点，汪懋琨和邓文堉烂熟于心。汪懋琨甚至能清晰地背出指控的法律依据——"凡造谶纬妖书妖言，及传用惑众者，皆斩。若私有妖书，隐藏不送官者，杖一百，徒三年"。⑱ 依据这条法律，章炳麟、邹容的排满革命言论应被指控为"谶纬妖书妖言"，所触犯的罪名就是妖言惑众，是杀头的重罪。可对于熟悉英国法律的古柏而言，这条刑律很是笼统与模糊，完全依据此条起诉，显然很为难。

于是，古柏首先提出章炳麟所犯的这种大逆不道的罪行，中西方的处理应该是一律的："第一层，凡国人有谋反悖逆重大各情，西律究办此种人罪名最重；第二层，聚众闹事；第三层，扰乱人心。以上三项罪名，按之各西国律例，皆应科以最重之罪"。⑱ 试图通过国外法律的处置来说服法官，即所有国家都认为章邹的行为是严重的罪行，以出版物的形式煽动叛乱是最严重的反政府罪。形象地说，传播煽动性的言论就如同将火种丢进长满枯草的山坡。对此，汪懋琨也附和强调："只要写今上一字，罪名足矣。"⑱ 不过，尽管古柏的指控很严厉，但提出的罪名却只是"煽动性的诽谤罪"，一个在英国法律中并不算特别严重的罪名。

对此，章、邹的代理律师琼斯采取了极为高明的辩护策略。他提出，原告律师是以"恶意写作、印刷、出版煽动性的诽谤言论"来指控被告犯的是诽谤罪，其中，写作、印刷和出版是作为一个整体性罪名，即构成要件不仅要具有写作，同时还有印刷、出版这样的行为或意图，才构成犯罪。"在讨论惩罚之前，我想先澄清出版的问题。指控的罪名是当事人恶意撰写、印刷、出版被认为是有煽动性的文章，或导致其作品被印刷、出版——这些指控是控方精心设计，并作为一个整体罪名。现在当事人在法庭上已经承认是他写的，事实上也是这样。他从未承认过印刷或出版过该作品或导致该作品被印刷出版。印刷和出版不是作为附加内容，而是构成所指控罪名的主要部分。"⑱ 一下子抓住了

---

⑱　《大清律例增修统纂集成·刑律·盗贼类》。

⑱　《会讯革命党案》，载《申报》1903 年 12 月 4 日。

⑱　同上注。

⑱　同注 182。

政府指控的漏洞。按照这个思路,对于清方指控的《驳康有为论革命书》和《革命军》两书的印刷和出版,章炳麟和邹容在后来的庭审中也极尽推脱责任。虽然两人之前都承认是自己所作,但章炳麟在法庭上称这是他写给康有为的一封私人信件,信写好后寄给康有为,草稿被扔在垃圾桶,对于这封私人信件如何印刷、怎样出版,他一无所知。邹容则声称《革命军》是在日本学校读书时完成的一篇作业,回国前,他将文章留在东京,返回上海后,才看见市面上有《革命军》的印刷本,因此,《革命军》如何印刷、怎样出版,他也不清楚。二人将书籍的印刷、发行、销售和自己推脱得一干二净。

进一步,琼斯还指出,政府要追究章、邹的责任,必须承担举证责任。而当时的上海,并无严格的出版制度,出版物上也没有印刷出版者、印刷者名字的要求,所以,古柏对这样的要求很是吃力。

举证责任是现代证据制度中的一项内容,与传统中国司法不同。举证责任遵循最基本的"谁指控,谁举证"原则,原告要指控被告,必须承担相应的责任,这对应的是对被告的无罪推定。无罪推定是英美法系国家法律的基本原则之一,这与中国的传统法律制度大相径庭。在中国法庭上,被告就是被假定为有罪的,这意味着要证明自己无罪,被告必须自己提供证据,否则就被认为有罪。这对被告是非常不利。相对而言,坚持举证的责任在原告对被告相对有利。因为对被告的无罪推定意味着要由原告举证被告有罪,被告没有义务证明自己是无罪的。如果原告提不出足够的证据,则承担败诉的责任。

对此,琼斯重申:"中国政府的律师已经肯定地、相当肯定地提出指控,即此人犯有印刷、出版他写的文章的罪行,那中国政府律师必须对此举证。"[189]爱立斯也同样指出:"我代表被关押者请求,他不犯有被指控的罪名。这是会被任何一个文明法庭所接受的合适请求。应完全由控方证明被指控的罪名。对被告律师的立场,原告律师没有提出自己的反对意见,说明双方都对此没有异议。"[190]否则,最简单的办法就是撤销对章、邹的指控——"章、邹只认著书,未认印书,今已在押数月,应请堂上开释。"[191]

(三)12 月 4 日的庭审:被告接受讯问

12 月 4 日,按照法庭的程序,被告接受原告律师和被告律师双方的讯问。根据《字林西报》的记载,首先是章炳麟接受原告律师古柏的讯问。讯问内容

---

[189] 同注 182。
[190] 同注 179。
[191] 同注 186。

包括被告姓名、籍贯、苏报案案发前几年间的经历，重点是章炳麟在何种情况下写的《驳康有为论革命书》、为何直呼皇帝的名字、何时见到《驳康有为论革命书》的印刷本以及是否采取措施制止流通等，也问到了《訄书》的写作和出版情况。接着由被告律师琼斯讯问。琼斯的讯问比较简单，主要是表明《驳康有为论革命书》使用的是一个受过良好教育的人才能读懂的语言，是私人之间交流政治看法的信件。

讯问章炳麟之后，双方律师讯问邹容。原告律师主要围绕《革命军》是怎样写作出来的、本人是否见到过印刷本、《革命军》是否有推翻现今统治者的意图、现在对这本书的态度如何等等。被告律师琼斯对邹容的讯问比较简单，只是问他是否希望看到中国改革、是否从《革命军》的印刷出版中得到报酬。整个讯问中，章、邹只坚持文章是自己写的，但是对书籍的印刷出版一无所知。

讯问中，章炳麟甚至拒绝古柏的提问，被法庭多次警告，观审也提出这属于藐视法庭的行为。邹容也不承认自己是自首。[192]"我与《苏报》无关，但是听说逮捕令中有我的名字，觉得很是奇怪，就来到巡捕房询问。在巡捕房时，我碰到一名外国巡捕，便询问他我是否被通缉，我是否与《苏报》有关。巡捕问我的名字，我告诉了他。他把逮捕令给我看，我在几个被通缉的名单中看到了我的名字，我被指控写煽动性的文章。"[193]

需要指出的是，与初审时期表现的大义凛然不同，章、邹二人在当天的庭审中表现得很是"技术"，这显然是受辩护律师影响后的转变。他们一直否认自己同《驳康有为论革命书》、《革命军》的印刷和出版有关。章声称《驳康有为论革命书》只是他写给康有为的私人信件，草稿被丢进了废纸篓。邹容则说《革命军》是他在日本读书期间完成的一篇作业，原稿一直放在东京的行李中，至于书市如何出版的，则不得而知。

---

[192] 邹容此时的不承认与后人记载邹容大义凛然"自首"的情节有相当大的差别。在章太炎《邹容传》一书中，邹容是一个敢做敢当的英雄，研究者也多引用这段材料：(邹容)闻余被系，即徒步走赴狱自曰："我邹容"。巡捕皆惊曰："尔五尺竖子，未有知识，宁能作《革命军》，得无有狂疾？速去！"容曰："我著书未刻者，尚千百卷，非独此小册也。尔不信者，取《革命军》来，吾为尔讲说之。"巡捕既不能得容，及容自至，亦欲因以为功，乃开铁槛引容入居巡捕狱。邹容、章太炎两人的说法有很大不同，但都未必是真实情况。在法庭上邹容显然没有必要表现自己是一往无前的勇士；《邹容传》写于 1907 年 3 月，其时邹容已经去世。邹容投案，同章太炎被捕后以信招邹容投案有关，后邹容瘐死狱中，所以《邹容传》中这段文字可能有虚构甚至是溢美的成分。

[193] The Supao Sedition Trial, *N. C. Daily News*, DEC. 12, 1903.

(四)12 月 5 日的庭审：证人的出场

12 月 5 日，除了法庭审理人员、控辩双方律师和被告等人出庭外，围绕《驳康有为论革命书》和《革命军》是否会造成社会危害，工部局特别请来两位外侨出庭作证，以认定两书中的言论是否具有煽动性，是否构成诽谤罪。

值得一提的是，本案没有邀请中国人作证人，而是请了两位外侨。他们虽然号称"中国问题专家"，懂一些中文，但应该不能够完全读懂被指控的文章。事实上，就《驳康有为论革命书》和《革命军》两书而言，没有接受过良好教育的华人，恐怕也很难读懂，何况是外国人？因此，请华人作为证人出庭似乎更加合理。原告律师古柏也对此提出抗议："这些煽动性言论是用中文写的，读者是中国公民；法庭应该采用的是通常的解释，因此，中国地方官员应被认为比任何外国人能更准确地理解中文的含义。"[194]指出应该根据中国地方官员的理解来认定言论是否具有煽动性，但翟理斯并没有支持原告律师的意见。

为辩护方作证的是一名叫李德立(《申报》将其名字译为"立得儿")的英国人。李立德 1886 年就来到中国，在上海创办内门公司，曾三次担任上海公共租界工部局董事，辛亥革命时，曾促成清政府与革命党在上海和谈，1921 年开始担任澳大利亚驻华商务代表，是当时上海很有声望的商人。

在他眼里，两本书不仅不会构成危险，而且"它的语言十分怪诞离奇，特别是在文章的第一段。如果不是被要求这样做(指法庭要求证人阅读完《驳康有为论革命书》和《革命军》两本书)，我不会看完它"。[195] 言下之意，两本书的内容且不说，单就语言的晦涩难懂，一般人就不能接受，因此也不会被广泛接受，更不用说造成多大的社会影响，或者危害了。对于整本书，他认为"此书如平常人见之决不至于扰乱，惟著书者一时鲁莽，未瞩前顾后，实则于时局并无大坏"。[196] 相应地，被告辩护律师也一直强调："章、邹二人，系年轻学生，出于爱国热忱，并无谋反之意"，[197]他们的论说不会产生任何影响，他们也不是那种能够煽动或组织叛乱和革命的人。

为控方出庭的证人名叫西蒙，与李德立的谨慎不同，西蒙的证词准备得十分充分，发言也异常激烈，他认为被告有非常明显的煽动叛乱的意图，是"那种

---

⑭ 同注 193。

⑮ 同注 193。

⑯ 《三讯革命党案》，载《申报》1903 年 12 月 6 日。

⑰ 同上注。

最危险的叛逆和煽动言论的贩卖者",⑱必须予以严厉的惩处。

"这是所能够写作和出版出来的最具诽谤性和煽动性的东西,他们意图使满族王朝、清朝皇帝和慈禧太后被憎恶、被蔑视,这正是他们的写作意图……我想说的是这一类的作品出版的危险性,就如同将燃烧的火种丢到遍布枯草的山坡上一样。要具体说清楚这些作品造成多大的危害性是不可能的,但谁能说现在广西的叛乱不是受了这类作品的煽动呢?谁又能预见其他的叛乱和暴乱不会继之而起呢?"⑲

这和控方的意见不谋而合,西蒙甚至站在外侨的立场上,在证词的最后特别表示:作为享有条约给予的特权的外国人,应该尊重中国的司法主权,有义务阻止这样的作品流通。"我们作为外国人,尤其是居住在租界的外国公民,享有治外法权,我们受到与中国缔结的条约保护。这些特权也随之产生了特殊的义务,即不干涉中国对本国国民适用法律和司法。……不应仅仅因为叛乱没有发生,就能容忍小册子的作者侮辱中国皇帝,他也就可以不受惩罚。外国人在中国享有的权利是根据条约和习惯,我们在中国也应承担相应的义务作为回报。"⑳

在没有陪审团的审理中,证人证词的证明力是占有很大分量的。西蒙的证明很让被告们倒吸一口凉气。但很快,天平就再次向被告倾斜。

12月6日休庭。

(五)12月7日的庭审:释放程吉甫和钱允生

12月7日,程吉甫、钱允生、陈仲彝和龙积之出庭接受法庭调查。简短的法庭调查后,程吉甫、钱允生被当场释放。陈仲彝、龙积之则继续羁押。

按照辩护律师琼斯的意见,陈仲彝与本案无涉,甚至不能作为第三人出庭,关押他是毫无道理的。"并没有证据显示他能够知道他的父亲在哪儿,他与《苏报》有什么关系,或者他在报务工作方面帮助他的父亲。对于他的指控已经撤销,我请求允许他做自己的事情,像普通的居民一样,留在或离开上海。"㉑汪懋琨却不这样认为,甚至在公堂上冒出一句让所有外人都吃惊的话,"你愿意替你的父亲顶罪吗?"这一违反现代法治精神中罪行自负原则的建议,竟然在公堂上由审判官向被告人堂而皇之地提出来,使人怀疑自己是否生活

⑱　The Supao Sedition Trial, *N.C. Daily News*, DEC. 14, 1903.
⑲　同上注。
⑳　同上注。
㉑　The Supao Sedition Trial, *N.C. Daily News*, DEC. 16, 1903.

在原始野蛮社会的血亲复仇时代。

之后对龙积之的审理更是简单，因为辩护方和观审一致认为龙与本案无关，清政府一直要追究的湖北富有票案应另作处理，且"被关押者不知道汉口放火和杀害官员的阴谋，因此应该被释放。但如果将来发现他被牵扯到任何阴谋中，则将被严惩。虽然他与阴谋的领导者熟悉，但与苏报案却没有任何关系"。[202]

不过，由于中方的一再坚持，陈仲彝、龙积之两人还是被继续羁押着，但是二人被释放也是大势所趋。

五、艰难结案

(一)清政府的判决与外方的拒不承认

12月9日，按照魏光焘的指示，为了获得对苏报案的判决，上海知县汪懋琨拟定了如下的堂谕：

"本县奉南洋大臣委派，会同公廨委员暨英副领事审讯苏报馆一案，今审得钱宝仁、陈吉甫，由为报馆伙友，一为司账，既非馆主，又非主笔，已管押四月，应乃开释。陈仲彝系馆主陈范之子，故准交保寻伊父到案。龙积之于苏报案内虽无证据，惟前奉鄂督饬拿之人，仍押候鄂督示谕，再行办理。至章炳麟作《訄书》并《革命军》序，又有驳康有为一书，诬蔑朝廷，形同悖逆。邹容作《革命军》一书，谋为不轨，更为大逆不道。彼二人者同恶相济，厥罪惟均。实为本国法律所不能容，亦为各国公法所不能恕。查例载不利于国，谋危社稷为反，不利于君，谋危宗庙为大逆，共谋者不分首从皆凌迟处死。又例载谋背本国，潜从他国为叛，共谋者不分首从皆斩。又例载妄布邪言，书写张贴煽惑人心，为首者斩立决，为从者绞监候。邹容、章炳麟照例科罪，皆当处决。今时逢万寿开科，广布皇仁，照拟减定为永远监禁，以杜乱萌而靖人心。俾租界不肖之徒知所警惕，而不敢为匪，中外幸甚。"[203]

202　The Supao Sedition Trial, *N. C. Daily News*, DEC. 17, 1903.

203　《光绪二十九年十月二十一日南洋大臣魏光焘致外务部电》，同注4。

初拟的判决，与正式开庭前上海道袁树勋拟定的四条办法㉘完全一致。汪懋琨这样做，无非是按照魏光焘的指示同外方争夺判决权。㉙令他尴尬的是，英国副领事表示抗议，提出此判决结果中方未与他商议，拒绝同意汪懋琨在法庭上宣读，便"当将堂谕阻留，率请将章邹监禁三年，否则未便照允。"㉚

事已至此，汪懋琨也顾不得那么多法律程序，仍将判决书抄发原、被告律师及英国副领事，意欲强行结案。事后，翟理斯致函邓文堉，表示不同意

英国驻华公使萨道义

永远监禁的判决结果，且此判决事先没有商议，是中国官员自行决定，因此作废。又致函上海县令，表达此意，并将判决书送回，并通知双方律师。㉛

汪懋琨、袁树勋、端方等人显然忽略了这个最重要的事实——因为案件的执行权最终在租界当局手中，且章、邹被关押在工部局巡捕房，翟理斯的反对态度意味着这个判决不会被执行，因此汪懋琨的单方面判决也就没有多大意

㉘ 四条办法为：（1）章邹两犯已经供认，照中律应科斩决，恭逢万寿，拟改监禁；龙积之系湖北富有票内之犯，或解鄂审，或由鄂派员会讯。（2）钱陈两犯乃报馆所雇之伙，既非主笔，又非馆主，已押四月，似可从宽保释；陈仲彝到案时，自认为陈范之子，仍暂管押，俟陈范到案，再行保释。（3）讯结后，详禀到院，请一面申斥沪道，一面照会领袖，此案在沪讯结，本属不合，以后不能援例；租界不准容留不法之徒，共保和平大局咨请外部转照各国公使，存此公文，为将来办事地步。（4）公廨虽在租界，本国家所设，即此监禁，虽与内地有别，亦足示租界滋事之儆。《光绪二十九年十月初八日上海道袁树勋致兼湖广总督端方电》，同注 3，第 437 页。

㉙ 在审讯期间，清政府官员已预感到英国方面不会同意重判，英国副领事曾流露过判刑不会超过监禁三年，于是清政府为避免在判决阶段英国副领事再插手，遂决定审讯一结束，不征求英国副领事的意见，单方面强行作判决。"苏报案，今日县委会英副领自九点钟讯至四点钟止，其中周折甚多，律法官述彼族意，以监禁不出三年，职道饬先力持，倘过宽纵，当硬断。"《光绪二十九年十月十六日上海道袁树勋致兼湖广总督端方电》，同注 3，第 438 页。

㉚ 《光绪二十九年十月十六日上海道袁树勋致兼湖广总督端方电》，同注 3，第 439～440 页。

㉛ "顷据谳员禀称：据翟副领函：所判永远监禁，未能应允，应行会商，不合专主，堂谕作废，初函上海县外，堂谕送还，等因。"《光绪二十九年十月二十一日上海道袁树勋致兼湖广总督端方电》，同注 3，第 440 页。

义,对章、邹永远监禁的要求更不会被理睬。英国驻华公使萨道义在给蓝斯唐的电文中直白地引用了英国驻上海总领事霍必澜的观点:"霍必澜爵士说与本案的唯一一点没有解决的问题是谳员和外国观审(即翟理斯)之间关于两名被证实有罪的关押者(即邹容、章炳麟)的判决的意见分歧。但是他并不认为这是个严重的问题,他不怀疑中国当局迟早会接受翟理斯先生的主张。"[208]

(二)12 月 16 日的庭审:释放陈仲彝、龙积之

从目前的史料来看,清政府除了对与苏报案实在无关的程吉甫、钱允生不予追究法律责任外,对包括陈仲彝、龙积之在内的被关押者一直要求严惩,这也直接导致与外方发生分歧。

对于陈仲彝,因为他是陈范的儿子,清方认为"(虽)无实在证据可以议罪,(但)道意仍暂押,依陈范到案再办,法尚平","(而)英领不以为然,力请释放"。[209] 古柏认为,不再追究法律责任属于政府的宽宏大量,陈仲彝应相应地承担(陈范不在上海期间)本人随时被法庭传唤的保证。或者退一步,在法庭需要他时,他能够到庭。汪懋琨则要求陈仲彝努力地找到陈范。[210]

辩护律师爱立斯针锋相对地批驳古柏的请求是无理的。观审翟理斯也对知县的主张提出异议:"要求此人寻找到他父亲的保证,仅仅意味着,当他父亲回来时,如果他没有这样做,对他的处理会像对他父亲一样。当然,我对此不能同意。"[211]

对于龙积之,以端方为首的官员认定他是"康有为之徒,广西优贡,潜往上海,与康梁暗为声援,时通消息,煽动诸报馆主张逆说,摇惑人心,力量最大,流毒最深"。[212] 所以一直要求将龙积之押解湖北办理。翟理斯却一直坚持没有证据显示龙与苏报案有关,也应该释放。

双方为此胶着不下的时候,福开森提出为了换取外人对严惩章、邹二人的同意,建议端方最好能够在龙积之一案上作出妥协,以免和外人彻底决裂——"窃思由沪解鄂,领事不允;如或派员来沪会讯,亦恐越例难行;径自释放,则不

---

[208] 1904 年 2 月 18 日萨道义致英国外交大臣蓝斯唐的信函,同注 177。

[209] 《光绪二十九年十月十九日上海道袁树勋致兼湖广总督端方电》,同注 3,第 439 页。

[210] 从这一点也可以看出中西司法的冲突体现在制度上的差异,更深层地则体现在文化、观点上的不同。这也直接导致了双方意见分歧的产生。

[211] 同注 201。

[212] 《光绪二十九年闰五月十二日兼湖广总督端方致两江总督魏光焘电》,同注 3,第 453 页。

成政体。倘遵照未减，出具改过自新甘结，较好收场，且免决裂。"[213]

于是，到 12 月 16 日，会审公廨裁决将陈仲彝、龙积之相继释放，清方谳员事前也予以同意。

此时，翟理斯再次致函汪懋琨，重申"和苏报案有关的陈仲彝、龙积之、程吉甫、钱允生等人均已释放。邹容和章炳麟还未判刑。我不能同意你在上次通信中希望判处他们终身监禁的决定，这是太重的判罚。正如我已提出的那样，判处邹容监禁二年（苦役）、章炳麟监禁三年（苦役）已经是足够的惩罚。因此我必须要求你采取相应的行动。这二人已经被关押了好几个月，再次延期审理是不现实的。如果双方对判决不能达成一致，唯一解决办法是释放他们。"[214]

（三）关于严惩章炳麟、邹容的反复交涉

严惩章、邹二人一直是清朝政府所梦寐以求的，在引渡的梦想破灭后，就一直坚持对章炳麟和邹容处以永远监禁的判决。

他们认为"章、邹所犯极重，照律不但当处以极刑，且须缘坐家属，今堂谕声明恭逢万寿恩科，减等办理，实属国恩宽大。况领袖前奉各公使复文，曾声明倘审得果有罪名，按照中国法律予以应得之罪。虽为该犯求贷一死，立论尚属何平。今章、邹所犯供证确凿，被告律师已理屈词穷，且所延精通华文之西人上堂作证，亦谓实有应得之罪。可见公道难昧。既派汪令审讯章、邹的有罪名，所拟又属减轻，翟领仍不遵行，强欲干预，改少监禁年期，不独不守约章，而且违公使原议。案经审定，汪令所拟又极公平，彼复不以为然，殊出情理之外"。[215]这种判断，与汪懋琨宣判前一日（12 月 8 日），端方提出了判决的最让限度——"惟章、邹不加以极刑，余犯不能把不变通办理……章、邹必永远监禁"[216]——相契合。

实际上，对章、邹"监禁免死"动议的提出也是清政府的无奈，他不只是端方提出的最低限度，实际上是张之洞的主张。苏报案案发之初，张之洞就发现，"以上海索交六犯，商办维艰，属敝处商诸政府，在京设法，嗣探各使口气，

---

[213] 《光绪二十九年十月二十一日福开森致兼湖广总督端方电》，同注 3，第 441 页。

[214] 1903 年 12 月 17 日翟理斯致上海知县汪懋琨先生的信函，同注 177。

[215] 《光绪二十九年十月十九日上海道袁树勋致兼湖广总督端方电》，同注 3，第 439～440 页。

[216] 《光绪二十九年十月十九日兼湖广总督端方致福开森电》，同注 3，第 479 页。

皆虑交出后仍置重典，故不肯放松。"[217] 也就是说，张之洞从一开始就知道对苏报案被关押者判处死刑是外国人不能接受的。沈荩案发生后，张之洞为打破引渡的僵局，主动提出了"监禁免死"的动议，并由福开森转达给各国驻沪领事，

但是，外人对清方所谓"监禁免死"的国恩宽大并不理睬，社会舆论也哗然一片，辩护律师更是以"久系囹圄，在法律与人道均属不合"为由，要求立即注销该案，将章、邹二人释放。[218] 于是，案件再次陷入僵局。

过完了西方的圣诞，就快到了中国的春节，时间飞一般地过去，但判决依旧没有达成共识，一切仿佛都陷入了僵局。从目前的文献资料来看，在公开会审后的很长一段时间中，双方几乎没有有关交涉。

1904 年 2 月 11 日，阴历来说，正是 1903 年的腊月二十六。当天，萨道义与庆亲王奕劻就苏报案进行了一次谈话。前者明确表示，没有证据显示《驳康有为论革命书》、《革命军》两书的出版与苏报案的两名被关押者（指章炳麟、邹容二人）有关系，且两名被告都很年轻，他们所犯的罪行与判处终身监禁的决定也不相符合。即便在欧洲，这种犯罪行为也不会受到重判……并愿意尽早结束此案。[219]

2 月 16 日，新一年的正月初一。驻沪领袖领事照会上海道台袁树勋："各国以《苏报》馆案未断定，拟再会审一次，如再不断，将犯开释，以照驻京钦使之意。"[220] 提出重新会审的建议。但这遭到了清方官员的拒绝。袁树勋指出，无论是根据清朝的法律，还是中外达成的约章，会审公廨的外籍观审均无权力变更已作的判决。[221] 两江总督魏光焘也致电外交部："查照前已断定之案，告知各使，请饬各领勿再翻异，盖照约照章，皆应由中国定断，既断何能复翻，如有异议，或即释放，是彼违约也。"[222] 一方面，按照约章再次提出外方无权干涉判决结果；另一方面，请求外务部多作斡旋，由驻京公使向驻沪领事施压。

[217] 《光绪二十九年七月初五日内阁大学士张之洞致兼湖广总督端方电》，同注 3，第 435 页。

[218] 《"苏报案"始末》，载《旧上海史料汇编》（下册），北京图书馆出版社 1998 年版，第 81 页。

[219] 庆亲王与萨道义谈话备忘录（Minutes of Conversation between Sir E. Satow and Prince Ch'ing），同注 177。

[220] 《警钟日报》，1904 年 3 月 30 日。

[221] 同上注。

[222] 《光绪三十年正月初六日南洋大臣魏光焘致外务部电》，同注 4。

无奈之下,外务部只得出面与英国驻华公使交涉。英国公使却明确表示应该酌情减免刑期,永远监禁的判决太重,是不可能的。事情到了这般地步,外务部也无可奈何。强下判决,本是端方和袁树勋等人的一厢情愿,外务部对这个做法并不完全支持,只能顺水推舟同意"该领既欲复讯,可再派员会审,酌照英使所请,共同定断,以期结束",㉓答应重新会审的建议,要求魏光焘、袁树勋等地方官员妥当处理。

但此时,领事团方面却突然变卦,改变初衷,不再坚持会审,声称以往的约定有笔误,而提出只由双方派员共同协商判决,狠狠地折腾了外务部一把。㉔不过,双方对此案判决的分歧太大,一方要求永远监禁,而另一方坚持仅判三年以下,两者相差悬殊,因此由双方共同作出判决并不是一件容易的事情。之后,清政府做出妥协,放弃了"永远监禁"的努力,转而争取尽量长的监禁年限。领事团方面对此意见纷纭,英国领事仍坚持不超过三年,但清方还是难以接受。魏光焘请求外务部"转商英使饬领事,纵不永远监禁,亦当将监禁年限从最多商定,以示儆戒",㉕提出"能多禁一年,即可示一分严意"。㉖

1904 年的整个 3 月份、4 月份,双方都在围绕章、邹所禁年限讨价还价。按照领事团坚持的司法程序,如果案件超过审判期限一直不作出判决,应当尽快释放被关押者。在这一司法程序的要求下,共同商定久拖不决,对清方十分不利。3 月 18 日,吕班致函法国驻沪总领事拉塔尔:"假如最终无法形成一个协议,那么这些苏报案的被告只将在牢中待一段时间。"㉗言下之意是,清方再不妥协,章邹有可能就被释放。同样的威胁出现在 3 月 21 日萨道义致函霍必澜,授权他可以采取任何可能的措施结束苏报案。如果双方还不能协商一致,即可一个合理的期限内释放被关押者。㉘可是,双方的分歧仍旧很大。5 月

㉓　《光绪三十年正月初八发南洋大臣》,同注 12。

㉔　1904 年 2 月 22 日,领袖领事致函上海道台袁树勋:"上年备具华文照会,内载再由中西各管会审,实系笔误。本领拟再有中西判官会同商议一次,并非会审,各行更正。公廨案件,堂谕应由中西判官会同定案。"《光绪三十年正月十一日上海道袁树勋致兼湖广总督端方江苏巡抚恩寿电》,同注 3,第 443 页。

㉕　《光绪三十年三月初一日南洋大臣魏光焘致外务部电》,同注 4。

㉖　《光绪三十年三月初二日收两江总督》,同注 12。

㉗　1904 年 3 月 18 日法国驻华公使吕班致法国驻上海总领事拉塔尔的公函,同注 112。

㉘　1904 年 3 月 21 日萨道义致英国驻沪总领事霍必澜的信函,*Further Correspondence Respecting the Affairs of China*. F. O. 405/143.

11 日,领袖领事致函袁树勋,鉴于会审公堂迟迟不作判决,领事团已根据北京指示重新考虑释放在押犯的问题,并说此事有可能在两星期内得到解决。㉙

突如其来的最后期限让袁树勋十分为难,只得通过魏光焘一天内连发两封电文请求外务部出面,一方面,告知仅有 10 天的宽限期,"到期不定,各犯必释放";㉚另一方面,请求外务部迅速和驻华公使联系,"询明拟减年数,磋商定案,以免释放,转行宽纵"。㉛ 并再与英国公使商议具体年限。同日,外务部提出至少将监禁限定在十年以内的要求。㉜ 这实际上也是与英国公使磋商的结果,因为英方公使表示可以接受十年以内的监禁期限,这样十年就成为双方可以达成一致意见的最长监禁期限。

然而,英国公使上述的意见,不知道是有意还是无意,却没有及时通知到英国驻沪领事。"查英使虽允于十年之内酌减,尚未饬知英领,致内外立意不同,"此时"晤商古领,据称两犯监禁十年,各领尚可设法照允。"㉝但英国驻沪领事仍然坚决反对清政府重判,提出"一犯禁二年,一犯即释放"的意见,并一再以审判截止期限相威胁。㉞ 面临着章、邹被释放威胁的南洋大臣魏光焘,只能退而求其次。5 月 16 日,他急电外务部:"此案展期以四月初七日为止,万不允再缓。求迅电钧处转商英使,将年限商定,急电饬英领遵办,否则英领故意以一二年为词,藉端延宕,一届限满,即行释放,诸领又不愿与英为难,非由内商定不可云。"㉟同时提出争取减至五六年监禁的建议,以免章、邹被释放。

外务部第二日(5 月 17 日)就回电说:"苏报案犯监禁年限,并未与英使商定,现在为期已迫,如再与商,转费周折,即饬沪道与各领商定,将一犯监禁三四年,一犯监禁一年,以期结束。"㊱主动提出三四年与一年的建议,这意味着经过几个月的交涉,清政府最终主动放弃了重判章炳麟与邹容的努力。恰在同一天的领事团会议上,各国一致认为翟理斯拟定的"年幼之犯拟监禁二年,年老之犯拟监禁三年"的建议是合理公正的,并提出将 5 月 21 日作为最后期限,如果清政府不接受英国观审的意见,章、邹将被释放。

㉙　同注 115。

㉚　《光绪三十年三月二十六日南洋大臣魏光焘致外务部电》,同注 4。

㉛　《光绪三十年三月二十六日南洋大臣魏光焘致外务部电》,同注 4。

㉜　《光绪三十年三月二十六日发南洋大臣》,同注 12。

㉝　《光绪三十年四月初二日收南洋大臣》,同注 12。

㉞　同上注。

㉟　《光绪三十年四月初二日南洋大臣魏光焘致外务部电》,同注 4。

㊱　《光绪三十年四月初四日发南洋大臣、上海道电一件》,同注 12。

(四)最终判决的形成

最终的审判决定通过领袖领事传达给袁树勋,这是各国驻沪领事共同协商确定的结果。显然,外方的"共同商定"遗漏了重要的一方——清朝政府。同时,从时间上来看,外方的"共同商定"显然没有更多考虑外务部三四年监禁与一年监禁的建议。

5 月 18 日,袁树勋将外方商议的结果电陈外务部:"领袖美总领古纳函复,苏报案,各领商妥,年幼之犯拟监禁二年,年老之犯拟监禁三年,均自拿获日起算,年满均驱逐出租界外,务于中历四月初七日前,会同陪审官,照以上定断,如未能照定,押犯仍开释云。查年幼犯指邹容,年老犯指章炳麟。所拟监禁年期,似可照准,乞迅赐核示遵行。"㉗第二天,外务部就同意了这个结果,也不再坚持最低监禁年限。

1904 年 5 月 21 日,上海知县汪懋琨与谳员黄煊英、新任英国副领事德为门复讯苏报案,并重新宣布了判决结果:

"本县奉南洋大臣委派,会同英副领事审讯苏报馆一案。今审得钱宝仁、陈吉甫一为馆友,一为司账,已管押四月,应行开释。陈仲彝系馆主陈范之子,姑准交保,寻父到案。龙积之系鄂督访拿之人,惟案无证据,且与苏报馆事无干,亦应省释。至邹容作《革命军》一书,章炳麟作《訄书》,并作《革命军》序,又有驳康有为一书,言语纰缪,形同悖逆。彼二人者同恶相继,罪不容恕,议定邹容监禁二年,章炳麟监禁三年,罚作苦工,以示炯戒。限满释放,驱逐出境。此判。"㉘

至此,苏报案结案。

此时,距离最初审判之日已经整整十个月。

两年后,邹容瘐死狱中,章炳麟则在出狱的当天就被租界当局送上了前往日本的轮船。风平浪静的黄海海面下,暗流涌动,漩涡急转,伫立在船头的章炳麟仰望着浩瀚的星空,长久不能自拔。他究竟在想什么?惨死狱中的邹容?当年激昂江山的文字?抑或是这场意味生长的司法审判?谁也无法揣测清楚。

㉗ 《光绪三十年四月初四日收上海道》,同注 12。
㉘ 《光绪三十年五月初十日南洋大臣魏光焘致外交部咨文·附照录来折》,同注 4。

第二章　苏报案的社会结构

　　司法，是对法律制度的现实检验，展示了法从规范向事实、从静态向动态、从书本向行动的转化，体现了法的实现及其社会效果。[239] 因此，司法从来不是一个抽象的过程，它通常是在社会中实现自我的。

　　根据纯粹法社会学创始人布莱克的观点，案件的命运取决于它的几何排列，即案件的社会结构。什么是社会结构呢？布莱克进一步给出解释，谁控告谁？谁处理这一案件？还有谁与案件有关？每一案件至少包括对立的双方（原告或受害人以及被告），并且可能还包括一方或双方的支持者（如律师和友好的证人）及第三方（如法官或陪审团）。这些人的社会性质构成了案件的社会结构。[240] 这种解释与日本学者棚濑孝雄提出的，纠纷解决的过程分析"有必要把焦点对准纠纷过程中的个人，把规定着他们行动的种种具体因素仔细剖析出来。例如，他们置身于其中的社会状况，他们的利益所在，与其他人之间的社会关系（包括纠纷发生前的关系和纠纷解决后可能形成的关系），制约着人们行为的各种社会规范以及可以预想到因违反这些规范而引起他人采取的行动（反作用）等等，都应该作为说明纠纷过程中行为的资料加以收集"[241]的观点，在法理上应该是一致的，强调的都是从个案发散至社会的思路。

　　顺着前文关于苏报案全案的初步描述，本案将通过对苏报案社会结构的解构，特别是对案件中对手、支持者及第三方之间的相互关系及各自对案件的影响力做出有效分析，也即一种诉讼法律关系的剖析，进而厘清司法过程中的关键变量，以解释苏报案的处理，最终改造和完善布莱克的"案件社会结构理论"，并得出相关结论：司法是一种变量之和。

---

　　[239]　徐昕主编：《纠纷解决与社会和谐》，法律出版社 2006 年版，第 1 页。

　　[240]　[美]布莱克：《社会学视野中的司法》，郭星华译，法律出版社 2002 年版，第 5 页。

　　[241]　[日]棚濑孝雄：《纠纷的解决与审判制度》，王亚新译，中国政法大学出版社 1994 年版，第 5 页。

一、两造：原告与被告之间

布莱克指出："许多社会和历史时期的大量数据显示，被告的社会地位本身很少或者不能告诉我们案件将如何被处理。我们必须同时考虑对立双方相对的社会地位。"[242]苏报案之所以成为中国革命史上重要的标志性事件，不仅在于两位被告是被追认为革命先驱的志士仁人，其首当其冲的意义在于这是一场煌煌天朝以平等诉讼主体的身份对两位臣民提起的诉讼，这是几千年中国历史上史无前例的。可以说，司法外诉讼两造悬殊的地位，仿佛注定了这是一场大象对蚂蚁的战争。

（一）被告：邹容和章炳麟

初次庭审中，龙积之、陈彝中、钱允生、程吉甫与章炳麟、邹容两人一样，同为被指控的对象。但到了 12 月额外公堂的审讯中，只剩下章炳麟和邹容继续成为指控对象，这显然与两人特殊在苏报案中的重要性有关。

邹容，字蔚丹，重庆巴县人。1902 年东渡日本东京同文书院学习，广泛吸收资产阶级民主革命的思想。1903 年 4 月，年仅 18 岁的他就完成了《革命军》一书，成为中国近代史上杰出的青年革命家和宣传家。《革命军》一书崇尚自由、鼓吹革命，尤其是对封建专制制度进行了无情的鞭挞，提出了推翻清政府，反对外来干涉，建立独立自主"中华共和国"的政治纲领，极大促进了人民的觉醒，对"以 1903 年为分水岭的革命高潮的到来起了极大的推动作用"。[243]

1903 年是中国近代政治潮流发生重大转折的关键一年，对于国内当时的资产阶级和小资产阶级知识分子而言，中国真正希望走改良的道路，还是用革命的手段推翻清政府和封建制度，成为必须首先作出的选择。20 世纪初期，以康有为、梁启超为代表的改良思想在中国知识界的影响非常巨大，但 1903 年国内外政治运动的蓬勃发展，特别是日本留学生界激进的革命思潮和行动，开始推动国内整个社会思想发生突变和转型，使得 1903 年成为改良与革命划清政治界线的一年。邹容的《革命军》在这一巨变中发挥了重要的作用，他在书中坚定地论证：要革命，不要改良。他的观点对当时的青年极富鼓舞力和引导力，吴玉章的说法就是一个典型代表："我当时读了邹容的《革命军》等文章

㉔　同注 240，第 7 页。

㉔　严昌洪、许小青：《癸卯年万岁——1903 年的革命思潮与革命运动》，华中师范大学出版社 2001 年版，第 155 页。

以后，我在思想中就完全和改良主义决裂了。"[24]当时在日留学的鲁迅在多年后也回忆道："便是悲壮淋漓的诗文，也不过是纸片上的东西，于后来的武昌起义怕没有什么大关系。倘说影响，则别的千言万语，大概都抵不过浅近直截的革命军马前卒邹容所作的《革命军》。"[25]

《革命军》之所以能推动 1903 年的政治进程，除了思想内容的宣传符合资产阶级革命需要外，最为重要和直接的原因是它符合了当时社会的需要，即为近代中国的屈辱设置了一个有效的宣泄口，它"以国民主义为干，以仇满为用"，[26]把中国内受满洲压制，外受列强驱迫的危险境地公布于众，将中国历史上长期潜伏的种族观用革命的方式表达出来，号召人民奋起"与尔之公敌爱新觉罗氏，相驰于枪林弹雨中"。[27] 激进的论调，尤其是中国必须进行革命的鼓动，使得《革命军》很快被清政府列为逆书，清政府特地发电告各地官员："近时市中所出《革命军马前卒》及

《革命军》

《浙江潮》等书，谤毁宫廷，大逆不道，着即严拿究办等因。遵即发出四百里排单，通饬各属一体查禁，以除反侧而正人心。"[28]

除了写作《革命军》，邹容回国之后的另一项重要活动是参加了拒法运动和抗俄运动。1903 年 4 月，东京留学生得知广西巡抚王之春有向法国借军借款以平定内乱之议，遂致电中国教育会（爱国学社），请求两地共同协助共同抗议政府的行为。俄国在 1900 年入侵北京之际，曾与清政府协议占领东北三省3 年，但至 1903 年 4 月，俄国政府不肯彻底履行撤兵协议，遂引起国内外学生的集会抗议，留日学生甚至组织"拒俄义勇队"准备奔赴疆场，与俄人决战。当时的中国教育会作为国内革命的中心，分别在 4 月 25 日组织了拒法大会，27

[24] 吴玉章：《从甲午战争到辛亥革命前后的回忆》，载《辛亥革命》，人民出版社 1961 年版，第 59 页。

[25] 《杂忆》，载《鲁迅全集》（第 1 卷），人民文学出版社 1981 年版，第 318 页。

[26] 章炳麟：《读〈革命军〉》，载《苏报》1903 年 6 月 9 日。

[27] 邹容：《革命军》，转引自周永林主编：《邹容文集》，重庆出版社 1983 年版，第 74 页。

[28] 《饬禁逆书》，载《申报》1903 年 6 月 11 日。

日参加了抗俄大会,4 月 30 日又组织了第二次抗俄大会,邹容、章炳麟、蔡元培、马君武、吴稚晖等人纷纷发言,抗议政府的软弱,要求阻止法兵的干涉和俄国的侵占。

相比邹容在《革命军》中对革命的正面宣传和鼓动,章炳麟的《驳康有为论革命书》从清朝的封建统治和种族迫害说到革命的必要,对改良派只可立宪,不能革命的理论大加批驳。章炳麟的革命言说极具鼓动性,激发了当时诸多知识分子对革命的向往。他在几次拒法抗俄大会上的发言反响也非常巨大。马叔伦曾回忆说:"遇到章炳麟先生的言说,总是大声地疾呼革命革命,除了听见对他的鼓掌声音以外,一到散会时候,就有很多人像蚂蚁附着盐鱼一样,向他致敬、致意,象征了当时对待革命的欢迎。"[249]

(二)被告引发的后果:法、俄支持引渡

章、邹二人参与拒法运动和抗俄运动的一个直接后果,就是导致了法、俄两国支持引渡的立场。

当时的《中外日报》详细报道了法俄两国的态度。"本月一号,天津某报有消息云,俄法两国公使极愿将此数人交于华官。"[250]"近在北京地方各公使因上海苏报馆一案,英国参赞之意以为诸人不应交与华官。日本公使以为未曾拘人,以前上海道既与各国领事立有约章,现在即应照约办理。惟俄法两国则欲助中国政府,将诸人交于华官。故其中彼等之意见各不相同。美公使之意以为莫妙于仍交上海领事办理此事。"[251]"伦敦泰晤士报驻北京访事之电:'言及北京法公使杜阜尔之意,以为苏报馆诸人应交于华官,俄钦使拉萨氏意则较法公使更注重于此。'"[252]"俄国公使亦谓此诸人者,欲在中国举革命之事,废黜满洲王室,实为大逆不道。现在中国政府既欲将此诸人治罪,余不能为若辈助力,使其幸免应受之刑。"[253]

英国的有关外交档案也证实了法俄两国的立场,法国驻京公使吕班认为:"我们不能拒绝中国政府要求交出被证实有罪的中国公民的要求,他们已经承

---

[249]　马叔伦:《我在六十岁以前》,三联书店 1983 年版,第 20 页

[250]　《西报论英国不允交人之事》,载《字林西报》,1903 年 8 月 7 日。相似报道可参见 1903 年 7 月 30 日《纽约时报》:"法国公使断言:'人犯应当被引渡,如果允许犯了罪的中国人在租界藏匿,就违反了设置租界的初衷。'俄国公使 M. Lessar 也持同样的观点,甚至比法国公使还要坚决。"

[251]　《北京公使会议苏报案》,载《上海泰晤士报》1903 年 8 月 17 日。

[252]　《西报志各公使会议苏报事》,载《中外日报》1903 年 9 月 1 日。

[253]　《西报论公使领事改变苏报办法之由》,载《上海泰晤士报》1903 年 9 月 5 日。

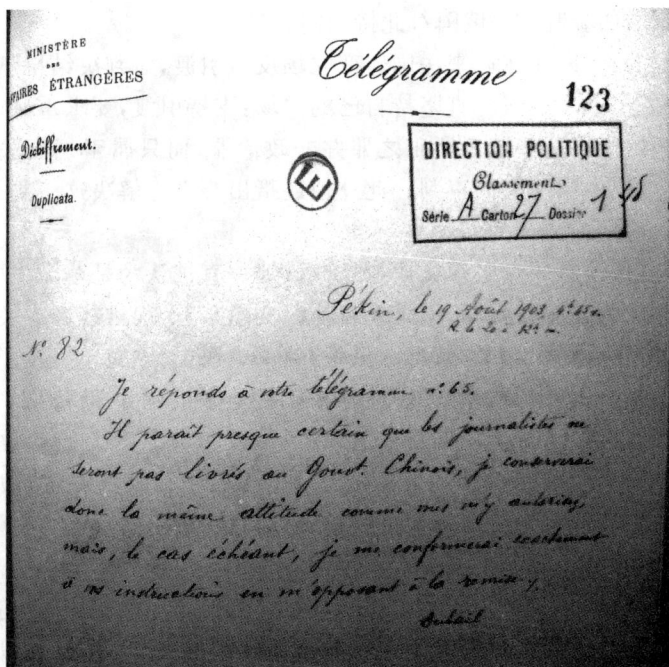

早期的《苏报》
1903 年 8 月 19 日法国驻华公使
吕班致法国外交部长德尔卡塞电文

认犯罪，特别是本案中，被告被指控是谋反和煽动造反罪。"[254]俄国公使赞同法国公使的意见，声称强烈希望保持中国的完整和维护满族统治，"不会加入任何一个实质上保护中国公民的一方，这些中国公民通过报纸宣传武装抵抗政府，以武力推翻满族王朝的统治；对皇帝使用最粗野的语言，却赞美目前造反的各个首领。"[255]

吕班还提出要对章、邹等人严惩。他在 1903 年 8 月 5 日给法国外交部长德尔卡塞的电报中写到："如果一味袒护这些记者，上海的公共租界将有朝一日成为中国革命党人的庇护所，而这些革命党人必将日后引发上海地区，乃至

---

[254]　1903 年 7 月 30 日焘讷里致英国外交大臣蓝斯唐的密函，Further Correspondence Respecting the Affairs of China(1842—1937). F. 0. 405/135.

[255]　1903 年 7 月 30 日焘讷里致英国外交大臣蓝斯唐的密函，同注 254。

整个长江流域的骚乱。"㉖俄国对此持相同意见。

有意思的是，即使在后来法国转变立场反对引渡，对判决结果不发表任何意见的情况下，俄国政府一直坚持自己的立场：支持引渡，要求重判。"俄国驻华公使雷萨尔坚称这些记者所犯之罪并非政治罪，而只属于一般法律的管辖范围，应该接受中国法庭的审判。此外他还指出要真正解决这一复杂事件，唯有严厉制裁这些不法行为。"㉗

有关被告，还有一点必须交代，尽管章、邹一直被认为是革命先驱，邹容甚至日后被追认为陆军大将军，但是就目前的文献来看，很难找到有关革命党人在苏报案过程中营救二人的信息。只是在《革命逸史》中简单提及了一句："癸卯年苏报案起，尝联名致电上海英领事，请援保护国事犯条例，勿引渡章邹。"㉘但英国的相关资料对此没有记载，很难证明革命党人的营救行为的真伪性，或者是否发挥作用。这也从侧面看出，相比于强大的原告，被告的命运很大程度上掌握在审判机构及其背后的各种力量手中。

（三）原告清政府：从坚持引渡到监禁免死

18 世纪末，马戛尔尼在自己的日记中写到："中华帝国只是一艘破败、疯狂的战船。如果说已在过去的 150 年间依旧能够航行，以一种貌似强大的外表威慑邻国，那是因为侥幸出了几位能干的船长。一旦碰到一个无能之辈掌舵，一切将分崩离析，朝不保夕。即使不会马上沉没，也是像残骸一样随流东西，最终在海岸上撞得粉碎，而且永远不可能在旧船体上修复。"㉙

马戛尔尼的预言是准确的。100 年后的清朝政府，用内外交困，或者内忧外患来形容，毫不为过。不过，即使对外不断地丧权辱国，与历代的专制政体一样，政府对内的控制依然相当严厉，康梁维新派的被扼杀、广州起义和惠州起义的失败、自立军起事的被绞杀都是例证。20 世纪初以来，政府对有损于政治稳定的革命思潮更是警惕。"巨大的变革不是由观念单独引起的，但是没

㉖　1903 年 8 月 5 日吕班致电法国外交部长德尔卡塞的信函，同注 112。

㉗　1903 年 10 月 7 日吕班致电法国外交部长德尔卡塞的信函，同注 112。

㉘　参见冯自由：《革命逸史：孙中山机要秘书回忆录》第 1 集。饶有趣味的是，根据《纽约时报》的报道，1903 年 8 月 5 日，当时在檀香山的保皇党曾电报美国国务卿，希望美国政府出于自己的利益关注在上海被捕的倾向改革的新闻工作者。参见 Chinese Reformers, *The New York Times*, Aug. 6, 1903.

㉙　An embassy to China: *being the journal kept by Lord Macartney during his embassy to the Emperor Ch'ien－lung*, 1793, pp. 212～213.

有观念就不会发生变革。"⑳因此，《苏报》敢于公然宣传排满革命，便是对满人统治秩序的极大冲击，《苏报》敢于发表"载湉小丑，未辨菽麦"的字样，更是对皇权的挑战。"逆书逆报传播京师，外间办理稍松，必滋物论，关系太巨，不可不慎。"㉑那么，利用苏报案来防微杜渐，杀一儆百则显得相当富有政治上的警示意义。

在当权政府的眼里，按照中国传统的法律，对于章、邹这类文人因大逆不道而被置之死地在制度上并无不妥之处，《明史》案、《南山集》案、曾静吕留良案的严厉处罚就是前车之鉴。㉒ 清政府外务官员联芳在以庆亲王奕劻的名义拜访英国驻华公使焘讷里时就声称会严格审讯并处决苏报案的被关押者，一旦引渡，将会立即被杀头。联芳说："这些人是遍布全国的传播谋反小册子运动的领袖，这场运动威胁王朝的统治，因此有必要对他们的严惩以儆效尤，制止革命思想的进一步传播。"㉓上海道袁树勋也提出："若辈意在造反，岂可惜性命，而还千万人性命。"㉔

但是按照最初的约定，苏报案只能在租界会审公廨审理，司法权不在清政府手中，政府只能作为一方当事人提起诉讼。尽管会审公廨名义上仍然是中国领土上隶属于中国政府管辖的法庭，不过会审公廨的权力范围早已超越了《洋泾浜设官会审章程》，中国官厅的审判管辖权一直被排挤。代理英国驻沪总领事满思礼给代理英国驻华公使焘讷里的报告中也提到会审公廨的法律地位："会审公廨当然是中国法庭，但是相当长时间以来，由于与谳员一同审理案件的观审和执业的外国律师的影响，一个或多或少基于英国法庭的程序逐渐建立起来。但这一点从未写成文字。"㉕

于是，政府要想对被告处以极刑，必须能够引渡罪犯。事实上，作为原告的清朝政府，所作的一切努力几乎都是围绕引渡问题展开的，诉诸司法只是最后实属无奈的举措。

---

⑳ ［英］霍布豪斯：《自由主义》，朱曾汶译，商务印书馆 1996 年版，第 24 页。

㉑ 《光绪二十九年闰月初五日兼湖广总督端方致内阁大学士张之洞电》，同注 3，第 437 页。

㉒ 清代文字狱以次数多，规模大，惩处之残酷著称。参见北京图书馆出版社影印室辑：《清代文字狱史料汇编》，北京图书馆出版社 2009 年版。

㉓ 1903 年焘讷里致英国外交大臣蓝斯唐的信函，同注 254。

㉔ 《光绪二十九年七月初五日兼湖广总督端方致内阁大学士张之洞电》，同注 3，第 476 页。

㉕ 1903 年 7 月 10 日英国驻沪代理总领事满思礼致焘讷里的信函，同注 254。

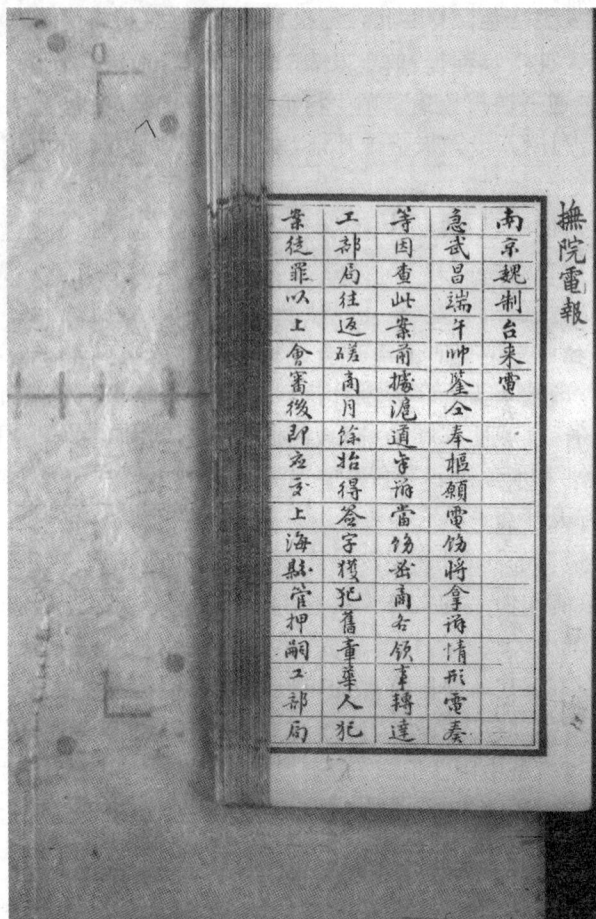

故宫档案馆馆藏苏报案清方档案

　　7 月 5 日，端方致电福开森："六犯确系中国著名痞匪，竟敢造言毁谤皇室，妨害国家安宁，与国事犯绝不相同，不应照在租界犯案在租界受罪之例办理。请将此意密告担文律师，坚持到底，务令交犯，由沪道解归江宁，听中国办理。"⑳7 月 11 日，端方又致电魏光焘："案情重大，逆焰鸱张，非解宁惩办，不足以弥后患。"㉑7 月 14 日，清廷下旨："邹容等六犯业经拿获，仍著严饬速筹

　　⑳　《光绪二十九年闰五月十一日兼湖广总督端方致福开森电》，同注 3，第 449 页。
　　㉑　《光绪二十九年闰五月十七日兼湖广总督端方致两江总督魏光焘电》，《苏报鼓吹革命清方档案》，载中国史学会编：同注 3，第 461 页。

解宁惩办，勿任狡脱，以儆狂悖。"⑱

在引渡无望之后，永远监禁的重判又成为清政府努力的新目标，12 月 8 日，端方致电福开森："章、邹必应永远监禁，趁此互议未定，务望设法妥办。能在华界监禁最好。"⑲不过，清政府的"监禁免死"愿望最终也未实现。最终的判决与案发之初外方"监禁不过二三年"的设想一致。

检索历史，我们可以发现，清朝政府引渡和重判交涉均未成功的因素是多重的。除了西方对当时中国司法主权的侵犯、对中国司法现状的不认可以及维护列强各自的利益之外，最重要的原因是当时中国国力衰弱，国家实力和国际地位得不到承认。正是如此，强大的原告方在外交斡旋屡屡碰壁后，也变得对弱小的被告束手无策。

清政府胡广总督端方

这里以苏报案中引渡陈范的实例为证明。上海道台在 1903 年 7 月 20 日给日本国照会称："当有陈犯一名在逃未获。查该犯系《苏报》馆主，所出日报，不独毁谤皇室，图害国家，且其所云排除异类恶魔等语，即指各国洋人而言，更属有意扰乱大局。核我国素敦睦谊，见此情形，亦当为之公愤。访问该犯现在逃匿东洋，应请贵总领事迅速电禀贵国政府，严密查拿，解交驻扎日本中国钦差转解来沪，以彰国法而靖地方。中外幸甚，合函备文照会贵总领事，请烦查照，迅速办理，并希示复，望切施行。须至照会者。"日本照会复

日本外务省藏《清国革命
煽动者捕缚文件》封面

文云："各国均无将此等罪犯拿获解交之例，未便办理"。7 月 24 日上海道再次照会："（陈范）既已逃往贵邦，衡以两国交情，当无不荷帮拿解交之理。乃贵

---

⑱ 《光绪二十九年闰五月二十日兼湖广总督端方致内阁大学士张之洞电》，同注 3，第 463 页。

⑲ 《光绪二十九年十月二十日兼湖广总督端方致福开森电》，同注 3，第 479 页。

公使以各国均无此例，深为怅怅。然本道细思事变无常，彼此交涉，往往有出于例章之外者，总须从长计议，公允办理。设如贵国亦有此等罪犯潜至别国藏匿，贵国政府备文声请交出，别国不允照办，将如之何？"日本在当天的照复中回复："日、美两国交犯约内能互交拿，罪名不过命范、伪造国币及其余官府文书等类伪证，盗犯、奸犯、海贼、破坏铁路、船、桥梁、房屋等数犯，若政治罪犯则不在此例。"[270]而当时，日本警视厅实际上已经查到陈范逃亡在大阪，却没有采取任何强制措施，更没有答允清政府的要求，抓捕陈范，并予以引渡。

分析原告和被告，在一般的案件结构分析中属于正常之举，也是清晰把握两者社会性质的必然途径。苏报案中，则更多是象征意义，清政府与其臣民是平等的法律地位的行为主体，被当时的舆论成为"此案乃二百年以来满汉两族第一次立于平等的地位"，[271]而从更长远的眼光来看这在中国历史上是亘古未有的现象。

二、律师：人员及法庭内外的对抗

布莱克指出，案件的社会结构不只取决于谁控告谁，也取决于谁支持谁以及谁是干预的第三方。与控辩双方的社会特征一样，律师、证人、公开其偏向立场的感兴趣的旁观者等支持者及其社会特征具有同样的影响模式，而且影响的力度取决于其参与的程度。[272]在布莱克看来，对比案件结构中的支持者来说，律师在这一过程中具有更为重要的作用。很显然，律师的社会地位越高，当事人获益就越多，尽管律师不能消除与社会地位优越者对抗的全部不利因素，但通过提升地位较低者一方的社会地位，律师有助于司法机构对案件的处理均质化和平等化。[273]苏报案就是一个典型的例证。

（一）双方律师的出场

苏报案中，律师是一个不可轻视的角色。本案之中，双方都有律师出庭。章炳麟、邹容等被捕时，博易律师事务所的博易律师应聘到庭，初审时出庭的是博易和高易律师事务所的雷满。正式审讯时，出庭律师为高易律师事务所

---

[270]　日本外务省史料馆藏：《上海二於ケル清国革命煽動者捕縛ノ件》，编号 5－3－2－59。

[271]　《江苏》，第 4 册。

[272]　同注 240，第 10 页。

[273]　同注 240，第 11 页

的爱立斯和琼斯。清政府聘请的则是上海资历最老的担文律师,出庭的是则是担文的合伙人古柏律师和哈华托律师事务所的哈华托律师。

律师虽然是舶来品,但在洋泾浜北首理事衙门时期,上海租界就有了现代律师的法律服务活动的身影。当时,在获取领事裁判权后,西方在华领事法庭或法院在各条约口岸纷纷设立,这些司法机构对以所属国侨民为被告的诉讼案件行使司法管辖权,并在审理程序上遵照本国的诉讼制度,允许当事人聘请律师作为诉讼代理人或辩护人,西方的律师制度于是就这样被引进至中国的领土。据学者陈同在《略论近代上海外籍律师的法律活动及影响》一文中的考证,外籍律师为华洋案件中华人被告出庭辩护的最早记录是 1866 年 10 月 Messrs. Adamson & Co. v. Kinkee 的经济纠纷案,当时英国律师连厘出庭为被告辩护。[274] 1864 年《洋径浜设官会审章程》并没有对律师制度予以明文规定,但外籍律师参与诉讼的做法仍然延续下来。会审公廨运行不久后,至少在华洋诉讼中,即已有两造各聘律师在法庭上攻防辩论的先例。学者马长林根据 1875 年 4 月《申报》报道的"英商旗昌央行控告其买办刘树滋案"中"两造均请律师置办"的记载,指出:"毫无疑问,会审公廨在华洋民事诉讼中首先采纳了律师出庭变化,为律师制度在近代中国的应用开了先例。"[275] 不过,郭泰纳夫却认为律师之所以能在会审公廨出庭,与 1879 年 9 月杜夫、大卫诉汕头洋药公会案有密切关系。他认为:"在会审公廨中,只要是华洋诉讼案件,华方就可聘请律师协助"的原则就是该案确定的。[276]

然而,在相当长的时间里,会审公廨在审理租界内华人之间的民事案件时,由于审理程序和适用法令与内地衙门仍然一致,一般是不允许华人原告、被告双方聘用律师的。从文献检索来看,也罕见两造聘雇现代律师的先例。显然,苏报案在此开创了两造皆为华人的案件双方都有律师参与诉讼的先例。

本案初审时,被告代理律师的出现,让清方大为震惊。旋即,端方致魏光焘、恩寿、袁树勋等人,提出"逆党既有律师代为曲辩,余应由尊处速延律师如

[274]　参见陈同:《略论近代上海外籍律师的法律活动及影响》,载《史林》2005 年第 3 期。

[275]　马长林:《晚清涉外法权的一个怪物——上海公共租界会审公廨剖析》,载《档案与历史》1988 年第 4 期。

[276]　Kotenev, Shanghai: *Its Mixed Court and Council*, N. C. Daily News & Herald, Limited, 1925, pp. 202~204.

担文者与之抗辩".⑦ 担文,全名 William Venn Drummond,英国人,出庭律师。从现有的记载来看,他早在 19 世纪 70 年代的前期就来到上海执业。1874 年,他在连厘律师事务所工作,还兼任公共租界工部局的法律顾问,以工部局法律顾问的身份对修改上海土地章程提出法律意见以及代表工部局出庭追讨税款。卸任后,担文成立了自己的律师事务所,常常代表当事人的利益与工部局进行法律交涉,且常常为中国当事人辩护,在具体的法律事务中能为中国当事人据理力争,维护华人的利益。这也是他最引人注目的地方。时人在他来华 20 年之际曾这样评价:"担文律师在华年久,熟习情形,华人出资延其办案,有时尚知顾全大局,据理力争,讼案往往赖以得伸。"⑧这使得他在中国的商民中享有不错的声誉。除了担文之外,本案中的古柏律师、哈华托律师、博易律师都是当时上海著名的律师。

相比传统的讼师,外籍律师作为一种新鲜事物在晚清的出现,尤其是其对各种纠纷和诉讼的职业参与,在中国近代法律生活中有着不容忽视的意义。尽管不少观点认为外籍律师在中国开业是一种纯粹的殖民行为,"外籍律师的到来,并不是因为中国近代经济政治发展的需要,而是因为殖民主义侵略活动需要在'公平与正义'的幌子下合法化","把外国殖民利益强加在中国人身上。""惟延用律师,事实上亦不能无弊。则以律师日多,国籍各异,人品不用,无律师公会以统一之,使不能为职权以外之事,而华人智识缺乏,且多畏讼,因此亦受律师之欺"。⑨然而,本案之中,双方律师都是完全站在委托人的立场上,表现出极其敬业的职业精神,推动着诉讼的进行,这也增加了本案社会结构的复杂程度。

(二)辩护律师的庭外争取

除了代表双方进行控辩外,他们在案件的其他方面也很活跃,如被告代理律师就曾经试图影响工部局在苏报案上行动,这也影响着苏报案的社会结构。

根据上海公共租界工部局董事会会议记录,被告代理律师爱立斯和琼斯曾先后三次致信工部局董事会和工部局秘书濮兰德。7 月 22 日的信中,请求"董事会立即致电公使团,说明此案之实情,并强烈要求:案犯的审判与服刑应

---

⑦ 《光绪二十九年闰五月初十日兼湖广总督端方致内阁大学士张之洞电》,同注 3,第 448 页。

⑧ 《光绪三十年四月三是日收南洋大臣刘坤文》,见《钦命总理各国事务衙门清文件》,转引自陈同:《略论近代上海外籍律师的法律活动及影响》,载《史林》2005 年第 3 期。

⑨ 王揖唐:《上海租界问题》(中篇),商务印书馆 1924 年版,第 7~8 页。

在租界范围内执行。"对于这一建议，工部局"按此意所拟之电稿已发给诸董事，并得到赞同。会议还同意立即将电稿副本递交领事团，以使其了解该案之实情"。㉘ 7 月 31 日，被告代理律师又写信给濮兰德："工部局在逮捕被关押者时，在哪里审讯和如何审讯已经确定清楚，无限期关押是没有先例的，当然也是不公正和不正常的……如果不对被关押者立即起诉，我们建议领事团应当发出通知，将被关押者从监狱中释放。"㉛一方面，坚持案件在租界审理，另一方面，提出不及时审理，应当释放被关押者。同时将信件交与《字林西报》发表。虽然工部局董事会反对此议，但认为："由于对案犯至今还未提出明确的指控，而且案犯未经审判已被关押多时，故此案需有被告的代表介入。董事会决定写信给总领事，建议要求中国当局尽早确定在会审公廨开审此案的日期。总董表达了董事会的观点：在任何情况下，不能未经会审公廨的审讯，就将被告引渡给中国当局。"㉜在苏报案长久得不到正式审理的情况下，10 月下旬，被告代理律师再次致信请求董事会立即采取措施，要求着手审理，否则应尽早将案犯释放。㉝ 面对被告辩护律师的请求，董事会决定将意见写信告之上海领事团。

1903 年 10 月 7 日，被告代理律师甚至直接来到会审公廨，提出本案自初审之后至今杳无音信，而被告在押时间已有 4 个月，按照律例应该属于超期羁押，"既不会讯，又无切实证见，（要求）公共会审公堂将此案立即注销，六人交保开释，以免拖累无辜，况会审公堂既有出票拘人之权，即有当堂释放之权，立清公判"，结果"会审员孙令不知所对"。㉞

律师的出庭辩护和庭外争取，很大程度上改变了会审公廨的权力配置与权力关系。从早期谳员、外籍陪审员依职权定案，到后期律师凭借法律专业知识和各种交涉影响诉讼结果，律师的出现，无疑对于案件的社会结构是一种牵扯和制约。特别在苏报案实行对抗式庭审的情形下，由于免除了职权式庭审中法官案件调查的责任，双方代理律师对法官的影响很是重要。同时，由于"主审官一般由副领事官兼任。由于他们中的许多人并不是专业的法律人员，

㉘ 同注 115。
㉛ 见上海档案馆馆藏档案 U1－2－255,99。
㉜ 同注 115。
㉝ 同注 115。
㉞ 《党狱事件》，载《国民日日报汇编》（第 3 集），第 76 页。

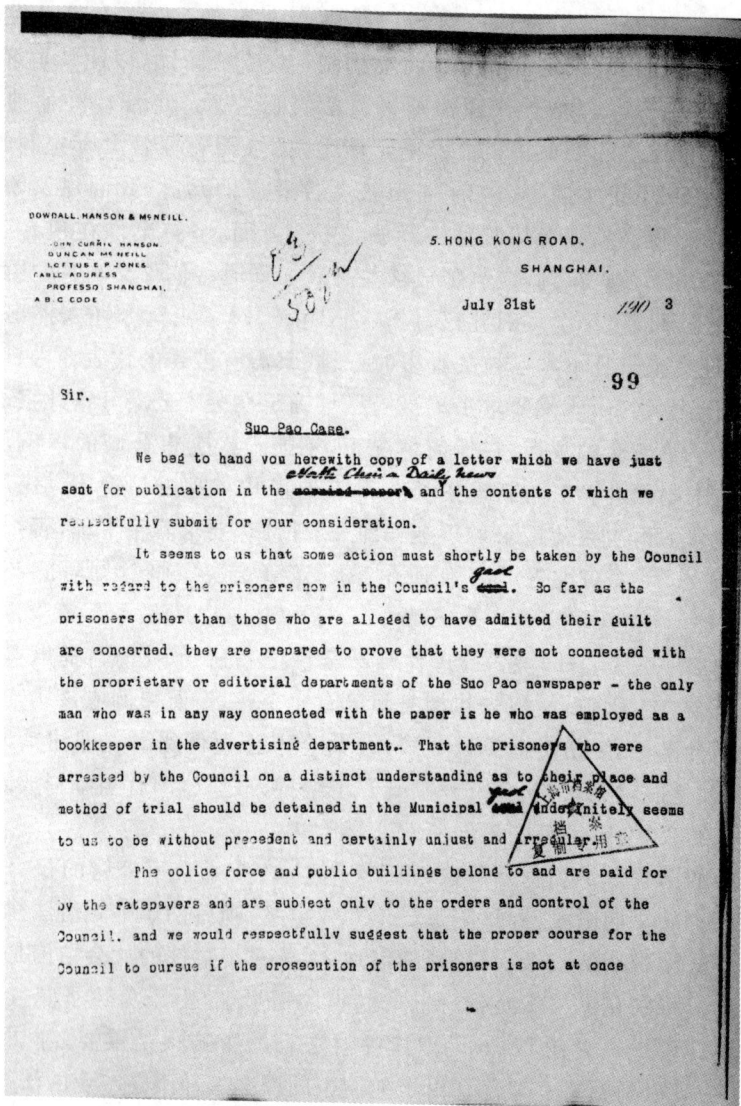

DOWDALL, HANSON & McNEILL.

JOHN CURRIE HANSON
DUNCAN McNEILL
LOFTUS E. P. JONES
CABLE ADDRESS
PROFESSO SHANGHAI,
A.B.C CODE

5. HONG KONG ROAD.

SHANGHAI.

July 31st   1903

99

Sir,

Suo Pao Case.

We beg to hand you herewith copy of a letter which we have just sent for publication in the *North China Daily news* and the contents of which we respectfully submit for your consideration.

It seems to us that some action must shortly be taken by the Council with regard to the prisoners now in the Council's gaol. So far as the prisoners other than those who are alleged to have admitted their guilt are concerned, they are prepared to prove that they were not connected with the proprietary or editorial departments of the Suo Pao newspaper — the only man who was in any way connected with the paper is he who was employed as a bookkeeper in the advertising department. That the prisoners who were arrested by the Council on a distinct understanding as to their place and method of trial should be detained in the Municipal gaol indefinitely seems to us to be without precedent and certainly unjust and irregular.

The police force and public buildings belong to and are paid for by the ratepayers and are subject only to the orders and control of the Council, and we would respectfully suggest that the proper course for the Council to pursue if the prosecution of the prisoners is not at once

上海档案馆馆藏的辩护律师致濮兰德的信函

不懂法律,因此律师的作用便增大了许多,法官往往会更多地听从律师的意见",[285]这种影响也突出地体现在苏报案中,尤其是法律和程序的适用上。

---

[285] 转引自前注 117,第 158 页。

（三）适用英国法律与关于举证责任的辩论

苏报案的审理适用中国法律，这是中外双方交涉的结果，原、被告代理律师对此均无异议。原告代理律师在正式庭审的一开始，就申明了依据中国法律审判的原则："阁下……您有义务适用中国的法律和惯例。因为犯罪者是中国公民，犯罪行为发生在中国的领土上，触犯的是中国政府，他们应受中国法律的制裁，这在以往的条约中也写得很清楚。"[286]对此，法官表示赞同。

不过，中国最早有关新闻出版的法律《大清印刷物专律》是1906年才颁行的。苏报案案发时，清政府尚无有关印刷物的法律，古柏只能依据《大清律例》提出指控："恶意写作或者是导致印刷和出版对皇上和政府的煽动性诽谤言论，意图是煽动叛乱和不满，扰乱国家安宁，使中国皇帝和政府被仇恨和蔑视。"[287]具体实体法则依据《大清律例增修统纂集成·刑律·盗贼类》中"凡造谶纬妖书妖言，及传用惑众者，皆斩（监候，被惑人不坐。不及众者，流三千里，合依量情分坐。）。若（他人造传）私有妖书，隐藏不送官者，杖一百，徒三年"的规定，据此，章邹的排满革命言论属于"谶纬妖书妖言"，他们所触犯的罪名就是妖言惑众，是杀头的重罪。可对于熟悉英国法律的古柏而言，这条刑律很是笼统与模糊，完全依据此条起诉，显然很为难。于是，他总不自觉援引英国法律来进行指控，这也与控制庭审的翟理斯是英国人有关。

古柏在指控中，把这个罪名表述为"煽动性的诽谤罪"（seditiouslibel），具体而言是"恶意撰写、印刷、出版被认为是有煽动性的文章，或导致其作品被印刷、出版"。这个表述远比"妖言惑众"清晰和明确。"章炳麟和邹容被指控的罪名在英国被称为煽动性的诽谤罪。首先，我想提醒法庭注意这个罪名意味着什么。……所有的国家都认为以出版物的形式煽动叛乱自然也是最严重的反政府罪。传播煽动性的言论就如同将火种丢进燃料堆。作者可能无法预见其后果，但是作为众所周知的英国法律原则，他必须考虑到可能的后果。"[288]

在中国的司法制度下，法律条文的笼统模糊意味着主持案件审理的官员有更大的自由解释权。但这个被原告律师清晰化、明确化的指控罪名，显然与《大清律例》笼统而专断的"妖言惑众"有很大不同，实际上成了一个依据西方法律提出的指控罪名。为了进一步说明被告行为的危害性，古柏还在12月4

286　同注179。

287　对苏报案被关押者们的指控（Charges against Chang Ping—lin；Charges against Cheng—Fan，Cheng Chong—yih，Tsien Seh—tseng，and Cheng Ki—fuh）。同注254。

288　同注179。

日的辩护中援引英国诽谤法(《Holklord Law of Libel and Slander》)的一段内容:"无论对犯罪行为的性质有什么疑问,毫无疑问的是,作为整体损害的原则,导致诽谤被最终公开的人是可以起诉的……诽谤被公开的有力证据即是由被告所写或以其他形式导致其存在,比如他指令别人这样做,除非他能令人满意解释他的动机。"⑱试图通过英国法律的规定来提示翟理斯对苏报案的处理。

以中国法律之名,循西方法律之实,让站在原告这边的上海知县汪懋琨不知所措,但双方律师却熟视无睹,汪也毫无办法。更有过之的是,被告方代理律师在辩护中根本不援引中国法律,而是直接依据西方法庭的程序和西方法律的一般原则为被告作辩护。

琼斯也是熟悉英国法律之人。他深知,原告律师是以"恶意写作、印刷、出版煽动性的诽谤言论"指控被告犯的是诽谤罪,这是依据英国的法律提出的指控罪名,这个指控比依据中国法律提出的指控要轻得多。同时,原告指控的写作、印刷和出版是一个整体性罪名,即不仅要具有写作,同时还有印刷、出版这样的行为或意图,才构成犯罪。但是在法庭审讯中,章、邹都坚决否认书籍的印刷和出版与他们有关,原告又拿不出被告有出版意图的证据,这样原告的指控就仅仅是写作。琼斯对此坚持:"第一,所行之事;第二,何人印刷,此系最要关键,请政府律师之出印刷真凭,方可谓章、邹实有扰乱人心之意。"⑳

被告律师紧紧抓住这一点,在实体法层面,以文明国家的基本原则——思想自由和言论自由为被告辩护,以确定被告行为的罪与非罪;在程序法层面,则以最基本的证明责任原则要求"谁主张,谁举证"。

"我们都有权利——中国政府对此也不会否认——每个人都有思想自由的权利,这是每个生活在文明国度的人都享有的权利,我希望中国也应当允许其国民享有这项权利,使自己跻身文明国家的行列。"㉑

思想自由是琼斯与爱立斯的高明辩护策略,也是浸润在外人内心深处不可动摇的信念和原则。这一点,古柏也无法否认,实际主持审判的翟理斯的内心也确信无疑。当然,这是中国官员汪懋琨所不能理解的。

原告举证的前提是对被告的无罪推定。无罪推定是英美法系国家法律的基本原则之一,这与中国的传统司法制度大相径庭。在中国法庭上,被告就是

---

⑱　同注 182。

⑳　同注 196。

㉑　The Supao Sedition Trial, *N. C. Daily News*, DEC. 9, 1903.

被假定为有罪的，这意味着要证明自己无罪，被告必须自己提供证据，否则就被认为有罪。这对被告是非常不利。相对而言，坚持原告负举证责任对被告相对有利。因为对被告的无罪推定意味着要由原告证明被告有罪，即举证的责任在原告，被告没有义务证明自己是无罪的。这是遍查当时中国法律无法寻觅的一条原则。

当时的上海，无论是清政府，还是租界，都没有关于印刷和出版方面的专门法律法规，因此上海的印刷出版市场并无有效管理，各种盗版书泛滥，无印刷者、出版者名称的出版物很普遍。抓住这个漏洞，对于清方指控的《驳康有为论革命书》和《革命军》，尽管章炳麟和邹容都承认是自己所写，但章炳麟在法庭上称这是他写给康有为的一封私人信件，信写好后寄给康有为，草稿被扔在垃圾桶，对于这封私人信件如何印刷、怎样出版，他一无所知。邹容则声称《革命军》是在日本学校读书时完成的一篇作业，回国前，他将文章留在东京，返回上海后，才看见市面上有《革命军》的印刷本，因此，《革命军》如何印刷、怎样出版，他也不清楚。二人将书籍的印刷、发行、销售和自己推脱得一干二净。如今看来，章、邹二人的这番推脱，应当是和辩护律师事先沟通过的。抓住《驳康有为论革命书》和《革命军》两书没有印刷厂家、出版商、销售商这个漏洞，反过来坚持原告举证，不能不说是一个辩护的高招。

法庭上，琼斯重申："中国政府的律师已经肯定地、非常肯定地提出指控，即此人犯有印刷、出版他写的文章的罪行，那中国政府的律师必须对此举证。"㉒爱立斯也附和道："我代表被关押者请求，他没有犯被指控的罪名。这是任何一个文明法庭都会接受的合适请求。应当完全由控方证明被指控的罪名。"㉓

古柏知道，如果证据不足，根据举证责任的基本原理，原告就要承担败诉的风险。依据外人的法律理念，单是写作不构成犯罪，必须由控方举证被告有将其公开的意图，如被告同意或者以其他方式导致印刷和出版。但是，控方就此提出令法庭相信的证据却不容易。古柏沮丧地说："我无法找到印刷者，因为单纯从书上没办法知道他的名字。""我不能提供充分的证据，因为他们使我无法获得印刷和出版的证据。"㉔

无奈之下，古柏只得借助"推定"这一证据方法，即基于被告章炳麟等已承

㉒ 同注 182。

㉓ 同注 179。

㉔ 同注 179。

认被指控的书籍为他们所写,推断他们有将其公开的意图,进而指控被告应对他们所写的书籍被出版负责任,对此,被告律师马上提出反驳:"刊印是否,邹未供认……如果有人将其书刊印,与作书人无涉,今应请华府指出真凭实据,方能究办。"[295]同时认为这是控方律师变相将举证责任转移给被告,"被告承认文章是他所写的这一事实,导致了接下来一系列的假定,即认为他会知道到书被出版,并辩论说他确实印刷和出版了它,但这个主张是站不住脚的。"[296]审判官翟理斯也以原告举证为原则主持案件的审理,没有支持控方,而是支持被告律师,这让古柏很失望。

整个过程中,汪懋琨和邓文堉原本发言机会就不多,对原告还是被告举证问题更是一无所知,因此在审讯中懵懵懂懂,提不出自己的意见。但他还是提出了自己的意见:"只要写今上一字,罪名足矣。"[297]

这个在中国人看来理所当然的罪名,让深谙西方法律思想的翟理斯有点啼笑皆非,只得对着古柏说:"中国官员的意思是,被告写了这本书,这点他自己也承认,就构成犯罪?古柏先生想进一步指控印刷和出版的罪名,应在法庭上出示证据。"[298]但原告律师却无可奈何,只是一味地强调章、邹二人的言论是极其具有煽动性和危险性的,并且这种激烈的诽谤性言论导致社会动荡的可能性极大,强调"无论何国,均须禁止究办",[299]试图避开举证问题。但琼斯反复申明"谁控告,谁举证"原则。双方律师都是上海滩上著名的律师,你来我往,争辩得不可开交。但直到正式庭审结束,依旧没有得出任何结论。

三、第三方:法官及其背后的权力角逐

在布莱克的归纳中,第三方不同于惯常诉讼法中第三人,而是包括法官、检察官、警员、陪审员在内的非诉讼两造。根据他的总结,第三方作为案件的裁判者,是构成案件社会结构的另一个重要组成部分,他们不同的社会结构也必将影响案件的处理。一般来说,第三方的社会地位与权威性呈正比,其权威性的程度也随第三方的社会特征的不同而不同。与对立双方和他们的支持者

---

[295] 同注 186。
[296] 同注 182。
[297] 同注 186。
[298] The Supao Sedition Trial, *N. C. Daily News*, DEC. 7, 1903.
[299] 同注 186。

的社会地位相比,第三方的社会地位越高,其行为越容易表现出更大的权威性。[300] 显然,法官是第三方中最重要的一个角色。他是司法裁判的主体,更是会审公廨形式上的主导者。会审公廨的法官有两类,一是中方的谳员,一是外方的陪审员。

(一)会审公廨的由来

无疑,在会审公廨的两类法官中,谳员在名义及形式上占据主导地位,但实际上判决结果却多迁就外籍陪审员的意见,特别是涉及外籍人或原、被告聘请外籍律师的案件,同时也囿于语言的缘故,谳员更是无法主导案件的判决。一般来说,外籍陪审员通常由副领事等人担当,并非职业法官,往往"唯视领事临时之意旨为准"。究其原因,郭泰纳夫指出:"外国陪审官不是法官,甚至不是会审官,其责任是在于保护外国人利益,而不是为了正义。"[301]因此,本文有关第三人的研究中,相比法官个人的权威性,苏报案更值得深究的应该是法官所在的审判机构——会审公廨——这个并非"中国式衙门"的具有浓厚"混合法庭"色彩的机构及其背后。正是会审公廨这一特殊审判机构框定了中国谳员和外国陪审员的人事组织,其背后的权力角逐更是决定了苏报案的走向。

会审公廨开庭审理时的场景

"会审"二字,可以追溯到 1843 年《中英五口通商章程》的"会同公断"四字。该章程第 13 条规定:"凡英商控告华人,必先赴领事署投禀,领事先行劝息,使不成诉;如有华人赴领事署控告英人,领事一律劝息,免致小事酿成大

---

[300]　同注 240,第 12 页。

[301]　同注 276,第 94 页。

事。倘有不能劝息,即移请华官会同查明事情,秉公断案,其英人如何科罪,由英国议定章程法律,发给管事官照办,华民如何科罪,应治以中国之法。”此处的“管事”,即英文“领事”之意,从此英国领事就取得了在华裁判英国国民的权利,也就是领事裁判权。

会审公廨源于1864年建立的洋泾浜北首理事衙门。此前,因为小刀会起义攻击上海县城,租界之内涌入大量华民,中外纠纷也不断发生,被战火搞得焦头烂额的大清国官员连性命都自顾不暇,根本无从处理司法纠纷。英法美三国驻沪领事遂主张租界内一切较轻案件,先由外领审理,较重者则移交界外华官审判。于是,仅1855年短短一年,领事法庭就审理了500多件华人的案件。等到战火平息,清方要求归还预审权时,英国领事巴夏礼便建议在公共租界设立一个由华官主持的司法机构,专门处理租界内发生的华人违法案件,凡案件涉及外籍人利益,则由外国领事“参加审理”。

若与上海开埠之初的约章对照,这“参加审理”的要求已经超过领事裁判权的范畴,严重逾越了当时中外约章(即使是不平等条约)的规定,更遑论符合国际法法理了。然而,就当时的时局与租界现实,持平而论,巴夏礼的提议至少代表了“大清国依然对租界华民拥有相当的司法管辖权”。(302) 清方也最终答应,双方便在1869年签订《洋泾浜设官会审章程》,(303)作为会审公廨的运作依据。

从此,上海市民目睹了一个从来没有见过的中西合璧式的审判组合:堂上,领戴花翎官服朝珠的中国官员和西装革履的西方陪审官并排而坐;堂下,中国衙役们操持着一米多长的水火棒,低吼着“威武”,对面当值法警的印度阿

---

(302) 同注117,第69页。

(303) 有关《洋泾浜设官会审章程》的内容,可参见王铁崖主编:《中外旧约章汇编》(第1册),三联书店1957年版,第269～270页。根据研究,《洋泾浜设官会审章程》对中国法权的侵夺主要是在以下三方面:一是提传外人雇佣的华人,其权操纵于领事之手;二是对于无约国人民与华人混合案件,领事有陪审权,无约国人民之间案件,领事也拥有会审之权;三是领事与会审委员处于平等地位,会同审案,然而又参与道台处理的上诉案件,能够变更会审公廨委员的判决。参见梁敬錞:《在华领事裁判权论》,商务印书馆1930年版,第105～107页。

三们却一会儿耸肩，一会儿摸鼻。[304]

大概是由于历史的疏漏，当时法庭究竟使用的是中国公堂上的惊堂木还是西方的法槌，却从没有记载。但历史脉络有一点却是清晰的，自会审公廨建立以来，经过一系列或明或暗的较量，特别是领事团和工部局在攫取权力欲望上的孜孜以求，清朝方面的一再退让，外国人通过改革诉讼程序，扩大管辖权等方式在庭审上的权力不断扩大，甚至纯粹华人的诉讼也要经领事过堂，而清朝政府面对在租界已扎稳脚跟的对手，很多的时候则是显得无力、无助与无奈，甚至沦为陪衬，只能借着帝国的落日余晖，苟延着残存的余威。单就苏报案而言，如果按照 1864 年《洋泾浜设官会审章程》规定，此案诉讼两造当事人均"只系中国人，并无洋人在内，即听中国委员自行讯断，各国领事官无庸干预"。[305]但到了 1902 年的《上海租界权限章程》，两造皆为华人之案件，被明确规定拥有了管辖权，这与会审公廨权力触角的日渐延伸密切相关。

前文也指出，会审公廨处理的案件判决在很多时候是由中方谳员作出的，尤其是些只涉及华人之间，且不直接影响外国人利益的案件。外国陪审官则只是在判决书上签字，表示同意。但是，这绝不意味着中方谳员的审判独立，因为在审理案件的过程中，一方面，中方谳员往往会与外方陪审官进行商议，如果意见不合，中方谳员很难径自作出判决；另一方面，如果外方陪审官对谳员判决持异议，会主动提出反对意见，甚至以强势压人，直到中方谳员同意。[306]具体到苏报案中，把持庭审的翟理斯从一开始就坚持认为，判处章炳麟 3 年监禁，邹容 2 年监禁就已经足够了，他不会同意更严厉的惩罚。这或许也是端方、袁树勋等人不情愿将苏报案被关押者交由租界审理的最重要原因。

---

[304] 有学者指出，由多名法官坐堂听讼而不是县太爷一人说了算；法官每人只有一票；当事人不用跪堂还有律师帮他说话；证人必须到庭接受双方交叉询问；对被告人不能当庭打屁股或使用任何刑讯方式取得口供……所有的一切，似乎与中国传统"纠问式"的法律文化背道而驰。可以想见，代表着中国官府立场的谳员以及所有经历或旁听诉讼的人们，受到冲击的不仅是他们的眼睛，还有他们心中根深蒂固的价值体系。同时，在这个貌合神离的法庭中，对抗的味道远远大于合作的味道，甚至于连维持秩序的警卫人员，也都傲慢地分立两排，一边是中国官员所带的衙役，而另一边是代表着西方近代法治文化的法警。参见《屈辱·冲突·抵抗·吸纳——近代中国租界领事裁判权和会审公廨制度解读》一文。http://www.dffy.com/sifashijian/jj/200504/20050425203608.htm，下载日期：2012 年 1 月 6 日。

[305] 同注 303，第 269～270 页。

[306] 同注 95，第 130 页。

（二）工部局、领事团与公使团对苏报案的态度

会审公廨作为租界自治后随着租界成长演化的司法裁判机关，并非单纯依据相关条约产生的司法机构，更不是完全听命于单一的国家，它不仅迥异于传统中国的司法裁判机关，也不同于其他国家依领事裁判权所设的司法机关。

郭泰纳夫即言："（会审公廨）是由于上海公共租界经济和政治力量的发展，由于负责租界内居民利益的人民，避免中国内部动荡的影响，而不断努力创建了一个独立法庭的结果。"[307]这也道破了会审公廨受制于领事团和工部局的现实。

从会审公廨的发展历程来看，领事团和工部局对会审公廨的控制包括两个方面，即控制会审公廨的司法审判以及会审公廨对租界内华人的行政管理权（有限范围内）。其中对会审公廨司法审判权的控制，又包括领事委派陪审官参与审理，甚至主导审判，工部局委派督察员监督审判以及司法管辖范围的扩张等。

不过，领事团与工部局虽然在华利益在根本上一致，共同掌控会审公廨，但由于具体利益存在差异，因此两者之间也存在着分歧矛盾。上海公共租界具有国际性，工部局董事会由纳税人选举而组成，对租界管理采取的是一种较为民主方式，尤为重要的是，租界利益已不等同于各国在华的国家利益，领事或公使由各国委派到中国代表的是外交利益，即各国的国家利益。对于居住在租界内的外国人来说，更为实在的是他们在租界的商业贸易等具体利益，特别是租界的管理方式、成效等直接影响这些具体利益，因此这决定了在某些问题上双方的分歧，甚至认为领事无权对工部局事务加以干涉。

同时，工部局作为外国人管理租界的最高行政机关，不容中国政府"干涉"租界内事务。[308] 因此，这就不难理解为什么在苏报案中，工部局一直拒绝清政府的引渡要求，甚至在这个问题上不惜与领事团、公使团发生冲突的原因。

---

[307] 同注 276，第 94 页。

[308] 有研究指出工部局独立和强势地位："侨民们选出了一个工部局代表他们，与领事们和道台分庭抗礼，正是这个工部局——即社区本身——的工作使上海的历史别具一格。它必须不断地地址中国人的蚕食，同时自己不断地蚕食对方；有时它被官场所遏制了，于是就忍耐着等待机会；有时它得到了一点，就守住它，使它可以作为先例和惯例从而可以获得更多。它主张应该执行条约的精神而非文本，并以缓慢的进程，压制领事们朝这个方向走。这个由不拿薪水的商人组成的委员会虽不总是为社区成员所赞成，却以耐心和坚毅改革了陋习，获得了无可争议的权力，在统治异质社区赢得了支配地位。"参见 G. Lanning, S. Couling. *The History of Shanghai*. Vol. 2. p. 5.

具体而言,工部局一直坚持独立的立场,坚决拒绝引渡,"此租界事,当于租界治之。为保障租界内居民生命之自由期间,绝不可不维持吾人之治外法权。"[309]苏报案发生后,工部局还采取一系列行动,诸如为他们聘请律师,严密防范案犯被劫持,以防止章炳麟等被关押者落入清政府手中。1903 年 10 月初,"日前革命党邹容、章炳麟二人,在福州路老巡捕房押所忽患红痧,经西医验明,送至虹口司考脱路工部局病房医疗,并由捕头派令三画西捕二名,各带火枪,日夜轮流看守。"[310]这则报道也从侧面说明了当时工部局对苏报案是十分重视的。

在反对引渡的问题上,工部局是坚定的,并试图以此影响上海领事团和北京公使团在苏报案上的立场。工部局分别在 7 月 23 日、25 日致函北京公使团,陈述反对引渡的理由:"关于苏报案,工部局提请公使团注意以下事实:在过去的很多年,租界的管理已经形成这样一个固定的原则,即未经审讯并证明有罪,本地居民不能被逮捕或被带离租界,租界的繁荣和安全依靠的是对这一原则的坚守⋯⋯而且自 1898 年起,公使团和领事团反对将被指控为政治犯的本地人在租界不合法地逮捕。在苏报案中,六人中有四人明显地与苏报无关,也与爱国学社无关,他们的罪行未被证实,他们的身份也没有被证明。不给予被告机会证明自己无辜就把他们移交中国当局,这对于租界的良好形象是一件影响持久力的羞辱,并且会严重地损害租界未来的管理。"[311]

苏报案久拖不决,工部局在 11 月份又致函上海领事团,催促其要么继续诉讼程序,要么释放苏报案案犯,"被关押者现在在巡捕的监管之下一直被关押但不审判违背公认的程序,对租界良好管理的声誉和公共租界的利益都是不利的。工部局关押苏报案犯是因为会审公廨有过保证,既然有保证,那么依据文明的做法和租界已经建立起来的程序,对被告的审讯是必要的,对他们只关押不审理的现状不能无限期地拖延下去⋯⋯如果还继续拖延,工部局建议一个可能具有可行性的办法,即保证被关押者在法庭随叫随到的条件下释放⋯⋯"[312]11 月 25 日,在仍没有收到任何有关案件开审消息的情况下,工部局董事会决定:"如果对这些被关押者中任何人撤回起诉和宣判无罪,只要他们愿意,将被护送登上驶往香港或日本的船,以保证他们不再遭受正常或不正常

---

[309] 同注 37,第 380 页。
[310] 《党人患病》,载《申报》1903 年 10 月 4 日。
[311] Supao Case, N. C. Daily News, SEP. 3, 1903.
[312] Supao Case, N. C. Daily News, NOV. 19, 1903.

No. 6.

Sir E. Satow to the Marquess of Lansdowne.—(Received October 14.)

(No. 235.)
(Telegraphic.) P.   Peking, October 14, 1903.
SUPAO Case.
    With reference to the last paragraph of my telegram No. 220 of the 9th ultimo,
no communication has been made to me by Prince Ch'ing as to the result of the
telegram which he promised; but, I incline to believe, omitted to send.
    The Senior Consul at Shanghae was addressed on the 30th August by the Viceroy
of Nanking in a letter in which he demanded the surrender of the accused. This
letter was considered by the Diplomatic Body on the 3rd October and to-day. It was
agreed that the Consular Body at Shanghae should be instructed to reply that, though
unable to surrender the prisoners to the Chinese authorities, they are prepared to
consent to their trial before the Mixed Court, to which may be added, if necessary,
for the trial of the case according to Chinese law, a Chinese official of sufficiently high
rank for the purpose.
    The Consular Body are further to intimate to the Viceroy that, should this pro-
posal be rejected by him, the accused cannot be indefinitely detained in custody.
    The trial, moreover, must follow the rules of strict justice, and, if a verdict of
guilty be found, the punishment awarded must be proportioned to the offence.
    Lastly, the Viceroy may be informed that, in the opinion of the Diplomatic Body,
such measures should be taken as may be necessary to prevent the recurrence of
similar incidents in the future.

1903 年 10 月 16 日英国驻华公使萨道义致英国外交大臣蓝斯唐的信函

逮捕。"③⑬

　　上海领事团和北京公使团起初并不支持工部局在苏报案的立场，驻京公使团倾向于谨慎严守条约立场，往往不愿冒险突破本国的外交政策以引起不必要的纠纷。领袖公使甚至致信工部局指出工部局无权干涉苏报案，"公使领袖指出：公使团已一致表示，在司法事务上，工部局董事会无权干涉。"③⑭对此，董事会决定在答复中表明："在苏报案的问题上，他们未曾提出过任何司法问题。所提出的建议，他们认为是有益于公众的，而所涉及的行政问题，董事会对之直接感兴趣是正当的。"③⑮

　　对于工部局和领事团在处理苏报案上的重大分歧，有媒体概括为："吾观近者上海总领事处理《苏报》一案之居心险恶及其不待审判而遽施奸计将诸人移交华官者，实出人意料之外……工部局固乐于保护彼等一切权利，以与处其治权之下之一切居民等。"③⑯赞赏工部局在苏报案上的立场，批评领事团不顾"良心"。

---

③⑬　同注 115。

③⑭　同注 115。

③⑮　同注 115。

③⑯　《总领事与"苏报案"》，载《国民日日报汇编》（第 3 集），第 663～664 页。

事实上，工部局董事会作为公共租界欧洲人的自治组织，英国人占多数，⑪居主导地位，处处以维护既得权利和利益为出发点，较少考虑条约约束，北京公使团和上海领事团也往往不得不认可这个既成事实。而英国在苏报案中自始至终坚持反对交出案犯，这也是工部局立场形成的重要原因之一。

北京公使团最后面对工部局的坚持和沈荩案的惨状，无法达成一致的意见，最后也只得以"此事领事主之，吾人不能侵其权限"来推脱，将案件的处理权发还领事团。但是，上海领事团是不可能按照公使团的说法来"主之"的，他们不但不能要求工部局服从领事团的决议，往往还要尊重工部局的意见。⑱

"在理论上，领事团依旧是握有上海租界的最高权力者，就是对工部局也可以向领事法庭提起诉讼，但在实际上，则工部局董事会实已高踞租界之王座。"⑲同时，章、邹等人一直关押在工部局掌控的巡捕房（后为监狱）中，这是工部局对抗清政府的重要筹码。清政府试图通过领事团和公使团向工部局施压，工部局就多次以释放被关押者来要挟清政府接受苏报案在租界就地审理和定罪的主张，而清方对此毫无办法。无奈之下，苏报案最终只能在会审公廨审理。

（三）从观审到会审：外国人审判权的扩张

论及会审公廨，一个重大问题即容易混淆"会审"与"观审"的问题，这必须明晰，这在苏报案中也有体现。

正式审判中，原告代理律师就质疑观审英国副领事翟理斯的权力。翟理斯在法庭上的身份是"Assessor"，英文原意为"法官或者行政官的助理"，中文

---

⑪　有数据显示，1900 年前后上海公共租界外国人总数为 6774 人，其中英国人数占据首位，达 2691 人。由于英国人居多的原因，纳税人大会也是英国人占据绝对的优势，相应地，由纳税人大会选举的工部局董事会也是英国人占据主导地位。通常，在 9 人规模的工部局董事会中，英国董事的名额一般在 6~7 名，占绝对多数。1902 年，法国驻上海领事在一份报告中称："公共租界的工部局中，有 7 位董事为英国人，他们容许一位德国人和一位美国人在工部局里，只因不愿意被人谴责其过分的专权。该局所追求的唯一目标就是要使上海变成一个完全自治的城市，脱离与外国领事团和中国行政当局的法律关系，然后等待时机一成熟，再宣布该市成为英国人所有。"参见前注 96，第 11 页。
⑱　例如在章、邹等人被抓，而《苏报》馆却没有被查封的情况下，魏光焘就担心："况今日局董权势较重，各领多视其意旨为转移，万一出票而各领因工部局保护甚力之故不允签字，后更难以措手。"参见《光绪二十九年闰五月十六日两江总督魏光焘致兼湖广总督端方电》，同注 3，第 419 页。
⑲　[美]霍塞：《出卖上海滩》，越裔译，上海书店出版社 2000 年版，第 33 页。

称其为"观审"。在以往会审公廨审理的案件中,观审的职权是,在中国谳员审理的以外国人为原告、华人为被告的案件中,如果对谳员的判决不满,有抗议的权利,但无权直接作判决。一般只是观审,如认为审判、判决有不妥之处,提出新证据和抗议等,这种制度是原有领事裁判权的扩充,但在本案审理中,翟理斯的权力远远超过观审。在当天的审理中,古柏对翟理斯提出:"你的权力是根据《烟台条约》吗?"翟理斯则解释到:"不是。我现在的权力很不同。根据使用范围的情况,'Assessor'(观审)有两重意思。有会审公廨的观审和《烟台条约》下的观审。《烟台条约》中的观审只有观审和抗议的权力。"⑳对此,古柏进一步质疑:"查《烟台条约》,西方有观审之权,无讯断之权;华官则有管理华民之权,如何讯办? 在何处审断? 其权均属之华官。"㉑试图将审判的主导权引给清方官员。翟理斯当即明确表示如果没有他的同意,没有哪个判决能形成,没有必要在此纠缠。

按照中外条约的规定,所谓"会审"是指同时涉及华洋的民刑诉讼,领事不能劝息的,由中国官员和领事会同审理。即使华人为被告的案件,外国领事也得会审。㉒而"观审"偏重的则是"旁听",凡同时涉及华洋的民刑案件,被告所属国的领事或官吏,得在法庭上观审,以监督诉讼的进行。如观审员认为办理,可以逐项辩论,并得以添传复讯证人,承审员对于观审员应以相当之礼对待。观审员在法庭内虽可自由发言,但不能与承审员居于对立、对等的地位。

然而,从中外条约的发展来看,从上海公共租界成立之初,会审公廨对于华民的裁判就超越了中外约章,成为副领事或翻译官"会审"华洋混合民刑案件,甚至纯粹华民刑事案件的格局,不仅是"会审",更是"主审"。此后的各个时期,外方对此都是坚持,从未有过削权的考量。苏报案中的翟理斯就是如此。他将"观审"的权力作了扩大的解释,根据这一解释,中国官员无权独立对案件作出判决,而在案件的实际审理过程中,翟理斯的权力实质上已经等同于直接的判决权。

当然,这并不等于说清政府对于庭审没有采取任何有力的主动性举措,上海知县汪懋琨最终参与庭审就是清政府积极运作的一个结果。

按照会审公廨的人事组织惯例,中方派驻会审公廨审理的一般只是谳员,但苏报案的实际审理过程中,地位和权限比谳员高一级的上海知县却参与其

---

⑳　王敏:《苏报案的审讯与判决》,载《史林》2005 年第 6 期。

㉑　同注 179。

㉒　叶祖灏:《废除不平等条约》,中正书局 1967 年版,第 42~43 页。

中,这实际上是清政府力争的一个结果。在苏报案引渡无望的情形下,上海道台袁树勋致电端方:"惩前毖后,窃拟补救主权办法两条。(1)拟由地方官审讯,仍照律罪,请旨办理,伸知朝廷法外之仁;(2)由外部照会各公使,申明和约及会审交犯章程后不得援以为例。"㉓对清政府而言,苏报案能否由中国高级别的官员参与审理,关系到国家主权,更关系到大清帝国的尊严和脸面。

列强也意识到这一点,因此,领事团同意清上海知县参与苏报案的审讯,并且可以依据中国法律审理。当然,这是一种有限度的妥协,主要是为了"顾全中国人的面子"㉔。而在更普遍的意义上,清朝政府的意图只是"使人看起来对人犯的审讯和惩罚好像不是出自会审公廨长官之手,"㉕对租界的实际权力并未有所损害。对此,工部局却十分警惕,"事实上,公共租界当局希望会审公廨能变成不受中国地方官员控制的独立司法机构,会审公廨谳员能拥有独立的审判权,因此一直警惕中国地方官员到租界行使权力。派出比会审公廨谳员更高一级的官员参与苏报案审讯是出于上海道台的建议,公共租界当局希望这只是一个临时的安排,不构成先例。"㉖

对于上海知县汪懋琨的出现,清政府显然是寄予厚望的,希望他能够在庭审上发挥作用,起码让民众觉得审判是出于中国政府之手。当时工部局的会议则显示:"由英国陪审官带来的消息说,总督已授命道台委任一名代表立即审理此案。他的职责是:一旦发现案犯的罪行,就予以量刑。"㉗然而,从正式庭审的记录来看,汪懋琨在审讯中并未发挥多大的作用,他的发言机会并不多,而且需要翻译。他不熟悉法庭的审理程序和双方论辩的法律原则,更多的时候,只是一种存在的象征,更像是观审。对于汪懋琨的抢先宣判,翟理斯更是明确表示反对永远监禁的判决结果,声明上海知县的宣判是中国官员自行决定,不符合常规。"我已经说过我不能同意对章、邹二人判处终身监禁的决定。在会审公廨审理案件共同磋商是必要的,你的独自行动却是不合常规的。现在我把判决的副本送还谳员邓先生,并通知双方律师。在此我也通知你。"㉘

㉓ 《光绪二十九年七月初二日上海道袁树勋致兼湖广总督端方电》,同注 3,第 432～433 页。

㉔ 1903 年 9 月 16 日英国驻法公使蒙森致英国外交大臣蓝斯唐的信函,同注 254。

㉕ 同注 14,第 285 页。

㉖ 同上注。

㉗ 同注 115。

㉘ 1903 年 12 月 8 日翟理斯致上海知县汪懋琨先生的信函,同注 177。

四、小结：作为变量之和的司法

对于传统法学而言，规则、原则、制度等构成的法律条文是当然的法律逻辑，决定着司法裁判的结果。但布莱克等法社会学学者认为法律作为社会的产物，影响法律运作和司法裁判的社会因素太多，使得制度本身不足以完全能够预测或解释案件是如何处理的。因为除了法律的技术性特征——在法律准则具体应用于实际案件之外，每一案件还有其社会特征，这使得对案件的观察常常必须置于社会学的视野之下，这从另一个侧面推动了法社会学的勃兴。对于布莱克的贡献，学者季卫东夸赞到："(他)以最简明、最优雅的表述为认识和预测法与社会的变化关系提供了分析的框架，为有关法律制度的历史学、社会学和人类学的研究奠定了概念基础。"㉙继而提出，布氏的《社会学视野中的司法》一书，为中国法学提示了一种新的发展方向和研究进路，中国法学研究需要社会学的知识和方法。

(一)案件社会结构理论与苏报案中的关键变量

无疑，社会结构是法社会学的一个重要的分析路径，案件的社会结构作为司法社会学理论的核心理论，奠定了布莱克司法社会学理论基础。根据这一理论，对手效应、律师效应和第三方效应是案件的基本结构。案件的社会结构与其设定的法律基本函数紧密相关，它不仅与法律量的变化直接相关，同时也是法律强度和歧视量的基本构成要素。因此，研究案件的基本结构对司法社会学研究有重要的意义。

但是，对于极具特殊性的苏报案而言，纯粹的社会结构分析是不足以完全解释苏报案的最终判决的。这不仅是因为苏报案发生的司法背景与布莱克提炼案件社会结构的司法背景几乎迥异，而且在于当时中国社会背景的特殊性，当时的中国充分展现了传统与现代、本土与域外的深刻矛盾冲突，是一个急剧震荡的社会时期，转型是社会结构的主要动向，法律的模糊与冲突是会审公廨普遍存在的情形，且苏报案中的法外因素又过浓烈，夹杂着太多的政治因素。当然，这也增加了本文分析的难度，但反过来通过苏报案，我们可以以科学的态度和理论的勇气，继承和发展布莱克的"案件社会结构论"。

在法社会学看来，影响司法裁判和法律运作的因素很多。布莱克的贡献就在于将这些影响裁判的社会因素系统化、体系化、科学化，甚至是量化。这

㉙　季卫东：《法治秩序的建构》，中国政法大学出版社 1999 年版，第 359 页。

种纯粹社会学的框架可以说是孔德创立社会学并提倡以科学方法研究社会以来实证主义社会学的一项重要发展，但这种纯粹的理性主义方法往往无意中排除了文化、历史、人性等不易量化的规范分析要素，它的"最简明、最优雅"导致了案件社会结构分析的简单化约，而历史和现实中的诸多案件是复杂的，并非通过解析对手效应、律师效应和第三方效应的案件基本结构，就能轻易解释案件结果，以上对苏报案案件基本结构的分析就是例证，某些结构点的社会特征不仅难以归纳，如清朝政府，而且某些结构点超越了布莱克的总结，如苏报案中的法官，其很大程度上不是独立的，而是受制于公共租界工部局和领事团。苏报案的最终判决，实际上蕴涵着诸多影响性的关键变量：

(1)审判机构——会审公廨。

(2)原告——清政府。

(3)被告——革命者。

(4)幕后——西方列强的态度。

(5)代理人——外籍律师的作用。

(6)适用法律——被忽略的《大清律例》。

(7)不可忽视的因素——众口沸腾的新闻报道。

当然，上述变量并不是全部。(1)比如苏报案中两位证人的出场，就是支持者中的重要组成。在12月5日的庭审中，两名外侨应工部局邀请出庭作证，他们的辩护词大相径庭，几乎完全对立，一方认为章、邹二人的著作不仅难以构成危险，单纯阅读下去都成问题，一方则认为被告有非常明显的煽动叛乱的意图，必须予以严厉的惩处。两种对立观念无疑分化了支持者的阵营，产生了一种平衡效应。试想如果证人的立场完全一边倒，恐怕苏报案的结果也有可能不尽相同。(2)再比如苏报案的交涉过程，不仅是中外力量的交涉，实际上也包含列强之间的较量。列强在是否交犯以及判刑轻重的问题上意见纷纭，受各国对华政策、列强之间关系、公使个人因素以及文化传统等因素的影响，列强的反应和表现各不相同。如法国态度的转变就是关键性的一个变量。起初法国是支持引渡案犯的，这与法国驻华公使吕班的个人因素有关，他在华多年，与清政府关系良好。不过据推断，"我们有理由相信，带头反对扣押《苏报》案犯的吕班公使，并没有同本国政府商量过，政府至今没有批准他的行动。"[30]后来由于英国政府驻法公使保罗·甘伯同法国交涉，向法国政府陈述了英国的态度和立场，指出如果将苏报案被关押者交给中国政府，就很难阻止

---

[30] 同注 14，第 280 页。

他们受到最不人道的待遇。㉛ 这一点得到了法国外交大臣德尔卡塞的完全赞同，最终导致了法国在苏报案上的立场转变。当时，上海一地三制，除了清政府管辖的领土外，还有公共租界和法租界，因此，"由于此事处于公共租界管辖范围，和我们法国并没有直接的关联，所以我们没有必要介入这场纷争之中"。㉜ 这也对苏报案产生了重要影响。法国人的态度变化瓦解了支持移交的阵营，英国由原来的少数地位一变而为多数，俄国转而陷入孤立的境地。《纽约时报》评价说："自从法国政府一同加入反对向中国政府引渡人犯的行动后，中国政府已经意识到通过讨好洋人是无法达到引渡目的的，并且意识到被批捕的人犯将不会被引渡。"㉝（3）法国态度转变的另一个重要原因是沈荩案的发生，试想如果沈荩案没有发生，西方列强是否能够形成近乎一致的反对引渡的立场。（4）再比如律师的出场，且不论被告律师在改变工部局拒绝引渡立场（包括不立即审判就释放的要求）上的运作和影响，他们的出现让庭审的对抗成为可能，特别是对于法律程序和证据制度的应用和展示，让章、邹等人获得了法庭对峙上的优势。（5）甚至可以想象，如果苏报案是在中国地方衙门审理，按照中国历代对文字狱的处理方式，结果又是如何……

如果纯粹按照社会性质来标签苏报案中的三方，原告清政府应该是封建性质的，被告应该是革命性质的，而法官及其背后的列强则是殖民性质的。根据传统史学的定义，在半封建半殖民地的中国，革命往往是遭受两种力量同时绞杀。这在一般史书关于苏报案的描述中也是如此。然而，通过苏报案的分析和推论，文章试图总结出——个案不是按照纯粹的社会性质的结构就能顺理成章归纳预测得出结果的。封建、革命、殖民的社会特征由于过分宏大，往往难以适用于个案的解释和预测中。

（二）作为变量之和的司法：兼谈司法的确定性与不确定性

作为一种分析的"模式"，布莱克案件社会结构论与其他"样式"或者"模型"存在同样的缺陷，"模式分析通常只关注那些足以代表事物本质属性的基本要素，对该事物的一些具体特征或细枝末节则往往忽略不计。"㉞这也成为

㉛ 同注 169，第 54～56 页。

㉜ 1903 年 8 月 18 日法国外交部长德尔卡塞致电法国驻英国公使保罗·甘伯的公函，同注 112。

㉝ Shanghai Reformers are still in prison, *The New York Times*, Nov. 5, 1903.

㉞ 陈瑞华：《司法过程中的对抗与合作——一种新的刑事诉讼模式理论》，载《法学研究》2007 年第 3 期。

布莱克案件社会结构论最为致命的地方。而在更为普遍意义上，布莱克的许多命题要么不能证伪，要么就伴有诸多例外。人们往往可举出反例来挑战他的命题，比如他认为法律的普遍精神有利于强者不利于弱者，但弱者在诉讼中胜出的例证比比皆是。㉟

其实，我们可以发现，个案之中，关键性变量，甚至关键性变量的细节都有可能影响司法的最终裁决，也即司法的结果有时候是非逻辑的，而是充满变数的，一个偶然的细节或变数都可能导致裁决的完全不同。

历史学家许倬云将历史定义为"变数之总和"，㊱在此本文顺延概念，提出"司法是一种变量之和"的概念。司法作为变量之和，从时间的维度来观察，司法过程中的每一个场景都不尽相同。以两个相互衔接的场景而言，由于其中各种因素的消失与产生、改变与退化，很容易造成各种变数不同的排列和不同的组合。许多变数可以在前一个时刻结成一个静止的平衡体，但由于变数之间的相对关系，这种平衡体往往很容易被打破，在变数的抗和拒、进和退、变与不变之间，下一个时刻的场景就往往发生变化。许倬云先生认为："每一个静止时期事实上都不能维持很长，因为时间本身就是一个不断进行的线。在这个线上，既然时间不会停止，这种改变就永远不会停止，也没有一个时期有真正静止的局面。换句话说，每一个顷刻间有一个新的平衡，每一个顷刻间各个因素之间有新的相对关系。"㊲在这一维度的关照下，司法是充满不确定性的。

不过，司法作为对法律的社会实践。在法治社会，通常遵循的还是一种"以法律治理理性为主的实践逻辑"，㊳尽管"法律只不过是法官作出判决的大致预期，而实际上作出什么样的判决取决于诸多非法律条文的因素"。㊴但更多的时候，法律是主导性的，预期性的，特别是随着立法的规范和全面，非法律条文的因素只是在一定限度之中影响的。当然，在司法的过程中，任何法律条文都面临着如何还原"纷繁复杂的现实境况"，如何解决"法律自身语词"与"客观世界"的差异性等重大问题。司法确定性的重心从文本的确定逐步向法律

㉟　王静怡：《社会学视野中的司法》，《二十一世纪》（网络版）第 36 期。

㊱　参见许倬云：《历史分光镜》，上海文艺出版社 1996 年版。

㊲　由此，他也提出史学家无须再去寻找究竟哪一个因素是最重要的因素，也不须再去寻找哪一种因素是存在于历史以外，却又是支配历史的。参见许倬云：《历史分光镜》，上海文艺出版社 1996 年版，第 5 页。

㊳　类似表述参见黄家亮：《法律是如何实践的？——以一起刑事附带民事案件为关键性个案的分析》，载张永和主编：《社会中的法理》，法律出版社 2010 年版，第 167 页。

㊴　［美］霍姆斯：《法律之道》，许章润译，载《环球法律评论》2001 年冬季号。

适用的确定转变，从静态的确定性向动态的确定性转变，从短期的确定性向长期的确定性转变，这是任何一个时代司法必须面对的趋势。

从另一个角度看，司法是一场各种变数角逐的变量之和要阐释的问题，即司法的确定性和不确定性的问题。这同后文研究沈荩案时提出的"司法的偶然性"在法理上是一脉相通的。布莱克的研究中，这个问题被侧重于探讨各种社会因素对于法律、司法、案件的影响，这无疑将法学研究和讨论纳入开放的社会科学框架之中。但其《社会学视野中的司法》一书也暴露出对社会学本身的过度倾向与推崇及对法律制度、法律体制缺乏清醒的认识，乃至对某些法律常识的忽略。这显然与本案，或当下的司法现实也是不符的。

根据笔者的判断，除了法律制度文本的原因外，这种"以法律治理理性为主的实践逻辑"与司法的独立性和社会结构的稳定性是密切相关的，布莱克的司法社会学理论也毫不否认这一点，但从苏报案发生的背景来看，司法的独立性和社会结构的稳定性在晚清中国都是缺少的，加之苏报案中各种有关司法的因素的冲突和法外因素的影响过于强烈，因此，司法就很难将纯粹的法律奉为圭臬，而只能是一场各种变数角逐的变量之和。

可以断定，在任何一个文明社会，对司法确定性的追求都是不懈的目标。解决这个问题，除了无法确定的个案的社会结构，能着手的就是规范法律制度和司法体制，特别是前述立法的完善与本文尚未重点论及的司法独立两大关键，这也是中国当下法治面临的重要课题。

第三章　苏报案的若干追问

既然前文论证到"司法是一种变数之和"，那么一系列有趣而又极具学理性质的追问便可被抛出：如果审判机构不是会审公廨而是传统的衙门，苏报案的结果会怎么样？如果司法过程中沈荩案没有发生，苏报案的结果又会怎么样？如果苏报案没有吸引足够多的媒体关注，结果是否又有所不同？

历史不能假设,但历史学的研究却可以且有必要运用假设的方法。[340] 历史事实作为过去的实实在在,是无法变化的,但其最后结局在发生之初并不一定只有唯一的可能性。换言之,历史事件在成为既成事实之前不可避免地存在多样的可能性。历史发展并不是如黑格尔所说的是先于历史,外在于人的绝对精神的展开。历史是人类创造的,是人类自身价值判断和选择的结果,是一个不断选择的试错过程,因此历史发展的道路并不是唯一的。通过人的主动实践和选择,历史事件和历史进程也会有相应的变化。如果说历史不能假设,那就意味着历史主体在历史创造活动中没有任何选择的余地,就会陷入历史决定论和宿命论的泥沼中去了。

相反,借助假设的方法,从一定的历史事实前提出发,以相关学理为支撑,框准明确的范围和方向,以过去存在的但尚未转化成为现实的可能为客观基础,我们可以开阔视野,推断苏报案演绎的不同版本,进而可以通过比较,发现差异,加深对历史的认知和理解,进而对案件作出合理的解释,并从学理上提升对苏报案的反思深度,因而上述的追问的确是值得认真对待的问题。

一、审判机构:会审公廨与衙门之间

苏报案中,最大的争点发生在案犯的引渡问题上,即苏报案在不在租界审理的问题上。从另一个角度看,实际就是将苏报案置于租界会审公廨审理,还是引入中国传统衙门审理的问题。显然,会审公廨与中国衙门两者之间,不仅仅是审判机构的名称不同,其背后的制度、程序、文化甚至法官办案思维的差异,都将会影响到案件的裁判。

(一)会审公廨与衙门:职能与程序的对比

晚清筹设各级审判厅,包括各级审判厅在天津试办之前,司法审判只是行政的一个环节,一种手段。地方各类案件一般都有知县、知府等行政官员在州、县、府、道等各级衙门审理。中央审判机构则以三法司(刑部、都察院、大理寺)为主。当时的清朝,司法与行政合二为一,不存在专门解决纠纷的司法机构。对此,大部分学者认为这是一种"行政兼理司法"的制度,"清国不为裁判事务设特别之机关,使行政官厅兼掌之,且在地方官厅,督抚以下至于府州县诸衙门,殆无不兼任行政、司法二权之执行也。凡行政机关之组织及职权,掌

---

[340] 参见叶险明:《历史不能假设但历史学须用假设研究方法》,载《人民日报》2007 年 4 月 9 日。

其裁判事务之际,当可明其相互之关系。惟其关系,非仅错综,且裁判上之职权,不过梗概而已"。[341] 也有学者基于司法在清代的重要性,认为是"司法兼理行政"。[342] 但无论谁主谁辅,清朝行政机构与司法机构没有严格的分离是一个不争的事实。

对比之下,会审公廨作为专门性质的司法机关,也承担一定的行政角色和立法角色。会审公廨角色分立的原因主要有两点:一方面,由于华方谳员参与在会审公廨中,很自然就要承担代表华方与外国政府沟通的角色,同时仍需要扮演传统中国父母官平抚舆情、照顾弱势的角色;另一方面,由于华方谳员和外方陪审来自不同的上级机关,往往还要听命于上级机关来立法或者自行立法。如 1869 年会审公廨成立后,谳员陈福勋就奉上海道台饬令,照会各国驻上海领事并发布公示:9 月 15 日起,以一个月为限,凡堂名、花烟间一律闭歇。倘逾期不遵,定将房屋充公,所有妓女,或亲戚领会,或当堂择配。[343] 就当时租界而言,管控华人妓院不独是清朝上海地方官员的职责,也是租界工部局当局重要的行政工作之一,这项工作也得到会审公廨的支持,华方谳员"或将送她们回乡,或是将她们送往新闸收容所,其他的妓院也已被监视,并将被起诉"。[344] 但需要指出的是,会审公廨的角色丛中,司法是最重要的一项角色,这是由繁重的审判任务决定的。据统计,在会审公廨存在的 78 年间,审理了大约 5,500,000 件案子(按此推算,每天近 200 件案子)。其中会审公廨受理的华洋诉讼案件占上海的华洋诉讼案件的十分之八九,而上海发生的华洋混合案件占全国的十分之七八。[345] 并且,会审公廨的运作有一套包括人事组织、管辖及处罚权限、侦查起诉、审判程序的制度保障,这与传统中国衙门是截然不同的。

尽管当时的清朝政府在成文法层面比较详细地规定了案件的审前程序、审理程序、复审程序和秋审程序,从放告、呈控、批词、查验、检验、传唤、拘提、缉捕、监禁、保释、调处、审讯、刑讯、判决、上控乃至执行都有相应的法律规

---

[341]　[日]织田万:《清国行政法》,中国政法大学出版社 2003 年版,第 431 页。

[342]　"中国古代司法组织,与其谓行政官兼理司法,毋宁谓以司法官兼理行政之更切实际。"谢冠生:《中国司法制度概述》,见《中国政治思想与制度史论集(二)》,中华文化出版社 1955 年版,第 176 页。

[343]　同注 86,第 260 页。

[344]　《工部局董事会会议录》,第 9 册,1889 年 6 月 18 日记录。转引自前注 117。

[345]　王立民:《上海法制史》,上海人民出版社 1998 年版,第 276 页。

定。㉠ 但这些规定在多大程度上能够得到严格遵守值得怀疑,恰如日本中国法制史学者高柳贤三指出的:"司法官的裁判重心放在自己具体妥当的认识上,并不把法规当作最高惟一的标准。"㉠ 在此,作者认为这一问题的出现是传统司法体制司法官主导的、非对抗性的性质决定的。

布迪厄提出:"司法场域是一个围绕直接利害相关人的直接冲突转化为由法律规制的法律职业者通过代理行为进行的辩论而组织起来的社会空间。"㉠ 然而,由于传统中国司法过于强调法官的绝对权威,使得布迪厄强调的庭审空间的辩论对抗在形式和实质上都必然受制于法官的权威而得不到充分展开。这种体制下,法官往往表现出一种全能型司法的角色,"他的职责包括法官、检察官、警长、验尸官的职责,这包括了最广义的与司法相关的一切事务",㉠ 换言之,他集侦查、控诉、审判职能于一身,当事人几乎没有任何诉讼权利,只是被审问,受追诉的对象,不可能重视程序,更不可能发展出一套具有独立价值的程序,通过法律职业者进行代理的行为更是难以想象的,尽管有研究表明,在清代中后期,讼师在衙门的活动越来越趋于活跃。㉠ 只不过讼师的主要业务是"包揽词讼"、"代作呈词"以及与衙门胥吏、差役进行交涉等活动,不能在讼词上署名,也不能在法庭上出面为原告、被告辩护,因而这种职业"与我们今天普遍存在的律师制度决非毫无关联"。㉠ 其实,迄至晚清,在中国民间的法律生活中,并没有产生现代意义上的律师职业。事实上,由于法官的绝对主导型,"司法官不必受复杂的证据法的限制……法律适用完全系于司法官的一念之间,不必经过法庭争辩。从而律师也就没有必要设置。"㉠ 进一步,"当事人之间对立的利益诉求就无法上升为一种不同法律理由之间的深入对话,律师参与能够对于证据规则发展的推动也不可能出现",㉠ 这种"没有对抗的司法"

㉠　参见那思陆:《中国审判制度史》,上海三联书店 2009 年版。

㉠　蔡枢衡:《中国法理自觉的发展》,清华大学出版社 2005 年版,第 91 页。

㉠　布迪厄:《法律的力量——迈向司法场域的社会学》,强世功译,载《北大法律评论》第 2 卷第 2 期。

㉠　瞿同祖:《瞿同祖法学论著集》,中国政法大学出版社 1998 年版,第 443 页。

㉠　参见[日]夫马进:《明清时代的讼师与诉讼制度》,载滋贺秀三等:《明清时期的民事审判与民间契约》,王亚新等译,法律出版社 1998 年版。

㉠　同注 349,第 413~414 页。

㉠　同注 329,第 58 页。

㉠　贺卫方:《司法独立在近代中国的展开》,载《20 世纪的中国:学术与社会》(法学卷),山东人民出版社 2001 年版,第 183~185 页。

严重限制了现代司法制度和理念在中国司法审判中的发展。

在这种庭审模式下,一旦苏报案的案犯被引入中国传统衙门,审理程序和结果都是可想而知的。

(二)苏报案指控罪名的认定

更值得关注的是,鉴于苏报案的特殊性,在中国传统衙门审理还必须注意指控罪名的认定问题。

中国封建社会以皇帝为中心,实行皇权至上和皇权专制的政治制度。它以君权神授学说为理论基础,用严格的名位等级、封建礼乐和皇位继承等各种制度和措施,集中突出皇帝个人的权威地位,保证皇帝高踞于国家机器之上,拥有至高无上、不受制约的绝对权力。这一制度自公元前 221 年秦始皇创立,经过历代王朝的不断发展强化,在清朝达到顶峰。[354] 德国传教士郭士腊在描述清朝皇帝时写到:"成为中国的君主可能是人类立志所能达到的最高的最尊贵地位","他的语言即是法律;他的行为无论多么琐屑,却成为人们行为的范式;他可以随意杀戮或者暂缓杀戮;他的子民的生命和财产均在他的掌握之中。并且,中国君主无需对充满警惕的议会或者强有力的贵族体系负责。"[355] 在这种强调君主权威的制度下,冒犯皇权,甚至倡言推翻满族统治是一种很严重的罪行,在古代中国属于"十恶"不赦的罪行范畴。

"十恶"最早来源于隋朝的《开皇律》,是对《北齐律》"重罪十条"的改动,指十种严重危害封建特权、危害封建纲常伦理的犯罪,即:谋反、谋大逆、谋叛、恶

---

[354] 清朝以少数民族入主中原,承袭明朝的制度,为了加强阶级和民族的统治,进一步加强了专制统治,皇权集中达到空前程度。(一)对中央政权机构进行了调整。清初虽然设有内阁和六部,但实权由议政五大臣会议掌握。康熙时,又设南书房,加强君权,雍正时设立军机处,由皇帝选派亲信大臣担任军机大臣。军机处成为执政的最高国家机关。内阁形同虚设,议政王大臣会议被废止。历史上丞相制度的影响不复存在,军机处的设立,标志着清代君主集权发展到了顶点。(二)设立内务府,排除了宦官对皇权的干扰,根绝了宦官专权之祸。(三)内地各省设总督和巡抚,边地设都统、将军、大臣。代表皇帝在地方上处理政事,统领边地军政要务。(四)保持一支庞大的军队,将军权集中于皇帝之手。八旗兵 20 万人,绿营兵 80 万人,分驻京师和全国各地,构成对全国的控制网。(五)推行极端的文化专制主义。大量查禁、销毁和篡改有碍其统治的著作,屡兴文字狱,极为残酷地屠杀知识分子,加强思想控制。由于清朝采取了上述加强皇权的措施,使历史上的宰相擅权、外戚篡权、宦官横行、大臣朋党这些几乎与专制皇权相始终的现象,在清朝前期的二百年间不复存在。这标志着君主专制的中央集权制的发展达到了顶峰。

[355] Jessy G. Lutz, *The Legacy of Karl Friedrich August Gutzlaff*, *International Bulletion of Missionary Research*, July, 2000, 24:3.

逆、不道、大不敬、不孝、不睦、不义、内乱。十恶中的有些条目早在周、秦、汉时就已出现。[356]"十恶"是历代封建法律的重点打击对象,其中的不少罪名只要有预谋即罪名成立,甚至只要表示了犯意就构成犯罪,表现出封建礼教所谓的"诛心"原则。"十恶"罪名的处刑一般也都比较重,大量施用死刑以及"不分首从皆斩"。尤其是对于侵害皇帝或皇权的罪名,还往往要实行"缘坐",连带处罚罪犯的亲属,且"十恶"的罪犯一律不得被普通的大赦所赦免,即使贵族官员犯有十恶的,也不得援引"收赎"、"八议"之类的特权来逃避刑罚。因此,对于章炳麟、邹容,甚至与案件无关的钱宝仁、程吉甫、陈仲彝、龙积之等人来说,只要一旦被清朝政府引入衙门审判,被判死罪是毫无疑问的。

从当时的立法来看,清政府及租界当局虽无专门的新闻出版的法律法规,但《大清律例》中涉及言论、出版等方面的法律条文并不少见,且散见于谋反、谋大逆等严重罪行中。有学者研究指出,《大清律例》有两个典型特征,一是法律与政治紧密结合,法律制度直接服从于统治,二是官方的自由裁量权蔓延,这在很大程度上导致了法律与政治、行政和道德秩序没有多大的差别。[357] 而根据《大清律例》中的具体条文,章、邹触犯的罪行很大,刑罚也很重,且大多是死刑。如"谋反及大逆,但共谋者,凌迟处死"、"妄布邪言,书写张贴,煽惑人心,为首者,斩立决"、"凡造谶纬妖书妖言,及传用惑众者,斩监侯"、"妄布邪言,书写张贴,煽惑人心,为首者,斩监侯",甚至还包括"谋反大逆,祖父、父、子孙、兄弟及同居之人,并伯、叔父、兄弟之子年十六以上者。知情故纵、隐藏者,斩立决"等"连坐"条款。

但在会审公廨的指控中,被告的这些在当时中国人和统治者眼里的重罪被原告律师表述为"煽动性的诽谤罪"(sedititious libel),一项依据西方法律提出的并不是特别严重的罪名。[358] 根据英国刑法的规定,"煽动性的诽谤罪"主

---

[356] 如《尚书·康诰》:"元恶大憝,矧惟不孝不友……速由文王作罚,刑兹无赦。"《周礼·地官大司徒》:"以乡八刑纠万民:一曰不孝之刑,二曰不睦之刑,三曰不姻之刑,四曰不弟之刑,五曰不任之刑,六曰不恤之刑,七曰造言之刑,八曰乱民之刑。"

[357] [美]诺内特等:《转变中的法律与社会》,张志铭译,中国政法大学出版社 1994 年版,第 57～58 页。

[358] 需要指出的是,在近代西方的法律(以英国为例)中,也有类似于《大清律例》"谋反、谋大逆"罪名的"叛逆罪",但由于西方罪刑法定主义原则的限定,叛逆罪被严格地限定,其范围很小,远远不及《大清律例》般地宽泛。资产阶级革命后,特别是随着新闻自由观点的深入人心,一些有关言论的叛逆罪行或针对皇室的煽动罪也会按照"煽动性诽谤罪"来判罪。

要是指针对英国皇室或皇家煽动仇恨和不满的一种罪行。根据英国普通法的规定，任何人只要出版了具有煽动意图的书籍或者其他相关文字，一经法庭查实，都可能属于此种罪行。但"煽动性诽谤罪"强调所使用的言辞不仅必须具有引起公众骚乱或暴动的意图，而且必须具有扰乱合法政权的故意。这种犯罪行为一般将处以两年监禁，并加一定数额罚金的处罚。㉟⑨ 由此看来，原告律师的指控中，清政府提出的"谋逆罪"性质也荡然无存，这实际上也与最终判罚的结果一致，这也直接导致了审判阶段定罪量刑的差异。

从庭审过程来看，尽管庭审开始时协商一致适用中国的法律被英国领事翟理斯接受，但实际判决中却是按照西方的法律精神和原则来审理的，特别是言论自由和思想自由原则成为案件的判决依据。外方办案者主张："（章、邹）监禁不出三年"，㊱⑩"鄂奇案（指龙积之案）证不足为治罪之据，拟径释。"㊱⑪相比之下，端方则认定："章邹务必永远监禁，龙出甘结最要。"㊱⑫坚决主张予以章、邹二人重判。重罪与轻罪的区分主要应该从犯罪的社会危害性及其程度和法律明文规定的法定刑即实质和形式两个方面进行综合判断，才能得出正确的结论。但在不同的法律观念冲突的背景下，重罪与轻罪的划分则是大相径庭。这也就不难理解二者在刑法传统、罪名指控和定罪量刑上的差异了。

不过，清政府还是在第一次判决中使用了他们认定的罪名："查例载不利于国，谋危社稷为反，不利于君，谋危宗庙为大逆，共谋者不分首从皆凌迟处死。又例载谋背本国，潜从他国为叛，共谋者不分首从皆斩。又例载妄布邪言，书写张贴煽惑人心，为首者斩立决，为从者绞监候。"据此，"邹容、章炳麟照例科罪，皆当处决"。只是"今时逢万寿开科，广布皇仁，照拟减定为永远监禁，以杜乱萌而靖人心"。㊱⑬ 然而，这一判决中指控的罪名是清政府的一厢情愿，外方并不认可，提出"堂谕作废"。到了 1904 年会审公廨关于苏报案的最终判决中，只是说"至邹容作《革命军》一书，章炳麟作《訄书》，并作《革命军》序，又有驳康有为一书，言语纰缪，形同悖逆。彼二人者同恶相继，罪不容恕，议定邹

㉟⑨ *An Introduction to Criminal Law*（Sixth Edition），p. 213. 转引自前注 549，第 121 页。

㊱⑩ 《光绪二十九年十月二十一日上海道袁树勋致兼湖广总督端方电》，同注 3，第 441 页。

㊱⑪ 《光绪二十九年十月二十一日福开森致兼湖广总督端方电》，同注 3，第 441 页。

㊱⑫ 《光绪二十九年十月二十二日兼湖广总督端方致福开森电》，同注 3，第 479 页。

㊱⑬ 《光绪二十九年十月二十一日南洋大臣魏光焘致外务部电》，同注 4。

容监禁二年，章炳麟监禁三年，罚作苦工，以示炯戒。限满释放，驱逐出境。此判。"⑨只说"言语纰缪，形同悖逆"，并无相关罪名，《大清律例》更不知道被抛在何处了。

（三）从苏报案看中国传统司法的审判特征

中国传统刑事诉讼程序的启动除司法权主体主动行使职权之外，还有被害人告诉、一般人告诉、犯罪人自首和官吏举发等几种情况。⑨ 在清政府的司法职权下，官吏举发这种形式显然表现出两方关系，但由于案件未在中国的官厅审理，苏报案最终呈现出一种类似于被害人告诉的案件类型，形式上出现了三方结构，清朝政府居于平等诉讼当事人原告的地位。不过，从苏报案中清政府的函电交驰，力争再三却能明显看出中西方办案者的差异，特别是中国传统司法的审判特征。⑨

偏重直觉思维是中国传统司法审判的形式特征之一，通常的表现是依照个体经验和智慧，凭感觉办案，这与西方偏好以严密的逻辑推理的司法思维方式有着迥异的差别，这从清方档案中的一系列判断就可看出。如案件之初，虽然对章、邹等人并不十分了解，清廷办案者仍断定章炳麟为革命党巨魁，"巴县邹容最为凶险"，并且，意图将钱宝仁等四人一并拿办，意欲株连同党，"非一并伏法，不足以快人心"。⑨ 而对于逃逸日本的陈范，则揣测"逆犯陈范定是托病在外，勾串党羽，营谋兔脱"。⑨ 而实际上，当时的邹容只不过是个青年，钱宝仁四人与本案无关，陈范则是躲在日本，低调生活，与革命党并无往来。审判中，谳员孙建臣看到章炳麟文字功底深厚，料想必定"得之何科？"湖广总督端方见到辩护律师博易的出场，估计"各犯亦请律师，财力甚薄，党羽解体，不能持久，但不速办，深恐康梁孙文诸逆暗中接济，致难措手"，⑨担心革命党或维新派给予接济，但实际上自始至终并无资助。此外，往来电文中"以快人心"、

---

⑨　《光绪三十年五月初十日南洋大臣魏光焘致外交部咨文·附照录来折》，同注4。

⑨　参见陈光中、沈国峰：《中国古代司法制度》，群众出版社1994年版，第47～51页。

⑨　本部分参考了易江波：《苏报案与西法东渐下的中国传统办案思维》，载中南财经政法大学法律史研究所编：《中西法律传统》，中国政法大学出版社2004年版，第305～307页。

⑨　《光绪二十九年七月初一日兼湖广总督端方致内阁大学士张之洞电》，同注3，472页。

⑨　《光绪二十九年闰五月十一日兼湖广总督端方致上海道袁树勋电》，同注3，452页。

⑨　《光绪二十九年闰五月十五日兼湖广总督端方致军机处电》，同注3，第459页。

"以昭大公"、"以儆狂悖"、"公道难昧"等断语，所谓"人心"、"公道"、"大公"均不过是办案者主体认识中对情理的直觉体悟。

偏重整体思维也是中国传统司法审判的形式特征之一，通常的表现是"执两用中"，善于圆机地应付办案中前后矛盾及逻辑上不一致的情形。本案中，清廷办案者的宗旨是，"交涉全贵审机，能无失国体，即可定议"；[370]在引渡的问题，"各犯解宁，自是正办，非分别次第，步步紧逼，恐难合拍，未敢激切，转误事机。现同福开森筹思婉商，徐图解宁办法，虽无把握，竭力维持……"；[371]在交犯与定罪方面，张之洞在意识到不可能对于章、邹等人处以死罪后，并主张与各国婉商，"此六犯若复出，皆只

清政府两江总督魏光焘

以监禁了事，决不办死罪"；[372]端方"拟补救主权办法两条："一、拟由地方官审讯，仍照律定罪，请旨办理，俾知朝廷法外施仁；二、由外务部照会各公使，申明和约及照会交犯章程，嗣后不得援以为例"。[373] 试图通过两条不同的办法，扩大案件的处理张力，拓展办案的空间。此外，前后判决中，从"应科斩决"到"永远监禁"，从"务使逆徒授首"到"改过自新甘结"，苏报案的处理结论几经变更，均是办案者以浑融的整体思维操作的结果。而往来电文中，"法外施仁"，"通融办理"等语更是颇多。

情理为本位是中国传统办案思维方式的内容特征，通常的情形是重情理、轻法理。情理司法的本质是对法律问题的一种道德伦理化思维，在这种思维下，认识、判断一定事实或行为的法律人不是首先从合法性角度对相关事实或行为进行评判，而是先从道德上的善恶和伦理上的秩序来对其进行评价，并以此作为裁判的基础。该特征在苏报案诸多环节均有体现。比如一开始对章、邹两的罪名认定上，清方就认定二人大逆不道，有违伦常；上海知县对章、邹的

---

⑩　《光绪二十九年七月初一日兼湖广总督端方致内阁大学士张之洞电》，同注 3，第 472 页。

⑪　《光绪二十九年闰五月十三日道员俞明震上海道袁树勋致兼湖广总督端方电》，同注 3，第 415 页。

⑫　《光绪二十九年闰六月三十日内阁大学士张之洞致兼湖广总督端方电》，同注 3，第 415 页。

⑬　《光绪二十九年七月初三日兼湖广总督端方致内阁大学士张之洞电》，同注 3，第 474 页。

"公允"判决被外方审官否决后，清廷办案者顿感"殊出情理之外"；同时，苏报主笔章士钊竟能幸免，乃是案件最初的承办者"俞明震……独不及章行严者，盖俞明震是时总办江南陆师学堂，行严在先一年习军旅于是，以其能文为俞明震所激赏，后虽离校，而此情意未衰之故也。"[374]章士钊也承认，除了上述之外，重要是"余与其子大纯交好"。[375] 为了将苏报案被关押的六人引渡，清政府甚至用起了潜规则，"会审时，且曾有上海道出银十万两将诸人审实处决之说，而以三百金齐送工部局，工部局严词拒之"。[376] 额外公堂审理中，见到工部局代为被告聘请律师，这让清方大感意外，"问各犯律师系工部局代请，不知何心"。[377] 从这些电文中都可以看出，在司法过程中，情法不分、相互交织的因素在苏报案的司法过程中起着重要作用。

与无罪推定原则相反，中国传统司法办案一般思维路径可描述为：面对案件初步材料，即以社会流行、大众周知的是非观念、道德尺度为起点，未经精细、缜密的逻辑分析即形成道德或舆论的先期结论，再围绕该结论组织证据材料、法律条文，作为对结论的支撑和证明。如果不能获得三者之间的统一，则重复该过程，修正个人结论，更换或补充法律条文、证据材料，直至自圆其说。这种办案思维方式偏重整体直觉，重情理、轻法理，推崇"情理"为本位。苏报案审判正体现了这一特征。这也是中国衙门与会审公廨的差异，无罪推定、原告举证、程序公正……等一系列中国司法人员前所未闻的观念和概念，在会审公廨中的运行和使用，体现了中西司法巨大的冲突性，也从侧面说明了近代中国司法转型的必要性。

（四）苏报案中的细节："连坐"与跪立之争

苏报案中，尽管钱宝仁、程吉甫、陈仲彝、龙积之四人与苏报激烈的言论无关，工部局也一再强调："在目前的这个案子中，六人中有四人明显地与苏报无关，也与爱国学社无关，他们的罪行没有被证明，他们的身份也没有被确定"，[378]"不利之处是至少要去除四个人，据我所知没有丝毫证据证明他们有

㉞ 同注 37，第 373 页。

㉟ 同注 60，第 390 页。

㊱ 同注 37，第 380 页。

㊲ 《光绪二十九年七月初三日兼湖广总督端方致内阁大学士张之洞电》，同注 3，第 466 页。

㊳ Supao Case, N. C. Daily News, Nov. 19, 1903.

罪,如果在会审公廨审讯,必须宣告无罪释放。"③⑦⑨但起初的指控中,清政府却坚定地认定:"邹容等六犯业经拿获,仍著严饬,速筹解宁惩办",③⑧⓪要求将钱宝仁、程吉甫、陈仲彝、龙积之四人一并审判。这种判断,与中国司法制度中"连坐"的传统有关,是当时中国司法备受西方诟病的地方之一,也是本文不能忽略的一个细节。

"在中国人有关责任的教义中,让西方人最反感的就是那种一人犯罪,诛及全家的做法。"③⑧⓪按照近代西方的法律理论,任何人只对自己或自己授权的行为所产生的后果负责。换言之,即人们不应为自己以外的行为负责。与这种个人责任制不同,中国传统的连坐制度恰恰是要求人(们)为自己以外的其他人的行为负责。所谓"连坐"或称"缘坐"是一种连带责任制度,在英语中有时译为 Collective Responsibility,即集体责任;也可译作 Mutual Responsibility,意为相互责任制。有西方人指出:"如果不随时牢记相互责任制的宗旨,就不可能对中国的刑法或民法有正确的了解"。③⑧② 或许是因为交涉的困难,或许是严惩的最终指向是章、邹二人,所以最终政府还是放弃了对本案无关四人的指控。当然,有意思的是,这种放弃也是极不情愿的,"龙积之系湖北富有票内之犯,或解鄂审,或由鄂派员会讯。钱、陈两犯乃报馆所雇之伙,既非主笔,又非馆主,已押四月,似可从宽保释。陈仲彝到案时自认为陈范之子,仍暂关押,俟陈范到案,再行保释。"③⑧③特别是最后对陈仲彝的保释条件,搞得有点令人啼笑皆非。

另外还有一个值得寻味的细节就是——"跪"。跪,作为中国旧习惯中表示臣服、尊重、恭敬、崇拜、乞求的方式,在司法中是一种形式上的固定要求,"双方一经公堂对簿,先须下跪",即实行跪讼原则,这也被认为是宗法制原则在中国古代诉讼制度中的贯彻和体现。在传统司法体制中,因"父母官"兼理

③⑦⑨ 1903年9月18日萨道义会见吕班的备忘录(Memorandum of Interview with M. Dubail), *Further Correspondence Respecting the Affairs of China* (1842—1937). F. O. 405/136.

③⑧⓪ 《光绪二十九年闰五月十九日军机处发两江总督魏光焘兼湖广总督端方江苏巡抚恩寿电旨》,同注3,第423页。

③⑧① Arthur H. Smith, *Chinese Characteristics*, Fleming H. Revell Company, 1984, p. 234.

③⑧② T. R. Jemigan, *China in Law and Commerce*, macmillan&Co, ltd, 1905, p. 72.

③⑧③ 《光绪二十九年十月初八日上海道袁树勋致兼湖广总督端方电》,同注3,第37页。

司法,他们对"子民"的审判,一开始就被定位为家长族长对不肖子孙的惩戒,故跪讼颇似子辈聆听长辈之训诫。[84] 但是近代以来的外国人却很难理解。

美国驻华外交官何天爵在《真正的中国佬》一书中记载了这样一个耐人寻味的故事:1873 年的某天,受美国驻华使馆的指派,何天爵会同清朝衙门的一位官员,共同审理两名居住北京的美国人与一名中国包工头之间的纠纷。临到开庭时,何天爵招呼当事人双方坐下说话,没想到却当场遭到了中国会审官员的反对。他坚决主张中国的包工头必须双膝下跪,两手触地以接受审判,而且法庭上的双方当事人也必须同等对待,也就是说那两名美国人也必须匍匐在地上,只要审判不结束,他们就要在法庭上保持这种姿势。但在何天爵看来,让两位美国的自由公民跪伏在法庭上才是天大的笑话。更何况,那两名美国人都比他还年长。其中有一人早已是满头白发。在法庭上,双方当事人究竟是应该站着或者坐着,还是应该跪着?经过一段长时间的激烈争论。最后,双方终于达成了共识:各自按照本国的通行做法行事。于是,在法庭上的中国包工头自始至终跪在地上,而两位美国人则站着。

其实,京城中上演的这一令人哭笑不得的一幕,在相距千余公里之外的上海也同时在上演着。会审公廨成立后,经过私下协商,凡由外国领事与中国官员会审的庭审现场,都会同时出现"坐着的"和"跪着的"两种形式。这不仅使"跪着的中国人"令人感到可怜和不公,也使参加会审的中国官员感到懊恼和难堪。当事人应该是站着?坐着?还是跪着?同时也使参与会审的外国领事感到难堪。本来这仅仅是会审过程中的一个小问题,对审判结果也无甚影响,但它生动地展现出中西方由于法律制度和法律观念之间的差异而产生的深层龃龉和冲突。[85] 特别直观地显示出司法权主体地位高高凌驾于诉讼当事人之上的优越地位。跪立之争,也使一心在中国推行殖民政策的西方各国感到中西方法律制度必须早日"接轨"。或许也正因为如此,1902 年《马关协约》中特地加入了一条:"中国深欲整顿本国律例以期与各西国律例改同一律,英国允愿尽力协助,以成此举。"1906 年 2 月 6 日,上海会审公廨正式上奏,提出"拟变通刑章,废止中国人跪地听审"。处于司法改革进程中的清政府随即准奏,"为矜恤罪犯,审判时准原告、被告双方,均立而不跪"。至此,中国司法程序中习以为常的下跪制度,伴随着现代审判制度的逐步建立,渐渐地消失在历史无

---

[84]　范忠信:《中国法律传统的基本精神》,山东人民出版社 2001 年版,第 94～95 页。

[85]　参见陈柳裕:《清末司法改革的前奏——跪立之争》,载《浙江人大》2002 年第 12 期。

声的长河中。

二、司法过程:如果沈荩案没有发生

我们可以作这样一种设想,如果沈荩案没有节外生枝般地发生,苏报案的被关押者很可能就会被引渡,然后按照中国传统司法的套路进行审判。但是沈荩案确确实实地发生了,而且引发的急转直下的外交形势,不但直接扭转了先前多数驻华公使和驻沪领事对于引渡问题所持的模糊或支持态度,也影响了整个司法过程,让章、邹等人得以幸免重蹈沈荩惨死的覆辙。

(一)沈荩案对引渡的影响与外国人的批判

沈荩案发生后,"政府之意,并不欲以此外扬",但"惟无过施刑于志士,势不能隐蔽",[386]最终引起了国内外舆论的广泛关注。

当时的《泰晤士报》敏锐地捕捉到该案与苏报案之间的重要关联。"沈荩被杀,举国热诚诸君子咸愤悒不平。近日外部又接驻各国使臣警报,谓各国执政大臣,观于此事,逆料中国居大位者,将有不得久安之势……日前,英外部大臣蓝斯唐,曾于上议院论及此事之非,而拟慎重于《苏报》一案。亦甚恰舆情。而自此言传说以来,《苏报》诸人得以免交之患。"[387]

清朝官员也清楚看到了交涉形势的急剧变化。"沈事大碍,外间物论亦如此。金令世和来函,谓德、美领甚帮忙,惟英领作梗,加以沈事,益难着手"。[388]这种担忧在端方致张之洞的电文中表露无遗。尽管再三交涉,"英日意欲在京与外部商办,其余各公使拟在上海商议,意见不同。刻力怂诸领,免英擅权。咸为沈荩严惩,各国均有违言,从前之允交者,今则意见不同,以后能否商交,实无把握。"[389]

从宏观上来看,西方媒体对沈荩案的关注,均突出了沈荩案的审判未经正当司法程序,沈荩就被慈禧太后直接下令处死、处决的方式骇人听闻等三大元素。

---

[386] 《函述北京昏暗之境、庆宽获奖之原由》,载《国民日日报汇编》(第 1 集),第 104~105 页。

[387] 《论沈荩》,转引自《国民日日报汇编》(第 1 集),第 101~102 页。

[388] 《光绪二十九年七月初一日兼湖广总督端方致内阁大学士张之洞电》,同注 3,第 472 页。

[389] 《光绪二十九年七月十五日兼湖广总督端方致内阁大学士张之洞电》,同注 3,第 478 页。

　　这种关注的背后,一方面,它体现了当时中国司法制度的实情。《字林西报》认为沈荩案是中国司法落后的体现。"审讯没有出示证据,甚至没有说明谁指控、指控的罪名,仅仅是中国式的讯问,以酷刑促使其招供。"[390]判决也不是由主持审讯的法官作出,更没有公开审判,而是报告给慈禧太后,由太后作出最终的判决。作者评论说:"这没有什么不正常的——在中国,什么样的事情都会发生。"[391]其实,当时国人对于这种不经司法程序就直接处决的做法也极其反感:"按中国律法,非贱如宦者必不处以如此之刑,而清太后竟然行之,则其言可为律矣。如此惨刑,实为昏暴。使审判者而能据法律以争之,则虽处斩,亦何碍。然此非诉诸他日自由战争之后,盖不能见于今日中国也。"[392]

　　另一方面,在外人眼里,沈荩案绝不是一个孤立的事件,如果将苏报案被关押者交由清政府,结果是可想而知的。只要不出意外,他们将遭遇和沈荩一样的悲惨下场。伦敦《泰晤士报》直白地指出:"从沈荩被慈禧太后直接下令处死可以看出,如果我们不能够立场坚定,坚决拒绝移交,等待他们(指章、邹等人)的命运不是审判,而是判决。"[393]《华盛顿邮报》转引《巴尔的摩太阳报》关于苏报案的评论说:"表面上看中国政府要求将这些改革者移交给中国政府审讯是合理的,但是众所周知,他们不会受到公正的审判,中国政府认为对政策和政府批评是不能原谅的罪行……几周以前,一名中国的改革者因公开提出自己的观点,就被判有罪,并以最野蛮和最残暴的方式被处死。"[394]另外,有的报纸还突出沈荩的改革者身份,或者新闻记者身份,强调沈荩被处死是政府对政治和言论的镇压和谋杀。

　　沈荩案的影响迅速蔓延到列强对苏报案的关注上,"旋北京发生革命党人沈荩为清太后旨命仗毙之事,英、美两国公使并各接其政府训令,对于《苏报》案犯引渡一事,命不得允许,他们的态度更加坚决。"[395]

　　美国方面。最初美国驻沪领事古纳是主张移交的最直接的支持者,但是沈荩案案发之后,古纳在对 1903 年 8 月 22 日前来拜访他的上海道台明言:"由于北京方面残酷地对待沈荩使苏报案被关押者的移交不可能。这已经不

[390]　*The Barbarous Official Murder at Peking*,N.C. Daily News,Aug. 11,1903.

[391]　同上注。

[392]　"外论",载《国民日日报汇编》(第 1 集),第 8 页。

[393]　On Tuesday Night the British Officers Who Are,*The Times*,Oct. 16,1903.

[394]　Chinese Reformers,*The Wanshington Post*,Aug. 31,1903.

[395]　同注 218。

是条约或者是权利或者是合法性的问题，而是舆论上的人道主义义愤。"㊆

英国方面。沈荩案发生之前，尽管英国驻沪领事满思礼倾向于拒绝清政府要求，但是外交大臣蓝斯唐还是有准备交出去的打算，前提是清政府保证不施加酷刑。㊆ 但沈荩的惨死，特别是骇人听闻的刑罚手段立刻使英国方面重新认识到拒绝引渡的必要性。蓝斯唐在给焘讷里的电报中就明确提到："考虑到最近在北京实施的野蛮处决以及与道台达成的协议已构成拒绝移交的充分理由，我们不能容忍将苏报案被关押者移交给中国当局。"㊆ 至此，作为西方列强主导者的英国已经彻底坚定了阻止案犯被移交的观点，蓝斯唐强调"不管是否坚持与道台达成的协议，我们必须拒绝同意引渡。"㊆ 不久，英国外务部正式照会清政府，明确拒绝交出苏报案被关押者的请求——"照得《苏报》馆六犯，前经贵大臣于上月十二日会晤时，商请本国政府按约交出，归中国地方官办理。此事业经详酌，所请一节，本国政府不能允从。查此案各犯，上海道现拟照原议，略为变通，派一法权较大之员，会同会审委员会讯办。并谓上海县即有此权云云。本国政府不能交出该犯，暨愿按沪道所拟办理各节，业经本国驻京公使照会庆亲王承允，电请江督将沪道所拟办法再行酌核。萨使处亦饬令会商各驻使，商请贵政府按照沪道所拟办理矣。"㊵

可以说，蓝斯唐对酷刑的反对，不应该只是个人的意愿，而应该是基于西方社会对刑法人道主义原则的普遍接受。刑法人道主义是表明一个国家的刑法是否具有民主性、科学性、进步性的一个显著标志。一般认为，只有在刑法中确立刑法人道主义原则，才能促使刑法不断地走向文明、人性和宽和。很遗憾，当时的中国司法并非属于这种类型。这也从细节之处提出了当时中国司法的转型必要性。

㊆　1903 年 8 月 24 日古纳致康格的信函，同注 114。

㊆　"侯爵建议指示焘讷里先生通知清政府，如果允许，在公正的预审之后，会审公廨决定起诉被告，加入能够达成不对被告施加任何酷刑的谅解，这些人可以交给清政府。"1903 年 7 月 29 日英国外交部办公室致皇家法官的公函，同注 254。

㊆　1903 年 8 月 12 日英国外交大臣蓝斯唐致焘讷里的信函，同注 254。

㊆　"照译西一千九百零三年九月二十八日即光绪二十九年八月初八日英外部照复本大臣文。为照复事：照得苏报馆六犯，前经贵大臣于上月十二日会晤时，商请本国政府按约交出，归中国地方官办理。此事业经详酌，所请一节，本国政府不能允从。"《光绪二十九年八月初八日英外交部致清政府照会》，同注 4。

㊵　《英外交部致清政府照会》，载《历史档案》1986 年第 4 期。

（二）辜鸿铭的辩护与解读

对于西方人的指责，学贯中西的著名学者辜鸿铭在《字林西报》上发表文章《中国的政治犯罪与政治惩罚》（*Political offence and its Punishment in China*）为清政府辩解："依据中国人的观点，认为用棍子打死的严峻和残酷程度比砍头处死要轻，因为前一种惩处不会造成中国人感觉特别可怕的身首异处。"[40]

按照辜鸿铭的解释，沈荩的被处死是具有合理性的，中国人并不觉得这是野蛮和残酷的。相比砍头身首异处带来的不能全尸，杖刑还是相对温和的，且这种刑罚的罪过不能简单归罪于中国政府，要指责也只能指责文化。"如果认为过于残酷和野蛮的指责只是就现在这一案件而言，那么这一指责不应直接针对中国现政府，而应指责中国文化。中国的法律是中国人民文化的产物，政府不能对此负责。如果人们认为中国的法律残酷而野蛮，也不应归咎于中国现在的政府，而应归咎于中国人民和他们的文化。"[42]

辜鸿铭

辜鸿铭对于文化的这种解释还反映在中西方在对未来认知的差别上。在西方人看来，不断洗清自己的罪恶，得到了上天的宽恕，最终仍然可以升入天堂，而在中国人看来，行善的人仍然来生做人，行恶的人死后不仅要下地狱，来生即使转世，也只能做牛为马。因此，中国人眼里的死亡不是意味着生命结束后进入天堂，而是又一轮生命的开始。所以，"中国人对待死刑时，是'全尸'还是'身首异处'，显示了极大的关心。'全尸'似乎代表一种优待，只有有地位的人，或者得到官方的特别恩准，才可以被判处死刑之后，得以'全尸'。相反，不

---

[40] 经考证，这篇发表在《字林西报》上的文章与 1903 年 8 月 25 莫理循收到的辜鸿铭的来信完全一致，此处的译文来自于《清末民初政情内幕》（上卷）一书。Ku Hungming, Political offence and its Publishment in China，*N. C. Daily News*，Sep. 11，1903.

[42] 同上注。

能得到'全尸'，甚至在'身首异处'之后的尸体，还将会得到残酷的蹂躏。"[403]这样的解释符合了中国人对于生命和身体的认知，也体现了中西方在死刑观上的差异。

同时，辜鸿铭对引起外人关注的苏报案司法程序问题也进行了辩解。依据中国正常的司法程序，皇上未经咨询皇家司法官员不能直接把一个人下令处死，"但是，必须记住，在中国，皇上可以以一国之主的身份或者别的理由驳回皇家司法官员所作的定谳，因为皇上的裁决是最高的法律。"[404]

辜鸿铭的辩解，有着深刻的历史渊源，法律君属，权力支配法律，法律维护君权，君权凌驾于法律之上，是中国法制的传统。从历史的角度来看，自秦以降，皇帝制度就成为中国政治制度的核心，以皇权为中心的传统法律，使得古代的立法和司法都深刻地烙上专制的印记。一方面，皇帝是最权威的立法者，法自君出，另一方面，他又是最高级别的审判官，皇权是最高的司法权，其权力的行使无论是通过"躬操文墨"还是"谕令诏狱"，都预示着这样一个原则：从法律上讲，只有皇帝一人握有死刑裁决权。[405]尽管近代以来限制君权之说有所传播，但封建社会一直以来君主"乾纲独断"，法律服务于权力，慈禧太后作为西方人眼中的"龙夫人"仍保持着对帝国不可动摇的统治力。

关于判刑过严，辜鸿铭则解释说，中国历来把挑战国家正统权威的政治犯看作像最危险的瘟疫，必须采取最严厉的措施，"中国的君主是最高正统权威的象征，而对于公然违抗最高正统权威者的惩治就是处死。"[406]自汉代董仲舒以后，三纲五常作为中国封建社会道德伦理的核心，也成为封建法制的指导思想。其中，君为臣纲又是最重要的一条，沈荩和章、邹等人犯的罪行，在当时属于十恶不赦的范畴，被处死也是正常，起码传统司法认为是理所应当的。

辜鸿铭还换用现在的话语来解释，章、邹等人的行为就"如同鼠疫一样，或者确切地说，是无政府主义的病菌。为了消灭一切有可能的无政府主义病菌，采取最强有力的措施是必要的……事实上，对罪犯实行不适当的和欠考虑的宽容，实际上就是对吃这些罪行后果之苦的人民的残忍。"[407]

---

[403] 田涛等：《接触与碰撞——16 世纪以来西方人眼中的中国法律》，北京大学出版社 2007 年版，第 176 页。

[404] 同注 401。

[405] 参见郑秦：《清代司法审判制度研究》，湖南教育出版社 1998 年版，第 9 页。

[406] 同注 401。

[407] 同上注。

从目前检索的文献来看,辜鸿铭的解释,自成一说,许多论证是建立在中国传统文化和法律精神基础上的,虽然他在文中列举了许多外国人的例子,但并未得到外人的认可,国内的中文报纸也没有支持的论调。相反,《字林西报》还先后刊登《论辜鸿铭之无耻》、《辜鸿铭》、《驳辜鸿铭论中国刑法函》等文章批判辜氏,丝毫不认可他的辩解,认为辜氏很无耻,是"媚太后以欺弄天下也",[408]是"承太后之旨,时以慰语告我等,意必欲摧锄新党而甘为太后之驱使"。[409] 辜鸿铭熟知西方文化,又是中国传统价值观的坚定维护者,作为唯一就沈荩案问题直接通过外文报纸与西方文化对话的中国人,他试图从文化的层面来解释沈荩案,但他的声音相当微弱,未能改变中国政府和中国文化的形象,更难对苏报案产生影响。

(三)从沈荩案对苏报案影响看相关学理

从诉讼法的角度来看,沈荩案对于苏报案的影响,可以借用"诉讼事件"来界定,所谓诉讼事件,是指不以人的意志为转移,能够引起诉讼上一定法律后果的客观情况。它通常是引起民事诉讼法律关系发生、变更和消灭的重要原因。只是"诉讼事件"是民诉中的一个概念,苏报案却为刑事诉讼案件。不过,沈荩案仍旧是引起案件诉讼法律关系发生、变更和消灭的客观性重要原因。这种影响,很大程度源于英美法"遵循先例"原则对西方人思维的影响。

No. 109.

Question asked in the House of Commons, August 4, 1903.

Mr. Weir,—To ask the Under-Secretary of State for Foreign Affairs, in view of the fact that Shen Chien, a Chinese journalist and member of the Chinese Reform party, was recently beaten to death at Peking by order of the Empress Dowager, will the British Representative at Shanghae be instructed to decline to surrender to the Chinese authorities the prisoners in the Supao sedition case.

Answer.

The demand of the Viceroy of Nanking for the surrender of two of the prisoners has been referred to the foreign Representatives at Peking, and is now under consideration. I cannot at present give any information as to the decision that will be taken.

英国外交文书(1903 年 8 月 4 日有关沈荩案来自英国下议院的回复)

遵循先例原则,也称先例具有拘束力的原则,是在英美司法活动中发展起

[408] 《辜鸿铭》,载《字林西报》1903 年 9 月 15 日。
[409] 《论辜鸿铭之无耻》,载《字林西报》1903 年 9 月 11 日。

来的一项重要原则。其大意可以表述为，法官在对他审理的案件作出判决时，不仅要考虑到先例，即其他法官在已判案件中对与此相同或密切相关的问题作出的判决中所适用的原则，而且在一定条件下，他要受到已有判决的约束，接受并遵循特定先例所确定的原则，不管他个人是否赞同该原则。遵循先例原则在英美法中有着悠久的传统和重要的影响力，最终也推动了英美判例法效力的形成。按照外国人的思维，沈荩案与苏报案同为触犯清政府统治的政治案件，具有极大的类似性。沈荩案的处理对苏报案的判决会有极强的示范作用，如果交出苏报案被关押者，案件被引入中国官厅审判，等待章邹等人的将是同样的命运——未经判决，野蛮处死。

事实上，这样的假设又将问题引入到上述关于会审公廨和中国,传统衙门的讨论中。不过，正是在上述思维的影响下，以张之洞为首的清政府官员在沈荩案后放弃了对章、邹处以死刑的考虑，而是改行"监禁免死"的主张。早在苏报案案发之初，张之洞就明白对苏报案被关押者判处死刑是外人不能接受的，"以上海索交六犯，商办维艰，属敝处商诸政府，在京设法，嗣探有使口气，皆虑交出后仍置重典，故不肯放松。"⑩沈荩的惨遭处决更加坚定了张之洞不能对章、邹等人施加死刑的想法，同时为了打破引渡的僵局，他主动提出了"监禁免死"的动议，并由福开森转达给各国驻沪领事："上海英人独不愿交。近因沈克诚杖毙，各国皆不以为然，决不肯交。望饬福开森与各国婉商，皆只以监禁了事，决不办死罪，或可望允。"⑪

当然，我们也可以从司法过程的性质，或者更广阔的国家结构的角度来重新思考沈荩案与苏报案。

意大利法学家卡拉玛德雷睿智地指出，司法过程与国家结构存在紧密的关联。他还由此区分了威权国家与自由民主国家的司法过程，前者中国家运用极权的司法过程，法官享有全部强力，把当事人看作物，"他只看到一具无生命的客体，'他'的尘世命运早已写在法官心中，就像在宰杀前被屠夫称其重量的动物的命运一样。"⑫这种司法，法庭中只能听到主审法官的庄严宣判，被审

⑩　《光绪二十九年七月初五日内阁大学士张之洞致兼湖广总督端方电》，同注 3，第 435 页。

⑪　《光绪二十九年六月三十日内阁大学士张之洞致兼湖广总督端方电》，同注 3，第 432 页。

⑫　［意］皮罗・卡拉玛德雷：《程序与民主》，翟小波等译，高等教育出版社 2005 年版，第 57 页。

人在他面前静静等待。相反,自由民主国家的司法过程反映着国家的自由民主架构。这种不同的国家结构也框定了司法过程的性质——在极权过程中,审判过程是由判决决定的,该判决在审判开始之前已经确定。在辩证过程中,判决是审判的结果,这个结果在审判结束之前是未知的。

毫无疑问,清代的司法属于前者。按照学者苏亦工的归纳,中国传统的法律体制不是一种服务于社会公共利益的管理体系,而是操纵于皇帝手中、通过官僚机器落实的单向控制,这种体系所依据的内在逻辑是一种否定式或禁止式的思维。[413] 所以说,当沈荩案发生时,一方面,注定了沈荩的死亡,尽管促成他斩立决的原因存在争议,但慈禧太后要他死,他必须得死;另一方面,这也让外国人再次看清了中国司法单向控制特点,没有基于当事人的对抗,法官的意志就是一切。所谓司法只是单一意志的专断行为,进行审判,只是为给早已形成的判决提供假想的事后证明。这一点在上述分析中国传统司法办案一般思维路径时有所论及,用卡拉玛德雷的话来说就是:"当事人在这里只是彩绘要素,用以增强仪式的观赏效果。"[414]

更何况,沈荩案中,刑部是否进行了庭审,都让人值得怀疑。目前只能从文献中查询到:"审明会匪沈荩即沈克諴,照章定拟,得旨,例不行刑,着即立毙杖下。"[415]而且从慈禧太后急于处死沈荩的行为来看,即便存在庭审过程,那至多也只是过场。因为沈荩被捕后,张之洞致电署湖广总督端方,命"密加询访,如确有识认沈克諴之人,迅速资遣来京,令其辨认,以别真伪"。[416]但就在两天之后,清廷就判决了沈荩死罪。这种判决的速度,让人感到吃惊。对此,章士钊认为:"满政府之逮荩也,有必死之志也,故亦无取乎判案之确实。"[417]

(四)关于司法过程中偶然性的讨论

抛开这些探讨,再回溯到之前有关司法是一种变量之和的结论中。沈荩案带来的启示,似乎可以从中抽取出"司法过程中的偶然性"这一概念。

司法过程中的偶然性,从学术渊源上来讲,与前文提及的"司法是一种变

---

[413] 苏亦工:《鸦片战争与近代中国法律文化冲突的由来》,载张生:《中国法律近代化论集》,中国政法大学出版社 2002 年版,第 96 页。

[414] 同注 412。

[415] 《清德宗实录》,第 840 页。

[416] 《光绪二十九年七月初五日内阁大学士张之洞致兼湖广总督端方电》,载《唐才常汉口起义清方档案》,见中国史学会编:《辛亥革命》(第 1 册),上海人民出版社 1957 年版,第 278 页。

[417] 黄中黄:《沈荩》,同注 3,第 304 页。

量之和"的结论一致，只是角度不同。一个关注结局，一个关注变量。同时，"司法是一种变量之和"强调，个案之中的变量，甚至关键性变量的细节都有可能影响司法的最终裁决，也即司法的结果有时候是非逻辑的，是充满变数的，一个偶然的细节或变数都可能导致裁决的完全不同。这种"偶然的细节或变数"往往与个案直接相关，但"司法过程中的偶然性"不仅包括前述的"偶然的细节或变数"，甚至还强调这种偶然性很可能是与案情没有直接关系的案外因素。

这恰如西方法律写实主义的一句名言：法官的一次不愉快的早餐都会影响判决。此处"不愉快的早餐"就是"司法过程中的偶然性"，它发生在司法过程之外，但是影响却在司法过程之中。很大程度上，这种偶然性是非预见性的。它可以发生在司法过程内外的任何一个环节，是一种非确定性的影响司法的变量。

当然，要警惕的是，偶然性的影响概率及强弱要视具体情况而定，不能一概而论，更不能否认司法过程的确定性，否认司法是一种规则之治，把司法看作是偶然现象的堆积，或者司法人员的随意性产物。

司法过程中的偶然性，并不是一个生造的概念。黑格尔在《法哲学原理》就有所提及："法律和司法包含着偶然性，这本质上是它们一个方面。其所以如此，乃由于法律是应适用于个别事件的一种普遍规定。如果有人表示要反对这种偶然性，那他是在谈一种抽象的东西。"⑱只不过如前所述："司法过程中的偶然性"强调了与案情没有直接关系的、发生在司法过程之外，但是影响却在司法过程之中的因素，而黑格尔眼中的"偶然性"只是法律适用于司法实践中具体个案中有所差异的一种表征。

在法学理论的研究中，司法过程中的偶然性通常被忽略，这并非是由于学者对司法历史和实践的不甚了解，或者熟视无睹。冒昧地揣测，应该是一种刻意的回避。这大抵是因为必须强调司法过程确定性，这样既维护司法权威、法制稳定，更赋予了大众对司法的可期待性。否则的话，法治将无从被信仰。因为"法律不仅是一种规则体系，同时必然是一种意义体系"。⑲ 面对纠纷解决，大众通常存在着有意识的选择过程，会按照经济人的思维来寻求利益的最大化，这也是司法被选择的目的，而如若司法过程中的偶然性一再被突出的话，

---

⑱ ［德］黑格尔：《法哲学原理》，范扬等译，商务印书馆 1961 年版，第 223 页。

⑲ 许章润等：《法律信仰——中国语境及其意义》，广西师范大学出版社 2003 年版，编者说明，第 2 页。

对法治的信与不信就自然成为一对紧张关系。信,还是不信,甚至决定了司法究竟是司法,还是不算司法,抑或不被当作司法。

沈荩案中,还有一种流行的观点认为,当时革命形势高涨,清廷原本打算借苏报案杀一儆百,但因为引渡颇费周折,"清政府既逆料其野蛮之行为必难如愿,而积怒愈深……借沈荩而泄愤。"[20]即沈荩案是因苏报案引发的,反过来又影响了苏报案。"时人认为,清政府杀沈荩以泄《苏报》案之恨,而适足动外人之观念,遂反为六人之续命金丹。"[21]考证下来,尽管这一观点存在商榷,也是孤证,甚至有点因果倒置的意味,但也有着存在的可能性。而在更广阔的层面,沈荩案和苏报案,无论是谁先影响谁,这个并不重要。重要的是,沈荩案与苏报案在案情上并无交叉,是两个独立的案件。但沈荩案的余波,却深深地勾连着苏报案的司法过程,最终使清政府引渡的幻想破灭,催使苏报案在会审公廨审理。

三、庭外因素:如果没有媒体的报道

苏报案,从个体案件成为公共事件,再演变为著名事件,一个重要的途径就是媒体的广泛报道。一方面,苏报案中的诸多元素契合新闻价值的需求,使得苏报案成为当时媒体议程设置中的重要内容,进而生成为媒体、政治和大众关注的焦点;另一方面,媒体的报道又夹杂了政治、社会、文化等关注和评判因素,加剧了案件的冲突,推动苏报案的发展,使得司法与传媒的关系变得十分的紧密。

或许是由于庭审新闻天然的冲突性和戏剧性,自中国现代报纸诞生之初,有关诉讼庭审的报道就一直成为媒体关注的重点。如近代著名的杨乃武与小白菜案,就吸引了《申报》长达 4 年的持续关注,由于《申报》发行量大,流传面广,其报道很快使原来仅限于浙江当地民众和部分官员知晓的案件公诸天下,引起了社会的广泛关注。当代诸多有关该案的研究,其素材也多来源于《申报》的报道。[22]该案之中,《申报》除了及时转载《京报》披露的上谕、奏折等公文外,前后还陆续发表了 40 余篇报道和评论。引人称道的是,除了对新闻事

---

⑳　同注 91,第 777 页。

㉑　同上注,第 779 页。

㉒　如陆永棣:《1877 年帝国司法的回光返照——晚清冤狱中的杨乃武案》,法律出版社 2006 年版。

实的披露，《申报》的目光已超越一个单纯的案件，更有以此案为契机，推动中国司法变革的深意。比如，不少报道以西方国家的审案方式作对照，对中国官方习以为常的秘密审讯进行了批评，认为"审断民案，应许众民入堂听讯，众疑既可释，而问堂又有制于公论"，"惜乎审办此案，仍然秘密而不令人观瞻，上难副朝廷秉公为民之深忧，下难解浙省旁观众人之疑惑。⋯⋯谣言又将大起矣。何也，因其秘密而不使人皆知也"，"吾因此案不禁有感于西法也。西国之讯案有陪审之多人，有代审之状师，有听审之报馆，有看审之万民。"㊷可以说，《申报》无意或有意中提及的公开审理、陪审团、律师、记者旁听、民众旁听等现代法治概念，表明了当时法治思想的一种萌芽和冲突，而经过大众媒体的传播，必然成为国家近代司法转型的孕育剂和催化剂。

（一）聚焦苏报案的媒体

相比之下，苏报案发生的 1903 年，中国新闻事业已经得到迅猛发展，涌现出大批形形色色的报纸，国外媒体在华也多有通讯机构或派驻记者。正是他们的介入，使得苏报案能够超越一隅，成为国际舆论关注的内容，成为讨论中国政治、文明，特别是中国司法的一次机遇。

经检索，目前初步发现中外参与报道苏报案的媒体有 40 多家。其中，外文报纸中，《泰晤士报》关于苏报案报道评论共 37 篇、《纽约时报》24 篇、《洛杉矶时报》11 篇、《字林西报》11 篇、《华盛顿邮报》10 篇、《文汇西报》9 篇、《上海泰晤士报》8 篇、《中法新汇报》8 篇。㊸ 甚至连很多新闻人不熟悉的《Altamont Enterprise》（阿尔塔蒙特企业报）（美国）、《Morning Oregonian》（俄勒冈州晨报）（美国）、《The Straits Times》（海峡时报）（新加坡）、《Singapore Free Press》（新加坡自由新闻）（新加坡）、《The Sydney Morning Herald》（悉尼先驱晨报）（澳大利亚）都对此有所报道。中文报纸除大量转引外文报纸的报道外，自己也采写配发了大量的新闻，并且，由于诸多报纸的立场、风格不同，对苏报案的解读和评析也有所不同，但一致的是，他们都对苏报案的进程产生了影响。

前一节着重阐述的沈荩案引发的舆论影响就是最典型的佐证。当时英国

㊷ 张艳红、谢丹：《近代媒体舆论推促司法公正个案分析——以〈申报〉"杨乃武与小白菜案"报道为例》，载《当代传播》2008 年第 3 期。

㊸ 对于外文报纸参与苏报案的报道，有一个值得补充的原因是：很多情况下，当时的中国记者喜欢先通过一定的渠道将新闻信息透露给外文报纸，再翻译过来引用登载，以避免被清政府追究责任。此处的有关数据来源于前注 169，第 116～117 页。

报道苏报案的《新加坡自由新闻》

外交部正在就中国政府要求引渡苏报案被关押者一事征求国内皇家法院的意见，外交大臣蓝斯唐倾向于在不实施酷刑的条件下交出被关押者，但《泰晤士报》关于沈荩的惨死和沈荩案在中国引起的反应等报道引起了英国议员的注意。8 月 4 日和 5 日，分别有议员在下议院听证会上就苏报案被关押者的移交问题提出询问，这也直接促使英国内阁在 8 月 5 日宣布政府拒绝清政府的要求。

有关苏报案的报道中，及时是首要的特点。及时性是新闻之所以为新闻的重要原则。6 月 29 日，也就是巡捕开始搜捕革命党人的当天，《申报》就发表了《饬查叛党》的新闻，赫然载明朝廷要在上海租界严密查拿爱国学社内"猖狂悖谬，形同叛逆"之"不逞之徒"的密电。苏报案发生的第 3 天，远在英国的《泰晤士报》就发表了《政府与改革者》（*The government and the reform party*）的通讯员文章，主要论述中国保守势力镇压革命党，《苏报》主笔及职员被捕，第一次提及《苏报》。可见，中外报纸几乎都是在第一时间关注了苏报案。

持续性跟踪报道也是苏报案相关报道的重要特点，这也是全面展现事件进展和动态的要求。对于苏报案的跟踪报道，诸多报纸可以用"不遗余力"来

报道苏报案的美国《俄勒冈晨报》

形容。如《中外日报》在 1903 年 7 月、8 月、9 月这 3 个月转引外文报纸关于苏报案的报道就有近 40 条。《国民日日报》在 1903 年 8 月、9 月这 2 个月期间转引外文报纸关于苏报案的报道就有近 30 条。《申报》前后共发表《饬查叛党》、《会党成擒》、《会党自首》……《四讯革命党案》、《党魁移禁》等 10 多篇报道，贯穿整个事件始终，甚至连章、邹二人患病、㉕何时重新开庭㉖等细微消息都给予了关注。《泰晤士报》前后关于苏报案报道评论也达 37 篇，时间自 1903 年 5 月一直到 1904 年 5 月，可谓"有始有终"。

（二）中文报纸的不同表现

苏报案的相关报道中，最大的特点，就是众口交腾，意见纷纭，这也从侧面展示了当时转型社会背景下各种思潮激荡交错的场景。

是时，上海的老牌《申报》完全站在清政府的立场上，对章、邹等人持一种讨伐态度，抨击革命党，这在《申报》的诸多报道中都有反映。这种表现与当时《申报》主笔黄协埙厌恶西学，思想守旧的立场有直接关系。戊戌政变后，黄协埙完全站在慈禧太后的一边，著文批判"康梁邪说"。等到 1903 年前后革命风潮和学生运动风起云涌的时候，《申报》更是大加鞭挞。6 月 22 日刊发的《奴隶说》，指出爱国学社这样险恶的用心必然会落得与张献忠、李自成、唐才常等"匪患"一样的下场："噫！献闯即甚猖狂，不久即膺天讨，唐邓阴谋甫露，已肆市曹，彼何人？斯特庸懦书呆耳，而乃谆谆然曰：驱胡族，灭清人以免二百数十年来为外人之奴隶，试问能乎？不能乎？有不陨首法场步武献闯唐邓诸巨憝者乎？"㉗同时批判留学生们忘恩负义，愧对朝廷的培育之恩："所可恶者，既受主人豢养之恩，而日以谋叛其主人，图弒其主人为事，则真恶奴贱隶狗流不食其余者矣。"㉘

苏报案发后，除连续报道事件进程外，在清政府以苏报案被关押者是国事犯为由要求引渡时，《申报》也一知半解地认为章、邹等人"与国事犯有殊"，实质上是"忤逆不孝子"。㉙ 完全从封建纲常的角度来看待案件，自以为是地认为工部局定会明辨是非，不会庇护案犯。8 月初，还特刊发《爱国忠君说》："今天下有创为爱国社者矣，有结为爱国党者矣，有著为爱国篇爱国论者矣，议论

㉕ "日前革命党邹容、章炳麟二人，在福州路老巡捕房押所忽患红痧，经西医验明，送至虹口司考脱路工部局病房医疗，并由捕头派令三画西捕二名，各带火枪，日夜轮流看守。"《党人患病》，载《申报》1903 年 10 月 4 日。

㉖ "革命党魁邹容、章炳麟等人，拘捕英界捕房已经数月，大宪本定于下礼拜一，即本月十二日（11 月 30 日），饬上海县主汪懋琨大令莅英、美等国公共租界公堂，会同谳员邓鸣谦司马，及英总领事署迪翻译官推鞫。兹因是日别有要公，已迟至下礼拜四，即本月十五（12 月 3 日），提案讯供矣。"见《改期会鞫》，载《申报》1903 年 11 月 29 日。

㉗ 《奴隶说》，载《申报》1903 年 6 月 22 日。

㉘ 同上注。

㉙ 《保护说》，载《申报》1903 年 7 月 19 日。

激昂，乍聆听之，一若真赤心为国也者，及徐而考其宗旨，则嚣嚣然，扰扰然，曰我将藉以行革命之事也，我将因上遂易代之谋也，我欲保国土之不凌夷，不得不急图灭清排满也。"⑭指出爱国学社名为爱国，实为犯上作乱，意图不轨。而对之前引起舆论峰起的沈荩案，《申报》既不报道，亦不评论，更不转载其他报纸的相关内容。而从时局来看，《申报》倡导的忠君、卫君、爱国论调，与当时日益开化的风气不相符合，黄协埙的一味守旧更是让《申报》声誉倍跌。即便《申报》长篇大论地为政府说话，但旧传统的忠实卫道士最终并没有得到认可，金鼎在向梁鼎芬汇报时，就提到《申报》"素以守旧，为人所恶，故其言亦不足重"。⑭ 可以想象，《申报》对苏报案最终判决的影响并不大。

《新闻报》对苏报案的报道可以用戏剧性来形容。苏报案发之前，《新闻报》接二连三发表论说，批判政府，痛陈时局，指出导致革命党人和革命思想趁机而起的原因正是政府的无能与黑暗。苏报案发之时，又发表《论革命党》，笔锋突转，将批判的矛头对准章、邹等人，大加嘲笑。沈荩案发后，《新闻报》又回归原先立场，认为政府处置不当，"夫政府之拿获章邹谓之除逆党，政府之拿获沈克诚，咸谓之翻旧案，非不可翻，特宽政之上谕煌煌在人耳目，故无论旧案，已许人自新，即未尝许人自新，但使其人实已大改从前之所为，则亦既往不咎，故即康梁回国，亦可不加之罪，而况沈克诚之案乎？"⑭同时对沈荩、章炳麟、邹容表示同情，"乃上海方在办交犯之案，而北京忽插入沈克诚一案，同时并举，于是天下以冤沈者转而冤章邹二人。"⑭但尽管如此，《新闻报》的立场仅限于批判政府，绝不颂扬革命党，分寸把握得当。

《新闻报》言论突然变化，直接原因是一度被官方操纵。苏报案发生后，为争取在舆论上主动，推动案犯的引渡，端方指示，"《申报》及《中外日报》，能为运动，使之助力尤好"。⑭ 但最终选择《新闻报》，直接原因是《新闻报》的老板幕后福开森一直被端方所倚重，也是袁树勋与领事和工部局之间交涉中重要的斡旋者。《新闻报》主笔金煦生是端方亲信金鼎的弟弟，又是福开森的学生。于是，《新闻报》遂有《论革命党》一文发表。更值得注意的是，《论革命党》不是

---

⑭　《爱国忠君说》，载《申报》1903 年 8 月 3 日。

⑭　《金鼎致梁鼎芬书》，载《近代史资料》1956 年第 3 期。

⑭　《公信失则人心失说》，载《新闻报》1903 年 8 月 13 日。

⑭　同上注。

⑭　《光绪二十九年六月三十日内阁大学士张之洞致兼湖广总督端方电》，同注 3，第 452 页。

《新闻报》关于苏报案的评论《公信失则人心去说》

一般的报纸论说,而是政府策划的一个圈套,目的是为搜集更多章炳麟、邹容和《苏报》的反清革命言论作为指控的证据。因为当时章炳麟的《馗书》、《驳康有为论革命书》和《革命军序》中直接明确的排满革命言论并不多。《论革命党》在这种背景下发表,完全以挑衅口吻,点名攻击章、邹等。狱中的章炳麟果然被激怒,一鼓作气写出《狱中答新闻报》发表在 7 月 6 日的《苏报》上,文中遍布"仇满"、"排满"字样,果然中了政府的阴谋。不过,作为一份商业性质的报纸,《新闻报》最终回归到原先的立场,推测起来,这很大程度上与该报经理汪汉溪奉行的"经济独立,不接受津贴"原则有关。

中文报纸中,对苏报案比较关注的还有《中外日报》、《国民日日报》、《华字日报》等,三者的表现和态度也与前两者不尽相同。

《中外日报》之前就与《苏报》有隙,这与它坚持维新的立场有关。不过,苏报案发之后,《中外日报》并未落井下石,而是持一种局外中立的姿态,既批评政府不应该采取镇压政策:"即如《苏报》与《革命军》,向不见重于社会,不知其名者颇多,即知之者亦无暇一览,西人更未齿及。自此案出,乃人人欲索而观之,日来外埠之来申觅此者甚众,而西人亦争译以去,是不啻国家为之登求售之告白也。"㉟又批评革命党人有诸多缺点,如有宗旨而无方法,有议论而无心志,只会空言革命,流无益之血等,认为革命党没有前途。㊱《国民日日报》在苏报案上持有鲜明的立场,即颂扬革命,塑造章、邹等人的反清英雄形象,同时讽刺政府,指责政府腐败无能。《国民日日报》的另一个特点就是大量转译外文报纸的内容,据统计,前后共有 30 多篇,大部分都是支持革命党或者有利于革命党的内容,指出苏报案的被关押者是中国推翻野蛮政府的有志之士。"中国有志之士观政府之日非,不利己也,亦摧陷之而靡己,而令野蛮政府仍立于天地间,且推翻政府之热度,日加而愈高,而政府恶其两者相持不下,使吾文明各国不能助志士之力,是吾人之所耻也。"㊲《中外日报》与《国民日日报》表现的差异与报纸主持者的身份差异密切相关。《中外日报》的主持人汪康年属于资产阶级改良派,而《国民日日报》名义上是一份外商报纸,实际上是革命党在上海办的报纸,被称为"《苏报》第二",背后有章士钊、张继、苏曼殊、柳亚子等人。相比上海本地中文报纸都有代表性的态度或观点外,身处香港的《华字日报》则类似于一个公共论坛,守旧保皇、赞扬革命等各种言论都能觅得踪影。

(三)外文报纸的一致批评

与中文报纸众口交错不同,外文报纸几乎是众口一词指责清政府,抨击清政府的所作所为。

他们一是批评清政府保守,认为苏报案与沈荩案都是对改革力量的镇压。《纽约时报》报道沈荩案时就称"沈荩是一个不屈不挠的改革者",㊳"慈禧太后下令处死沈荩是为了威慑改革者",㊴《泰晤士报》称苏报案被关押者为"改革者"或者"主张改革的新闻记者",㊵《纽约时报》称章炳麟等人为"中国的改革者",㊶或称之为中国的"自由主义者"。㊷

二是指责当时中国司法制度落后野蛮,认为慈禧太后仍旧是一个暴君。《字林西报》认为沈荩案完全就是北京官方的野蛮谋杀,体现了中国司法制度

㉟ 《论政府当求消化乱党之法》,载《中外日报》1903 年 7 月 30 日。

㊱ 《论新党之将来》,载《中外日报》1903 年 9 月 30 日。

㊲ 《论苏报》,载《国民日日报》1903 年 9 月 15 日。

㊳ Shen A Strenuous reformer,*The New York Times*,Aug. 19,1903.

㊴ Chinese Editor Torture,*The New York Times*,Aug. 2,1903.

㊵ Government and the Reformer *Party*,*The Times*,July. 1,1903.

㊶ Trying to Suppress Chinese Reformers——Importance of the Supao Newspapaer Case,*The New York Times*,July. 23,1903.

㊷ Chinese Liberals Terrified,*The New York Times*, Aug. 23,1903.

的滞后，更显现出"慈禧太后还是那个 1898 年未经审讯就处决六君子的慈禧太后，还是在 1900 年参与除掉在华外国人的阴谋并将忠于她的大臣处决时的慈禧太后"，[44]莫理循也指出："老太后的令人置信的愚蠢，使得沈克伟（即沈荩）被乱棍打死，引起了满洲人极大的惊恐……"[44]《纽约时报》称慈禧是旧式的篡位者、暴君，是对残酷暴行有特别嗜好的恶女人，是希腊神话中的怪兽鹰身女妖。[45]

三是反对移交苏报案的被关押者，声称人权高于主权，中国的落后使得它不配与西方文明国家对等。"让我们面对这样一个事实，中国政府不是一个文明的政府，它的腐败臭名昭著，欧洲各国在条约或者待遇上没有将它作为一个平等的对象。我们之所以强调治外法权就是要承认这样的事实——中国的法律和司法系统仍是野蛮的——这在苏报案中也极其重要。"[446]"为什么在山东、满洲、蒙古和其他地方，中国的主权根本不被当回事，但在租界，中国的主权却成为了忽略正义和公平传统的充足理由？从什么时候开始不损害中国政府的尊严和权威成为欧洲各国的关怀对象？"[447]《泰晤士报》甚至直接呼吁各国支持英国在苏报案上的态度："事实上如果法国人民同意吕班公使的意见，或者美国人民支持康格公使，即使是最有保留的外交辞令，我们都会感到异常地惊讶。正相反，我们相信世界上最古老的和最年轻的共和国的居民一旦了解苏报案事件的真相，就会真正地支持英国政府和意大利公使。毫无疑问，日本也会采取同样的行动策略，当奥地利发表意见时，相信他会站在起码的正义和公平的一边。"[448]

外文报纸的报道立场，毫不掩饰它们的西方文化价值中心，对清朝政府的行为不屑一顾，同时又极力维护他们的在华利益，认为一旦释放苏报案的被关押者，将会成为清朝政府冲击租界权力的缺口："不久以前我们提到，中国政府起诉在《苏报》上发表文章的作者，真正目的是确保对有问题的报纸的镇压，进而形成一个先例。在租界，中国人被认为受到保护而免于被中国官员起诉，如果道台可以镇压租界里令人讨厌的报纸，那么内地的反动官员就会利用这个

[443] *The Barbarous Official Murder at Peking*, N. C. Daily News, Aug. 11, 1903.

[444] 同注 14，第 280 页。

[445] *The Chinese Reformers*, The New York Times, Aug. 6, 1903.

[446] *The Supao Case*, N. C. Daily News, July 27, 1903.

[447] 同上注。

[448] *The Prime Minister*, The Times, Aug. 6, 1903.

先例以加强他们的力量。"[449]即便是后来外方作出让步,汪懋琨作为清政府更高级别的官员参与到会审公廨的审判中,但"公共租界当局希望这只是一个临时的安排,不构成先例"[450]。直接言明列强对司法管辖权的坚决态度。

(四)中外政府对舆论的关注

外文报纸对苏报案的报道,很大程度是由当时驻华记者和通讯员的立场决定的。

这其中必须提及的两个人,一个是濮兰德,一个是莫理循。前者是《泰晤士报》驻沪通讯员,同时担任上海英租界工部局秘书长,向来对清政府不感冒。此前就曾经帮助过躲进租界的康有为逃避清政府的追捕,并一直派船护送康到达香港。莫理循的身份是《泰晤士报》驻京记者,其影响力被称为"一篇报道胜过朝廷的十份奏折"。现在的北京王府井大街在新中国成立前就一直被使馆界和来华外国人称作"莫理循大街"。他是最早向西方报道义和团围困外国公使馆消息的记者,对中国政治

《泰晤士报》驻北京记者莫理循

上层和远东局势极为了解,与近代中国和北京的关系极为密切,被西方人称为"北京的莫理循",直接影响西方国家的对华态度。

苏报案中,两人一南一北,遥相呼应,共同反对交出苏报案被关押者。在莫理循致濮兰德的信中,他甚至认为濮兰德应该发挥自己的优势,毫无必要与其他列强协商苏报案的处理:"我向上帝请求,希望你不要示弱,要迫使英国政府支持你。"[451]对于英国公使萨道义,他直接建言:"我们英国是在上海居于统治地位的国家,应该显示我们的实力,而不应该总是让步。"[452]由此也可见,作为记者的莫理循,其言论和观点都深刻地影响到上海租界工部局和英国驻华使馆的官员。同时他们的报道也引起英国本土官员的关注,这在沈荩案中已有论述。

同样,美国政府也非常关注舆论。美国驻沪总领事古纳一直很关注上海

---

[449] *The Supao Case*, N. C. Daily News, July 8, 1903.

[450] 同注 14,第 285 页。

[451] 同上注,第 288 页。

[452] 同上注,第 289 页。

本地公众舆论的反应,随时向美国驻华公使康格汇报,如在 7 月 9 日他给康格的信中说:"据我们所知,公众舆论认为与《苏报》有关系的人应该受到惩罚,但是极力反对将他们带出公共租界,因为一旦在租界之外审理,他们非常可能会被草率处决。如果根据清政府的坚决要求,公使团将这些人交给中国当局的话,我估计那会非常麻烦。"④⑤⑥7 月 16 日他在给国务院的电报中也提及:"中国政府说被关押者有罪,要求公使指示领事命令工部局将被关押者移交中国政府惩办。人犯关押在工部局监狱。公众舆论强烈反对将被关押者移交给中国政府不经审判即处决。"④⑤④7 月 25 日给康格的汇报中,古纳又提到了上海本地报纸,特别是《上海泰晤士报》和《捷报》反对引渡的态度十分坚决。④⑤⑤ 沈荩案发生后,国际舆论一致谴责清政府,美国国内报纸《纽约时报》、《洛杉矶时报》等也指责美国政府在苏报案中的立场。在这样的舆论环境中,决定了最初态度模棱两可的美国政府是不会在一片人道主义谴责声中逆势而行的。

尽管没有证据直接表明中文报纸的报道引起了政府态度和措施的改变,但新闻报道这种现代化的信息流动方式,还是引起了清朝官员的注意。

苏报案发生后,端方就非常重视沪上舆论,要求专门派往上海的探员志赞希、赵竹君、金鼎等人关注上海报纸的言论动向,随时汇报"各报馆议论如何?"④⑤⑥并提出"运动"《新闻报》或者《中外日报》的想法。后者则奉命一直监控各报的舆论立场,"……申报持论甚正,新闻亦然,中外报不易化导。"④⑤④同时"命令律师将《苏报》和《革命军》诸谬说译成英文,登于《字林西报》,俾众咸知其谬"。④⑤⑧ 不久后,端方又秘密联络《新闻报》的幕后老板福开森并转主笔金煦生,要求明确"六犯确系中国著名痞匪,竟敢造言毁谤皇室,妨害国家安宁,与国事犯绝不相同,务将此义著为论说,登诸报端",认为"该犯已犯众怒,此报一

④⑤③　1903 年 7 月 9 日古纳致康格的信函,同注 114。

④⑤④　1903 年 7 月 14 日古纳致美国助理国务卿皮尔斯的信函,同注 114。

④⑤⑤　"要求引渡这几个中国人的消息泄露出去后,《上海泰晤士报》和《捷报》的评论十分激烈,如果驻华公使们决定移交,他们甚至支持拒绝。"参见 1903 年 7 月 25 日古纳致康格的信函,同注 114。

④⑤⑥　《光绪二十九年闰五月十三日兼湖广总督端方致探员志赞希赵竹君电》,同注 3,第 454 页。

④⑤④　《光绪二十九年闰五月十三日探员志赞希赵竹君致兼湖广总督端方电》,同注 3,第 414 页。

④⑤⑧　《清季外交史料》卷 173,第 5～6 页。

出，众论翕然，不必游移"。⑩ 对于金焜生在组织舆论上的积极表现，端方也专门发电表示嘉奖："此事深倚大才，为国出力，拿获逆党，金令世和，竭力相助，均甚感佩。"⑯⑩在章炳麟《狱中答新闻报》发表后，金鼎得意地说："新闻报《论革命党》用讥讽之法，逆党果中计。有闰五月十二日答说一篇亲供，宛然自认。"⑯⑩这也让我们看到，清政府对媒体，从单方面地密切关注走向了策略性地利用，进一步加强了与司法外因素的联系。

同时，我们还必须看到，中文报纸连篇累牍的报道，也让普通民众知晓了苏报案的发生，听说了革命排满的改革诉求，扩大了革命影响。⑯⑩ 而最直接的层面还是在对本案的司法判决上，被告律师琼斯就指出："此案东西各国均已知之，现在定案时，各国莫不留意，须请堂上照公法判断，不能凭政府之意。"⑯⑩试图以舆论的影响来制衡审判，防止主审法官恣意枉断。

从现代司法与传媒的关系来说，传媒对于司法的报道，必须恪守公正与平衡的态度，并且必须保证不能影响司法裁判的过程与结果。但在当时，这些报道差不多都是具有特定立场的，报纸背后的主持力量决定了新闻的言论倾向，其传播效果对司法的影响没有被媒体考虑在内，有的报道甚至就是为了对司法产生影响。这种情况，与当时中国和租界没有新闻法律法规有关，与苏报案背后各种力量的角逐有关，更同传媒与司法的天然密切性关系相连。试问当下哪一件轰动性司法个案，没有媒体的参与。而深入思考传媒与司法的关系，也成为当代法学研究的重要课题之一。

---

⑩　《光绪二十九年闰五月十二日兼湖广总督端方致福开森金焜日电》，同注 3，第 453 页。

⑩　《光绪二十九年闰五月十七日兼湖广总督端方致福开森电》，同注 3，第 457 页。

⑩　《金鼎致梁鼎芬书》，载《近代史资料》1956 年第 3 期。

⑩　比较典型的总结是：(1)"这件轰动一时的案件，通过国内外新闻传媒的广泛报道，扩大了影响，让更多的中国人懂得了革命道理。这种结局是清朝统治者没有预料到的。"参见童之侠：《中国国际新闻传播史》，中国传媒大学出版社 2007 年版，第 108 页；(2)"这件轰动一时的案件，通过国内外新闻传媒的广泛报道，反而极大地扩大了革命的影响，让更多的中国人懂得了中国必须革命的道理。"参见龚德才：《中国新闻事业史》，湖南师范大学出版社 1997 年版，第 98～99 页。

⑩　同注 196。

四、苏报案：政治的，还是司法的产物？

要对苏报案作政治或者司法的区分，并不是一件容易的事情。这在很大程度上缘于苏报案自始至终都贯穿了政治和司法的因素，很难清晰厘清两者错综复杂的关系。

（一）苏报案：从司法内到司法外

从司法的角度来看，苏报案是一个典型的司法个案。在会审公廨这一有别于传统中国衙门的审判机构中，偌大的清政府作为原告方起诉苏报案被关押者，案件前后多次会审，双方各聘律师，从幕后合议到当庭宣判，从证人作证到举证责任分配，从罪名指控到法庭抗辩，从羁押时限到司法程序，从法律适用到最终改判"邹容监禁二年，章炳麟监禁三年，罚作苦工，以示炯戒"，苏报案可谓具备现代司法的一切内容。

但"司法的独特性及其对社会生活的介入，很容易使自己处在社会矛盾和冲突的中心，它所处理的事项扭结着社会政治的、经济的、外交的、文化的、道德的、民族的等等各种复杂的关系和利益……正是因为司法处在这样一个特殊的社会结构之点上，它在影响社会生活的同时，也为各种社会力量影响法律洞开了门扉。"[464]显然，苏报案在前后接近一年的过程中，时刻都陷在社会政治的、经济的、外交的、文化的等等各种复杂的关系网络和利益漩涡中。苏报案因政治力量的对抗肇始，清政府意图严惩爱国学社和《苏报》背后的革命新党，以儆效尤，只是因为地域的限制，政府的这种政治的意愿才必须以司法裁判的形式完成，且必须在租界会审公廨，一个由外国人掌控的非中国传统的司法机构中进行。

（二）苏报案：与外交、经济、文化的密切相关

故此，苏报案的交涉更多是一种外交上的斡旋。交涉中，清方一直认为，"袁（树勋）道谓内恃宫保（张之洞）在京主持。福（开森）云须视外部与京使接洽消息等语……无如工部局违约占权，跋扈已久，势非律师申辩所能就范。反复以观，必得外部与京使切实妥商，始易措办。"[465]

上海道台袁树勋不仅主动参与工部局会议，要求引渡，而且积极联系各国

---

[464] 舒国滢：《从司法的广场化到司法的剧场化——一个符号学的视角》，载《政法论坛》1993 年第 3 期。

[465] 《光绪二十九年六月初一日知府金鼎致兼湖广总督端方电》，同注 3，第 430 页。

驻沪领事，"日前汪道嘉棠由沪回宁，及袁道迭电，俱述拿一犯封报一案，深赖贵总领事极力赞助，本大臣实深感荷。惟工部局尚未将犯交出，于条约章程俱有未符。查各国条约均经载明，如中国人犯潜匿口岸各国船中、屋中，经中国照会，即行交出，不得稍有祖庇。两国立约，原所以理交涉，约载既有明文，彼此均应遵守，况章、邹等犯所认之供及苏报悖逆之据，均由沪道宣示，为贵总领事早已洞悉。大凡匪徒作乱，莫不各借事由，现在到处皆有伏莽，若不将该犯等惩办，势必群起效尤，祸害无穷。中外共受其害。

上海道台袁树勋

是此事按诸约章、情势，必应交归中国惩办，方足以遏乱萌而靖地方。本大臣与贵总领事一方共事，遇事必当和衷共济，以期保此公安。务望转向工部局切实开导，将犯交出，傅符约章而敦睦谊。"[466]

同时外务部还积极联系致驻英公使张德彝、驻美公使梁诚等人，"上海租界商拿革命党并封苏报馆一案，所获六犯工部局不肯交出，各领意见不同，有请示各政府之说，已由南洋大臣详电，奏达本部函商英署使、美使。据复已报本国政府，语涉推宕。复函该犯等诬谤皇室，妨害治安，与国事犯不同，按照约章，应交归中国自办，中美素敦睦谊，必不任其扰乱大局，希即切商外部，饬将各犯交出自办为要。"[467]袁树勋也提出"电请外部分电出使大臣，执美约十八条、英约二十一条并租界设官章程，向彼国政府再商"。[468] 魏光焘甚至直接致电驻俄公使胡惟德，要求他以现有章约为基础，希望俄国政府能够命令驻华公使和驻沪领事支持引渡。[469]

在谈到苏报案 12 月重新启动审理的时候，《纽约时报》记者指出："昨天在上海开庭的苏报案，是前五个月中国政府、地方当局、驻京公使、驻沪领事以及所有的国家驻华外交使节共同交涉的结果。"[470]苏报案的处理从上海地方上升到中央政府的出面斡旋，由于交涉层次的提高，已从地方刑事案件的交涉上升

---

[466] 《光绪二十九年六月初九日苏松太道袁树勋分致上海各领事函稿》，同注 4。

[467] 同注 114。

[468] 《光绪二十九年六月初一日知府金鼎致兼湖广总督端方电》，同注 3，第 431 页。

[469] 参见《魏午帅电》，载《近代史资料》第 37 号，1978 年第 2 期。

[470] *Chinese Reformer on trail*，The New York Times，Dec. 3，1903.

为清朝政府与海外列强的外交交涉,涉及司法管辖权、治外法权等国家主权之争的大是大非问题。从目前的研究来看,上海地方官员、江苏抚台、两江总督、湖广总督、军机大臣、清朝外务部、驻外使馆,列强政府、驻京公使、驻沪领事、上海租界工部局都参与其中,参与面很是宽泛。

英国之所以在苏报案上坚定拒绝引渡的立场,很大程度上也是由巨大的经济利益促成的。当时的上海既是外国资本主义对华经济掠夺的最大基地,又是中国的经济中心,内外商贸的中心。1900 年前后,中国进口贸易总值的一半左右都来源于英帝国,[471]且当时的英国在上海金融业占据了绝对的霸主地位。[472] 据莫理循估计:"上海无疑是英国在华最大的一笔资产,据我所知,英国在那里的既得利益已经值一亿镑,或许还会多一些。"[473]在英国人看来,法治与经济利益是密切关联的,即便最初与中国的外交诉诸了武力。"炮舰外交揭露了关于中西交往中谁说了算这个反复未决的斗争……英国希望的不是把中国当作殖民地来统治,而是要中国按照英国方式在法治精神下进行国际交往和自由贸易,因为这将为英国的商业利润打开门户。"[474]因此,无论是必须捍卫在租界不容动摇的地位,还是试图在法治的精神下来获取更长久的商业利润,英国都一直坚持该案审理必须在租界进行。

这一点也被清方所洞悉,魏光焘在给满思礼的交涉中说道:"大英帝国占据中国贸易的 70%,这有赖于中国的繁荣;中国的安宁对于中英贸易至关重要。两国互利明显与在中国享有贸易特权的英国人有关。只有两国官、商、民互信、和睦和友好,贸易繁荣才可能维持。阁下、总领事和我本人在处理公务时,都应本着互益的精神。本案中的罪犯犯有最严重的官、商、绅、民同愤的煽惑谋逆罪:他们意在煽动叛乱,这对商业将造成灾难性影响。俄、法等国愿意移交。英国素与中国关系密切,更应贯彻条约规定,同意移交,官、商、民必将对此深表感激。"[475]试图从经济利益的角度来说服外方。

再综合而言,苏报案背后流露的同样也是一种文化的冲突。司法的问题是法律问题,也是文化问题。法律制度的冲突容易化解,文化的冲突却黏稠难

---

[471] 参见[美]费正清编:《剑桥中国晚清史》,之《1870—1911 年晚清帝国的经济趋向》,中国社会科学出版社 1975 年版。

[472] 同上注。

[473] 同注 14,第 300 页。

[474] 同注 471。

[475] 1903 年 8 月 27 日两江总督魏光焘致代理英国驻沪代理总领事满思礼的信函,同注 379。

融,史学家唐德刚就曾指出:"一般外交家、政治家、法学家只知道'法律冲突'的严重性,殊不知,'文化冲突'的严重性远过之。"[476]司法本身作为一种文化样式,与其他文化之间必然存在勾连性,这也是苏报案中值得挖掘的一个方面。

具体个案中,除了苏报案与沈荩案流露的法律文化差异,如沈荩的惨遭处决、陈仲彝的保释要求以及辜鸿铭的辩护,苏报案的交涉中、审判的过程中,无不贯穿着近代中西司法文化的激烈冲突。这里试举一例,如辜鸿铭在辩护中直接比较了中西方刑事裁判制度的基础,他提出中国是以道德为基础,而西方自边沁以来则遵循功利主义的原则。"在中国,惩办犯罪的动机是对犯罪的憎恨。在欧洲,则是为了保护钱袋。欧洲法理学家全然不以道德上的是非感来看待犯罪分子,只是把这些人看作是社会上应被谴责的分子,必须采取对社会国家损害最小而获益最大的方法予以铲除。与此相反,中国的法理学家把罪犯看作是应该被人憎恨的恶棍,在制定惩办他们的法律时,以憎恨犯罪的道德感为指导,而这种道德感是必须满足的。"[477]而案件背后更多的,则是外国人对中国文化传统、保守、顽固、野蛮的批判和鄙夷,认为苏报案是中国保守势力对进步改革力量的镇压,中国政府是野蛮政府,中国文化是野蛮文化,因此不应将其作为与西方文明国家平等的主权国家,这是一种文化的不平等看待。

从经济学的视角来看,清政府在苏报案中存在着一种双重博弈。一方面,要与以章、邹为代表的革命党博弈,要严惩他们,另一方面,要与英美为代表的西方列强博弈,寻求引渡、要求重判甚至追回司法主权。这两种博弈,无疑都要遭遇政治和司法。只是相比政治,司法更多的是一种承载利益关系的形式,"只要同时存在权力与裁量,审判也同其他决策机关一样,不得不卷入各种利害关系错综复杂的对立的漩涡之中。在此审判过程中审判必然会发挥类似于政治那样的功能,同时其决定过程也不可避免地会成为利害关系集团直接或间接地施加压力的对象。"[478]无论是棚赖孝雄先生提到的这个共性,还是基于苏报案凸显的个性,苏报案在成为一个司法案件的同时,包含了太多的法外因素,这恐怕也是案件一波三折、跌宕起伏的最主要原因。

(三)作为政治的个案

那么,苏报案是一个政治案件吗? 显然是的。美国《纽约时报》在引用英国《泰晤士报》的报道时直接指出:"事实表明,各国公使团的态度与其说取决

---

[476] ［美］唐德刚:《书缘与人缘》,辽宁教育出版社1998年版,第164页。

[477] 同注401。

[478] 同注241,第161页。

于本案自身的价值,不如说更取决于政治上的态度。"⑲

政治显然是主导苏报案的最重要因素之一。但在某种角度上又不是,起码不是传统教科书定论般标签的"中外反动势力勾结的产物"——"1903 年 6 月,清政府勾结上海租界帝国主义所设立的工部局,逮捕章炳麟入狱,查封了《苏报》。邹容不愿章炳麟一人承当,自动投案,这就是轰动一时的苏报案。"⑳或者是"英美帝国主义看到中国革命运动的高涨,害怕危害到自己的政治经济利益,因此就和清政府勾结起来,镇压革命党人。"㉑单纯从司法过程来看,这个观点就有简单化,想当然的成分。

当然,不可否认的是在起初的交涉阶段如果没有领袖领事的签字,章、邹等人就不会被捕,《苏报》馆就不会被查封,但在审讯和判决阶段,中外双方更多的是分歧和对抗,特别是在引渡和重判的两个最关键的问题上,清政府都未能如愿,列强很少妥协,坚持了司法的机构、形式、过程与结果。即便是按照沪道袁树勋的要求同意汪懋琨作为更高级别的政府官员参加庭审,对此也是心知肚明,"中国人的策略是很清楚的,使人看起来对人犯的审讯和惩罚好像不是出自会审公廨长官之手,如果他们不把这种做法作为明显可借以损害租界的方式的先例,那么让他们用这种办法保全他们的面子也不会有多大的害处。"㉒可见,在触及列强政治利益和司法底线的时候,他们丝毫不会让步。清政府的要求,从引渡到永远监禁,到监禁十年,到监禁五六年,再到不超过三年,一降再降。外国势力所谓的妥协,只能是表面的,这又何谈勾结呢?

还有一个有意思的细节,也与苏报案是否为政治案件有关,即章、邹等人是否为"国事犯"(即政治犯)的问题,这直接关系到苏报案被关押者能否被引渡。因为按照国际公约"国事犯不引渡"的惯例,章、邹如果是国事犯,那么就无法被引渡,这是初识国际法的清朝官员也明白的。或许是"盖自戊戌政变后,黄遵宪逗留上海,北京政府欲逮之,而租界议会以保护国事犯自任,不果

---

⑲ *Case of Chinese Reformers—Its gives an opportunity to the other powers of making a dig at Great Britain*,The New York Times,July 31,1903.

⑳ 陈振江:《简明中国近代史》,天津人民出版社 1983 年版,第 324 页。

㉑ 章回、包村等编:《上海近百年革命史话》,上海人民出版社 1963 年版,第 64 页。

㉒ 同注 14,第 285 页。

逮。自是人人视上海为北京政府权力所不能及之地。"[43]加之此前的康有为案[44]也因国事犯的身份在租界受到过保护。

于是，清政府为避免重蹈覆辙，从一开始就强调"六犯确系中国著名痞匪，竟敢造言毁谤皇室，妨害国家安宁，与国事犯绝不相同，不应照在租界犯案在租界受罪之例办理"。[45]"各逆犯系中国著名痞匪，竟敢造言毁谤皇室，妨害国家安宁，与国事犯绝不相同，按之西律均应解归中国办理"。[46]《申报》也一知半解地附和指出章、邹等人并非国事犯："所谓国事犯，非结党啸聚也，非阴图篡弑也，必平居豪侠好义，乡里推崇，目击君暴臣贪，不可须臾忍，遂攘臂而起，一呼百应，意欲拯民于水火之中，事败而逃，则邻国鉴其苦心谅其公善，优加卵翼，任其勾留耳。若夫中国之历次惧罪而逃者，非徒扰地方，即谋叛君上，迹虽近似国事犯，实与国事犯有殊。"[47]这样的解释，没有得到租界当局的丝毫理会，他们认为章、邹是国事犯，不应当被引渡。可以想象，如果苏报案的被关押者被定性为非国事犯，苏报案的结果必然是另外一种局面。

（四）一点归纳

如果非要给苏报案定性，那么它首先是一个政治案件，这是公认的；其次它是一个司法个案，这也是公认的；再次，"司法的过程是一个复杂的权衡的过程"，[48]当司法和政治、外交、经济、文化等多种因素裹挟在一起时，处于历史关键节点上的苏报案因其内涵丰富而更值得研究，这也注定了苏报案超越了一般诉讼意义上的个案，在清末司法转型中及中国司法制度史上关键性个案的地位。

---

[43] 蔡元培：《读章氏所作〈邹容传〉》，载《蔡元培全集》（第 1 卷），中华书局 1984 年版，第 400 页。

[44] 1898 年 9 月 21 日戊戌政变发生，慈禧太后明令通缉康有为，以求就地正法。24 日，康有为逃到上海，英国领事派租界工部局秘书长濮兰德问其在京有无"杀人"和"进红丸就上"事，在得到否定的回答以后，濮兰德即以兵船将康有为藏匿起来。上海道台闻讯后，"追问英领事甚急。既知救在英船，派人来，则船主不准登船。上海道又派兵船二艘来，英人又派兵船二艘夹护之"，终于将康有为护送到香港。参见《康南海自编年谱》，中国近代史资料丛刊《戊戌变法》（第 4 册），第 163 页。

[45] 《光绪二十九年闰五月十一日兼湖广总督端方致福开森电》，同注 3，第 449 页。

[46] 《光绪二十九年闰五月十一日兼湖广总督端方致内阁大学士张之洞电》，同注 3，第 451 页。

[47] 《保护说》，载《申报》1903 年 7 月 9 日。

[48] 参见［美］卡多佐：《司法过程的性质》，商务印书馆 2000 年版，第 5 页。

第四章　苏报案与清末司法转型

　　任何事物的发展过程都是交织着各种矛盾和冲突的,清末司法转型也是如此。要别离传统,向司法的现代化跃进,在这一进程中必然有着不可预见的复杂性,充满着难以预测的矛盾关系,否则清末司法改革也无所谓中国法治进程中一场深刻的革命。当然,也正是这种种层层的矛盾冲突推动了清末的司法转型。因此,要探寻这一变革过程中的内在轨迹,进而揭示司法转型的基本规律,必然的举措是认识和辨析其中的矛盾关系,而揭示这一矛盾关系进入途径,本文选择的方式即前述提及的"事件路径"。

　　不可否认,"事件路径"的研究方式也属于"事件史"的研究,但更多的时候,"事件路径"的研究则把事件当作一扇窗,研究者希望透过它打量窗外的世界,即能够深入个案透视历史的变迁。在此,本文试图从清末司法转型的动因切入,提出"个案推动说",并从苏报案来看待司法主权与治外法权,通过对会审公廨窗口作用的透视,延续前文有关苏报案的学理反思,进而阐释苏报案作为个案在清末司法转型中的意义。

一、清末司法转型的动因分析

　　晚清司法转型是近代中国法治乃至社会变迁的一个重要方面,因此,对清末司法转型的动因考察,必须敞开视野,将其纳入近代中国社会整体变迁的宏观背景中,才能真正发现历史真实和逻辑结构。这种研究前提并不是凭空臆测的。从历史的角度来看,正是随着历史上西方列强的不断入侵和当时中国社会经济政治制度及社会结构的渐进变化,中国司法制度才开始迈入转型的艰难历程。由此,也产生了学界对中国近代社会变迁的两种典型分析范式。

(一)费正清的"冲击一反应"模式

　　前者以美国哈佛大学著名历史学家费正清为代表,提出的"冲击一反应"模式,强调要把 19 世纪以来中国社会内部所发生的种种变化看成是西方近代文明冲击和影响的历史性后果,主张在考察近现代中国社会变迁时,必须充分注意外来的影响。[489]

在《中国对西方的回应》(*China's Response to the West*)一书中,费正清对"冲击—反应"模式有初步的阐释:19 世纪中叶以前的中国的历史是皇朝的循环,中国的社会是一个自我平衡的社会。西方国家来到中国,对"停滞不前"的中国产生了冲击,面对冲击,中国做出了反应,中国的经济基础、社会结构、传统习惯到政治制度出现了改变,开始走向近代。在后来的研讨中,费正清对"冲击—反应"模式给出了深入解释,进一步强调在近代中国历史发展过程中在起主导作用的是正是西方的入侵和冲击。因为自 19 世纪以来,中国所面对的不是传统意义上被藐视的番夷之邦,而是完成了资本主义原始积累后强大的的西方国家,它们在政治、经济、文化、法治等方面都与当时的中国有着根本性差别。随着鸦片战争的不断胜利,这些国家对中国的征服也是不断加深。无论是为了应对西方的侵略,还是维护自己的发展,中国开始反应和回应,进而进行各种政治、经济乃至文化上的变革,以适应近代社会的发展形势。换言之,在这一历史过程中,西方扮演着主动的角色,中国则扮演着回应的角色。

一直以来,该模式被称为解释近代中国的"解释之典范"。这一学说也得到了西方学者的称道和响应。在《远东:西方冲击与东方回应之历史》一书中,作者继续费正清的观点论述到:"过去一百五十年,东亚一直是一场革命的舞台,这场革命的广度与深度很可能是史无前例的。它包括两个伟大的运动。第一个运动是西方文化生气勃勃地向中亚与东亚的古老传统社会全面扩展,这个运动从十九世纪初开始,通称'西方之冲击'。到二十世纪初,就政治权力而言,它几乎征服了整个亚洲……亚洲对西方冲击的回应,开始是软弱无力,步调参差,方向不明的。但是到第二次世界大战结束时,已是汹涌澎湃,势不可挡。"[490]

由此推论开去,包括司法在内的西方法治在中国广泛传播,也就成为推动中国司法由传统向近现代转型的主要力量。清末司法的现代化应该是西方法治文化荡涤的历史产物。但这一解释存在的缺陷是,我们无意抛开西方法治文化的冲击对近现代中国司法转型的影响,也确认这是中国近现代司法转型的前提之一,但是我们无法对西方外来因素冲击的影响程度做出恰当、合适、

---

[489] Ssn—yuTeng. John. K. Fairbank:*China's Response To The West—a documentary survey* 1839—1923, Harvard University Press Cambridge. 1954.

[490] Clyde and Beers, The Far East:*A History of Western Impact and the Eastern Re-spone* (1834—1965),Pren—tice— Hall,1966,p. 6.

合理的一种程度性评估，更不能随意抹去中国社会内部因素的作用，抹杀历史的主体性。

(二)柯文的"中国中心观"

后者以美国学者柯文为代表，主张要从中国社会内部的种种因素或条件中来把握或探寻近代中国社会变革的基本动因，进而提出了著名的"中国中心观"。[491]

柯文"中国中心观"可以概括为："19、20 世纪的中国历史有一种从 18 世纪和更早时期发展过来的内在的结构和趋向。若干塑造历史的极为重要的力量一直在发挥作用：前所未有的人口压力的增长与疆域的扩大，农村经济的商业化，社会各阶层在政治上遭受的挫折日增等等。呈现在我们眼前的并不是一个踏步不前，惰性十足的传统秩序，主要或只可能从无力与西方抗争的角度予以描述，而是一种活生生的历史情势，一种充满问题与紧张状态的局面，对这种局面无数的中国人正力图通过无数方法加以解决。……尽管中国的情境日益受到西方影响，这个社会的内在历史自始至终依然是中国的。"[492]

柯文的解释，将中国历史的中心放在"内部取向"的落脚点上，突出强调了从中国自身寻求变革的主要动力。可以插一句的就是，章炳麟、邹容等人包括《苏报》倡导的革命思想就应该属于这种社会内部结构产生的巨大力量。当然，柯文的视野是将王韬、康有为、梁启超、张之洞等晚清变革的诸元力量都囊括在内。按照他的理解，"中国中心观"不否认外来因素对中国历史发展的作用。"西方仍然占据重要地位，但对这种地位的理解，要比以前复杂得多，因为我们开始看到和西方打交道的并不是一个惰性十足的、被动的中国，而是一个长期以来自身经历着重要变化的中国，一个充满最基本的矛盾与冲突的中国"。[493] 柯文的分析模式，让我们看到了中国司法变革的主要力量来源于中国社会内部处在的处于变化状态的经济的、政治的和社会的条件，正是在这些因素的综合作用下，形成了中国司法转型的运动能力和改革方向。

柯文"中国中心观"理论中最有影响力的就是"沿海—内陆"模式。这一模式认为，沿海是中国一系列变化的开端，因为那里率先接受西方的影响，进而沿着由沿海到内陆进行影响。

---

④⑨① 参见［美］柯文：《在中国发现历史——中国中心观在美国的兴起》，林同奇译，中华书局 2002 年版。

④⑨② 同注 491，第 174 页。

④⑨③ 同上注，第 42 页。

在另一部著作《在传统与现代性之间——王韬与晚清改革》中，柯文写到："自 1842 年以后，沿海与内地的反差逐渐显著。西方人首先在中国沿海建立据点，后来又扩展到长江沿岸。在这些据点及周围地区，逐渐发展出一种文化：它在经济基础上是商业超过了农业；在行政和社会管理方面是现代性多于传统性；其思想倾向是西方的基督教压倒中国的儒学；它在全球倾向和事务方面更是外向而非内向。中国文化的重心仍然牢固地植根于内地。但随着时间的推移，沿海日益重要地成为内陆变革的促进因素，就像细菌学上的'酵母'一样。中国近代史上的一些重要人物都是新的河海文化的产物。"⑭应用这一模式，我们也可以解释后文关于"中国大地上的司法现代化进程始于租界"的观点。

（三）处于中间的"折衷说"

费正清与柯文的解释，可谓外发型和内生型的两种思路框架，后者晚于前者，建立于对前者的批判基础上，更为当下中国学者所接受。但也有学者指出，柯文的解释过于突出强调中国历史的主体性，一是没有认真分析现代世界发展的客观趋势，二是忽视了中国近代社会的具体发展。这种历史的复杂性要求历史学家将近代以来的中国历史看作是各种内外因素合力所推动的结果，进而催动相关研究从单向度往多向度发展，也即任何只持"西方中心"或只持"中国中心"的观念，都是片面的。⑮

于此，在这两种学说之间，还有一种折衷的表达，有代表性的如学者陈旭麓在《近代中国社会的新陈代谢》一书中提出的："中国近代是一个动态的、新陈代谢迅速的社会，中国近代社会的新陈代谢在很大程度上是由于接踵而来的外力冲击，又通过独特的社会机制由外来变为内在，推动民族冲突和阶级对抗，表现为一个又一个变革的浪头，迂回曲折地推陈出新。"⑯陈先生的观点指出中国的变革是内部因素和外来影响相互作用的历史产物，西方冲击是很重要的力量，但最终是通过内部复杂变量发生作用。依据这种理论解释中国近代司法的转型，更具有辩证性。既不夸大外在因素的影响，又不藐视内在因素的作用，有效地综合内外两方面的变量。可以说，这一学说，更符合晚清司法转型的复杂历史过程。

这种学说也被法学界认同，沈国琴在分析中国传统司法现代转型的背景

⑭　同注 491，第 217 页。
⑮　陈君静：《论柯文的"中国中心观"》，载《史学月刊》2002 年第 3 期。
⑯　陈旭麓：《近代中国社会的新陈代谢》，上海人民出版社 1992 年版，序言。

特点时就应用这样的分析思路,指出"中国传统司法现代转型的根本动力在于内部,但外部的因素也必不可少,这是这一转型过程的背景特点。而理解这一特点,对于理解晚清以来的司法现代化历程有着极为重要的意义。只有对此深刻地理解,才能理解中国传统司法为什么在晚清时期开始了现代化的道路,才能理解中国传统司法现代转型的必然性,才能理解从晚清到民国期间中国传统司法向现代转型包含的必然的发展趋势"。[497]

(四)本文的"个案推动说"

面对诸多的解释框架,学界也开始反思:"任何解释近代中国的模式在诠释的过程中都暴露出其局限性,全面而准确的解释则更显得力不从心,甚至是适得其反,乃至走到历史真相的反面。"[498]这实际上基于近代中国历史错综复杂性作出的一种意见,本文赞同这种意见。

的确,由于研究者各自的研究起点或者借助的理论支点不尽相同,使用哪一种范式,基于哪一种角度来分析近代中国转型的动因,并没有统一的尺度和标准,当然也不需要。从另一个角度说,研究者个人通过某一研究范式或者某一角度所得出的研究成果也不具有终极的意义。一个学术上的基本考量点就是,任何范式,其本身不需要规定或强调什么,它只是启发研究者的思想路向,特别是在拓展研究维度和避免落入先验性的窠臼上。对此,本文也提出"个案推动说"。

"个案推动说"强调中国法治进程,无论清末,还是当下,是由一个个具体的个案推动前进的。这种论说摆脱了从宏观层面讨论司法转型动因的纠缠不清,而落实到具体个案上,从微观层面入手,因为无论是变化着的政治、经济和社会因素,还是需要变革的法律和转型的司法,其落脚点都是实践中的个案。个案恰如一个个节点,勾连着历史的脉络,展现着历史的变迁,同时又承前启后,把旧的需要摈弃的和新的需要吸纳的都包含在内。

当然,我们不否认中国的司法转型在形式上是通过立法的形式来完成的,但实质上,包括法制在内的公共政策更迭,其内在的基础都是个案。从此角度,法律制度的变革或许更像催化剂,而不是决定性因素。也许,因为个案可以直接确定法律效力,"个案推动说"在英美法系判例法中的表现更加直观。在中国,也许只有通过某些具有较大影响力的个案来论说才能更具说服力,因

⑭⑰　沈国琴:《中国传统司法的现代转型》,中国政法大学出版社 2007 年版,第 236～237 页。

⑭⑱　韩秀桃:《司法独立与近代中国》,清华大学出版社 2003 年版,第 36 页。

为更多个案的作用是隐性的，或者细微的，即任意个案往往不具备显著的解释张力，只有在引入关键个案、系列个案、众多个案的时候，"个案推动说"的解释模式才能更具说服力。

在"个案推动说"的关注下，正是杨乃武与小白菜案、苏报案、黎王氏案、手推小车加捐案、巡捕房探员曹锡荣杀人案等众多个案的推动下，传统司法与现代司法的冲突步步展现，晚清司法转型的必要性层层显露，个案成为晚清司法转型的动因。

对此，有人会质疑"个案推动说"并非有效的学说，它实质上以作为载体的个案来回避清末司法转型的真正动因，没有真正追究清末司法转型的前提条件。对此，本文无意否认任何一种分析模式的提出及其实际运用，都必然包含着研究者自身学术视野中无法克服的限制性。但如若稍一转换思路进行考察，作为载体的个案何尝不是清末司法转型的动因呢？正是个案，作为承载着各种力量作用的场域，让内部因素和外部影响充分激烈地作用；同时，又是个案作为各种复杂因素综合作用的结果，引导大众和精英们从中反思和觉醒；最后，又是个案作为起点，引起和推动立法和司法变革。法治的衍化史，就是从个别调整发展到规范调整，进而实现二者有机结合的过程。⑭ 可以说，苏报案正是这样的个案。同时，这也正是后文论述苏报案在清末司法转型中的意义所在。

而在众多的个案中，苏报案绝不是一个孤立的事件，将其放在近代中国司法转型的全景中去观察，就会发现，它因集聚的众多元素，又可谓"关键性个案"。它通过传统司法与现代司法两者不同司法观念、制度和运作的对比，证实了清末司法转型的必然性，检验了布莱克、卡拉玛德雷等人的学说，又挑战和扩展了相关的理论，提出了"司法是一种变量之和"、"司法过程中的偶然性"、"中国大地上的司法现代化进程始于租界"、"个案推动说"等观点，将历史探究与学理探索融于个案，又超越个案。

二、从苏报案看司法主权与治外法权

研究清末司法转型，或者变法修律，一个绕不过去的节点就是治外法权的问题。这既与当时中国日益勃兴的主权思想有关，也与中国官员在内部治理

---

⑭ 参见公丕祥：《法制现代化的理论逻辑》，中国政法大学出版社 2003 年版，第 19～20 页。

中深受治外法权的掣肘有关。苏报案中，无论是外国舆论，还是外国政府，抑或租界当局，其主张不将苏报案诸人交清政府，是有着隐秘心思的，就是防范列强历年来辛苦攫取的治外法权因苏报案而被冲破一个缺口，这诚如张篁溪在《苏报案实录》所洞察的一样："工部局与西报何以反对将此案移交满清政府者。绝非维护苏报案中诸子，亦绝非主持公理，实则为各帝国主义国家之治外法权也。"⑤⑩对此，湖广总督端方也指出，外方在苏报案中拒绝引渡，实为"系争界内之权，非惜彼犯之命"。⑤⑪

（一）治外法权与领事裁判权

在当时，治外法权的概念常与领事裁判权混淆，甚至可以互换使用。沈家本对此解释为："领事裁判权，近代中国又称治外法权。海禁初开之时，因清朝统治者不知国际公法为何物，国人亦不知何为国际公法，故将二者混用。"⑤⑫但从普遍意义上来看，治外法权与领事裁判权却是不同的概念。

治外法权，英文为"Exterritoriality"，《牛津法律大词典》解释为"一定的人和房舍虽然处一国领土之内，但在法律上被认为是处于该国之外，因而不受当地法律的管辖，该原则适用外国君主、国家元首、外交使节和其他享有外交特权的人。这些外交特权包括：住所不可侵犯，民事和刑事管辖的豁免，免除受传作证的义务，不受治安规则和条例的约束，免纳地方捐税以及自由信仰宗教等等。该原则在较窄范围内也适用于在另一国领土上的访问军队以及在外国领水内的军舰和公有船舶。"⑤⑬

领事裁判权则是指"一国通过条约给予居住在该国的另一国臣民的贸易特权，特别是给予当地法院管辖的豁免权和由其本国法院对他们行使司法管辖权的特权。"⑤⑭这种特权典型的例子就是，自1536年起，奥斯曼苏丹给予了法国领事根据法国国内法在土耳其审理法国公民权利，并可要求苏丹的官员协助他们执行判决。此后，几乎所有欧洲国家都在土耳其获得了类似法国的

---

⑤⑩ 同注37，第383页。

⑤⑪ 《光绪二十九年七月初三日兼湖广总督端方致内阁大学士张之洞电》，同注3，第474页。

⑤⑫ 李贵连：《沈家本传》，法律出版社2000年版，第169页。

⑤⑬ ［英］戴维·沃克：《牛津法律大辞典》，北京社会与科技发展研究所组织翻译，光明日报出版社1988年版，第136页。

⑤⑭ 转引自赵晓耕：《试析治外法权与领事裁判权》，载《郑州大学学报》2005年第5期。

这种特权。⑤⑤ 领事裁判权的英文译为"Capitulations",现译为"Consular Jurisdiction"则是沿袭日本的译法。

显然,治外法权与领事裁判权是不同的概念,但清末民初的诸多表述中,包括本文探讨的苏报案中,所谓治外法权实际上指的是领事裁判权。

治外法权,以不损害国家领土主权为前提,依据的是"国家主权相互尊重"的原则,可谓是一种互惠原则,体现了国际公法上的平等关系,而领事裁判权则为一国单方面的优惠政策,依据的是不平等条约,"为破坏领土主权原则之例外。盖一国之领土主权,应完全行于本国;而领事裁判权者,一方面,使一国之领土权侵入他国领土之上;另一方面,又使他国之领土权受其侵入之限制",⑤⑥有违国际公法上的平等原则。这种违背,反映在司法上,就是对他国司法主权的践踏。

(二)列强在华攫取领事裁判权的过程

根据考证,西方国家早在鸦片战争前就有在中国获得领事裁判权的企图。当时,清朝政府对涉外案件的处理已经引起列强的不满,列强们认为中国司法没有公正而言,有的方面还很野蛮。对此,就有外国人基于中西司法文化的差异和彼此之间的难以理解,提出"东方之国家(如中国)其文明程度与西方的基督教国家迥然不同,尤以家族关系与刑事法规及司法等最为差异。英美人居彼邦自以适用己国法律与法庭管辖为宜"。⑤⑦

此后,随着中外民刑纠纷的不断增多,双方之间对司法判决的观点也日益分歧和扩大,"所有这些审讯、冲突和判决使西方国家相信,必须迫使中国人放弃涉及外国案件的司法权。而这一点正是中国人竭力坚持的"。⑤⑧

1840 年后,随着清政府在两次鸦片战争中的战败,列强开始向清政府试探获取领事裁判权的可能性。较早显示出攫取领事裁判权迹象的是道光二十

---

⑤⑤ 需要指出的是,当时土耳其接受领事裁判权是有特殊原因的。当时土国限制到该国的欧洲人必须居住于一定的区域,一切习惯,听任其自为风气,听任其自用本国法律。遇有诉讼事件,土国审判官概不受理,各由他国人民选出在土国最久者审判。日久事增,遂由领事兼理司法事项。而进一步的原因则是土耳其信奉回教,以可兰经为法律。但欧陆国家旅居土国之人民,并无法服从,土国便要求准其自行派领事管理审判。参见前注117,第 48 页。

⑤⑥ 梁敬錞:《在华领事裁判权论》,商务印书馆 1930 年版,第 1 页。

⑤⑦ 强磊:《论清代涉外案件的司法管辖》,辽宁大学出版社 1991 年版,第 184 页。

⑤⑧ [美]史景迁:《追寻现代中国:1600—1912 年的中国历史》,上海远东出版社 2005年版,第 145 页。

三年(1843 年)清政府与英国签订的《议定五口通商章程》,其中第 13 款规定:
"凡英商禀告华民者,必赴领事处投禀,候领事先行查察,勉力劝息,使不成讼。
如有华民赴英国官署控告英人者,领事均应听诉,一律劝息……遇有诉讼,不
能劝息,又不能将就,即移请华官,公同查明其事;既系实情,即应秉公办理。
英人如何科罪,由英国议定章程法律,令领事照办。华氏犯罪,应治以中国之
法律。"

现在看来,当时清政府签订该条款时,应该是没有真正认清领事裁判权的
概念,或许还认为此种方法还是避免肇生事端的办法,所以后来的《中美望厦
条约》和《中法黄埔条约》基本沿用了中英条约里有关领事裁判权的条款。此
后清政府与英法俄美等国分别签订的《天津条约》和《中英烟台条约》里则有更
具体的规定。在此前后,欧美各国,相继与中国订立商约,纷纷援引所谓"最惠
国待遇"条款,获得领事裁判权。⑨ 据统计,在近代中国享有领事裁判权的国
家共有 26 个,遍及欧美亚非四洲。⑩

领事裁判权的产生,固然有中国传统法律和司法残酷不仁给列强留下了
口实和清政府缺乏警惕等原因,其结果是清政府丧失了对外国侨民的司法管
辖权,司法主权的完整性和最高性不复存在,来华外国人得以利用此特权欺压
中国人,清政府却无法给予制裁。特别是随着中国主权的逐步沦丧,列强的司
法特权一步步肆意扩大,由最初的领事审判,到审判主体、适用对象方面逐步
扩大,观审、会审制度逐步成形,领事裁判机构的设立,远远超出了领事裁判权
的本意。特别是会审公廨的设立,被指为"与中国关系最密切,侵犯中国法权
最严重者,莫如会审公廨的成立。"⑪

苏报案发生的 1900 年前后,不仅中外涉讼案件由于适用不同的法律,往
往会造成各国领事对本国人的偏袒,"华民科罪,则虽重犹以为轻;洋人定案,
则极轻犹以为重",⑫引起了民众的强烈不满,而且外人将管辖权由人及地,进

---

⑨ 对于清朝官员接受领事裁判权的评判,不能简单地批判。就当时而言,早期的上
海租界不仅是华人足迹罕至的偏远地区,界内居住的华人也屈指可数;加上长期以来中国
官厅采取"华洋分局"的处置传统以及"化外人"的法律思维,选择麻烦最少的由外国人自
行处理纠纷是当时的首选。参见前注 117,第 59 页。
⑩ 对于在近代中国获得领事裁判权国家的数目,一般公认为 19 个国家,但据学者
李放的最新考证,共有 26 个国家在中国获得领事裁判权。参见李放:《试析近代取得在华
领事裁判权国家数目》,载《兰州学刊》2008 年第 5 期。
⑪ 同注 96,第 194 页。
⑫ 同注 499,第 243 页。

147

一步篡夺了租界领域的司法权。是时，美国来华特使顾盛盛气凌人地声称："美国政府应为美国人民要求在中国的治外法权权利，这不是要中国让与的问题，而是公认的国际法原则——就是说，像当时中国那样一个国家是没有资格主张一般的属地主权原则，以保持对其国境内外人的管辖权的。"[513]从法律特征来看，领事裁判权属于一种"属人权"，但是随着租界"国中之国"的建立，领事裁判权被扩展到"属地权"的境地，会审公廨的诉讼管辖权进一步扩张。

苏报案中，对于外方坚持案件在租界会审公廨审理这一践踏中国司法主权的现实，有舆论哀叹："呜呼！政府亦既知其权力之不能及于租界矣，不胜其愤怒之私必欲弥刈数人为快，乃不惜低首下心请命，求援于外人……夫竭狮子博兔之全力以求一泄其区区之忿，卒之损失国权、侮辱国体，纵自取辱而小忿卒不可得而泄。"[514]对这一丧权辱国的交涉抓捕行为，表示叹息。

可以说，纵观会审公廨的发展史，肆意的权力扩张已经逐渐成为外人的一种惯例，正如郭泰纳夫描述的那样，外国人超越章程的权力行使"完成了一种在其他任何国家的立法史上无可比拟的不成文法"。[515] 1902 年《上海租界权限章程》第 2 条直接规定："两造皆为华人，与外人无涉之刑事案件，及关于界内华人之政治犯案件，必须由犯罪地界内之会审公堂受理。"所以，工部局与清廷达成协议，要求苏报案犯在租界审理，可谓是事有因出，有"据"可循。

（三）苏报案中收回治外法权的期待与努力

需要指出的是，苏报案中，涉案的清政府官员特别注意研究西律，曾经专门提出延请精通西律的修订法律大臣伍廷芳出面参与案件处理的想法，[516]并尽量以现有条约为基础来进行各种交涉，试图赢得外国人的同意，并维护国家主权。"查英美条约均载有通商各口中国犯罪人民潜匿各该国船中房屋，一经中国官员照会，领事官即行交出，不得袒庇。是匿在船房之内尚应交出，岂有在口岸地方转行干预。况洋泾浜设官章程，又复详载明确。此等重犯，与洋人无干，应交中国地方官审办。两国交涉，惟凭约章，虽公法亦为所限，"认为"今领事工部局实不应违背约章干预"，[517]但工部局对此毫不理会，直接以"此

---

[513] ［美］威罗贝：《外人在华特权和利益》，王绍坊译，三联书店 1957 年版，第 343 页。

[514] 《南党狱》，载《新民丛报》第 35 号。

[515] 同注 276，第 88 页。

[516] "切闻伍大臣廷芳西律最熟，曾充香港律师，为西人所重，如蒙奏派，当可接洽。"参见《光绪二十九年六月初六日知府金鼎致兼湖广总督端方电》，同注 3，第 425 页。

[517] 《光绪二十九年六月初六日兼湖广总督端方致内阁大学士张之洞电》，同注 3，第 471 页。

租界事,当于租界治之,为保障租界内居民生命自由起见,决不可不维持吾外人之治外法权"[518]来拒绝。

同样,驻美公使梁诚试图根据相关条约要求美国支持移交苏报案的被关押者,但美国方面认为条约不适用,而应当是尊重之前达成的司法解决机制,"经过充分研究,国务院的意见是您提出的 1958 年条约的第 18 款不适用。我们不认为能够批准或者同意交出当事人,抑或干预已经达成的正常司法程序(指在会审公廨审讯),如被判有罪,应当在租界执行……我们的态度是一种不干涉一个已经达成的司法程序,我们希望这样做的结果是能维护法律。"[519]

通过工部局肆无忌惮的拒绝和美国政府道貌岸然的照会,我们可以看出,列强已经将外国势力在中国把持审判看成一种常态,认为是维护法律和自身利益的必然措施,相应地,清政府在司法主权上的努力必然是徒劳失败的。

司法权是以国家主权为依据的国家管辖权的重要组成部分,这是当代国际法所奉行的一个基本原则,即便是 19 世纪或更早期的国际法也是明确承认的。但是,列强从未将当时的中国视为平等的主体对待。所以,试图通过外交途径来引渡苏报案被关押者是异常困难的。

不过,以张之洞为首的清政府官员并未放弃努力,甚至有借此收回领事裁判权的期望。一方面,他们依据条约,要求苏报案交清政府处理,"按中英条约……若在中国境内,虽系租界,其中国人民仍应归中国管辖,故遍查条约并无租界交犯章程。"[520]另一方面,他们又试图以苏报案为突破口,收回部分司法主权,为以后类似事件的处理提供方便。张之洞直接指出:"我能趁此极力争回此项治权,将来再有缉拿匪犯之事,便易措手。利害所关甚巨,所包甚广,其有益尚不仅此六犯一案也。"[521]端方致魏光焘的电报中对此事的利害关系阐述得更为具体:"此次上海各领知大体、顾大局,而工部局硬欲干预此案,竟欲以上海租界作为外国之地,有意占权,万难迁就。历年工部局遇事侵我主权,不遵条约。闻此次洋人私议,虑中国向公使及其外部理争,一经揭破,恐工部局攘夺之权,从此消减。可见外人亦自知理屈,能趁此次争回此项治权,将来再有

---

⑱　同注 37,第 380 页。

⑲　1903 年 8 月 21 日美国国务卿海·约翰与清政府驻美公使梁诚的通话备忘录,同注 114。

⑳　《光绪二十九年闰五月二十七日内阁大学士张之洞致兼湖广总督端方电》,同注 3,第 427 页。

㉑　《光绪二十九年闰五月二十七日内阁大学士张之洞致兼湖广总督端方电》,同注 3,第 428 页。

缉拿匪犯之事,便易措手。利害所关甚巨,所包甚广,其有益不仅此一案。"⑫由此也可见,工部局之所以坚定拒绝引渡的立场,是从自身的利益出发的,一旦工部局历年攘夺之权从此减削,就会进而影响其在华领事裁判权等一系列权利。

晚清中国的司法制度本来已经千疮百孔,危机重重,中外条约下的领事裁判权问题更是加重了这种危机。对于领事裁判权带来的危害,清朝官员也逐渐有了认识,沈家本在清末法律改革的纲领性文件《删除律例内重法折》中,就表达了通过司法改革收回治外法权实现司法主权统一的希望:"中国之重法,西人每訾为不仁,其旅居中国者皆借口于此,不受中国之约束……方今改订商约,英、美、日、葡四国,均允中国修订法律,首先收回治外法权,实变法自强之枢纽。"⑬类似的观点,伍廷芳也有提出:"中西交涉,时闻涉讼,而西人向无遵我法律者,中西会审,屡费周张,此时欲收回治外法权,终未能旦夕解决",因此,"中国改良律例,慎重法庭,自是切要之问题也。"⑭

苏报案中,即便在引渡无望的情形下,在万般无奈的"监禁免死"方案上,清朝的官员仍寄希望该案能够从宏观层面上对清政府的司法主权有所裨益。张之洞在给端方的电报中称:"上海交犯事,前因虑各国不肯交还,致永失主权,故拟退让一步商办(指'监禁免死'方案),冀易就范。"⑮端方也多次指出:"此时此案若能照尊(指张之洞)电办理,现正可争回主权。"⑯"拟以监禁免死之法,商令务令六犯交出,由我自办。此正转为争回主权计。非鄙意不欲重办此六犯业。"⑰由此也可以看出,清朝官员在追求一味严惩的同时,也不忘对司法主权的维护。当然,这很大程度上是对领事裁判权的深深痛恨引发的。

司法主权在国际关系中,特别是一个国家独立自主的意义上,都是非常重要的。"夫国家者,主权所在也,法权所在,即主权所在……中国通商以来,即

---

⑫ 《光绪二十九年闰五月二十八日兼湖广总督端方致两江总督魏光焘电》,同注3,第469页。

⑬ 张国华、李贵连:《沈家本年谱初编》,北京大学出版社1989年版,第87～88页。

⑭ 伍廷芳:《中华民国图治刍议》,商务印书馆1915年版,第11页。

⑮ 《光绪二十九年七月十六日上海道袁树勋致兼湖广总督端方电》,同注3,第436页。

⑯ 《光绪二十九年七月十五日兼湖广总督端方致内阁大学士张之洞电》,同注3,第477页。

⑰ 《光绪二十九年七月十五日兼湖广总督端方致上海道袁树勋电》,同注3,第477页。

ASSISTANT SECRETARY,

AUG 31 1903

Chinese Legation,
Washington.

DEPARTMENT OF STATE

Secretary of State,
SEP 1 1903

9.5 AM 1903

CLERK'S OFFICE 15.

RECEIVED

August 24, 1903.

FILED

Sir:

I have the honor to acknowledge the receipt of your note of the 19th instant, relative to China's requisition for the surrender of the six Chinese subjects arrested in the Foreign Settlement at Shanghai charged with sedition.

I take pleasure in noting your assurance that the United States Government will give no support or protection to treasonable schemes of Chinese subjects, and that this case will not, so far as the United States Government is concerned, be regarded as affording any precedent or excuse for the shelter of treason and conspiracy against the Chinese Government in the Settlement. This highly valued assurance from the United States Government will, I am sure, be gratifying to my Government.

Accept, Sir, the renewed assurances of my highest consideration.

Chentung Liangcheng

Honorable Alvey A. Adee,

Acting Secretary of State.

1903 年 8 月 24 日清政府驻美公使梁诚致美国国务卿的信函

许各国领事自行审判，始不过以彼法治其民，继渐以彼法治华民，而吾之法权日削……治外法权不能收回，恐治内法权亦不可得而自保矣。"[528]这就无怪于沈家本、伍廷芳等中国司法改革的有识之士反复提出司法主权的重要性，这实际上也是挽救民族危机，谋求司法主权，进而从法律上获得政权的国际尊重而产生的深远考虑。

"国家既有独立体统，即有独立法权，法权向随领地以为范围。各国通例，惟君主大统领，公使之家属从官，及经承认之军队、军舰有治外法权，其余侨居本国之人民，悉遵本国法律之管辖，所谓属地主义是也。独对于我国借口司法制度未能完善，予领事以裁判之权，英规于前，德踵于后，日本更大开法院于祖宗发祥之地，主权日削，后患方长。此鉴于时局不能不改也。"[529]尽管表述存在差异，也许司法主权的含义对于张之洞、端方等晚清政策的制定者而言并不能完全理解，有时只是作为一种权利来附带争取，但这种力争却在无意中开启了维护国家司法独立之门，这一点毋庸置疑。

而从当时整个清末法治变革的背景来看，司法主权观念的确定使得收回领事裁判权成为清朝政府上下的集体呼声，并将收回领事裁判权作为清末司法改革首要原则："臣等奉命修订法律，本以收回治外法权为宗旨……将来颁布新律，可以推行无阻。"[530]"中国政府所注意之外交问题，其中最为青年所最重视者，莫如治外法权之撤废。"[531]由此可见，收回领事裁判权，成为清末司法改革的一个基本要求，也成为很长一段时间当时政府努力的强烈愿望。这就无怪于有现代学者提出，基于治外法权对司法主权的危害极大，所以自清末开始，一应法制变革和司法改革几乎都打上了收回治外法权的烙印，司法改革的宗旨也自然而然地聚焦于收回治外法权上。[532]

苏报案中，清政府对治外法权收回的想法为外方所洞察，也为律师所知晓。被告律师在辩护中就以治外法权来告诫法庭必须公正处理案件，否则必然要给清方废除治外法权的借口。"我们知道在极少国家存在治外法权，即使

---

[528] 故宫博物院明清档案部编：《清末筹备立宪档案史料》（下册），中华书局 1979 年版，第 823 页。

[529] 故宫博物院明清档案部编：《清末筹备立宪档案史料》（下册），中华书局 1979 年版，第 846 页。

[530] （清）朱寿朋：《光绪朝东华录》（第 4 册），中华书局 1958 年版，第 5413～5414 页。

[531] 王健：《西法东渐——外国人与中国法的近代变革》，中国政法大学出版社 2001 年版，第 273 页。

[532] 张仁善：《论中国近代司法文化发展的多层面冲突》，载《法学家》2005 年第 2 期。

是在存在过治外法权的日本，最近也获得了审理有关外国人和日本人案件的完整权力。自从治外法权确立之后，中国一直极力想废除它，将自己置身于可以对本国港口范围内的国民实施司法权的独立国家的行列。我们知道根据最近协商的条约，中国将来有可能废除治外法权，但这能否实现，还要看各国对它的满意程度，即它的法庭是否公正，是否能够和愿意根据证据给予每个诉讼当事人以公正。正如我所说的，现在本案吸引了各国的注意力，这是幸运，也是不幸。"[533]辩护律师的这番言论，试图通过治外法权的去留来"胁迫"会审公廨来公正处理苏报案。

或许是明晓外方惯常是通过个案扩大治外法权形成先例，变本加厉侵犯清政府司法主权的手法，即便是受制于外方对苏报案的掌控情形下，清方仍不断坚持声明苏报案不能成为以后被援引，成为外人扩张司法权力的先例。袁树勋在案件判决前拟定的四条办法中就包括："讯结后，详禀到院，请一面申斥沪道，一面照会领袖，此案在沪讯结，本属不合，以后不能援例。"[534]魏光焘在给外务部有关苏报案的总结性电文中也不忘指出："所有上海县此次改定堂谕，理合录折详祈咨请外务部照会驻京各国公使，切实声明此系格外通融办法，后不援以为例。日后遇有华人违犯中国刑律，务当遵照两国约章各归各办。其租界会审案件，务按洋泾浜设官章程，秉公遵办，毋得稍岐，抑界内或有不法之徒，适以妨害政治两有所损，务请严饬驻沪各领事，以后悉遵照天津条约、洋径浜设官章程，一体遵守，中外幸甚。"[535]

苏报案中，不排除清政府官员有收回领事裁判权，以严惩苏报案诸人，甚至为以后处理类似案件提供方便的现实考量，但能通过现实中棘手的实例清醒头脑，进一步增强维护司法主权的意识，更加坚定收回领事裁判权的信念，应该是苏报案在司法转型过程中的首要意义之一。

三、从苏报案看会审公廨的窗口作用

"峨峨公廨压江滩，绝少威仪似汉官。楼阁不似商贾宅，独标旗杆插云

㉝　同注198。

㉞　《光绪二十九年十月初八日上海道袁树勋致兼湖广总督端方电》，同注3，第437页。

㉟　《光绪三十年五月初十日南洋大臣魏光焘致外务部咨文》，同注4。

端。"㉟这是清人葛元煦描写会审公廨的诗作。

的确，相对中国传统地方官厅的"威仪"，会审公廨无疑是相对无力的。在这段时间(指 1869—1911 年)，上海租界不见砍头，也逐渐没有了苔杖，至辛亥革命前只剩下徒刑、"劳役"和枷刑；会审公廨法庭没有了刑具，少了肃杀之气，只剩下言语的对辩；谳员及外籍陪审官没有了衙役喊着"威武"所形塑的"官威"，只剩下通过判决书所宣示的裁判。但一个显而易见的事实是：租界得到了有效的治理，华民面对诸多纠纷时，很容易将会审公廨视为一个解决问题的有效机构。同时，虽然会审公廨仍然保持着一定的传统色彩以及极力平靖地方勿生事端的心态，租界华民面对的却是一个截然不同于传统衙门的官厅。

剖析会审公廨，特别是其诉讼制度，让我们看到了一个愈来愈接近于现代法庭的诉讼架构、律师制度、诉讼程序、证据制度以及若干细节流露出的司法文明，这为包括诉讼制度改革在内的中国近代司法转型植入了引导性力量。有意思的是，上述的这些司法元素在苏报案中都有深刻的体现，再加上新闻舆论的广泛传播，使得苏报案成为国人管窥和接近现代司法制度的一个窗口。

(一)展示了现代法庭的诉讼架构

苏报案中，由于主导审判的领事翟理斯和双方代理律师都来自英美法系国家，庭审现场所应用和展示的诉讼架构也几乎和现代英美法系沿用的当事人主义审判结构一致。所谓当事人主义，又称诉讼的对抗制。这种审判方式强调双方当事人在诉讼中的主体地位和诉讼作用，审判活动依据控诉方和被告方的主张和举证进行，而审判机关则处于居中公断的地位。㊲ 在这种架构下，双方当事人法律地位和诉讼手段平等，法官是相对被动的仲裁者。这两点都和中国传统司法有所区别。中国传统司法和法律，都非常强调等级制度，这是传统社会严格等级制度的体现。

根据现代司法理念，合理的诉讼构造必须体现控辩平等对抗的原则。诉讼的前提是控诉与被指控的双方存在"诉争"，因而形成双方的对抗格局。因此，诉讼的科学程序要求控诉与辩护双方在形式上应保持平等对抗的格局，这是保证诉讼客观、公正的前提。如果控、辩双方在形式上明显一方优越而另一方处于极为劣势的地位，就有使诉讼在实质上变成行政程序的危险，程序公正就无从谈起，案件的处理就很难保证质量。

㊱　(清)葛元煦：《上海繁昌记》，载《近代中国史料丛刊》(第 3 编第 42 辑)，上海出版社，第 112 页。

㊲　龙宗智：《刑事庭审制度研究》，中国政法大学出版社 2001 年版，第 96 页。

因此，在苏报案中，在会审公廨面前，民众眼中仰视的清朝政府只能以平等诉讼主体的身份来起诉章、邹等人，这是当时的中国民众不敢想象的，因为在传统中国司法裁判中根本不成问题的"诉讼主体"的疑问，被赤裸裸地搬上了法庭，成为最重要的看点。其所呈现的，绝非仅仅谁是原告的问题，更是帝国形象乃至传统皇权身份差等的解构。而一旦走上法庭，皇权与政府则被进一步去神圣化，皇权对于司法的影响则愈加式微。所以，清政府与其臣民成为平等法律地位的行为主体，对民众法律意识，特别是权利平等意识造成的冲击是可想而知的。另一方面，作为法官的翟理斯在庭审中更多的是将对抗活动交给双方当事人来推动和完成，自己则是被动裁断。这和中国当时的实情又完全不同，"中国没有出现过独立的司法机构或法学。县令集警察、起诉人、辩护律师、法医、法官、陪审团的职责于一身"。⑤㊳ 在这种体制下，庭审官员的作用被充分强调，他担当了一种全能型司法角色，没有其他的权力与之抗衡，表现出一种独断性权力。这种诉讼架构，日本学者滋贺秀三概括为"父母官型诉讼"，是一种法官指挥，当事人服从的上下等级结构，与欧洲的"竞技型诉讼"是一种对极。⑤㊴ 在审判衙门内，主审官就案件的具体情节，讯问当事人。主审官讯问的目的，在于通过询问了解案情、掌握事实。当事人就主审官所问，就其所知，加以回答。

而对于当事人来讲，则完全处于司法权所指向的客体地位，当事人进入诉讼之前存在的对抗性利益，也正是因为这种利益双方进入到诉讼程序，但是传统司法程序并没有为这种对抗性利益设置程序。他们"在诉讼中的活动主要是形成供述和招供。但招供的过程并不是事实认定的过程，而是通过结论必须由被告自己承认来防止法官的专断"。⑤㊵ 换言之，当事人的任务，只是将自己亲身体认的与案件有关的事实向主审官说明，配合司法权主体完成诉讼过程，以求得主审官代表国家与法律，为自己作主。至于对事实的最终认定，尤其是对于与案件相关的法律条款的理解和适用，那是主审官的任务，其他人不得参与。⑤㊶ 双方当事人在审判活动中的作用，较英美法系当事人主义诉讼中

⑤㊳ ［美］兰比尔·沃拉：《中国：前现代化的阵痛——1800 年至今的历史》，靳海林译，辽宁人民出版社 1985 年版，第 26 页。

⑤㊴ 参见［日］滋贺秀三：《中国法文化的考察》，载滋贺秀三等：《明清时期的民事审判和民事契约》，王亚新等译，法律出版社 1998 年版，第 1～18 页。

⑤㊵ 同注 329，第 58 页。

⑤㊶ 徐家力：《中华民国律师制度史》，中国政法大学出版社 1998 年版，第 27 页。

的当事人，显出一种压抑和虚无的倾向。

（二）展示了现代法庭的律师制度

中国传统司法活动中只有讼师而无律师。讼师，是采取书面主义和收益者负担原则的诉讼制度本身带来的必然性，[52]但他们在传统的司法活动中往往是不足挂齿的一类群体，恰如费孝通在谈到乡土社会中诉讼观念的问题时，所指出的那样："在乡土社会，一说起'讼师'，大家就会联想到'挑拨是非'之类的恶行。"[53]大众对于讼师的这种鄙视，显然并不是一种乡土社会中才独有的观念，而是一种社会共有意识形态的产物，更体现在中国历代严格的官方规制中。

追求无讼是中国古代司法制度重要的价值取向之一，讼师的代理活动恰恰与统治者的追求礼让、息事宁人的无讼观念相违背，所以历代统治者都严禁讼师活动，认为他们"以是为非，以非为是，是非无度"，是"挑词架讼、搬弄是非"之徒。不仅对讼师控制司法诉讼的状况感到不安，更在法律上设专条予以打击，如《唐律》将"教唆词讼"明文定为犯罪，使百姓不知讼、不会讼，以达到息讼目的。《大清律例》规定了"教唆词讼"罪，且对于撰造刻印传授诉讼的书，"照淫词小说例，杖一百、流三千里"。同时，讼师没有法定的权利，既不能在诉状上署名，也不能直接参与诉讼，属于"地下"职业。这种不被国家认可的境地也决定了他们的社会地位低下。[54]另外，清末的诉讼构造中，官员全能型的角色，虽然也"允许当事人在法庭上展开辩护，也允许当事人请辩护人或者代理人出庭"，[55]但很多时候，传统中国司法程序完全由"父母官"主导，无参与性可言。双方当事人只是被审讯的对象，是司法权主体维护社会秩序所涉及的客体而已，在法律适用和事实认定中并没有辩护权，有罪与无罪或者罪重与罪轻，往往全凭主审官发落与裁断。因此，辩护职能也就没有存在的余地，律师制度也就无从产生。

但是，在苏报案中，不仅开了华人双造各聘洋律师出场的先例，而且清朝政府也主动延请了律师。这充分说明了律师制度在近代中国成为一种法治的

---

[52]　［日］滋贺秀三等著：《明清时期的民事审判与民间契约》，王亚新等译，法律出版社 1998 年版，第 418 页。

[53]　费孝通：《乡土中国》，北京大学出版社 1998 年版，第 54 页。

[54]　朱良好：《黑暗中的被放逐者——传统诉讼文化中的讼师地位考》，载《理论界》2006 年第 9 期。

[55]　张晋藩：《中国司法制度史》，人民法院出版社 2004 年版，第 486 页。

需要品。时人也指出："中国自与各国通商以来，于交易一端，华人往往有受亏情事，历年来能稍与之抗理者，全恃有律师得为华人秉公申诉。"⁵⁴⁶赞扬律师对当事人权益维护的作用，而只要稍一细读苏报案中双方律师的辩护，就会发现他们对当事人利益认真维护的职业精神。律师的进入，改变了中国封建法庭的审判程序，改变了过去只判不审，或者只审无辩的传统做法，对于防止审判的偏颇，约束法官的独断专横，增加裁判的公正性，保护当事人的合法权益，都有一定的积极意义。特别是在刑事诉讼中，面对强大的以国家为背景的检控方，犯罪嫌疑人或被告人更需要精通法律的律师来维护他们的权益。

再看苏报案，无论是中文《申报》刊登的《会讯革命党案》、《再讯革命党案》、《三讯革命党案》，还是外文《字林西报》连续刊登 *SUPAO SEDITION TRIAL*，其中的相当部分内容都是双方律师的"唇枪舌剑"。可以说，正是双方律师的表现，才推动了庭审的进行，限定了法官对法律原则和司法程序的遵守，而被告律师对证据制度和言论自由原则的应用，则使得被告避免了被动，赢得了在法庭对峙上的优势。而在更深刻的层面，"捉拿审判两名罪犯，还要朝廷出面，向会审公廨起诉、告状，而会审公廨在名义上属于中国的司法机构，也就是由中央政府向自己的下属机构告发几位臣民，请求下属机构对几位臣民定罪量刑……聘请律师辩护，实际上是对有'讼棍'之嫌的律师加以肯定，这又是对《大清律例》的否定。"⁵⁴⁷换言之，这是对晚清司法转型的又一刺激。从另一方面，也使国人对律师制度有了切身体会。严复在抨击中国传统审判方式的基础上，就发出"夫泰西之所以能刑讯而情得者，非徒司法折狱之有术，而无情者不得尽其辞也，有辩护律师，有公听之助理，抵瑕蹈隙，曲正旁搜，盖数听之余，其狱之情，靡不得者"⁵⁴⁸的感叹，主张摈弃刑讯逼供，倡导律师辩护制度。具体到苏报案中，"后来，由于社会舆论的大力推动和苏报案审理过程中律师辩护作用的凸显，律师辩护的制度和观念在清末开始逐步流行。"⁵⁴⁹

---

⑤⑥　孙慧敏：《建立一个高尚的职业：近代上海律师业的兴起与顿挫》，台湾大学历史研究所博士学位论文，2002 年。

⑤⑦　徐家力、吴运浩编：《中国律师制度史》，中国政法大学出版社 2000 年版，第 44～45 页。

⑤⑧　《中国法律思想史资料选编》，法律出版社 1983 年版，第 859 页。

⑤⑨　徐中煜：《清末新闻、出版案件研究（1900—1911）——以"苏报案"为中心》，上海古籍出版社 2010 年版，第 61 页。

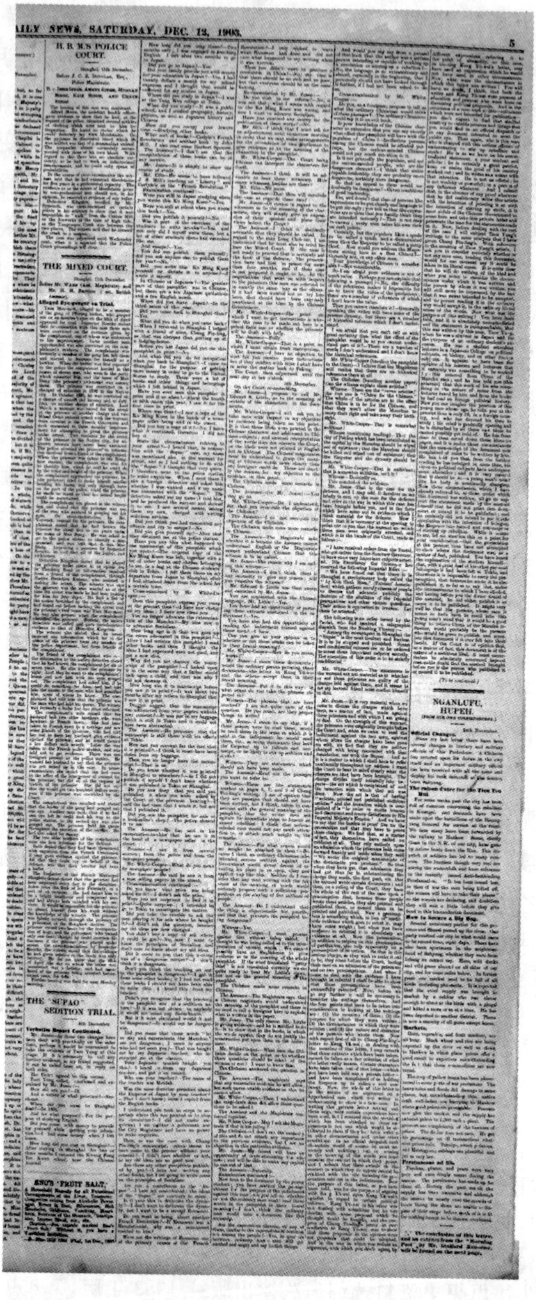
AILY NEWS, SATURDAY, DEC. 12, 1903. 5

H. B. M.'S POLICE COURT.

THE MIXED COURT.

THE "SUPAO" SEDITION TRIAL.

NGANLUFU, HUPEH.

ENO'S 'FRUIT SALT.'

《字林西报》关于苏报案的庭审记录 *SUPAO SEDITION TRIAL*

(三)展示了现代法庭的程序制度

在很多学者看来,中国传统的全能型司法是一种"没有法定程序只有威武程式"的司法,随意性很大。这与中国传统法律之中形式主义要素的十分稀薄密切相关。这种缺失对程序法的妨碍是不言而喻的,不仅在中国历史上没有出现形式意义上的有关独立程序的具体性法律规范,诉讼法夹杂在实体法之中,更使得实践中的司法审判过于强调个案判决的实质公正,忽视程序正义的独立价值。

为了案件的妥善解决,兼管司法的行政官可以毫无顾忌地离开程序,直接凭着个人理性和道德情感去主持"个案正义",甚至可以运用包括刑讯逼供在内的一切手段。这样,"滥用司法审判权力成为中国传统司法审判的一个结构性问题"。⑤⑩ 同时,从前面有关中国传统司法架构的陈述中,我们亦可以看出当事人在司法过程中,往往处于一种客体的地位,只能被动听从司法官的安排,不能向法官提出程序上的要求。⑤⑪ 而近代西方司法追求正当的司法程序,提出"程序的实质是管理和决定的非人情化,其一切布置都是为了限制恣意、专断和过度的裁量。"⑤⑫这也是正义的基本要求。正当程序从历史来看,就是起源于刑事诉讼必须采取正当的起诉方式并保障被告接受陪审裁判的权利。⑤⑬ 后来扩大了其适用范围,意味着广义上剥夺某个人利益时必须保障他享有被告知(notice)和陈述自己意见并得到倾听(hearing)的权利,这也成为英美法系国家人权保障的根本原则。

苏报案中对刑事诉讼程序制度的遵循体现在多方面。比如辩护与控诉双方形式上的平等性,使得诉讼整体构造保持了平衡;现代律师制度的引入,就是刑事诉讼程序民主化和科学化的标志之一;对证人的询问,则有相当的现代交叉询问制度的影子。同时两位证人分别站在对立的立场上,保证了诉讼的平等原则。苏报案中,有预审程序和审判程序。预审程序中,被告辩护律师提出了延期审理的要求,这得到了主审官员的认可。审判程序中,有相对完整的开庭、法庭调查、法庭辩论、合议等程序。其中,被告诉讼代理人的发问、双方

---

⑤⑩ 徐忠明:《晚清法制改革的逻辑与意义》,载《法律史论集》(第 2 卷),法律出版社1998 年版,

⑤⑪ 同注 497,第 34～35 页。

⑤⑫ 同注 329,第 57 页。

⑤⑬ [日]谷口安平:《程序的正义与诉讼》,王亚新等译,中国政法大学出版社,1996 年版,第 4 页。

律师的法庭辩论都占据了较长时间。这也与两者在程序中的重要性有关。并且，整个审判过程是公开透明的，这从同时期的新闻报道就可看出，符合审判的公开原则。相比之下，类似的沈荩案则是秘密的。

当然，苏报案展现的现代法庭的程序制度还有许多和传统司法的程序不一，这也引发了清末司法改革对刑事诉讼程序重要性的反省。此后，不仅《各级审判厅试办章程》在中国司法史上第一次提出根据案件的性质划分为民事诉讼和刑事诉讼，而且沈家本在附有《刑事诉讼律》的奏折中，更是论证了刑事司法程序正义的重要性："刑律不善，不足以害良民；刑事诉讼律不备，即良民亦罹其害。"[54]

（四）展示了现代法庭的证据制度

刑事诉讼中，作为定罪量刑所依据的事实、情节，都是用证据来证实的，任何当事人一方提出的诉讼主张，都要有合法有效的证据来支持，故证据素有诉讼中"无冕之王"之称。中国传统司法对证据相当重视，但这种重视有着严重的诟病之处，一是刑讯逼供成为正当和合法。正如亨利诺曼所说："中国有一套刑讯逼供的理论依据，否则就是不公平，尽管他们远未遵守。根据中国的法律，任何犯人都不受刑讯逼供，除非他承认自己有罪。因此，必须首先证明犯人是有罪的，然后才能刑讯逼供，直至犯人对衙门给他们定的罪供认不讳为止。你越是对这种逻辑进行思考，你就越觉得这种逻辑非常奇怪。"[55]且刑讯逼供往往成为官方的"合法伤害权"，"依法拷讯，邂逅致死，或因受刑之后因他病而死者，均照邂逅致死律论"。[56] 二是异常重视口头证据。其中，被告人口供又是最重要的一种，口供被称为"证据之王"，是定案的关键。清律规定："凡狱囚，鞫问明白，追勘完备，一审录无冤，依律议拟，法司复勘定议奏闻。""凡狱囚，徒流死罪，各唤本囚及其家属，具告所断罪名，仍责取囚服辩文状。如不服者，听其自行辩理。"可见口供是结案的必需条件。否则，其他证据再充足，也不得结案。当然，也有学者从中国传统司法重情理依推断来说明"证据是在促使被告认罪这一意义上使用的，因此，司法官不必受复杂的证据法限制"。[57]

但是，在苏报案中，一者清朝政府不能刑讯逼供，张晋藩教授就指出："以

---

[54] 张晋藩：《中国法律的传统与近代转型》，法律出版社 1997 年版，第 458 页。

[55] 参见[英]吉伯特·威尔士、亨利·诺曼：《龙旗下的臣民——近代中国礼俗与社会》，刘一君等译，光明日报出版社 2000 年版，第 257 页。

[56] 《大清律例·断狱·故禁故勘平人》。

[57] 同注 329，第 58 页。

《苏报》案来说,如果不是在会审公廨中,而是在清朝的衙门里,审判官根本不会让章炳麟辩解'载湉小丑'中的'小丑'二字本作'类'字或'小孩子'之解,而是早就动用大刑,逼他招供同谋的'逆党。'"[558]二者外籍陪审并不认可口头证据,当时的会审公廨较注重人证、物证,将这些客观证据作为判决的依据。事实上,在被捕后的第一次审讯时,很可能是事前与律师没有深入地沟通,章炳麟、邹容均承认自己是《驳康书》和《革命军》的作者,据此清政府方面认定章、邹已经认罪,因此要求交出苏报案被关押者。这给律师的辩护带来很大的不利,章、邹在预审时的表现也使主张保护苏报案被关押者的英国方面很无奈,称他们是"狂热的殉道者","他们在预审时的表现使所有挽救他们的努力都变成徒劳。"[559]这种情况下,律师采取的辩护策略是坚持原告承担举证责任,即政府指控的写作、印刷和出版是一个整体罪名,原告要指控,必须形成完整的证据链,即只具备写作不构成犯罪,因此章炳麟、邹容的供词中都竭力撇清印刷出版与自己有关。琼斯也坚持:"第一,所行之事;第二,何人印刷,此系最要关键,请政府律师指出印刷真凭,方可谓章、邹实有扰乱人心之意。"[560]同时,辩护律师还反复强调"前堂各供不能作据","凡有教化之国,案须得有真凭实据,方可定谳,若无凭据,即无罪名","章、邹只认著书,未认印书,今已在押数月,应请堂上开释"。[561] 此时,清朝官员原先窃窃自喜的口供证据证明力完全失效,汪懋琨提出的"前堂章、邹已供认,此案自应即照华例办理"[562]的要求更未得到理睬。

此外,在会审公廨对苏报案的审理中还展示了诸多现代法庭司法文明的细节。中国传统司法体制中的"连坐"、"下跪"等落后体现的制度,最初也被要求在苏报案的审理中出现,但最终在会审公廨中都没有得到施行。这是现代司法文明的最基本体现,也是对当事人的最基本尊重。

(五)中国司法现代化始于会审公廨

会审公廨生成于 19 世纪的上海租界,由于植入了"外国人会同审理"的变因,加之外方会审权力的不断扩张,这个原本属于传统中国衙门的机关,被迫成为两种不同司法文化交战和融合的场域。对于会审公廨,国人的心情是复

---

[558] 同注 545,第 475 页。
[559] 1903 年 8 月 11 日焘讷里致英国外交大臣蓝斯唐的信函,同注 254。
[560] 同注 196。
[561] 同注 186。
[562] 同上注。

杂的。一方面,它是中国司法主权沦丧的象征,暴露了外人干涉中国主权的实质,另一方面,它的司法制度和运作很多属于资产阶级的革命成果,与清朝固有司法相比,无疑具有进步性,可谓兼具"耻辱标志和文明窗口"的意义。在传统与现代的关键时点上,会审公廨呈现的现代司法形象,为中国民众提供了一个衡量中西司法优劣的一个窗口,因而具有重要的时代意义。对此,我们无意为会审公廨涂脂抹粉,但客观上却无法回避会审公廨对近代司法转型的作用。

有学者专门研究指出,会审公廨不仅积极实行租界的有效管理,保证社会秩序的稳定,在财产保护方面,会审公廨也起到了有效的作用。当时会审公廨审理很多抵押、租赁、买卖等案件,其中较大一部分是因合同的不履行或不完全履行而发生的合同纠纷,而会审公廨则比较重视契约的作用,判决大多严格依据合同条款判被告履行或赔偿损失。虽然会审公廨的判决表面看起来很严,但"正是这种重视契约的处置,在观念上对从事商品经营的华人起了潜移默化的作用",⑤⑥③有利于社会进步。

扩大开来再解构小小的苏报案,我们就能发现其中的诸多意味,再对照王立民先生"中国大地上的法制现代化进程始于租界"⑤⑥④学说,借鉴柯文的"沿海—内陆"模式,本文提出,中国大地上的司法现代化进程始于租界,因为租界大多数是沿海(江)地域,正是在那里,由于特殊的政治生态、法律环境、社会思潮,国人率先接触西方的司法文明,最早接受了西方的现代司法,开始反思传统司法,进而寻求变迁和改革。于大众来讲,则逐渐养成了租界华民的"法律习惯","历经英人熏蒸陶育之余,知识与程度虽犹是陋劣不可名状,服从法律习惯则已较胜内地。例如民国开幕,国内始有形式的司法衙门,而诉讼案之孰为刑事,孰为民事,执以问之普通国民,瞠目结舌不知所对者,十必八九也。若租界居民则虽妇人孺子,亦均知命盗斗殴应向捕房控告,钱债人事应向会审公廨控告。于民、刑性质,颇能辨别了解"。⑤⑥⑤

更具体一点的话,中国大地上的司法现代化进程应该始于会审公廨。会审公廨,作为当时承载租界现代法制化的重要场所,历史上的跨度时间之长,处理案件之多,远远超过领事法庭等其他司法机构,被认为"会审公廨的实际

---

⑤⑥③ 马长林:《晚清涉外法权的一个怪物——上海公共租界会审公廨剖析》,载《档案与历史》1988 年第 4 期。

⑤⑥④ 参见王立民:《中国的租界与法制现代化:以上海、天津和汉口的租界为例》,载《中国法学》2008 年第 3 期。

⑤⑥⑤ 姚公鹤:《上海闲话》,上海古籍出版社 1989 年版,第 46 页。

影响,不知比其他法庭高出多少倍"。⑤⑥⑥ 这在客观上无疑对近代接受西方司法观念和现代审判方式起到极大的推动作用。虽然这种推动于清末司法转型可以称之为一种被动,但律师辩护制度的引入,庭审中双方的交叉质证,有力地纠正了传统司法审判的某些弊端,也在一定意义上改变了传统的诉讼模式;包括重视客观证据,慎用刑讯制度以及对司法程序的遵守,有效地保障了司法的公正性。正是会审公廨这些与传统审判机构不同的点点滴滴,预示着中国司法进步的方向。正是通过会审公廨,西方较为进步的司法制度,包括现代的法规结构、现代的法制语言、现代的审判制度、现代的律师制度,⑤⑥⑦就像细菌学上的"酵母"一样逐步渗透、影响到中国。这些影响表现在起诉、取证、审讯、辩护、判决等诸多方面,其中最重要的包括不滥用刑讯、慎用减轻肉刑及允许律师出庭辩护三个方面,⑤⑥⑧这也是会审公廨窗口作用的最直接和最深刻体现。

当然,我们也必须承认,会审公廨虽然对中国司法的近代化起到了极大的推动作用和启蒙意义,其影响仍然是相对有限的。现代意义上文明的司法体系不是一朝一夕能够建立的,会审公廨作为一个基层司法机构难以承载完全的历史重负。诚如科恩所言:"各大条约口岸西方化的花花世界及其变革的趋向,始终不过是浮在中国社会和传统深刻激流之上的飘零物,只有当中国内地开始觉醒之时,真正的变革才会到来。"⑤⑥⑨

四、苏报案在清末司法转型中的意义

"近代中国的历史,即人民现在认为在那里发生过的事情,是充满了争论的。一些重大的事件已经被人民所了解,但对于他们存在的意义却存在争议。"⑤⑦⑩费正清的论断,几乎完全适用对苏报案的理解。按照费氏的解释,出现争议的原因一是由于普遍存在的历史无知状态,二是由于把历史事件参与者分割开来的巨大的精神文化鸿沟。这种现象,在苏报案的研究中也同样出现。

---

⑤⑥⑥　同注 117,第 57 页。

⑤⑥⑦　同注 564。

⑤⑥⑧　参见前注 545,第 474~475 页。

⑤⑥⑨　[美]吉尔伯特·罗兹曼:《中国的现代化》,国家社会科学基金"比较现代化"课题组译,江苏人民出版社 2003 年版,第 39 页。

⑤⑦⑩　[美]费正清编:《剑桥中国晚清史(1800—1911 年)(上卷)》,中国社会科学出版社 1975 年版,第 1 页。

（一）对苏报案的传统理解及批评

长久以来,在政治正确的价值观要求下,苏报案被理解为清政府与帝国主义相互勾结,联手镇压新兴革命的一个事件,被写进了中国近代史和革命史的教科书。对于苏报案中庭审这一环节,则描述为"在会审公堂上,两位革命志士,精神焕发,铁骨铮铮,据理驳斥中外反动派妄加的罪名"。⑤⑪ 会审公廨对章、邹则是"非法审讯,借以打击革命党人。"⑤⑫对于清政府向会审公廨提起诉讼,则认为实质是"官怕洋人,清政府在帝国主义面前束手无策,不惜侮辱国体,自己当原告,向帝国主义设在中国的法庭去控告自己管辖的百姓。"⑤⑬还有的书解释为:"全国人民对于清政府勾结帝国主义逮捕章太炎、邹容一案,都非常愤慨,一致激烈反对。英美帝国主义国家一方面害怕中国人民的反对,另一方面,为了巩固他们在租界内继续审判案件的司法特权,没有接受清政府的要求。"⑤⑭这些解释,单一化了苏报案,遮蔽了历史的真相。

即便单纯从法律角度考察,清政府亟欲惩治苏报案诸人的诉求未必全无合理性。一个很简单的道理,即使按照"国际惯例",一国政府对公开在媒体上鼓吹杀人的血腥言论也完全可以制约。清政府的法治理念的确落后,但即使是用当时最文明的言论自由标准衡量,章炳麟和邹容也是有罪的,只不过在中西两个法律系统里,其罪行轻重不一而已。而若进一步反思,正是这种革命式的描述和政治式的话语,阻断了以往从苏报案探寻清末司法改革的可能性。而本文的整个研究中,则着重从苏报案来探讨这场被称之为革命性的司法改革,以呈现帝国司法的黄昏和现代司法转型的必然,这是全文论证的中心,这也是本文突破传统苏报案研究的切口。

（二）苏报案引发的碰撞与反思

必须承认,就目前检索的文献来看,尚未发现从苏报案直接提出司法改革或司法转型的奏折、电文等档案。但根据前文提出的"个案推动说",我们可以清晰梳理出,前文的探讨几乎都是围绕苏报案在清末司法转型中的意义展开的。特别是上述从苏报案透视出的传统司法与现代司法两者截然不同司法观念、制度和运作的对比,为寻求苏报案在晚清司法转型中的意义埋下了伏笔和

---

⑤⑪　马英贞:《中国革命史简编》,北京医科大学、中国协和医科大学联合出版社 1991 年版,第 34 页。

⑤⑫　岳山:《邹容》,上海人民出版社 1982 年版,第 40～42 页。

⑤⑬　隗瀛涛:《邹容》,江苏人民出版社 1982 年版,第 55～56 页。

⑤⑭　章回、包村等编:《上海近百年革命史话》,上海人民出版社 1963 年版,第 65 页。

前提，所以，本文在史料收集的过程中并没有刻意去寻找所谓的直接证据。

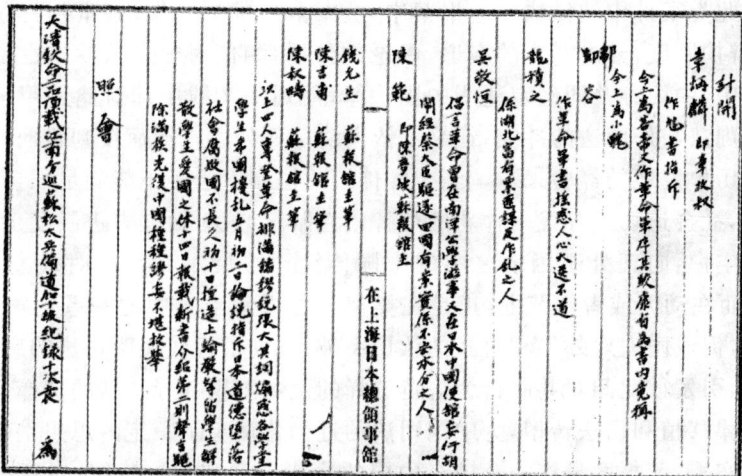

上海道台袁树勋致日本驻上海总领事馆的照会

正是在苏报案的这种对比中，不同司法观念、制度和运作因各自价值体系对立而发生的碰撞，淋漓尽致地展现在我们眼前。一般说来，这种碰撞总是要反映司法的差异或优劣。通过这种差异的对峙及其冲突碰撞，人们又会自觉或不自觉地进行比较鉴别，为司法的改革、改善、新设计和选择理念和制度基础，其结果必然导致司法制度的转型。而从司法制度转型本身观察，司法观念、制度和运作的冲突不仅是司法观念思维的对抗，更是不同规范和制度的较量。这种不同规范和制度的差异及其较量，是引发司法观念思维对抗的直接根据和前提，也是促使司法演进转型的根本原因。

中西近代司法观念、制度和运作是在西方列强殖民侵略扩张的背景下展开，呈现出一方相对落后然而极端保守而另一方相对先进并竭力渗透的持久碰撞态势。冲突的结果是，封闭排外保守且具有较强内聚力的中国封建司法体系逐渐解体，晚清司法呈现出半殖民地化的历史烙印，而西方先进的司法制度开始为中国社会所继受。⑤⑥ 这种继受体现在起诉、取证、审讯、辩护、判决、执行等诸多方面，如清末卓尔哲案和马嘉理案，因为外国领事的会同审理，中

---

⑤⑥ 参见张培田：《中西近代法文化冲突》，中国广播电视出版社 1994 年版，第 4～5 页。

国官员在判决中最后都将外国法律作为参照使用，⑯甚至最后还专门发文要求遵循此类案件中的做法。苏报案中，全案西式的诉讼架构、审判程序、证据制度、辩护制度，经过媒体的报道，舆论的传播，相信对公众的冲击也是很大。苏报案中，中西方共同确定适用中国法律，但司法实践中却对此适用困难，带来了国内法与外国法的冲突，最终不依大清律例处以重刑而仅判轻刑。

从历史发展的经验来看，"当中国传统司法制度已经不能满足社会发展的要求时，社会迫切地寻找一种新的可替代性制度，这时西方先进制度正好弥补了这一空白，向正处于困境之中的中国传统司法展示其符合时代发展的一面。"⑰而在动因或者细节上，正是在类似于苏报案个案中的一系列司法冲突和碰撞，促成国人对外界和自我的认识突破，推动了近代文明司法的启蒙和传播，从而引发彼此间对共同行为规范选择的优劣鉴别并导致新的选择，促进晚清的法律移植和司法转型，为中国司法的近代化奠定了一定的思想基础。

事实上，苏报案最终完全摈弃中国的法律条文和司法传统，对章、邹二人适用英国刑法中"煽动性诽谤罪"这一普通诽谤罪的轻罪予以惩处，实质上完全是特殊地域中不自觉地在个案上对西方法律的移植。而从普遍的层面上，正是一系列个案，随着国人的自省，清末司法转型已经成为国民和社会的一种需要。此处可以以当年的一则报道佐证。1890 年 3 月有人在《申报》发表文章以比较中西司法制度时指出："今观于外国刑司讯案，无论事之大小，情之轻重，必延状师逐层辩驳，遍传见证，随时质对……故未定罪之先，既无滥刑，已定罪之后，亦无酷刑。"这比我国传统司法的"未定罪之先，飞索以垅，锐意刑

---

⑯ 参见张德美：《探索与抉择——晚清法律移植研究》，清华大学出版社 2003 年版，264～268 页。卓尔哲案：英籍印度人卓尔哲与耶松船厂木工王阿然发生争吵，竟以双铳枪击毙王阿然。经交涉，卓尔哲被处绞刑，英国领事、警务长官、会审公廨会审官及署上海知县朱凤梯等在场监督执行。该案之中，根据《大清律例》有关故意杀人的规定，卓尔哲应当处以斩刑，但考虑到英国并无骈首之文，最终考虑以英国的绞刑方式执行死刑。这个案例中，初步显示出当时中国对国外法律的参照使用。马嘉理案又称"云南事件"。1875 年 2 月英国驻华使馆翻译马嘉理，擅自带领一支英军由缅甸闯入云南，开枪打死中国居民。当地人民奋起抵抗，打死马嘉理，把侵略军赶出云南。英国借此事件，强迫清政府签订了《烟台条约》。在马嘉理案的处理中，清方根据犯罪嫌疑人的口供拟照定例科罪，但是英方对中方提供的证据提出质疑，认为供证虽按中国律例，可作为定罪之据，若按英国例法评议，仍以难称信谳。如将前项人犯治罪，英国未能视为允协，转恐更滋疑虑，对此，鉴于英方提出的处理方式，特别是英国证据制度，李鸿章以为："中英律例既殊、办法亦异，似应据情权宜拟结"，最后还是认同了英方的意见。

⑰ 同注 497，第 237 页。

求"要进步得多。⑦

这样的解释兴许有点抽象，这样的例证兴许有点单薄，但要从苏报案上来寻求其在清末司法转型中的意义似乎是个案的"不能承受之重"，同时我们也不具备这样的法律基础。我国是成文法国家，司法改革和转型往往是通过立法的形式展现和达到的。这从清末司法改革广泛立法的数量可见一斑。同样，晚清对司法机关、司法制度的改革都是通过法律的变革实现的。相反，英美法系可以通过判例来达到改革的目标，所以个案推动英美法治进程的实例就不胜枚举，如"马伯里诉麦迪逊案"、"《纽约时报》公司诉萨利文案"、"焚烧国旗案"、"米兰达诉亚利桑那州案"等等。

不过，我们必须澄清的是，正是一个个类似苏报案的个案推进，才移动了中国传统司法沉重而腐朽的架构。这也是"个案推动说"的体现所在。比如，领事裁判权对苏报案被关押者的袒护，让张之洞等司法改革派大为光火，"领事裁判权对清朝法制的破坏，成为采纳西法以改革中法的最直接原因"，⑦而苏报案的交涉棘手、引渡困难、判决艰辛，量刑未能所愿，延请外国律师，都让清朝政府感到难堪和冲击，势必会促进清末司法改革的步伐。同时媒体关于苏报案连篇累牍的报道、大众茶余饭后的闲谈，也有力地促进了现代司法理念的传播与启蒙。

这是透过个案不易观察，却又是至关重要的个案效应，这一诠释并不是夸大，当下的法治生活中，很大程度上，不也是依赖诸多里程碑式的个案推动法治进程的吗？依靠具有制度意义、较大社会影响的诉讼，引起立法和司法变革，引起公共政策的改变，检验法治原则，影响公众法治观念，促进公民权利保障的吗？

(三)西方因素对司法转型的作用方式

探讨苏报案在清末司法转型中的意义，还有一个可以拓展的问题，即西方因素对清末司法转型的作用方式。

对于清末司法转型的认识，一个普遍的共识就是西方列强在中国的作用是复杂的。形象地说，他们既是拦路打劫的强盗，又是前行引路的先生。这一分析是恰当且准确的。于前者，苏报案中，列强为了维护自身的领事裁判权以

---

⑦　转引自洪佳期：《上海公共租界会审公廨研究》，华东政法大学博士学位论文，2005 年，第 156 页。

⑦　李贵连：《中国法律近代化简论》，载李贵连：《近代中国法制与法学》，北京大学出版社 2002 年版，第 5 页。

及租界的其他权利不被干涉，粗暴地践踏中国司法主权，强硬地要求苏报案必须在会审公廨进行审理和判决。尽管最终的判决在客观上保障了章、邹等人的权益，但我们要辩证地看待动机和结果。另外，值得补充的是，章、邹在监狱中惨遭毒打、罚作苦工都证明了列强对他们并非真正的保护。会审公廨中，作为法官的英领事翟理斯更是盛气凌人，大权独揽，置中方审判官员于不顾，完全超越相关不平等条约。最终结果也完全和"查西律，不过二三年"的预想设计完全一致，不能不说这是列强对司法的操纵，对中国内政和司法的凌辱。于后者，会审公廨如同一面镜子。就浅层，它展现了中西司法在仪式、程序、制度和理念上的差别和冲突；就深层，它反射出世界另一端的另外一种司法文化，它们与中国传统的司法精神相去甚远，给国人以冲击，推动国人的自觉进步，去寻求、整合和建设近现代的司法理念、制度和文化。

需要明确的是，一方面，这种冲击是非强迫的，往往借助文化浸润的形式，"帝国主义和殖民主义不仅仅是枪炮、商品和各种侵略行为，它还是一个文化的过程，一个需要被征服人民自愿去接受的霸权工程"。[580] 正如前文所指出的那样，正是这一系列的司法冲突和碰撞，促成国人对外界和自我的认识突破，推动了近代文明司法的启蒙和传播，从而引发彼此间对共同行为规范选择的优劣鉴别并导致新的选择，促进晚清的法律移植和司法转型。

比如，在会审公廨经历华洋诉讼后，时人耳濡目染这种异质的诉讼方式，往往感触颇多。1902 年 10 月，《申报》上有议者撰文指出，中国"听断之宜改有三端，曰除刑讯、设陪审官、用律师。西官听讯，有问官、有陪审官、有律师，各有权限，莫能相越。问官有定谳之权，陪审官有稽查之权，律师有辩驳之权，官有律师，两造亦各有律师，皆剖析至当。"[581]一篇文章，自行提出了中国传统司法制度改革的方向，可谓民众意识权利层面的深刻反思和有效探索。

---

⑤⑧⓪　［美］何亚伟：《英国的课业：19 世纪中国的帝国主义教程》，刘天路等译，社会科学文献出版社 2007 年版，封底。

⑤⑧①　《改再行律例议·续昨稿》，载《申报》1902 年 10 月 3 日。

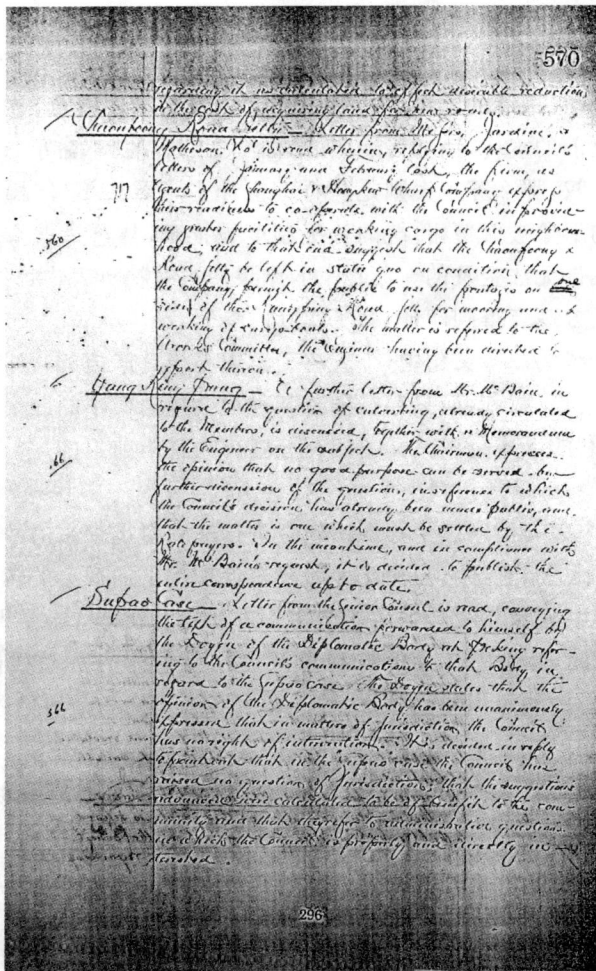

工部局有关苏报案的讨论记录

另一方面，这种冲击是巨大的。正是在苏报案等具体个案的冲击下，晚清修律和司法改革从个别性调整迈向了普遍性的规范调整，也即前文提到的法治的衍化史，就是从个别调整发展到规范调整，进而实现二者有机结合的过程。这样的多层面分析，或许可以稍微解释费正清"冲击—反应"模式的一些缺陷。因为任何外来的"冲击"不论是正面的还是负面的，只是外部条件和催化剂，只有通过中国内部因素的整合才能产生作用，推动中国司法的变迁和发展。

(四)苏报案对国民权利观的影响

在另一个层面，孙中山所谓苏报案使得"民气为之大壮"不仅有革命的意味，还有一种民众权利意识得到确认和普及的内涵。

苏报案中，清政府必须以诉讼的方式，通过平等当事人的身份才能追究臣民的刑事责任，且最终的结果出人意料。这在传统国民的意识中是不可想象的。如果说以前的宣传，诸如谭嗣同的《仁学》，邹容的《革命军》只是从语言和思想上抨击君权，那么苏报案则是从行动上冲击了君权不可侵犯的信条。君主高高在上的形象被颠覆，传统的等级制度被推翻，从这一点来说，苏报案的影响是其他案件无法企及的。苏报案的结果使当时精英人物宣传的"民主、自由、平等"等西方观点得到印证，有了实际的参照。⑱

在中国传统的法律文化中，个人权利意识是极其淡薄的，个人也不存在西方式的超然的自主权利，而只存在随着某种社会境遇而不断改变的相对权利。并且，个人权利的形式是以其义务的充分履行为基本前提的，个人权利缺乏应有的独立性。⑱当审判和判决传播至社会上时，可以想象民众对自身权利的醒悟，特别是个人与国家以平等诉讼地位进行法庭对抗带来的冲击，而一旦形成强劲的权利思潮，它必然会深深地印嵌在近现代中国社会的转型过程之中。"毫无疑问，权利现象是社会生活的产物。权利的发展与社会的发展处于统一进程中。"⑱因此，诉讼中传播的权利意识在社会主体的心理结构中，作为动机，作为调节行为的意识冲动，必然推动着大众去架构一个与之适应的权利社会。

这种解释，虽然表达于抽象的文字之间，却是一个实实在在的必然发生的历史过程。晚清修律和司法转型，正是一个从否认民权向有条件承认民权的转变。在沈家本等人的倡导下，包括天赋人权等内容的近代西方法律精神也逐渐渗透到晚清法治变革的过程中。而在广阔的层面，乃至今天，司法的转型，需要器物层面的制度，更需要权利意识觉醒这样的精神灵魂，这也是司法现代化的精神枢纽。因为"法治秩序的建立不能单靠制定若干法律条文和设立若干法庭，重要的还得看人民怎样去应用这些设备。更进一步，在社会结构和思想观念上还得先有一番改革。"⑱

---

⑱　周松：《从苏报案看晚清司法现代化》，载《法史学刊》（第 2 卷），中国社会科学文献出版社 2008 年版。

⑱　参见陈弘毅：《权利的兴起：对几种文化的比较研究》，载《外国法译评》1996 年第4 期。

⑱　同注 499，第 264 页。

⑱　同注 543，第 58 页。

日本外务省藏《清国革命煽动者捕缚文件》内页

于苏报案而言，该案显然是会审公廨突破传统思维，确保自由、人权的裁判结果，这也是为什么孙中山先生特地标举苏报案鼓舞革命的原因之一。"从华方的角度，我们实不能忽略，这些通过会审公廨所呈现的西方法治原则或自由、人权的思想……不能不承认其对传统法律文化思想质变带来的启发作用。"⑤⑧⑥

从苏报案来管窥清末司法转型，固然不排除作为"关键性个案"而预先挑选的成分，但显然，集聚众多司法元素的苏报案绝不是一个孤立的事件，将其放在近代中国司法转型的全景中去聚焦，是有着合理和必然的选择性的。苏报案，是当时司法观念、制度和运作冲突的结果，也是当时司法观念、制度和运作碰撞的反映，是对传统法观念、制度和运作的批判，更是对近现代司法观念、制度和运作的召唤。

---

⑤⑧⑥　同注 117，第 212 页。

结 语

　　1903 年,是平凡的一年。这一年,被形容为"晚清如一张老化的旧唱片,虽已五音不全,唱针却还在上面划拉着那最后的几圈沟纹。"[587]

　　1903 年,又是不平凡的一年。这一年,因苏报案的发生,被认定为晚清政治思潮由改良主义向激进主义转变的分水岭,"没有 1903 年革命排满思潮狂飙突起,就没有 1905 年百川归海,汇合成全国范围的资产阶级革命运动。"[588]尔后的历史教科书中,苏报案被视为反帝反封建的典型历史事件,苏报案的两位主角章炳麟和邹容则不约而同被尊为革命的先行者,更多的影视戏剧文学作品更是将《苏报》及其背后的人员刻画成无所畏惧的斗士形象。

一、历史的必然性

　　但是,作为事件后半场中一直未出现的陈范,对这段历史却往往不愿提及,"苏报案中,拿办六人,除章邹入狱外,余四人,或逃或避,惟陈梦坡虽逃而受祸最酷,苏报馆产业被没收,儿子失踪,家破人亡"。[589] 从现代人的思维来看,当年的陈范其实大可振臂一呼,借助苏报一案,顺势而上,成为革命领袖,不过,从现在发现的史料来看,陈范在避居日本期间,一直是比较消沉的,"顾君乃暗淡沉默,不习突梯擎楹之技,叫嚣与脂韦两非所擅。慕君名者,方各印一时牵之态度于脑镜,欲一见为快。既见,乃恂恂如老师宿儒,几疑此不类倡言革命者,久之益相忘。于是益贫困,无以自给。"[590]究其原因,很大程度上应该是同陈范于苏报案而言是被动卷入的因素有关。当然,若不是钱宝仁假冒

---

　　[587]　程文超:《1903,前夜的涌动》,山东教育出版社 2002 年版,小引,第 1 页。

　　[588]　章开沅:《论 1903 年江浙知识界的觉醒》,载《江汉论坛》,1981 年第 3 期。

　　[589]　蒋维乔:《中国教育会之回忆》,中国史学会编:《辛亥革命》(第 1 册),上海人民出版社 1957 年版,第 495 页。

　　[590]　同注 47。

孙中山这个偶然性的因素，[591]苏报案则很可能就不会发生，也不会有今天的相关研究。

那么，果真是如此么？一个值得深思的问题是，一旦我们深入考察1903年、《苏报》、上海、清末司法、清末社会等众多决定性因素，我们就会发现，包括苏报案和清末司法转型的历史发生和发展更多的是一种必然。[592]

（一）必然发生的苏报案

1903年上海苏报案的发生，除了偶然性因素，当1903年、上海、《苏报》这三个因素聚集在一起的时候，其发生更多是一种必然。

1. 苏报案的发生，与1903年这个特殊的年份有着密切的关系。按照李泽厚先生对中国近代史的划分，1903年是中国进入20世纪，迈向1905年途中的一个重要年份。[593] 这一观点也得到了学界的广泛认可。章开沅教授就曾指出："在辛亥革命的编年史学上，癸卯年（1903年）是很值得重视的一年。"[594]李新先生更是直接指出："1903年，对于中国资产阶级领导的反清革命来说，是一个极为重要的年头。在这一年里，充满了惊心动魄而有瑰丽壮观的事件。"[595]而细分下来，1903年中发生的若干重大事件都与苏报案有所关联。

年初，以留日学生的爱国斗争和国内"学界风潮"为开端，之后规模宏大的拒法运动和抗俄运动。作为与《苏报》社一体的中国教育会和爱国学社，一直是上述事件在国内的领导中心，推动着革命的发展方向。此后横空出世的《革命军》更是发出了只有革命才能救中国的疾呼呐喊，而《革命军》与《苏报》的关系自然更不用说。苏报案发生后，沈荩被清政府处死，"于是全国舆论愈激昂，

---

[591]　章士钊后来回忆此事时，说"梦坡之愚陋如此，驯至促成革命史中一轰轰烈烈之事迹，恍若鬼使神差而为之。又若钱宝仁不骗人，《苏报》未必有案者然。古称天下无信史，盖宇宙茫茫，史迹之类是者，谅亦伙亦，何独至于梦坡而疑之哉？"参见前注60，第389页。

[592]　这种必然，恰如孟德斯鸠在《罗马盛衰原因论》中精妙的论断："倘若一场败仗，这样一个偶然的因素就可以毁灭一个国家的话，那么就应该存在着一个必然的因素，决定这个国家不得不去打这场致命的战争。"参见［法］孟德斯鸠：《罗马盛衰原因论》，婉玲译，商务印书馆1995年版，第76页。

[593]　参见李泽厚：《中国近代思想史论》，天津社会科学院出版社2003年版，第262～286页。

[594]　同注589。

[595]　李新：《中华民国史》（第1编），中华书局1981年版，第151页。

而热血愈腾涌,鞑虏一致反对满洲,来势汹汹而不可遏止"。⑤⑥ 再后来,孙中山提出的"驱逐鞑虏,恢复中华,建立民国,平均地权"的口号,都能由苏报案来贯穿衔接,这也就不难理解苏报案发生在 1903 年的必然。

2. 苏报案的发生,与当时上海,特别是公共租界特殊的政治生态,尤其是宽松的言论自由环境密切相关。是时,公共租界作为外人实际统治的领域,漫行着西方标榜的民主、自由、平等等价值观点和政治学说,这无论于维新党人还是革命党人所追求或宣扬的,都是相当一致的。况且,当时改革的矛头是直指清朝政府而非租界当局,宽松和保护这些新的政治势力,不仅不会陷入麻烦的境地,还可以在一定程度上转移矛盾,化解当时的反帝情绪。加之义和团运动之后,列强更加同情主张变法、不支持对列强宣战的光绪皇帝,而对积极支持利用义和团对抗列强的慈禧太后产生出极为抵触和不满的情绪,以至于不时采取不合作的态度,给予维新党人和革命党人以庇护,公共租界就成为当时各界人士从事政治活动的理想地点。正如蔡元培所指出的那样:"盖自戊戌政变后,黄遵宪逗留上海,北京政府欲逮之,而租界议会以保护国事犯自任,不果逮。自是人人视上海为北京政府权力所不能及之地。演说会之所以成立,《革命军》《驳康有为政见书》之所以能出版,皆出于此。"⑤⑦

苏报案中,特别是前期,租界当局允许《苏报》诸人在租界内进行革命传播活动,有时还在一定程度上"保护"他们,包括最后减轻清政府试图加于他们的迫害,一是从其自身利益出发的,二是由其母国的政治制度、文化传统决定,受自己民族的价值观念支配的。章炳麟、邹容宣传反清革命,直呼皇帝名字,这在当时中国封建刑律来看,是杀头的重罪,但在英、美诸国看来,这并不算什么特别大的过错。另外,租界中长期缺少新闻法规也使得《苏报》等媒体客观上获得较多新闻自由。苏报案发生后,工部局鉴于实际中外交涉及中国政治势力以媒体作为斗争武器等考虑,曾经有过制定新闻出版法规的考虑。1903 年7 月,工部局专门致函北京公使团,提出将"工部局有权检查管理租界内的华文报纸列入地皮章程附则第 34 款"。⑤⑧ 由此也可见,租界的言论环境虽比较宽松,但也存在一定的限度。不过无论怎样,毋庸置疑的是,租界特殊的环境

---

⑤⑥ 黄中黄:《沈荩》,中国史学会编:《辛亥革命》(第 1 册),上海人民出版社 1957 年版,第 285 页。

⑤⑦ 蔡元培:《读章氏所作〈邹容〉传》,载蔡元培:《蔡元培全集》(第 1 卷),中华书局1984 年版,第 400 页。

⑤⑧ 同注 89,第 977 页。

是影响苏报案发生、发展、结局的重要外因。

3. 苏报案的发生,与《苏报》有着必然的关系。学者周佳荣概括指出:"此案虽以《苏报》为名,实则是清政府对上海激烈排满活动的一次总决算,举凡张园演说、爱国学社、拒俄运动、《苏报》及邹容的《革命军》、章炳麟的《驳康有为书》等,均在压制之列……其实《苏报》与上述各样都有密切关系,也可以说是将这些活动结连在一起的中枢刊物,所以总称此次事件为'苏报案',仍是十分恰当的。"[599]

当时上海的诸多报纸,为什么偏偏是《苏报》呢?这在很大程度上是由于《苏报》、爱国学社、中国教育会"三位一体"的形态决定的,即报纸背后有学会,学会背后有学校。这是近代中国构建公共领域的一种形态,此前维新派的强学会如此,此后革命派的同盟会亦是如此。这种形态既涉及教育,鼓动学潮,参与政治,又能发出声音,引领舆论,发挥媒体在政治斗争中的工具性作用。所以,当革命思潮与维新思想决裂之后,《苏报》必然在章士钊、蔡元培等人组织下"持激进主义……冒天下之大不韪,而于万籁无声之中陡发此天空大震之霹雳"。[600] 反过来,《苏报》傲立在疾呼革命排满的最前线,不是偶然的,它的舆论背后有组织,有人员,在上海租界特殊环境的掩护下,已经形成了一个对统治有威胁的体制外力量。[601] 在这种情况下,清朝政府要严厉追究《苏报》及其背后的力量则是必然中的必然。

(二)必然发生清末司法转型

"如同一切宏大的历史,偶然事件的背后,一定是必然的逻辑在作用。大清帝国不是因为甲午海战才腐朽败落,苹果即使不落在牛顿的头顶也会落在其他科学家的头顶,欧洲列强决不会仅仅为了萨拉热窝那个冲动的中学生就发动第一次世界大战……"[602]从历史的客观规律来看,即便没有苏报案,清末司法转型也是一种必然。因为从历史趋势来看,司法的转型只是裹挟在清末社会转型之中的一个小的方面,苏报案在历史的长河中只是作出了一个演示窗口或研究标本的意义。

---

[599] 同注 11,第 79 页。

[600] 章士钊:《苏报案纪事》,中华民国史料汇编,1968 年版,第 1~2 页。

[601] 参见许纪霖:《近代中国的公共领域:形态、功能与自我理解——以上海为例》,载《史林》2003 年第 2 期。

[602] 参见龚晓跃:《辛亥革命 100 年特刊卷首语:所谓天下大势》,载《潇湘晨报》2010年 10 月 30 日。

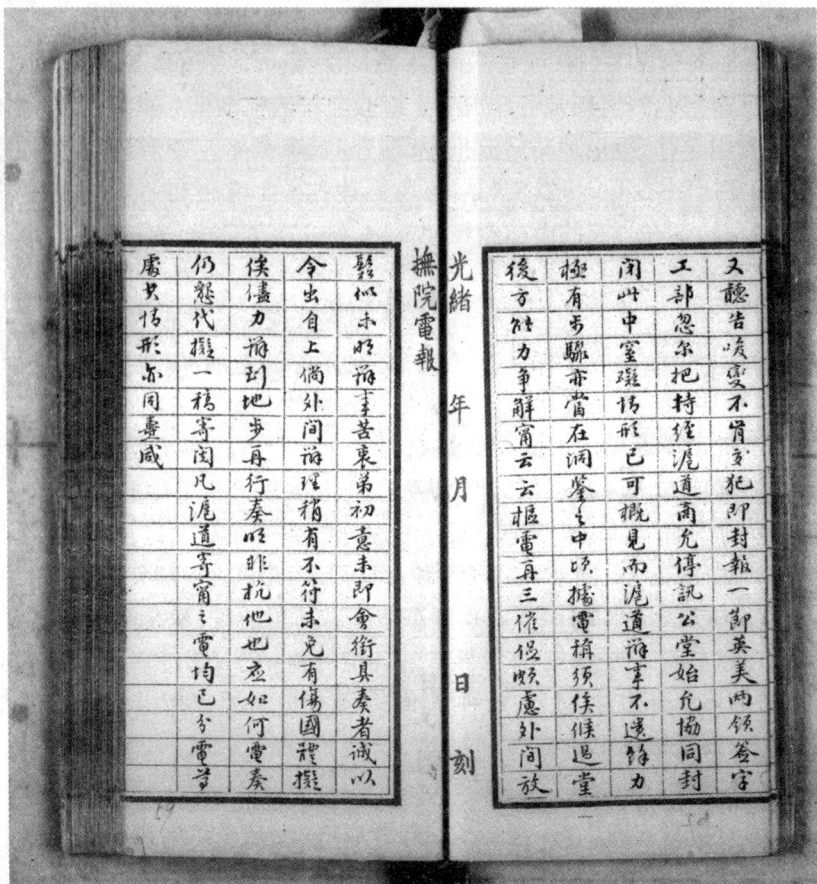

故宫档案馆藏苏报案清方档案

当时，伴随着传统社会经济结构的解体，中国社会也开始发生由农本社会向现代工商社会的转型。新的资本主义经济萌芽在沿海地区缓慢而顽强地生长着，官办、商办、官督商办、官商合办的近代工厂开始在通商口岸出现，新兴商人阶层逐渐形成，大批破产农民沦为依靠出卖劳动力为生的产业工人。中国的传统经济结构正发生的深刻变革，直接推动社会的转型。社会的转型又对以调整社会关系为己任的社会规范也提出新的要求，直接要求司法转型。特别是随着西学东渐与民族国家观念的勃兴，西方的法治思想、司法理念也越来越多地为国人所识见与认同，传统的司法体制已经越来越无法适应急剧变化的经济关系和新的社会形态，司法的转型成为社会要求下的大势所趋和必然方向。

事实上,"在中国尚未遇到西方文明之前,社会的发展已经使传统的司法统治失去了应有的适应力和活力,社会需要一种更为有效的司法制度。尤其是农工商业各方面的进步因素,可能形成新生产方式的进步条件以及人口素质的显著提高等因素都成为要求采用一种新制度的活跃因子。"[603]此后,当中西两种文明激烈碰撞后,各种新兴的社会关系又催动着司法的进一步转型。

另一方面,司法的转型也直接印证了社会性质的转型。费孝通在研究传统社会秩序转型的过程中指出:"讼师改称律师,更加大字在上;打官司改称起诉;包揽是非改称法律顾问——这套名词的改变正代表了社会性质的改变,也就是礼治社会变为法治社会。"[604]苏报案的司法过程,很大程度也验证了上述的逻辑。

特别是苏报案这一纠纷被置于会审公廨这一纠纷解决机制中进行调整的时候,对以调整社会关系为己任的法律规范也提出了新的要求。西方人认为:"中国法律不仅是极为专断和极为腐败地实施的,而且它的体系在许多方面与欧洲人公平或正义的观念不相容。"[605]在西方司法文明的猛烈冲击下,政府和大众清醒地认识到固有体制和传统的弊端,从而走上了艰难的转型变更之路。

换一种视角,按照正统的马克思主义观点:"经济条件归根到底还是具有决定意义的,它构成一条贯穿于全部发展过程并唯一能使我们理解这个发展进程的红线。"[606]我们可以进一步从经济的角度对清末司法转型展开分析。

彼时,外国资本主义广泛深入地进入中国市场,民族资本主义经济得到初步发展,建厂、开矿、筑路、造船、建立公司、创办银行,虽然这些新兴的近代工商业在整个经济体系中并不占有主要的地位,但其存在并迅速发展的本身,日益动摇了传统的社会经济结构,自然经济开始瓦解,新的经济结构开始形成。在交织着经济利益和法律调适双重冲突下,清政府与西人冲突产生的条约制对中国法治产生了其正面影响。

在权利意识层面,条约制把西方的法治概念和对游戏规则在参加者之间平等讨价还价的概念引入中国,使清政府失去了其不受限制的政府特权地位,特别是条约制度打破了官方对商业的垄断和对私商的任意侵夺,提升了私人

---

[603] 同注 497,第 8 页。

[604] 同注 543,第 54 页。

[605] 转引自[美]艾德华:"清朝对外国人的司法管辖",李明德译,载高道蕴、高鸿钧、贺卫方编:《美国学者论中国法律传统》,清华大学出版社 2004 年版,第 488 页。

[606] 《马克思恩格斯选集》(第 4 卷),人民出版社 1972 年版,第 506 页。

和民办经济在市场上平等的地位,特别是冲击了中国的家族制度,解放了普通民众的权利意识。

中国传统的稳定、内向、封闭性自然经济方式带来的一系列后果,最主要的是使得宗法与家族式的组织成为社会基本的稳定性细胞,并经过历史的积淀形成一整套以"礼"为形式的宗法家庭制度,与昂格尔所谓的"集团多元主义"迥然不同。昂格尔认为,"集团多元主义"是法律秩序建立的必要前提,因为集团多元主义意味着不存在一个永恒的统治集团,领导权的归属带有概率性,社会犹如不同利益的竞技场,存在着多元的利益集团,那么,为了公平地分配权力,调整各种利益关系,必须拥有一套中立的、具有普遍性和自治性的法律规范。[607] 但在中国,统治者与被统治者之间根本不存在"实力的对抗",只存在与自给自足的农耕生产方式相匹配的人身依附关系以及精神上的钳制与被钳制,法律规则也旨在保护各种人身依附关系,巩固精神上的控制。显然,这与罗马法强调的自然法精神与自然理性有着明显不同。但是,在西方工业经济对中国农业经济的冲击和压迫中,传统的家族制度必然发生动摇,"随着新经济势力输入的自由主义、个性主义冲入家庭的领土,那种束缚个人的个性,权利和自由的大家族制度,也就陷入了崩颓粉碎的命运"。[608] 在这里,实际上隐含着一个重要的思想,即包括司法转型在内的法制变革,必须建立在商品经济这一截然不同于传统中国法制的经济基础之上,这才是法制革故鼎新最为强大的力量源泉。

在司法制度的层面上,鉴于当时的中国不是一个法治国家,在大量爆发的华洋商事纠纷中,清政府开始逐渐意识到改良律例和司法转型的重要性。沈家本指出,在纠葛频繁的华洋诉讼中,"外人以我审判与彼不同,时存歧视。商民又不谙外国法制,往往疑为偏袒,积不能平,每因寻常争讼细故,酿成交涉问题。比年以来更仆难数,若不变通诉讼之法,纵令事事规仿,极力追求,真体虽允大用,未妙于法政,仍无济也"。[609] 这种思想认识,直接推动了一系列诉讼程序法的制定。

华洋纠纷的在华审理,也让中国人第一次知道了什么叫律师,什么叫陪审制。当时,包括会审公廨在内的外国在华司法机构在审理华人控诉洋人之商

---

[607] 参见[美]昂格尔:《现代社会中的法律》,吴玉章等译,译林出版社 2001 年版。

[608] 参见李大钊:《由经济上解释中国近代思想变动的原因》,载《新青年》第 7 卷第 2 号。

[609] 《修律大臣奏呈刑事民事诉讼法折》,载《东方杂志》1906 年第 9 期。

事诉讼时，均遵照本国的诉讼制度，允许当事人聘请律师作为诉讼代理人或辩护人。英美等国的驻华领事法庭或法院，也普遍在诉讼过程中采用源自本土的陪审制，遴选在该通商口岸中的侨民，组成陪审团，审查案件的事实问题。这些制度的合理性与先进性，被当时的有识之士敏锐地捕捉到，这就无怪于光绪三十二年（1906 年），沈家本、伍廷芳进呈《大清刑事民事诉讼法草案》时直言，诉讼法改革，"为各国通例而我国亟因取法者，厥有二端：一宜设陪审员也"，"二宜用律师也"。⑩

可以说，正式包括大量华洋商事诉讼案件在内的各种交错契合的驱动"合力"，中国开始积极地移植西方的司法理念和司法制度，推进诉讼程序改革、建立律师制度、要求设立陪审制度，并积极在司法体制上做相应的改革，以适应形势的需要。

二、从苏报案看百年司法改革

（一）清末司法转型诸多学说在苏报案中的体现

1905 年，也就是苏报案结案之后约 1 年，修订法律大臣沈家本在为董康《裁判所访问录》一书所写的序言中写到："西国司法独立，无论何人皆不能干涉裁判之事，虽以君主之命，总统之权，但有赦免而无改正。中国则由州县而道府，而司，而督抚，而部，层层辖制，不能自由……西法无刑讯，而中法以考问为常。西法虽重犯亦立而讯之，中法虽宗室亦一体长跪。此中与西之不能同也。更有相同而仍不同者。古今无论矣，但即中、西言之裁判所凭者，曰供，曰证。中法供、证兼重，有证无供，即难论决……可见中法之重供，相沿已久。虽律有众证明白即同狱成，及老幼不拷讯，据众证定罪之文，特所犯在军流以下者，向来照此办理。至死罪人犯，出入甚钜，虽有此律，不常行用，盖慎之也。西法重证不重供，有证无供，虽死罪亦可论决。此又中西之同而不同者也。"⑪积极倡导司法独立和建立现代证据制度。

又 1 年之后，沈家本、伍廷芳等人在《进呈诉讼律拟请先行试办折》中提出："盖人因讼对簿公庭，惶悚之下，言词每多失措，故用律师代理一切质问、对诘、复问各事宜……中国近来通商各埠，已准外国律师辩案，甚至公署间亦引

---

⑩ 《刑事民事诉讼法》，载《大清法规大全·法律部》（正编第 4 册），北京政学社 1909 年版，第 12～13 页。

⑪ 沈家本：《裁判访问录序》，载《寄簃文存》（第 6 卷），第 2235 页。

诸顾问之例。夫以华人诉案，借外人辩护，已觉扞格不通，即使遇有交涉事件，请其申诉，亦断无助他人而抑同类之理。且领事治外之权因之更形滋蔓，后患何堪设想……"⑫从挽回治外法权的高度提出中国应增设律师制度，努力引入辩护原则的立法建议。

其间及此后，两人对实行公开审判、引入直接言词原则、审判机关设置、诉讼模式和程序以及具体诉讼制度亦进行了有益的探索。⑬而细细品味，作为清末司法改革主持者的沈、伍二人提出的这些建议和思想，在有关苏报案的对比中都有体现。前文的若干分析也时刻关注着这些问题，这应该也是苏报案作为关键性个案的价值之所在。

目前看来，在这场革命性的司法改革潮流中，政府积极进行司法体制的改革，仿照西方国家先进的三权分立原则，建立了近代司法机构组织；审判制度由传统官审制度向独立审判制度的转型，确立司法独立，推行四级三审制；由控审不分向控审分离的转型，强调司法机关遵循职权各有所司、互不干涉的原则；由程序法与实体法不分、民刑不分转向程序法的建立、民刑有别；由纠问式审判转向赋予当事人以辩护的权利，规定了辩护和律师制度。同时还相应实行审判公开制度，引入公诉制度、证据制度，限制刑讯逼供等，特别是先后制定的《刑事诉讼律草案》、《民事诉讼律草案》，标志着程序法开始成为法律体系中的重要组成部分，随后展开的改革涉及司法机关、诉讼审判制度的变革，基本上否定了中国传统的司法与行政不分的司法体制与体现专制主义的诉讼审判制度。⑭这些改革和进步，虽然由于清王朝的覆亡未能全部施行，学者们对其也褒贬不一，但它们起码在形式上扬起了中国司法现代化的风帆，其重大的历史积极意义不言而喻。特别是，尽管清末司法转型步履艰难，障碍重重，难以彻底完全，但却为随后的北洋政府和南京国民政府等近代司法机关体系的建立和近代意义的诉讼审判制度的缔造，提供了重要的基础。

关于清末司法转型在诉讼法领域的推动，张晋藩先生的总结颇具代表意义："晚清的司法改革，是在收回治外法权的驱动下开始的，是借立宪为动力，以西方为模式，力求从司法危机中寻找出路……晚清的司法改革触及了传统司法体制，冲击了传统的诉讼审判制度与方式。特别是从法律上明确了行政

---

⑫ 沈家本等：《进呈诉讼法拟请先行试办折》，载《沈家本年谱》，北京大学出版社1989年版，第 112 页。

⑬ 参见王彬：《论沈家本的刑事诉讼法思想》，载《理论月刊》2009 年第 9 期。

⑭ 参见前注 545，绪论第 4 页。

与司法分立，建立了新的司法机关体系；采取西方的诉讼与审判方式和制度。这个改革是走向近代司法文明的重要步骤，它在晚清变法与立宪的过程中，取得了最为明显的成就。"⑮

　　于苏报案而言，我们不能牵强附会地指出这其中有显著的联系，在一般的层面上，苏报案只是一个事件，当然是一个重要事件，它在时间上刚好契合了司法转型，因此汇入到转型的力量之中。而通过前述的分析，我们可以断定的是，苏报案可谓开启清末司法转型的一个导火索，一扇窗口，用个案的力量推动着中国法治的前行。虽然在此很难定量精确地评估苏报案在清末司法转型中的贡献，但其作为个案的意义，特别是思想启蒙的意义，是必然不能忽略的，苏报案中流露出的相关制度和文化，可能前所未见，前所未闻，但是这些制度的合理性和文化的优越性所在与晚清司法现状有了可比和改革的参照物，这也是全文力求论证的中心。

（二）从苏报案谈司法的现代性及相关

　　内容上，回归到文章的主旨，还有一个问题必须澄清。通过苏报案这样一个关键性个案，文章将中国传统司法置于西方现代司法的比较平面中，从个案中它们确实共存，并发生冲突，轻易透视出中西两者截然不同司法观念、制度和运作，以论证中国传统司法危机重重，西方式的司法文明必须被移植，进而中国司法必须革故鼎新时，一个可能的误区就是有人会认为本文的研究过分强调"西方中心主义"的色彩，将中国司法的近代化等同于或者目标于西方化。这种错误的认识是值得警惕的。

　　事实上，各国司法制度以及法律制度上的差异显示出法律与特定民族或国家文化传统、社会结构等方面存在一定的关联，⑯这是一种必然的差异性和多样性，也是长期的历史积淀产物，必然包含着历史合理性的因子，因此，很难说哪一法系、哪一国的司法制度具有完全优势，特别值得借鉴，但包括现今的法学研究，许多学者还是热衷于西方，特别是英美的经验制度为参照系，去反观、去对比那些非西方国家的法律现实和司法实践，并由此架构司法制度的分析范式和改革方向。对此，我们并不否认西方法治文明的先进性，但司法的现代性与传统之间存在着相容的历史可能性，尽管它们是一种对立的矛盾。同时，传统司法进入现代并不可能在某个节点上就瞬间完成，它必然经过一个很

---

⑮　张晋藩：《综论百年法学与法治中国》，载《中国法学》2005 年第 5 期。
⑯　贺卫方：《运送正义的方式》，上海三联书店 2002 年版，第 57 页。

长的历史阶段。⑰ 在这个阶段中,历史是动态变化的。

司法的现代性,一方面,基于法治发展过程中的阶段性,展现出对司法传统的历史性否定和时代超越;另一方面,基于法治发展过程中的延续性,又内在地包含了对传统司法文化和制度中某些因素,特别是对积极因素的传承和发扬,这种传承和发扬反映了"在任何社会内,一切比较现代化的特点都是由以前的特点变革而来的,特别是对参加现代化行列比较晚的国家来说,这些变革更有可能是在旧的型式继续存在的情况下发生的变化的结果,而不是由旧到新的直接变化的结果"。⑱ 从法哲学上讲,这种传统与现代性的矛盾,实际上是法治进程中发展的阶段性与连续性冲突的生动体现。

这种生动的体现在西方许多法治先进国都有深刻的烙印。如近代的宪法文献起源于中世纪的自由大宪章;分权制衡体制早在古希腊罗马时代就已经有了雏形;构成现代英美法系基础的普通法和衡平法,追根溯源是中世纪的产物;作为封建君主制象征的天皇或国王体制,与现代立宪制发生了奇妙的结合;现代西方的民法体系,恰源于古罗马的私法制度,只是罗马私法创造性地将其转换成为反映资本主义商品经济法权要求的《拿破仑法典》和《德国民法典》,⑲因此,常有学者将西方法制形容为"双面人雅努斯",一个脸转向过去,而另一个脸则朝向未来。这也从另一个侧面说明了一国存在着传统法制与现代法制相容的可能。

一个毋庸置疑的事实是:在迅速走上法制现代化道路的中国,传统的法律精神依然以特定的方式在一定程度上支配或影响今天许多中国人的法律生活。况且,传统法律的价值体系本身,确实存在许多有待人们去开掘的历史遗产,诸如对现行法律的道德评价,解决纠纷的自治方式,建立秩序的责任体系等等,这些都可以成为完善现代司法机制的历史借鉴。换言之,虽然传统司法和现代司法两者在理念和制度的价值取向上是截然分别的,但从历史的连续性来看,传统司法并没有在现代社会戛然断裂,它在某种程度上以新的形式获得延续和发展,进而在新的司法系统中发挥功用。

---

⑰　这个过渡阶段被美国著名的行政学家里格斯称为"棱镜型社会",参见 Riggs, Fred Warren, *Administration in developing countries : The Theory of Prismatic Society*, Houghton Mifflin Co. ,1964,p. 27.

⑱　[美]西里尔·E. 布莱克:《日本和俄国的现代化》,周师铭等译,商务印书馆 1983 年版,第 22～23 页。

⑲　公丕祥:《当代中国的自主型司法改革道路——基于中国司法国情的初步分析》,载《法律科学》2010 年第 5 期。

　　而现实中中国当下的司法实践,很多时候仍保留着传统的因子,诸如纠问式的庭审方式、法官依职权主动调查取证、法官为民做主的"官"意识仍很强烈,惩办与宽大相结合的原则,刑罚一般预防与特殊预防的作用,民众心理弥散的特权思想、法不责众的观念、厌讼心理、避讼倾向等,司法的人情化、道德化、追求和谐、注重民意等观念依然存在。特别是传统的说服、调解等方式在司法过程中依然在发挥着极强的效用,在当代司法改革的洪流中,甚至有扩大的趋势。

　　"坦率地讲,中国现代司法理念的形成及现代司法制度的构建并不是由中国传统内部主动自然演变出来的,西方政治法律价值观念的输入对中国传统司法开始发生转变有着重要的作用。"⑳但是,这些并不能遮蔽中国社会发展的力量以及传统司法文化对新式司法理念的接引,因此,我们对司法的思考切不可采用割裂传统与现代的二元分析方法,尽管许多时候需要通过它们之间的对比来进行论证的支撑。

(三)历史视野下的百年司法改革

　　联系这百余年中国法治走过的漫漫历程,再关照中国当下的司法改革,特别是基于当下司法改革和晚清司法转型的同质性与相续性。我们不妨拉通历史,放开视界,从更长远、更深刻的历史视野来看待司法的百年变革。

　　其实,晚清以来中国的司法建设一直贯穿着从传统向近现代转型的司法现代化主题。在此期间,先后经历了以封建王朝政府崩溃为标志而展开的近代司法、以中华人民共和国的建立为标志而展开的社会主义司法,以改革开放和建立社会主义市场经济体制为标志而展开的司法现代化建设。这三次司法改革的转折,形成于 20 世纪三次社会转型的大变革下,横跨百年,对整个中国20 世纪司法的现代化进程产生了极大的影响。

　　在此过程中,三大元素——来自西方的现代司法元素,源于深厚历史的中国传统司法元素,20 世纪 20 年代由中国共产党人引入的社会主义元素——相互冲击、相互影响、相互交融,构成百余年来决定中国司法制度特征和走向的核心力量。㉑ 这也从侧面看出,本文对苏报案的解析和对清末司法转型的探讨,并没有全盘否认中国的传统司法元素。毕竟,传统司法元素作为一种司法的历史积淀因素存在于现在,存留于现代司法之中,这是如何都不能挥之而

---

⑳　同注 497,第 8 页。
㉑　徐昕、卢荣荣:《中国司法改革年度报告(2009)》,载《政法论坛》2010 年第 3 期。

去的。希尔斯说,传统是"既存的过去,但又与任何新事物一样,是现在的一部分"。㉒ 可以说,在任何一个社会,现代司法都无法完全排斥传统司法元素的存在。只有充分认识传统司法的意义和价值,才能立足于中国国情和中国本土法治资源,在现代司法变革浪潮中实现传统司法元素的创造性转换。

当然,此外的两个因素在当下中国司法改革征途上或许更为重要。来自西方的现代司法元素标明了我们引进和吸收外来先进司法的方向,要求我们应以积极、开放的姿态回应全球化带来的挑战与机遇,大胆吸收、借鉴甚至移植某些具有人类共同法治文化财富特征的因素。来自执政党引入的社会主义元素则标注了我国司法制度的根本特色,要求我们必须在司法改革中立足于社会主义初级阶段的基本国情,以满足人民的司法需求为根本出发点,坚持中国特色社会主义道路和中国特色社会主义理论体系,这是中国特色社会主义司法制度独树一帜的决定性因素。

基于历史发展、政治体制和法治规律的脉搏,纵观这百年中国的司法改革,尽管的确告别了传统司法,进入了司法现代化的进程,在司法理念、制度建设、组织构造、队伍培养等方面取得了重大的进步,但司法现代化的进程并没有一帆风顺,百年司法在整体上呈现出一种不稳定性,特别是随着政治环境而表现出极大的波动性,政策替换法律、人治大于法治的现象时有发生。不过,司法迈向现代化是必然的方向,而其进路,我们可以确定——21世纪中国司法改革的未来趋势正是来自西方的现代司法元素、源于深厚历史的中国传统司法元素、中国共产党人引入的社会主义元素这三大元素日趋迈向合理配置的过程,这也是形塑中国特色的现代司法模式的必然之路。

美国大法官卡多佐说:"今天我们研究前天,为的是昨天也许不会使今天无所作为以及今天又不会使明天无所作为。"㉔ 一切制度都是历史的产物,司法制度亦然。历史是过去的现实,现实是未来的历史。历史在映射司法现实的同时,也照亮了司法和正义的未来。温故而知新,考察包括个案在内的司法制度史必将有助于我们准确地把握现在,希冀地展望未来。但愿本文对于苏报案的研究,能够部分地实现这些期待。

㉒ [美]希尔斯:《论传统》,傅铿、吕乐译,上海人民出版社1991年版,第20页。

㉔ 同注488,第31~32页。

1903:Shanghai Su—pao Case and Judicial Transformation in Late Qing Dynasty

Cai fei

(School of Journalism &·Comunication SWUPL Chongqing 401120)

Abstract:This article starts with the particular 1903 Shanghai *Su—pao* Case, choosing the research path of "Small narrative with large field of view";Then, it clarifies and displays the contradictions between traditional and advanced judicature through the complete description and detailed analysis, together with some related research theories and analyzing framework; Furthermore, it demonstrates the necessity of judicial transformation in the end of the Qing dynasty; Finally, it also triggers other related academic discussion.

It consists of three parts. The first one is introduction, which mainly introduces the reason of selection, research status, and historical explanation and research methods. The second part consists of four chapters:Chapter one presents the developing process of the Case ; Chapter two analyzes the social structure of this Case; Chapter 3 focus on several issues of *Su—pao* Case, and the fourth one clarifies the relationship between the Case itself and the judicial transformation of Qing. The third part is the conclusion, which is mainly discussed the inevitability of both the Case and the Transformation, and uses the Case to discuss the judicial transformation through the whole century.

The introduction mainly introduces the reason of selection,research status, historical explanation and research methods. This article attempts to use the 1903 Shanghai *Su—pao* Case to discuss the necessity of the judicial transformation in late Qing. So the topic is selected in the first place, which is using *Su—pao* Case as a key sample, and emphasizing the "One Case" analysis model. Choosing the research path of "Small narrative with large field of view", which means through the narrative strategy of "Deep description" and "Polyphony", it absorbs the new legal history, the hypothetical—deductive method and flow of events from social science research to deepen the theory development of the Case. Meanwhile, this paper also makes a review of the research status of *Su—pao* Case and the historical data used in this paper.

Chapter One presents the process of *Su—pao* Case. In the beginning of 1903, Shanghai *Su—pao* drew the Qing government's attention for advocating the revolution and recommending *The Revolutionary Army*. Later, on condition that the case must be tried within the public concessions area, the Qing government had the newspapers' office closed down and arrested Zhang Binglin, Zou Rong by using Shanghai municipal public concessions. After that, it drew immediate sino—foreign media attention. In order to punish Zhang and Zou severely, the Qing was always seeking diplomatic channels to "extradite" the "prisoners" and to escape from the trial of the joint hearing tribunal of the public concessions. Because of the persistence of Shanghai municipal public concessions and the influence of Shen Jin case, although many foreign ministers and consuls in Shanghai agreed to the request of Qing government, the Case was finally tried in the mixed court of the public concessions. The Case reopened for many times and lasted half a year. But because of the 2 parts disagreed with the judgment of Qing Government, they launched repeated negotiations for another half year, and finally closed the Case in 1904, May, 21st.

Chapter Two analyzes *Su — pao* Case's social structure. Based on Blake's Social Structure Theory, the paper respectively analyzes the social nature of the defendant Zhang and Zou, the plaintiff Qing Government, the attorneys, judges, Shanghai Municipal Council, Consular corps and Minister regiment. The paper also classifies and describes many other points: the consequences caused by the defendant's advocating the revolution, the Qing Government's change in attitudes, the lawyer's efforts, the applicable laws of the trial, the debate about the burden of proof, the origin of the mixed court and the expansion of foreign power. In doing this, some key variables has been analyzed in detail, which is helpful for the observation of the social structure of the case. Meanwhile, we may safely draw the conclusion that justice is a sum of all variables, which means that it's filled with certainty and uncertainty.

Chapter Three is focused on several issues of *Su—pao* Case. The article proposes several hypotheses: What if the trial agency was not the in the mixed court but a traditional judicial office; What if Shen Jin case didn't take place; What if the case didn't attract enough media's attention; then how about the results? Through exploring those questions, we compare the functions and procedures of the mixed court with the traditional judicial offices', and also the cognizance of the charges; we may also discover the characteristics of Chinese traditional judicial trial. On the basis of the influence of Shen Jin Case, this paper compares the criticism of foreigners with the defense of Gu Hongming, and analyzes the contradictions and conflicts of different judicial systems, and the uncertainty of justice. About $Su-pao$ Case, the paper also analyzes the different standpoints of different media, and also the different attentions on public opinion of Chinese and foreign governments, and finally another conclusion appear that $Su-pao$ Case is a particular key case which is full of judicial and political factors.

Chapter Four clarifies the relationship between the Case itself and the judicial transformation of Qing. It starts from the reason of the judicial transformation of late Qing, and summaries the "shock — reaction" model, "the centering — around — China mode", "compromise theory", based on which a "Case promoting theory" is putting forward. From $Su-pao$ Case, this article undertakes the relevant research of judicial sovereignty and extraterritoriality, compares the conception differences of extraterritoriality and consular jurisdiction, clarifies the process of the big powers' grabbing consular jurisdiction of China, and summaries the expectations and efforts of Qing Government in withdrawing extraterritoriality. It clarifies the mixed court's role of a showcase, and points out China's judicial modernization should date from it. This article is mainly focused on the collisions and reflections triggered by $Su-pao$ Case, and then explains its significance as a key case in judicial transformation of late Qing.

On the basis of the four parts, the last part mainly discusses the inevitability of both the Case and the Transformation. It clarifies that in 1903, when many factors and incentives were combined together, the $Su-pao$ Case was just how it's got to be. While in the background of social transformation, the judicial transformation is also inevitable. At the end, this essay studies the judicial transformation of a hundred years with the *Su — pao* Case, examines a number of judicial doctrines of the legal system transformation in the late Qing Dynasty, and discusses the modernity of justice and a hundred years' judicial reform from the Case.

Key words: Su—pao Case; Justice of late Qing; Modern transformation;

《1903年:上海苏报案与清末司法转型》评阅意见书

王亚新*　　汤维建**

范　愉***　潘剑锋****　齐树洁****

一

作为法制史的研究论文,论文选题着眼苏报案审判过程中体现的清末变法中司法转型的一系列重要问题,对于理解这一历史过程,揭示其中的规律及其对现代中国司法制度形成、发展、运行的影响具有重要的理论价值和现实意义。

论文采用了从历史个案出发,"小叙事、大视野"的研究方法,对历史资料和前人研究成果进行了细致详尽的梳理,客观生动地描述了该案的过程和背景,分析研究了与该案有关的各种社会因素和偶然性因素,将这些因素置于特定的时空背景下,展开研究,试图揭示出其中的规律性问题,上升为一种解释性理论,这些分析和结论反映出作者独创性的理论尝试,特别是提出了苏报案会审公廨与现代诉讼架构、制度、程序的密切联系及其作为中国司法现代化起始之标志的结论。

* 王亚新,清华大学法学院教授,博士生导师;

** 汤维建,中国人民大学法学院教授,博士生导师;

*** 范愉,中国人民大学法学院教授,博士生导师;

**** 潘剑锋,北京大学法学院教授,博士生导师;

**** 齐树洁,厦门大学法学院教授,博士生导师。

论文所进行的研究主旨明确，文献整理系统全面，显示出作者历史研究方面的能力，论文文字流畅，逻辑清晰。

不足之处：作为历史研究，结论更适宜通过史料和真实客观资料得出，而作者采用的布莱克社会结构理论框架对本案进行分析，罗列各种理论观点，得出的结论更显牵强，使得本文的个案推进中国现代司法转型的理论显得依据不足。

二

清末的上海苏报案作为一个历史事件，已经存在诸多的史学研究成果。近年来通过史料的发掘和运用新的视角观察，对史实的解读亦有进展。

不过，作者从中国传统司法在清末这一转型时期如何因苏报案中上海租界及工部局为背景的会审公廨审判程序及其具体的处理过程而获致向近代司法转变的内在因素及机制推动的流变，做出了饶有兴味和耐人深思的另一种解读。

作者的切入点既非完全是法制史的，又非司法制度及程序的描述，而是结合两个领域的事实及分析，着力对中西方传统与当时现实的种种力量交错造成的事件过程和结局进行叙事和发掘，从而展示了中国近代司法嬗变和转型的一个具体面相。

历史过程充满偶然性，苏报案因沈荩案的发生出现重大转折，但在历史过程中又有不得不如此的必然。作者令人信服的分析和描述对这种偶然和必然、东方与西方、现实的利益思考与理念的冲突、力量对比与动迁过程等复杂的历史事件和发展类型的交替做了巧妙处理，整篇论文很耐读也充满启示。

作为一篇有关司法制度的作品，虽是个案研究和历史叙事，但论文不乏许多对我国现实司法体制改革与转型的理解的有益见识。作者基本功娴熟，对史实和制度分析的驾驭能力均给人以深刻印象。

本文的文献引用相当丰富。不过弱点在于有些引用未能得到照应，如"新法律史"等方法如何得到体现语焉不详。

三

以"苏报案"为个案分析的切口，来研究清末司法转型，选题是有意义的。

文章首先探讨了苏报的典型代表意义，我认为此案的选定颇见作者的史学功底,是恰当的。文章以娴熟的笔法对苏报案的前前后后、里里外外、上上下下均作了生动客观的叙述,具有可读性与史料性,表明作者对该案有透彻的把握,由此引发开来的理性思考显得严谨扎实,得出的一些结论亦更显说服力。

作者对苏报案的介绍既是全景式的,又是有重点的,主要以其所涉及的重要程序问题为论述线索,如:审判权的争议、举证责任、法庭讯问、证人出庭作证以及与此案相关的司法机制,如:陪审制、会审制度。作者指出,影响苏报案的因素是复杂的,司法既有确定性又有不确定性,因而司法是变量之和,这就从一个生动的侧面描绘了司法的另一面孔。而正是这些因素,不仅制约了苏报案的个案解决,而且也推动了司法转型,此一观点是符合辩证唯物主义基本原理的。作者通过费正清的"冲击—反应"模式、柯文的"中国中心观"、折衷说等理论模型的比较,结合苏报案对清末司法转型的作用因素,提出了"个案推动说"的理解方式。应当说,此一理解对于解说司法之于法律变迁乃至体制革新不无启发意义。文章资料翔实,叙述得当,行文规范,有创新意义,达到了博士论文水平。

不足之处:苏报案对清末司法转型的意义客观上表现在哪些方面? 对此,应该说出有实证依据的一二三来。

四

论文选题涉及个案分析与国家大制度变革之间的关系,视角独特,以"小叙事、大视角"的研究方法,通过个案的解读,说明社会制度变迁的必然性,有相当的新意。

文章通过对事件背景、事件经过、事件所涉及的制度的介绍和分析,阐释了当时西方国家与中国司法制度之不同,进而说明苏报案的审理对于中国司法制度变迁的影响。整篇文章,介绍案情具体明晰,事件发展脉络交代得清楚,案件中所涉及的司法制度也作了归纳和总结,个案审理对清末司法制度的影响也作了说明,总体上,中心思想是突出的,论点是明确的。

但文章不足之处也比较明显:第一,作为法学博士论文,应当更多关注历史事件中所涉及的法律问题以及对这些问题的分析研究,而本文显然在这方面表现不突出;第二,文章对于相关司法制度的讨论,大多只是归纳总结方面,进一步的深入讨论乃至西方国家在审理苏报案过程中所适用的司法制度对清末司法转型是如何产生影响的说明不够。

总之,论文论点明确,资料翔实,视角独特,有一定的新意,但在阐释相关问题之间的联系性有所不足。

五

本文的研究视角独特。上海苏报案是 100 多年前的一个案例,作者选择这个有影响力的事件,来论述清末司法转型过程这个大课题,可谓用心良苦,与众不同。

作者反复强调"小叙事、大视野"的研究路径。综观全文,我认为作者确实竭尽全力地遵循这一范式,基本上达到了预期目的。论文条理清晰、叙事明确、文笔流畅、承启得当。作者确实是讲故事的高手,能把一个错综复杂、曲折多变的故事讲得引人入胜,让人欲罢不能。

本文从微观与宏观、时间与结构、个案与法理等方面,揭示苏报案背后的深刻内涵,指出中华帝国司法制度的落后与现代转型的必然。正如作者指出的,必然发生的苏报案,必然发生的清末司法转型。在论文的结语部分,作者简明地分析了研究苏报案对当下司法改革的意义,见解十分深刻。

综上,本文已达到博士论文的水平,而且符合格式规范要求,极少有错别字和文句不通之处,这也是难能可贵的。

本文的不足之处:论文的创新之处不够明显,分散于各章节的字里行间;第四章的标题与论文的标题基本一样,似不太好。这一章也过于简略。

读《1903 年：上海苏报案与清末司法转型》

喻　中 *

一

2012 年 4 月，徐昕教授交给我一篇论文，是蔡斐的博士论文《1903 年：上海苏报案与清末司法转型》。徐昕教授的意图，是让我做一些评论；还说，"不妨以批评为主"。

有详有略地读完这篇将近 20 万字的长文之后，我形成了自己的总体印象：这是一篇相当不错的博士论文。在近年来我所见过的参差不齐、鱼龙混杂的法学博士论文中，此文属上乘之作。从内容上看，此文以 1903 年发生在上海的苏报案作为基本素材，论述了清末司法转型背后的幽微之处，体现了以小见大、见微知著的方法——按照作者自己的说法，即为"小叙事、大视野"的研究路径。

更值得称道的是，论文有意识地把苏报案这个特定的案件，放置在"社会结构"的理论框架中，分析了案件所牵连的相关因素。举凡被告人邹容和章炳麟、原告清政府、双方律师、第三方法官及其背后的工部局、领事团、公使团等等相关主体，都给予了比较细致的论述。同时，文章对两被告倡言革命引发的后果、清政府从坚持"引渡"到监禁免死方案的转变、辩护律师的庭外争取、庭审适用的法律、关于举证责任的辩论、会审公廨的由来以及外方在会审公廨中的权力扩张等内容，都进行了有深度的梳理。

以上述分析为基础，论文从清末司法转型的动因切入，梳理了流行的"冲

---

*　四川大学法学院教授，博士生导师。

击—反应"模式、"中国中心观"、"折衷说"等理论学说，进而提出了论文的核心观点："个案推动说"。所谓"个案推动说"，是指像苏报案这样的个案推动了中国司法的近代化转型，而上海公共租界的会审公廨即为中国司法近代化之滥觞。显然，这样的结论具有普遍意义，也有较强的启示意义。

在论文所展示出来的叙述框架中，隐约可以看到一些海外汉学论著——譬如何伟亚的《怀柔远人》——的影子。对于正在生长的中国法学理论来说，这是一种值得提倡、值得彰显的学术路径。

从另一方面看，尽管这是一篇优秀的法学论文，但是，它依然存在着较大的改进、提升的空间。且让我依照桐城派代表人物姚鼐所谓的义理、考据、辞章三个方面，略陈私见。

二

就义理方面而言，我对论文中的某些论断、某些理念不能赞同。

譬如，作者在开篇即指出，论文要"厘清和展示当时传统司法与先进司法之间种种矛盾"。在此处，作者将"传统司法与先进司法"作为相互对照的两端。这就意味着，"传统司法"处于"先进司法"的对立面，是落后的司法，是应当淘汰、摒弃的司法。这样的预设，带有过于强烈的"单线进化论"的色彩，把一个复杂的问题进行了简单化、脸谱化的处理，是不恰当的。

因为，正如论文自觉地依赖的"社会结构理论"所揭示的，无论是一个案件还是一种司法，都是特定的社会结构的产物，都是特定的社会结构塑造出来的，都是特定的社会关系网络中的一个纽结，都会与周边的政治、经济、社会和文化因素发生持续不断的交往关系。这就是说，"传统司法"只不过是中国传统社会的产物，我们可以说，它与会审公廨所采用的司法模式有差异，但却不宜简单地置之于"先进司法"的对立面。更公允地说，应当承认司法模式和诉讼模式的多样性；至少，价值上的优劣判断应当在大量的分析和论证之后才能做出。如果在论文的开篇，就直接对两种司法做出厚此薄彼的评判，这就相当于已经作出了一个不容置疑的结论，就不再有讨论的余地了。这样的论断，由上帝之口来宣告，当然是可以的，但由一篇学术论文来宣告，就不大合适。

再譬如，作者提出的"个案推动说"也许是本篇论文的一大亮点了。按照作者自己的概括，"个案推动说"旨在"强调中国法治进程，无论清末，还是当下，是由一个个具体的个案推动前进的。这种论说摆脱了从宏观层面讨论司法转型动因的纠缠不清，而落实到具体个案上，从微观层面入手，因为无论是变化着的政治、经济和社会因素，还是需要变革的法律和转型的司法，其落脚点都是实践中的个案。个案恰如一个个节点，勾连着历史的脉络，展现着历史的变迁，同时又承前启后，把旧的需要摈弃的和新的需要吸纳的都包含在内。"简而言之，司法转型、法治进程是由个案推动的。

按照论文的逻辑，"个案推动说"似乎比费正清的"冲击—反应"模式、柯文的"中国中心观"更能解释中国的法治进程，因而可以成为一种解释中国法治进程的更优的理论模式。但是，在我看来，"个案推动说"与"冲击—反应"模式、"中国中心观"几乎没有可比性。我的理由是："冲击—反应"模式的主要旨趣，在于把"中国社会内部所发生的种种变化看成是西方近代文明冲击和影响的历史性后果"（论文中的原话，下同）。至于"中国中心观"，则主要在于强调："要从中国社会内部的种种因素或条件中来把握或探寻近代中国社会变革的基本动因"。换言之，这两种理论模式主要在于解释：中国变革的基本动因，到底是来自于内部呢，还是来自于外部？而本篇论文提出的"个案推动说"，并不在于解释这个主题。作者提出的"个案推动说"主要在于说明：法治进程、司法转型主要是由个案来推动的——无论是见之于中国还是考之于英美，都逃不出这个规律。在这里，我们姑且不论"个案推动说"能否成立，只说将"个案推动说"与"冲击—反应"模式、"中国中心观"并列起来，并以之作为后两种理论学说的升级版或替代品，就不是一种恰当的论证方式，因为它们讨论的并不是同一个问题。

三

就考据方面来看，尽管作者引证的材料已经称得上翔实（与同类法学博士论文相比），但是，进一步挖掘的空间依然很大。

首先，论文引证的材料，基本上是以法制史为主，兼及相关的新闻史料。但是，这是很不够的。苏报案的发生及其处理过程，实为当时中国地面上政治、经济、社会、文化各个方面相互交错的一个缩影。上海公共租界中设立的会审公廨，实为西方文化强行嵌入中国肌体内的一个异物。通过这个"异物"，可以从一个特殊的角度，折射出中国传统司法的某些侧面。但是，由此所看到的中国传统司法却并不是一个孤立的存在，相反，由此所看到的中国传统司法是与中国固有的政治、经济、社会、文化"打成一片"的。因此，要通过苏报案看中国司法的转型，就应当把苏报案、清末司法转型放在一个更加宏观的背景下加以透视。这就要求，在材料的选择上，法制、新闻方面的材料固然重要，但是，政治、经济以及社会文化方面的材料，同样必不可少，甚至更加重要。

这并不是一个过分的要求。因为，作者在开篇处就宣称：自己选择的研究路径是"小叙事、大视野"。相对于司法转型、法治进程而言，苏报案作为一个具体的个案，可谓"小叙事"。那么，何为"大视野"呢？"视野"之"大"又当如何体现呢？如何才能做到名副其实的"大"视野呢？我的回答是：只有广泛地收集政治、经济、社会、文化诸方面的材料，从中西比较、古今比较的角度，把苏报案置于一个整体性、立体性、纵横交错、痒痛相关的脉络中，庶几可以体现出作者所提出的"大视野"之研究路径。

也许有人会提出：这是一篇法学论文，因此，即使是"大视野"，材料的收集与运用也应当主要局限于法律方面。对于这种可能出现的辩解，我不能接受。按照某种标准，大致说来，法学论文可以分为两类：第一，针对"法内之理"的研究；第二，针对"法外之理"的研究。如果是研究"法内之理"的论文，使用的材料主要限于法律领域，我们也许无话可说（但也不尽然，譬如法律论证理论对于逻辑学的依赖）。但是，倘若是关于"法外之理"的研究，却依然局限在法律领域之内找材料，则是一个缺陷。原因很简单，关于"法外之理"的研究，主要在于阐明法律与其他社会现象的关系，这就需要更广泛地吸收法律之外的材料。然而，本篇论文，恰恰是关于"法外之理"的研究。因为本文的重心，并不在于辨析邹容和章炳麟的刑事责任问题，并不在于从刑法理论、刑法适用的角度，论述邹容和章炳麟的罪与罚；本文的重心与焦点，在于通过这个案件，折射出清末司法转型的前因后果。而司法转型的前因后果，显然不能在司法、法律的领域内得到有效的解释；有效的解释，只有借助于政治、经济、社会、文化编织起来的网络，才能达致。

四

就辞章方面来看，本文的语言虽然堪称优美而流畅，但也有一些地方显得比较刺眼。譬如，论文开篇即指出："清末司法，就是在这场姗姗来迟的改革中，在对西方司法的怀疑、摇摆和坚定之间，在对传统司法欲遮还羞的批判和固守中，在伴随着包括诉讼制度在内的传统律制多领域的革故鼎新中，迈出现代转型的实质性一步。"在这句提纲挈领的论断中，"姗姗来迟"、"欲遮还羞"等词汇似乎很有文采，很曼妙，很生动。

但是，"姗姗来迟"是什么意思呢？什么时候开始推行司法改革，才算"正当其时"？是否应当在康乾之际就进行司法改革，才不算"来迟"？是否应当在顺治时期就启动司法改革？甚至还要把司法改革提前到宋明甚至是汉唐时期？如果不是这个意思，为什么要用"姗姗来迟"这种表达方式？

必须看到，包括司法在内的一切制度的改革或转型，都是各种因素、各种力量交错作用的结果。我的看法是，无所谓"来迟"，也无所谓"不迟"，一切都会水到渠成。从实践中看，一切真实有效的制度改革，都会经历一个渐进的过程，都是逐渐兴起的，绝不可能"忽如一夜春风来，千树万树梨花开"，而且，即使是梨花，也不可能在一夜之间就开放出来；在梨花正式开放之前，早就经历了一个从萌生、孕育到含苞待放的铺垫过程。

对于"欲遮还羞"这种拟人化的修辞，我也不敢附和。按照论文的逻辑，应当是清政府"对传统司法欲遮还羞"、扭扭捏捏。这是什么意思呢？是说清政府要把传统司法遮掩起来，羞于让外国人看见吗？这显然不是清政府的实际态度。因为在苏报案中，清政府的公开立场，就是要求由"传统司法"来审理此案。如果不局限于此案，把传统司法作为一个整体来看，清政府对于这个整体也没有"欲遮还羞"的心态。清政府当然有"羞"的方面：邹容和章炳麟的言论让清政府蒙羞；"引渡"失败又让清政府蒙羞；以皇室之尊竟然与"庶民"对簿公堂，当然也让清政府蒙羞；在列强的坚船利炮面前屡战屡败，更让清政府蒙羞。但恰恰是在"传统司法"这个领域，清政府并不"欲遮还羞"。否则，清政府就不会要求将邹章二人"引渡"到自己主持的"传统司法"之内了。

再譬如，"绪论"部分中包含的第一个小标题是："一、之所以苏报案？"倘若要较真，这也是一个不通不顺的病句。我揣摩作者的意图，真实的意思也许是想说："一、为什么选择苏报案？"既然如此，为什么不采用更明白、更清晰的表达方式？须知，奇崛的语言虽然可能给人"惊艳"的感觉，但如果用得不是地方，如果用得不恰当，给人的感觉就不是"惊艳"，而是"惊险"，甚至是"坍塌"，那就适得其反了。

优美的语言确实能给论文增添光彩。孔子的名言"言之无文，行而不远"，说的也是这个意思。但是，"言之有文"绝非华丽词汇的堆积，就像美人绝不能只靠厚实的脂粉来装扮。相反，只有恰如其分、浓淡适度、审慎精准的语言，才可能让一篇论文秀于外而慧于中。因此，绝不能以词害意。

转型阵痛中的被动司法
——评蔡斐博士论文《1903 年：上海苏报案与清末司法转型》

谌洪果 *

1903 年发生的上海苏报案，就其推动革命进程而不是推动司法转型的意义来看，其重要性和影响力早为历史所公认。基于该案牵涉的人物章炳麟、邹容等在近代中国政治思想上的地位，基于该案引发的广泛报道以及新闻舆论在其中发挥的各种作用，也基于围绕该案所凸显的有关租界、领事裁判权和会审公廨等问题，所以苏报案在思想史、新闻自由史以及政治外交史上也一向是为人所关注的重要话题。然而，蔡斐博士的这篇论文，试图通过"小叙事，大视野"的研究进路，在苏报案这一微观个案与清末司法转型这一宏观路径之间，确立某种内在的、必然的关联，以证明该案在整个中国司法变革的历史进程中，同样具有不容小觑的重大意义。在小叙事维度，该文钩沉历史，挖掘资料，全面而纵深地描述了苏报案庭上庭下、台前幕后的各种对抗、冲突、博弈、妥协的过程，生动展示了当时舆论、外交、民间、官方、当事人、裁判者等各种直接间接、必然偶然的因素对该案判决结果的影响。而在大视野的维度，该文高度概括了苏报案所预示的清末司法转型的方向和必然性。作者认为，伴随苏报案和清末其他系列案件的个案推动，传统司法的弊端不断暴露，现代司法的样式逐渐呈现。新司法取代旧司法的过程尽管充满代价，却是大势所趋，它会深刻改变我们的法律制度生态和国民权利观念，进而成为决定中国未来司法改革道路、塑造中国特色现代司法模式的重要司法元素。这就使该文的研究具有了很强的现实针对性。

可以看出，在细致的资料积累和认真的理论准备的基础上，作者力图避免那种意识形态的、政治正确的、大而化之的历史研究进路，而是依靠严谨的考证和判断，利用自己对司法问题的敏感把握，努力拼接出该案被遮蔽的历史细

---

* 西北政法大学副教授，法学博士。

节和真相,让今天的我们对苏报案的前因后果、来龙去脉形成较为全面客观的认识。在此,论文出色地完成了事件"还原"的任务。可是,不得不指出,这种学术求真的工作,似乎并不必然依赖于作者在论文中提出并实践的各种理论范式。作者为了让这项研究具备更好的视野和框架,吸收了各种各样的理论,无论是微观研究的叙事理论、场域理论、结构理论,还是宏观研究的冲击—反应模式、中国中心观、外发内生折中说……对于这些不同理论该如何取舍、融合,作者也做了相应的说明。但最终,我们从论文中并不能发现某种融贯一致的理论方法和阐释进路。其结果是论文提出的许多一般性的结论和命题,诸如"司法是一种变量之和","司法过程中的偶然性","个案推动说","中国大地上的司法近代化进程始于租界"等等,就显得有些空泛,并缺乏足够的解释力和说服力。读者很难看出哪些命题是描述性的,哪些又是规范性的。并且,读者也会因此疑惑,即便抛开对苏报案的分析,是不是也可以通过简单的历史观感而得出上述这些结论。如果这样,苏报案的意义究竟在哪?

以上问题倒在其次。更严重的问题是,由于理论框架与分析对象之间的脱离,导致作者始终无法清楚地告诉我们,苏报案与清末司法转型的内在勾连到底何在? 而这本是这篇论文最为关注且致力于解决的主题。可惜正是在这个核心问题上,作者的努力显然落空了。仅仅在论文中简单归纳说苏报案展示了现代法庭的诉讼架构、律师制度、程序制度、证据制度等等,并不足以证明中国的司法转型就一定会朝着这个方向发展;即使中国未来的司法转型真的是按照这个方向发展的,也不能证明它就是苏报案等个案累积推动的结果。事实上,作者在文中也不止一处承认:"我们不能牵强附会地指出"苏报案与清末司法转型之间具有显著的联系;苏报案尽管是一个重要的事件,它也不过是"在时间上刚好契合了司法转型,因此汇入了转型的力量之中";"在此很难定量精确地评估苏报案在清末司法转型中的贡献"。承认了这些事实,也就等于承认,从清末的近代司法变革,到共和国社会主义司法确立,再到改革开放以来中国特色司法现代化的建设,百年来的这些标志性司法转型,从来都不得不依附于更大的政治社会转型的进程。换言之,从根本上说,司法转型一向都是被推动的结果,而不是主动推进的积极力量。我把这一特征概括为转型过程中的"被动司法",它的内涵当然与司法中立所决定的那种司法被动性不同。明白了这一点,我们就可以知道,作者试图从苏报案中建构某种决定司法转型必然性的脉络,这基本上是一个不可能完成的任务。因为无论如何,苏报案都不过是司法转型的一个例证而已,它无法成为司法转型的某种成因或变量。

我这里所谓的被动司法,是从司法历史变迁的意义上进行的一种描述。

站在历史发展的视角，一个政治社会状况的稳定程度，即是否不得不发生变革的程度，会直接影响到司法的被动性程度。在一个政治制度良性运转的社会，司法可以很好地保持中立地位，从而能够最高程度地做到独立公正解决司法领域的问题；但是，一旦政治制度环境遇到问题，司法在承担社会功能上的主动地位就会被逐渐削弱。以这种司法被动性的程度为指标，我们可以从功能的视角，按照司法服务的主要目标的不同，将司法划分为三种类型，即事实性司法、法律性司法和政治性司法。透过这种分类，我们可以避免个案研究中见树不见林的缺陷，更清楚地展示一个国家司法转型的动力、方向与未来。

第一，事实性司法，即以解决纠纷为鹄的的司法。在这种司法体制下，决定司法运作的法律前提、政治背景都具有相当的正当性基础。社会进入了某种常态，不存在变革的难题，所以司法的任务不再是政治和法律层面的，它只需要在既有的政治语境下，把法律和规则作为背景、渊源和前提，具体解决事实问题，化解矛盾纠纷。事实性司法体现了一个国家社会的常态生活模式，即使其中会有变化，这种改变也是长期的、潜移默化的、难以觉察的。当司法的主要功能成为事实性的，也就意味着司法实现的日常正义能够符合人们对于稳定生活的预期。在事实性司法的层面，不管采取什么样的司法模式，无论是韦伯意义上的形式理性或实质理性司法，还是普通法体系或成文法体系，抑或是其他的各种解纷类型，司法都能体现人们对于现状的信任和信心。以这个标准来看，事实性司法虽然最低调，但却能最好地体现司法的性质和功能。因此，就社会变革对司法的要求而言，事实性司法最为超脱，从而也最具独立性和主动性。

第二，法律性司法，即以确认法律为鹄的的司法。在这种司法体制下，事实问题被置于次要的位置，司法对事实问题的解决，是为了应对法律本身的危机。司法在建构法律秩序的过程中，只要有必要，甚至也可以牺牲事实判断。相比上诉审法院主要关注法律疑难的解决而言，法律性司法更进一步，它要通过对个案的审判，整合法律、统一法律、重塑法律，并借此申明法律的正当性。法律性司法的典型体现就是司法所承担的违宪审查功能。这种功能行使得好，可以避免法律的分裂，剔除所谓的恶法，唤起民意的支持，使司法在确认法律的过程中，成为引领社会进步的重要力量；但这种功能若行使得不好，例如美国内战之前的斯科特案件，则会加重法律的危机，进而导致法律与政治的崩盘。当然，确认和重建法律的任务不单是由司法来完成的，在很多国家甚至主要不是由司法来完成。不过，从转型的视野来看，让司法承担这样的功能，具有特别的比较优势，可以更及时地发现和解决法律问题，以代价最小的方式实现社会的变革。法律性司法指向了司法的法律前提以及人们对转型的潜在诉求,所以比事实性司法显得更不确定并且更加被动。表面上,司法可以充当法律问题的裁断者,但弄不好,司法本身就会卷入转型的漩涡。

第三,政治性司法,即以服务政治为鹄的的司法。在这种司法体制下,司法不再说了算,其对事实和法律问题的审判,必须服从和服务于政治的大局。政治性司法的出现,往往说明整个社会面临转型的特殊时刻,司法的功能不再是解决常态问题,而必须特事特办,以司法"公事公办"的程序装置来处理重大复杂的政治问题。这种司法的背后,往往会展开各种法外和案件之外的斗争与博弈。在我看来,古希腊民众法庭对苏格拉底的审判、罗马提督和犹太公会对耶稣的审判、二战后对纳粹战犯的审判、文革后对林彪江青反革命集团的审判以及这里的苏报案,都可以归入政治性司法的范畴。政治性司法是以司法的方式对政治的胜败给一个说法,司法在其中虽然主要扮演的是工具和晚礼服的功能,但是,以司法来解决政治问题,对政治更有好处。越是在旧秩序濒临崩溃,新秩序有待建立的转型时期,政治性司法就越可能出现。政治性司法的过程,也就是政治力量重新调整洗牌的过程。司法对政治问题的解决,既是结束过去,也是开辟未来,它会昭示着新型司法体制的建立,为司法的转型提供良好的契机,从而达到司法和政治双赢的结果。当然,也正因为政治性司法不得不在非常时期涉入各种敏感的政治领域,所以从司法转型的意义来看,它是最为被动的司法。在这里,司法的方向和命运,完全取决于未来会建立怎样的政治秩序。只有回答了"政治往何处去"这一前提,"司法往何处去"这一问题才能根本解决。

以上对三类司法的分类,着眼于司法转型的历史视角。根据它们自身承担的历史使命的不同,三者各有侧重,分别指向事实、法律与政治问题。当然,事实性司法离不开法律的前提和政治的考量;法律性司法要处理事实问题和进行政治权衡;政治性司法也必然离不开事实问题的解决和法律共识的达成。这样的划分,可能更有利于呈现社会变革与司法变革之间的因果关联。一个国家的政治、文化、道德、舆论等越有序、越同质,司法在其中就越具主动性,越能不受干预地、独立自主地履行其权限和职能。相反,社会变革的需求越强,政治和法律等制度性前提越是动摇不定,则司法服务于社会的方式就越被动,司法从事实性功能变为法律性功能,进而变为政治性功能的可能性就越大。然而,越是在司法显得被动不堪的时候,司法可能反而会越加引人注目,因而也就越可能会追求事实真相,致力于法律忠诚,"认认真真走过场",从而给人留下个案推动司法转型的假象。

回到苏报案,我们发现,在这件轰动一时的案件之前,这个充满沉疴痼疾的老大帝国,早已被迫卷入了世界文明的进程;而在苏报案之后等待它的,将是一场场剧烈而又动荡不安的革命风暴。坚船利炮打不醒它的迷醉,丧权辱国也撼不动它的自负,洋务、维新、立宪,都不过是维持旧世界的骗人花样。这个帝国秩序的统治者和既得利益者们,由于可以将失败的代价肆意转嫁给平民,所以尽管面对外国人灰头土脸,但在自己的臣民面前,仍然可以趾高气扬,予取予夺。然而,苏报案的发生,在司法主权不再,租界会审公廨强劲介入的情形下,使得第一次,这个老大帝国不得不与臣民平起平坐,接受审判。大清政府不仅要和被告一样请洋律师辩论,还要遵循现代的司法程序,更要命的是,连最终定罪量刑的依据,都不是本国的法律,而是英国法中的"煽动性诽谤罪"。从最初要求的凌迟处死,到提出终身监禁,再到最后无奈接受三两年刑期,整个庭审的过程,淋漓尽致地展现了传统司法体制在新型审判游戏规则面前节节败退的过程。大清帝国不仅在法律上败给了西方,更是在外国人的干预下败给了自己认为可以像蚂蚁那样随意掐死的刁民。它的官员们在台前幕后进行的各种斗争和交易,都使这场法律的审判沦为了一次试图挽回政治面子的抗争。

的确,作者在这篇博士论文中也毫不讳言,苏报案首先是一个政治案件,其次才是一个司法案件。在那特殊的转折年代,政治的力量将各种因素都卷入进来,从衙门到会审公廨,从审判权的争夺到引渡的努力,从沈荩被杖死案的偶发到新闻舆论的压力,从清朝官僚系统的反应到各国公使的算计,从律师的表现到当事人的不屈,一切的一切,都戏剧性地揭示,政治的风云变幻带来了司法的不确定,而政治较量的结局却也蕴含着司法趋势的某种必然。面对一个王朝的覆灭,面临焦虑不安的现实,面向不知何去何从的未来,司法似乎无力承载这沉重的转型之痛,但它却可以成为聚集转型之复杂艰难的一个透镜。苏报案尽管揭示了现代司法制度的各种理念和精神,但要想把这一套原则转化为行之有效的制度并在中国生根,看来需要更广泛、深入和长久的各种权利实践和法治实践。苏报案是被动的,政治的,也是特殊的,它的个案得失和经验教训,很难真正转化为某种普遍恒常的制度示范。正如傅国涌在《追寻律师的传统》一书中专门提到的那样,苏报案 3 年后,秋瑾在浙江绍兴被杀,没有法庭公审,没有律师辩护,没有最后陈述,没有一切近代的法律程序,只留下一句"秋风秋雨秋煞人"的绝笔……而在苏报案百年之后的今天,我们司法转型的任务又经历了多少坎坷,并且还是多么的任重而道远!

然而,上述分析,并不说明我的悲观。司法在文明进程当中的被动性,或许恰好是其优势所在。按法理出牌的司法，在传统与现代碰撞的时刻，不仅是充当摆平理顺、装潢润滑的角色，更重要的是，它能以其特殊的程序正义和实践理性，为政治社会的良性发展奠定坚实的基础。转型过程中司法的被动性，并不意味着司法的无所作为。未来的不可预知，反而可能成就人的付出和努力的价值。以守护法律为己任的司法，或许无法决定制度发展的顶层设计，但它却可以提供制度发展所必不可少的底层生态。借用托克维尔的说法，司法将以其崇尚法律的性情，以其对自由的热爱，以其沉着冷静的手段，来引领社会的未来。司法有理由胜任这一重要的使命。在历史的三峡，在广阔的社会政治变革的背景下，被动的司法应该一如既往地坚持司法特有的逻辑，稳健地彰显自身独立的声音和力量，不辜负人们对于司法转型的期盼。

帝国司法的黄昏

——《1903 年：上海苏报案与清末司法转型》中的叙事、审判与政治

曾令健 *

大体上言，有关上海苏报案的报道、著述颇丰，但严谨的学术成果并不多，其中法学类作品也很少见，而有分量的杰出研究更是屈指可数。蔡斐先生的博士学位论文《1903 年：上海苏报案与清末司法转型》（下称蔡文）正是一部难得的代表性作品。[1] 基于对上海苏报案的完整拼结与细致描述，蔡文揭示了中国固有司法与西洋舶来司法之间的张力，探究了清末司法转型具有的某种必然性，还进一步阐释并践行了"小叙事、大视野"研究路径。蔡斐博士对苏报案的关注及研究可以溯及至其攻读新闻学硕士学位期间，[2]故而可言，蔡文绝非毕一日之功，个中的观点、论述及方法均值得读者的细致阅读、深入理解与审慎评价。

一、作为叙事的苏报案

1903 年的上海苏报案是蔡文的起点，亦所谓的"关键性个案"——研究者有意识选择的、具有理论创生性的、具有研究方法之开放性与跨学科性的、虽细枝末节却可充分解释学理与历史的个案。[3] 通过深度描写，蔡文还原了苏

---

* 西南政法大学应用法学院讲师，法学博士。

[1] 蔡斐：《1903 年：上海苏报案与清末司法转型》，西南政法大学博士学位论文，2011 年。

[2] 蔡斐：《1903 年：上海苏报案》，西南政法大学硕士学位论文，2008 年。细心的读者可能已经从蔡氏博士论文与其硕士论文的标题方面的高度相仿发现了某些端倪。这是蔡博士长期浸淫于苏报案研究的直观表征之一，蔡氏博士论文也正是其硕士论文的延续与深化。

[3] 同注 1，第 4 页。

报案的具体面貌。入题，蔡氏即用颇富诗意的笔触勾勒了一幅帝国黄昏图——北京的落日、楼头、暮鼓、胡同，皆跃然纸上，而被余晖拖得老长的马车影子竟是大清国艰难挣扎的"灰色头像"；在昔日"三等县城"的上海滩，④十里洋场的上海租界却已经"在司法转型的道路上先行一步"。这是叙事的基调与起笔，而此种对比手法不仅在梳理苏报案时多次运用，在其他篇章也有不同程度的涉及。需指出，纵然蔡文着意刻画大清国停滞不前的素描，但自鸦片战争尤其甲午战争以降，中国业已被拽入了世界结构之中并被置于一个相对边缘化的结点之上，颇有"树欲静而风不止"之势。这在蔡文的对比手法中也略有体现。

依蔡文的叙述，《苏报》原是上海滩众多刊物中一份不起眼的"营业性质之小报"，除因刊登黄色新闻与租界公廨有过纠葛之外，关于它的记载不过"所刊消息议论，大多颇为无聊"、"经济既困，人才亦少"云云。⑤ 1903年初的全国性学潮让《苏报》迅速蹿红上海滩，其为罢学呐喊、为革命鼓与呼。在罗列该时期《苏报》的种种犀利言论之后，⑥蔡文疾转笔锋，论及清廷因各地倡议排满、鼓吹革命而关注《苏报》，并提及清廷在租界行使司法管辖权所遭遇的制度障碍与现实困境，这也为后续论述埋下伏笔。待《苏报》刊载邹容之《革命军》、章炳麟之《驳康有为论革命书》后，清廷启动了业已搁置的抓捕计划。⑦ 由是，清廷如何在租界行使司法管辖权亦再次成为棘手问题。在蔡氏笔下，台前、幕后，明枪、暗箭，阴谋、阳谋，公事、人情，悉数上演、彼此交织，尔后清廷与租界达成合意，即以苏报案在租界审理为前提，由租界工部局查封报社，抓捕邹、章

---

④ 但开埠之前的上海并非不繁华。清乾嘉时诗人施润云："一城烟火半东南；粉壁红楼树色参。美酒羹肴常夜五；华灯歌舞最春三。"当然，该时繁荣也是相对而言的。有学者指出："租界是帝国主义强加给中国的不平等条约的产物，对中国主权的侵犯是不言而喻的。而从城市角度上来讲，它又是一种催化剂、激素。上海从东海之滨的一个小县城逐渐变成国际性的都会，这一结果与租界又是不无关系"。薛理勇：《上海洋场》，上海辞书出版社2011年版。

⑤ 同注1，第16～17页。

⑥ 同上注，第21～23页。

⑦ 之所以清廷对邹、章等人"穷追不舍"，主要因为其对该时社会运动产生的巨大影响。有学者将1903年邹容《革命军》的出版、1900年义和拳运动、1905年抵制美货运动称作近代中国民族主义的三种面向。详见［美］史景迁：《追寻现代中国：1600—1912年的中国历史》，黄纯艳译，上海远东出版社2005年版，第269～283页。

等一干人众。⑧ 至此,蔡文为苏报案的审理厘清了基本框架,即煌煌天朝与文弱书生在租界会审公廨这一特殊法庭上开始一场特殊的争逐,而各方主体的特定身份及复杂背景也意味着这场角力的与众不同。由是,这场特殊审判也具有揭示法律、政治、历史、社会诸问题的可能意义。

　　为参加预审程序,清廷特地聘请了律师,但该次审讯却落得个草草收场。出身新闻学研究的蔡氏随即将目光投向其时上海报界对苏报案的反应,随即引出清廷出于挽救舆论颓势所做的种种努力以及为了严惩涉案人而寻求"引渡",以摆脱会审公廨的管辖。这些是关乎邹、章等人命运的案外动作,清廷遂与众驻华公使、驻沪领事开展拉锯战。⑨ 如果说在蔡文先初描绘的帝国黄昏图中,北京与上海更多是凭借文学化手法被勾联在一起,在关乎"引渡"的外交活动中,北京与上海倒也确实互动起来,并几将邹、章等人"引渡"出租界。在租界工部局的坚持之下,尤其沈荩案的突发旋即改变了各国公使、领事的立场,苏报案最终只得在租界审理。政治之于司法的影响由此可见,且较之于二者关系的一般分析,苏报案中折射的政治—司法问题又要复杂许多。自"治外法权"确立之后,清廷抱守着残缺的司法管辖权。故而,其一方面,希望通过外交活动以摆脱外国势力对苏报案的影响,借助"完整地"行使司法权以维系朝廷之于臣民的威严;另一方面,又因沈荩案再度引起外国势力对其司法"文明性"的质疑,而不得不在勉强参与会审公廨时围绕具体事宜展开法律、政治的双重自救。这在年逾半载的审判中有具体展现,如审判权归属、指控、举证、讯问、质证、释放人犯、拟定判决、最终判决等环节。其中,对观审权力作扩大解释时的"蛮横"、开释人犯时的交涉以及对清廷所拟判决的否定等,无疑直白地表明:苏报案的审理更像一场政治角力。

　　所有这些均通过蔡文的细腻笔触与飘逸文风展示出来,从而将一些有解释力与学术意义的情节及片段挑选、拼结、整合起来,最终形成了围绕苏报案而构筑出的事件群,这些事件群又被用以呈现该时期之法律、政治与社会。蔡文在绝大多数时候坚持了这种叙事研究方式,希冀"将事件串联起来,从而使事件根据自己的时间位置和在整个故事中的作用而获得意义"。⑩ 正是基于这个通过叙事方式形构出的而且具有法律、政治、社会解释意义的个案,蔡文

---

⑧　同注 1,第 25~28 页。

⑨　同上注,第 29~39 页。

⑩　成伯清:《走出现代性:当代西方社会学理论的重新定向》,社会科学文献出版社 2006 年版,第 24 页。

纵横捭阖,考察苏报案之社会结构,分析苏报案之关键变量,透视中国传统司法,展示中外政府—新旧司法—各色媒体的多重、多维关系,剖析清末司法转型,阐释司法现代性以及评价百年司法改革。

二、苏报案中的案件社会学

蔡文是运用布莱克的案件社会结构理论考察苏报案的有益尝试,具有某种开拓意义。布莱克氏认为:

法律是可变的。它因案件不同而不同。它是因情况而定的。……法律原则不足以预测或解释这些差异。……除了法律的技术性特征——法律准则具体应用于实际案件中的过程之外,每一案件还有其社会特征:谁控告谁? 谁处理这一案件? 还有谁与案件有关? 每一案件至少包括对立的双方(原告或受害人以及被告),并且可能还包括一方或双方的支持者(如律师和友好的证人)及第三方(如法官或陪审团)。这些人的社会性质构成了案件的社会结构。……每一个案件都是社会地位和关系的复杂结构。……案件的社会结构可以预测和解释案件的处理方法。[11]

围绕布莱克提出的影响案件法律量的对手效应、律师效应、第三方效应,[12]蔡文分别对苏报案中作为原告的清廷、作为被告的邹章等、双方聘请的律师、作为第三方的审判人员以及租界工部局、公使团、领事团等逐一予以分析(纵观全篇,蔡文还探讨过报社对苏报案的影响)。概言之,清廷如何以政治视角看待苏报案及其受时局左右引发的态度转变,邹、章倡议革命及其"拒法"、"抗俄"对法、俄之"引渡"立场的影响,双方律师在庭上、庭外的作为与影响,中国瀜员和外国陪审员之权力角逐与苏报案的走向,租界工部局、公使团、领事团的立场及其变迁。[13] 本文认为,蔡文不仅将案件社会学导入苏报案的

⑪ 〔美〕唐·布莱克:《社会学视野中的司法》,郭星华等译,法律出版社 2002 年版,第 4～6 页。

⑫ 关于对手效应、律师效应、第三方效应的具体阐述,可参阅〔美〕唐·布莱克:《社会学视野中的司法》,郭星华等译,法律出版社 2002 年版,第 7～15 页;Donald Black, M. P. Baumgartner, *Toward a Theory of the Third Party*, in Keith O. Boyum, Lynn Mather, eds., *Empirical Theories about Courts*,(New York:Longman,1983),pp.84～114,中译本载〔美〕唐纳德·布莱克:《正义的纯粹社会学》,徐昕、田璐译,浙江人民出版社 2009 年版,第 95～122 页。

⑬ 同注 1,第 57～77 页。

分析，还巧妙地将叙事研究方法融入其中。对于作为历史学、新闻学之传统话题的苏报案，蔡文整合研究方法与理论关怀的努力是一种有益的尝试，也颇有某种开拓者的胆气。恰如蔡文所言："本案将通过对苏报案社会结构的解构……以解释苏报案的处理，最终改造和完善布莱克的'案件社会结构理论'"。[14]

这也引发了若干追问：蔡文如何改造、完善布莱克理论？抑或在于探寻布莱克理论的有效解释范围？案件社会结构理论是否适合分析具体的个案？从蔡文的后续论述来看，与其说是对布莱克理念予以改造与完善，毋宁说更多地表现为对布莱克理论之适用限度的反思，即"对于极具特殊性的苏报案而言，纯粹的社会结构分析是不足以完全解释苏报案的最终判决的"。[15] 这种反思有一定的道理，却可能部分地脱离了该理论之固有语境。

毋庸讳言，布莱克理论自诞生以降，不仅在学术界产生了巨大的轰动效应，也引起诸多批评。[16] 正如布莱克理论给国内学人带来的智识冲击，这些批判也影响到了国人。其中，某些批判缘于对布莱克理论的不完整认识。亦有人认为："更为普遍意义上，布莱克的许多命题要么不能证伪，要么就伴有诸多例外。人们往往可举出反例来挑战他的命题，比如他认为法律的普遍精神有利于强者不利于弱者，但弱者在诉讼中胜出的例证比比皆是"。[17] 这类认识有不太全面之虞，宏观、静态的社会事实是布莱克氏命题的研究对象，而不是关涉每一个具体个案。布莱克氏所说的乃是整体意义上、客观意义上的司法样态，即作为一种社会事实的司法运行。正是在此意义上，布莱克关于案件社会学的分析，亦被称作纯粹社会学（Pure Sociology）。布莱克将规则从法律运作中剥离出去，将法学问题从法社会学中剔除出去，依据社会空间的变量，如分

---

⑭　同上注，第 56 页。

⑮　同上注，第 77~78 页。

⑯　对于布莱克的代表作 *The Behavior of Law*，有学者认为，该作品不仅逻辑上不周延，且变量控制不具有可操作性，甚至还存在所引论据无法佐证论点的问题。David F. Greenberg，"Donald Black's Sociology of Law：A Critique"，Vol. 17 *Law and Society Review* 337—68（1983）. 针对 Greenberg 的评论，有学者予以了"再评论"。Allan V. Horwitz，"Resistance to Innovation in the Sociology of Law：A Response to Greenberg"，Vol. 17 *Law & Society Review* 369—84（1983）. 有关布莱克理论的后续探讨，可阅 Allan V. Horwitz，"A Communities Symposium on Donald Black's 'The Behavior of Law'，"Vol. 31 *Contemporary Sociology* 641—74（2002）.

⑰　王静怡：《法律进入社会学时代》，载《二十一世纪》2004 年 4 月号。

层、形态、文化、组织性、社会控制来研究法律几何学。这在布莱克的许多作品中均有涉及。[18]

应当说,"去规范性"分析的布莱克理论在一定程度上揭示了苏报案之过程及结局,即一个受制于案件背后各种力量之博弈、制约、互动的事实。因此,从反思既有理论的解释范围出发,借助苏报案检视布莱克主张的具体命题,或许是一个不错的选择。

在反思布莱克理论的解释限度之后,蔡文作了结论性判断,且从行文看来,这可能正是其改造与完善布莱克理论的努力:"司法是一种变量之和";苏报案"只能是一场各种变数角逐的变量之和";"个案之中,关键性变量,甚至关键性变量的细节都有可能影响司法的最终裁决,也即司法的结果有时候是非逻辑的,而是充满变数的,一个偶然的细节或变数都可能导致裁决的完全不同"。[19] 这种改造在较为显著的程度上离开了布莱克理论的语境,以致较为宏大、概括,也较为模糊。我们可能会追问:如何实现"之和"? 苏报案中具体的关键性变量的位阶及作用如何? 这些变量如何互动? 是否形成明确的函数关系? 这些变量又是通过何种演进形塑了苏报案之过程与结果? 这些均有深入与细化的空间及必要。

我们可能需要从关键性变量的界定入手,区分可控制型变量与不可控制型变量,进而具体分析司法过程中各个变量以及这些变量分别对司法活动产生何种影响,以及最终是否在整体层面决定了司法的确定性或不确定性。另外,司法的不确定性是法律现实主义的核心理念,但这种不确定论不具备无限放大的能量与必要。对于关键性变量,往往也有变化幅度,并非全然没有预测空间以至于完全不可把握。不宜夸大司法过程的不确定性,即便司法是相对的确定性与一定的不确定性的交集。我们甚至可以借用棚濑孝雄的观点,将苏报案的审判视作状况性纠纷解决与规则性纠纷解决的结合体,[20]即在会审

---

⑱　比如[美]布莱克:《法律的运作行为》,唐越、苏力译,中国政法大学出版社 1994 年版;[美]唐纳德·布莱克:《正义的纯粹社会学》,徐昕、田璐译,浙江人民出版社 2009 年版;Donald Black, "The Epistemology of Pure Sociology", Vol. 20 *Law & Social Inquiry* 829—70 (1995);Donald Black, "Dreams of Pure Sociology", Vol. 18 *Sociological Theory* 343—67 (2000);Donald Black, "Pure Sociology and the Geometry of Discovery", Vol. 31 *Contemporary Sociology* 668—74 (2002)。

⑲　同注 1,第 56 页、第 80～81 页。

⑳　关于状况性纠纷解决与规则性纠纷解决的论述,可参阅[日]棚濑孝雄:《纠纷的解决与审判制度》,王亚新译,中国政法大学出版社 2004 年版,第 8～9 页。

公廨及其程序运作等规则性纠纷解决机制的背后掩映着各股政治力量、时局变迁对苏报案的影响。

三、苏报案中的新旧司法与现代转型

飘逸、诗性的笔风为蔡文迎出"又一村"，其发散性地抛出几个设问，并成功地将对苏报案的分析引入另一番"洞天"：传统衙门中的苏报案将会如何、没有沈荩案的苏报案将会如何、缺乏足够多的媒体关注的苏报案又将如何。这些追问也反映出蔡文中潜伏的一条暗线——对比，这在使用对比手法刻画北京—上海时就有清晰的展示。在蔡文中，对比无处不在。正是从这些追问切入，蔡文借助假设手法分别比较会审公廨与传统衙门的差异，通过沈荩案之于苏报案的影响考察新旧司法之间的紧张，通过媒体对苏报案的关注探析中外政府—新旧司法—各色媒体的多重、多维关系。[21] 当然，本文用新旧司法分别指代传统司法与会审公廨，这种说法是否妥当？如果认同蔡文所秉持的观点，即现代司法肇始于会审公廨，那么这种表述在逻辑上也能说得通。

如果说蔡文在运用案件社会学理论诠释苏报案还大抵上属于"就案说案"，那么经由追问、假设与比较，则希望通过叙事将苏报案引向更开放、广袤的层面。正如蔡文引用 Harvey 氏的观点——"关键性个案研究……能够为解析谜团和矛盾提供特殊的焦点……旨在诠释更为广泛的社会结构和历史问题"——所表明的那样。[22] 从全篇观之，蔡文的假设、比较之基本意图在于通过揭示新旧司法的"优劣、短长"，为论述清末转型埋下伏笔，甚至预设转型在某种意义上具有的"必然性"及"合法性"，只是没有充分展开罢了。故蔡文有言："这种'没有对抗的司法'严重限制了现代司法制度和理念在中国司法审判中的发展。在这种庭审模式下，一旦苏报案的案犯被引入中国传统衙门，审理程序和结果都是可想而知的"。[23] 作为一种合乎情理的推测，我们有充分的理由相信，苏报案在传统衙门与会审公廨中的结果将是迥然大异。这中间是"断断"不能排除审判模式差别的，但最紧要的因素可能在于传统衙门皆系奉旨办

㉑　同注 1，第 82～109 页。

㉒　Lee Harvey, *Critical Social Research*，(London：Unwin Hyman Ltd.，1990)，p202.转引自蔡斐：《1903 年：上海苏报案与清末司法转型》，西南政法大学博士学位论文，2011 年，第 3 页。

㉓　同注 1，第 85 页。

事。在苏报案中,传统衙门的审理本质上不过是臣僚为朝廷"当差",是现代意义上之一方当事人兼作裁判者评价他方当事人之行为,结果也就显而易见。

相似的拓展性分析在蔡文中还有很多,而且为了从叙事研究走向更具张力的理论探讨,该文引入了一些既有学术概念与理论。总体而言,这种引入及融合颇为成功,但个别地方也有商榷的余地。比如,蔡文引用"诉讼法律关系"、"诉讼事件"、"遵循先例"等既有概念以解释苏报案之社会结构以及分析沈荩案之于苏报案的影响等。㉔ 这些"借用"相对而言还是较为大胆的,甚至稍显激进。如果将考察苏报案的三方主体之间的相互关系以及各主体之于案件的影响视作诉讼法律关系分析,这不仅与传统诉讼理论相去过大,还可能与布莱克理论的去规范性之间引发紧张。如果以诉讼事件界定沈荩案之于苏报案的影响,并将该影响视为源于遵循先例原则之于西人思维的影响,那么蔡文不仅在有意无意间扩张了诉讼事件的含义,也将类比思维扩展到了具有规范性的先例高度。从诉讼法律关系上讲,沈荩案毕竟只是一起案外的、相关的事件。中国的传统司法总体上缺乏确定性,至少受权力左右的空间特别大,恣意而无限制。西人眼中中国司法的"文明性"质疑正是治外法权的重要产生原由。㉕ 沈荩案对西方力量的影响主要不是源于遵循先例观念,更多的是相对明了的类比思维,即担心人治模式的难以推测、揣度以及司法的"不可理喻"。这或许也是从一种政治上的"善"来猜度西人眼中的沈荩案与苏报案。

无独有偶,蔡文也尝试了对苏报案的司法—政治学分析予以突破:"政治显然是主导苏报案的最重要因素之一。但在某种角度上又不是,起码不是传统教科书定论般标签的'中外反动势力勾结的产物'"。㉖ 这不仅反思了纯粹从政治立场看待苏报案存在的不足,尤其对某些过于简单化甚至想当然的观点予以了否认,也把对苏报案的分析引入到一个更为广阔的视阈中。尔后,蔡文切入到一个核心论题,即苏报案与清末司法转型的关系考察。在剖析苏报案的过程叙事、社会结构及相关追问之后,这一切换既是行文之必然,也是该项研究理论提升之所需。

然而,这是一个颇具历史纵深性也更难把握、阐释的问题。蔡文选择了清末司法转型的动因为分析的切入点,并在评述"冲击—反应"模式、"中国中心观"、"折衷说"之后,提出了"个案推动说":

㉔　同上注,第56页、第97页。
㉕　同注7,第141～146页。
㉖　同注1,第112页。

个案推动说"强调中国法治进程,无论清末,还是当下,是由一个个具体的个案推动前进的。这种论说摆脱了从宏观层面讨论司法转型动因的纠缠不清,而落实到具体个案上,从微观层面入手,因为无论是变化着的政治、经济和社会因素,还是需要变革的法律和转型的司法,其落脚点都是实践中的个案。个案恰如一个个节点,勾连着历史的脉络,展现着历史的变迁,同时又承前启后,把旧的需要摈弃的和新的需要吸纳的都包含在内。㉗

为了进一步阐述"个案推动说",蔡文一再强调:"正是杨乃武与小白菜案、苏报案、黎王氏案、手推小车加捐案、巡捕房探员曹锡荣杀人案……等众多个案的推动下,传统司法与现代司法的冲突步步展现,晚清司法转型的必要性层层显露,个案成为晚清司法转型的动因"、"正是一个个类似苏报案的个案推进,才移动了中国传统司法沉重而腐朽的架构。这也是'个案推动说'的体现所在"。㉘ 应当说,在阐释清末司法转型以及其他司法转型的解释工具中,蔡文的"个案推动说"是一个颇为大胆也甚有新意的提法。精剖细缕苏报案引发的中外制度、思维层面的碰撞及反思,蔡文为阐释苏报案对清末司法转型的意义做了很多努力。

但是,"个案推动说"也存在某些亟待明确、厘清乃至反思之处。虽然蔡文将"个案推动说"作为超越"冲击—反应"模式、"中国中心观"、"折衷说"的解释工具,但是,从全篇论述及该观点的内容看来,"个案推动说"难以与其他三种分析框架构成逻辑上的并列关系。进言之,"个案推动说"基本属于"折衷说"在分析司法转型时的细化,基本上可以视作该分析框架的一个派生概念。这在蔡文有关会审公廨之作用与苏报案对司法转型的意义的论述中可以得到佐证。

此外,"个案推动说"的解释力度也是相对有限的,至少亟待深入挖掘。该观点中的"个案"可能正是内、外部各种力量共同作用下的微观反应,也是司法转型的具体表现。但是,这是否就是清末司法转型的内在动因却有必要厘清。或许,正是那些作用于具体个案、形塑个案的内、外部因素才是清末司法转型的关键因素,而个案在其中发挥着某种"桥接"功能,把各种宏大的社会、政治、经济、文化诸因素之于司法的影响通过具体的个案呈现出来,也通过具体的个案来影响时人之观念与该时代之司法。但是,这类论断需要更多的材料予以

㉗ 同上注,第 119 页。

㉘ 同上注,第 120 页、第 139 页。

佐证,如尔后的立法、司法中是否顾及、回应了相关个案。逻辑上讲,个案尤其时代之大案具备影响司法转型及其进程的力量,但具体至苏报案,其是否发挥过类似作用还需要更详尽、严谨、审慎的考证。蔡文在此方面还有突破的空间。

还需指出,蔡文的某些论述则有消减"个案推动说"的解释力之虞。在通过个案推动说分析清末司法转型之后,蔡文又指出:"从历史的客观规律来看,即便没有苏报案,清末司法转型也是一种必然。因为从历史趋势来看,司法的转型只是裹挟在清末社会转型之中的一个小的方面"。㉙ 如果这样,那么需要诘问的是:基于对分析苏报案从而提炼"个案推动说"的这种说法有何依据?又或者"个案推动说"主要是一种说辞,一种逻辑推演,而与研究素材无甚关联,以致换作任何案例(不论是否属于关键性个案)均可得出"个案推动说"?如将"个案推动说"置于"折衷说"的框架之中,这些问题大都可以迎刃而解,从而避免个案"不能承受之重",即便是关键性个案。

四、代结语:也论"小叙事、大视野"

受黄仁宇先生"大历史"观的启发,徐昕先生率先提倡"小叙事、大视野"研究路径:"一方面,强调福柯式'权力的微观物理学'(microphysics of power),重在细微、解构和批判。……另一方面,为了更完整地解释和分析,这种研究进路也注重包容、整合、建构以及更广阔的视角"。㉚ 蔡文运用并尝试发展"小叙事、大视野"研究路径,也是该文在方法论上的主线。由于借助苏报案以讨论清末司法转型是蔡文的基本意图,故而,在将苏报案作为关键性个案之后,蔡文选择了"小叙事、大视野"研究路径,通过"深描"与"复调"的叙事策略,汲取社会科学研究中新法律史、假设—演绎法、事件路径等方法以深化对个案的理论拓展。换言之,力求通过演绎苏报案,以事件为基础和窗口,正视历史的可能性,来寻求更深刻的社会作用机制的透视,进而连接历史与理论,使本文的论述更能够拓展广度和挖掘深度,并由苏报案展示不同司法观念、制度和运作的对比,对学理进行反思和超越,提出……一些初步性的概念。㉛

总体而言,蔡文运用"小叙事、大视野"研究路径是成功的。从形式上看,

㉙ 同上注,第146页。
㉚ 徐昕:《论私力救济》,中国政法大学出版社2005年版,第42页。
㉛ 同注1,第8～14页。

蔡文更加侧重于叙事的研究意义，希望借助细致的、深入的描述与精巧的、恰当的拼结深入到事件的本质深处，从而揭示出事件所蕴含的法律、政治、社会、历史意义。

这中间的一个核心问题在于：个案何以承受之重？这涉及两个层面：其一，苏报案是否是推动清末司法转型的关键性个案？这种选择是否妥当？这些在前面已经有所涉及，故不赘述。其二，在方法论意义上，苏报案是否具备引领整项研究而且具有理论催发、学术提升的功能？一个个案又能否反映出会审公廨审判与传统审判之一般性差异、公审公廨审判与司法转型之内在关联？这些皆及个案运用技术及其方法论理解。

对此，蔡文从引入特定社会科学理论和研究方法以实现从"小叙事"到"大视野"的转换，并在苏报案中予以了尝试。鉴于此，本文仅从直观、具体的层面对"小叙事、大视野"略作阐述，尤其个案的典型性对于"小叙事"的重要性。有学者认为："关于个案研究的代表性问题是'虚假问题'，因为个案研究并不一定要求个案具有代表性。……在个案研究中，研究总体的边界是模糊的。正因为个案不是统计样本，所以它并不一定需要具有代表性"。[32] 由于个案选择往往并不具有统计学上的抽样意义（这不仅体现为个案选择缺乏相对明确的抽象边界，也缺乏样本与总体之间的关系预设），故而，代表性之于个案研究而言，极可能产生某种无法承受之重。在此意义上，学者们强调个案研究之典型性，通过分析性推理直接从个案上升到一般结论，[33] 即"典型性不是个案'再现'总体的性质（代表性），而是个案集中体现了某一类别的现象的重要特征"。[34] 在此意义上，蔡文将苏报案作为关键性个案来辨析清末传统司法与西方司法之间的冲突与纠结，洞察清末司法转型与该时期会审公廨的关系，在方法论上还是具有相当程度的可取性。

但是，倘若蔡文在个案研究与理论提升之间再加磨砺，或许更能体现出苏报案这一关键性个案研究的学术价值。有学者将个案研究分为"纯描述性专题研究"、"包含有内部比较的个案研究"和"带有比较意识的个案研究"，而第三类又分为"解释性个案研究"、"启发性个案研究"和"关键性个案研究"，认为

---

[32] 王宁：《代表性还是典型性？——个案的属性与个案研究方法的逻辑基础》，载《社会学研究》2002 年第 5 期。

[33] Robert K. Yin, *Case Study Research: Design and Methods*, London: Sage, 1994, pp. 30－2.

[34] 同注 32。

"关键性个案研究的功能就是为了检验现成理论"。㉟ 个案研究的此种实践对理论的可信服度具有重要的建构功能,通过不断证伪以推动理论体系自身的发展与演化。那些特殊个案(譬如苏报案)往往更利于展示既有理论的不足,故而,这种关键性个案研究不仅可以检验既有理论,更容易成为理论增长的立足点。蔡文已有此类尝试,但步伐还可以迈得更大、更快,同时需要更加严谨、审慎。

毋庸讳言,无论多么出色的博士论文都不是研究的终结,而恰恰是深入研究的良好开端。若再雕琢,无疑更好。蔡文亦是如此。

㉟ 详见王绍光:《比较政治——方法论的分析》,载《知识分子》1987 年秋季号。转引自王敬尧、周凤华:《政治学研究中的个案方法》,载《社会主义研究》2003 年第 2 期。

还原与解构：百年沉淀的清澈

——评蔡斐《1903 年：上海苏报案与清末司法转型》

王斐弘 [*]

　　历史需要沉淀。而历史事件的研究，则需要沉淀后的清澈。

　　如果说，当代修志，隔代修史，这一治史常识意味着史料的精准固然得益于即时的实录，而史识的形成，则有赖经由时间的沉淀以及隔代摈弃诸多干扰所带来的客观化，以及返照、省思，乃至以当代眼光"作为对此历史的评论而产生的历史"。这恰好印证了克罗齐"一切历史都是当代史"的名论。基于此，应当说，蔡斐的博士论文《1903 年：上海苏报案与清末司法转型》（以下简称"博士论文"），一方面，通过"小叙事"和"深描"，客观还原了苏报案的发生、发展、结局等事件过程以及事件各个环节之间前后相继、因果相承的关系，让你回到"个案现场"；另一方面，通过"大视野"及"复调"，展示事件内部逻辑形成的外部环境，亦即事件过程中各种力量和因素的生成、灭失、增强、减弱、抵消、转移、角逐、合作的动态图景，从而清晰地解构出案件的社会结构，使得苏报案获得了它本然的、应有的"多棱镜"功效。由此，博士论文不仅具备了百余年长时段的沉淀，而且一改就事论事的普泛，以对苏报案的社会结构的解构以及若干颇具深意的追问，厘清和展示了不同司法传统的种种矛盾，进而论证了清末司法转型的必然性。这一取向与努力，使博士论文具有了百年沉淀的清澈，在为数不少的同类著述中，独树一帜，卓尔不群。

一、叙事与还原：苏报案的个案场景

　　如果我们用更长时段的历史眼光来打量发生在 1903 年的上海苏报案，它其实是"以小自耕农为基础的传统帝制时代的伦理文明秩序，向现代工商社会

---

　　[*]　中国计量学院法学院教授。

的法律文明秩序过渡"①的一段小插曲,一件带有许多偶然因素的必然事件,一个聚合了多种文化因子与矛盾冲突的"历史结核",一经发生便高悬在历史的屋檐,成为标识历史转型的风向标。因此,蔡斐博士将之称为"关键性个案"是恰如其分的。他以不俗的眼力,不仅看到了蕴藏在这一个案背后巨大的历史意蕴,尤其通过犀利的思想之刃,层层剔剥和深度开掘了深藏其中的富矿,获得了丰硕的成果。

为了还原这一个案,博士论文采用了徐昕先生在《论私力救济》一书中概括与提炼的"小叙事、大视野"研究路径,具体就是通过"深描"与"复调"的叙事策略,并汲取社会科学研究中新法律史、假设—演绎法、事件路径等方法,逼真地还原了苏报案的"个案场景":

博士论文首先以赅简的文笔,翔实的史料,还原了《苏报》的"前世今生":一份本是"胡璋(铁梅)所经营,但由其妻日本女子生驹悦出名,在驻沪日本总领事馆注册"②的一份"营业性质之小报",创办几年来,曾因刊登黄色新闻与法租界公廨发生纠葛,内部也多次爆出纠纷,所以一直以来都不顺当,遂在1900年前后全盘出让给陈范。③ 陈范接手后,最初的两三年,陈范的办报活动很是惨淡。而《苏报》的转机,出现在1903年初的那场全国普遍爆发的学潮之际。有趣的是,坚定陈范支持章士钊倡言革命言论的,竟是一桩阴错阳差的"假孙中山案",即冒充孙中山的一个流氓钱宝仁让陈范的"态度从早到晚发生一百八十度转变"。

自此,以章士钊担任主笔为标志,《苏报》进入了一个崭新的历史新时期,开始了一段疾风骤雨般猛烈且又惊天动地般壮烈的革命征程,历史风云的变幻,也将《苏报》推上了时代潮流的最顶端。④ 6月1日,《苏报》实行"大改良",刊登论说《康有为》。6月9日,章炳麟在"新书介绍"栏目评论《革命军》,"其宗旨专在驱除满族,光复中国。"6月18日,刊登论说《贺满洲人》,直白地在字里行间采用了"杀满"的字眼。6月20日,"新书介绍"推出《驳康有为书》书介。6月29日,摘录章太炎《驳康有为书》其中部分内容刊出。此文直呼光绪皇帝之名,指斥"载湉小丑,未辨菽麦"。一时朝野轰动,举世哗然。不久,章、邹等人被捕,《苏报》被封,"苏报案"发生。

---

① 许章润:《法学家的智慧》,清华大学出版社2004年版,第42页。
② 戈公振:《中国报学史》,三联书店1985年版,第152页。
③ 蔡斐:《1903年:上海苏报案与清末司法转型》,西南政法大学博士论文,2011年。
④ 同上注。

博士论文以一节"费力缉拿与捕人闹剧"，将清政府当局对《苏报》早有关注，到在当时上海"一地三制"的情境下要在租界内抓人并非易事的曲折，到最终抓捕程吉甫等人的平淡情节，也写得风生水起。先是警探遇见陈范而不拘，就富有喜剧色彩。让人肃然起敬的是章太炎听闻警探在抓捕了程吉甫后说"小事扰扰"，竟蒙头大睡。第二天，当警探来到爱国学社指名挨次查问，章自指其鼻："余皆不在，章炳麟是我。"自己不屑逃走，还在巡捕房写信让邹容、龙积之投案，结果龙氏连夜到案，邹容本由张继把他藏在虹口一西教士家中，亦于 7 月 1 日自投捕房。⑤ 这就把章太炎的名士风采和书生意气写得淋漓尽致。与此同时，博士论文还把查封《苏报》也非一帆风顺的过程，写得曲折有致。

博士论文接着以"奇异之诉"为题，把一方是以帝国自居的煌煌天朝，一方是手无寸铁的文弱书生为两造的双方，在世界上最奇特的混合法庭——会审公廨的审理过程，通过初审的草草收场，7 月 15 日的第一次公开审理，7 月 21 日的第二次公开审理以及诉讼中间清政府忙于"引渡"的种种努力，终因"沈荩案"的发生导致的夭折，用最细微的笔触写透了。在引渡夭折后，博士论文详细叙述了"额外公堂"中的审理过程，12 月 3 日庭审中的指控罪名以及举证责任，和这次庭审中章、邹的辩护律师琼斯极为高明的辩护策略。还把 12 月 4 日、5 日的庭审细节，按照被告接受讯问和证人出庭作证作了细致叙述。需要指出的是，博士论文不仅把庭审写得让人有身临其境的"现场感"，还进一步把章太炎的名士气度写得活灵活现，如见其人。比如，针对《新闻报》讽刺革命党的刻薄言词，章太炎通过《苏报》发表《狱中答新闻报》："……去矣，新闻记者！浊醪夕引，素琴晨张，郁素霞之奇意，入修夜之不旸。天命方新，来复不远，请看五十年后，铜像巍巍立于云表者，为我为尔，坐以待之，无多聒聒可也。"再如，章太炎在第一次庭审中，辩称"所指书中'载湉小丑'四字触犯清帝圣讳一语，我只知清帝乃满人，不知所谓圣讳。'小丑'两字本作'类'字或作'小孩子'解，苏报论说，与我无涉"，这就把章太炎根本不把所谓的清帝以及审判者放在眼里的凛然写活了。

更重要的是，博士论文把清政府对章、邹二人"永远监禁"和外方的拒不承认以及清政府与各国驻沪领事的反复交涉、斡旋、施压等方方面面，以致到 1904 年的整个 3 月、4 月份，双方都在围绕章、邹所禁年限讨价还价的曲折，如实"呈现"了出来。最终，在审理期限与超期羁押将会导致章、邹被释放的情势

⑤ 同上注。

下，作出了"议定邹容监禁二年，章炳麟监禁三年"的判决，至此，苏报案审结。

应当说，博士论文不仅十分完整，也比较专业地还原了"立体的"庭审场景，实现了作者首先认为"小叙事"是一种描述，旨在让阅听者回到个案现场的期许，而且通过后面的解构与追问，同时实现了"小叙事"还是一种解释和研究的进路，从而达到了文章"以案件的过程作为叙事推进的纵轴，以案件特定的'横截面'的'场景'作为分析的横轴。叙事策略采用'深描'和'复调'的结合，这样既能保证深入事件的实际过程，又能实现与外部宏观背景的勾连"⑥的愿景。

二、解构与追问：我们通过蔡斐笔下的苏报案究竟看到了什么

无疑，"小叙事"成功地还原了苏报案的个案场景。但是，蔡斐博士显然不满足于苏报案场景本身的立体还原，因为同类著述中即使不标榜"小叙事"的叙事策略，也大抵能够很好地实现这一点。换言之，作者仅仅将叙事与还原当作了展开他心仪不已的"大视野"的基础，一个由此基点出发的介质。这，也许就是他的高明与过人之处。事实上，在长达 20 余万字的博士论文中，客观还原苏报案仅占了整篇论文的四分之一，他没有像同类著述那样就事论事，反复陈说事件的台前与幕后，而是将篇幅留在了对苏报案的解构与进一步的追问上。惟其如此，才使得他笔下的苏报案具备了开阔的视野和思想的深度，才使得我们对他笔下的苏报案多了一份额外的期待与惊喜，也才不辜负事实上饱含了那么多可资分析的事件因子得以释放，让我们在百年的回眸中明白这一事件的渊源与流变、表象与本质、社会与文化的差异以及清明司法转型何以成为必然。

那么，我们通过蔡斐的解构与追问，究竟看到了什么？

首先看到的是，蔡博士通过苏报案对社会结构的解构，其次看到的是对苏报案基于"假设"的若干追问。

从篇章结构看，博士论文对苏报案的社会结构的解构，事实上并没有按照刑事诉讼的通常结构——控、辩、审三方在刑事诉讼中的地位及相互间的法律关系展开。那么，博士论文中的两造、律师、第三方这一不规则的结构，是对规

---

⑥ 同上注。

范的刑事诉讼结构的不经意扭曲，还是另有深意？此其一；其二，即使以规范的控、辩、审三方这一刑事诉讼结构来分析，究竟能否解构当时的社会结构？让我们以博士论文本身作深入分析。

蔡斐博士为了通过刑事诉讼结构分析社会结构，首先援引了徐昕教授主编的《纠纷解决与社会和谐》中的一段话，即"司法，是对法律制度的现实检验，展示了法从规范向事实、从静态向动态、从书本向行动的转化，体现了法的实现及其社会效果"。这，无疑是适当的。接着，蔡博士根据纯粹法社会学创始人布莱克的观点，即案件的命运取决于它的几何排列——案件的社会结构以及日本学者棚濑孝雄对纠纷解决过程的分析观点作为出发依据，试图通过对苏报案社会结构的解构，最终改造和完善布莱克的"案件社会结构理论"，并得出相关结论：司法是一种变量之和。⑦ 那么，博士论文能否实现这种雄心勃勃的预设呢？

博士论文完全按照布莱克的观点架构文章的结构。换言之，博士论文没有以控、辩、审这一现代刑事诉讼结构作为分析的进路，而是分别以"两造：原告与被告之间"，"律师：人员及法庭内外的对抗"以及"第三方：法官及其背后的权力角逐"作为分析的架构。

在"两造：原告与被告之间"这一部分中，文章简要叙述了被告邹容的身世与《革命军》问世的背景及其影响，提及章炳麟《驳康有为论革命书》的鼓动性，然后叙说了章、邹二人由于参与拒法运动和抗俄运动，导致了法、俄两国支持引渡的立场。与被告不同，作为原告的清政府，与手无寸铁的被告，像是大象与蚂蚁之战，但此时的清政府像"一艘破败、疯狂的战船"，实际上从引渡失败到"监禁免死"的愿望最终未能实现，反证了庞然大物的行将就木。

在"律师：人员及法庭内外的对抗"这一部分中，从双方律师的出场，辩护律师的庭外争取以及适用何国法律与关于举证责任的辩论，博士论文进一步解读了"案件的社会结构"。

在"第三方：法官及其背后的权力角逐"这一部分中，博士论文首先追溯了苏报案的审判机构——会审公廨——这个并非"中国式衙门"的具有浓厚"混合法庭"色彩的机构的由来，然后叙说了工部局、领事团与公使团对苏报案的态度，再从观审到会审，论说了外人审判权的扩张。

从这三部分的内容看，应当说，博士论文在一定程度上揭示了"案件的社会结构"。但问题是，案件的社会结构，并不等于"社会结构"。更何况，以控、

⑦ 同上注。

辩、审这一刑事诉讼结构，究竟是否真能揭示"案件的社会结构"，如以整个的中国思维方式观之，也是一个令人怀疑的结论。换言之，案件的社会结构，有着远比单一的刑事诉讼结构繁复的内涵，因此，以布莱克的观点作为分析架构，应当是多元视角的一种，而非唯一，正如博士论文后面提及的这仅仅是"法律的技术性特征"，除此之外，"每一案件还有其社会特征"。更重要的是，如作者蔡博士已经意识到的，如果不是为了中规中矩而无风险地完成博士论文的答辩，他自己也会选择以纯粹叙事的方式来完成苏报案的叙说，由此抵达中立、客观、直入底奥的社会结构，一如事物之夏，带有自然本真的葱茏与繁茂，而非是经由人工装点的绿意。

至于其中的"两造"这一标识了中国传统文化元素的语词以及已被现代刑事诉讼用检方或控方替换了的"原告"，乃至以非典型的两造、律师、第三方这一不规则的结构，恰恰表征了清末司法转型的征候，倒能折射扭曲的社会结构。

好在博士论文在这三部分之后，以"小结"的方式作了点睛之笔——作为变量之和的司法。在这部分中，作者明确而清醒地认为："对于极具特殊性的苏报案而言，纯粹的社会结构分析是不足以完全解释苏报案的最终判决的。"[8]进而指出，虽然这种将影响裁判的社会因素系统化、体系化、尤其是科学化，甚至是量化的方法是布莱克的贡献，"是孔德创立社会学并提倡以科学方法研究社会以来实证主义社会学的一项重要发展，但这种纯粹的理性主义方法往往无意中排除了文化、历史、人性等不易量化的规范分析要素，它的'最简明、最优雅'导致了案件社会结构分析的简单化约，而历史和现实中的诸多案件是复杂的，并非通过解析对手效应、律师效应和第三方效应的案件基本结构，就能轻易解释案件结果的，以上对苏报案案件基本结构的分析就是例证"。[9] 这一识见是非常深刻的，也是极具超越意味的。由此，作者不仅析出了影响苏报案的"关键变量"，而且在史学家许倬云将历史定义为"变数之总和"的基础上，提出了足以让我们眼睛为之一亮的观点："司法是一种变量之和"。还笔触细腻，洞烛幽微："个案之中，关键性变量，甚至关键性变量的细节都有可能影响司法的最终裁决，也即司法的结果有时候是非逻辑的，而是充满变数的，一个偶然的细节或变数都可能导致裁决的完全不同。"[10]这无疑是极

---

⑧　同上注。

⑨　同上注。

⑩　同上注。

有见地、富含启迪、独立创设的论说,足以提升一篇博士论文的深广与高度,亦能初步实现对布莱克的"案件社会结构理论"的深刻检视。

正是基于"司法是一种变数之和"的观点,作者不惮历史不能假设的铁律,大胆"假设"了如果审判机构不是会审公廨而是传统的衙门,苏报案的结果将会怎样?如果司法过程中沈荩案没有发生,苏报案的结果又会怎样?如果苏报案没有吸引足够多的媒体关注,结果是否又会不同?通过这些追问,比较了会审公廨与衙门的职能和程序、苏报案指控罪名的认定,并透视中国传统司法的审判特征,分析了华洋不同司法之间的矛盾和冲突,解读出"司法过程中的偶然性"之于司法结果的深刻影响,以及相关的深层学理。

在对苏报案究竟是政治还是司法的进一步追问中,作者试图清晰厘清两者之间错综复杂的关系,通过深入分析和别具一格的阐释,作者得出了苏报案首先是政治的,也是司法的,因之是一个复杂权衡过程的观点。正如作者所言,由于苏报案裹挟了诸多的社会因素,使得该案具有了超越一般诉讼个案而在清末司法转型的关键历史节点上,具有了值得深研的内蕴与价值。

这种基于"假设"的追问,不仅上承"司法是一种变数之和"的结论,而且以此作为进一步追问的前提,可谓环环相扣,令人信服。而经由假设的大胆追问,不仅展现了深刻的社会背景和广阔的社会画卷,带给我们超越布莱克"案件社会结构"的立体观察与进一步省思,因之使博士论文在同类研究中具有了理性批判的维度与自觉。

当然,毋庸讳言的是,解构与追问,的确存在与第一部分还原苏报案的叙事在文义和表述上有重复的瑕疵,也有对苏报案基于一些理论解构的分析略显刻板以及展现的社会因素还不够广阔等问题,但瑕不掩瑜。事实上,对苏报案的研究要做到尽善尽美,大抵存在于臆想中。狄德罗在《哲学思想录》中告诫:"如果这些'思想'使任何人都不喜欢,它们就只能是坏的;可是如果它们使所有的人都喜欢,我就认为它们是可憎的了。"⑪

---

⑪ [法]狄德罗:《狄德罗哲学选集》,江天骥、陈修斋、王太庆译,商务印书馆 1983 年版,第 1 页。

三、碰撞与反思:苏报案作为个案在清末司法转型中的意蕴

作为"关键性个案",苏报案与清末司法转型,二者之间究竟有着怎样的关系? 这不仅是研究苏报案的一个富有意味的出口,事实上也是博士论文着力研究和回答的重要问题。也就是说,是苏报案引发、推动、标识了清末的司法转型,还是清末司法转型诱引、促使和导致了苏报案的发生? 这似乎是一个意味深长、剪不断、理还乱的交错复杂的问题。对这一问题,蔡斐博士从清末司法转型的动因切入,梳理了"冲击—反应"模式、"中国中心观"、"折衷说"等学说,并在此基础上提出"个案推动说"。那么,这一颇有新意的观点,是否成立呢?

首先,要触及的一个问题是,何谓"转型"? 梁治平认为:"'转型'一词可以被用来概括地指示这样一种社会状态:社会整体处于相对迅速的转变之中,社会制度、社会生活和人们的社会经验均发生深刻改变。"⑫而清末司法转型,恰恰印证了这一论断。杨鸿烈先生曾精辟地论及清末司法转型的动因和社会背景:"英美各国在华的领事裁判权确立,于是中国法系的本身就发生前所未有的打击! 加以欧美学说大量输入,如'保障人权'和'权利'、'义务'的思想深入中国青年脑里,于是对过去那样'礼''法'分不清的法律或政治的制度自然深为不满。何况自与欧美通商,沿江海一带的工商业团体应时兴起,社会经济逐渐发达,旧日比较简单落后的法制实在不足应付新环境。"⑬于是,"转型"就成为必然。由此看来,清末司法转型是社会转型的必然产物,有着深刻的社会背景。而苏报案,则是清末司法转型的必然产物。

具体来说,清末司法的近代转型,从大背景上讲,"中国首先是被西方列强凭着它们的坚船利炮拉进了世界性的现代化进程;但是,现代化最终又成为中国面对西方列强殖民、扩张的一种自我选择"。⑭ 标识这一自我选择的典型事件,就是博士论文在"绪论"中说到的"1901 年,在仓皇西逃的狼狈中,大清帝国的最高统治者慈禧下诏变法。"以及 1902 年清廷下诏变法,派沈家本、伍廷

---

⑫ 梁治平:《转型时期的法律与社会公正》,载李楯编:《法律社会学》,中国政法大学出版社 1999 年版,第 348 页。

⑬ 杨鸿烈:《中国法律思想史》,中国政法大学出版社 2004 年版,第 273 页。

⑭ 苏力:《道路通向城市——转型中国的法治》,法律出版社 2004 年版,第 20 页。

芳为修订法律大臣这一具体举措。1903 年,便发生了苏报案。所以,并不是苏报案"引发"了清末司法转型,这一点,应当是确定无疑的。反过来,是各种交缠、错杂、混合的社会转型因素与背景影响,导致了清末司法转型,而苏报案则是清末司法转型的一个由偶然因素积聚为必然的历史事件。

事实上,清末这种被动转型和继受西法的过程,并不是单一的进路所能表达清楚的,而是一个多管齐下的过程,并且从"某个意义来说,是一种理性化(Rationalisierung)的过程,意即科学化(Verwissenschaftlichung)、知识化(Intellekturalisierung)、专业化(Professionalisierung)等的过程,并伴随着一个法律人阶层(Juristenschicht)的递嬗代换"。[15] 正是在这一意义上,博士论文虽然提出了"个案推动说",但在论证这一解释框架时,通过援引韩秀桃的说法,清醒地意识到"任何解释近代中国的模式在诠释的过程中都暴露出其局限性,全面而准确的解释则更显得力不从心,甚至是适得其反,乃至走到历史真相的反面。"[16]因此,以承载着各种力量作用场域的"个案"以及把"个案"作为各种复杂因素综合作用的结果来论说,就有了作者所说的"关键性个案"之维:它通过传统司法与现代司法两者不同司法观念、制度和运作的对比,证实了清末司法转型的必然性,检验了布莱克、卡拉玛德雷等人的学说,又挑战和扩展了相关的理论,提出了"司法是一种变量之和"、"司法过程中的偶然性"、"中国大地上的司法现代化进程始于租界"、"个案推动说"等观点,将历史探究与学理探索融于个案,又超越个案。[17] 而这,正是作者期许和努力实现的。

基于这样的预设和明晰,蔡斐博士以苏报案为切口,不仅辨析了治外法权与领事裁判权的名异实同,还考证了列强在华攫取领事裁判权的过程,更是不惜笔墨,着力梳理和阐述了苏报案中收回治外法权的期待与努力,而且以会审公廨为窗口,让我们看到了一个愈来愈接近于现代的诉讼架构以及司法文明,因之内含了中国近代司法转型的引导性力量,提出了中国大地上的司法现代化进程应该始于会审公廨的结论,也就比较成功地论证了苏报案推动了清末司法转型的"个案推动说"——正是苏报案中不同司法制度的强烈对比与碰撞,"人们又会自觉或不自觉地进行比较鉴别,为司法的改革、改善或更新设计

---

⑮ 林端:《儒家伦理与法律文化:社会学观点的探索》,中国政法大学出版社 2002 年版,第 73 页。
⑯ 韩秀桃:《司法独立与近代中国》,清华大学出版社 2003 年版,第 36 页。
⑰ 同注 3。

和选择形成理念和制度基础，其结果必然导致司法制度的转型"。⑱ 也"正是一个个类似苏报案的个案推进，才移动了中国传统司法沉重而腐朽的架构。"⑲是的，这一结论是成立的。至此，蔡斐博士还以史鉴今，通透地打开了二者的关窍："当下的法治生活中，很大程度上，不也是依赖诸多里程碑式的个案推动法治进程的吗？"⑳难道不是吗？从孙志刚案件起，一桩桩虽具偶然性但却反映了普遍性的典型个案，不正有力地推动了中国的法治进程吗？

行文至此，作者并没有就此打住，而是打通历史，放开视界，进一步深刻地审视了中国司法的百年变革，提出"21 世纪中国司法改革的未来趋势正是来自西方的现代司法元素、源于深厚历史的中国传统司法元素、中国共产党人引入的社会主义元素这三大元素日趋迈向合理配置的过程"㉑的预断，具有鉴古知今的意趣。

四、简短的结语

还需指出的是，博士论文资料翔实，引述丰富，不乏人文学者的逸致与情怀，处处洋溢着作者的颖悟与创见，摇曳生姿，富含"史学的诗意"。单就行文的比喻而言，贴切自然，给读者留下了难忘的印象，比如，"引渡的希望如同那飘在空中的肥皂泡一般，愈是大，也愈是容易破。"再如，"传播煽动性的言论就如同将火种丢进长满枯草的山坡。"这些，都是值得称道的。

我们知道，作为历史事件和法律现象的苏报案，它深深根植于文化的深层结构。因此，"不深入考察法律文化的整体结构，就无法说明任何法律现象。"㉒一个不争的事实是，"在对清末法律变革运动的透视里，我们不仅看到了不同法律体系技术上的种种差异，同时还看到了不同社会形态乃至不同文化的对立。"㉓也就是说，苏报案的研究进路，除了作者心仪的纯粹叙事之外，尚有一途，这是作者已意识到并多次提及但惜未着力去走的一途，即"文化分

---

⑱　同上注。

⑲　同上注。

⑳　同上注。

㉑　同上注。

㉒　郑成良：《论法律文化的要素与结构》，载李楯编：《法律社会学》，中国政法大学出版社 1999 年版，第 149 页。

㉓　梁治平：《法辨——中国法的过去、现在与未来》，中国政法大学出版社 2002 年版，第 160 页。

析"的路径。因为，这一路径是超越了"事实描述型"和"功能价值评说型"这两种常态路径，因而"就是真正意义上的、更有价值的、更高档次的（因而是传统的法律史家所难以做到的）法律史研究。"㉔的路径。

但无论怎样，作为一篇博士论文，我们不仅看到了还原与解构手法的娴熟，更看到了苏报案研究在百年沉淀后独有的清澈以及一代青年才俊的成长。而这，更是令人欣然与欣慰的。

㉔ 范忠信：《法律史研究的"文化解释"使命——兼论传统法律史研究的局限性》，载倪正茂主编：《批判与重建：中国法律史研究反拨》，法律出版社 2002 年版，第 291～292 页。

蔡斐博士论文商兑

何永军[*]

徐昕教授来电邮称其主编的《司法》第 7 辑拟以蔡斐的博士论文《1903年：上海苏报案与清末司法转型》为主要文章,言蔡斐博士甘愿接受众人的拷问,充当批判的靶子,问我是否愿意为其写个评论,虽然力所不逮、勉为其难,但我还是欣然应诺。开展严肃的对话与批判,是学术规范建立和学术积累的基础和前提,当前中国法学界整体上还基本处于自说自话的状态,表面热闹、繁荣,硕果累累,但实则缺乏对话和争鸣,共识和积累均不多,故加强中国法学学术共同体内部的对话和批判在当前显得十分迫切,故不顾浅陋允诺下这差事以酬报二位先生的美意。不久蔡博士即将其博士论文的电子版电邮给我,一看其指导老师乃是我 10 余年前授业的龙宗智教授,记得当年笔者为了参加四川大学法学院的硕士研究生入学考试特上了一个辅导班,在该班上龙宗智教授曾给我们讲了整三天的刑事诉讼法学,往事至今还历历在目,更痛感这个评论不能随便应付交差了。在此需要特别指出的是,虽然受本文写作意图的驱使,下面我将一一指陈蔡文的诸多不是,在"鸡蛋里面挑骨头",对其吹毛求疵,但是总体上我仍认为其是一篇较好的国产博士论文,在论文的字里行间,无处不透露出作者的关切和才情,之所以批她,乃是因为其有批的价值。

一、标题

给文章取标题历来不是一件容易的事情,环诸宇内,标题妥当的文稿并不多见,特别是近年来,许多法科学生喜欢给自己的硕博士论文添加一些花里胡哨的副标题,而十之八九都文不对题,糟糕得一塌糊涂,以致笔者常常在授课

---

[*] 昆明理工大学法学院副教授,法学博士。

时声嘶力竭地告诉学生,不到万不得已最好不要用副标题。蔡斐的博士论文,其所命标题,在笔者看来至少存在以下问题:一是 1903 年并不是作者的研究对象,且 1903 年也没有特别的含义,故作者用其来作为论文的正标题指意不明,不够妥当。二是苏报案始于 1903 年,但 1904 年 5 月 21 日才审结,仅言 1903 年也失之偏颇。三是短短 15 字的一个文章标题就出现了"1903 年"和"清末"两个表示时间的概念,实在是不够简练。四是苏报案在史学界已是一专有学术名词,所指为学界同仁所周知,作者实无在"苏报案"前加"上海"之定语的必要。故总体上讲作者论文的现有标题是不够理想的,也许直接命名为"苏报案与清末司法转型"更为简洁妥当。

二、摘要

在今天已没有任何学者能毫无遗漏地阅读完所有相关专业的文献,面对宽带写作时代爆炸的学术文献,培养起快速查找对自己有用、为自己所需的文献的技能,业已成为一个现代学者所必须具备的一项基本功夫。而要求作者对论文编写摘要(概要或内容提要)正是为了满足人们快速查找文献的需要,对于没有时间阅读相关论文全文的读者而言,花上三五分钟,即可知悉其创新所在,知道哪些文献值得研读,而哪些是可以忽略不计的确实是一件称心快事。但通观目前学界,真正愿意花点时间学习一下摘要的写作规范,愿意在论文摘要的撰写上作一番推敲的人并不多见,以致大多数摘要均不能满足读者的需要,许多论文的摘要读者看过之后基本上一无所获,不知道论文的创新何在,也不知道作者赞成什么和反对什么。蔡斐博士论文的摘要比许多人的都写得好,作者将其论文的核心观点都基本归纳出来了,但也同样存在目前学界论文摘要写作上的通病。论文摘要应当以第三人称的口吻来表达,以显示其行文的客观中立,而作者一上来就讲"本文从 1903 年上海苏报案这一关键性个案出发",其摘要是以第一人称的语气书写的,显然并不合规矩。论文的摘要应当具有独立性和自明性,其篇幅虽然通常短小,但要求其也必须能够成为一独立文献,而作者的摘要几同文章各部分内容简介的组合,且各部分的介绍是平均着力,看完摘要论文研究的核心问题是什么,作者的核心观点是什么,作者论证的重心何在仍不大明白。当然这不能怪蔡斐博士了,因为几乎所有国产博士论文的摘要都是按照文章的结构来书写的,似乎离开了文章结构和提纲这根拐杖就无法完成论文摘要的撰写,这种现象之所以泛滥,除了大家不重视学习摘要的写作规范外,还有一个更为根本的原因,那就是许多学校都明确规定博士论文的摘要不能少于数千字,有些学生为了应付学校此规定于是苦凑字数,而凑字数最简单的办法就是按照文章的提纲来分段介绍论文的相关内容,多年下来,相因成习,恍如定制,故要革除此弊有必要修改一些学校博士论文写作的规范,明确规定,博士论文的摘要 500～800 字足矣,只有如此方能避免学生去凑字数,使摘要无一字废话,迫使其用三言两语将论文的创获告之读者。

三、研究对象、问题与结构

论文的研究对象、问题与论文的结构是密切关联的,但长期来,我们对其很少在意。研究对象是学术理论问题置身的场域或土壤,无研究对象我们就没有办法发现和切入问题,研究对象正是打开问题的法门和道具,研究者正是通过研究对象去言说理论和真理,但相对于研究对象而言,问题是研究的目的,是论文的灵魂,对论文而言,没有问题即不成文,而问题之高下也就决定了论文段位的高下。而论文的结构只是论文问题的逻辑开展,故论文研究的问题直接决定了论文的结构。对于一个研究者而言,一旦论文的问题确定了,论文材料的收集方向和范围以及文章的结构安排一般就自然敲定了。国产法学博士论文常见的通病在于只有研究对象而没有核心问题,由于未能从研究对象之中发现出问题,于是就按照研究对象概念的外延来安排文章的结构(章节),事无巨细地网罗尽相关内容,最终将博士论文写成关于某一制度的一小型百科全书。蔡斐的博士论文,其研究对象是十分明确的,即苏报案,而其想解决的问题也是大致清晰的,那就是想弄清楚苏报案与清末司法转型的关系。不过较遗憾的是,作者的问题意识并不是十分鲜明,虽然绪论写得很有文采,但是其却没有大书特书作者要研究的问题,同时其也并没有按照苏报案与清末司法转型的关系这一核心问题来安排论文的结构,如果是按照这一问题来安排结构,作者在正文中就应该网罗各方面的史料来探讨苏报案与清末司法转型各个层面上的关系,例如苏报案对清末修律的影响,苏报案对清末新律实施的影响,苏报案对清末民众司法观念的影响……。相反,正如作者自称的那样其试图"借助相关研究理论和分析框架,开阔视野,层层剥笋,厘清和展示当时传统司法与先进司法之间的种种矛盾,进而论证清末司法转型的必然性,并延伸出其他相关学理讨论",作者想在文中解决的问题或者说阐释的理论太多,苏报案与清末司法转型的关系这一问题反而被放到了相对次要的位置,论文的正文一共四章,作者只用了一章的篇幅来探讨这个问题,同时就是这一章,作者也不全是在讨论这一问题,而是花了一半的篇幅讨论"司法主权与治外法权"和"会审公廨的窗口作用"。借此,为了使文题相符,也许作者应进一步将论文的标题改为"论苏报案"之类的才是妥当的。

四、学科与研究方法

虽然学科的划分只是人为之物,但近代以来学科划分日益细密却绝非偶尔,学科划分的用途:一是方便知识的传授,将相关系统化的知识综合成为一门学科,有利于进行系统的传授,在现代大学里学科常常对应的就是教学的科目。二是方便研究,在今天任何人都不可能研究科学的全部内容,进行学科划分有利于专业分工,有利于对相关问题进行深入研究。现代学术已基本上分属为各个不同的学科,大多数成名的学者都拥有自身固定的专业槽。而划分学科的标准主要有研究对象、研究方法、研究特征、派生来源、研究目的、目标等,其中研究对象和研究方法历来最为人所重视,研究对象的不同通常是一些学科各自独立的外在标志,但即使是研究对象相同,由于研究方法和手段的分野也可导致不同学科的产生,例如人类学、社会学和法学都研究法律现象,但这不影响它们分属于不同的学科,同时随着学科间交融的加剧,在当今许多学科已分享着相同的研究方法和手段,许多研究方法已不再为一些学科所独享,于是一些学者开始认识到与研究对象和方法比较起来,也许研究的问题更为重要,科学研究应当以问题为中心,问题本身决定了要用什么样的知识来解决它,问题本身决定了要用什么样的方法来研究它,这也是笔者提倡"问题决定知识,问题决定方法"的原因所在,在笔者看来划分学科最科学的标准是研究的问题,不同的学科常常蕴含着不同的问题意识——其所提问的角度、方法以及问题本身的理论指向均有所不同,从而使各学科的学术脉络各个不同。当然这样讲实际上并没有完全否定研究对象和方法在学科划分上的意义,因为研究的问题实际上与研究对象、研究方法和研究目的、目标等是密切相关的,不存在完全脱离研究对象、研究方法和研究目的、目标等的问题。蔡斐的博士论文研究的是 1903—1904 年的上海苏报案,其是一个发生在将近 100 年前的事件,作者要对这样一个事件进行法理分析,首先就必须运用史料将事件的起因和经过重构出来,还原出事件的本来面貌,这就决定了作者必须运用历史学的相关知识和研究方法。通读其文稿可知,作者确实在史料的收集和运用上面下了较大的功夫,虽然由于对苏报案的研究文献已很多,大量的史料已被发掘和运用,这降低了作者所作工作的原创性和难度,但"上穷碧落下黄泉,动手动脚找材料"（傅斯年语）的艰辛非过来人不能明白，但由于作者没有接受过系统的史学专门训练，其文本并没有达到史学著作的要求，除了对案件事实外，文中作者的许多观点都是经由逻辑推理而得出的，而并非从史料中透出。最为显著的是作者关于清末司法转型动因的"个案推动说"，这是作者在文中推销的一个最为重要的观点，但作者却没有提交任何史料加以说明，对此作者也坦承"必须承认，就目前检索的文献来看，尚未发现从苏报案直接提出司法改革或司法转型的奏折、电文等档案……本文在史料收集的过程中并没有刻意去寻找所谓的直接证据"，这当然不符合史学的规范。又如，作者在第三章中根据"历史不能假设，但历史学的研究却可以且有必要运用假设的方法"的论断，作了一个思想实验（thought experiment），分别讨论了假设审判机构不是会审公廨而是传统的衙门，假设司法过程中沈荩案没有发生，假设没有吸引足够多的媒体关注苏报案所可能出现的结果，这样的讨论当然是十分有趣或者说是耐人回味的，但作者所做的事情却通常不会令严肃的史家感兴趣。"历史不能假设，但历史学的研究却可以且有必要运用假设的方法"中前后两个"假设"所指的内容其实是不相同的，"历史不能假设"是说不能以假设代替事实，不能用假设的条件解释历史，而第二个"假设"大致和胡适的"大胆假设，小心求证"中的假设所指内容相同，其只是一种思考问题的辅助方法，分析历史上存在的其他可能性，从而加深对客观事实的理解，假设的目的最终是为了消除假设，还原历史事实。当然笔者这样讲并不是要全盘否定这种思想实验，近数十年来，史学界各种"思想实验"、"反事实模式"的文献日渐多了起来，不过它们大多与"后现代"的"戏说"相勾连，不为主流严肃史学所认可。又如，作者说"与传统史学相比，微观史学更加强调史料的精确性……微观史学通常依赖的几乎都是事件发生时当事人或旁观者留下的文字材料"，这样的说法显然是不得要领的，没有揭示出微观史学与宏观史学的关键性分野。当然，对于一个诉讼法学的博士论文，我们也不应当期望其完全达到史学论著的要求，笔者道此，意在表明交叉研究之难，一个文献要符合数个学科的规范，实非易事，非长年积累，穷通各学科之精微，难以取得成功。不过值得庆幸的是，作者对苏报案的研究，至少提供了两个较为重要的洞见：一是修正了各种教科书关于苏报案是清政府与帝国主义相互勾结、联手镇压新兴革命的一个事件的叙事；二是提出了"中国大地上的司法现代化进程始于租界"的观点。这使其历史考察之功终于没有白费。

五、"司法是一种变量之和"的是与非

"司法是一种变量之和"是作者研究苏报案后得出的一个重要结论，说"司法是一种变量之和"当然是不错的了，但这句话基本上等于什么也没有说，我们不但应知道"司法是一种变量之和"，而且更为重要的是要弄清楚决定司法结果的关键性变量有哪些，在众多变量中哪些变量才是具有决定性意义的，怎样的变量配制才是合理的。而且试图从苏报案这样一个特殊历史时期的非正常案件中得出一般性的司法规律其有效性也是令人怀疑的，要总结司法的规律选择法治国家的常规案例也许是更为得当的做法。司法的判决具有确定性和可预测性是支撑法治信仰的一个神话，近一百年来，不断地有人试图去戳穿这一神话的虚伪，其是祸是福，仍待观察。

六、"个案推动说"的是与非

"个案推动说"是作者在论文中提出的解释晚清司法转型动因的一个新观点，鉴于这个观点的重要性，在此我们有必要对其是非略作讨论。首先，需要说明的是作者的"个案推动说"与费正清的"冲击—反应"模式，柯文的"中国中心观"以及兼顾前两者的所谓"折衷说"实际不是处于同一个理论层次上的学说。无论是费正清的"冲击—反应"模式，还是柯文的"中国中心观"都是更为宏大的理论，其试图解释的是整个中国近代社会变迁的动因问题，而"个案推动说"只是作者提出来试图解释晚清司法转型这一具体问题的动因的理论，而且作者的"个案推动说"实际既可用来支持费正清的"冲击—反应"模式，又可以用来支持柯文的"中国中心观"，如何取舍端看言说的偏向了。其次，作者并没有对"个案推动说"作出有力的论证，或者说作者并没有完成关于"个案推动说"的论证。前文我们已提及了关于"个案推动说"，作者自己也承认其没有任何史料可加以证明，"一分材料出一分货，十分材料出十分货，没有材料便不出货"（傅斯年语），连证据都没有当然谈不上论证了。作者依靠的是诸如"当下的法治生活中，很大程度上，不也是依赖诸多里程碑式的个案推动法治进程的吗？依靠具有制度意义、较大社会影响的诉讼，引起立法和司法变革，引起公共政策的改变，检验法治原则，影响公众法治观念，促进公民权利保障的吗？"之类的推理，"把一切当代的观念用到辽远的古代去，这是产生无穷错误的根源"（孟德斯鸠语），用现实经验去推演历史并不可靠，史学讲求的只是证据（史

料）。最后，笔者认为虽然不能说苏报案即是晚清司法转型的动因，但事实上其对晚清司法转型是有一定影响的。对此可从两个方面来说明，一是众所周知清末变法修律主要意在收回领事裁判权实现国家司法主权的统一，而苏报案发生在清末修律初期，苏报案使清廷遭受的屈辱，无疑会进一步坚定其变法修律的决心。二是根据作者论文披露的史料，对清末变法修律产生重要影响的张之洞（沈家本和伍廷芳主持修律馆也得力于张之洞、袁世凯和刘坤一的推荐，而张对变法修律还有许多具体建议）甚至对苏报案怎么判决都给出了自己的方案（不用死刑而判终身监禁），苏报案最终的判决必使其受到触动，对其变法修律的具体主张产生一定的影响。

关于蔡斐的博士论文，其可值得商榷的地方，在方家看来一定还不少。例如，作者在文中多次对相同史料进行反复的直接引用，这一则显得啰嗦，二则降低了读者阅读的兴致。又如，作者对苏报案本身的分析、挖掘和利用还不够充分，许多时候作者都急于从案例本身过渡到引用大堆的套话，使个案的深切和细致坠入宏大宽阔的空论之中，而失去了微观研究的优势。同时，文中欠妥的论断也不在少数，例如作者说"苏报案中流露出的相关制度和文化，可能前所未见，前所未闻"，到苏报案时会审公廨已运行良久，审理了数以千计的案件，说"前所未见，前所未闻"显然是夸大其词了。又如作者评论说"对于清末司法转型的认识，一个普遍的共识就是西方列强在中国的作用是复杂的。形象地说，他们既是拦路打劫的强盗，又是前行引路的先生。"说西方列强是"前行引路"的先生可能并不符合事实，对中国而言西方列强主观上并没有想充当"前行引路"人的角色，倒是如毛泽东所说的，中国这个学生一直在向西方的各位先生学习，但结果发现先生老是欺负学生，所以将"又是前行引路的先生"改为"又是中国学习的榜样"也许更为准确。

韦伯曾说："学术生涯是一场鲁莽的赌博"，在中国高校普遍推行绩效考核的今天，这话的真理性又提升了不少，能赌赢的人确实不多。笔者当然不是为0.05个绩效点（本文刊发在笔者所在学校只值0.05个绩效点）而撰写上面这些文字的，之所以甘愿"浪费时间"、冒着考核不合格的风险来讲这些话，只是为了表达对一个前途无可限量的年轻学者的历史沉思的尊重，在今天愿意思考严肃而沉重的历史话题的人已不多了。司法审判于个人和社会的意义都十分重大，"如何对人进行审判？对于一种社会制度而言没有比这个问题更好的试金石了"（马克·布洛赫语）。一个世纪即将过去，我们政治和司法文明的进步却并不大，建立一个稳定自由的民主共和国、实现司法的独立依然是我们的梦想，百年之后我们的子孙会不会发出与我们今天同样的感喟呢？

司法转型的建构与推动

——读蔡斐博士《1903年：上海苏报案与清末司法转型》

冯 磊*

"非典型"的审美愉悦：基于个体经验的印象

以个体阅读经验而论，我被《1903年：上海苏报案与清末司法转型》（下简称《1903》）所吸引也许首先是因为这是一篇"非典型"法学论文。所谓的"非典型"大致体现为：其一，选题。如果强行遵循学科划分的逻辑，本文更类似于法史类论文，但迥异于以制度研究为重心的传统选题，代之以个案的深度描述和理论诠释，由点及面，最终接近"司法转型"这一宏大命题。其二，叙述。流畅的叙事式研究进路成为本文极大的亮点。尽管作者自认为"本文很难游刃有余且天衣无缝地在叙事中完美地糅合、应用相关理论和框架，所以正文也无可奈何地生硬分成故事叙述和理论展开两大部分"（见第15页），但相较多数传统法学论文整齐到略显呆板的面貌，已经大相径庭且极富趣味。三，方法。多学科研究方法的运用，譬如法社会学的案件结构理论、历史学中关于中国转型诸多理论的评价与比较等，增加了本文在理论上的厚度及解释力。此种研究方法及其求证的目标更接近于弗里德曼对法律制度的判断："利益转化为要求，然后在法律中产生反应……制度的反应取决于法律制度本身的结构和外界社会的结构，即权力和影响的分配。"①

而所有这些"非典型"所造成的重要结果是，本文极富阅读上的快感，使读

---

* 重庆医科大学公共卫生与管理学院讲师，法学博士。

① ［美］弗里德曼：《法律制度——从社会科学角度观察》，李琼英、林欣译，中国政法大学出版社2004年版，第175页。

者仿如身临其境般感受着一起惊心动魄的历史事件以及其中国家和个体命运的跌宕起伏，从而轻松并自觉地关注作者的理论阐释。相信这在很大程度上缓解了学术传播上固有的障碍，即哪怕在学术共同体内部，也可能由于阅读艰涩枯燥而出现受众寥寥的尴尬。

《1903》的学术价值也并未受到"非典型"进路的贬损。譬如，我认为，作者在个案分析基础上所提出的"个案推动说"就是富有学术见地和勇气的。这其实是对转型中国制度演进一种具有实践价值的微观解释，具有"以历史照亮未来"的意义。在堪比历史三峡的转型大时代，对转型的分析不仅仅停留在转型的发生学上，而应更多关注转型的方法学。否则，转型的客观性可能转化为以转型为遁词的一切不作为。而"个案推动说"则大抵具有这样的理论力量。在阐释一种司法转型的可能路径时，它将宏大关注转移到生活世界中，直接和深刻地揭示出司法转型经历与可能有效的方法，倡导行动而非理念。

饶有兴味的是，与全文"非典型"的特征相契合，"个案推动说"仍然是一种"非典型"的理论学说。它更类似一种叙述性的总结，而非经提炼而抽象的理论命题。如果严格探究，这一假说由于横跨过去与未来，其科学性也值得深入论证。但它仍具备一般理论命题不具备的价值。这里有必要多说几句。在学术活动中，认真的研究者往往会被理论与实践的隔膜所折磨。殚思竭虑而得出的宏大理论具有逻辑上的自洽性和看似强大的解释力，但当其融入生活视野时，引致的却常常是"不关乎己"的民众反馈。或许有人辩解，学术活动的智识性特征并不苛求其与具体生活的某种直接联系。但我怀疑这一论断。如果学术活动始终停留在阳春白雪、曲高和寡的状态，那它究竟为何而存在？形而上的膨胀会解决还是会带来更多问题？[②] 因此，仍是就个体经验而论，我更欣赏具有现实感、易引致共鸣且清晰明了的理论，所谓理论的形式要件，此时并不那么重要。

当然，文章并非没有瑕疵。或许是刻意追求博士论文的厚重度，《1903》在理论方面有过度阐释之嫌。虽然能够感觉出作者为了避免重复而进行了结构

---

② 　如方流芳在评价诉讼标的理论时指出，一个形而上学的问题总是衍生出更多形而上学的问题。走出形而上学困境的一个最为简单的方法，就是在陷入这些问题之前，用一分钟思考一个简单的问题，比如：如果缺少债的标的、诉讼标的，民法学和民事诉讼法学是因此崩溃，还是因此摆脱一个消耗大量智力的误区？如果是前者，那么继续讨论；如果是后者，那么忘掉什么是债的标的和诉讼标的。这种见解极富洞识力。参见方流芳：《民事诉讼收费考》，载《中国社会科学》1999 年第 3 期。

上的剪裁，但纷呈的理论陈列、反复的意义挖掘仍然在一定程度上分化并冲淡了主题。究其原因，是因为尽管"个案推动司法转型"这一命题基本成立，但某个个案推动的内容未必是如此宏大主题的全部，即"个案推动说"的"个案"应为复数而非单数。就承载清末司法转型而言，苏报案作为透视窗口仍有些单薄，这可能也是予人以理论阐释过度印象的一个潜在因素。从这一层面，也许纯粹的耐人寻味的叙事结构更适合本文，但可能由于外在因素（如论文形式要求、外界接受程度）未得以实现。

司法转型的建构：为什么西法东渐

由于非法史学专业出身，我的阅读立场和信息择取显得更加实用主义。作者钩沉历史，从苏报案复杂的政治、经济、文化背景出发，勾勒出清末司法转型的轮廓。而我在其中感兴趣的问题是，面对当前仍在延续的司法转型（多数情况下称之为司法改革）中诸多大大小小的问题，清末司法转型的构建过程与这些问题的出现有无因果联系，如果有，从中能否窥测解决问题的方法。

西法东渐成为建构近代司法转型的主要方法。尽管作者在文中提及了"西方中心论"并非司法现代性的全部（见第 151～152 页），但在比较东西方司法状态时，作者列举了西方司法形式理性的诸多优势，并在论及会审公廨时，将之作为展示"现代法庭"的窗口。在我看来，文中不停出现的"现代"的字样其实暗示着转型的方向。毕竟，近数十年来，我们已经熟识了关于中国正在迈向现代化的宣言。但是，这里有个逻辑问题。凸显传统司法缺陷以说明西法东渐的必要性成为主流的论证方式。但缺陷的弥补到弥补的方法选择之间仍然需要一种论证。我们姑且承认随着社会变迁，司法转型成为一种必要，但为什么转型的建构终于转化为西法东渐的需求？

不得不指出的是，苏报案作为建构司法转型方向的典型个案是有先天缺陷的。正如作者指出的，这首先是一个政治案件（见第 114 页）。而作为专制体制下的因言获罪的政治类案件，苏报案恰好集中展示了传统司法中最不理性的方面，围绕这样的罪名所展开的审判必然具有野蛮、非理性甚至莫须有的可能性。因此，从中，我们不能因为苏报案审理中的传统司法的落后腐朽甚或全面溃败，就有接受西方司法价值的充分理由。因为，司法审判毕竟是一种常规性的公力救济，所处理的事务也大多是家长里短、钱债纠纷，即便刑事案件，也少涉及家国大事。

但也正因为此，《1903》展示了司法转型建构上的更具普遍性的历史缺憾。

在中西法律文化交锋的过程中,近代中国始终处在劣势,如苏报案关于引渡的争执就体现了这点。治外法权上的无能为力尤其是不能解决类似苏报案的危机促成晚清政府必须以西方为模式进行司法体制和程序上的改造。因为,"传统司法的危机并不是司法本身的危机,而是社会危机的一种表现。更为直接地说,这是政治制度失控,国家管理混乱的集中体现。"③此时的司法转型不仅指向实现公平审判和合理解纷的理想,更重要的是,司法转型与否已经成为国家在新的全球秩序中存亡的重要标志。这同时很遗憾地意味着,最初的关于司法转型方向的论证必然是含混和匆忙的,行动的力量可能超过了理性。如曾经参与东吴法学院筹建并任教多年的美国驻华法院法官罗炳吉指出:"中国试图以西方法典为框架改造其法典,要说中国在这一进程上进展缓慢,是对其不适当的批评;因为要改造一个业已存在了逾四千年的法律制度,以适应有四亿人民的国家的需要,这绝非易事。危险伏于急遽而非慎重之中。"④但从历史的角度来看,这样的危险并非不为改革者所知,而是不得不为之。

这种先天不足最终导致了在近代乃至后世的司法转型中司法与政治的暧昧关系。在司法转型的诸多构建中,我们习惯于赋予司法过多的历史责任和国家使命,司法制度的架构也总是与变革时代的政治要求进行着无缝隙的嫁接,最终,我们忽略了司法的本质功能乃是定纷止争。所以,一方面,我们在纯化着司法文明的理念,希望司法独立、司法公正,另一方面,由于司法转型过重的使命承载,我们又无意中将司法和政治结合得太过紧密以至于政治渗透成为易事。这里的矛盾犹如相伴而行的光明和黑暗,彼此纠缠和映衬着。因此,当我们为司法屡屡为政治之傀儡而扼腕长叹时,也应反思在某种意义上这是司法过重负荷之使然。特定的历史时代所造就的先天不足我们已经无力更改,但在今天,我们应当学会将司法转型与政治、家国命运适当分离,令上帝的归上帝,恺撒的归恺撒。

这也暗示着司法转型的另一种理念,强化司法的常规性功能,不必动辄赋予司法的体制性意义如违宪审查、弹劾首脑等。应首先确认司法仅具有依法解决纠纷的功能,我们应更多地从技术层面的修正入手,强化这一功能使司法独立、公正、高效、文明。当然,这可能也是解决体制问题的重要切入点,但略有不同的是,此时,司法的体制意义应当是司法功能复位之后的水到渠成。

---

③　韩秀桃:《司法独立与近代中国》,清华大学出版社 2003 年版,第 67 页。

④　王健编:《西法东渐——外国人与中国法的近代变革》,中国政法大学出版社 2001年版,代序,第 11 页。

司法转型的推动：参与何以形成

《1903》显示了在司法转型中，社会中的诸多主体均可能是有所作为的。这也是文章"个案推动说"延伸出的必然结论：个案的参与者们通过对个案结果的追求和博弈，直接或间接影响了司法转型。这一结论其实颇有耐人寻味之处。因为中国的变革往往由上至下。黄仁宇曾经将中国传统社会国家权力运作上重下轻的特点形容为"金字塔倒砌"，"也就是先造成理想上的数学公式，以自然法则的至美至善，向犬牙交错的疆域及熙熙攘攘的百万千万的众生头上笼罩着下去。"⑤在这个意义上，司法转型的社会参与并非惯例，而是意外。

这一意外产生的首要条件是专制权力在治理上的裂隙。《1903》深入地刻画了这一裂隙。从管辖权的争夺，裁判者与被告及其律师之间的明争暗斗到中西法律文化在法庭上的集中冲撞，个案的参与主体显得格外多元和复杂，中外、华洋、官民、雅俗无不涉身其中，而我们也能从这一生动的画卷中体会到作为治理者的清政府之无奈和恓惶。

这一意外产生的第二个条件是精英的推动。在权力的治理裂隙中，精英出现并迅速取得话语权成为激励社会参与的重要条件。这其实构成一个有趣的悖论，在拥有自由传统的社会，社会永远比个人伟大；而在拥有专制传统的社会，权力和权威向个人集中的惯性导致精英在权力控制力下降时更容易掌握话语权，也更具蛊惑力。《1903》中数被告对审判者的或沉默或戏弄已经充分展现了精英意识的生成。而放宽视界来看，晚清的司法转型和汲取西方法治、权利等观念的精英知识分子的推动密不可分。

上述两个条件促进了司法转型的社会参与。第一个条件使社会参与成为可能，第二个条件则令社会参与成为需求，毕竟，知识精英没有直接的公共权力，只能通过言论动员社会权力影响决策，包括民众呼声、媒体舆论以及西方支持。

论及此，我还是愿意将目光转回到司法转型的社会现实中来。中国的司法改革进行到今天，所谓高层推动或顶层设计成为改革的主要推动力。而社会参与始终匮乏。这确实符合前文所谈及的"金字塔倒砌"的权力运作特点。

---

⑤　黄仁宇：《放宽历史的视界》，中国社会科学出版社 1998 年版，第 147 页。

在传统中,"上层设计的形式是远比下层运作的实质更为重要的统治习惯"。⑥但改革者一厢情愿甚至煞费苦心的努力并没有使改革获得更多的支持,也未充分提升改革的科学性。从起初以对抗制为切入点,以法官的职业化、程序的精细化为目标,到注重调解,强调接近司法乃至尊重人民群众"感觉",在这一百八十度的大转弯中,改革始终未获得民众参与的热情,反而使一些旨在体现民众愿望和利益的改革因批评者甚众而陷入尴尬。

因此,应当提高司法转型的社会参与度,以此来提升决策的民主化和科学化,也以此来增进民众对司法改革的理解和支持。虽然与《1903》中的特定历史时段不同,但当下的司法改革同样具备社会参与的条件。首先,社会权力的出现和加强使得参与成为可能。社会权力的产生是当代中国社会市场化转型的产物。由于市场经济的建立和发展,"国家—社会"一体化的格局被打破,社会主体(包括公民、各种社会群体、社会组织、媒体以及各种社会势力等等)的自主性、自治性增强,社会物质和文化资源部分地从国家垄断中剥离出来,归公民和社会组织所拥有,开始发挥其对社会和国家的影响力和支配力。这无疑类似于《1903》中治理裂隙的存在,但不同的是,《1903》中的裂隙是无奈的,内外交困式的,而当下治理权力多元化是符合文明进程的必然选择;其次,精英推动仍然存在。在司法改革的诸多建言中,我们经常可以看到知识精英秉持自身知识理念所进行的各种论证。所不同的是,较诸特定历史时期中几乎众口一词主张西方化的知识精英,如今的知识精英的参与更加多元化,也逐渐趋向理性化,而其所带来的推动力也未有当年那么一致乃至狂热。

当然,除却上述乐观估计,我们也必须看到当下司法转型参与的障碍。与特定历史造就的急迫感不同,现今的司法转型是缓进的。历史惯性造成的体制僵化和单级仍然存在,参与渠道有待开拓,社会权力的培育屡屡遭遇瓶颈,纠缠于主体化和他者化之间的知识精英的分化也带来了某种程度的混乱,民众亟待恢复对国家事务参与的理性热情而非狂热。以个人阅读经验而论,解决这些问题,路还正长。

---

⑥ 黄仁宇:《中国大历史》,三联书店出版社 1997 年版,第 15 页。

小议叙事之妙义

——读《1903 年：上海苏报案与清末司法转型》

邓长春[*]

我的日常工作基本上都在书案上面完成，一台电脑，一堆杂书，随时抽取翻阅，而后又摞列一旁，乱作一团。乱则乱矣，却又自含秩序。倒一杯清水，随渴随饮，置诸书堆之中，却也相安无事。谁知刚刚魂魄失守，水杯翻倒，瞬时浸渍一片，便无可收拾。旧有秩序随即便有了打破重来的必要。所谓秩序重建者，总是要花些时间和精力的，这可以称之为必要的代价。于我可能是十几分钟、半个小时。然而数百年来，中国在重建文化秩序时所走过的路，所付出的代价却是巨大而沉重的。实在难以计数，有多少代人的青春热血、赤子情深被卷入了滚滚历史洪流，湮没无闻。而这又是每一个生在现代的中国人应该虔诚对待、认真思索、仔细揣摩的问题。

1840 年以后，中国的近代化与世界化进程大大加速，我们的法律制度也有了一个脱胎换骨、凤凰涅槃的契机。然而这样的契机与过程也是痛苦不堪和百般折磨的。司法主权、治外法权、领事裁判权，成为困扰近代中国法律人的一桩心事。恰在这样的背景下，发生了"苏报案"。原本只是一桩普通的"煽动颠覆国家政权"案件，却因为身处近代变局之中，而展现出复杂扭曲的多面性。大清朝廷本是出于维护统治的本能缉拿煽动革命者，却在无意间触碰到了中国司法主权之申张，因而带有了某些民族主义色彩。欧美列强本为扩张在华权益，客观上却造成了"苏报案"庭审模式及其背后的价值观念在中国传统司法模式行将就木之时的一种示范效应，为中国司法之改造注入了一股新流。历史的诡异往往如此。以至于直到今天，100 多年已经过去了，按理说"苏报案"也该到了水落石出、盖棺定论的时候了。然而关于"苏报案"，我们却仍存有诸多疑问。无论是思想史、新闻史，还是法制史，目前的研究状况都不

---

* 西南政法大学法律史学博士。

让人满意。要么,囿于传统思维定式,以"革命进步论"的政治观点进行片面褒扬;要么,局限在新闻或司法的各自视角中,以专业界限进行实验室式的纯粹化的学科推演;要么,进行单纯事实描述与个体评价,割裂广泛的时代生活与历史脉络。

然而,"片言折狱"自不可取,割裂式研究也不应当,学科内部的逻辑推理则被证明只是自娱自乐式的概念游戏。对于"苏报案",我们既需要掌握翔实的史料,能够全面还原事件当时的情形及其背后广泛的时代背景,也需要新颖的打破常规思维模式的视角,对事件进行综合把握、透彻剖析。在这两个方面上,蔡斐博士的大作《1903 年:上海苏报案与清末司法转型》(以下简称"蔡文"),可以说都做了有益的尝试。而这种尝试又集中体现在对叙事手法与视角的把握上。

历史绝不仅是发生在过去的事情,也是发生在今天的事情。这倒并不全是因为今天是昨天的延续。这种时间上的前后联系也非我们今天仍然关注历史的唯一动因。实则,如何清晰地透视历史浊流的本来面目,揭示其内在的逻辑力量,对于今天如何行动,正确地走向明天,实在是件十分紧要的事情。因而才有了史学、史家、史著自文明开辟以来的绵延不绝。

大凡文章,用途有三:说理、论事、叙事。而以叙事的功用最为基础,史文也不例外。唐代史家刘子玄云:"夫史之称美者,以叙事为先。"这是 1200 多年前的雅言,治史者应该谨记不忘。我小的时候也常听到一句俗语:"好人出在嘴上,好马出在腿上。"一张好嘴,自然也应是善叙事,能动情的。惜乎我没有这样的本事,但是道理却是牢记在心的。雅言也好,俗语也罢,善叙事者自是人才,这点谁能否认呢?出于唇齿叫做口才,形诸笔端则称文才。而著史者尤需史才,善叙事之良才。

有人说,叙事很简单,照录史实,依序而下即可。实则不然。对一个事件的叙述,时间固然是一个很好的梳理线索。然而若要做好叙事,仅仅依照时间安排叙事格局并不见得就是最聪明的做法。想当年,太史公著《史记》,同为记人记事,笔法却各不相同。有的从头到尾直述生平身世,例如《萧相国世家》,有的则全篇议论,例如《伯夷列传》;有的大段誊录人物文章,例如《老韩列传》,有的则不谈著述只记逸事,例如《管晏列传》;有的则又通篇记事毫无议论,作者立场却分明立现,例如《魏其武安侯列传》、《封禅书》,率皆此类。总之是各有千秋,异彩纷呈,引人入胜。如刘申叔先生所言,这种叙议结合的风格确是中国文学之特长,后世学著文者尤宜善加体味。

善叙事者,往往能够把握事件原委,精粗巨细,游刃有余。蔡文在这点上极力倡导"小叙事",可谓眼力独到。诚如其言:"小叙事,可以予叙述事件外貌同时讨论其内蕴,这是叙事与生俱来的功能,也是历史研究必须达到的最基本要求。"简而言之,小叙事就是一种描述。作者首先要做的就是还原工作,还原"苏报案"的整个过程。从《苏报》之创立,到其倡言革命,到清廷与西方国家围绕"苏报案"展开的政治、外交、司法的角力,再到庭审现场的控辩场景以及最后宣判。作者脉络清晰,娓娓道来,或细致入微,或驭繁以简,颇有一种驾轻就熟的风范。

同时,蔡文的这种还原既是一种线性的还原,是一本原原本本记录事件源起、转折、高潮、结局的"流水账";也是一种面性的还原,横截数段,深入事件当中分析其利害相关方的各自作用和社会结构,大体依据美国学者唐纳德·布莱克的"案件社会结构"理论设计展开分析。这样的分析可以让人一目了然"苏报案"中的关键变量,从而让人对于该案的确定性和非确定性获得了一种新的认识。文章收尾也干脆利落:司法是一种变量之和。从这个角度而言,"小叙事"还是一种解释,要求研究者能够"叙事地思考(think narratively)"。透过这样的思考和解释,"苏报案"的整个过程及其各环节之间前后相继、因果相承的逻辑关系清清楚楚、明明白白,闻听者有如回到一个由具体时空、地点以及个人与社会互动的三维结构的个案现场。

善叙事者,往往能够以平和心态,既给予考察对象以客观定位,又能网罗材料,爬梳剔抉,而后返证前见。清人阮伯元为钱晓徵《十驾斋养新录》撰序,当头一句就说:"学术盛衰,当于百年前后论升降焉。"近儒刘申叔却说:"论各家文章之得失应以当时人之评价为准。"两位先生所说的都是学术,而主张貌似离判,其实各有道理,不可偏废。阮云百年前后论学术之升降,是因为当时学术沸反盈天,论调各异,甚嚣尘上,一时难决。正所谓:"世无孔子,谁能定是非之真?"故需待尘埃落定之后,方可明了端倪,一切恍然大悟。刘说以当时人为准评价各家得失,则由于一时代有一时代之精神。生于一时,被章服举,时尚潮流,自不待言。其人其事,缘由终致,知悉洞察莫过于当时人。故后人欲考其究竟,须对之多加重视。其实如果将二位先生的说法推而广之,述说史事何尝不是如此?

蔡文于"苏报案"之叙述,也大体能够兼顾这两个方面。首先,作者立意高妙,选取"苏报案"作为考察近代以来中国司法体制变迁的观察点,可谓颇具见识。作为叙事对象的"苏报案",它满足了故事讲述所需的各种要素:风云激荡的时代背景、激奋人心的慷慨陈词、大义凛然的英雄形象、扣人心弦的缉捕过程、一波三折的庭审现场、事关主权的反复交涉、中西法文化的激烈碰撞……

如此之类,都使"苏报案"具有了特出不群的历史影响和百味不厌的戏剧效果。同时,"苏报案"作为中国社会和司法发生重大转型时期的焦点性司法事件,拥有众多的可供细致打量和研究的"横截面",这些无不为沟通微观与宏观、事件与结构、个案与法理的有效途径。透过"苏报案"的"台前幕后",我们可以很清晰地发现事件反衬出来的社会结构以及事件背后的学理内涵,并进而能够管窥中华帝国司法的落后与现代转型的必然。由作者对"苏报案"的选取视角和历史定位,可见其敏锐的洞察能力和精准的把握能力。惟赖此见识,1903 年的"苏报案"才会于百年而后,渐渐有了能够盖棺定论的可能。

然而历史终非任人打扮的小姑娘,所谓定位判断也只是一种"大胆的假设"而已,如欲做出扎实的学问自然还要"小心的求证"。一时代本有一时代之精神风貌。然而社会变迁,人事更迭,古今相隔,谬臆前人也是常有的事。抑此之由,治史的学者最忌望文生义,以论代史。想要把学问做得扎实,就要身临其境般体味当时人的当时感受,这一方面,需要详瞻的史料,做系统的把握,另一方面,也需要"同情之理解","饱含温情与敬意"。蔡文告诉我们,"苏报案"中人也非全都真意倡言革命,面对缉捕也有人胆怯逃亡,初审之后鼎沸的舆论也有不同声音,会审公廨的强硬立场面前清廷也有委屈满腹,人道与人权的主张后面西方国家也有私利考虑,如此等等,尽皆属于"苏报案"的组成部分,任一个环节都不容轻易抹杀。只有在对这些资料信息都系统掌握之后,才敢说对于"苏报案"有所了解,才敢大胆假设,才敢置评臧否。

善叙事者,往往能够以小见大,以实提空,以有点无。蔡文以乃师徐昕教授之语"小叙事、大视野"概括之,此与费孝通的"小城镇,大问题"、埃里克森的"小地方、大问题"、步德茂的"小事件,大结论"以及黄仁宇的"大历史观"等研究方法又是一脉相承。各种说法,原本有着大体一致的治学主张:寻求从微观"碎片"通达宏观历史和深邃学理的价值目标,由小及大,由近及远。如刘彦合所论:"坐于室而见四海,处于今而论久远",达到"寂然凝虑,思接千载,悄焉动容,视通万里"的效果。然而说来简单,真要达成此番功力,非有积年累月之修炼,实难做到。

徐昕教授以"私力救济"为题,从一个民间收债个案的调查入手,掌握充沛的实证材料之后,广泛运用各种理论将之阐扬、发挥、解释,由纠纷解决而入权利保障,而入私力救济,层层深入,视野开阔,综合运用多学科方法进行深入的探讨,将私力救济由一种表象的事件深化成为一个涉及法律、经济、文化和社会组织的宏大问题。而蔡文也是从"苏报案"这个"关键性个案"切入,试图展示出来的是中国近代司法制度的变迁,抱负不可谓不大。其文并不视"苏报案"为一孤立事件,而是将之作为历史中社会结构的动态反映加以看待,从而将研究从单纯关注事件本身转向挖掘事件背后的社会制度、关系和结构。由是观之,则颇得徐昕教授之真传。

善叙事者,还应抱有开放思维,绝不拘泥既有事实,而多做发散思考。处处设问,处处生疑,以童蒙入学登堂入室自处,保持一种"入太庙,每事问"的敏锐和新鲜。诚如蔡文所说,从本体论上说,苏报案作为历史,每个细节都是固定的,历史是单向发展的。但是实际上,生处当时的人们则会感觉到总要面临多种选择,总是处在十字路口。因为所谓历史,原本就充满了多种可能,而不是"非如此不可"。借用一句学者吴志翔之语:"历史之流绝非清澈而是始终有些浑浊的,历史之树绝非如修剪过后那般整齐而是枝枝桠桠的。"那些将历史看做单调决定论的看法,所反映的绝非历史的本来面貌。鲁迅先生说:"世间本没有路,走的人多了也便成了路。"世间的路都是人走出来的,在走之前谁能知道路在何方?然而,这样直白的道理,却往往成为身受所谓学术范式和思维模式熏习、规范后的治学者们最大的障碍,以至于一叶障目而不见泰山。惜乎!

对于早已落下尘埃的"苏报案"的既成史实,似乎已让人无从置喙。然而敏锐如蔡文者却多处设问,句句皆中正鹄:如果审判机构不是会审公廨而是传统的衙门,"苏报案"的结果又会怎样?如果审判过程中没有发生"沈荩案","苏报案"的结果又会如何?如果"苏报案"没有吸引足够多的媒体关注,结果是否又会不同?透过这些看似不着边际、没有实际意义的追问,却获得了本文最大的收获,即本文因此而得以抛弃固有传统的简单思维,突破习焉不察的条框束缚,反而思路大开,超越前人而有新的发现。通过这些追问,会审公廨与衙门的职能和程序、"苏报案"指控罪名的认定、中国传统司法的审判特征、中西司法理念之间的矛盾和冲突,都得以形象而又清晰地展示出来。蔡文声称有重大发现:司法审判过程中充满着偶然性和不确定因素,事件过程中,乃至事件外的人物、行为、背景都会为事件的结局提供诸多可能性。现实的历史事件之外,还有一个更加庞大的"可能世界"。因此可以说,整个"苏报案"就是一个"裹挟着司法、政治等诸多因子的一个关键个案"。能有这样的收获,自然少不了"穷追猛打"、一问到底的功劳。

叙事之妙义奥瀚无际,断难以只言片语穷其涯涘。余久已有所体味,而终未能形诸文字,今观蔡文而后思路铺陈,大张申述,竟然难以自已。异哉!写到这里才发现,书案上的水已经漫浸四散,泛滥无制了,是时候罢手停文,重建书案秩序去了。蔡博士的大作完成后,特来命之以评论。为了证明作者所托得人,于是有了上面错杂无端的文字。但愿还不算丑陋的她能够觅得真正的知音。

记忆的历史轨迹

评蔡斐博士《1903 年：上海苏报案与清末司法转型》

庄和灝 *

　　1903 年发生在上海公共租界的"苏报案"震惊中外，围绕是否引渡涉案人员以及如何量刑等诸多问题，清政府与在华列强，以及在华列强之间展开了极为复杂而又繁琐的政治斡旋。也正因为此，虽然"苏报案"这一事件早已如往事那般尘埃落定，然而围绕该事件最终结果的形成及其影响作用却始终为学界津津乐道，相关著述迄今已然颇具建树，这其中就包括了蔡斐博士所著之《1903 年：上海苏报案与清末司法转型》。

　　该文以独特的司法视角，通过厘清脉络和层层剖析的研究方法，在重新建构起"苏报案"之历史轨迹的同时，又展示了当时传统司法与先进司法之间的种种矛盾；在凸现出清末司法转型之现实必然的同时，更进一步折射出"新陈代谢"这一近代中国的时代主题。

　　没有人能够与历史共处同一时空维度，即便生于斯时，也终究难以窥见历史之全貌，所以历史实际上从一开始就只是史家的一言之说，更何况今人远离过去已然久矣，要想重新还原往昔的某种真相，主要依靠的也只能是碎化般记忆的有效拼接，因此从某种程度上而言，今人眼中的历史其实就是记忆的历史，也就是对过去加以重构、表述和阐释的历史，只不过历史一般所建构的对象，往往更多的是那些当时就为人瞩目或者是被认为是重要的事情。至于如何建构，则主要取决于建构者本身，抑或者说建构者是谁以及在何种情境下的建构，因为众所周知，文化价值、政治立场和意识形态等等都会影响建构者的建构逻辑，并且这些要素也将成为历史建构的基本支撑和历史叙述的主线。

　　毋庸置疑，《1903 年：上海苏报案与清末司法转型》一文的关键，就在于"苏报案"历史能否在司法层面得以重新并且合理地构建，抑或说是某种程度

---

　　* 上海工程技术大学社会科学院讲师，历史学博士。

的还原，而这也事关蔡斐博士研究最终的成败：即依托自身对"苏报案"事件的独到见解，借助于法学的角度，将"苏报案"重新还原，进而以此深究驱动清末司法改革的根本动力。

客观地来说，作者在这一方面是用了大量心血，纵观全文，浓墨重彩之笔也大多云集此处，并且最终从实际效果检视，《1903年：上海苏报案与清末司法转型》一文也基本实现了"苏报案"在司法层面的历史重建。当然，和众多类似研究一样，该文的成功同样离不开以下这两方面的有力支撑：

首先，丰富的中外文资料扎实而全面地勾勒出"苏报案"的"庭前"与"幕后"。这里既包括了当时诸多中外文报纸的相关报道：比如《申报》、《新闻报》、《中外日报》、《国民日日报》、《华字日报》、《大公报》、《泰晤士报》、《纽约时报》、《洛杉矶时报》、《华盛顿邮报》、《字林西报》等，还大量摘引了各国往来电文、外交档案、会议记录、私人日记、通信邮件等以往苏报案研究比较忽略的重要资料。这其中就包括了故宫档案馆所藏《苏报鼓吹革命清方档案》，中国第一历史档案馆所藏《外务部综合电报档》、《清季外交史料》，英国外交档案《英国外交部关于中国事务的函件》，美国外交档案《国务院致外国公使馆照会1834—1906（中国）》、《美国驻上海领事公文》、《中国驻美公使馆致美国国务院照会》，俄国对外政策档案馆《驻北京公使馆全宗》中俄国驻华公使有关苏报案的汇报，日本外务省馆藏《上海二於ケル清国革命煽动者捕缚ノ件》，还有就是时任英国驻华公使萨道义的日记，时任英国《泰晤士报》驻北京记者莫理循的通信集、日记，时任清政府驻美公使梁诚所遗文件，"苏报案"被告代理律师写给工部局秘书濮兰德的信件等史料。另外在《近代史资料》、《历史档案》、《档案与史学》等期刊中，所刊载的《金鼎致梁鼎芬书》、《英外交部致清政府照会》、《外务部致南洋大臣魏光焘电》、《照录英驻沪总领事满思礼来函》、《苏松太道袁树勋分致上海各领事函稿》等亦是不可或缺的资料。

其次，独特而可行的研究视角有效提升了对"苏报案"之历史轨迹的学理思考。该文主要依托布莱克的案件社会结构理论，不仅实现了"苏报案"在法学意义上的初步建构，同时更是大大扩展了"苏报案"的研究半径，从单一的司法问题成功地提升至政治层面详加考察，从而使研究更具纵深度。于是在具体的行文中，作者先是分别对诸多关键变量，比如被告邹容和章炳麟、原告清政府、双方的律师、第三方法官及其背后工部局、领事团和公使团等机构的社会性质做出分析，进而顺延案件社会结构的脉络，再对被告倡言革命引发的后果、清政府从坚持引渡到监禁免死方案的转变、辩护律师的庭外争取、庭审适用的法律、关于举证责任的辩论、会审公廨的由来以及外方在会审公廨的权力扩张等内容进行梳理,从而逐步地揭示与建构起"苏报案"事件背后所隐藏的司法与政治、司法与传媒、司法与社会等错综复杂却又互为影响的关系网络,进而结合当时中西司法在思想、价值、文化、制度、程序等诸多问题上的巨大差异与严重冲突,于是乎清末中国司法转型的这一历史轨迹便在此般自然而然的叙述中得以"水到渠成"。

历史研究讲求"大处着眼、小处入手",无疑《1903年:上海苏报案与清末司法转型》的作者在这一点上可谓身体力行,能够从这一特殊案件的万千杂乱之头绪中,最终梳理出"苏报案"的新史学价值,已然是多么不易的事情。然而学海无涯,治学之人恐怕永远都无法放弃对于尽善尽美的孜孜以求,而这可能也就是推动学术研究能够不断前行的最大动力所在。无论是出于论文本身质量的进一步提升,还是从将来出版的角度考量,《1903年:上海苏报案与清末司法转型》还是可以在以下几方面加以完善:

其一,从结构上而言,本文第四章与结语部分宜合并为一章内容,这样可有效避免目前第四章与结语部分缺乏层次感、逻辑关联过于松散的局面。博士论文行文布局,一般都少不了最后的结语部分。然而作为担负着"画龙点睛"重任的结语部分从目前看来,并没能为《1903年:上海苏报案与清末司法转型》一文增添多少光彩,相反过于笼统、宽泛的总结却免不了所谓"鸡肋"之嫌。所以笔者认为:如果可能的话,该结语部分还是需要重新提炼打磨,抑或与原文第四章进行有机的合并。而如果从合并的角度而言,新的这一章仍可以类似"苏报案"与清末司法转型等为题,其论述主旨则要凸现"苏报案"对于清末司法转型的影响,抑或清末司法转型的历史大方向与"苏报案"的关系。所以该章所辖各节可依次以类似对"苏报案"的传统理解、"苏报案"引发的碰撞、西方因素对清末司法转型的作用、"苏报案"的社会影响等命名之,其中在有关西方因素对清末司法转型的作用这一节中,可将原第四章中有关治外法权、会审公廨的相关内容有机地融入。而这样的章节布局,在笔者看来,不仅可以与之前章节内容形成良好的呼应,从而对之前有关"苏报案"建构清末司法转型的论证实现进一步的理论提升,而且还能更为清楚地将本文的研究主旨,同时也是本文的问题意识凸显出来。

其二,从细节问题而论,作者在第四章中有关清末司法转型动因的相关提法显然留下了进行学术商榷的空间。作者想借助于一些早已为学界所公认的研究范式,为自己发现的有关清末司法问题的研究模式,也就是"个案推动说",进行逻辑铺垫,这一做法本无可厚非,然而从概念的外延而论,将"个案推动说"与费正清等人的研究范式简单并列的行文布局,无疑是欠妥的。因为无论是费正清的"冲击—反应"论,还是柯文的"中国中心观",抑或是作者所界定的"折衷说",其理论的实际使用半径显然比作者在本文中所提出的"个案推动说"要广泛许多,而且就目力所及,作者的"个案推动说"当前仅适用于有关近代中国司法问题的研究。所以笔者建议,如果可能的话,可结合上述有关第四章与结语部分合并之意见,仅保留"个案推动说"内容。当然如果仍意保留的话,那么作者就必须在逻辑推演方面做出更具信服力的探索。

其三,从史料扩充及其具体运用而言,也存在着不小的提升空间。虽然《1903 年:上海苏报案与清末司法转型》一文或直接或间接引用了大量的中外文资料,但是作者偏重中文史料的倾向还是十分明显,所以接下来如何更好地平衡中外文史料的使用比例显然不是一个能够忽略的问题。此外就外文史料已使用情况而论,档案的比重远不及报刊、直接引用让位于转引或间接引用、以英美材料为主等现状也在很大程度上削弱了外文资料作为第一手研究素材所具有的价值和作用,想来着实有些唏嘘。作为本文研究的一大亮点,作者应该给予外文资料的使用以更多的重视和关注,比如可以通过材料的进一步充实,例如引入法国、德国方面的资料,比如可以扩大已有材料的使用半径,例如解决好档案和报刊之间、外文与中文资料之间使用比例的问题,又比如可以大量运用直译材料,从而以实现更多新史料的切实发掘等等。

相对于很多以法学视角研究历史问题的著述,《1903 年:上海苏报案与清末司法转型》却能够不拘泥于法庭上的辩论和裁量,而将关注的视线投射于法庭背后的各种力量、各种因素的角逐与博弈,就这一点而言,其本身已然就是一种学术突破,值得赞许和鼓励。更何况作者在研究中又引入了大量的新研究方法,例如微观史学的叙事手法、新法律史、假设—演绎法以及事件路径等,无疑给现今国内的史学研究提供了很好的借鉴作用。众所周知,扎实而全面的史料、新颖的研究方法和视角才是历史研究得以不断前进的动力所在,所以相信此文再经打磨,一旦面世,将会是一部不可多得的学术佳作。

魂兮归来：从讼棍到"讼托"

——基于近代江西地区"包揽词讼"案考察

龚汝富*　　吴永丽**

摘要：追求司法独立是司法改革的核心目标，法官独立审判和律师履行辩护则是其应有之义。可由于制度构建的残缺和传统人际勾串的痼疾，近百年来，被传统制度摒弃在外的讼师、讼棍包揽词讼的现象，正以司法黄牛和土讼、讼托等新角色融入新的司法体制，腐蚀现代司法制度的内在构造，影响司法公正和正义。民国年间，法官、律师、讼棍、劣绅相互勾结，以讼渔利，广大基层民众笼罩在各种包揽词讼的黑幕中，严重损害司法的公信力。

关键词：律师　讼棍　讼托　法官　包揽词讼

继 2005 年安徽阜阳市中级人民法院法官因"讼托"卷入群体性腐败案之后，去年又爆出广东省湛江市中级人民法院 9 名法官被 1 名叫黄升二的"讼托"所撂倒的新闻，一个似曾相识的名字——"讼托"开始进入人们的视线。什么是"讼托"，顾名思义，"讼托"就是从事诉讼业务的托儿，如同医托从事医疗业务中介牟利一般，他们是从事诉讼业务的中介，既帮当事人勾串法官打赢官司，也替法官向当事人索取贿赂并充当揽讼收钱"二传手"，在近代中国也被称作"司法黄牛"。这些"讼托"长年累月寄生在法院周围，凭着他们与某些法官存在亲戚、朋友（战友）、同乡、同学等特殊关系，包揽诉讼业务，从事以讼渔利的非法勾当。"讼托"群体的存在，既反映了当代地方法院司法不公的严峻事实，也严重冲击着法官职业群体公正廉明的道德底线，并严重挫伤了普通民众对司法公正的基本信心。被中国封建王朝律例严禁和重惩的"包揽词讼"的讼棍，在当代市场经济的法制社会，似乎又"魂兮归来"矣！这种看似荒谬的社会

---

　* 江西财经大学法学院教授、博士生导师；

** 江西财经大学法学院 2010 级硕士研究生。

丑陋现象，极大地加深了人们对当代中国司法制度及其实践的忧虑。其实，在中国近百年来的法律现代化进程中，一路高歌公平、公正和公开的法律职业群体，似乎从来没有摆脱过世俗利益与人际私情的牵绊，尤其在广大县域兼理司法体制下，由于审判官具有较大自由的处断权力，而且书记、录事、庭丁等多用私人，在法庭之外从事包揽词讼业务的讼棍和"野鸡律师"不乏其人，他们俨然是司法官滥用司法权力的制度衍生品，司法官通过包揽诉讼业务的"讼托"，形成一条黑色的利益链条，不仅侵蚀涉案当事人的财产利益，践踏司法公正的核心价值及其公信力，而且与现代司法制度的根本要求背道而驰。

一、讼师、律师与土讼

讼棍在中国传统社会是一种不体面的职业者，借助黑白两道的某些地缘性优势对涉讼当事人进行敲诈勒索的活动，以此获得不当之利，他们不仅为世人所不齿，甚至被同样为官民所痛斥的讼师所瞧不起。尽管官方与民间常常混同讼师、讼棍的称谓，但真正的讼师总是努力将自己与讼棍区别开来，讼师认为自己是凭借精通法律知识，帮助当事人伸张正义、诉求利益，而讼棍则完全倚赖人际黑幕从事非法交易，从中渔利。其实，无论是讼师还是讼棍，都是社会舆论的丑角，都是官府严厉打击的对象，可他们却都是不折不扣的司法制度的产物。在中国封建专制司法体制下，官方为了减轻民间讼累和节约司法成本，自宋元之后，官府创制了"务限法"和"限字法"，以便对讼案加以筛选和准理，前者要求将轻微刑事案件和婚姻田土等民事纠纷在农闲时集中受理，后者要求民众诉状字数限制在规定范围内，百姓要在规定的时间和字数内提出诉求并且获得地方官受理。显然一般民众是不具备如此娴熟的表达能力的，只能求助于讼师或讼棍。明末婺源讼师桃源觉非山人在他的诉讼稿本《珥笔肯綮》序言中就曾自诩替人撰状远非一般士子所能为，必须兼具法律知识和抒发才情的文采。如果加之以通达的人际关系，那就是包揽词讼的老讼师了。

近代以来，虽然确立了律师辩护制度，但是律师只是大中城市司法文明的一道风景而已，对于县乡以下的广大百姓来说，遭遇诉讼，聘请律师无疑是一项奢侈品消费，而近代以来日益细分和专业的法律知识已不是传统社会的情理法，超出了一般民众常识的认知范围，俨然变成一种专门化知识，即为法律职业群体所垄断的知识。在大中城市，人们日渐习惯了聘请律师打理诉讼业务，律师也成为近代社会职业分化过程中的受益者。在许多地方，律师往往不屑下到县乡去接受民间细故的代理业务，1930 年临川妇女黄游氏向地方法院起诉丈夫黄作云，找遍全临川没有找到写状的律师，最后被邻居、小学教师涂飞诓骗"包打赢"，她便花钱请涂飞撰状起诉。③ 笔者收藏民国年间江西铅山县河口镇一位名叫朱彬的保长的记事本，其中有许多内容是替乡亲撰写的诉状，可署名却是×××律师、李××律师、萧琛律师等，河口镇是江西省高等法院第四分院所在地，自然是有律师的，而署名律师写作的诉状却出于一位绅士保长之手，除了亲邻彼此信赖之外，唯一合理的解释便是节约律师服务费用。的确，在幅员辽阔的乡村社会，律师制度及其诉讼业务并没有在基层社会延伸开来，笔者在阅读到江西三南（龙南、定南、虔南）地区 20 世纪 40 年代的司法档案，地方政府仍然在向省高等法院申请设立撰状处，考选撰状生，帮助乡村百姓撰写诉状，其他地方的诉讼档案也证明了这一情况具有一定的普遍性意义。④ 如笔者在江西省档案馆阅读到民国时期的大量民事诉讼案卷，其第一审判决书上绝大多数没有反映出律师的参与。没有律师介入，或者说请不起律师，乡村社会的诉讼业务将如何开展？显然，拥有传统情理法知识和诉讼技巧的讼师、讼棍仍然存在一定的业务市场，只要他们能够吸收新的法律知识并能运用新式表达话语，就能迅速融入新的司法体制，成为律师在县乡一级的替代品——即撰状生或撰状师，这也是近代乡村社会留给民间讼师转换角色的唯一通道。但是，民间讼师因其自身知识结构和生活环境的局限，能够灵活转换角色者少，而一仍其旧者多。更有甚者，律师、撰状生和讼师、讼棍也开始勾结起来，各取所需，所以写出来的诉状风格也新旧杂陈、五花八门，讼师巷口遗风犹存，"近查各当事人书状，则有未能尽然者，其记载往往置法律之规定于不顾，或则强词夺理，徒逞臆说；或则故弄玄虚，巧为模糊影响之谈，甚至不惜前后矛盾重复，罗列数点或数十点，就中竟空无一物者，在法院阅此书状，难得要领，固不免虚耗劳力时间，在当事人则有时尚须另状补正，或因此竟遭驳斥，亦感受重大之不利益"。⑤

就与司法制度关系而言，讼师与律师具有本质区别，自不待赘述，律师与讼师在撰状风格上也迥然有别。如果乡村讼师仍然固守其传统的夸张情罪的表达方式，漠视近代以来确立的法律职业化的知识及其逻辑思维，他们就会像武断乡曲的乡村士绅难逃"土豪劣绅"责罚一样，变成地方政府清查打击的"土

---

③ 江西省高等法院档案：《江西高等法院刑事庭关于涂飞包揽诉讼上诉案的判决书》，档案号：J018－02－06091。

④ 江西省高等法院档案：《所属设撰状处卷》，档案号：J018－03－02772。

⑤ 《奉部令发民事书状记载方法卷》，档案号：J018－03－01078。

讼"目标。20世纪30年代,江苏省广大农村地区曾经大刀阔斧地开展清查打击"土讼"活动,"土讼"行迹特征包括"出入官府,勾结吏警,虚构事实,混淆黑白,挑拨教唆,包揽词讼"等方面,并且颁发了《土讼调查表》,调查内容主要包括姓名、年龄、平日行动、曾否受过刑事处分、有无正当职业等等。盐城县甚至制定了《处置讼棍办法》,对抓获的"土讼"人员按其情节轻重分别施以罚站、驱逐出境、游行示众、法办等四等惩罚。⑥ 这些有关"土讼"的行迹特征、调查内容及其惩治办法,与封建时代剿灭讼师和讼棍毫无二致。律师作为现代司法体制的有机组成部分,自然不会成为打击"土讼"活动的首要目标,但对于律师参与诉讼内幕交易的行为,在民国时期是通过专门的律师惩戒程序进行规制的。民国政府的司法行政部门发布相关训令以规制律师的违法行为。1942年司法行政部训令第5418号:"律师利用无业之人,于埠头站旁,专对诉讼当事人迎截兜揽,或于茶寮旅社,侦刺乡民细故,唆争牙角,以为竞营业务手段,实系以不正当之方法招揽诉讼,显然违背法令,亟应严加禁止以维风纪。"⑦ 1946年,江西省议员李彬向南丰县周县长推荐周泰震为简易师范的校长,遭到民众公呈举报,认为周是远近闻名的讼棍,"查周泰震酷嗜鸦片,同李彬对枪契友,为其助桀主角,当局怵其权势,不得不顾全,轻而委之,周泰震自得挂名法政毕业证书后,在地方包揽词讼,颠倒事(是)非,敲诈民财,波累涉讼民众,此种讼徒,何足以法人师,不言而喻"。⑧

很显然,无法改弦更张的讼师,不能见容于现代司法体制,而律师业务也难以向贫瘠的乡村社会延伸,县乡民众的诉讼业务转而由地方司法体制的关系人所包揽,包揽词讼的讼棍、讼托在近代中国基层社会应运而生,他们也是司法制度的寄生虫。值得一提的是,近代政府对"土讼"的清理并不完全是以身份来区分打击对象,其更深层次的辨别标准在于是否对司法产生不良影响,影响的方式既包括对司法公正的实质破坏,也包括对司法程序上的扰乱。

---

⑥ 士钧:《讼棍其鉴诸》,载《苏衡》(镇江)1935年第2期。

⑦ 江西省高等法院档案:《关于严禁律师收录法院离职员丁的训令》,档案号:J018-3-02491。

⑧ 江西省教育厅档案:《为野鸡讼棍依权势擢为简师校长有辱师表请令饬南丰县长即撤销以重学务事》,档案号:J046-3-03691-0241。

二、绅士、撰状师与法官

肇始百年的中国法律现代化进程,移植了西方无数先进的法律文本及其制度构造,但文本终归是文本,制度终归是制度,都只是国家意志一厢情愿的表达,落实到司法实践中总是会层层打折,最后变得面目全非。在中国传统文化被肢解得支离破碎的历史进程中,乡土社会沾亲带故的裙带关系却顽强而有效地植入了近现代任何制度运行机制中,封建社会被官府恶斥咆哮的讼棍、讼师,正以新的身份和面孔粉墨登场,在地方司法活动中扮演着不同寻常的角色,大有死灰复燃之势,他们与司法体制内的关联者结成利益链条,共同瓜分诉讼当事人的利益。

首先,乡村绅士不能排除在包揽词讼之外,因为他们本身就是乡村社会武断乡曲的重要人物。民国时期,有人这样形容县长与地方绅士的关系,"当一个县长到任之初,第一件紧要的工作,是拜访绅士;第二件紧要的工作,是联络绅士;第三件紧要工作,是勾结绅士,榨取民脂民膏。绅士的责任和权威,不可谓不大了"。[9] 正因为绅士有如此的权威,所以其效用可谓翻云覆雨,具有两面性,既可以"止争息讼"扮演大善人,又可以"包揽词讼"成为讼棍土劣。[10] 在乡村民众控诉地方黑恶势力的状词中,劣绅、讼棍常常都是连带称唤的丑恶角色,但他们的存在却直接影响着地方民氛安宁与否。民国年间在江西从事地政调查的学者无意中发现一个有趣的现象——被红军铲除了土豪劣绅的地方,民间诉讼量极少,这也许从一个侧面证实了绅士在民间包揽诉讼的事实:"金邑(金溪)数经共匪之乱,土豪劣绅已经被杀掉或逃亡,帮讼者少,农民惮于诉讼,故讼案极少,此亦匪区之特点也。"[11]笔者在江西宜丰县民国档案中阅读到 1943～1945 年间 2 本有关"著名土劣分子"张师铭的刑事诉讼案卷,其中一个罪名便是"包揽词讼",而作为一个中心小学校长的张师铭却辩解说他没有包揽词讼,只是在学校设立了"民众代笔问事处","每遇民众请求书写稿件,莫不立予应付"。当然,他也承认帮助过村民写状控告乡长和保长,从而卷入地

---

⑨ 雷平:《县长与绅士》,载《群众》1932 年第 1 卷第 5 期。

⑩ 叶镜允:《"绅士"的解剖和诊断》,载《新政月刊》1933 年第 1 卷第 1 期。

⑪ 贺明缨:《江西省田赋清查处实习报告》,载《民国二十年代中国大陆土地问题资料》之 170,台湾成文出版社有限公司 1978 年印行,第 85124 页。

方势力恶斗之中。⑫ 前引铅山河口镇朱彬保长不仅给人撰状，后来自己卷入刑事诉讼案件中也是自己写辩护词得以脱罪的。玉山县"声名狼藉之律师"欧阳颐也曾经是该县中学代理校长，考取律师资格之后，"平日在县包揽词讼，诈欺取财"。⑬ 这些乡村社会的体面绅士，因为具有广泛的社会关系和人脉资源，成为左右民间舆论导向的重要力量，他们即使不主动去包揽词讼，也能对诉讼进程产生较大的干扰作用。

其次，在近代司法制度转型期作为律师替代品的撰状师，也参与到了诉讼包揽业务之中，成为诉讼幕后交易的主角之一。虽然地方司法机关纷纷申请设立撰状处，招考撰状生（师），但一旦获得上级许可并有了财力保障之后，撰状生一职往往由县司法处书记官、录事甚至执达员兼任，⑭ 如龙南县徐、赖二书记官替人每撰一状收取二百元法币，两人互认各自撰写的诉状，其他人撰写的诉状则"拒绝不收"。⑮ 赖书记官"自售状纸，包案无事"，六百元包揽诉讼，保证无事。⑯ 袁宜地方法院书记官张兆祥则介绍本院录事方起云代戚友曾陶氏撰状，本来借此牟利，结果法院派系内讧，将书记官和录事狼狈为奸、包揽诉讼的内幕揭露出来。⑰ 光泽县司法处录事黄斐卿与法官勾结起来包讼包赢，"以包揽他人诉讼为常业。因以录事包案易于舞弊，故问津者颇多"。⑱ 进贤县司法处主任书记官乐中和也被控"利用职权包揽词讼"，并被当事人斥为"好

---

⑫ 宜丰县档案馆档案：《关于双库乡第四保国民学校校长张师铭奸占拐带妇女一案审判经过（县政府、县司法处）》1943—1944 年，档案号：1006；《关于双库乡第四保保长熊欢光控诉张师铭、张玉书、张奇峰恶劣杀伤后母一案工作的审查情形的呈、函、状》，1945 年，档案号：1369。

⑬ 江西省教育厅档案：《为本县声名狼藉之律师欧阳颐招摇诈财请予注意毋予委充教育局长由》，档案号：J046－3－02535－0123。

⑭ 江西省高等法院档案：《关于缮状处何时设置及办理情形卷》，档案号：J018－03－02564。

⑮ 江西省高等法院档案：《龙南县民众诉该县司法处徐赖二书记官私设撰状处卷》，档案号：J018－03－02591。

⑯ 江西省高等法院档案：《江西省高等法院、龙南县司法处关于唐茂添诉赖书记官包揽诉讼一案的训令、呈》，档案号：J018－02－01658。

⑰ 江西省高等法院档案：《查张兆祥介绍方起云代曾陶氏撰状卷》，档案号：J018－03－02266。

⑱ 江西省高等法院档案：《江西省高等法院、光泽县司法处关于何立彬等状告录事行使书记官黄斐卿包揽诉讼请依法办理问题的训令、呈》，档案号：J018－02－03481。

染刀笔"的"蠹书",不禁使人联想到封建蠹书刀笔之害。⑲ 撰状师受贿之后,"将对手方状词之紧要摘断不录,使有理变成无理,瞻念前途,不寒而栗"。⑳本由便民诉讼着想设置撰状处及招考撰状生,却变着法子敲诈诉讼当事人的钱财,形成垄断诉讼扰民害民的新花样。所以,当1948年高安县参议会议长黄泮林就县司法处提出"消弭讼事,设立撰状生,防范唆讼案"议决时,民意代表傅梅分等即揭露县司法处设立撰状处"意图包办诉讼",由于民众的强烈抵制和层层上控,司法部部长谢冠生电令江西高等法院院长吴昆吾,不许高安县司法处设立撰状处。司法处设立撰状处本是为了防范讼师教唆词讼,而民众却更加惧怕官府包办诉讼,足以见得民众恐惧司法权的垄断和滥用。㉑

　　另外,近代以来确立的法官独立行使审判权的原则与权威,决定了法官以讼渔利有了更多的寻租机会。宜黄县司法处法官李家腾被县民控诉因循渎职,原因在于诉讼拖延不结,伺机收取当事人的贿赂,使诉讼本不多发的宜黄县也案件堆积如山,结果被当事人频频告发。㉒ 奉新县著名"讼棍"蓝星垣在担任县政府教育科长期间,因与兼理司法县长王邦范关系特殊,暗中包揽诉讼业务,两年内经其撰写的状稿数十多件,每案必胜,最后被奉新民众控告到省府,兼理司法县长王邦范以蓝星垣为讼托的牟利黑幕也被揭穿。㉓ 余干司法处彭、熊二位法官与律师万茂修等勾结起来,凡是万所代理的诉讼,最后都会胜诉,随着万律师业务量的增多,法官从律师处获得的利益提成也日益丰富起来,最后东窗事发,为县民所告发。㉔ 1948年,乐平县锄奸工作团印发传单,控告县司法处主任蒋思训是"东罗西掘"的"抓钱手"。数落其借民间诉讼谋取

⑲　江西省高等法院档案:《乐中和被控包揽诉讼案》,档案号J018-02-03160。

⑳　江西省高等法院档案:《张公道等诉萍乡司法处违法征收缮状费案卷》,档案号:J018-03-02064。

㉑　江西省高等法院档案:《准县政府函拟招考撰状生撰状等由请核示由》;《令江西高等法院法院院长吴昆吾》;《令高安县司法处主任、审判官陈瑛所属设撰状处卷》,档案号:J018-03-02772。

㉒　江西省高等法院档案:《刘安仁等诉宜黄审判官李家腾因循职务卷》,档案号:J018-03-02265。

㉓　江西省教育厅档案:《为奉新县长王邦范擢用著名讼棍蓝星恒(斗南最著名)充当教育科长专员事包揽介绍贿赂检呈证据呈请一并撤惩由》,档案号:J046-3-03613-0014。

㉔　江西省高等法院档案:《严子清控律师万茂修勾结审判官包揽诉讼案卷》,档案号:J018-02-03130。

钱财的种种劣迹,而蒋主持公布的一份《江西乐平县司法处布告》却特别澄清其亲友"包揽词讼,诓骗招摇"的传闻,如此重大的辟谣举动也引起了上级关注,江西省高等法院要求蒋思训对此做出解释,最后蒋思训拿该司法处的执达员王义生做替罪羊,揽下所有包讼渔利的罪责,具结悔过书了事,"嗣后如发生上项情事,有关本处名誉,概与王义生负责,以上情由幸蒙主任宥谅,准予悔过"。如果蒋思训没有以讼渔利,而舆论和上峰又如此穷追猛打,对于一个小小的执达员王义生犯下如此罪过,岂能轻描淡写地具结一份悔过书了事？如果蒋思训清白无辜而蒙受如此罪责,王义生定难逃脱开除公职的重责,岂能与被伤害的蒋主任相安无事。显然蒋思训才是包揽诉讼的幕后主犯,王义生只是一个"执达员"而已,只有这种结果才可能存在蒋主任无比"宽宥"和大度的谅解。㉕

从制度构造层面来看,垄断乡村话语权的绅士给近代地方司法制度铺陈了民间社会的基本力量,因其左右舆论导向进而要挟地方司法官吏,形成彼此勾结利用之势。而撰状师作为近代地方司法体制运行的一个辅助性部件,却因其为案件受理的重要关口,在包揽词讼方面具有天然的优势。司法处主任或承审法官是决定诉讼成败的戏剧主角,支配着诉讼进行过程和终局结果,在缺乏权力制衡和约束机制的情况下,独立行使审判权的潜台词往往便是大包大揽、一手遮天的"抓钱手",只要法官与绅士或撰状师任何一方勾结成利益链条,讼棍和讼托就应运而生了。

三、利益、圈子与体制

在近代中国地方司法界,似乎从来就不曾认真正视过律师的地位,有时司法机构及其司法官吏往往故意混用律师和讼师名称,加以辱没律师的抗争,如1938 年南昌律师刘探元诉黎川司法处"收售状纸不遵法定手续"一案,司法处反复强调没有公开出售状纸是因为无法判断当事人是否有能力自撰诉状,如果当事人识字不多,不能撰写诉状,买走状纸之后既可能请律师撰状,也很可能落入讼师之手。显然,黎川县司法处这种限制出售状纸的做法给外地律师帮助当事人撰状带来了许多不便,却给自己所设的撰状处增加了更多的业务量。他们并不在乎律师的评头品足,律师也拿他们无可奈何,高等法院对刘律

㉕　江西省高等法院档案:《蒋思训敲诈、发缴诽谤油印传单、司法职员在外包揽诉讼诈骗案卷》,档案号:018－02－01798。

师的答复也证实了这种结果。㉖ 当然,像刘律师这样与司法机构对峙的并非多数,更多的律师选择了沉默,有些关系特殊的律师,则寻求与法官的合作,建立包揽起诉、判决和胜诉整个利益链条。

尽管近代以来司法界孜孜以求的永恒话题是公正和正义,但利益才是法官与讼棍、讼托勾结办案的基础。宜黄司法处李家腾主任与铺保的勾结,余干司法处彭、熊法官与万律师的勾结,乐平司法处主任蒋思训与王执达员的勾结,婺源县司法处程瑞德法官与书记官何等甲、看守所所长王在镐的勾结,㉗光泽县司法处法官与录事黄斐卿勾结,诸如此类的种种勾结形态,充分印证了名言"没有永恒的朋友,只有永恒的利益"的残酷现实,掌握司法审判大权的法官主宰着民众的生命和财产利益,围绕着他的司法裁判权自然形成一个利益场,司法交易黑幕由此而形成,并非律师、书记官或录事才是讼托的最佳人选,只要稍通文墨,什么人都可能成为讼托,在以讼渔利的整个利益链条中,法官和兼理司法体制下的审判官才是这个利益链条的核心环节。

当然,在以上这些包揽诉讼的不同人员中,有一点却是特别确定的,那就是他们都与法官具有特别信赖的特殊关系,存在一个特殊的圈子,因为特定圈子是保证诉讼幕后交易安全的基本前提。如在余干县侨居的律师万茂修之所以屈尊潜伏在县乡城镇生活,就在于他与彭、熊法官为同学关系,彭、熊法官经手的案子多由其代理,胜券在握,生意自然兴隆。而此前余干县商会书记员唐老二、潘绍珊因为与前任法官关系特别,也"专司撰状","凡彼所撰状卷俱为密码",也是胜诉多多。法官换人了,律师万茂修自然揽下了以前唐、潘二位讼托的所有业务,难免招来物议。㉘ 法官与讼托猫鼠同窝,彼此默许的利益分成和幕后交易是主宰整个诉讼展开过程的潜规则。1940 年,在陕西任职的陈位轼回乡伺候病母,归程路经南昌,向江西省高等法院梁院长揭发于都法院审判官余璋勾结绅士廖立三、律师朱贤选包讼渔利的种种黑幕,"内应外合,三人一气,枉其诈财之能事"。在陈位轼看来,余璋是"官场老吏,生财有道",廖立三则是于都"著名土劣",而朱贤选又是"扛讼律师",三人勾结形成一个以讼渔利的铁三角。但上峰下令彻查包揽词讼的罪行时,这些行为却被于都法院贺飙

㉖ 江西省高等法院档案:《刘探元诉黎川司法处收售状纸不遵手续卷》,档案号:J018−03−02067。

㉗ 江西省高等法院档案:《程俊生控告婺源审判官程瑞德包揽诉讼吸食鸦片案》,档案号:J018−02−02544。

㉘ 同注 22。

武院长的《密报》全盘否定,为何言之凿凿的事实转瞬之间变成子虚乌有的传闻呢?于都法院院长贺飙武自然难辞其咎,不久之后贺飙武被撤职查办,其中一个重要的导火索正是此案。㉙ 1941 年,原任山东章邱地方法院推事陈继曾在永新老家打官司,发现县司法处主任金宝光和律师王梦湘勾结办案,"自莅任以来,即与律师王梦湘串通一气,公开往来,尽人皆知。该王梦湘籍隶永新,在县执行律师业务仅彼一人,又因与该审判官交好甚密,于是民刑各案由彼代理及辩护者,十常八九,乡民无知,受其愚弄,所在多有"。㉚ 显然,要形成一个包揽词讼的利益链条,不仅要有法官参与,而且还必须有主宰地位的法官主导其事,否则像袁宜法院书记官张兆祥请托本院录事方起云代故友遗属写状那样,区区小事竟然招来院长恶斥和二级处分。

另外,近代中国司法状况和司法体制的不健全,也决定了包揽词讼现象的发生将是不可避免的制度产物。我们比较这些包揽词讼案件发生地,基本上都在县司法处或基层法院。在这些基层司法机构,因为法官人手少,大包大揽机会多,国家不仅对他们的业务水平和职业道德缺乏有力的监督和约束,甚至连他们办案程序的合法性也难以监督到位,所以在其周围容易形成一个以其为中心的利益交易链条。因为兼理司法的县长不大过问具体事务,司法处主任甚至普通的审判官就足以统揽全局,帮其介绍贿赂的讼棍、讼托也就能建立稳定的利益联盟。如果再往上级法院来考查,这类包揽词讼的情形明显减少,因为法官多,彼此牵制难以形成包揽之势,如果包揽案一旦在地方法院或高等法院发生,那就意味着这个包揽词讼案绝不是单个法官所能独食,必然是一个群体窝案,而其中法院院长必然早已成为腐败链条最黑的环节,这也从一个侧面证明了院长的司法权如果没有得到有效监督和约束,司法体制确实罪责难逃。

当代中国司法界出现包揽诉讼的"讼托"案,不仅暴露了法官职业群体道德缺失的巨大社会隐患,也证实了群体窝案的体制特征,法官的司法审判权缺乏有效监督和约束,必然产生司法腐败,在其权力周边形成一个幕后交易的利益市场也不奇怪。可怕的是,司法审判中所扮演的角色是对社会责任和资源利益进行公正、有效分配的终极环节,"讼托"案的爆发无疑摧毁了人民群众对

㉙ 江西省高等法院档案:《陈位轼诉于都审判官余璋勾结土劣律师卖案诈财》,档案号:J018-03-1480。

㉚ 江西省高等法院档案:《陈继曾诉金宝光串通律师从中图利卷》,档案号:J018-3-01726。

人民法院公信力的尊崇信念。尽管我们没有把"讼托"与传统社会包揽词讼的讼棍等同起来,兴许是我们曾经把讼棍、黑律师一并列为旧制度的产物,好像换个名字就容易使人觉得新事物出现了,而且又不伤及广大无辜律师的情感。但回望近代以来包揽词讼案的主角及运行机理,笔者仍然认为"讼托"就是讼棍,"讼托"可以是律师,也可以是律师以外的其他人,甚至像临川小学教师涂飞那样的体面人也可以成为"包打官司"的讼棍,③但他们一定是与法官关系密切的利害攸关的人,他们是勾结法官瓜分当事人利益的寄生虫。如果我们曾经不遗余力抨击过讼师和讼棍,那我们一定要加倍小心警惕:讼棍耶,已魂兮归来,正从我们曾经埋葬他的土壤中伸出头来。自古以来,官方就一直否认讼师和讼棍的合法性,今天的"讼托"也是如此,他是我们制度所唾弃的毒瘤,但切切实实又是源于制度的产物。

The Returned Soul: from Legal Pettifogger to "Litigation support": based on the Study of Jiangxi's "Monopolize Lawsuits" Cases in the Modern Times

Gong Rufu   Wu Yongli

(Law School Jiangxi University of
Finance and Economics   Nanchang   330032)

Abstract: The pursuit of judicial independence is the core goal of judicial reform, the judge's independent jurisdiction and lawyers' performing their defense are the due meanings. However, the system construction's incompleteness and the complexity of traditional interpersonal affairs resulted in the phenomenon that law practitioners or legal pettifoggers who was abandoned by traditional system monopolized lawsuits, which blended in new legal system by the means of the legal ticket scalper and litigation support, and corrupted the internal structure of modern legal system, influenced the legal justice in about 100 years. During the time of the Republic of China, judges, lawyers, legal pettifoggers and evil gentries acted in collusion, got profits from lawsuits, and the general public lived under the evil inside of kinds of monopolizing lawsuits, which led to the degradation of legal credibility.

Key words: lawyer; legal pettifogger; litigation support; judge; monopolize lawsuits

---

③　同注 1。

民国司法志：解读先由数字始

江照信 [*]

摘要：本文志在提供一种解读民国司法史的视角，仅为对民国司法感兴趣者提出一种建言，并未对民国司法制度内容作出具体细致评价，至于民国司法经验及意义如何，不属本文讨论范围，但通过本文，作者希望能够为读者提供解读历史上的方便，有助于读者形成自己的判断而已。

关键词：民国司法志　解读数字

按汪楫宝所著《民国司法志》开篇所论，中国法系为世界五大法系之一，随社会经济及学术思想而变迁，自汉中叶至清，儒家思想统于一尊，以道德礼教伦常为立法之根据，不以权利为立法之根据，法律处于辅助地位，所谓德主刑辅是也。停滞于一时代者，几二千年。自晚清海禁大开，中国受列强侵略，乃始翻然有变法之决心，中国乃步入新法治时代。辛亥革命，民国肇造，全国法院及新式监狱次第兴建，卒能收回法权，完成法治。四十余年，中国之司法制度，焕然一新(1954，引论)。又按同书结论部分所言，尝谓中国司法权之完整，有三大障碍，一为外国领事裁判制度；一为县长兼理司法；一为司法经费之不统一。在抗战期间次第取消这三大障碍，已为建设法治辟一坦途，然未能达到理想之标的者，尚复不少，如审判系统之应否调整、检察机构应否扩大或者缩减，均须彻底检讨；他如法令规章之补充修正，司法人员素质之提高、员额之配置、待遇之改善以及铺设监狱等等，无不有待于继续努力。盖新司法制度已行之四十余年，默察社会舆情，仍不免有扞格之处。推原当初改革动机，颇侧重于获得外人在华领事裁判权之放弃，以是有有关司法上一切新措施，大致皆就欧美成规，亦步亦趋。中西国情互异，自难完全适合。现在领事裁判权既已撤

---

[*]　山东大学法学院副教授，博士。

销，又当宪政实施之后，改进司法之道，应力求以人民好恶为归(1954，余论)。

又按谢冠生所论，终北京政府时代(1912—1927)，全国法院仅 114 所(未计入地方分庭数量)，即高等审判厅 21 所，高等分厅 26 所，地方厅 67 所。而此后经历国民政府持续努力建设，终得最高法院 1 所，高等法院 37 所，高等分院 119 所，地方法院 782 所(汪楫宝 1954：弁言，54)，虽县长兼理司法之秕制已不复存在，县法院却始终未立，而独立行使第一审管辖审判职务之县司法处，大多只有审判官一人，此类司法处全国 1318 所。梁启超曾言，清代官制改革唯一之结果为司法独立。不论司法独立意义如何，至少在制度上来看，民初北京政府十六年半，所谓独立从数量上看，就是一百所法院之司法史，而国民政府二十年，又明显表现为法院规模扩展史。需要注意，自清末修律以来实行三审终审制，民国因循未改，则仅按法院数量而言，如何解读评价司法独立与司法制度转型？

与此相应，我们如何理解民国司法进程？外国领事裁判制度、县长兼理司法、司法经费不统一可能影响民国司法的事实如何？司法独立观念、法权观念以及法治观念在民国司法界可能形成怎样的影响？四十年司法建设，由就欧美成规到以人民好恶为归，整体上于中华法系有何贡献？当辛亥百年之后，我们重新审视民国司法，诸如此类问题，似不可避免。

民国司法档案本来留存下来已经卷帙浩繁，如南京第二历史档案馆司法院档、司法行政部档、大理院(最高法院)档，如台北"国史馆"各类司法档案，如北京档案馆、上海档案馆司法档案，又如其他地方司法档案。况且亲身经历之人仍大有人在，又或经口耳相传，或经口述史传，再加上民国传统至今仍多少保存于台海一隅，如何解读民国司法则成为一件非常容易但却复杂的事情。

本文志在提供一种解读民国司法史的视角，仅为对民国司法感兴趣者提出一种方法上的建言，不对民国司法制度内容作出具体细致评价，至于民国司法经验及意义如何，更不属本文讨论范围，但通过本文，作者希望能够为读者提供解读历史上的方便，有助于读者形成自己的判断而已。本文主要分三个部分，第一部分数字，关于司法长官更替频率、法院数量嬗变、法官数量更迭。第二部分数字资料，关于民国司法统计传统。第三部分数字，关于具体司法数字示例。关于司法制度在权力分立及共和传统中的政治角色如何以及关于司法独立原则精义如何解读，理论上见仁见智，而实践中如何养成共和司法传统，则因地制宜，因时而异。概言之，民国司法进程四十年，足以提供充分的史鉴，欲理解其中事实，请先从数字始。

一

按刘寿林（1966 年）所著《辛亥以后十七年职官表》，及汪楫宝（1954 年）著《民国司法志》，自 1912 年至 1927 年，以言司法总长职，人事巨变频仍，具体事实如下表所示：

年　份	总长职位人事更迭
1912 年	1 月，南京临时政府成立，设司法部，伍廷芳任司法总长，王宠惠 3 月 30 日任，7 月 14 日去职，王式通 7 月 16 日暂代，许世英 7 月 26 日任，1913 年 9 月 4 日免。
1913 年	9 月 4 日，王守珍代，至 9 月 11 日梁启超任职。
1914 年	2 月 2 日，梁启超免职，章宗祥任。
1914 年至 1916 年	章宗祥任至 1916 年 6 月 30 日，调任，张耀曾任（未到任前张国淦兼署），8 月 2 日江庸暂代。
1917 年	6 月 8 日张耀曾请假（徐谦代）（江庸 6 月 16 日代），6 月 29 日辞，江庸署，7 月 17 日免，林长民任，11 月 30 日辞。12 月 1 日江庸署。
1918 年	江庸至 1918 年 3 月 18 日请假（张一略 3 月 18 日代），3 月 29 日免，朱深任。
1918 年至 1920 年	朱深任至 7 月 24 日免，张一略 7 月 24 日代，董康 8 月 11 日署。
1921 年	12 月 25 日，董康免，王宠惠任（未到任前，董康署）。
1922 年	4 月 22 日王宠惠任（未到任前罗文干署），6 月 11 日免，同日署，8 月 5 日免，张耀曾署，9 月 19 日免，徐谦署（石志泉 9 月 20 日代），11 月 29 日免，许世英署。
1923 年	1 月 4 日许世英免，王正廷署，1 月 12 日免（未就），程克署，1 月 25 日任。
1924 年	1 月 12 日免，王宠惠任（未到任前薛笃弼代），9 月 14 日免，张国淦任，10 月 31 日免，张耀曾任，至 11 月 24 日章士钊任。
1925 年	7 月 28 日章士钊调，杨庶堪署，未到任前章士钊兼代，8 月 18 日到职，12 月 31 日免，马君武任（未就）。
1926 年	3 月 4 日马君武免，卢信任免，4 月 17 日免，王文豹 4 月 19 日代，5 月 13 日张国淦复职，6 月 22 日任，7 月 6 日免，罗文干署。

续表

年 份	总长职位人事更迭
1927 年	1 月 12 日罗文干免署,同日任,至 6 月 20 日姚震任,11 月 12 日假(单豫升代)。
1928 年	1 月 12 日,姚震回任,至 2 月 25 日,王荫泰任。

该表制作参考刘著《辛亥以后十七年职官表》,第 73～89 页;汪著《民国司法志》,第 114～145 页。表格文字内容,以刘著为准。

如表所示,除 1915 年章宗祥任职司法总长、1919 年朱深任职司法总长外,无一年司法总长人事能够稳定不变。尤其 1922 年,司法总长职位六易其人,而按刘寿林所制北洋政府历届总统国务总理简表,该年内阁总理人事九变②,乱象纷呈。司法中枢不能稳定,司法进程又如何推进呢?进入国民政府时期,与北京政府时期相较,司法院长居正任职十六年半(1932—1948 年),时间正好与北京政府时期相同,不论司法历史情境如何,民国司法因居正一人而可以有稳定可能,因而民国司法又可以分为两时期,一为居正司法时期,其他则整体为一时期。一旦可以划定时期,理解民国司法便可以有章可循。

再看法院数量,自清末以来,一直努力追求司法独立的理念,其意甚美,问题在于论者每每假定建法院为轻易之事,或者推定司法独立只要有法院便可行之有效,而事实上,一旦如民初十六年司法史之史实所示,司法如何能离法院而独立有效? 在民国时期,司法独立,至少应从两个方面言,一在于法院之司法独立,一在于替代法院者之能否司法独立,而后者又可以成为检测中国法律传统,并建立古今连续性,解决中国司法现代性问题的一种独特进路。

年 度	法院数量总计
1947	总量 2223
	1947 年与 1937 年比,总增量为 933
	+60

② 刘寿林:《北洋政府历届总统国务总理简表》,载《辛亥以后十七年职官表》,中华书局 1966 年版,第 4～5 页。1922 年,由梁士诒、颜惠庆、周自齐、颜惠庆、王宠惠、唐绍仪、王宠惠、王大燮、王正廷 1 年内交替任职内阁总理。

续表

年　　度	法院数量总计	
1946	＋145	
1945	＋150	
1944	＋28	
1943	＋1	
1942	＋7	
1941	＋52	
1940	＋18	
1939	＋18	
1938	＋10	
1937	1290	
1936	398	
1935	382	
1934	301	
1933	336	
1932	309	
1931	342	
1930	320	
1929	302	
1928	221	
1929—1927	总量	374
	增量	235
1926	139	
1925	260	
1912	327	

上表参见拙著《中国法律"看不见中国"》（清华大学出版社 2010 年版）第 2 章。表内数字 1937 年后统计计入县司法处数量。1937 年数字为按谢冠生（1948）所著《战时司法纪要》所推算数字，包含县司法公所与司法处数量。"＋"号表示与上年相比，法院增加数量。

最后来看法官数量,按 1912 年许世英总长所提《司法计划书》:"吾国疆域广大,需用之法官狱官,预计五年完成时,法官逾四万人,狱官将及二千人"③,也就是说,五年(1913—1917 年)当中,每年至少生产 8000 法官。又按王用宾所著《近年司法行政之革新运动》:"十五年在广州举行首次法官考试,录取五十人,党化司法,肇基于此。及国民政府奠都南京,继承遗志,十八年一月筹备法官训练所……计自广州国民政府以迄今兹,法官之受其考试训练而出身者,已一千余人矣"④。按此,自 1926 年至 1936 年,国民政府考试训练法官不过1000 余人,较之司法制度之理想,差距不言自明。按桂裕氏所言,至 1948 年,高地两级(包括分院)推事及检察官人数共 4163 人,县司法处有 1318,而审判官只有 2174 人⑤。

如下表所示,民国近 40 年所产生之合格法官数量总和,不能满足民初司法计划中 1 年所需人才之数量,现实远离理想,那么司法计划又如何能够实行? 而反过来讲,法官群体数量之简约,就其承担司法转型使命而言,又逼使司法界不得不具有创造力,然后他们才可能推进司法进程。因而,在我们看待民国司法官时,需表示出同情与敬意,同时司法进程点滴成功,背后艰辛可知。

年　　份	录取法官数量(考试、甄拔、铨定)
1913	171
1916	38
1918	143
1919	189
1921	113
1926	185
1927	27
1929	172

③ 《许总长司法计划书》,载《司法公报》第 3 号 1912 年 12 月 15 日,第 6 页。
④ 《中华法学杂志》新编第 1 卷第 562 号刊,第 250~251 页。
⑤ 桂裕:《司法制度之检讨及改进》,载《专题研究报告汇编 政法类(三)》,中国国民党中央设计考核委员会编印 1971 年版,第 14 页。

续表

年　份	录取法官数量（考试、甄拔、铨定）
1930	142
1932	125
1933	32
1935	204
1936	33
1938	130
1939—1941	92
1941	205
1942—1943	60
1944	20
1945	87
1946	356
1947	255
1946—1948	361
总计	共 35 次，及格者共 3000 多名

上表参见拙著《中国法律"看不见中国"》第 2 章。

　　综上三表，如果中央无稳定司法中枢，而法院、法官数量又事实上无法满足司法独立之需时，司法进程如何得以推进？如县长不得兼理司法，则由谁来填补法院、法官不足的空隙？同时，既然司法经费不足，而造成司法制度在规模上的明显缺陷，除增加财政解决司法制度难题之外，有无其他可能方式，在财政一定的情况下，仍能推荐司法转型的进程？这些问题之提出，就是民国司法界真实面对并需要解决的问题，由此也可以看出，民国司法制度进程不只是一个中西移植或者古今传承的问题，它至少需要自己积极的创造力，才可能维持自身的进程。按此思路，在民国司法从制度结构上无法寻求突破时，则司法职业化之人必能彰显独特的品性，因而民国司法界在共和建国与司法制度转型中，人物必具有不可或缺的重要性，因而解读民国司法，又必须从人物入手。

二

本文主张解读民国司法,须由数字开始,那么数字如何而来?答案很简单,民国司法人物独特贡献之一,就是留下了足够多的统计资料,使后来者可以轻松获知各种数字,并以此为基础深入理解民国司法史。按目前作者见识所及,民国司法统计基本资料有两种:司法公报(及司法院工作报告)、司法统计(年度),前者为北京政府时期司法部与国民政府时期司法院公开出版,由1912年10月15日第1期始,至1948年有800多期出版(以国家图书馆出版社影印出版者为参考),后者则由1914年始有编辑出版,此类资料,较之档案馆,上海图书馆馆藏反而更全面。

按《司法公报》第1年第1期发刊小引所记,以公报之辑验司法独立之精神,用心良苦,高瞻远瞩,而独立之精神由是而立,民国司法品格亦由是而能彪炳史册,策励后人:

> 民国肇造,百度更新,司法独立之声,已喧腾国人之口而强聒吾人之耳矣。然天下事有理论上宜如此,事实可如此,而外界环象,内界阻力,偏若挤之,使有不得骤如此者。盖层累波折,任事之所必经困难,求通成功廼为可贵。司法独立,亦何独不然哉!是仍在当事者,实有司法独立之精神,以贯彻之。区区文字,胥其末迹焉耳,奚足以存?虽然,文字者,精神之所寄,考其文字,即可验其精神。且精神有不能喻诸远者,惟文字可到达之;精神有不能传诸久者,惟文字可弥永之,文字顾可忽乎哉?然则司法公报之辑,即谓于此验司法独立之精神焉,亦无不可也。中华民国元年十月编者谨识。

至于司法公报内容,北京政府与国民政府一脉相承,凡有关司法进程各方面,均无例外刊之于册。由1932年1月15日司法院公布《国民政府司法院公报规程》可见一斑:第1条、第2条:"司法院公报由司法院秘书处刊行,每星期六出版一册,每册约三十页,如文件繁多,得增加页数。"第4条:"司法院公报每期依次刊登:(一)国民政府、司法院及其他机关公布而有关审判上之引用之法规;(二)命令:国民政府、司法院、最高法院、行政法院、公务员惩戒委员会以及其他机关命令而有关审判上之引用者;(三)解释;(四)裁判:包括判决、裁定;(五)批文;(六)咨文;(七)电文;(八)公函;(九)附录(附录部分多为各种司法统计数字以及司法文论)。"

有关司法统计,我们可以看时任司法行政部长谢冠生氏为1938年出版所

出版、司法行政部统计室编辑《民国二十五年司法统计》(上、下册,共 822 页)所写的序,由此可以管窥一二:

> 居斗室而欲知天下之形势,莫便于披图,挟寸简而能知万事之变迁,莫便于览表,盖宇宙之大,事物之繁,若必一一周历而观览之,势固有所不能,亦有所不及,故非有综覈之术不可,则统计尚矣。统计一科,为近代西方学者所尚导,而盛行于各国,其实我国古代已有之……吾国之有司法统计,始于民国三年,自兹以后,历年编纂,悉踵成规。考其内容,分为五类,曰行政、曰民事、曰刑事、曰涉外、曰监狱,而各图表分系焉。今者二十五年度司法统计亦已脱稿,其体例尤昔,而细目略有增损,凡为表一百二十八,为图十八,主其事者搜茸之勤,有足多者。余奉命承乏秋官,正值国难方殷之会,或有以司法为不急之务者。余谓今日不欲改进司法则已,如欲改进,则统计实不可缺。矧吾国各项司法制度,或在嬗变之中,或属创办之始。举其大者,如审级制度、公证制度、民事调解制度、刑事自诉制度、监狱外役制度等,推行以来,其得失利弊若何,若无精确之统计,将何所资以剖别,即一切因革损宜,又将何所资以从违。不根据统计,而侈言改进,无异闭门造车,乌能求其合辙哉,故统计之书,不独可以表现过去之设施,抑赖以制定将来之计划,其事虽细,其效则宏。爰于二十五年度司法统计出版之日,略述其功用之重要,弁诸篇首,以告法曹。中华民国二十七年十二月谢冠生。

又如 1943 年为《民国二十六、七、八年度司法统计》所作序言:

> 本部司法统计,夙有成规。迁渝以后,曾将二十五年度统计材料公诸于世,兹复辑二十六、七、八年度表汇为一编,续付剞劂,体例尤昔而内容多有变更。盖此三年当中,适当抗战之会,司法上一切动荡之行迹,亦如行政其他部门,有与平时截然不同者。分析观其变化,比较会其通,战时司法之全貌,披览斯编,亦足以窥见一斑。惟是检讨过去,展望未来,深感现有成绩,距离理想尚远,所冀全国法曹,今后益当奋勉,继续迈进,则本册之刊行,庶几为不虚也,是为序。中华民国三十二年一月。

由上可以看出,司法公报之意图多在制度外部存在之情境,而司法统计之意图多在制度内部运行之结果。按谢冠生氏所言,所谓"检讨过去,展望未来",不仅仅适用于当时而已,因为有两种史料保存下来,民国司法史及法律史因此整体地可以得到真实可靠的解读。

三

　　至于如何以数字开始解读民国司法史,作者仍举出数字,供读者评断:如按 1912 年 12 月 15 日《司法公报》第 3 号,据当年直省调查报告填注之"各省已拟设各级审判检察厅一览表"⑥,我们可以更进一步解读本文第一部分有关法院部分的数字:

区别	类别	高等审判厅	地方审判厅	地方审判分厅	初级审判厅	计(审检合计)	合计(审检已拟设总数)
直隶	已设	1	2	1	5	20	20
	拟设						
奉天	已设	1	6		7	29	29
	拟设						
吉林	已设	1	3		10	28	28
	拟设						
黑龙江	已设	1	1		1	6	6
	拟设						
江苏	已设	1	53	1	53	220	248
	拟设		7		7	28	
安徽	已设	1	2		2	10	22
	拟设		3		3	12	
山东	已设	1	2			12	12
	拟设				1		
山西	已设	1				8	8
	拟设						
河南	已设	1	2		2	10	38
	拟设		7		7	28	

　　⑥ 《司法公报》第 3 号 报告 第 1～3 页,1912 年 12 月 15 日。

续表

区别	类别	高等审判厅	地方审判厅	地方审判分厅	初级审判厅	计(审检合计)	合计(审检已拟设总数)
陕西	已设	1	1		2	8	196
	拟设		2		83	188	
甘肃	已设						8
	拟设	1	1		2	8	
新疆	已设						18
	拟设	1	4		4	18	
福建	已设	1	2	1	4	16	16
	拟设						
浙江	已设	1	2		2	46	174
	拟设				64	128	
江西	已设	1	4		4	18	28
	拟设		1		4	10	
湖北	已设	1	2		69	162	162
	拟设						
湖南	已设	1	1		1	6	6
	拟设						
四川	已设	1	3	6	10	42	42
	拟设						
广东	已设	1	4	2	8	30	30
	拟设						
广西	已设	1	2		2	10	20
	拟设		2		2	10	
云南	已设	1	1		1	6	6
	拟设						

续表

区别	类别	高等审判厅	地方审判厅	地方审判分厅	初级审判厅	计(审检合计)	合计(审检已拟设总数)
贵州	已设						6
	拟设	1	1		1	6	
总计	已设	19	23	11	196	687	1123 ＊总计中包括高等分厅已设4个，拟设1个，未列入表内
	拟设	3	37		177	436	

有上表所示民国初年司法现状及规划，我们再简单与第一部分表中各年份比较，便大致可以把握司法制度上的整体进程。如再进一步，当我们读1926年《法权报告书》，西方人为何不允放弃法权，继而1927年进入国民政府之后，司法界如何激进反映，1935年后为何提重建中华法系以及六法全书规模奠定与司法界所承受之压力以及因此总体上影响司法独立与共和法治之进程，我们大致就会有了一个理解的初始点。

至于司法内部运行之状况，在大致了解法院数量更迭的基础上，我们又可以看1946年度司法统计年刊，在各种统计表格之后的"司法现象分析"⑦，节略举例如下：

一、关于民事者

1. 抗战以来民事案件百分数逐年增加。

2. 公证事件推行顺利。

3. 调解制度已有成效。

4. 城市婚姻纠纷与交通文化成反比。

5. 城市租赁纠纷以福州广州为最多。

6. 土地问题边区最少：……因边远省份以游牧为业，私有土地为稀

---

⑦ 北京档案馆藏《民国三十五年度司法统计年刊》1947年12月，第20～22页，档案号 Zq5－3－1376。

少,私有土地既少,问题自少。至于内地各省则以山西为少,因该省实施土地政策有成就也。

二、关于刑事者

1. 犯罪案件与交通文化成正比。

2. 经济犯罪案件比率特大:观于一国经济犯罪之多寡,可知其国民经济之荣枯,附表内经济犯罪竟占 42％以上,此实吾国国民经济情况严重之象征。

3. 盗窃案件比率特大,就地域言则台湾领先:……据台湾高等法院查复,係由于该省收复后,失业情况严重之故。

4. 略人勒赎案件上海最多。

5. 杀人风气以西部诸省及河南一带为甚。

6. 遗弃之风青海西康最多。

7. 妨害风化事项云南最多。

8. 贪污渎职案件有急剧增加之势。

9. 烟毒案件本年特多。

10. 汉奸案件浙豫较多。

11. 城市罪犯汉口最多:分析各重要城市犯罪人数汉口最多,其次为筑、穗、津等市,因汉口每万人中每年有犯罪人数 80 人之多,其他各省无出其右者。若就犯罪种类言,则欺诈背信案件汉口最多。

12. 城市盗匪案件太原最多。

由司法数字到社会评估,可证民国司法之宽广视野胸襟。民国统计细致如此,司法品格如何不高卓?

四

由上,我们大致可以理解,民国司法的事实,一方面,在于司法数量上的难题,另一方面,在于统计数量上的精致,两方面奠定民国司法进程的基础,而其中人物则需一面应对难题,一面精心营运,司法界因而成为可歌可泣的法律人共同体。因此本文认为,理解民国司法由数字始,然后由人物,最后看制度。

为何认为由数字到人物,然后始理解民国司法史? 我们可以看 1926 年时任法权会议中国委员之王宠惠氏于《法权报告书》后所附"中国委员宣言书":"近二十年来,中国政府以深至之诚意,不挠之毅力,对于中国司法制度与司法行政,极力改良……继续改良司法之政策,本属中国政府自动之坚决意旨……

撤销治外法权而易以中国主权所容许之制度,此为中国国民夙抱之恳挚愿望"[8]。在司法数字之后,我们可以看到"极力改良"司法背景下的人物"夙抱之恳挚愿望",因而在民国可以实现"易以中国主权所容许之制度"。由数字到人物,实际上是在提醒,民国司法史,除去司法独立精神之外,还有一种国家法权意识,两种心理支配下,民国司法才得以形成自己的品格。这一点,我们可以继续看一则法官墓志铭,因而会得到同情理解。按 1933 年李大防撰《山东高等审判厅厅长富顺张君墓志铭》：

> 1925 年 12 月 5 日,山东军务督办张宗昌劫杀高等审判厅厅长张志,举国震撼！当是时,宗昌督鲁几两载,恣睢暴戾,凶焰炽张,而左右佥任,复擅作威福,干预司法无忌惮。往往重大谳狱,辄胁迫违法处理,君则屹立不为动……闻君受极刑时无愠色,但索纸笔作遗书,不许,乃喟然曰："予死有命定,不足惜,惟吾国法典未成,领事裁判权尚握彼族之手,家有老母,逾七十未克终养,此则于国于家两有遗憾者耳!"[9]

法官而能有此,胸襟抱负有谁人堪比！概言之,解读民国司法史,应由数字开始,由数字先把握格局,然后由数字看人物思潮,明白时人艰辛维持司法品格之用心用力,然后理解整个民国司法史。

参考资料：

1.《司法公报》(1912—1928 年)。

2.《司法统计》(1936 年度、1937/1938/1939 年度合刊、1946 年度)

3. 汪楫宝：《民国司法志》,正中书局 1954 年版。

4. 谢冠生：《战时司法纪要》,司法院秘书处 1971 年版。

5. 刘寿林：《辛亥以后十七年职官表》,中华书局 1966 年版。

6. 江照信：《中国法律"看不见中国"》,清华大学出版社 2010 年版。

---

⑧ 《特件：法权报告书》,载《兴华》1926 年第 23 卷第 49 期。

⑨ 李大防：《山东高等审判厅厅长富顺张君墓志铭》,载《学风》(安庆)1933 年第 3 卷第 8 期。

Republican Judicial History: To Begin with Facts of Numbers

Jiang Zhaoxin

(Law School, Shandong University, Ji'nan, 250100)

Abstract: This article is aimed to offer a perspective for the understanding of Republican judicial history, and it is thus limited to the outlining of such a perspective. As to the detailed descriptions and interpretations of Republican judicial system, plus those impacts that it might have brought upon the process of Chinese legal development, are both beyond the theme of this article. By writing this article, the author hopes it may help its readers to understand in an easy way this period of judicial history, and come to their own judgments.

Key Words: Republican Judicial History; Interpretation of Numbers

陪都时期重庆的房屋租赁纠纷解决

罗金寿 *

　　摘要:抗战时期,重庆市人口激增,房源紧张,房租高涨,房租纠纷频发。为了限制房租高涨,解决房租纠纷,国民政府制定了一系列法令,规定租金标准,限制房东退租,强制空房出租,界定出租人与承租人在被炸房屋时的权利和义务。重庆市政府专门成立了房租评定委员会以解决房租纠纷,但效果并不好。后房租纠纷移归法院办理。房租纠纷适用简易程序,且调解前置。
　　关键词:陪都时期　重庆　房屋租赁　纠纷　解决

　　抗日战争爆发后,国民政府迁都重庆。大批党政军机构、科技文教单位、工矿企业和大量难民随之迁入重庆。重庆人口剧增,导致房源紧缺,房租高涨,纠纷频发。重庆市政府为了解决住房问题,限制房租高涨,处理房屋租赁纠纷,先后制定了系列法律文件,一度组建房租评定委员会。本文将以重庆档案馆藏的档案,包括房租评定委员会档案和司法档案,对陪都时期重庆的房屋租赁纠纷及解决加以分析。

一、重庆租房难

　　抗战时期重庆租房困难和住房简陋。有民谣道:"好个重庆城,山高路不

---

　　* 江西师范大学政法学院讲师,法学博士。该文为 2011 年教育部人文社会科学研究青年基金项目《非常态司法——抗日战争对民国司法的影响》(项目批准号:11YJC820077)成果。江西师范大学博士启动基金项目《国民政府战时司法研究(1937—1945)》(项目批准号:3448)成果。

平；捆绑房屋①多，悬得吓死人；老婆还好找，住房真难寻。"②

(一)房源紧缺

1938 年 10 月武汉失守后，各界的抗战人士和逃难的民众如同洪水一般涌入重庆。1929 年 2 月重庆建市共计 45038 户、232993 人。1935 年共计 61552 户、428801 人。1938 年全市共计 122893 户、528393 人，加上江边船户和流动人口，共约 60 万人。1941 年人口突破 70 万，1943 年超过 90 万，1945 年达到 1255071 人。此后至 1948 年人口都超过 100 万。③ 1945 年初重庆警察局调查人口数为 1049470 人，人口密度为 3565.9 人/平方公里。两江半岛的两路口，上清寺以东一带人口密度高达 5.46 万人/平方公里，其中市中心区的净密度为 9.16 万人/平方公里，市中心区东部更在 11 万人/平方公里以上。④

人口剧增以致房源紧张加剧。1939 年春，重庆市甚至已无屋可租。人民蜗居于鸽笼大小的房子里。如 1939 年，南友小学女教师任桐君，租住于农户家牛棚猪圈边的一间茅棚，牛虻多，奇臭，夏天闷热无比，且租金不菲，而且租到这样的房子还是出于地保的大面子。1939 年，"五三""五四"轰炸后，南友小学停课，作为收容所。其母子 5 人挤在一个仅能摆两张小木板床，放下两个小书架，两张小矮方桌和几网篮箱笼的小图书室里生活。⑤ 有些人不得不长期住在旅馆里。"大小旅馆均无日不告客满，其盛况可谓空间前。"⑥又因日军的大轰炸，大量房屋损毁。据不完全统计，1939 年损毁房屋 4827 栋、4012 间。

---

① 张恨水在《纸醉金迷》里面把重庆的房子分为三等，其中第三等的房子就是所谓捆绑房子。这种房子哪怕是两三层楼，全屋不用一根铁钉。甚至不用一根木柱。除了屋顶是几片薄瓦，全部器材是竹子与木板。大竹子作柱，小竹子作桁条，篱片代替了大小钉子，将屋架子捆住。壁也是竹片夹的，只糊一层薄黄泥而已。参见曾智中、尤德彦编：《张恨水说重庆》，四川文艺出版社 2007 年版，第 309 页。

② 徐立阳等主编，重庆市文史研究馆编：《陪都星云录》，上海书店出版社 1994 年版，第 162 页。

③ 重庆市地方志编纂委员会总编室：《重庆市志》第 1 卷，四川大学出版社 1992 年版，第 775～776 页。

④ 同上注，第 779 页。

⑤ 任桐君：《一个女教师的自述》，生活·读书·新知三联书店 1989 版，第 197 页。

⑥ 吴济生：《新都见闻录》，光明书局 1940 年版，第 84 页。

1940 年损毁房屋 6955 栋、22197 间。⑦ 为了解决住房问题，国民政府在重庆市区新建了一些住房，但几乎是杯水车薪。据一个粗略的统计，1949 年前重庆市中区建筑总面积 2188176 平方米，缺房百分比为 28.33％。⑧

(二)租金暴涨

房源紧缺导致房租暴涨。《新都见闻录》记载了 1938 年至 1939 年的房租上涨情况：

> 重庆自去年(1938 年)避难而来之旅客日多，房价已较前飞涨三四倍，譬如在新市区带，从前每一房间：第一季租二十元者，到后来就非五六十元或至七八十元不可。城内稍廉，然每季(四个月)亦非三四十元不可。又楼下房间较楼上为便且暑天亦较楼上为凉爽，故楼下常较楼房贵一二成。⑨

1939 年 5 月的大轰炸，导致约 20 万人无家可归。⑩ 人们又纷纷拥到郊区，郊区的房租成倍上升。如张恨水搬到南温泉桃子沟，本来租了两间瓦房，很是干净。不料下乡的人多，房价飞涨，房东要卖房子，将他赶了出来，他也搬进了"国难房子"。张恨水将其租住的破草棚，美其名曰"待漏斋"。⑪

据统计，1937 年 1 至 6 月(基期)，重庆城区平房或楼房房租一平方丈月租金 4.944 元。7 月，抗日战争爆发，重庆房屋租金逐步提高。年平均一平方丈，月租金为 6.36 元。此后，重庆房屋租金受通货膨胀影响，上涨幅度越来越大。1946 年 10 月，一平方丈房屋租金达 5645.67 元，与基期比较上升 1141 倍；至 12 月升至 8498.33 元，与基期比较上升 1718 倍。⑫

---

⑦ 重庆市人民防空办公室编：《重庆防空志》，西南师范大学出版社 1994 年版。转引自曾小勇、彭前胜、王孝询著：《1938—1943：重庆大轰炸》，湖北人民出版社 2005 年版，第 39 页。

⑧ 重庆市渝中区人民政府地方志编纂委员会编：《重庆市市中区志》，重庆出版社 1997 年版，第 152 页。

⑨ 同注 6。

⑩ 赵丽娟：《驼峰航线——一条改变太平洋战区格局的悲壮航线》，中国友谊出版公司 2007 年版，第 37 页。

⑪ 袁进：《小说奇才张恨水》，上海书店出版社 1999 年版，第 145 页。

⑫ 重庆市地方志编纂委员会编著：《重庆市志》第 3 卷，西南师范大学出版社 2004 年版，第 417 页。房租与物价上涨相比较：在 1939 年以前，重庆房租上涨幅度大于物价总指数上涨幅度；在 1940 年以后，房租上涨幅度远远低于物价总指数的上涨幅度。

二、房屋租赁纠纷剧增

陪都时期，重庆房屋租赁案件占法院案件总数的较大比重。如1944年度重庆地方法院受理民事案件中债之案件1111件，包括买卖146件，赠与5件，租赁685件，雇佣7件，运送6件，合伙15件，其他48件。债之案件占该年第一审民事案件总数的60.9%。其中租赁案件占该年债的案件的61.7%，占全年第一审案件的9.5%。⑬ 1946年，重庆地方法院受理民事案件中债的案件占该年第一审案件总数的66.9%，其中租赁案件占债案件的52.3%。⑭

常见房屋租赁纠纷有以下类型：房东抬高房价，驱逐房客；房东否认房客的租赁权；房东借收回自用之名退租；房东依法收回自用，房客拒不退租；租期届满，房客拒不搬迁；房屋有坍塌危险，房客拒不搬出；违约转租、分租；承租人拖欠租金；出租人拒不返还押金及因修缮，损坏等事由发生纠纷。

人口剧增、房源紧张是房屋租赁纠纷增多的最主要原因。⑮ 1945年7月15日，《中央日报》报道："重庆市年来人口骤增，房屋恐慌日趋严重，若干房主乘机抬高房价，或借故驱逐房客等纠纷层出不穷。"⑯

重庆房屋租赁习惯对房客的不公平是导致房屋租赁纠纷剧增的另一重要原因。其时，重庆租赁住屋称之为"佃"，街头巷尾的招租帖子和报上的招租广告，标题上只一个"佃"字。租佃房屋的期限，重庆城区与乡间稍有不同。城区的惯例，租期一年分为3季，这不是四时季节的季，而是另一种期限单位，每季4个月，交纳租金也是按每季计算，起码4个月，将来主辞客退，也应在期间申明，否则至少是要续租4个月，耗到期。订定的方式，是由房客写就"佃约"交于房主收执，交租金时，由房主立据盖章，交与房客，订定的租金之外，通常需交有押金，多少不一，大约是房租的倍数。例如每季租金100元的，押金多在200元左右。至于乡间一般的习惯，则以一年为一期，无论退佃起租，都按照

⑬ 《民国卅三年度重庆实验地方法院民事第一审案件报告表》，重庆市档案馆藏，档案号：0110—3—116。

⑭ 同上注。

⑮ 《关于制止房主高价出租房屋的往来代电》（1942年10月28日），重庆市档案馆藏，档案号：0053—22—29。

⑯ 《制止房屋纠纷，市政府拟定办法，抗属租房予以优待》，载"国民公报"1945年7月15日，第3版。

一年为标准。[17] 此外,还需付名目繁多的小费杂费。如此习惯,在战时环境下,对于房客显然不公平。例如一个外省避难来渝的家庭,在重庆城区暂住一月,政府便下令疏散,不得已,移居乡间,哪知不满半年,又因特殊关系,必须再往别处,这样在城内不足一季,在乡间不到一年,如依照习惯付租,损失不小。[18] 大轰炸期间,严令疏散之时,此类纠纷时有发生。

在房源紧张情况下,房东处于强势地位,出租房屋条件苛刻,甚至不依照习俗,不遵守法令。国民政府颁发一系列法律文件以规范房屋租赁,但在一房难求的情况下,大多房客对房东违反规定出租房屋的行为采取迁就态度。陆思红道出其原因:

> 诚以依照上列办法办理(《重庆市房租评定委员会处理重庆市房屋租赁暂行办法》),则重庆之居住问题,似可公允解决,便有此禁文,必先有此事实,细细释条文之规定,则种种情形可以想见。况平时召佃之纸条甚多,现已久不发现,觅屋者必央托熟识亲友,转辗访求,寻获之房屋,多少必有几分间接关系,岂尽能执法以绳,谚云:"在人矮屋下,谁敢不低头",觅屋者但求有屋可住,不得不稍迁就。好在办法第三条但书规定,双方同意者,不在此限。佃屋必订租约,约定租金,当然认为已经表示同意,故事实上非经填满房东之欲壑,即难租到房屋,租价贵至如何程度,全视房东良心之平否为转移,不能一定也。[19]

三、房屋租赁立法

为了解决严重的住房问题,1939 年 8 月,政府公布《重庆市非常时期取缔抬高地价、地租、房价、房租暂行办法》,对房地产价格进行了一些限制。1938 年 12 月,国民政府军事委员会委员长行营公布实行《重庆市房租评定委员会处理重庆市房屋租赁暂行办法》,该办法共 12 条,对房租标准、房租给付方式、退租条件等事项进行了规定。1940 年 2 月 10 日由行政院呈准国防最高委员会修正《重庆市房租评定委员会处理重庆市房屋租赁暂行办法》,改称《非常时期重庆市房屋租赁暂行办法》,原办法共 17 条,后修正计 24 条。该办法对于房租标准、退租条件、收回自用方式、房屋被炸时的租赁和修复进行规定。

---

[17] 同注 6,第 82 页。

[18] 同上注,第 82～83 页。

[19] 陆思红编:《新重庆》,中华书局 1939 年版,第 172～173 页。

1943 年 12 月 13 日,国民政府在《非常时期重庆市房屋租赁暂行办法》的基础上,正式公布了《战时房屋租赁条例》,共 24 条,该条例在前述办法的基础上进行了修正,并增加强制空房出租和防止房屋减少两项措施。《战时房屋租赁条例》适用于全国,但限于战争期间,战事结束后 6 个月即失效。1944 年又颁布了《重庆市战时房屋租赁补充办法》。这些法令主要包括以下内容:

第一,确定房屋租金标准。《重庆市房租评定委员会处理重庆市房屋租赁暂行办法》首次规定了房屋租金标准,根据房屋建造的时间确定房租,并规定了转租租金的标准。《非常时期重庆市房屋租赁暂行办法》将建造于 1937 年终以前的房屋租金款额,调整为不得超过于 1937 年原租金数的 40%,其他相同。《战时房屋租赁条例》以该条例公布日期为界线,对于建造于该条例公布以前的出租房屋,规定年租金不得超过建筑物价额的 20%。对于建造于该条例公布以后的出租房屋没有具体规定租金标准,而是由省或院辖市政府拟定,报请内政部转请行政院核定。对于转租房屋租金也只是原则性地规定按原租金比例计算。1944 年公布的《重庆市战时房屋租赁补充办法》对《战时房屋租赁条例》所订的标准进行具体化。将"建筑物造价"具体为"建造时呈报工务局之建筑物造价",规定建造于 1943 年底以前的房屋,每年租金最高额不得超过地政局地价册所载其土地价额,及依 1944 上季施行的重庆市自用房屋估价标准表,估定的房屋价额的 12%。(见表 1)

表 1 陪都时期重庆市房租标准比较表

时间	法令	标准
1939 年 1 月公布,7 月修正	重庆市房租评定委员会处理重庆市房屋租赁暂行办法	1. 房屋建造于民国二十六年(1937 年)终以前者,租金数目不得超过民国二十六(年)原租金数的 20%。 2. 房屋建造于民国二十七年(1938 年)以后者,租金数目不得高于建筑物与土地之总价年利二分以上。 3. 承租人如将余房转租或分租,应按原租金比例计算,其租金不得超过比例的 20%。

续表

时间	法令	标准
1940 年 2 月公布，后修正	非常时期重庆市房屋租赁办法	1. 房屋建造于民国二十六年(1937 年)终以前者，租金款目不得超过于民国二十六年(1937 年)原租金数的 40%。 2. 房屋建造于民国二十七年(1938 年)以后、二十九年(1940 年)终以前者，租金数目不得超过于民国二十九(1940 年)原租金的 20%。 3. 房屋建造于民国三十年(1941 年)以后者，租金数目不得高于建筑物与土地之总价年利二分以上。 4. 转租的租金按原租金比例计算，不得超过 20%。
1943 年 12 月	战时房屋租赁条例	1. 出租房屋建造于本条例公布以后者，其每年租金之最高额不得超过其建筑物价额的 20%。 2. 出租房屋建造在本条例公布以前者，其标准租金由省或院辖市政府拟定报请内政部转请行政院核定之。 3. 租约所定期限在半年以上而该地经济情况显有变动，出租人得请求酌加租金，但不得超过原租金的 30%。 4. 转租租金按原租金比例计算。
1944 年	重庆市战时房屋租赁补充办法	1. 建造于民国三十二年(1943 年)十二月以后之出租房屋，其每年租金之最高额，不得超过其建造时呈报工务局之建筑物造价的 20%。 2. 建造于民国三十二年(1943)底以前之出租房屋，其每年租金之最高额，不得超过地政局地价册所载其土地价额，及依民国三十三年(1944)上季施行之重庆市自用房屋估价标准表，估定之房屋价额的 12%。 3. 承租人与出租人双方另附有条件建筑房屋之约定时，除标准租金应依本办法规定外，从其约定。

　　此外，这些法令还对租金的支付方式，押金数额进行规定。租金按月计算，于承租时预付租金 1 个月后，每满 1 个月支付，出租人不得一次索取超过 1 个月之租金。以现金为为租赁之担保者，其总数不得超过 2 个月之租金。并且，禁止出租人于租金外收取小费或其他任何名义之费用。

第二，限制退租。《重庆市房租评定委员会处理重庆市房屋租赁暂行办法》规定出租人非因下列情事之一，不得假借他故强迫承租人退租：(1)承租人在住屋内不法行为危及社会秩序者。(2)承租人积欠租金数目除以担保现金作抵外达 2 个月以上。(3)承租人因重庆过失损坏房屋而不为相当之赔偿者。(4)房屋必须改建，且已领得建筑执照者。(5)奉市政府命令因公租用者。《修正非常时期重庆市房屋租赁办法》增加了两项规定，即出租人依本办法第 11 条收回自用，承租人违反本法第 10 条之规定而转租。为了防止出租人滥用"收回自用"理由，该办法第 11 条对收回自用作较严格限制，规定：租赁期满或租赁未定期限者，出租人如将房屋收回自用，须于 3 个月前通知承租人，并取得当地保甲长具结保证后，向该管警察分局声请许可。凡供工厂、学校、医院使用之房屋，出租人如将房屋收回自用，须于 1 年前通知承租人，并依前项规定声请许可。收回自用的房屋，出租人于 1 年内，不得将全部或一部分出租于第三人。并且该办法第 8 条规定，租约有期限者，除第 11 条规定，期满收回自用情形外，承租人于期满前 1 月通知，依原租约条件按约承租，出租人不得拒绝。《战时房屋租赁条例》与前者规定基本相同。

第三，强制空房出租。《战时房屋租赁条例》第 2 条规定，战时省市县所在地，或经政府指定为疏散迁建之区域，或其他因租屋困难经政府指定之地区，该管市县政府可以采取如下措施：(1)检视空余房屋适于居住者，得限期令房主出租；(2)房主自住房屋超过其实际之需要者，得令其将多余之房屋出租；(3)可供居住之房屋得禁止其拆毁；(4)现供居住之房屋得禁止其改作他用；(5)被炸毁或倾圮之房屋尚可修复者，得令房主修复出租。该条例第 17 条规定，被炸毁或倾圮之房屋，如出租人无力或不为修复，而承租人仍愿继续租用者，得有承租人代为修复，出租人不得无故拒绝。此外，该条例第 12 条规定收回自用的房屋不得偏闭不用。

第四，规定罚锾。上述各办法和条例均对违反房屋租赁相关规定行为规定了罚锾。《重庆市房租评定委员会处理重庆市房屋租赁暂行办法》第 11 条规定，出租人如有违反本办法之规定或迫使承租人退租情事，得处以 1000 元以下罚锾。《修正非常时期重庆市房屋租赁办法》也有相同规定，并规定罚锾由重庆地方法院以裁定行之。《战时房屋租赁条例》对不同的违法行为分别规定罚锾数额。违反该法第 2 条之命令者,科 1000 元以下罚锾⑳。违反第 3 条或第 12 条之规定者科 3000 元以下罚锾㉑。违反第 4 条至第 6 条之规定者,科 500 元以下罚锾。㉒ 司法机关的罚锾以裁定方式,依据《司法机关依印花税法科罚及执行规则》执行。㉓

第五,界定房屋被炸时的权利义务。修正后的《非常时期重庆市房屋租赁办法》规定:(1)出租房屋,如被敌机轰炸,致不能住用时,应将全部押金退还,但承租人不得索退租金。(2)房屋全部炸毁,出租人重新建筑,如非自用,承租人仍有优先租赁权,并依该办法关于租金和押金标准的规定,商定租金、押金数目,并预缴租 6 个月,作为建筑费一部。前项预缴租金,于新屋落成后,承租人得在应付租金内按月扣除,如未扣清,后全部被炸毁,其未扣清部分,主客平均负担。(3)被炸房屋之剩余部分,承租人如愿继续租用,得照原租价比例缴纳租金。(4)房屋被炸毁部分,承租人如愿继续租用,经通知出租人后,出租人应于一星期内动工修复,并依主料客工习惯分别负担。(5)被炸房屋如出租人无力或不愿修复,承租人仍愿继续租用者,得由承租人出资代为修复,出租人不得拒绝。依主料客工的规定,该项材料费,以不超过原租金 3 个月为限,其

---

⑳ 《战时房屋租赁条例》规定,战时省市县所在地,或经政府指定为疏散迁建之区域,或其他因租屋困难经政府指定之地区,该管市县政府得为下列各款命令:一、检视空余房屋适于居住者,得限期令房主出租;二、房主自住房屋超过其实际之需要者,得令其将多余之房屋出租;三、可供居住之房屋得禁止其拆毁;四、现供居住之房屋得禁止其改作他用;五、被炸毁或倾圮之房屋尚可修复者,得令房主修复出租。

㉑ 《战时房屋租赁条例》第 3 条规定,出租房屋建造于本条例公布以后者,其每年租金之最高额不得超过其建筑物价额的 20%;出租房屋建造在本条例公布以前者,其标准租金由省或院辖市政府拟定报请内政部转请行政院核定之;租金数额超过前二项之标准者,虽有约定,出租人不得请求给付,其不及规定标准者,仍依原租约支付。第 12 条规定,依前条规定收回自住之房屋不得关闭不用,并不得于 1 年内将全部或一部改租他人。

㉒ 《战时房屋租赁条例》第 4 条,租金按月计算,于承租时预付租金 1 个月后,每满 1 个月支付之,出租人不得一次索取超过 1 个月之租金。第 5 条,以现金为为租赁之担保者,其总数不得超过 2 个月之租金。第 6 条,出租人于租金外不得收取小费或其他任何名义之费用。

㉓ 《司法机关依印花税法科罚及执行规则》(1935 年 12 月公布)第 6 条,依印花税法所科处之罚锾,照下列规定支配之:一、检查机关举发者,应以四成充司法机关办公费,四成充检察机关办公费,二成赏给在事出力之检查人员;二、人民告发者,应以四成充赏告发人,四成充司法机关办公费,二成购贴司法印纸;三、诉讼时发觉者,应以四成充司法机关办公费,余均购贴司法印纸。

余由承租人自行负担,所垫材料费,应由承租人取具证明,通知出租人在应付租金内扣除。修复后的房屋,如材料费尚未扣清,又被炸毁,可以由承租人与出租人商量,同意后,继续代为修复,并依规定扣除所佃材料费及比例增加租金。如果材料费尚未扣清,再次被毁,而承租人不愿继续租用者,其所垫付材料费,主客平均负担。(6)被炸房屋经修复后,其租金得以出租人负担之修理费额,参照该办法租金标准规定比例增加。但由承租人出资修复的房屋,在所垫之材料费未扣清以前不得增加。如此规定,除了界定承租人与出租人在房屋被炸时的租金、押金支付方式与标准外,还鼓励修复重建被炸出租房屋。

四、房屋租赁行政干预

1938 年 9 月,重庆市政府为限制重庆市房租高涨,处理房租纠纷设置房租评定委员会。㉔ 该委员会设委员 7 人,由重庆市党部常务委员 1 人,重庆市市长,重庆市社会局局长,重庆市警备司令,重庆市警察局局长,重庆地方法院院长,重庆商会主席担任,并以重庆市市长为主任委员。该委员会设秘书 1 人,建筑师 1 人,干事 3 人至 5 人,由主任委员派任。该委员会还设评议员 3 人至 5 人,由主任委员聘任,可参加本委员会会议。房租评定委员会会议由主任委员召集,其决议案,由主任委员分别送请重庆市警备司令部,重庆市警察局,重庆地方法院执行。房租评定委员会为临时性应特殊需要的机关。其作出的决定为行政决定,可以根据《诉愿法》㉕提起诉愿、再诉愿。

因 1939 年底 1940 年初,房屋租赁纠纷已渐减少,而且房租评定委员会在纠纷处理及执行方面又颇感困难,经市临时参议会建议,将此类纠纷仍归法院处理,因而房租评定委员会向行政院呈请修正该会处理房屋租赁暂行办法并请交由法院判决执行,并该会及于年底结束案。1940 年 1 月 20 日,行政院召开会议对该案进行审查,参加会议的有军事委员会、司法院、民政部和重庆市市政府人员共 6 人,决定撤销房租评定委员会,原暂行办法终止,交由法院依据判决执行。并决定:"以前已经该会决议之案,当事人不得就同一事件再向法院起诉,已经决议尚未执行或执行尚未完竣之案,应由法院依民事执行程序

㉔ 《修正重庆市房租评定委员会组织规程》(1938 年 9 月 28 日公布),第 1 条。

㉕ 《诉愿法》(1937 年 1 月 8 日国民政府修正公布,同日施行),共 28 条。

予以执行,业已受理而尚未议决各案,依民事诉讼程序进行审判。"㉖1940年2月17日,国防最高委员会准予备案,并函令司法院等部门遵照办理。

五、房租纠纷的调解前置

1940年3月,房租租赁案件重新由法院办理。依据《民事诉讼法》第402条之规定房屋租赁案件应适用简易程序。㉗ 根据《诉讼费用暂行规则》第2条规定,诉讼标的之全额或价额未满25元者一律免予征费。因而,由法院办理房屋租赁案件程序简便,费用低廉。简易程序采取独任审判形式。传唤证人或鉴定人,可以不送传票,依法院认为简便的方法进行。就审期间,通常程序中至少10天,简易程序中一般至少5天,紧迫情况下可以为3天。起诉声请调解及其他期日外的声明或陈述,概得以言词方式进行。而且适用简易程序的案件的判决书内的事实及理由,可以仅记载要领。

房屋租赁案件起诉前必须先经调解,除了法律规定的以下情况外:(1)曾于法令所定之其他调解机关调解而未成立,且自法院或其他调解机关调解不成立时起,未过一年者;㉘(2)系提起反诉者;(3)送达于被告之传票,应于外国送达或为公示送达者;(4)依法律关系之性质,当事人之状况,或其他情事可认为调解显无成立之望者。㉙ 如符合上述情况的案件,直接向法院起诉的,需在诉状内表明其不需经法院调解的情形,并提供该事实的必要证据。

从司法实践情况看,房租案件中当事人通常声请假执行。房租案件除了依当事人声请而为外,如果为被告败诉之判决,法院依职权宣告假执行。㉚ 原告声请假执行应当提供担保,否则法院不得宣告假执行。

㉖ 《重庆市房租评定委员会呈请修正该会处理房屋租赁暂行办法并请交由法院判决执行俾该会及于年底结束案审查会纪录》,重庆市档案馆藏,档案号:0110-4-735。

㉗ 《民事诉讼法》第402条规定,出租人与承租人间,因接收房屋或迁让使用修缮,或因留置承租人之家具物品涉讼者,不问其标的之金额或价额,一律适用简易程序。

㉘ 法令所定的调解机关例如有区调解委员会、乡镇调解委员会、社会局调解委员会、联保调解委员会、同业公会调解委员会等。

㉙ 《中华民国民事诉讼法》(1935年公布施行,下同)第409条。

㉚ 《中华民国民事诉讼法》第389条第3项,就第402条第2项诉讼所为被告败诉之判决。

六、结语

为了解决严重的住房问题,国民政府通过立法和行政、司法手段积极干预房屋租赁行为,对房租进行管制。这些立法和措施在一定程度上缓解了住房问题,利于社会稳定。国民政府公布的系列法律文件,试图改变重庆市原有房屋租赁习惯,然而,在实践中,这些法令并没有得到普遍性的贯彻,诸多出租协议仍然按原有习惯签订,如租金仍然按季计算、支付,押金数也远远高过 2 个月租金的限额。到 1939 年底,该暂行办法实行近 1 年,并没能有效遏止房租上涨,如吴济生道:"上述办法,可说是适当的矫正处置,但实际上照此奉行者很少。"③

House Rent Disputes in Chongqing during Provisional Capital Period

Luo Jinshou

(Jiangxi Normal University, Nanchang 330022)

Abstract:During provisional capital period, price soared and rent in Chongqing also ascended rapidly with drastic population increasing. To restrict price soaring and settle house rent disputes, such laws and decrees as The Provisional Measures of House Renting and others regulated rental standard, prevented landlord throwing a lease, compelling vacant rooms rented, define rights and duties of lessors and renters after being bombed. Although the Chongqing Municipal Government specifically established the Renting Assessment Board to settled the renting dispute, the effect was not satisfying. Later house renting disputes came to courts to settle with summary procedure.

Keywords:the war of resistance period; Chongqing; house rent disputes

---

③ 同注 6。

护持与变通

——论中国近代侵权纠纷之解决

徐振华[*]

摘要:我国近代侵权纠纷之解决,无论从实体法适用还是程序法运行,都在一定程度上体现了特定时代和特定群体之特色。近代侵权纠纷之解决中,成文的侵权法条文和传统侵权习惯在司法实务中并行适用。但成文法和民事习惯本质上属于两种法律体系,其并行适用在实践中必定会产生一定的矛盾和混乱,想达到完全融合在客观上不可能。中国近代侵权司法的历史对我国当代法制建设亦有所启示。

关键词:近代 侵权法 纠纷解决

一、概述

侵权纠纷是民间极其普通而常见之纠纷。从《大清民律草案》至《民国民律草案》,再到《民国民法》,我国侵权法立法已相对成型,在司法审判中引用侵权法条文甚至侵权法法理的判决亦较为常见。民国初年的大理院和南京国民政府时期的最高法院的司法脉络已蔚然成型,我国近代侵权纠纷解决的法律架构已经初步得以建立,传统的对侵权纠纷以刑事处罚为主的模式被革命性地颠覆。

当然,不可忽视的是广大民众对舶自西方的侵权法条文和与之相配套的民事诉讼法条文存在着艰难的适应。尤其是诉讼程序这一块,本来以程序正义来保障实体正义是民事诉讼法的基本价值取向。所以,我国自清末开始就较为系统地移植了西方先进的民事诉讼模式。但问题在于,这种全面舶自西

---

* 西南政法大学行政法学院 2009 级博士生。

方的民事诉讼制度,不仅与我国老百姓长期以来所熟悉的以刑为主的纠问式诉讼大相径庭,而且更重要的是这种诉讼的程序相较于中国传统民事诉讼程序复杂得多。这可能导致广大民众对新引进的西方的民事诉讼程序存在心理上的不适应,甚至是抵触。

实践中,各级法院对于每一案件,要先审查形式方面有无瑕疵,如上诉的日期、司法机关管辖权的归属、诉讼费用的数额等等,然后才进行实质上的审判。这对历来重实体轻程序的中国民众而言是一件在短期内难以适应的事。普通民众打官司,动不动就因为形式上不符合要求而被驳回,诉讼当事人一肚子苦水。而法院的判决书中通篇都是西方法律的新型名词,涉诉当事人往往不知所云,导致败诉民众不敢再提起上诉,而只能坐视权利被侵害。即使是对法院因自身原因延迟审理案件,涉诉民众欲求司法救济也只能如此,抗议或抗告必须遵守新型法律规定的程序,否则即遭驳回。广大民众对新型法律和诉讼程序在适应上的艰难,导致了在侵权纠纷的实际解决机制中存在着大量的习惯解决方式,产生了传统习惯法适用的广阔空间。

近代侵权纠纷之解决方式多种多样,实践中,可谓是司法审判与习惯法之适用并驾齐驱。

二、司法判决实例研究

"上帝的归上帝,耶稣的归耶稣",这一经典法谚,用在法律的适用问题上也贴切。法律与社会现实有时难免会脱节,瞿同祖先生曾经指出:"法律是社会的产物……是社会规范之一。""在社会现实与法律条文之间,往往存在一定的差距。如果只注重条文,而不注意实施情况,只能说是条文的、形式的、表面的研究,而不是活动的、功能的研究。我们应该知道法律在社会上的实施情况,是否有效,推行的程度如何,对人民的生活有什么影响等等。"所以,我们作为法律的研习者"仅仅研究条文是不够的,我们也应注意法律的实效问题。"①所以,就近代侵权行为法而言,我们应当关注其在当时社会生活中是如何适用的,司法实务当中在适用上又存在哪些问题。为此,笔者将通过代表性判例,介绍和分析这些判例,总结出侵权行为法在当时社会条件适用之状况。

---

① 瞿同祖:《法学论著集》,中国政法大学出版社 1998 年版,第 5 页。

　　提到中国近代的司法实践,不得不对大理院②的司法判决例和解释例进行介绍和分析。大理院在 1919 年即汇集出版《大理院判例要旨汇览》,对于判例的要旨汇编成册。1923 年,《大理院判例要旨汇览续编》由大理院编辑整理付诸出版。这 2 部判例要旨汇编,总共收集 3991 个判决例,其社会影响非常深远。③ 同时,民间亦有类似判例集的出版,④为我们今天的学术研究和司法制度的完善提供了宝贵的历史资料。胡长清先生认为,民国初期曾经历了长达 20 年的"判例法制度"的阶段,在这个阶段,掌握司法审判权的大理院,由于当时立法机关的立法功能不彰,而在几乎完全欠缺审判依据的情形下,不得不在实践中大量地司法造法,并且通过统一解释与将判例汇编,创造出指导日后立法及司法的法律准则,在这一特殊时期,大理院无异起到了这个特殊时代中最重要的造法功能。⑤ 曾任北京政府司法总长的梁启超曾评价道:"十年来,国家机关之举措,无一不令人气尽,稍足系中外之望者,司法界而已。……法条方严,程序峻密,不易舞文一也。登庸循格,保障有规,久任谙事二也。职属冷曹,巧宦弗趋,流品较清三也。是故司法界成绩所以稍优于他界,存乎法者半,存乎人者半。"⑥

　　由此可见,大理院作为我国近代的一个重要的审判机构,为我国近代的司法审判做出了重要的贡献。下面,笔者就大理院时期及民国初期审理的若干

----

　　② "大理"一词本源自于星名,《星经》云:"大理二星,在宫门内,主刑狱事也"。参见《辞源》(一),商务印书馆 1979 年版,第 670 页。后引申为掌刑狱的官,《史记·武帝纪》:"皋陶为大理,平民各伏得其实。"中国历朝一般都设大理寺,与刑部、都察院并列为三法司,作为最高司法机构,一直到清朝皆是如此。清末法制变革后,大理寺变更为大理院,专司审判,这一制度被北洋政府所相沿继用。尤其是在民国初期法制不甚健全的情况下,大理院通过判决例和解释例,将我国传统社会所固有之民事习惯与舶自西方之法律理念和制度进行有机结合,为当时之民事司法和确立民事法律规范准则做出了积极的贡献和努力。

　　③ 潘维和:《中国民法史》,台北汉林出版社 1982 年版,第 17 页。

　　④ 较有影响的如郭卫的《大理院判决例全书》等。在《大理院判决例全书》中,郭卫通过对大理院历年发布的判例进行梳理和统计后,汇集了大理院对下级审判机构具有明确约束力的判例 1757 件。该书的主要来源为《司法公报》等资料,参见郭卫:《大理院判决例全书》,上海法学编译社会文堂新记书局 1931 年版。

　　⑤ 黄源盛:《民初法律变迁与裁判(1912—1928)》,台北政治大学法学丛书编辑委员会 2000 年版,第 1 页。

　　⑥ 梁启超为《法律评论》之《题词》,载《法律评论》第 1 期(梁启超 1913 年至 1914 年任熊希龄内阁司法总长)。

侵权法判例和解释例予以介绍、分析、研究:

(一)大理院时期的若干侵权法判例

1.大理院三年上字第四五号判例谓:

以承继无关系之人竟擅自处分他人之遗产,当然为侵权行为。[7]

该判例表明:非继承人无权擅自处分遗产,否则即为侵权行为。这是理所当然之事。不过,这又涉及与无权处分行为和不当得利的关系[8]。侵权行为者前提为无权处分,若为有权处分,即不成其为侵权行为。无权处分之后果若有不当得利,则需负返还该利益之义务,亦为侵权责任的承担方式。

2.大理院三年上字第二九〇号判例谓:

侵权行为人对于受害人自应有损害赔偿之义务,唯此项赔偿义务仅侵权行为人本人所负担,其妻当时既不知情现又未占有其夫财产,自不能令其负以私财代夫偿还之责。[9]

该判例表明丈夫的侵权行为,妻子并非当然承担赔偿义务。按法理,丈夫之侵权行为应以夫妻共同财产予以赔偿。但如果其妻在丈夫侵权之时既不知情又不占有丈夫的财产,则此时妻子无需承担损害赔偿义务。

3.大理院三年上字第四四八号判例谓:

凡以侵权行为损害他人之权利者,应负赔偿之责。至其赔偿之标准如何,则不外由审判衙门查其实际上之损害并其事由是否需归责于加害人衡情以定其数额之多寡。[10]

该判例表明:侵权行为应查其实害和事由及须归责于谁来最终衡情确定赔偿数额。这涉及侵权法上的原因力问题和有过失问题,即如果侵权人的侵权行为并非造成损害结果的唯一原因或原因力甚弱,或被害人于受害时也有一定过错时,应按实际情况酌情减少侵权人之赔偿金额。

4.大理院三年上字第八二九号判例谓:

唆使债务人故意不履行债务,致使债权人受有损害者,对于债权人即为侵权行为,自应赔偿其损害。[11]

---

[7]　郭卫:《大理院判决例全书》,台湾成文出版社 1972 年版,第 147 页。

[8]　关于无权处分、侵权行为和不当得利的辩证关系,详细可参见:王泽鉴:《民法学说与判例研究》(第 2 册),北京大学出版社 2009 年版,第 77~87 页。

[9]　同注 7。

[10]　同上注。

[11]　同上注,第 148 页。

该判例表明:唆使债务人不履行债务为侵权行为。这就涉及债权侵权的问题。债权侵权的问题至今仍具理论上的争议性。我们认为,在第三人故意实施或与债务人恶意串通实施侵害债权人债权的行为时,应当承担损害赔偿责任,对于债权人的直接财产损失应予全部赔偿,对于债权预期的损失和迟延履行的违约金等,均应予以全额的赔偿。

5.大理院三年上字第九五七号判例谓:

凡怠于业务上应尽之注意致侵害他人权利者,为侵权行为,自应付赔偿之责任。⑫

该判例表明:怠于业务上注意而侵害他人权利者为侵权行为,如医疗事故。医疗事故在民国时期为刑事犯罪行为,对医生怠于义务上注意而导致病人身体健康权受损时,不仅应承担刑事责任,同时还要对受害病人进行侵权法上的赔偿。

6.大理院三年上字第一○二五号判例谓:

为排除不法之侵害起见,毁损其麦禾者,于法无赔偿可言。⑬

该判例表明:为排除不法侵害而为毁损者,非侵权行为。我们对这一判例的要旨不仅赞同。紧急避险构成侵权法上的正当事由,可以在一定情况下减免赔偿责任,殊无异议,但这并不意味着一律的免除责任。如险情并非出于人力因素而是由于自然原因引起,则应根据公平原则,参考避险人和受害人的经济状况、受害人所蒙受的损失、避险人因避险行为的受益等,来综合决定是否免除责任或使其承担适当责任。此外,如紧急避险人采取的避险措施不当或超过了必要的限度而造成不应有的损害时,则避险人理应承担适当的侵权赔偿责任。

7.大理院四年私诉上字第四号判例谓:

因侵权行为所生精神上之痛苦,按之条理,固可命加害人担负赔偿责任,然为防止流弊起见,必其痛苦达于不易恢复之程度者而后可。⑭

该判例表明:因侵权行为所生精神上痛苦达于不易恢复之程度始可命加害人赔偿。这在我国民事司法上极具首创意义。大清民律草案有精神损害赔偿的若干规定,但因该草案未予颁行而导致这一制度仅具形式上的作用。但民国初年的大理院,在没有成文民法的情况下,大胆适用西方侵权法理念及原

---

⑫　同上注。

⑬　同上注。

⑭　同上注。

理，追求补偿损害的价值观，肯定社会公平正义理念，其创新精神、学术勇气值得我辈后世学人所景仰。新中国成立后长达几十年的时间里，都无精神损害赔偿之规定，直至最高人民法院在上世纪 90 年代以司法解释的形式出台保护性规定，方才恢复。

8. 大理院四年上字第四号判例谓：

侵权行为之赔偿责任，其构成要件有三：一为加害人之故意或过失；二为被害人之损害；三为故意或过失与损害之因果联络。三者有一不备，斯赔偿之责任无由成立。[15]

该判例表明：侵权行为赔偿责任之要件有三：一故意或过失；二损害；三故意或过失与损害之因果联络。侵权法上的构成要件由此在我国司法实践植根，并延续至今。期间，虽不断有社会动乱和理论纷争，但该构成要件至今未变。

9. 大理院五年上字第一○一二号判例谓：

凡以侵权行为为原因请求损害赔偿，如被害人亦有过失时，审判衙门得斟酌其过失之程度，核减赔偿之数额。[16]

该判例表明：被害人有过失者得酌减赔偿额。此时，需衡量被害人之过错程度，进行过错比较和原因力的比较，以此确定最终的赔偿责任。

10. 大理院五年上字第一○一二号判例谓：

同一权利，若为数人所侵害，而各加害人无意思上之联络者，应由加害人各就其所加之损害分别负赔偿责任，如事实上不能确知孰加损害者，则负连带之责。[17]

该判例对无意思联络的数人侵权责任进行了明确。在无意思联络的数人侵权时，各个行为人之间并无意思上的共同性，只是各行为人的行为偶然结合在一起，共同造成了受害人的损害。[18] 此时，应由各个加害人就其所实施之损害行为分别承担赔偿责任，如客观不能确认是谁加害时，则各加害人应负连带赔偿责任。

---

[15]　同上注。

[16]　同上注，第 150 页。

[17]　同上注。

[18]　王利明、杨立新：《侵权行为法》，法律出版社 1996 年版，第 200 页。

（二）华洋诉讼中的侵权法判决例

比商天津电车公司与孙恩元因赔偿损害一案。[19]

判　　决

控告人：天津电车公司

被控告人：孙恩元，天津人，年 42 岁，木作

上述控告人对于民国三年七月八日天津地方审判厅就孙恩元诉电车公司轧毙孙二庆一案所为刑事附带私诉一部分之判决，声明不服。经本厅审理，判决如下：

主文：

本案控告驳回。

事实与理由（简要陈述）：

孙恩元之子孙二庆，只有十岁，一日午后，孙二庆在北马路旁玩耍，三号电车行驶经过。孙二庆手抓车后铁柱，没站稳，摔倒，被后面车辆轧伤死亡。地方检察厅提起公诉，由地方审判厅传讯该车卖票人及司机等。认为：孙二庆死亡确有其自身原因，但司机和卖票员也疏于防范，以致死亡的后果。故对相关人员依法定罪外，并判令电车公司支付抚恤金百元给其亲属。

该公司对于抚恤金的判罚不服，上告。查孙二庆之被轧身死，虽由于自己之过失，然该车中之司机卖票等人，亦未免太不注意。孙二庆为幼童，尚无十分能力，以后遇有此事，亦应从优议恤，以重生命而保公安。原判决让电车公司负担抚恤金一百元并不过重。故判决驳回控告。

中华民国三年十月二十四日
直隶高等审判厅民一庭独任推事董玉墀
书记官李志云

以上判例涉及孙恩元之子孙二庆因贪玩而被电车致死一事。双方当事人对原一审判决均表不服，都提出上告。在该案审判中，直隶高等审判厅秉承公平正义之理念，对比商所有的天津电车公司予以了侵权法上的惩处，体现了社会衡平的信念。比商所有之天津电车公司，其电车虽然正常行驶，但遇到顽童出现时，理应做好相应安全措施，尤其是电车公司，平时即应对此类事故多加

---

[19]　直隶高等审判厅编：《华洋诉讼判决录》，北洋印刷局 1919 年刊印，何勤华点校，中国政法大学出版社 1997 年版，第 27 页。

预防，对属下员工应多加教育。如此就不会导致本案中孙恩元之子孙二庆死亡之局面。此外，基于孙恩元之子孙二庆亦有一定过失，并且孙恩元作为法定监护人疏于看护，亦应承担一定责任。所以，考量双方的诉讼地位和利益平衡，直隶高等审判厅判决电车公司支付一百元给孙恩元，作为人身损害赔偿的抚慰金，以示抚恤。并且此案审判中，电车公司之社会地位和经济实力显著高于孙恩元，但直隶高等审判厅能够秉公判决，在领事裁判权尚未废除的民国初年，能秉承现代法律精义以作判决，实属难能可贵

纵观近代侵权法判例，重点为查明案件事实，对法律条文之适用及说理并不多见，可见，近代判决之精华已与当代民事判决较为类似，即首要任务为查明案件事实，发现客观真相，以此为基础方才有成文法之适用。

三、侵权民事习惯之适用

一小孩，痴迷玩骰子。柏拉图对他进行责怪。孩子说："为这点小事，你也管我。"柏拉图反驳道："习惯可不是小事。"[20]习惯确实不是小事。在法律领域，我们认为，习惯是制定法之外最重要的法律渊源。许多法学家对于习惯的意义都做出了自己的解读。[21] 有些法学家虽然没有专门研究习惯在国家法律体系中的重要性，但却以间接表达的方式阐述了习惯对于法律的重要意义，如哈特的"承认规则"[22]中的规则及哈耶克的"自发秩序"中的秩序[23]。 由此可见习惯之重要。

国家的制定法与民间的习惯法二者之间分工合作、互动协调，是中国传统社会之法律秩序得以维系之重要原因，清末以来，立法相对开明，民事习惯逐渐得到立法之认可，并有载入立法之条文，如民国《民法典》开篇即云"民事，法律无明文者，依习惯"，可见立法对习惯之重视。类似的立法见于德国民法第

---

[20] 蒙田：《蒙田随笔全集》上卷，潘丽珍等译，译林出版社 1996 年版，第 122 页。

[21] 例如，法国大哲卢梭认为："它（习惯）形成了国家的真正宪法，它每天都在获得新的力量，当其他的法律衰老或消亡的时候，它可以复活那些法律或代替那些法律，它可以保持一个民族的创制精神，却可以不知不觉地以习惯的力量代替权威的力量。"卢梭：《社会契约论》，商务印书馆 1980 年版，第 73 页；梅因认为："罗马法典只是把罗马人的现存习惯表述于文字中"。梅因：《古代法》，沈景一译，商务印书馆 1959 年版，第 11 页。

[22] H. L. A. Hart. *The Concept of Law*, 2nd ed., Clarendon Press, 1994, p. 6.

[23] FriedrichA. Hayek, Law, *Legislationand Liberty*, vol. 1, University of Chicago-Press, 1973.

242 条、日本民法总则第 92 条规定和日本商法第 553 条、瑞士民法典第 1 条。

20 世纪 30 年代后,因民法典得以出台,中华民国的民事法律体系基本建立,但是,当时的立法机关在对待国家制订法与民间习惯法二者的关系上,还是承袭了民初的做法。《民法总则编立法原则审查案》中的"立法理由说明"中亦公开承认习惯之重要性。对于今天来说,在民法典的制定过程中,立法者同样应该重视传统习惯中的合理元素,将其纳入到未来民法典中。应该说,遵从习惯是一种理性的思维方式,尊重在实际生活中行之有效的良好习惯并将其上升为一种准则,这是我国民法发展史上的必由之路。对民事习惯的重视与广泛调查,是近代民法法典化过程中,留给我们非常重要的一笔精神财富。

1913 年初,我国历史上第一个关于民事审判的判例由大理院发布,该判例之要旨,是关于民事习惯被确认为成为法律渊源的前提条件。该判例发表于《大理院判决录》,因该判例明确了习惯法的成立条件,对实践影响较大,现摘录部分如下:

上告人:穆金布

被上告人:李臣忠

上告人对吉林高等审判厅就上告人与李臣忠因买地纠纷一案上告,经审理,判决如下:本案上告驳回。

理由:

上告人不服原审判决之理由不外有如下三个:(1)吉林旧有习惯中,买卖土地,本族、本旗、本屯有先买权,违背此习惯之买卖应为无效。(2)上告人曾与出卖人于之前订有先买的约定。(3)出卖人在出卖十四垧地于上告人后,才将剩余的十六垧地卖给被上告人。

被上告人答辩称:(1)上告人认为习惯法上买卖田产应优先宗族和邻居的做法是不正确的,买卖田地为当事人之自由,岂有何等地只以何等人方能购买之理由?(2)我与出卖人签订买卖契约时,出卖人并未知此前曾有上告人预约买地这一情节,我方为善意购买,并已履行完毕。

本院按:判别本案之关键即吉林省对本族、本旗、本屯人买地时有先买权之习惯是否可认为地方习惯法,乃习惯法成立之要件有四:(1)有内部要素,即人人有确信以为法之心;(2)有外部要素,即于一定期间内就同一事项反复为同一之行为;(3)系法令所未规定之事项;(4)无背于公共秩序及利益。本案上告人所主张的习惯即使第一至第三要件都齐全,但第四要件同样不能缺位。因为这种习惯不仅仅是所有权处分方面的限制,而是对经济流通及社会发展有所阻碍,基于公共利益的考虑,不能给该习惯以习惯法上的效力。故本院认上告人之上告并无理由，应予驳回。

中华民国二年二月一日

大理院民庭推事姚震等 ㉔

大理院在审理该案件时，就之前的预约买卖契约以及此后的第二个契约签订的时间问题，并没有花费太多时间精力，甚至审判意见都没有发表。大理院在审判中指出，即便是此前的预约先买行为成立，这也只能说明出卖人对上告人应履行卖地义务。但被上告人对该项特殊约定并不知晓，依照双方协议不得对抗善意第三人之原则，因此，第一份预约购买的契约对其后签订并已得到履行的第二份契约并无约束力。该案争议的焦点就是吉林买地之习惯能否成立。就吉林买地之习惯是否成立问题，案件的双方当事人，都出示了各方之法律事实与法律原则。怎样认定该习惯，其是否可以适用？大理院的推事们通过认真研究，采信被告方的意见。并且，在该案中，大理院的推事们依照近代的基本法理规定，确立了历史上非常经典的"习惯四要素原则"。根据该原则，大理院认为，吉林省旧有的买卖土地时亲朋族友有优先购买权这一民事习惯，因阻碍社会发展，故不应当再具备习惯法上的效力，并对此作出了相关的说明。㉕ 大理院审理的上述案件，对我们今天仍然具有重要的启发意义。因该案件作为一个判例，确立了民事习惯是否能够作为习惯法适用的法律制度。该制度不但为各级司法审判机构认定习惯法提供了有效、明确的原则，而且，该原则在我国近代民法史上也具有里程碑意义，因为该原则树立了社会公共利益优先于个人利益的司法原则，这种司法审判的理念显然符合社会发展之潮流。

需要说明的是，大理院判决例和解释例多民事习惯之适用，其适用民事习惯之盛，在"现行律民事有效部分"时期尤为明显。在当时民国民法典尚未制定之际，在国家制定法不足以有效调整现行民事关系的情况下，把通行的民事习惯引入司法领域也就成为在所难免之事。

那么，为什么会有侵权习惯在司法实践中的适用？我们认为，原因是多方面的。千百年来民间习惯力量的强大，是一股不可忽视的法制力量，如我国古

㉔ 大理院书记厅编：《大理院判决录》，民国二年（1913 年）2 月。

㉕ 大理院阐述其理由说："此种习惯非仅为所有权处分作用限制，及于经济上流通与地方之发达均不无障碍，为公共秩序、利益计，断难予以法之效力。"最后判定该案上告驳回。

代民众观念中极为盛行"无讼"、"息讼",以"兴讼"为耻,对诉讼代理人则蔑称为"讼棍";清末引进的西方民法,在条文上生搬硬套西方的法律规定,社会一般民众对高高在上的法律条文根本无法理解,遑论适用;司法实践中,普通民众对复杂而繁琐的民事程序的陌生;民国初年成文法的缺位;等等。

原因之一如当时之民事诉讼程序。涉诉当事人若想要寻求司法救济需遵守法律规定的程序,否则即遭驳回。而清末民初的民事诉讼程序对普通民众而言显然较为陌生,他们在诉讼程序问题上也往往比较容易犯错误。这与我国司法审判实践的传统中,只注重追求实体正义而忽视诉讼程序这一习惯分不开的。譬如,田维严与田维篙假扣押地亩涉诉声请一案[26],因为法院久拖不决,结案时间遥遥无期,案件当事人欲敦促法院尽快结案,但最终因为不熟悉程序上的规则,结果错误地向上级法院提出了声请,致使声请被裁定驳回。再有,郭某与兴业银行求偿债款案中因诉讼费申请救助事件提起的抗告案,[27]也体现了习惯在案件审理中应该合理地认定和适用的原则。

我们认为,民事习惯在司法中之适用利弊兼具。

不可否认的是,正如事物的两分法,传统民事习惯是兼具先进性与落后性之复合体。民事习惯除有其积极作用外,负面影响亦不可避免。[28] 因为,习惯就犹如传统文化,存在精华与糟粕之分。例如,"亲房先买权"是对封建宗族本位优先观念的适用,而封建家庭本位思想,其实是封建专制制度在家庭内的实施,是对个人财产权利、人身权利和自由权利的不良干涉,其与近代之保护个

---

[26] 声请人田维严与田推篙因假扣押地亩涉诉一案说明,当时虽然在形式上立了法,但现实生活当中一般老百姓仍然对法律并不谙熟。郭卫:《最高法院判例汇编》第 22 集,上海法学编译社,民国二十二年 3 月 16 号民事字第 269 号。

[27] 最高法院民事裁定(26 年度抗字第 571 号)。抗告人郭绩任与兴业银行等求偿债款一案之详细请参见《浙江省民事债务请求救助》,中国第二历史档案馆,全宗号七,案卷号 1050。

[28] 如"亲房先买权"这一习惯。该习惯源于宗族团体本位的价值观念,与近代民法的个体意思自治原则是毫不兼容、互相冲突。中国传统社会中,血缘、亲情对产业的处分权都是一种无形的限制。个人若要典卖田宅,必须先向五服以内的亲属由亲及疏地提出,此所谓"先尽亲房"。只有亲属都不承买时,才能向亲属以外的人典卖。该民事习惯产生于聚族而居的小家社会,与经济逐渐发达的近代社会难相适应,因此大理院以阻碍经济流通,不利于地方经济发达为理由,否认了此项习惯的适法效力。以上这个判例揭示了民事习惯的落后性,许多民事习惯往往与近代民法相冲突,成为中国民事法律现代化道路上的阻碍性因素。详细参见:张生:《略论民事习惯在民初司法中的作用》,载《人文杂志》2001年第 4 期。

人财产权利、尊重人格独立的法治理念相背离。此外,对习惯的大量适用,虽有当时成文法未成形之考虑,但当时司法实践中尤其是基层司法官员对习惯适用之热衷,不得不令人产生合理怀疑。因为习惯之认定和适用,并无固定的成文的准则,尤其是各个地方、各个行业的习惯迥然相异,这就容易导致在实践中可能会存在习惯被随意地认定和适用,而一定程度上造成司法不公。这又是我们所不得不看到的现象。

关于民事习惯在适用中之有利性。我们认为,习惯在一定程度上能够确认法律事实之成立与否,在一定意义上,还能够弥补成文法之固有缺陷,对于现有的成文法起着变通与发展的作用。例如,在民国初期,我国当时的民事法律规范本就十分缺乏,与民法具有密切关系的婚姻、抵押、不动产登记等制度也极不健全。在具体审判活动中,司法人员如果仅依赖于部分法律条文的规定,那在实践中就有可能对案件事实难以作出有效的认定。民事习惯特有的稳定性和连续性可以在一定程度上帮助司法人员从复杂的案件事实中解脱出来,从而作出科学的法律裁定。

司法实践中,侵权类民事习惯之适用,对一般民众的权利保护理念,可谓影响甚大。我国古代的侵权事故,多代之以刑事惩罚,近代侵权法引进后,民众多不适应。实践中行之有效的侵权事故的适用,有利于普通民众对生活调整规则的心理认同,即便是有相对较轻的刑事惩罚的存在,因为这有利于稳定民众的法律心理,有利于民众对其行为的预期,从而有利于其作出正确的选择。

并且,作为制定法的有益补充,习惯的作用不仅仅在于对现行法律规范的不足进行补漏,同时它往往通过变通制定法的方式来扩大法律的适用面。中国地域辽阔,各地风情不一,民国初期以现行律为基础的民法规范显然不能满足各地的需要。有些地方习惯力量强大,国家法律在适用时往往不易落实,在这种情况下司法人员也只有采取务实的态度,只要该习惯不违背法律的基本精神,便变通予以适用。这样做固然有不利于司法统一的负面影响,但也从另一个角度发展了法律规则,或者说使法律能够更加贴近社会实际生活。

四、近代侵权纠纷解决之评析

制定法对于整个国家法制之统一、司法审判之预期显然具有重要意义。习惯法未系统制定成文,因而其内容具有不确定性。如以习惯之纠纷解决规则解决民事纠纷,由于解决程序之不确定性,当事人就会无从应对,进而导致其行为预期选择的混乱,甚至在实践中,民事纷纷解决者可能假以习惯之名,枉法裁判㉙。因此,国家有必要通过立法的形式,将在那些能够通行适用之习惯予以确认其效力。我们所应积极努力的是,让优良的习惯与国家制定法二者之间实现良性的互动。制定法与习惯法在我国解决侵权纠纷过程,既可能是实体法也可能是程序法,并且,制定法与习惯法的内涵中都包括对当事人的具体权利义务。有了制定法和习惯法的规定,纠纷的当事人对自己的权利义务也就心里有了"谱"。㉚ 而习惯与制定法之互动更多体现在纠纷解决过程当中,当事人总会在制定法与民间习惯之间选择维护自己最大利益之法律。而纠纷解决之最佳路径是,民间习惯与制定法共同作用,并优先适用制定法,在此过程中,习惯与制定法充分互动,彼此影响对方,以达到并行不悖之效果。

近代侵权纠纷之解决模式,在形式上完成了由古代行政司法合一的体制到近代司法独立审判制度的转变,在内容上体现为成文侵权法和侵权类民事习惯适用之并行适用。这一模式之优劣到底如何? 能否完全适应当时之社会需要和社会发展之要求,我们认为这是值得深入研究的问题。

就该模式的形式要件而言,古代行政司法合一的体制完成了向近代司法独立审判制度的转变,符合社会发展的要求,其历史进步性可值肯定,当无疑义。随之而来的问题是,从近代侵权纠纷解决模式的实质内容上来考量,成文侵权法和侵权类民事习惯适用之并行适用是否为当时社会之必需? 二者是否真正地实现了良性互动,达到了并行不悖之法律效果和社会效果? 这些都是值得我们深入探讨的问题。

我们认为,近代侵权纠纷解决模式的实质内容,即成文侵权法和侵权类民事习惯之并行适用具有当时之合理性和特殊性。我们从近代法制发展之历程可以看出,晚清时期社会之发展和时局之骤变,客观上要求成文法的制定,要求我国在形式上建立起近代的法律制度。是故,成文侵权法的出台为历史发

㉙ 《红楼梦》第 4 回里,讲到贾雨村刚当上南京知府,就遇上的"薛蟠打死冯渊案",按照国家正式规则,应该如贾雨村所说:"正当殚心竭力之时,岂可因私而废法?"但门子道出的却是:"老爷说的何尝不是大道理,只是如今世上是行不去的⋯⋯依老爷这一说,不但不能报效朝廷,亦自身不保。"贾雨村嘴上说不妥,实际上却完全遵循了门子的建议,很巧妙地解脱了薛蟠。我们可以设想,如果贾雨村完全不依照门子提醒的潜规则,恐怕真的不能自保(喻中:《制定法与习惯法之间的潜规则——可供阅读的另类秩序》,载《现代法学》,2001 年第 5 期)。笔者认为,"门子提醒的潜规则",其实这也就是一种司法恶习。

㉚ 喻中:《制定法与习惯法之间的潜规则——可供阅读的另类秩序》,载《现代法学》,2001 年第 5 期。

展之必然。然而,清末虽实行新政变法,大量西方的成文法条文被移植入我国,在形式上初步构建起近代法律体系,民刑及各诉讼法之立法或草案纷纷出台,但是并未在实际上对晚清之司法审判产生立竿见影的实质性效果,遑论影响社会民众之侵权法观念和权利保护的理念。清末民国时期,整个国家政权及社会心理均变化极大,当时之民众频为战争、动乱所扰,除少部分国家精英外,一般社会民众对西式的侵权法殊少了解,更不可能融会贯通。是故,国家制定法层面上的完成并未代表着民众对其在司法审判中的实际认可,更兼之西式法律条文的过于新颖和诉讼程序的繁琐复杂,民众对沿袭几千年的习惯法显然更为钟情。行文至此,我们可以得出结论,近代侵权纠纷解决模式的实质内容,即成文侵权法和侵权类民事习惯之并行适用具有当时之合理性,为当时社会之必需,当时的社会客观条件下,亦只能作如此选择。任何的事实都是历史上的事实,也都是历史造成的事实。同时,对习惯进行吸收也是保持制定法使其富有生命力和尊重人民群众首创精神的一种不可缺少的途径。

那么,成文侵权法和侵权类民事习惯之并行适用是否在纠纷解决的实践中真正地实现了良性互动,达到了并行不悖之法律效果和社会效果?

我们认为,在侵权纠纷之解决实践中,两者之并行适用能较好地完成各自的制度性目的,较完美地实现了各自作为法律调整社会关系的功能,在我国法制的近代化过程中均具重要作用。但我们认为,基于这两种纠纷解决方式的差异,成文侵权法和侵权类民事习惯之并行适用在实践中还是略有冲突乃至混乱之处,并未达到完全的良性互动。如前文所述彝族之民事纠纷,从历史发展的总体趋势而言,在彝族等少数民族地区,国家法的地位在逐渐增强而习惯法的地位逐渐下降。但问题在于,当制定法没有或者不能为彝族提供必需的法律服务时,又禁止那些与成文法相违背的通行做法。人们可能就会面临着这样一种困境,即社会的纠纷需要解决而成文法又管不到,同时还不许民间管,或者民间习惯法的做法本身即与国家成文法相悖。可见国家法与习惯法在适用中难免存在着冲突和紧张。

我们认为,这种现象的出现可能无法避免。当时的社会客观情况亦只能如此,近代中国多兵荒马乱、战乱频仍,普通民众对国家法与习惯法适用中存在的矛盾可能并不是非常的关心,而更多的是关注生存问题。此外,成文法为国家制定法,习惯法为自然法,本质上属于两种法律体系,其并行适用在实践中必定会产生一定的矛盾和混乱,想达到在实践中的完全融合,在客观上亦为不可能。

近代成文侵权法和侵权类民事习惯之并行适用,对我国当代法制亦有所启示:(1)应当继续发展独立的审判制度,摒弃行政干预司法之存在,当代司法中仍不乏有行政干预司法现象的存在,中国几千年来的影响仍不容忽视,但社会发展的规律要求尊重法制发展,独立审判成为历史发展之必然。(2)承认习惯的客观存在性,尤其是在少数民族地区和边远山区,而不能将之置之不顾。在我国的少数民族地区,部分地区还存在着宗教法的适用,作为习惯法的重要体现,我们唯有尊重习惯,才能更好地将习惯与法律融合,而不是一味地将习惯废弃,这有可能导致社会不稳定的问题。此外,随着社会的不断发展,经济领域内原有的旧习惯逐渐淡出而新型习惯不断产生,这些新习惯在实际交易中发挥着重要作用,其地位不可谓不重要。(3)避免战乱,保持和平状态,只有在和平年代,才能在实质上扩大制定法、成文法的适用,随着成文法在实践中的广泛适用,民众的司法心理会逐步被成文法导向,引入国家允许的规则的运行轨道。同时,我们应当加大法律宣传,启发民众法律心理,加强民众对其行为的预期性和可选择性,启迪普通民众之法律理念,使得法治理念深入人心。唯有如此,方能真正实现成文法与习惯法之融合,实现法制运行之"并行不悖"。

Conservation and Flexibility: Resolution of Infringement Disputes in China's Modern Times

Xu Zhenhua

(Southwest University of Political Science and Law, Chongqing   401120)

Abstract: Whether the application of the substantive law or the running of the procedural law, our country's modern infringement dispute resolutions embody the characteristics of the specific time and the specific groups to a certain extent. Among the modern infringement dispute resolutions, the written tort law provisions and the traditional tort conventions are parallel in judicial practice. In essence, the statute laws and civil conventions belong to two kinds of legal systems, applying the two at the same time will generate some contradiction and chaos in practice. It's impossible to get them completely fused in the objective perspective. The history of enforcement of modern Chinese tort law is also an enlightenment to our contemporary legal system construction.

Keywords: modern times; tort law; dispute resolutions

近代比较法研究的"格义附会"现象分析

黄涛涛　马腾[*]

摘要：近代比较法研究，充斥着"古今中西"话语的交相资用，常陷入"格义附会"的误区，扭曲中西方法律文化的本质与精义。一方面，语言的隔阂及文化的保守，使得翻译术语失真的客观事实与引介诠释转义的主观愿景都不可避免，固守传统法律思想话语的本能铸就了"格义附会"的保守面相。另一方面，富强的功利主义心态、法律现代化的现实需求，导致学者难以克制"中国问题意识"，消弭中西法律文化差异的普世取向奠定了"格义附会"的激进格调。这矛盾的两方面，共融于国人面对西方法治文明而产生的自尊自卑交织的民族情感中。厘清剖析这一现象，有助于深入理解并客观评价近代的比较法研究，并对"法律现代化"的误区与困境有更深的认识与警醒。

关键词：近代　比较法　"格义附会"　民族主义

处在西学东渐的繁荣时期，近代学者普遍具有一种比较法研究的自觉与习惯，在西方法律理论与制度移植于中华大地之时，他们魂牵梦绕的始终是"传统"与"现代"，"中学"与"西学"的文化难题。在舶来西方法学的同时，也不免抚今追昔，追忆逝去的中华法系。不管这种追忆之思是褒扬态度还是批判观点，往昔的中华法系与舶来的西方话语之间的碰撞，不同的西方法系之间的取舍，使得他们自然而然、有意无意地采用比较法研究的方法。

然而，任何国家在任何时期的比较法研究都会存在运用失当的现象。近代的比较法研究同样如此。这其中，以"格义附会"现象最为突出。"格义"本是佛学概念，"把佛书的名同中国书籍内的概念进行比较，把相同的固定下来，以后就作为理解佛学名相的规范。换句话说，就是把佛学的概念规定成为中

---

[*]　中山大学法学院博士研究生。

国固有的类似的概念"。① 纵观近代的比较法学研究,在取今与复古之间的文化穿越现象屡见不鲜。这种现象的背后,隐藏着深刻的社会历史原因与法文化根源。

一

中国传统学术向近代学术过渡转型的过程,从某种意义上说,是中学纳入近代西方学术体系的过程。通过新引进的西学知识重新审视中国旧学,所谓"以新眼读旧书","'洋货'观照'故物'"②,一方面,可以对旧学进行现代诠释,产生新的见解,使之在新的知识系统也能获得生命力;但另一方面,也难免会产生简单附会,流于肤浅之弊端。

在中国近代比较法研究的各种格义附会现象中,以"西法于古有征"的论述方式最为普遍。这种以近代西方法学概念与法学体系为参照,找出中国传统法律中与之形貌类似的思想对其进行本土包装,或与之比照附会、相互阐释的现象,与"西学东渐"相伴而生,并于西法获得优势地位之后甚嚣尘上。

早在 19 世纪中期,"睁眼看世界"而希图"师夷长技"的中国士大夫们就已熟习这种格义附会的修辞术。魏源在谈及美国议会制度时,就言"即在下预议之人,亦先由公举,可不谓周乎",将美国议会制度等同于周朝职官制度。在徐继畬的《瀛寰志略》中,则将自愿放弃权力不再续任的华盛顿比作上古禅让之圣王尧舜。这些叙述无疑能吸引眼球,使人耳目一新,也无疑能引人入胜,令人深入思索。然而,这也让人感受到一种巨大的时间空间的跨度与社会文化的鸿沟,并进而发现这种格义附会同时对"交相资用"的双边素材造成明显歪曲。

随着西法东渐程度的不断加深,这种缺乏依据的格义附会更加普遍。例如,西方议会制度在传入中国之时,即被视为一项西方仿行中土的制度。杨史彬认为:

> 议院虽行于泰西,而实仿于中土。试观三代之议礼明堂,郑人之议政乡校,即议院之由来。西人仿而行之,变而通之,遂使制度章程,莫不尽善尽美。夫西人尚能师古,而我反行蔑古,竟视古法为西法,以为断不可行,

---

① 吕澄:《中国佛学源流略讲》,中华书局 1995 年版,第 45 页。

② 程燎原:《"洋货"观照下的"故物"——中国近代论评法家"法治"思想的路向与歧见》,载《现代法学》2011 年第 3 期。

抑何忘本若是？③

王韬对议会制度也有类似的观点，他认为"英国政治之美，实为泰西诸国所闻风而慕"，"独有中国三代以上之遗意焉"。④

甚至国学大师梁启超也认为："孟子言民为贵，民事不可缓，此全书所言仁政，所言王政，所言不忍人之政，皆以为民也。泰西诸国今日之政，殆庶近之。"⑤显然，梁启超将近代西方政治制度中所倡导的民主思想简单对应孟子"民为贵"的"仁政"思想。更重要的是，梁启超多次强调法治精神在中国"古而有之"，"法治主义起于春秋中叶，逮战国而大盛"，甚至认为，"通五洲万国数千年间，其最初发明此法治主义以成一家言者谁乎？则我国管子也"。我们知道，中国法家式"法治主义"是君主专制的伴生物，虽然在形式上与西方分析法学派的"形式法治"观有类似之处，但两者的本质却完全不同。概言之，诸如此类对"议会制"、"法治"等西方法思想与制度的"格义比附"叙说策略，往往虚置甚至剥离其内在的精神价值，造成了国人长期以来对西方制度及其实质的误解。

即便到清末修律之时，修律大臣们也同样进行过附会式比较。清末修律的指导思想，即"折衷各国大同之良规，兼采近世最新之学说，而仍不戾乎我国历世相沿之礼教民情"⑥，然而"移植良规"、"采用新说"常与"戾乎礼教"背道而驰，使得法律现代化流于形式，陷入误区。沈家本认为："以中国法律与各国参互考证，各国法律之精义，固不能出中律之范围。""夫吾国旧学自成法系，精微之处，仁至义尽……新学宗旨已在包涵之内，新学往往从旧学推演而出。"⑦沈家本这种"西法中固有与（中国）古法相同者"⑧的总体认识，导致具体研究与实际运用中，常在比较中西法律的过程中"格义附会"。例如，他曾提出罪刑法定起源中古时期的观点："考周礼，大司寇有悬刑象于象魏之法，又小司寇之宪刑禁，士师之掌五禁，具询以木铎；又是布宪掌旌节以宣布刑禁；诚以法者，与民共信之物，故不惮反复公告，务使椎鲁互相警诫，实律无正条不处罚之明证。"沈家本将古代法律公开性的思想与实践，直接等同于罪刑法定主义，无疑

---

③ 《皇朝经世文三编》，转引自王尔敏：《晚清士大夫对于近代民主政治的认识》，载《晚清政治思想史论》，广西师范大学出版社 2005 年版，第 211～212 页。

④ 王韬：《弢园文录外编》，上海书店出版社 2002 年版，第 19 页。

⑤ 具体见梁启超：《读〈孟子〉界说》。

⑥ 《大清光绪新法令·修订法律大臣沈家本等奏进呈刑律分则草案折》。

⑦ 沈家本：《法学名著序》，载《寄簃文存》（卷六）。

⑧ 同上注。

犯了将"理论层面"等同于"理论整体"的逻辑错误。诸如此类比附,不胜枚举。

当时,也有学者对这种中西文化随意比附的现象提出了批评,如叶德辉就认为,东西渊源历来不同,不可随意比附,"以民主之说托三代之治,实为乱政;尧舜禅让,圣人天下为公之郅治也。泰西民主,大秦简而立之旧俗也。一则权操自上,一则权操自下,岂得并为一谈?"⑨但个别学者的清醒,无法从根本上改变当时的世风与学风。到了民国时期,在比较法领域,这种格义附会的现象并没有减少。表现为:

第一,有关法律文化、法律思想等宏观层面的比较中,不少学者将先秦法家思想与近代西方法治理论相提并论。例如,居正认为战国时期的法律思想最蓬勃,"法治"不但见之于理想,而且施之于实际。例如,法立令行,不愆赏功,不乱赦罪;法律必须公开、不可任令法吏操纵把持、因缘为非;法律应该不分贵贱,一律平等;法律必须综核名实,是非随名实,赏罚随是非;立法行法要以客观为标准,不能闭门造车、迳情直行;一切唯断于法,则可无为而治;法律应有进化性,不可与时代背道而驰。以上法律思想和言论诠释法理、昌言法治,虽出现在中国 2000 多年之前,亦可与当代"欧美第一流的法学家"并提媲美。⑩ 傅介清也认为,管子、商鞅、申子、韩非等法治思想是"带有君主专制性的法治主义",却并不让于欧洲各国。⑪ 这些说法典型地反映了对"法治"的矛盾观点与纠结心态:他们内心深处或许理性地意识到西方法治论的优越性,却敝帚自珍地搬出先秦法家学说,以求满足民族自尊心。⑫

吴经熊认为中国法律史有类似于西方不同法学派的论说,"中国发展处一个自然法学派,以老子为鼻祖;一个人本学派,孔子为首,文王为典范;一个实证学派,以商鞅为领导人物;而最后一个历史学派,代表是班固。"⑬吴经熊采

---

⑨ 叶德辉:《翼教丛编》,转引自王尔敏:《晚清士大夫对于近代民主政治的认识》,载《晚清政治思想史论》,广西师范大学出版社 2005 年版,第 233~234 页。

⑩ 转引自:肖太福:《论居正的"重建中国法系"思想》,载韩延龙主编:《法律史论集》(第 5 集),法律出版社 2004 年版。

⑪ 傅介清:《法治主义与礼治主义对我民族精神之影响的探讨》,载《大道》1935 年第 4 卷第 4,5 期。

⑫ 民国学者对西方法治论,尤其是形式法治论的阐述常借用法家思想素材。参见李平龙、马腾:《民国时期的分析法学与形式法治论》,载徐昕主编:《北理法学》(创刊号)、法律出版社 2011 年版。

⑬ 田默迪:《东西方之间的法律哲学——吴经熊早期法律哲学思想之比较研究》,中国政法大学出版社 2004 年版,第 9~11 页。

取中西概念互套的策略,目的在于为中西法律思想沟通提供启发性解释,然而比较跨度过大,难免不够精准,失之谬误。

第二,在法律制度、法律概念等具体层面的比较中,也屡见格义附会现象。这里以董康的有关论述为例进行分析。

(1)近代治外法权始于《唐律》。董康说:"敦盘之谊,于今称盛,则国际之法律问题以生……至唐始定有化外有犯之条,此为治外法权之权舆也。"实际上,《唐律》中"化外人"条反映了在中国统一的多民族国家的逐步形成和日趋强大过程中,对不同民族间的利益、不同民族的法律文化冲突作出必要合理的法律调整,而治外法权则是近代西方国家掠取的以领事裁判权为主体的非法侵略特权。

(2)现代刑法原则起源于古代中国。董康根据《王制》的"凡听五刑之讼,必原父子之亲,立君臣之义,以权之;意论轻重之序,慎测浅深之量,以别之;悉其聪明,致其忠爱,以尽之,疑狱祀与众共之,众疑赦之;必察大小之比以成之"的记载认为,现代适用刑罚的罪刑相适应原则与疑罪从无原则源于中国。德国、意大利、日本等国只是在近代才有类似规定,而"吾国于二千年前,已悬为定法也"。

(3)中国的和解法是世界上最早的。董康指出,中国的审案办法,从来是折中双方证据,没有理由的,驳斥不理,有理由的,限期勒交。其中遵照法堂训谕和解的,尤居多数。而美国公使克兰称和解法是美国的新发明,这是"不知吾国沿用,迄今已数百年"。

(4)中国古代法的人道主义精神与西律相通。董康还认为,《春秋左氏传注疏》襄公十九年,有"妇人无墨、劓、刖三等刑",周有女舂女章;汉律有妇人不豫外徭,但舂作米;北齐刑罪,妇人配掖庭织;《唐律》妇人犯罪,杖决留住,犯流也留住;《明律》以妇人无拘役之理,改《唐律》留住为收赎,收赎的银两也极少。对此,董康认为,中国古代刑法对妇女犯罪处罚的减刑规定或特殊处理,与英国法律对妇女不适用死刑的宗旨相通。所以,他指出,中英两国都有"秉妇人无刑之精神也"。[14]

以上关于董康个案的研究表明,民国时期学者已深入到中西具体制度进行比较法研究,虽有时能够挖掘到中西法律精神的某些暗合之处,但简单附会、无约束的超越时空的系统对应、不合理地运用西法解释中法的现象还是存

---

[14] 有关董康的论述,具体见华友根:《中国近代立法大家:董康的法制活动与思想》,上海书店出版社 2011 年版,第 123～130 页。

在的。

这种格义附会的方法,是 19 世纪中期国人理解西方政法知识的主要方法。⑮ 一方面,它反映出中西方法律文化碰撞初期,中国知识分子对异域法律文化进行理解与引介的困难。管窥蠡测式的远距离观察,缺乏对西方法律文化身临其境的体悟或同情的理解,必然或多或少地误解西方法律文化;另一方面,它也展现了冲破文化隔阂或拘囿的努力,为求弥合而诉诸本土话语,为这种异域法律文化寻找"适当"的本土表述,蕴涵着对西方法律的引介之策与推广之术。在中西方法律接触碰撞的初期,本土文化对西学天然地具有排异性,而采用"西学中源说"式的比附话语体系向国人介绍域外法制及其思想,则如同一种糖衣或药引,能降低国人接受异域文化的心理阻力,较为顺洽地引介传播西方法律文化。下面将进一步对"格义附会"现象所折射的法学研究与法律现代化之各面进行剖析。

二

比较法研究自然以语言文字的可沟通为前提,故以对西方论著的翻译为基础。翻译者的语言障碍、知识局限乃至翻译本身的局限性等因素,都会给比较法研究带来诸多困难,正所谓"国俗异殊,文辞隔阂,沟贯棣通,诚非易事"。⑯ 即便学贯中西的大师,其翻译之著述仍为后人留下诸多批判的空间与质疑的余地。例如,西方学者史华兹就曾试图立足于翻译问题,采用语义背景分析的方法,论述严复对西方自由主义等思想的"误读"。⑰

在西法汉译的过程中,作为交流载体的语言和文字天然地具有迥异的含义与结构。"中国语言及其书面形式,作为外来思想的载体,具有很高的折射率,当通过这种语言及氛围的透镜时,原象就会发生变化。"⑱法律语言深深植根于使用该语言国家和地区的社会、文化、习俗、制度、历史等因素,内核因素的差异性决定了有些法律概念无法找到确切对等的词来表达和传递。因此,

---

⑮　支振峰:《法学论文:不合逻辑的"三段论"当休矣》,载《法学家茶座》,山东人民出版社 2011 年版,总第 33 辑。

⑯　李祖荫:《法律学方法论》,国立湖南大学法律学会(出版年份不详),第 18 页。

⑰　参见史华兹:《寻求富强:严复与西方》,叶凤美译,江苏人民出版社 1996 年版。

⑱　[美]德雷克:《徐继畲及其瀛环志略》,任复兴译,台湾文津出版社 1990 年版,第 48 页。

中西法律文化之间的无缝对接与透明交流是不可能的。所谓中西法律词语的对应，是历史地、人为地建构起来的，只能是一种虚拟对等，在中西法律文化传输过程中不可避免地会造成失真。如果罔顾这些差异性和不对等性，自然会影响比较的准确性，容易产生格义附会的现象。尤其在两种语言中出现近似于相对等的词汇时，人们往往容易轻信这些词所表述的事实是完全等同的；然而，实际情况很可能会是失之毫厘，谬以千里。[19] 董康在论述秋审制度与欧美减刑委员会时曾提到："今欧美等减刑委员会，康虽未调查其内容，推其组合之本意，无非就法与情二者之间，调剂其平，将来如有是项会议之设，宜并采旧制精神也。"[20]董康在不完全了解另一法律制度（欧美减刑委员会）的准确含义的情况下，"顺理成章"地用自己的法律制度（秋审制度）作为参照，难免会扭曲西法精义。

除了翻译的客观困难外，作为一种主体性技术，一种由主体完成的自我创造工作，翻译还受到主观因素的影响。尤其在法律翻译活动中，自然而然地融入了翻译者对民族建设及法制现代化进程的美好愿景，不可避免地基于对现实的自存体系不满，而对西方美好制度进行"愿望投射"。[21] 因此，译者或诠释主体会有意无意地对异域法律文本进行改造、改写，甚至将翻译与诠释作为一个依据外来文化构筑理想文化自我的手段。正如刘禾所指出的："中国现代的思想传统就肇始于翻译、改写、挪用以及其他与西方相关的跨语际实践。"[22]在以富强改革为导向的特定时代，整体氛围比较仓促、急进的法学研究，翻译过程所受的"主观污染"更为严重，在译介引入西学过程中的"转义"现象也更加普遍。

严复在其所翻译诸如《群己界权论》、《天演论》、《法意》、《名学浅说》的作品中，都充分运用了传统概念对西学概念进行翻译，运用传统话语对西学理论加以包装，体现了一种文化保守主义倾向。一方面，形式上试图迎合国内学人的语言习惯与思维定势。在当时的历史语义环境中，严复采取了一种相对保守的方式来翻译大量的舶来词如"平等"、"自由"、"权利"、"化学"等，以便于向国内知识分子传递思想。另一方面，则是实质上抱有道统思想与崇古取向。以《群己权界论》为例，原文中有一段话为：

---

[19] 李秀清等著：《20 世纪比较法学》，商务印书馆 2006 年版，第 105 页。

[20] 董康：《论秋审制度与欧美减刑委员会》，载《法轨》（创刊号）1933 年 7 月。

[21] 萧功秦：《萧功秦集》，黑龙江教育出版社 1995 年版，第 9 页。

[22] 刘禾：《跨语际实践》，三联书店出版社 2008 年版，第 35 页。

And so long as mankind were content to combat one enemy by an-
other, and to be ruled by a master, on condition of being guaranteed
more or less efficaciously against his tyranny, they did not carry their
aspirations beyond this point. ㉓

严复直接将其翻译为"自人类不可以无君,而两害相权取其轻者,则所期
不过有一尊而不为暴已耳。过斯以往,非所图也。"㉔虽然直接将"master"翻
译成"君"无可厚非,但径直引申为"人类不可以无君",则是避重就轻、超离语
境。这样的译法恰能使中文译文迎合中国传统文化精神,为中国学人展现一
种西学与中学"贯通"的幻象。诚然,这种未能尊重西学著作原意的翻译引介,
确有中西文化、哲学、话语体系上存在固有的阻隔因素。然而,"师夷长技"的
士大夫从器物层面转向制度层面,甚至意识到西方自由、平等等法价值的重要
意义之时,尽管显露出现代性的诉求,却仍逃不出法古思维与本土话语的拘
囿,不得不令人感叹"主体"前见与价值观念的根深蒂固。

三

从中国近代法学与近代法律这一更宏大的视角来看,这一时期,"现代法
律"是一个核心词汇㉕,它意味着人们关于"现代性"的意识与思考,亦是"富国
强兵"期望的表现符号之一。在很多场合,学者并没有真正地从西方人的角度
来看待西方的政治制度和学术理论,而是呈现为一种归旨于"富国图强"而"中
体西用"的思路依赖,即以"富强"为本而以西方的学说、制度为用的思想。一
直以来,学界对比较法都立足于一种实用主义的功能定位:对西方先进法典文
明的向往、急于富强国民的功利主义心态、收回治外法权的现实需求等等,导
致学者在研究中无法克制自己的"中国问题意识",无法摆脱经世致用的抱负
与取向,无法本着纯粹求知的态度研究和比较各国法律。

有学者曾对中国近代在学习西学的急功近利心态提出了批评:

㉓ John. Mill. *Daily Life in China*, p. 8.

㉔ 约翰·密尔:《群己权界论》,严复译,商务印书馆1981版,第4页。

㉕ 对此,丘汉平将"现代法律"高度归纳为两类问题:"一、法律内容之适应问题(或
曰法律自身之问题);二、法律之实现问题(或曰法律之实施问题)。"基于这两个问题,民国
法学家分别重点关注了西方的分析法学与法社会学。丘汉平:《现代法治问题》,载《新中
国杂志》1933年第1卷第1期。

我们学习西洋的时候,我们并不是平心静气地学,我们是想把外国的东西学好以后,使我们的力量增加,使我们强起来:我们最基本的冲动是一个功利的冲动,而不是一个人文的冲动(当然也有例外,如王国维先生早年对叔本华的了解)。当功利的冲动使我们学习西洋的时候,常常发生一种迫不及待的心情。那么复杂的外国现象与学问,人家演变了几千年,我们哪里有工夫都学呢? 我们所要学的是我们所最需要的东西。㉖

"对外国法的意义、价值、内容,在理解时常有很多错误,急功近利地引进肯定会导致失控,因此,比较法被视为造成持续错误的根源所在。"㉗大木雅夫的这一警示洞若观火,也在民国时期的比较法研究中得到很好的验证。民国比较法研究带有强烈现实关怀,一开始就与"法制变革"、"制度转型"的现代性话语纠葛在一起,其思维特征与发展规律均被中国现代化追求所支配。"进化论隐喻、西方中心主义、排异性文化规划和面对纷乱现实的自我指称和自我满足"㉘成为了民国比较法研究的重要特征。诚然,法学是一门实用科学,经世致用本无可非议。正如高维廉所云:"我们目前的问题并不是对于全部或局部的英美法和大陆法优劣的比较,我们最当考虑的是要设备能合于我国的法制。"㉙然而,在研究中过多关注比较法"解决办法的仓库"的功能,对比较法的另一面向——"真理的学校"则置若罔闻,在"致用"与"求是"之间,明显偏重于前者。当这种偏向走向极端,必然造成比较法研究的本末倒置,使人不禁反问,不严谨求是,何谈经世致用?

民国时期的比较法研究不是中性的行为,而是推进法制转型,尤其是法律移植的一种重要操纵策略。首先,"结合古今中外已成学说论证自己的法理观点"㉚成为民国时期普遍的表达方式。民国时期有不少理论界和实务界人士以比较法为修辞手段,筛选有利于自己主张的材料,对西方法律制度选择性继受,并为其主张的法律移植观点提供学理支撑。其次,"格义附会"特征的比较法研究,实际上与法律文化的普遍主义论证策略相匹配,有助于从思想上消弭社会土壤、观念形态、制度基础等方面的中西差异,为建构中国法律现代化的

㉖ 林毓生:《中国传统的创造性转化》,三联书店出版社 1988 年版,第 14 页。

㉗ 〔日〕大木雅夫:《比较法》,法律出版社 1999 年版,第 14 页。

㉘ 鲁珂:《比较法的现代性歧途》,载《比较法研究》2003 年第 5 期。

㉙ 高维廉:《建设一个中国法系》,载《法学季刊》1926 年第 2 卷第 8 号。

㉚ 刘星:《民国时期法学的"全球意义"——以三种法理知识生产为中心》,载《法学》2006 年第 1 期。

宏大工程奠定基础。再次,在比较的过程中,对中西方法学微观知识进行修剪重塑,以制度的格义附会弥合制度的本质差异,从而适应国内立法甚至更深层次的政治目的。有学者曾指出:"当域外法律制度不仅仅是一个单纯的所谓条文制度的时候,当这样的制度和许多周边的相关因素构成了关于制度的复杂图景的时候,各类精英,在'发现'外来制度之际,以及在后来的举荐或贬抑的过程中,时常会'删减'或者'添增'对象制度的周边要素。从这个角度来看,首先经由各类精英发动的域外法律制度的认识时常不是而且不可能是事物原本的'精确捕捉',而是伴随一定价值想象的一种'对象生产'。"[31]由此看来,民国学者在比较过程对外国法律资料的删减、增添、转换等处理,背后都不乏现实运用的目的驱动。

例如,20世纪初制定民法典的时候,不少学者都在关注民法社会化问题。在民法典制定中发挥重要作用的胡汉民曾认为:"世界各国的法律大多根本于罗马法和拿破仑法律,这两种法大都以个人为本位,而忽略了多数人的利益。这不是王道,而是霸道。我们不然,我们立的法乃是以全国社会的公共利益为本位,处处以谋公共的幸福为前提。"[32]在此,胡汉民并未对西方民法社会化的历史背景与真实含义进行阐述,也没有对当时中国民法是否应采社会化理念进行细致分析,却运用"王道"、"霸道"的修辞术语格义附会以附载其价值判断,其目的在于通过倡导民法社会化,制定更多限制个人自由权利、保障国家社会利益、扩大社会干预或国家干预的立法。显然,这掩盖了西方民法典思想的发展规律,忽视了民法典从个人本位到社会本位的历史发展过程。对此,王伯琦先生曾评价到:

时至清末,当我们变法图强之初,正是西洋法律由权利本位移向社会本位之际,所以我们所接触到的西洋法律,已是社会本位的法律,所谓社会本位的法律,是在权利本位的法律上,加了一层形同义务的色彩,这一层色彩,恰恰与我们旧律上的义务观念接轨,于是整套的西洋社会本位立法,可以很顺利地被接受。我们的现行民法典公布之时,就有人很赞赏地说与我国的传统思想,简直是"天衣无缝",这话仅就"衣"而言,与"体"原属二事倒亦道出了其中的真

③① 刘星:《重新理解法律移植——从历史到当下》,载《中国社会科学》2004年第5期。

③② 胡汉民:《民法债编的精神》,载王养冲:《革命理论与革命工作》(第3辑),上海民智书局1932年版。

机。㉝

我们所接受的，仅是'群'的一面。'我'的一面，西洋已是太过，而我们是空虚的。他们的社会立法是从个人出发而到社会的，没有个人观念，就根本无从谈起社会利益。我们的社会立法是没有出发点的。㉞

关于中西法律思想的比较也是如此。前述吴经熊曾将先秦诸子与西方不同法学派进行了比较，他反复强调这种比较是为了论证中国法学所处的位阶绝不是西方的低级阶段，"尝试使世界信赖，中国法律思想足以接受近代的社会法理学。希望列强能放弃把治外法权和领事裁判权加诸于这个最早论及自由与正义的国家之上"。西方强权加在中国租界的治外法权和领事裁判权，让中国人深感屈辱，吴氏希望他的论文能促进西方对中国法律判决的信任，因而对推翻这不公平和屈辱的结构能有所贡献。㉟故而政治的现实诉求才是制度与思想比较研究的重心，至于这种比较的内在合理性则常被虚置或漠视，这不得不说是法律现代化背景下近代比较法研究的功利主义弊端。

四

"现代法律发展"存在一个悖论："一方面，它要附和民族国家的迅速崛起，服从民族国家的政治需要、急剧变革，从而在现实中变得不能拥有过多的作为法律原有特征的稳定性、保守性；另一方面，它要寻求自身的存在，必须张扬自己的稳定性和保守性，从而时常不得不努力避开对民族国家的迫切要求的附和与服从。"㊱前文已述，由于中西文化的隔阂而导致的西方法律文化翻译、引介、比较研究的保守倾向，展现的是思想理论的保守倾向；基于时代的现实诉求而催生的富国、制度移植的功利导向，凸显的是经世致用的激进格调。进而，两者可从近代中国的民族主义情感获得统合性解释。对于中华民族的文化品格、性格特征的关注与思考，很大程度上起因于面对强大的西方现代文明而产生的自尊和自卑交织的复杂情感。由于模仿文明而产生的对于自身固有

㉝　王伯琦：《王伯琦法学论著集》，台湾三民书局 1999 年版，第 127 页。

㉞　王伯琦：《近代法律思潮与中国固有文化》，台湾司法行政部 1957 年版，第 39 页。

㉟　田默迪：《东西方之间的法律哲学——吴经熊早期法律哲学思想之比较研究》，中国政法大学出版社 2004 年版，第 9～11 页。

㊱　刘星：《近代中国分析法学派理论的传播和研究——一个知识社会学的微观分析》，载《比较法研究》2006 年第 1 期。

文明的理智和情感的冲突,构成了一百多年来中国人观念世界发展的主旋律。

中国文化传统怎样在西方现代文化挑战之下重新建立自己的现代身份(modernidentity),一直是清末以降,特别是"五·四"以来,中国知识分子的共同问题。㊲中外两大学术思想潮流的汇合,长时期困扰着国人,造成民族精神的高度紧张。当时学人普遍采取"举泰西之制,而证之于古"的论说方法,不失为一种调适之道。在某些层面,他们确实揭示了中华传统法律文化所具有的现代价值。李晋曾指出:"英人某曰:读法律万卷,不能见一爱字,盖言法律之酷薄寡恩。与《汉书·艺文志》叙法家者流,谓其去仁爱,任刑法,残害至亲,伤恩薄厚之言,东西若出一辙。"㊳丁元普认为,中国法学的发展从古就与西方法社会学有异曲同工之处:"思潮所至,于文化、于社会,俱呈连带之关系。吾国法律思想,在古代如孔子、老子、墨子,三家之学说,皆属哲学思想,且兼有社会学性质","改革以来,立法之精神,大多适合社会之需要及其状况,以制定法律,与二十世纪之法律思想之趋势,盖已隐相吻合。"㊴这些思想比较的结论并非全然谬误,只是他们意欲通过这种对比,在全面学习西法乃至服从西方价值中保持自尊,"以此挽回五千年文明古国不得不拜昔日夷狄之邦为师时丢掉的面子",㊵调适接纳西方法律文化的矛盾心理,就必然有言过其实之嫌。

同时,近代中国,在西学的冲击下,中国旧学面临生存危机。如何保存与发扬中国传统文化和学术,成为当时学人必须思考的一个命题。而"比附西学"成为许多学者在会通中西之学时常用的一种方法,甚至被视为保存中学之道。"近代中国被动进入以欧洲为中心的世界体系,无论肯定与否,参照比附西学为中土学人的一大共性。"㊶"求中国隐僻之书,以比附西方最新之说",㊷以传统中学为本去接纳、融会西学。这其实反映了在中西比较中对中国传统

㊲ 余英时:《十卷本〈文集〉序》,广西师范大学出版社2006年版。
㊳ 李晋:《法律与道德》,载《言治》1913年第1期。
㊴ 丁元普:《法学思潮之展望》,载《法轨》1934年第1卷第2期,载何勤华、李秀清主编:《民国法学论文精粹》(第1卷),法律出版社2003年版,第453页。
㊵ 范忠信:《梁启超与中国近代法理学的主题和特征》,载《法学评论》2001年第4期。
㊶ 桑兵:《近代中外比较研究史管窥——陈寅恪〈与刘叔雅论国文试题书〉解析》,载《中国社会科学》2003年第1期。
㊷ 胡朴安:《论今人治学之弊》,载上海《民国日报·国学周刊》第14期。

法律的防护性心态，目的是"善意地使中国的道德遗产现代化以保存之"，㊸使中国传统法律文化可以在外来的理论体系和异域制度中得以"彰明较著而行之，实事求是而证之"。由于民族富强的强烈欲望，学人并非真正忠实于传统法制与思想的本质，"六经注我"的诠释方式与研究方法常被推向极致。而本土素材的这一方面，则更多不是诠释主体与文本话语之间的"隔阂"所造成，而是消弭文化差异而有意为之。当然，传统法律学说若真正占据支配地位，则很可能摇身一变成为学说引介与现实功用之文化阻碍，事与愿违地滋生法治启蒙与法制建设之微妙阻力，这也不是民国学人所希望看到的。心态的矛盾、话语的反复、观点的摇摆皆源于此。

耶林曾说："接受外国法律制度的问题并不是一个国家性的问题，而是一个简单明了的符合目的和需要的问题。"㊹近代中国在法学输出方面一直处于逆差，始终存在民族主义这一强大的历史情境。比较法研究的背后隐藏了仇恨与自卑情结，有如胡适所说的"中国人如何能在这个骤看起来同我们的固有文化大不相同的新世界里感到泰然自若"的困惑。这些复杂的情感因素，尤其是民族主义所裹挟的偏见必然会影响比较研究的准确性，造成比较研究中有意无意地呈现"误读"与"曲解"。故而学随术变，比较法研究随着"文化保守"与"现实激进"的博弈而左右摇摆、面目模糊，在描述方面的客观性与判断方面的公允性都大打折扣。

概言之，促进中国法律走向现代化，实现中华民族崛起的愿望，使得治学的严谨风格与比较的客观精神都相对次要。我们不得不承认：格义附会——用传统话语诠释西学义理，以西学概念重装古代思想，仰赖古代旧制引介西方法制，利用西方法制拔高古代旧制——不但在思想观念层面造成对西方法律文化的误解而难见西方法治文明之堂奥，而且在实践操作层面也导致了中国法律的现代化进程始终逃不出传统精神的网罗，缺乏法律移植的思想土壤而原地踏步。诚然，对于前辈法学家，我们并非抹杀其比较法律的功绩，消解其文化保守的意义，否弃其功利诉求的价值，祛除其民族情感的影响。所有这些，仍是今日法律全球化背景下中国法治进程或隐或现的要素。我们需要的是一种对格义附会的克制，对比较法研究诸多外在影响因素有所警醒。指出

㊸　萧公权：《近代中国与新世界：康有为变法与大同思想研究》，汪荣祖译，江苏人民出版社1997年版，第81页。

㊹　[德]K.茨威格特等：《比较法总论》，潘汉典等译，贵州人民出版社1992年版，第28页。

中西某些法律制度的相仿之处,揭示其制度功用或精神价值的融通之处,这是比较方法的运用常态,是"平行比较"研究的题中之意。㊺ 但如果认为所有西方法律制度都可以从中国的传统资源找到出处,甚至认为古人对此早有深刻的阐述,则难免会被认为是牵强附会。王伯琦先生有过深刻的阐述,可略为本文作总结:

> 有些人士,想在新旧之间做些拉拢工作。这原是仁心仁术,而且是急切需要做的工作,一个民族当然不能把他自己过去的文化一笔勾销,况且亦是办不到的事,因为一个民族应当有他的自尊心,哪里肯说自己的样样不如他人呢?不过这是一件非常艰巨的工作,我们对于新的制度必须先有深切的认识了解及体会,在我们的旧制度里加以缜密的分析选择,针对我们现实的需要,就其最接近之处,予以阐发,这样方能使新旧在精神上得到贯通,新旧文化才能得到融和。㊻

An Analysis of Forced Analogies and Far－fetched Comparisons in the Research on Comparative law Theories in the Republic of China

Huang Taotao Ma Teng

(Sunyat－Sen University,Guangzhou 510275)

Abstract:The research on comparative law theories in the Republic of China was prosperous. However, a lot forced analogies and far－fetched comparisons were made in the process. There were three possible reasons for this: the estrangement between different languages, the affect of utilitarianism, the influence of nationalism.

Keywords:Republic of China; comparative law; forced analogies and far－fetched comparisons; nationalism

---

㊺ 陈寅恪先生认为,"平行比较"是一种与"影响比较"相对应的比较方式,是指对具有形式上的相似性,但无实际交集的制度、文化类型等进行比较。见:桑兵:《近代中外比较研究史管窥——陈寅恪〈与刘叔雅论国文试题书〉解析》,载《中国社会科学》2003 年第 1 期。

㊻ 同注 34,第 42～43 页。

南京国民政府基层政治转型研究综述

曾绍东[*]

摘要：中国近代基层政治由传统的乡族自治向现代民主宪政意义上的地方自治转型，肇始于清末，历民国而不辍。南京国民政府基层政治转型是中国近代基层政治转型历时最长，成效相对最彰的时期，对中国基层政治转型进行了摸索性的实践。基于研究特别是法学视角研究的薄弱，本文旨在对南京国民政府基层政治转型的研究进行综述，以期引起学术界特别是法学界的关注，深化对南京国民政府乃至中国近代基层政治转型的认识，为现代基层民主政治建设提供历史参照和学术智慧。

关键词：南京国民政府　基层政治　转型　综述

本文所指的"基层"，是指县以下的基层单位。基层政治转型是我国清末以来，受西方民主宪政思想与制度的影响，县以下的基层政治由传统的乡族自治向现代民主宪政意义上的地方自治转型。

中国近代基层政治转型肇始于清末，历经民国而不辍。孙中山以"三民主义"为宗旨，实行民主政治，将传统的乡族治理向现代地方自治的转型喻为民主政治之基石。他说："地方自治者，国之础石也，础不坚，则国不固"。[①] 地方自治成为中华民国基本的建国方略，训政时期也就界定为推行地方自治以训导民众行使四权时期。

南京国民政府以继承孙中山遗教为标榜，基层政治转型亦是其政治变革的重要内容，并对其进行了实践探索，历经自治初创(1928—1934)、"缓办自治、实行保甲"的调整(1934—1939)和"溶保甲于自治中"的新县制(1939—

---

[*] 江西师范大学政法学院副教授、法学博士。
[①] 《孙中山全集》第 3 卷，中华书局 2006 年版，第 327 页。

1949)三时期,无论其历时之长,还是实施之成效,都是空前的。同时亦伴随着法秩序的变迁,仅国家立法,就有近百部之多,涵盖了法律与社会、法律与秩序、法律与传统、法的移植与本土化等诸多关系。

一、南京国民政府基层政治转型研究的意义

梁漱溟说:"中国社会是以乡村为基础,并以乡村为主体的;所有文化,多半是从乡村而来,又为乡村而设"。[2] 中国社会是以"聚村而居"的乡村为基础,广袤的乡村和大多数的农业人口是而且目前仍是我国社会有别于西方的典型特征。"礼失而求诸野",[3]乡村社会亦是中国文化的体认与藏身之所。因此,乡村问题实为中国一切问题之基础与枢纽。正如民国时期经济部江西农村服务区管理处对江西农村进行社会调查所作的结论:"农村问题,实中国各种问题之枢纽所在。若农村问题不得解决,则凡百事业亦难期有切实之效果"。[4] 故欲认识中国,必先认识中国之乡村,欲研究中国,则亦须研究中国之乡村。正如梁漱溟所言:"中国社会,一村落社会也,求所谓中国者,不求是三十万村落,其焉求之?"[5]

乡村社会为中国之基础与特质,乡村政治也就成为中国政治之根本及与西方异殊之本原。然近世以至民国,西方政治、经济与文化挟势而来,中国乡村遭遇"三千年未有之变局"。直至民国的近百年,中国乡村经济破败,"文化失调"。梁漱溟一语道破:"中国近百年史,可以说是一部乡村破坏史",[6]"中国问题并不是旁的问题,就是文化失调"。[7] 中国的乡村到了非解救不可的地步。

---

② 梁漱溟:《乡村建设理论》,上海人民出版社 2006 年版,第 10 页。此论的经典说法还有:梁启超:"欧洲国家积市而成,中国国家积乡而成。"转引自魏光奇:《官治与自治——20 世纪上半期的中国县制》,商务印书馆 2004 年版,第 1 页;费孝通:"从基层上看去,中国社会是乡土性的。"见《乡土中国》,人民出版社 2008 年版,第 1 页;朱国斌:"中国传统社会是乡村本位社会。"见《近代中国地方自治重述与检讨》,载张庆福主编:《宪政论丛》(第 2 卷),法律出版社 1999 年版,第 333 页。

③ 《汉书·艺文志》。

④ 经济部江西农村服务区管理处:《江西农村社会调查》,1938 年版,第 170 页。

⑤ 转引自陈柏心:《中国县制改造》,国民图书出版社 1942 年版,第 258 页。

⑥ 同注 2,第 11 页。

⑦ 同上注,第 22 页。

旧的秩序已经打破,新的秩序又尚未建立,中国近代乡村社会处于失范状态。在如此情势下,为了解救乡村,解救中国,一些学者、知识分子,其中包括晏阳初、梁漱溟等,纷纷走出书宅,深入乡村,进行乡村建设研究与实践,掀起了一股轰轰烈烈的乡村建设运动。国家与地方政府为了适应民主宪政潮流,寻求合法性支持,亦尝试着对乡村社会政治实行由传统向近代民主政治的转型。由是,为民主宪政之基础的地方自治被视为达至民主宪政,实现民族独立、国家振兴的必由之路而登上了中国的政治舞台,中国基层政治开始于传统的乡族自治向现代地方自治的转型。

南京国民政府在自治初创时期(1928—1934),制定出大量地方自治法律、法规,并在全国推行。但由于移植西方最先进的地方自治制度过于激进而背离了中国地方社会的政治文化实际,加上制度过于划一,自治组织阶层过多,实施期限过于短促等原因,"自治的进展非常迟缓,其结果徒供土劣愚弄,而无若何的成绩"。⑧ 为了加强对乡村社会的控制,蒋介石"缓办自治,实行保甲"(1934—1939)。由于与孙中山地方自治相背离,保甲制亦遭时人所诟病。为了摆脱政治的合法性危机,1939 年 9 月至 1949 年新中国成立前夕,南京国民政府以《县各级组织纲要》为核心,实行"溶保甲于自治之中",实行自治与保甲整合的新县制。在新县制时期(1939—1949),由于经过了初创和调整时期,无论在立法上还是实践上都积累了一定的经验,加上政府的大力动员和推行,且到了 1939 年,抗日战争已步入相持阶段,形势相对平稳,因此,新县制时期,是南京国民政府基层政治转型成效相对最彰的时期。

基层政治的现代转型,是连接传统与现代的桥梁,亦是认识中国政治与文化之枢纽,对其中的变与不变进行研究,有利于破译中国基层政治、社会发展的遗传密码。南京国民政府基层政治转型,对中国基层政治转型进行了摸索式的实践,是近代以来历时最长,成效相对最彰的时期。因此,对南京国民政府基层政治转型进行研究,一方面,可增进对南京国民政府基层政治转型的认知,进而深化对中国近代基层政治转型的认识;另一方面,亦可据此反观法律现代化在基层社会的境遇,深化对法律与社会、法律与秩序、法律与传统、法的移植与本土化等诸多关系的理解,进而深化对我国法律现代化的理悟。

新中国成立乃至改革开放以来,家庭承包责任制的破壳而出、乡镇企业的异军突起,村民自治的普遍开展,构成中国乡村经济与政治变革的三部曲。特

---

⑧　冷隽:《地方自治述要》,正中书局 1935 年版,第 198 页。

别是被誉为"最广泛的社会主义民主实践"⑨的村民自治,是中国政治体制改革最深入的一个领域,它作为基层直接民主的有效形式,从根本上改变了长期以来中国社会普遍存在的自上而下的授权方式,将一种自下而上的乡村社会公共权力产生的方式用制度确定下来,体现了法治和民主精神,是现阶段我国民主建设的起点和突破口。村民自治这一制度化的乡村社会政治秩序具有的特别的历史使命,将影响中国社会现代化的历史进程⑩。但由于传统文化、乡民政治文化素质以及历时较短等因素的影响,村民自治也出现了这样或那样的情况。这些情况不但影响了我国基层民主政治建设的进程,而且导致对村民自治制度的质疑。

村民自治,已引起学界特别是政治学界的重视,对此投入了大量的精力⑪。但笔者以为,"政治为历史之果,历史为政治之根",任何现存制度都有其历史与文化之根。村民自治亦并非从天而降,而必有其历史文化之源。因此,在实践意义上,回采历史,对南京国民政府基层政治转型进行研究,梳理及探究其根源与脉络,总结其利弊得失,可为村民自治如何处理好国家权力与村民权利、国家指导与村民参与、国家法律与乡村礼俗等的诸多关系提供历史参照和经验,亦可为乡村民主政治与法制建设提供历史借鉴。

二、南京国民政府基层政治转型研究综述

(一)国内相关研究综述

"中国社会是乡土性的",⑫乡村社会也就成了学界各方研究的热点,社会学、人类学、历史学、政治学、法学等诸多学科都参与其中。同时也是造就知名学者的沃土,涌现了诸如瞿同祖、费孝通、黄宗智、苏力、梁治平等耳熟能详的

---

⑨ 于建嵘:《岳村政治——转型期中国乡村政治结构的变迁》,商务印书馆2001年版,序言,第3页。

⑩ 徐勇:《中国农村村民自治》,华中师范大学出版社1997年版,第3～11页。

⑪ 值得一提的是华中师范大学中国农村问题研究中心在乡村建立了研究基地,对村民自治进行了系统的研究,出现了一批诸如徐勇、贺雪峰等专家学者,取得了丰硕的研究成果,如徐勇的《中国农村村民自治》等。

⑫ 费孝通:《乡土中国》,人民出版社2008年版,第1页。

学者,生产了一系列经典著作,⑬为乡村社会研究提供了术语、概念、理论、路径与方法论基础。

中国近代意义上的基层政治转型,肇始于清末立宪,主要是引进西方地方自治理论和政治法律制度的结果。在清末,虽然基层政治转型已经开始实行,虽有舆论的大力鼓动,但对于清廷来说,是一种权宜之策。因此,对于基层政治转型来说,多是一种时事的关注和一些政论性文章,主要体现于《东方杂志》⑭和《清末筹备立宪档案史料》(上、下册)。⑮民初,基层政治转型因遭袁世凯的篡改而步入消极甚至停顿,亦未引起学者的广泛关注,系统的学术研究几乎阙如,只有极少数的地方自治论著问世。陈顾远的《地方自治通论》,⑯是笔者发现的我国最早的地方自治研究专著。该著对地方自治概念与理论进行了较系统的论述,是地方自治的开山之作。对基层政治转型较集中的研究,则主要为南京国民政府时期和 20 世纪 80 年代以后。

1. 南京国民政府时期

南京国民政府时期,基于乡村社会的破败凋敝,一些学者深入乡村,兴起了改造乡村的乡村建设运动,主要代表有梁漱溟、晏阳初等。南京国民政府遵照总理遗训,基层政治转型亦成为一项国策而大张旗鼓地实行,形成了政府与民间双向互动的局面。为了指导实践,学者们开始对基层政治转型进行广泛的关注,兴起研究基层政治转型的热潮。这时期的研究成果按内容主要集中在四个方面。

---

⑬ 对地方社会进行社会学研究滥觞于瞿同祖先生,代表作为《清代地方政府》(范忠信译,法律出版社 2003 年版)。费孝通先生则开用社会学实证调查研究乡村社会之先河,并对乡土社会进行了经典的论述,提出了乡土社会的概念,是乡村社会研究的奠基者。代表作有《皇权与绅权》(上海观察社,1948 年版)、《乡土中国》、《江村经济》(上海人民出版社 2007 年版)、《生育制度》(商务印书馆 2004 年版)。黄宗智开创了从实证资料提炼经典命题的研究范式,代表作为《华北的小农经济与社会变迁》。苏力提出了法治的本土化概念,代表作为《法治及其本土资源》、《送法下乡——中国基层司法制度研究》(中国政法大学出版社 2000 年版)。梁治平先生开创了国家与社会的研究视角,并提出了法律文化概念,代表作为《清代的习惯法:社会与国家》(中国政法大学出版社 1996 年版)、《法律的文化解释》(三联书店,1998 年版)。

⑭ 东方杂志社:《东方杂志》,又名《东方》,月刊或半月刊,始于 1904 年,出版地为上海,1937 年 11 月至 1946 年 10 月,出版地先后改为长沙、香港、重庆。

⑮ 故宫博物院明清档案部:《清末筹备立宪档案史料》(上、下册),中华书局 1979 年版。

⑯ 陈顾远:《地方自治通论》,泰东图书局 1922 年版。

一是以认清乡村社会现实,救济乡村社会为目的,以乡村社会为研究对象,对乡村社会进行调查研究的成果。这类作品的作者以关注乡村社会,甚至是进行过乡村社会建设的学者为主。代表作有费孝通的《皇权与绅权》[17]、《江村经济》[18]、《乡土中国》[19],梁漱溟的《乡村建设理论》[20],李景汉的《定县社会概况调查》[21]。这类成果无论研究方法,还是理论成果,学术性最强,堪称学术研究的典范,为后人的研究提供了资料、理论、观点与方法的支持。

二是对现代地方自治的专题研究。由于地方自治与民主宪政相联,学者们意识到这是解决中国问题,使中国走向新生的必由之路,并对之投入了极大的研究热情。主要著作有冷隽的《地方自治述要》,[22]吕复的《增订比较地方自治论》,[23]李宗黄的《地方自治之理论与实际》[24]、《宪政与地方自治》,[25]梁漱溟

---

[17] 吴晗、费孝通:《皇权与绅权》,天津人民出版社 1988 年版。该著作对皇权、绅权、士大夫、保长等进行了经典论述,是认识传统乡村社会权力结构的范本。

[18] 费孝通:《江村经济》,商务印书馆 2001 年版。该著作作者对自己的家乡江苏吴江县庙港乡开弦弓村进行实地调查,描述了传统乡村在西方文明冲击下的实态,开创了中国运用人类学方法研究乡村社会的先河而蜚声海内外。

[19] 费孝通:《乡土中国》,人民出版社 2008 年版。该著作对中国传统乡村社会结构与文化进行了通俗又精到的论述,其乡土中国的提法与概念已成为理解中国传统乡村社会的经典。

[20] 梁漱溟:《乡村建设理论》(1937 年),上海人民出版社 2011 年版。该著作是对自己乡村建设运动的总结,提出复兴中国传统文化的建设之路。

[21] 李景汉:《定县社会概况调查》,中国人民大学出版社 1986 年版。该著作对定县进行了系统的调查,为后人研究乡村社会提供了不可多得的资料。

[22] 冷隽:《地方自治述要》,正中书局 1935 年版。该著作对地方自治原理、地方自治团体进行了论述,介绍了河北、山东、山西、浙江、广东、河南、江苏各省的地方自治情形,并介绍了英、法、德、美、日的地方自治制度,是了解地方自治理论与实践的基础性著作。

[23] 吕复:《增订比较地方自治论》,商务印书馆 1943 年版。该著作对地方自治的定义、起源、设定、等级、区域、居民及选民、西方主要国家的地方自治制度进行了论述,并提出对将来地方自治的设想。

[24] 李宗黄:《地方自治之理论与实际》,正中书局 1940 年版。该文对地方自治的定义等理论进行了论述,并对民国的地方自治实践进行了分析,提出了自己的见解。

[25] 李宗黄:《宪政与地方自治》,正中书局出版,时间不详。该著作对地方自治与宪政的关系进行了论述,是理解地方自治与宪政关系不可多得的著作。

的《中国之地方自治问题》，㉖董修甲的《中国地方自治问题》，㉗杨开道的《农村自治》，㉘黎文辉的《中国地方自治之实际与理论》。㉙ 可见，对地方自治的研究，成果可谓丰硕。这类成果的特点是偏重实用，其目的是用以指导当时的地方自治实践。

三是有关保甲制度的专论。保甲制度始于北宋王安石变法，元、明、清各代相沿不撤，是中国传统社会对基层进行社会控制的基本制度，其主要职能是维护社会治安。清末以来倡行地方自治，遂废保甲。但 1934 年至 1939 年，蒋介石停办地方自治，大力推行保甲制度。保甲制度再度引起了学者的关注，特别是对保甲制度与地方自治的关系展开了论述。代表作有闻钧天的《中国保甲制度》，㉚黄强的《中国保甲实验新编》。㉛

四是对县制与新县制的研究。南京国民政府 1939 年 9 月颁行《县各级组织纲要》，实行新县制，县制及新县制亦成为时人关注的对象。成果分两部分：一是对县制的通论。主要论著有：程方的《中国县政概论》，㉜胡次威的《民国

㉖ 梁漱溟：《中国之地方自治问题》，山东乡村建设研究院 1935 年版。该著作对当时地方自治失败的原因进行了分析，同时对如何促成地方自治提出了自己的观点，与其《乡村建设理论》一脉相承。

㉗ 董修甲：《中国地方自治问题》，商务印书馆 1937 年版。该著作是针对南京国民政府的地方自治实践而进行的理论论证，并提出了自己的见解。

㉘ 杨开道：《农村自治》，世界书局 1930 年版。该著作根据作者自己在农村的亲身经历，对农村自治的编制、主体、组织、事业、人才、经费等进行了论述。

㉙ 黎文辉：《中国地方自治之实际与理论》，商务印书馆 1946 年版。该著作对地方自治的定义、沿革、组织及职权、近况等进行了论述，并对当时的地方自治进行了批评，提出了自己的意见。

㉚ 闻钧天：《中国保甲制度》，商务印书馆 1935 年版。该著作以保甲制度为研究对象，对保甲制度的历史沿革、理论进行了阐述并提出了自己独到的见解，史料翔实，具有很高的学术价值，是最早也是影响最大的研究保甲制度的专论，是研究保甲制度必读之书。

㉛ 黄强：《中国保甲实验新编》，正中书局 1935 年版。与闻著相比，该著作具有较强的政治功利性，着力对当时保甲制度的施行进行考察，以指导当时的保甲实践。

㉜ 程方：《中国县政概论》，商务印书馆 1939 年版。该著作是新县制实行前所著，主要是对新县制前的县制史进行了通论。

县制史》。㉝ 二是对新县制的专论。主要成果有：陈柏心的《中国县制改造》,㉞李宗黄的《新县制之理论与实际》㉟等。

此外,还有钱端升的《民国政制史》,㊱对清末、民国的基层政治机构与功能进行了论述;谢振民的《中华民国立法史》,㊲其中对民国的地方自治法进行了梳理与分析。

总观这一时期有关基层政治转型的研究,确实是研究的热点,也出现了相当数量的研究成果,其中也不乏一些学术性很强的作品。但总体来说,除偏重理论探讨外,由于在南京国民政府时期地方自治尚在大力倡导和实施阶段,一些作者是学者同时又是地方自治的实际操作者,如胡次威、杨开道等。当事人说当时事,有很强的现实意识,针对现实提出一些评价和建议,染有较强的政治色彩,学术独立性不强。

2.20 世纪 80 年代以后

(1)研究内容

新中国成立后至改革开放之前,由于受政治和意识形态的影响,基层政治转型的研究自然不能进入学者们的视野。直至改革开放以后,特别是 80 年代村民自治的推行,基层政治转型的研究才开始起步并日渐升温。纵观 80 年代以来有关基层政治转型的研究,按内容分为以下几个方面:

一是对基层政治的通论式研究。这类研究成果不多,主要是对县以下的基层社会政治进行研究,其共同的特点是“通”。即以朝代为纲目,对中国基层社会政治沿革进行了历时性梳理主要作品有赵秀玲的《中国乡里制度》。㊳ 乡里制度是中国传统社会基本的基层政治管理制度,由于资料甚少等原因引起学者们的关注,优秀成果更是鲜见。该文对乡里制度的起源与嬗变、管理模式、类型,及其与宗法、官僚政治、士绅、农民等的关系进行了系统的研究,对一

㉝ 胡次威:《民国县制史》,大东书局 1948 年版。该著作对清代以来的县制进行了论述,特别是对南京国民政府的县制进行了较系统的论述。

㉞ 陈柏心:《中国县制改造》,国民图书出版社 1942 年版。该著作对新县制的各级组织机构设置进行了理论探讨。

㉟ 李宗黄:《新县制之理论与实际》,中华书局 1945 年出版。该著作不但对新县制进行了理论探讨,而且对包括江西在内的新县制的地方实践进行了分析,具有一定的资料价值。

㊱ 钱端升:《民国政制史》,上海人民出版社 2008 年版。

㊲ 谢振民:《中华民国立法史》,中国政法大学出版社 2000 年版。

㊳ 赵秀玲:《中国乡里制度》,社会科学文献出版社 2002 年版。

些事实和通说进行了澄清并提出了自己的观点，资料丰富，是少有的佳作，对近代的地方自治也略有论及。万昌华的《秦汉以来基层行政研究》㊴对秦汉以来基层行政进行了历时性研究，对近代的地方自治设有专章。作者在"引论"中鲜明地表达了中国传统社会无自治可言的观点："中国的传统乡村基层社会是一种处于传统政治权力全控下极少自由的气氛令人窒息的专制基层社会"。㊵ 但笔者却不敢苟同。魏光奇的《官治与自治——20 世纪上半期的中国县制》㊶从官治与自治的角度，对 20 世纪上半期的中国县制进行研究，对中国县制的历史变迁也进行了勾勒，对清末以来的县制则着墨较多。这些研究对中国基层社会政治提供了整体性脉络，为基层政治转型的研究提供了历史线索与史料基础。

二是对乡村社会进行实证式的结构、文化研究。这里提三本书和王先明的系列文章。一本是王铭铭、王斯福主编的《乡土社会的秩序、公正与权威》。㊷ 该书是一本论文集，收入了王铭铭等人的论文 10 来篇。论文大多以某一区域进行实证研究，并对乡村文化的机理进行解构，集实证与理论为一体，学术性较强。第二本是郑振满的《明清福建家族组织与社会变迁》。㊸ 该书以明清时期福建区域社会作为研究对象，文献资料与调查资料相结合，理论与实证相结合，从家族史的角度，对中国传统社会结构及其文化进行了开创性的研究，见解独到。第三本是于建嵘的《岳村政治——转型期中国乡村政治结构的变迁》。㊹ 该书以湖南衡山县白果镇的岳村为分析样本，从政治学的角

㊴　万昌华：《秦汉以来基层行政研究》，齐鲁书社 2008 年版。

㊵　同上注，第 6 页。

㊶　魏光奇：《官治与自治——20 世纪上半期的中国县制》，商务印书馆 2004 年版。

㊷　王铭铭、王斯福：《乡土社会的秩序、公正与权威》，中国政法大学出版社 1997 年版。

㊸　郑振满：《明清福建家族组织与社会变迁》，中国人民大学出版社 2009 年版。

㊹　于建嵘：《岳村政治——转型期中国乡村政治结构的变迁》，商务印书馆 2001 年版。

度,对岳村一个多世纪以来的政治变迁进行研究。王先明的系列文章,[45]对20世纪前期的乡村社会结构、权力与文化的变迁以及乡绅社会地位的变化等展开了论述,视野宽广,是乡村社会研究的力作。

三是对近代以来地方自治的专题研究。在研究时段上,分为清末与民国时期。清末地方自治研究,又可分为思潮与制度两方面。地方自治思潮的研究,首推汪太贤教授。[46] 汪先生对清末地方自治思潮的萌生、源流与变迁进行了考辨,为我们认识清末地方自治思潮提供了清晰的历史逻辑线条。此外还

---

[45] 王先明:《20世纪30年代的县政建设运动与乡村社会变迁——以五个县政建设实验县为基本分析样本》,载《史学月刊》2003年第4期;《20世纪前期乡村权力的博弈与权威的重建》,载《江海学刊》2009年第1期;《20世纪前期中国乡村社会建设路径的历史反思》,载《天津社会科学》2008年第6期;《变动时代的乡村政制与国家权力——20世纪初年乡制变迁的时代特征》,载《南开学报》(哲学社会科学版)2008年第3期;《从〈东方杂志〉看近代乡村社会变迁——近代中国乡村史研究的视角及其他》,载《史学月刊》2004年第12期;《士绅构成要素的变异与乡村权力——以20世纪三四十年代的晋西北、晋中为例》,载《近代史研究》2005年第2期;《试述晋西北抗日根据地乡村权力结构的变迁(1937—1945)》,载《社会科学研究》2002年第1期;《晚清保甲制的历史演变与乡村权力结构——国家与社会在乡村社会控制中的关系变化》,载《史学月刊》2000年第5期;《乡村民众视野中的社会分层——以二十世纪二十至四十年代初的华北乡村为例》,载《人文杂志》2004年第6期;《乡绅权势消退的历史轨迹——20世纪前期的制度变迁、革命话语与乡绅权力》,载《南开学报》(哲学社会科学版)2009年第1期;《乡绅与乡村权力结构的演变——20世纪三四十年代闽中乡村权力的重构》,载《中国农史》2004年第3期;《辛亥革命后中国乡村控制体制的演变——民国初期的乡制演变与保甲制的复活》,载《社会科学研究》2003年第6期;《从自治到保甲:乡制重构中的历史回归问题——以20世纪三四十年代两湖乡村社会为范围》,载《史学月刊》2008年第2期。

[46] 主要作品有《从治民到民治——清末地方自治思潮的萌生与变迁》,法律出版社2009年版;《清末官吏对立宪与地方自治关系的认识与表达》,载《西南民族大学学报》(人文社科版)2009年第4期;《地方自治:民权与民治的制度依托——何启、胡礼垣的地方自治论说》,载《西南民族大学学报》(人文社科版)2004年第4期;《近世中国地方自治主张的最初提出及其表达》,载《西南民族大学学报》(人文社科版)2004年第5期;《晚清学人对民主自由诉求的一种表达——以严复地方自治的主张的提出与阐释为例》,载《中国法学》2004年第2期;《晚清国外地方自治思想输入考论》,载《湘潭大学学报》(哲学社会科学版)2004年第5期。

有贺跃夫先生[47]和郑永福先生[48],对清末的地方自治思潮进行了论析。

地方自治的制度性研究。主要著作有丁旭光的《近代中国地方自治研究》[49]。该文是对清末民初地方自治的专题研究,具有较强的系统性。马小泉的《国家与社会:清末地方自治与宪政改革》。[50] 该文从国家与社会的视角,对清末的地方自治与宪政进行了论证。

民国的地方自治研究。主要作品有李德芳的《民国乡村自治问题研究》和系列文章。[51] 论述了乡村自治的理论、主张、方案等,理论性较强。郑大华的《民国乡村建设运动》,[52] "是目前为止国内外第一部比较系统、全面研究民国乡村建设运动的学术专著"。[53] 周联合的《自治与官治——南京国民政府的县自治法研究》,[54] 从自治与官治的角度,对南京国民政府的县自治法进行了研究,得出了是官治而非自治的结论。曹成建的《20 世纪 20 至 40 年代国统区

---

[47] 贺跃夫:《论清末地方自治思潮》,载《孙中山研究论丛》1994 年第 10～11 辑。

[48] 郑永福、吕美颐:《论日本对中国清末地方自治的影响》,载《郑州大学学报》(哲学社会科学版)2001 年第 6 期;郑永福:《评清末筹备立宪中的地方自治》,载《中州学刊》1984 年第 3 期;《1905 年以前中国的地方自治思潮》,载《史学月刊》1983 年第 2 期。

[49] 丁旭光:《近代中国地方自治研究》,广州出版社 1993 年版。

[50] 马小泉:《国家与社会:清末地方自治与宪政改革》,河南大学出版社 2001 年版。

[51] 李德芳:《民国乡村自治问题研究》,人民出版社 2001 年版。该著作是研究民国乡村自治的开篇之作;《试论南京国民政府初期的村治派》,载《史学月刊》2001 年第 2 期;《略论民国时期乡村自治的历史经验》,载《河北大学成人教育学院学报》2001 年第 2 期;《略论民国乡村自治的社会制约因素》,载《贵州社会科学》2001 年第 3 期;《南京国民政府乡村自治制度述论》,载《河北大学学报》(哲学社会科学版)2002 年第 4 期。

[52] 郑大华:《民国乡村建设运动》,社会科学文献出版社 2000 年版。

[53] 同上注,第 11 页。

[54] 周联合:《自治与官治——南京国民政府的县自治法研究》,广东人民出版社 2006 年版。

地方自治与县政改革考察研究》和相关文章，⑤是少有的对南京国民政府时期的地方自治，从区域社会的角度进行的研究，在研究方法和资料运用上使人耳目一新。

（2）研究特点

通过以上梳理，80 年代以来对地方治的相关研究，取得了一定的研究成果，但无论从研究数量上还是研究质量上，整体上还比较单薄。数量上，真正研究近代以来地方自治的专著，包括博士论文在内还不到 10 部。质量上，也没产生如《乡土中国》、《中国保甲制度》这样的经典作品，在数量和质量上都未达民国时的水平。具体而言，呈现以下特点：

第一，在研究时段上，多集中于清末与 1937 年之前的民国时期，对战时与战后的研究成果寥寥；在研究区域上，以北方为重镇，南方的研究成果鲜见；在研究空间上，要么研究县政，对乡村则存而不论，要么研究乡村，对县政则略而不谈，人为地割裂了民国地方自治县、乡、村的一体性。

笔者对现有的资料检索发现，到目前为止，对地方自治的研究，在时段上，基本上集中在清末民初至 1937 年，对 1937 年之后，即战时与战后地方自治的研究只有 2 部专著，周联合的《自治与官治——南京国民政府的县自治法研究》和曹成建的《地方自治与县政改革：1920—1949》（博士论文）。对战时与战后，特别是对成效最彰的新县制时期地方自治研究，却无一专著。这不能不说是学术研究上的盲点，这对于南京国民政府基层政治转型的认识，无疑是不全面的。

在研究区域上，则主要以北方为重镇，如河北的定县、山东的邹平、山西的村制等，对南方地方基层政治转型的研究则几乎无人问津，成果极为鲜见。当

---

⑤　曹成建：《20 世纪 20 至 40 年代国统区地方自治与县政改革考察研究》，四川大学博士学位论文，2000 年；《20 世纪 30 年代中前期南京国民政府对地方自治政策的调整》，载《四川师范大学学报》（社会科学版）2003 年第 5 期；《二十世纪三四十年代国民党基层控制政策的新趋向——兼论中共相关政策对其的影响》，载《民国档案》2007 年第 4 期；《试析国民政府基层社会控制与建设的政纲——管教养卫》，载《历史教学》2008 年第 20 期；《孙中山与蒋介石地方自治思想的差异》，载《文史杂志》2000 年第 5 期；《20 世纪 20 年代末 30 年代前期南京国民政府的地方自治政策及其实施成效》，载《四川师范大学学报》（社会科学版）2003 年第 1 期；《20 世纪 40 年代四川省新县制下地方自治的施行》，载《西南交通大学学报》（社会科学版）2002 年第 2 期；《20 世纪 40 年代新县制下重庆地方自治的推行及其成效》，载《四川师范大学学报》（社会科学版）2000 年第 6 期；《试论 20 世纪 40 年代四川新县制下的基层民意机构》，载《四川师范大学学报》（社会科学版）2001 年第 5 期。

然,有人或许会说,民国的基层政治转型,做得比较好的、有特色的当属北方,以北方为主是很自然的。笔者以为,这对于 1937 年全面抗战之前来说,或许是对的。但对于 1937 年以后,北方大部分地区沦陷,基层政治转型也就被迫停止。而南方有的省份的安全区,由于未遭日寇的侵占,其政策的实施还是连续的。比如,新县制时期尚属安全区的赣南,已成为支持抗战的枢纽,加上蒋经国主政赣南,发起"建设新赣南"运动,取得了"地方政治改革的新成就",基层政治转型建设成为全国的一面镜子。笔者目前收集的 1939 年以后赣南基层政治转型的资料,也证实了这一点。因此,就不能说是北方优于南方了,而有可能是南方优于北方了,最起码也是在不同的时段各具特色。在这样的条件下,只研究北方而不顾及南方,无疑也是残缺的,对于南京国民政府基层政治转型的认识,同样是不全面的。正因为只研究北方,北方 1937 年因日寇的全面侵华而成为沦陷区,基层政治转型也因之而停止,研究也就只能到此为止,这应可作为解释为何只研究到 1937 年的原因。

在研究空间上,无论是研究河北的定县,山东的邹平,还是山西的村制,大多以乡村为研究对象,而对县政设计则避而不谈。反之,则以县政为研究对象,对乡村则存而不论。乡村为基层政治的基础,无论从基层政治转型事业的开展,还是民主政治能力和自治精神的培育,无不从一村一落开始。但另一方面,对于我国政府主导推进型的基层政治转型来说,县"实为推动村治之第一关键,县治不良,而望村治之普遍推行,则万难如愿"。⑤⑥ 因此,县与乡村实为一体,不能分开。民国的基层政治转型,无论孙中山先生设计的建国大纲,还是以《县组织法》和《县各级组织纲要》为核心的基层政治转型法制建构,都是以县为基本单位。"县为地方自治单位",⑤⑦县以下分乡、村,县自治以乡村自治为基础,乡村自治以县为统制和指导。"县之下再分为乡村区域,而统于县";⑤⑧"县以下为乡(镇),乡(镇)内之编制为保甲"。⑤⑨ 因此,这种县治与村治相分离的研究范式,人为地割裂了民国基层政治转型以县为单位,县、乡、村联为一体的整体性,与当时的理念与制度设计是不相符的,因此不能认为是科学

⑤⑥ 米迪刚:《"论吾人之天职"按语》,载米迪刚、尹仲才:《翟城村》,江苏古籍出版社 1992 年版,附刊,第 20 页。

⑤⑦ 《县各级组织纲要》,民国《江西省政府公报》,第 1156 号。另见《孙中山全集》(第 9 卷),第 128 页。

⑤⑧ 《孙中山全集》(第 6 卷),第 204 页。

⑤⑨ 《县各级组织纲要》,民国《江西省政府公报》,第 1156 号。

的。

第二，在理论上，大多还停留在对史实的梳理，理论阐释略显不够；在观点上，受意识形态的影响，客观理性分析略有欠缺，有些观点值得商榷。

南京国民政府基层政治转型实践，是中国地方政治向现代的转型，也是国家权力向地方渗透的过程。这里涉及地方政治的现代转型问题、国家与社会的关系问题。地方自治是宪政的基础，这里就涉及地方自治与宪政的关系问题。南京国民政府基层政治转型总体上是移植西方法律制度的结果，在现实中受到本土文化的制约，这里就涉及法律与文化、法的移植与本土化的关系问题。所有这些都需用相关的理论进行分析与解构，才能剥蕉至芯，认识到事物的内核。可惜现有的研究大多还停留在对史实的梳理，或理论解释过于单一，综合运用相关理论略显不够。当然，对史实的梳理，即求真，也是重要的，这是研究的基础，需要学者们的辛勤汗水。但只停留在此也是不够的，而是需史论结合，在史料的基础上提升理论与命题，理论与命题又在史实中得到验证。

一些论者怀有理想主义和激进主义思想，在脱离当时的环境或语境的条件下，对当时的经济、政治、社会生态环境不作客观理性分析，不去考虑民主政治实现的渐进性、艰巨性，而是一味地指责，看不到其中的成效与影响，得出的观点也就有待商榷。

第三，在研究路径上，虽有多学科的介入，但较为单一，综合运用多学科的研究少见；在研究方法上，多宏观的通论式研究，区域性的实证研究少见。

在研究路径上，历史学、政治学、社会学和法学等都介入其中，但发展很不平衡，路径过于单一。在诸学科中，历史学可谓一枝独秀，大部分研究都是历史学的视角，且出现了一些著名学者，如李德芳、王先明、魏光奇、曹成建、贺跃夫等。政治学、社会学也紧随其后，也有《岳村政治——转型期中国乡村政治结构的变迁》、《民国乡村建设运动》这样优秀的作品面世。法学则相对滞后，研究成果寥寥。笔者只检索到论著3部，即《自治与官治——南京国民政府的县自治法研究》、《近代乡村自治研究——户政法文化诊释》[60]、《地方自治法律制度研究》，[61]而且学科之间泾渭分明，路径比较单一，缺乏多学科的综合。基层政治转型的研究固然需要作历史性的寻微探奥，也要对当时的地方社会政治结构与文化进行剖析。还因基层政治转型伴有法秩序的变迁，涵盖了法律

---

⑩　王圣诵：《近代乡村自治研究——户政法文化诊释》，中国政法大学博士学位论文，2005年。

⑪　田芳：《地方自治法律制度研究》，法律出版社2008年版。

与社会、法律与秩序、法律与传统、法的移植与本土化等诸多关系。故不对法秩序变迁与基层政治转型的关系进行剖析，难以认识基层政治转型的实态，这就要求法学的跟进。

在研究方法上，大多宏大叙事，少有区域性的实证研究。真正属实证研究的只有《岳村政治——转型期中国乡村政治结构的变迁》与《20 世纪 20 至 40 年代国统区地方自治与县政改革考察研究》（博士论文）。在中国，东西南北经济、政治、风俗、习惯等差别很大应是不刊之论。地方社会建设更是如此，从来就没有全国统一的标准与模式。而且从法学层面讲，法律的表达与实践存在着矛盾与背离的一面。⑫ 因此，对基层政治转型的研究，应在注释文本的基础上，讲究实证，对基层政治转型的实际施行情况进行考察，做到文本解释与实证研究相结合，才能探明真相。正如梁启超所说的："表面上的组织是一回事，运用起来又是一回事。所以研究政治史的人一面讲政治的组织，表面上形式如此如彼，一面尤其要注意骨子里政治的活用和具文的组织发生了多大的距离"。⑬ 然而，到目前为止，据笔者收集的资料信息而言，以法学的视角观之，对基层政治转型的法律文本进行解构尚无佳作，更遑言文本与实证相结合。

笔者通过对资料的耙梳后发现，对南京国民政府基层政治转型系统研究的成果鲜见，实证研究少有，仅有的实证研究多集中于北方，如河北的定县、山东的邹平和山西的村治，对南方的研究，成果几乎阙如。北方的基层政治转型因日本的全面侵华，到 1937 年戛然而止，故研究也到此为止。对战时的基层政治转型特别是成效最彰的新县制时期的研究，则成果更为鲜见。

（二）国外相关研究综述

国外对中国基层政治转型的研究主要是日本学者和美籍汉学家。日本学者和田清在《中国地方自治发展史》⑭一书中对中国地方自治的源流进行了梳

---

⑫　[美]黄宗智：《重版序》，见《清代的法律、社会与文化：民法的表达与实践》，上海书店出版社 2007 年版，第 9 页。类似的论述还有："条文的规定是一回事，法律的实施又是一回事。社会现实与法律条文之间，往往存在一定的差距。"瞿同祖：《导论》，载《瞿同祖法学论著集》，中国政法大学出版社第 5 页；"法律法令并不总是被遵守，文字上的法与现实中的法经常是有差距的。"瞿同祖：《引言》，载《清代地方政府》，第 2 页。

⑬　梁启超：《中国历史研究法》，上海古籍出版社 1998 年版，第 271～272 页。

⑭　[日]和田清：《中国地方自治发展史》，东京汲古书院 1975 年版。

理。黄宗智的《华北的小农经济与社会变迁》,⑥⑤大量运用满铁调查资料和档案资料,对河北、山东的 33 个村庄进行调查,对中国的小农经济和村庄与国家的关系进行了解构,并提出了"中国小农经济内卷化"⑥⑥的概念,对地方社会的权力结构变迁以及地方自治等也有论及。杜赞奇的《文化、权力与国家:1900——1942 年的华北农村》,⑥⑦也是运用满铁调查资料,以华北平原的冀—鲁西北地区的 6 个村庄为研究对象,对 20 世纪上半期华北乡村的权力结构进行了细致的研究,并提出了"权力的文化网络"⑥⑧的概念和分析工具。李怀印《华北村治——晚清和民国时期的国家与乡村》,⑥⑨使用河北地方档案,以河北的获鹿县为考察对象,对晚清和民国的华北村治进行研究,其中也涉及一些基层政治转型问题。

大概是资料缺乏的原因,这些研究也没有摆脱以北方村庄为研究对象的窠臼,但在梳理资料、利用概念和分析工具、提升或验证理论命题以及研究方法等方面,不失为有益的借鉴。

三、南京国民政府基层政治转型研究的拓展

(一)理论阐释工具的综合运用

理论框架是学术研究的思维方式和分析工具,是有关问题的理论解释模型。南京国民政府基层政治转型,是对地方政治由传统向现代民主宪政转型的尝试,是国家权力向乡村渗透的过程,也是借鉴移植西方法律与制度的过程。这里涉及基层政治转型与民主宪政,国家与社会的互动,法的移植与本土化之间的关系等诸多关系。因此,基于以往研究中理论过于单一,笔者以为,

---

⑥⑤ [美]黄宗智:《华北的小农经济与社会变迁》,中华书局 2000 年版。该著作实为开中国大陆大量运用地方档案并从中提升或验证理论命题的先河。《清代的法律、社会与文化:民法的表达与实践》和《法典、习俗与司法实践:清代与民国的比较》(上海书店出版社 2007 年版)则是开大量运用地方司法档案研究中国法制史之先河,在资料与方法论上具"革命性"意义。

⑥⑥ 同上注,第 301 页。

⑥⑦ [美]杜赞奇:《文化、权力与国家:1900——1942 年的华北农村》,王福明译,江苏人民出版社 2004 年版。

⑥⑧ 同上注,第 10 页。

⑥⑨ [美]李怀印:《华北村治——晚清和民国时期的国家与乡村》,岁有生译,中华书局 2008 年版。

对南京国民政府基层政治转型的研究，必须对之进行充分的理论阐释，必须综合运用宪政理论、国家与社会关系理论、法的移植与本土化等理论作为分析和解释的理论工具，才能对南京国民政府基层政治转型进行理论解构，为深刻认识南京国民政府基层政治转型的性质、地位等，提供强有力的理论和学术支持。为方便研究起见，现对基层政治转型涉及的宪政理论、国家与社会关系理论、法的移植与本土化理论作必要的概述。

1. 宪政理论

宪政理论导源于西方，是西方法学理论的重要组成部分。近代宪政的观念和主要制度起源于英国，但其宪政文化传统可以追溯到古希腊、罗马时代。卢梭、洛克、孟德斯鸠、密尔等思想家则构筑了其思想理论基础。"宪政既代表了历史的自然进程，又是社会革命的产物。无论从哪个角度，宪政都是与市场经济（自由市场）的形成、中产阶级的兴起、经济与政治的分离（二元化）和法治意识的普及密切相连的"。⑩ 宪政理论的基本价值是人民主权、制约权力与保障人权。正如我国学者的定义："宪政是以宪法为前提，以民主政治为核心，以法治为基石，以保障人权为目的的政治形态或政治过程。"⑪民主是宪政的基础，法治是它的主要条件，人权保障则是宪政的目的。

"宪政不仅是一种社会的法律的现象，而且是一种精神的文化的现象"。⑫宪政制度还需要一种政治文化。"宪政是由意识形态和文化决定的一系列特殊道德观点，如尊重人的尊严，承认人生而平等、自由并享有幸福的权利"。西方宪政是由其文化传统、独特的价值体系、政治伦理和经济模式所决定的，体现了西方民主政治的独特历史传统与西方法律文化的鲜明特色。西方宪政的演进，是西方社会和文化的一种自然演化，⑬在其历史文化传统中就包含个人权利诉求、政治权力多元和法律至上等宪政基因。

中国是宪政"后发外生型"国家，是中国近代为了救亡图存，求强求富引进西方宪政文本与制度的产物，是中国政府的制度设计和行政推动。中国文化与西方文化迥异。近代西方是市民社会、法理社会，中国社会则是乡土社会、

---

⑩　张文显、信春鹰：《民主＋宪政＝理想的政制——比较宪政国际讨论会热点述评》，载《比较法研究》1990 年第 1 期。

⑪　李龙、周叶中：《宪法学基本范畴简论》，载《中国法学》1996 年第 6 期。

⑫　任喜荣：《宪政的实现：在传统与现代之间》，载《吉林大学社会科学学报》2000 年第 5 期。

⑬　程燎原：《宪政与现代化》，载《现代法学》1999 年第 1 期。

礼俗社会。因此,中国的宪政之路只能是在尊重本土传统的基础之上,吸收西方宪政理论和实践的积极有用成果,并尽量寻找二者的结合点。此外,西方宪政是渐进的结果,从古希腊罗马算起已过千年,而中国的宪政自清末以来只有百年,且经济困顿、政局动乱。宪政所需的经济、政治、社会文化条件的培育需要漫长的过程,中国的宪政必须走渐进之路。

2. 国家与社会关系理论

自学术史发端,国家与社会不仅是一般国家和社会理论中两个最基本的概念,而且两者间的关系问题也成为人文社科领域尤其是法律思想领域的元命题。⑭ 国家与社会的分析架构可以追溯到古希腊的亚里士多德,但真正从学理意义上较为系统地论述这个问题,则是近代的事情。是西方学者对中世纪后期商品经济的勃兴,自治城市的出现,市民社会的兴起,国家与社会出现明显的二元对立的条件下的理论分析工具。"经典论述最初出现在近代政治经济学著述之中,成熟于黑格尔,发展于马克思",⑮后有伯尔曼、马克思·韦伯、哈贝马斯、黄宗智等的演进。

国家与社会关系理论通说认为,国家是社会"蛹化"的结果,社会先于国家而存在。在西方中世纪后期商品经济大力发展以前,国家与社会是同一的,直至市民社会的出现,国家从社会中分离出来。但国家与社会不能独立存在,只能处于矛盾的统一体中。一方面,社会对国家具有监督与制衡作用,是民主宪政的基础,从而衍生出人权、民主、宪政等概念;另一方面,国家对社会进行必要的干预和调节。这里就存在一个国家与社会的平衡问题,既不能出现"强国家,弱社会",也不能出现"强社会,弱国家",而是国家与社会之间相互制约又彼此合作,相互独立又彼此依赖的有机统一关系,实现国家与社会的良性互动。这种"国家—社会"两分架构的研究范式,对于考虑、限制和规范国家与社会的各自行为,防止国家始终存在着的对社会的逼近、扩张和膨胀,克服社会对国家的依附性和非协和性制约具有相当重要的功用。⑯

20 世纪 80 年代以来,我国学界将这一理论引入,作为一种新的研究理论

---

⑭ 唐宏强:《"国家—社会"两分架构及其方法论意义——就研究法律发展问题论之》,载《浙江大学学报》(人文社会科学版)2007 年第 6 期。相似的观点有:"自从国家产生以来,国家与社会的关系就成为一个恒久不衰的理论课题"。刘旺洪:《国家与社会:法哲学研究范式的批判与重建》,载《法学研究》2002 年第 6 期。

⑮ 公丕祥:《法制现代化的分析工具》,载《中国法学》2002 第 5 期。

⑯ 同注 74,第 58 页。

和范式渗透于法学、社会学、历史学、政治学等各个领域,产生了研究范式的"革命"。以"国家与社会分离的产物"⑦的法律为研究对象的法学界更是趋之若鹜,有学者甚至将之提高到"决定了中国法学学术化的路径与可能"⑦的高度,并广泛地将这一理论运用于法理学、法哲学,在研究国家法与习惯法、法律现代化、法的移植与本土化等方面,取得了丰硕的成果。⑦

3.法的移植与本土化理论

关于法律移植的讨论,在国外大约兴起于 20 世纪 70 年代,⑧是基于西方中心主义理念下,强调西方法律是现代法律的独一模式,后发达国家的法律必须以西方法律为模本,移植西方法律,这是法律现代化的唯一路径而提出来的。然在现实中,由于"法律在本质上是一种地方性知识",⑧法律的移植遭遇地方文化传统的抵制,移植而来的法律在实践中往往徒具形式而已。因此开始对法律的移植进行反思。

我国近代以来的法律建构也是大量移植域外法律的结果。由于忽视传统文化因素,法律的表达与实践出现了相背离的现象,这出乎改革者的意料。于是开始思考法律移植与文化传统的关系问题。对此问题的论述可以追溯到梁漱溟和费孝通先生。⑧ 本土化概念在现代法学领域的运用则可以说是苏力教

---

⑦ 同注 75。

⑦ 齐延平:《国家与社会:一种法学思维模式的重新解读》,载《文史哲》2000 年第 2 期。

⑦ 在当代中国法学界,梁治平先生较早运用了国家—社会的分析框架研究法律问题,代表作为《清代习惯法:社会与国家》。此外有邓正来的《国家与市民社会———一种社会理论的研究路径》,中央编译出版社 1998 年版,被认为是奠基之作;公丕祥的《法制现代化的分析工具》;苏力的《法治及其本土资源》;马长山的《国家、市民社会与法治》商务印书馆 2005 年版及其系列论文。

⑧ 何勤华:《法的移植与法的本土化》,载《中国法学》2002 年第 3 期。

⑧ 〔美〕吉尔茨:《地方性知识:事实与法律的比较透视》,邓正来译,载梁治平编:《法律的文化解释》,生活·读书·新知三联书店 1994 年版,第 126 页。

⑧ 梁漱溟说:"法律制度所以为活法律制度而有灵,全在有其相应之态度习惯。但中国 1911 年革命后则徒袭有西洋制度之外形,而社会众人之根本态度犹乎夙日之故,相应习惯更谈不上。"(见《乡村建设理论》,第 88 页)。费孝通先生则认为:"现行法里的原则是从西洋搬过来的,和旧有的伦理观念相差很大",因此,"单把法律和法庭推行下乡,结果法治秩序的好处未得,而破坏礼治秩序的弊病却已经发生了。"(见《乡土中国》,第 71~72 页)。

授的创造,⑧引起了法的移植与本土化讨论的热潮,标志是外国法制史研究会在湘潭大学法学院举行的"法的移植与法的本土化"专题研讨会,并有《法的移植与法的本土化》论文集的出版。⑧ 法律移植是古今中外法律发展的普遍现象,其中不乏成功的范例。⑧ 因此,法律移植与本土化理论不是争论要不要移植法律的问题,而是如何进行移植的问题,即如何处理好法律移植与本土化的关系问题。正如苏力教授指出,中国的法治建设不能只是移植西方"先进"的法律制度,而是"必须注重利用中国本土的资源,注重中国法律文化的传统和实际"。⑧

(二)研究路径的选择

路径是研究的视野与分析的角度。前面论及南京国民政府基层政治转型相关研究的特点时已指出,对近代以来基层政治转型的研究,法学研究相对滞后,研究成果鲜见。近代的基层政治转型,是民主宪政的基础,是法学研究的题中应有之义。南京国民政府基层政治转型,伴有大量立法,涵盖了法律与社会、法律与秩序、法律与传统、法的移植与本土化等诸多关系。因此,没有法学的精耕细作,不对这些关系进行剖析,有碍于对南京国民政府基层政治转型的全面认识。

首先,应对南京国民政府基层政治转型进行实证研究。在阐述基层政治转型的概念、原理与民主宪政的关系基础上,将南京国民政府基层政治转型的制度设计和实际运作放在近代以来民主政治的历史流变中加以考察。近代基层政治转型自清末立宪就与民主宪政捆绑在一起,在西方文明的示范作用和国家遭遇权威危机、合法性危机的境况下,"已经成为民主制度的一种象征符号",⑧被视为"宪政基础,内政改革最大之关键",⑧历经南京临时政府、北洋政府、南京国民政府,至1949新中国成立。与西方"内生型"基层政治转型不同的是,南京国民政府基层政治转型是一种嵌入型政治转型,政府成为转型的

---

⑧ 苏力:《法治及其本土资源》(修订本),中国政法大学出版社2009年版。

⑧ 何勤华:《法的移植与法的本土化》,法律出版社2001年版。

⑧ 具体例证见何勤华:《法的移植与法的本土化》,法律出版社2001年版,第5～8页。

⑧ 苏力:《变法,法治建设及其本土资源》,载《中外法学》1995年第5期。

⑧ 朱国斌:《近代中国地方自治重述与检讨》,张庆福主编:《宪政论丛》(第2卷),法律出版社1999年版,第360页。

⑧ 《出使奥国大臣李经迈奏地方自治权限不可不明求治不宜过急片》,故宫博物院明清档案部编:《清末筹备立宪档案史料》(下册),中华书局1979年版,第719页。

主体。一方面,政府急于通过基层政治转型以寻求合法性资源,同时达到对地方社会的渗透与控制,表现出急躁与草率;另一方面,则与乡村社会结构和文化相冲突,凸现的是乡民的冷漠与抵制,再加上经济的困顿,政治的动荡,其实效也就可想而知了。在这样的政治社会生态环境下,对南京国民政府基层政治转型的实态进行实证研究,对其成效与制约因素进行客观的评价,有益于还原南京国民政府基层政治转型的本真,并从中引发出对中国乡村基层民主政治建设之路的思考。

其次,以法学的概念、理论与视角对之进行解构。南京国民政府基层政治转型法制建构,主要是借鉴与移植西方法制的结果。大量的基层政治转型法律、法规相继出台,表现出立法上的急进主义。但基层政治转型的“良法美意”在乡村社会的土壤里却水土不服而实行不彰。在这样的情势下,制度设计一会儿西方,一会儿传统,最后“溶保甲于自治之中”,显示了法律的多变性。法律的多变又有损法律的权威性,这又增加了法律实践的难度。因此,需以法学的概念、理论与视角对之进行研究,厘清文本法与实在法的差异,并对这些差异进行解构,从而深化对南京国民政府基层政治转型的理解。

(三)研究方法

黑格尔指出:“科学的方法不是外在的形式,而是内容的灵魂。”⑧在哲学家的眼里,理论体系只是暂时的,而此理论体系中蕴含的方法却是经久不衰、发人深省的。从这种意义上说,科学的研究方法比现实的结论更为重要。基于此,笔者认为,对南京国民政府基层政治转型的研究,也要注重研究方法的选择。与以上分析框架和法学研究路径相契合,对南京国民政府基层政治转型的研究,应注重运用文本解读与实证研究相结合的方法。

法律文本是法律制度的基本内容,对一项法律制度的研究自然离不开对法律文本进行注释与解读,这是法学研究的基础。南京国民政府基层政治转型也有大量的立法产生。利用立法理论:一方面,对南京国民政府的县、乡、村联为一体的基层政治转型有关国家立法进行分析,以考察国家层面的制度设计;另一方面,南京国民政府基层政治转型的各个地方,又允许在国家立法的框架内,因地制宜,进行必要的变通,亦需对实证研究的区域社会的有关基层政治转型的法制建构进行解读,分析其利弊得失。笔者认为这是从法学视角

---

⑧ 转引自张明楷:《法益初论》,中国政法大学出版社 2003 年版,第 596 页。相似的说法有:“方法如同科学本身一样是无限的。”欧根·埃利希:《法社会学方法——关于“活法”的研究》,张菁译,载《山东大学学报》(哲学社会科学版)2006 年第 3 期。

研究南京国民政府基层政治转型的基础,但目前这样的研究尚付阙如。

但法律毕竟是应用的,"只有在规范与生活事实、应然与实然,彼此互相对应时,才产生实际法律:法律是应然和实然的对应"。[90] 中国自古以来就存在法律表达与实践相背离的一面。因此,仅进行文本研究是不够的,还要研究实践中的法。关于这一点,瞿同祖先生说得好。他说:"仅仅研究条文是不够的,我们也应注意法律的实效问题。如果只注重条文,而不注意实施情况,只能说是条文的,形式的,表面的研究,而不是活动的,动态的研究。我们应该知道法律在社会上的实施情况,是否有效,推行的程度如何,对人民的生活有什么影响等等"。[91] 中国乡村社会是"礼俗社会","在乡土社会法律是无从发生的",[92]存在国家法与民间法的二元结构,研究中国的乡村社会时更应强调实证研究。毛泽东对研究农村问题时特别强调:"要拼着精力把一个地方研究透彻,然后于研究别个地方,于明了一般情况,便都很容易了"。[93] 其所作的《寻乌调查》与《兴国调查》,至今还是农村实证研究的范本。[94] 因之,研究基层政治转型,也不能仅停留在文本分析上,也需对基层政治转型的实际运作进行考析,这有助于了解其真相。可惜实证方法在南京国民政府基层政治转型的研究中同样没有得到应有的重视。

实证研究即"解剖麻雀"的方法。法律上的实证研究是选取一定的区域和时间段,对法律的实施情况进行调查、考证的方法。这一方法的使用,黄宗智先生可谓领风气之先,并引起了法史学研究方法的变革。[95]

当然,区域社会的实证研究也面临着代表性或典型性问题以及个案与整

---

[90] [德]亚图·考夫曼:《法律哲学》,刘幸义等译,台湾五图出版社有限公司 2001 年版,第 148 页。

[91] 瞿同祖:《导论》,载《瞿同祖法学论著集》,中国政法大学出版社 1998 年版,第 5 页。

[92] 同注 12,第 6~7 页。类似说法还有梁漱溟:"我们过去的社会组织构造,是形着于社会礼俗,不形着于国家法律。"(见《乡村建设理论》,第 118 页。)

[93] 中共中央文献研究室:《毛泽东农村调查文集》,人民出版社 1982 年版,第 56 页。

[94] 对乡村社会进行实证调查研究,民国学者做得很好,代表性的有:费孝通的《江村经济》、李景汉的《定县社会概况调查》、梁漱溟的《乡村建设理论》(该著作虽是理论之作,但明显是建立在其亲历的乡村建设运动实践的基础上)。另外,经济部江西农村服务区管理处在 30 年代对江西整个农村进行了一次系统的社会调查,留下了《江西农村社会调查》(1938 年编印),为后人了解和研究当时的江西农村社会留下了不可多得的资料。

[95] 代表作为:[美]黄宗智:《清代的法律、社会与文化:民法的表达与实践》。

体的关系问题。

　　对于研究的个案是否具有代表性或典型性问题,这也是个案研究遭受质疑的一个问题。我还是想借用费孝通先生的类型学方法以说明之。费孝通先生在回答西方社会学家提出的"在中国这样广大的国家,个别社区的微型研究能否概括中国国情"的质疑时,提出了"类型"学的方法。他认为:"相同条件形成的相同事物就是一个类型。以江村来说,它虽然不能代表中国所有的农村,但是确有许多中国的农村由于所处条件相同,在社会结构上和所具文化方式上和江村基本上是相同的,所以江村固然不是中国全部农村的典型,但不失为许多中国农村所共同的类型",⑨⑥"如果我们用比较方法把中国农村的各种类型一个一个地描述出来,那就不需要把千千万万个农村一一地加以观察而接近于了解中国所有的农村了"。⑨⑦ 正是相同的理由,我选择了赣南作为研究对象。当时的赣南虽不能代表全国,但是它是中国南方的一个区域,又是抗战时期后方的一个区域,以赣南(1939—1949)的地方自治为研究对象,对于了解新县制时期的地方自治及南方的地方自治,应具有一定的类型学意义。

　　对于个案与整体的关系问题,有的学者质疑的个案研究只是"地方性知识",而忽视了一种整体的概览和思考,也就是"小传统"与"大传统"的关系问题。⑨⑧ "小传统"与"大传统"虽然具有不一致甚至是对抗性的一面,但它们之间也有相一致和相互融合的一面。"大传统是以小传统为底子的。它又不同于小传统,因为经过了一道选择加工的过程"。⑨⑨ 个案研究,如果不注意对个案资料进行理论架构和阐释,不进行国家与区域社会的互动,确实很容易流于

---

⑨⑥　费孝通:《重读〈江村经济〉序言》,载《江村经济》,商务印书馆 2001 年版,第 285 页。

⑨⑦　费孝通:《缺席的对话——人的研究在中国——个人的经历》,载《读书》1990 年第 10 期。

⑨⑧　"大传统"与"小传统"的概念于美国人类学家雷德菲尔德在《农民社会与文化》(1956)一书中首先提出。"大传统"是指有社会精英及其所掌握的有文字记载的文化传统的都市社区文化,"小传统"是指保持有大量口传的、非正式记载的文化内涵的乡村社区文化,是对文化的多元性和层次性的概念解说。它被引入中国可追溯到余英时(余英时:《士与中国文化》,上海人民出版社 1987 年版)和李亦园[李亦园:《人类的视野》(学苑英华丛书),上海文艺出版社 1997 年出版],后在人类学、社会学、文化学等学科广泛讨论和使用,涉及宏观与微观、国家与社会、城市与乡村、国家法与民间法、成文法与习惯法等之间的关系。

⑨⑨　同注 96,第 301～302 页。

只是一种地方性知识,即所谓的"只见树木不见森林"的研究境地。要解决这个问题,笔者以为应从两方面着手。一方面,是理论阐释问题,也就是学术研究强调的"从小处着手、从大处着想"的问题。只有在对个案进行客观描述的基础上进行理论提升、价值分析和文化学上的阐释,才能处理好个案与整体,"小传统"与"大传统"的关系,达到费孝通先生所说的"以微明宏,以个别例证一般"⑩的目的;另一方面,采用国家与区域社会互动的方法,在国家的视域下研究区域社会,又以区域社会来管窥国家层面。

Review to the Grassroots Political Transition of Nanjing National Government

Zeng Shaodong

(Jiangxi Normal University, Nanchang 330022)

Abstract：China's Grassroots politics transformation from the traditional family autonomy to the modern times' democratic and constitutional model of local autonomy, began in late Qing dynasty, and developed during the Republic of China. . The grassroots political transformation of Nanjing national government was the longest and obtained the most achievements. Besides, it had explored to put this transformation to practice. Because of the lack of research especially research from the perspective of law, this article attempts to review to the grassroots political transformation of the Nanjing national government, so as to arouse the attention of the academic especially the law, and to deepen the understanding of the basic political transformation of Nanjing national government and even of the modern Chinese , and to provide historical reference and academic wisdom for the modern construction of basic democracy.

Keywords：Nanjing national government; Grassroots political; Transformation; Review

---

⑩　同上注,第 304 页。

宪政方权舆　舞潮现其形

——评马军先生的《1948年：上海舞潮案》

王　丹[*]

摘要：马军著述的《1948年：上海舞潮案——对一起民国女性集体暴力抗议事件的研究》，将发生在民国时期的一起女性集体暴力抗议事件，以文献和口述历史的方式，"多棱镜"地折射了民国的宪政状况、行政运作、司法程序以及经济、民生和媒体的诸多镜像，而这一历史的瞬间不经意间产生了某种叠印和富含关切的联想。

关键词：民国史　舞潮案　暴力事件　民国宪政　司法程序

马军先生以"飞动"的史笔，在他的著作《1948年：上海舞潮案——对一起民国女性集体暴力抗议事件的研究》[①]（以下简称《舞潮案研究》）中，为我们勾勒了1948年在上海发生的一起以"舞女"为主体的女性集体暴力事件。该事件之所以重要，不仅因为它在民国史、妇女史和上海史"三史合一"上是绝无仅有的，事实上，即使在单一的民国史或者上海史以及妇女史上，也是罕见的。对如此重要的这件折射和透视中国近代史中诸多问题的特别案件，马军之前却鲜有人作系统研究。因此，马军不甘于该案"过早地被覆盖在老上海们对战后物价飞涨、工潮起伏、学运频繁、警车呼啸的散乱记忆深处，任岁月流逝而日渐淡忘、模糊"，[②]更不甘于该案仅停留在旧事轶闻的层面，让它躺在尘封的文献里而无人问津，用两年时间，为我们奉献了该案的开山之作——《舞潮案研究》，从而为我们了解、把握乃至审视这一在民国宪政背景下发生的特殊司法

---

[*]　西南政法大学法学院刑事诉讼法专业2010级硕士研究生。

① 马军：《1948年：上海舞潮案——对一起民国女性集体暴力抗议事件的研究》（以下简引为《上海舞潮案研究》），上海古籍出版社2005年版。
② 罗苏文：《序言》，同上注，第1页。

案件,提供了一个难得的版本。

一、还原历史:《舞潮案研究》的优长与特色

通观《舞潮案研究》,它的优长与特色是显而易见的,主要是:

1.填补了该案长期无人系统研究的空白

"舞潮案"看起来并不复杂:1947 年 9 月,南京国民政府为"戡乱建国"而"厉行节约",颁布了全国性的"禁舞令",由此导致了以跳舞为谋生手段的上海舞业人员的空前震荡。在舞业方面与当局反复交涉无果的情况下,1948 年 1 月 31 日,因上海市社会局提前抽签淘汰舞厅,引发舞女等从业人员前往社会局请愿,在再度遭遇局长拒不接见的刺激后,群情激愤的舞女等捣毁了社会局。事发后,当局对涉案人员进行了侦讯和审判,轰动一时的"舞潮案"至此平息。

作者以超常的眼力看到了深藏于该案背后各种力量的隐秘角逐及其巨大价值,不惮辛劳,由喧嚣的现代上海悄然回返当年的"十里洋场",全然沉浸在史海钩沉的寂寞与快意中,毅然以史家的良知、谨慎与严谨,爬梳史料,悉心将尘封在档案、卷宗、报纸、文献中一鳞半爪的该案"片断",逐一甄别,剔除错谬,删芜去杂,于重叠交错的纷乱线索中理出主线,还多方问询,穿街走巷,于茫茫人海寻访到当年 15 位事件的亲历者,整理出堪称珍贵的口述历史文本,在文献与口述结合的基础上,"还提供了诸多富有启发性的评说,使读者有所发现和感悟。"③而且对不同角色的身份、立场、心理以及原因作了必要的分析,为人们把握该案有了一定的纵深度。事实上,无论该著述研究的深浅程度如何,作为填补空白的开山之作,其贡献已是不容置疑。

2.客观、真实地还原与再现了"舞潮案"的原貌

《舞潮案研究》秉承了传统史学以叙事为本位的优良传统,不仅全景式地再现了"舞潮案"的背景、起因、交涉、冲突、侦讯、审判过程,而且通过翔实、精确的史料,在客观还原该案样貌以再现历史真实的同时,还以大量的现场文本,将我们带到了旧上海这座"冒险家的乐园"所特有的那种纸醉金迷的场景中。也就是说,在历史叙事的主调中,通过叠加交错其中的舞业沧桑、禁舞花絮等外部描摹,向我们展现了作为远东大都市的旧上海当年那种自开埠以来罕见的混乱局面——物价飞涨、工商衰败、民生困顿、政局危殆以及依旧歌舞

③ 同上注,第 2 页。

升平的社会生活画卷……比如,作者在交代了跳交际舞的西欧风尚后,将当年上海引入跳舞这一新型的都市娱乐项目,渐至奢华的过程作了叙述后,援引了一位当时的文人对舞场风貌的描绘,就极富"现场感",能让你感知时论所言的"绘艺、绘色、绘邪、绘淫",以满足"一双双好奇猎艳的眼睛"的特写。再如,作者在言简意赅地交代了孤岛和敌伪时期舞场的畸形繁荣后,还对舞场的复杂作了局部"特写":"这一时期,日军、汉奸、投机家、暴发户、流氓、恶棍等莫不出入舞场……由于战争的缘故,当时的舞厅还常常是蒋、汪间特工战的角逐地。"并以红舞女陈曼丽被杀作为佐证。而在 1945 年抗战胜利后,随着国民党政府重返上海,"舞厅的社会形象并没有多大的改变,情形甚至更糟。接收大员、制服军人在场内争风吃醋、大打出手、耍威风、吃白食以及贿赂公行的事例时有发生,搞得乌烟瘴气。内战全面爆发后,权贵们的穷奢极欲和一掷千金为红颜的疯态,更与升斗小民的悲苦生活形成了鲜明对比,与危难的社会情势显得格格不入"。④ 此类叙写手法,比比皆是。

不仅如此,在"全景式"勾勒该案的框架下,在具体细节的叙事上,非常精细、准确:举凡当时上海舞厅的名称地点、装饰风格、开放时间、舞女的数量与收入差等,到禁舞的动议与呈文、围绕交际舞的禁与不禁的论争、舞厅业同业公会的请愿、上海当局的迟疑与南京政府的一意孤行、舞女的生活状况与生存环境、民国政府的党派之争、社会各阶层的态度以及围绕禁与不禁展开的种种博弈等等,都叙写得细致入微。说实话,这些精细活儿写出来后读起来容易,可梳理、甄别起来,是不容易的。没有屏息静气的功夫和史家治学的严谨,是做不到的。

3.全书结构齐整,思路明晰,史料取舍得当

《舞潮案研究》除"引言"外,共有 6 章和"结论",还附录了"基本资料来源"(报纸类、档案类、文献类)以及"关于舞潮案的若干文献"和"50 年后 15 位当事者的口述回忆"。作为全书主干的 6 章中,基本按照该案的自然发展顺序作了纵向叙述。只不过在第一章交代了上海舞业的发展史,在第三章"节约声中多花絮"中,插入了作为"横截面"的外埠禁舞、悲哉舞娘等"花絮",客观上起到了深化背景、增益厚度的作用,最后得出了"结论"。从该著作篇幅不长的历史叙事中,我们时常能感到马军先生明晰的写作思路,对繁芜史料的得当取舍。他巧妙地将当时的报道、档案和文献融贯起来,在该用的地方恰如其分地"镶嵌"其中,不仅毫无牵强之感,反而让人有身临其境、如闻其声、如见其人的"现

---

④　同注 1,第 7 页。

场感"；不仅在深度叙事中悄然完成了事件的内在逻辑，而且展示了内在逻辑形成的外部环境，殊为不易，值得称道。

4. 价值中立的叙事立场与其他特色

对民国时期的"舞潮案"进行研究，秉持价值中立的叙事立场是必要的，甚至是必需的。换言之，研究者必须遵循他所发现的资料的引导，以作客观的观察与评说，而不是以固有的意识形态、个人偏好、先入之见等强加于事件本身。应当说，马军先生的《舞潮案研究》基本上做到了这一点。比如，在酝酿禁舞令的过程中，书中客观写道："负实际责任的上海地方当局对禁舞持审慎的态度。当 8 月初蒋介石向吴国桢征询意见时，吴屡述此事对沪市财政的影响。"由此可见地方长官相对独立的一面。再如，"对上海当局的'异议'最为不满的当然是南京方面，当时京沪间的报纸简直就像在论战。"则客观表述了当时舆论的相对自由。又如，"国民党是一个复杂的政党，并不是严密的统一体，派系斗争遍布，许多决策、政策的制订实际上是大小派系频繁角逐的产物，这是国民党政权运作的一个基本机制，也是民国史研究的重要出发点。"[5]虽然是一种评说，但却是客观描述。

除了以上的优长与特色外，其他特色还有：一是有梁任公论史家四长而讲到史才时，用"飞动"一词盛赞《通鉴》的文采，意即史家力图写出活的历史。在我看来，将马军先生的《舞潮案研究》说成是史笔"飞动"虽有过誉之嫌，但的确有不少"桥段"非常精彩，一如有论者所言："行文流畅，笔触生动，可读性强。……在状事写人上颇能阐幽发微，通畅有趣，使人读之欲罢不能。"[6]比如，"悲哉舞娘"的叙事，就非常曲折；再如，作者对舞女的外号，如"弹性女儿"、"货腰女郎"等，也解释得十分有趣。[7] 二是在章节的题目上，富有特色。即 6 章的题目均为 7 字，而每章下面的标题均为 4 字格词语，亦可见作者用心所在；还有，书中插有 28 幅历史人物、场景和漫画图片，亦一大特色。三是将写作该著作的基本资料附录于后，为后来从不同视角出发的研究者奠定了基础；还有，作者采写的口述历史文本，不仅是对档案与文献的补遗，更为后来的研究者提供了珍贵的资料，功莫大焉。

---

⑤　同注 1，第 32、66、188 页。

⑥　宋佩玉：《再现历史的真实：文献与口述的结合之作——马军著〈1948 年：上海舞潮案〉简介》，载《史林》2006 年增刊。

⑦　同注 1，第 11 页。

二、从"舞潮案"中可以审视民国宪政的四个节点

中华民国的立宪活动十分曲折,[8]最终落脚于标志着国民政府进入"宪政时期"的《中华民国宪法》。该宪法于 1947 年 12 月 25 日正式实施。而舞潮案这件奇特的案件,从起因、交涉、冲突到侦讯的整个过程,恰恰就发生在民国政府开始实施宪政的大背景下,因此,恰好能以"舞潮案"观察民国宪政的状况。

所谓宪政,用路易斯·亨金的话说,就是"其中蕴含着对政府的约束和对政治权威的限制。……更为重要的是它代表个人的权利,保障个人权利甚至不受合法权威的侵害,甚至不受民选代表的侵害"。[9] 换言之,宪政即"限政",其本质在于通过宪法的规定限制或控制政府的权力以保障公民的权利。从这一本旨看,《舞潮案研究》,又向我们展现了民国时期怎样的宪政现实呢?

节点一:被轻忽了的人民生存权。

1947 年 1 月 1 日,《中华民国宪法》[10]公布,进入行宪准备阶段。4 月 18 日,国民政府改组,稍后,行政院也进行改组。这个被时任美国驻华大使的司徒雷登誉为"的确尽力把国民党内最能干最新式的人物安置到有权负责的地位"的政府,其行政院长张群在立法院作施政报告时声称:"目前国计民生既然是这样的紧迫……政府今后的措施必须特别审慎,着重于根本之图,少作枝节之计……无关国计民生的迫切重要事项,绝对不轻率行动,总期从安定中求进步。"然而,在短短 2 个月后,张群内阁便依最初参政员张之江等 46 人的禁舞提案,抛出了一个似乎属于枝节性质的决定——全国性禁止营业性交际舞,以

---

⑧ 孙中山曾在《建国大纲》中把建立宪政民主国家的过程规划为"军政、训政、宪政"三个时期。1912 年 3 月 11 日,孙中山公布了《中华民国临时约法》,在中国历史上第一次确立了"主权在民"的思想。1913 年,中华民国国会提出了"天坛宪草";1914 年,袁世凯公布了"袁记约法";1919 年,段祺瑞提出"八年草案";1923 年,曹锟公布了"曹锟宪法";1925 年,段祺瑞又提出过一部"十四年草案"。1928 年,国民党通过了共 6 条的《训政纲领》,宣布进入训政时期;1931 年,国民大会通过了《训政时期约法》;1936 年,公布"五五宪草";抗战胜利后,1947 年 1 月 1 日,国民党政府公布了《中华民国宪法》。

⑨ [美]路易斯·亨金:《宪政与权利——美国宪法的域外影响》,郑戈、赵晓力、强世功译,生活·读书·新知三联书店 1996 年版,第 1 页。

⑩ 该宪法为典型的美系宪法,由三大部分构成:(1)自由宪章,即人民权利;(2)政府组织宪章,即政府权力制衡机制;(3)主权宪章,即规定修宪手续以明确主权在民。另外,该宪法另有地方制度和基本国策章节,以明确国家体制与国家施政原则。

致引发了一场声势浩大的"舞潮案"。⑪

　　这一节点，一方面，凸显了国民政府行政的随意性，另一方面，反衬了对"国计民生"的不同理解与轻忽。事实上，"舞潮案"之所以最终爆发，看似是"偶然"的几个情节引发，其背后，起决定作用的恰恰是数以万计的舞业从业人员（包括舞女、资方、管理人员、职工、乐师和舞校等）的"生计"问题，这一点，连时任上海市社会局局长吴开先也不得不承认："一连带影响了十几万人的生活"。⑫　这也是后来在"特刑庭"上周一志律师辩护的根本理由之一："这是一个严重的社会问题，也可以说是十几万人严重的生活问题。我觉得行政院凭一纸命令禁舞，事先对禁舞后的十几万舞女的职工家属生活问题一概抹杀，事后对舞女及职工的出路也不闻不问，本人觉得在行政上有欠考虑。"⑬

　　节点二：禁舞令涉嫌违宪。

　　1947 年 7 月 4 日，国民政府第六次国务会议通过《戡乱共匪叛乱总动员令》，宣布对中共全面开战。7 月 18 日，根据动员令又在国会通过了《动员戡乱完成宪政实施纲要》。在这一背景下，行政院又提出了一个《厉行节约消费办法》草案，而国民党政府的吹鼓手《中央日报》配合发表了《为戡乱建国而节约》的社论，CC 系控制的上海《新闻报》也在社评中称"厉行节约消费办法是根据动员戡乱完成宪政实施纲要第十三条而订立的"。同年 8 月 15 日，蒋介石主持的第九次国务会议正式通过了《厉行节约消费办法纲要》。而这一"纲要"，成了上承"总动员令"，下启 9 月 2 日内政部拟定的《禁止营业性跳舞场实施办法》的根据。而这一"实施办法"，在 9 月 5 日的第八次临时政务会议上作了决定：在 9 月底以前一律禁绝。⑭　而这，就是全国"禁舞"的法规性依据。

　　由这一节点不难看到，这一关乎人民生存、工作权利的办法的出笼，根本没有任何"人民"意愿的表达。事实上，该办法将正待实施的《中华民国宪法》提前"架空"，将人民的基本权利，例如，第 15 条规定的"人民之生存权、工作权及财产权应予保障"的宪法性条款，成了"纸上的条款"。正是"实施办法"这一违宪规定，为"舞潮案"的爆发在开始就埋下根基性的隐患。这也是陶百川当时一针见血指出的："宪法规定，不得侵犯人民权利。禁舞问题乃属于人民立法，此种命令不在中央立法权力范围之内，此举侵犯地方议会之立法权，何况

---

⑪　同注 1，第 25～26 页。

⑫　同上注，第 58 页。

⑬　同上注，第 167 页。

⑭　同上注，第 29～42 页。

行政院此项命令并未经过立法院通过,故主张市府不必执行此项命令,并请中央撤销。"⑮周一志律师在特刑庭上也直指"禁舞令"程序违法:"从法律上讲,行政院要禁舞应该先向立法院提议,由立法委员决定通过后,再发布命令禁舞,才有合法依据。"⑯

节点三:依宪法而行的理性诉求受阻。

中央禁舞令颁布前后,上海舞业方面依据《中华民国宪法》第 16 条"人民有请愿、诉愿及诉讼之权"的规定,进行了不懈的、多方面的理性诉求。

一是向媒体诉求。"1947 年 8 月中旬,当禁舞原则制定后,舞业方面即召开会议,向媒体有所反应。"舞厅业同业公会理事长孙元洪力陈禁舞为推行节约的不成立,观点由《申报》刊登,或由上海《大公报》记者采访,由点及线,由线至面般地对禁舞威胁下的舞业状况作了真切描述,对广大舞女的艰难处境给予了深深的同情;全体舞女甚至在《新闻报》等刊发了一封致宋美龄的公开信。⑰

二是舞业职工代表向当局有关方面表达诉愿。如舞业代表谒见吴开先,面陈该业转业的困难,其后向市长吴国桢请愿;还二次派代表前往南京,向行政院等有关部门提出呈文或者直接到中央各部门请愿。

三是舞业从业人员 3 次聚会,分别是 1947 年 9 月 9 日在新仙林舞厅的临时紧急大会,到会劳资方共计 2 万余人,1948 年 1 月 14 日在维也纳舞厅的舞女大会以及 1 月 31 日下午的全体动员大会。这 3 次大会,正因它的聚集而有了公共性:"惟有在场的、实实在在地聚集起来的人民才是真正的人民,才确立起了公共性。"⑱正因为有了聚集起来的人民,才在最后的集会中引发了难以预料的事件:"一切民众集会——就连刚开始时表面上并不具有政治性的民众集会——都包含着难以预料的政治可能性,这一经验已反复得到了证明。"⑲

但是,面对舞业同业公会乃至上海市政府、市参议院、市妇女会的报告、议案、公开信、质询、请愿等使尽浑身解数的这些理性诉求,南京中央政府漠然处之的态度阻断了本来可以进行积极对话的途径。在此期间,舞业方面一再妥协,自我规范,厉行节约,乃至采用义卖募捐善款的方式来博取社会舆论的同

---

⑮ 同上注,第 59 页。
⑯ 同上注,第 167 页。
⑰ 同上注,第 37、47、50 页。
⑱ [德]卡尔·施米特:《宪法学说》,刘锋译,上海人民出版社 2005 年版,第 261 页。
⑲ 同上注,第 262 页。

情，但是，所有这些努力，换来的仅仅是南京方面批准上海当局提交的"分期禁舞"办法。

节点四：两个看似"偶然"的情节。

而这个"分期禁舞"办法却要求将抽签的时间从 3 月底提前至 1 月底。南京政府率先随意变化已决事项。而上海市社会局又将 1 月 31 日下午 3 时抽签的时间，随意提前至上午 11 时，这一"偶然"情节，终于激怒了早已苦不堪言、怨声载道，正在进行第三次聚会的舞业从业人员，他（她）们认为"没有按照时间而秘密抽签，必有舞弊情事，因我们未能亲眼看到"，于是提出到社会局去"质问"和"评理"去，并且喊出了"打倒吴开先"等口号，以此行使"聚集起来的人民"的行动职能："只有实实在在地聚集起来的人民才能行使专属于人民的行动范围的职能：它可以喝彩……可以高呼万岁或打倒。"[20]然而，第二个"偶然"情节又一次出现：当日下午 4 时，请愿的数千"人民"涌集在社会局南广场，在口号声里等待与局长对话，然而此时正在开会的吴开先却派了一名女属员凌英贞来应付局面。此敷衍之势，终于导致了事态的不可逆转，愤怒至极的人们将积怨化成了一起罕见的集体暴力事件。

这两个"偶然"情节中有着"必然"的内在逻辑。从根本上说，《中华民国宪法》对总统权力仅有的两项限制，被《动员戡乱时期临时条款》[21]轻而易举地取消了。这正应了阿克曼的判断："如果没有必要的限制，总统领导权的力量必将危及人民主权的基本原则。"[22]此外，从禁舞的缘起到禁舞办法的违宪以及舞业的理性诉求被阻，尤其是当局执行中的随意性以及对"人民"的轻忽，都注定了"偶然"不是"偶然"，而是一种必然。但是，"在场的人民"用非理性最终回击了非理性，而且像被捣毁的空壳大楼，富有象征性地回应了宪政标榜的"主权在民"这一空壳，并用实际的民权斗争对它进行了否弃。于是，民国宪政的谎言，也就在 1948 年上海的春意料峭里，像被舞女们砸毁的破物，悄然委地。

因此，可以把张元济老先生的长诗《哀舞女》中的点睛之句"宪政方权舆，奇事独首出"[23]的后一句改为"舞潮现其形"。

---

[20] 同上注，第 261 页。

[21] 该"临时条款"直到 1991 年 5 月被台湾当局废除。

[22] ［美］布鲁斯·阿克曼：《我们人民：宪法变革的原动力》，孙文恺译，法律出版社 2003 年版，第 440 页。

[23] 张元济：《张元济诗文》，商务印书馆 1986 年版，第 5 页。

三、从"舞潮案"的侦讯和审判程序看民国刑事司法

在冲突平息下来后,警方开始逐一检查群众的身份证、舞女执照和舞业公会会员证,以手上有无污泥、血迹作为判断是否参与捣毁的依据,并派警员和社会局职员近前指认,发现涉嫌或身份不明者即加以扣押。检查至半夜始告结束,总共逮捕了 797 人。㉔ 至此,启动了该案的司法程序。从逮捕的法律依据看,依据的是《中华民国刑事诉讼法》第 88 条的规定:"现行犯,不问何人得迳行逮捕之。"该条第 1 款规定:"犯罪在实施中或实施后即时发觉者,为现行犯。"以"现行犯"论的第 2 项规定:"因持有凶器、赃物或其他对象或于身体、衣服等处露有犯罪痕迹,显可疑为犯罪人者。"

从案件的侦讯情况看,书中以"刑讯侦查"为题,勾勒了刑事侦查的概貌。值得注意的是,书中在援引长达 11 页的 7 份"讯问笔录"后,得出了 4 点结论。恕我直言,这个结论不是法律的专业分析。而且,《舞潮案研究》中说"初则刑讯逼供,继则诱供骗供",但从援引的讯问笔录看,当被问及"谁提议到社会局请愿"时,回答均为"大会全体决定"。"有无外界人员操纵?"回答均为"没有。""你有没有参与打人或捣毁公物?"均答:"不曾。""你有没有见到别人参与捣毁?"绝大多数说:"没有看见。""身上的印刷品从何而来?"答:"某大班或某职工给的。"被扣的舞女、职工几乎人人喊冤,诉说自己参加集会请愿是被迫而来,绝没有动手打人。㉕ 这就与遭到了"刑讯逼供"的叙述有了矛盾。事实上,我们从讯问笔录中看到的,不仅没有刑讯逼供,而且相对比较客观,体现了不得强迫自证其罪的刑诉法原则。

但民众否认的本身,却富有意味:"看一看民众骚乱的现象,骚乱的确违背了法律,但是民众却矢口否认自己是违法者……他们将自己置于危险的境地只是想唤醒人们直面正义的真正本质,并在更牢固的基础上建立新的法律秩序。"同时,"这些非常规的举动强化了集体对话的严肃性"。㉖ 而这,则是隐于否认背后的深层次的群众集体潜意识。

从案件的起诉程序看,被逮捕的 797 人,除了 116 人被继续羁押外,其余均在录供交保后释放。一个非常值得插叙的插曲是,在陈霆锐律师的帮助下,

---

㉔ 同注 1,第 123～124 页。

㉕ 同上注,第 127～128 页。

㉖ 同注 22,第 13 页。

孙元洪获释后于1948年2月18日代表舞厅业同业公会,对社会局解散该公会的命令向吴国桢市长提出行政诉愿,行使《中华民国宪法》第16条规定的基本权利。上海市政府在同年4月12日以"本案诉愿应认为无理由"为由,正式驳回孙元洪的诉愿,维持社会局的原处分。而这份"裁决书"的核心依据则是1947年5月18日国民政府公布的《维持社会秩序临时办法》第2条,从而轻易地瓦解了民国宪法第14条赋予的"人民有集会及结社之自由"这一基本权利。

被羁押的116人中,交到"特刑庭"[27]受审的有69名嫌疑人。依据的是1947年12月25日颁布的《戡乱时期危害国家紧急治罪条例》。书中写道:"王震南庭长即起立宣告起诉书要旨:本案由警察局移送本庭审理,警察局移送书认定被告有违反……之罪嫌,按照特种刑事法规定,即将该项移送书作为起诉书论,不再另行起诉。"[28]由此可见,标榜宪政的国民党政府,连最起码的控方的起诉书都不要了,而以警察局的移送书代替。

特刑庭终因未能查出"舞潮案"与共产党有涉而将73人"移解地检处",向上海地方法院起诉。这次,"由何惠民检察官宣读了起诉书",开始了地方法院的审理。地方检察处在侦讯之后,对原69名被告中10人因罪证不足或年龄尚小决定不予起诉,随即释放。同时追加14名被告,交由地方法院审理。

从案件的审理程序看,事实上经过了3个庭审程序。一个是"特刑庭",一个是上海地方法院的审理程序,还有一个是27名被告因提起上诉而启动的上海高等法院的二审程序。这三个审理程序中,书中着墨甚多的是"特刑庭"的审理程序,对地方法院审理的叙写甚简,而对上诉审程序,则直接写出了结果,未及审理程序。在"特刑庭"的审理中,我们看到,侧重点是要查明是否有共产党主使以及被告是否有共产党嫌疑;我们还看到,审讯是比较客观的,而周一志、陈霆锐、傅况鳞、黄曾杰以及2位女律师华稀珍、张红薇的辩护,视角各异,论辩犀利,辩理入微,应当是中国刑辩史上珍贵的一页。遗憾的是,从书中未看到控辩双方唇枪舌剑的"对抗"场景,书中的叙述,多是单向的引述。

从案件的审判结果看,"特刑庭"宣判主文是"本案不受理",而宣判理由,应当说,条分缕析、言简意赅地论析了"毁坏公署"和"意图扰乱治安"何以不成

---

[27] 1948年2月14日,司法部和国防部为配合总动员令,决定在全国各重要地区成立特别法庭,专门审理涉嫌共产党和扰乱金融等案件。3月10日,上海"特刑庭"成立。"舞潮案"因怀疑由共产党操纵而交由该庭审理。

[28] 同注1,第163页。

立,比较客观。地方法院的审理结果,其中 5 人因地址不明无法传讯,另案处理。真正受审的 68 人,除了朱霈 1 人被判处有期徒刑 4 年外,其余分别被判处有期徒刑 2 个月到 3 年 6 个月不等,有 6 人被宣告无罪。27 名被告不服上诉后,大部分作了减刑。

1949 年 4 月 28 日,最后 1 名服刑者——朱霈出狱,距解放军于 5 月 12 日发动"上海战役"仅有 14 天。"舞潮案"的落幕,伴随着一个时代结束了……

四、简短的结语

既然马军先生的这本书是对一宗案件的"研究",照实说,"研究"的成分少了一些。公允地讲,虽然我们不能苛求史学研究者马军先生像法学家那样以非常专业的眼光来审视"舞潮案"本身的法律意蕴,但是,相对比较系统地,甚至有意识的评说宪政以及司法程序的文字,显然不够。好在经由客观还原的叙事方式多多少少弥补了这一不足,它在有意无意间向我们"呈现"了很多可以检视民国宪政的"节点",而援引的司法档案以及他开引出来的线索与路径,至少为属意从法律专业视角重新审视和打量"舞潮案"的后来者,提供了方便。

此外,贯穿该案始终的是立场各异的媒体,客观讲,这多少显示了舆论的相对自由,但是,传媒在该案中究竟起到了什么样的作用,它与司法之间保持着怎样的紧张与互动、监督与平衡,则是另外一个非常复杂、极其深刻的主题,需要另文细论。

Constitutionalism Sprang up as the Taxi Dancers Riot Taken Place
——A Book Review on the Shanghai Taxi
Dancers Riots Case in 1948 by Ma Jun
Wang Dan
(Law School of SWUPL Chongqing　400031)

Abstract:Shanghai Taxi Dancers Riot Case In 1948,complied by Ma Jun,retells a violent protest organized collectively by female groups during the time of Republican period. Under the pattern of document method and oral history,it reflects various aspects of images on the state of constitutionalism,administrative operation,judicial procedure through the prism of that time,as well as economy,people's life and media,while this historic minute incidentally emerges a coincidence and suggestion effect.

Key words：the history of the Republic of China；taxi dancers riot case；violence protest；the constitutionalism of the Republic of China；judicial procedure

中国司法改革之理论的基础

黄佑昌 *

第一,法意与中国固有历史不同,与欧美现时情形有别,精神在平等、保障、人权、拥护民权。立法恕,行法严。

法意者,法律之精神也。(注一)法律之制定及改革,与法律之精神,有直接密切之关系,我国现时法律之精神,不但与中国固有历史不同,亦与欧美现时情形有别。盖因吾人立法,乃是为中国制法,而非为别国制法也。法律哲学家,亦知法律有三面:第一,法律随一定时代而设,时代需要,即能成立,否则归于改变或废弃矣。第二,法律为一定领土范围而设,即在某领土以内,始能生效。第三,须为一定事实而设,世间无支配一切事实之法,亦无仅适用于一个普遍法律之事实,故有某种同类之事实,始能生出某种法律。总括以上三点,知时间,空间,事实,为法律为所赖以生存之条件。就时间言之:今日革命,已由训政时期而渐至宪政时期,其立法,当然为由训政时期至宪政时期三民主义实行之计划与方法而立法,即一方面,将旧时不适用之法律革除,另一方面,将适于新时代之法律制成之。就空间而言,吾人欲在旧社会制度崩坏之中国,造成新国家、新社会,即当准据吾人建造新社会新国家的图案——三民主义——而应合中国现实之情形而立法。论事实,则吾人今日所迫切之需要,须谋人民生命财产之保障,然后社会始能安定;须确定国家与人民责任义务之分界,然后民族始得称有组织;须使社会之经济利益,能在平衡之保护与鼓励之下,得

---

* 黄佑昌(1885—1970),湖南石门县人,曾任湖南政法学校教授、校长,湖南省议会议长,北京大学法律系教授,兼系主任,南京国民政府立法委员、大法官、国防委员会法制委员。1925 年参与制订北洋政府《中华民国民律草案》。代表著作有《罗马法与现代》。原文刊载《中华法学杂志》新编第 1 卷第 562 号刊,1937 年 2 月。江西师范大学政法学院硕士研究生刘洋整理。

以发达,然后民生得称为解决。法律固一有目的有趋向之工具也。吾人需要法律,因法律能使社会之生活,有所规范,向一定之目标以求进步。今中国之目标,须为建造三民主义之国家,所以法律精神,当注重于整个民族的社会生活与社会力量之规范,而使之集向于三民主义之实际建树。在此精神之下,即不能如欧洲 18 世纪唯物主义之法律学者,但知注重物质的环境对于法律之影响,而忘却法律乃为人而设者。非人为法律而设者。换言之,三民主义之立法,乃富于创造性。创造并非抛却事实而仅顾理论,亦非离理论而迁就事实,故世界已成之法律原理,能适于吾人立法之用者,当然适用之。然吾人立法最高原则,必为三民主义,近代法律学理,仅足供吾人立法之工具,而最扼要者,须为吾人所立之法,施行时能确实适合于国民的需要也。

由此观之,吾人在建国时期,舍三民主义,即无立法之根源。然而三民主义之立法,究有何种特点? 此问题若能解答,将使读者明了三民主义之立法,一方面,与中国过去的历史不同,另一方面,又与欧美立法之精神不同也。

何以三民主义之立法,与中国固有之历史不同耶? 盖我国素来不重法治而重人治。至周公制礼作乐以还,后来即以礼仪之邦自诩,治国之观念,俱一贯地以礼为中心,而同时礼亦人治的中心。孔子之所以推崇三代,是以人治为基础,乃自尧舜传来,即儒家治国平天下之大道,亦全归于修身正心诚意,可见皆是从礼字上做功夫。大概当时政治观念,以为治国但治一般士大夫与普通读书人足矣。至于法之一字,只重在刑,即是一种补礼之不足者。事实上礼不行,而谓之为:"刑不上大夫,礼不下庶人。"可见虽有法,而礼实为主,刑究为礼法交替的大革命。譬如废封建,改郡县,严刑峻法,欲此统一国家,俱为从来未有之举措。然而秦代之所谓法,是专制的,是由于一人意志的;若不为君主一人之专制,则此礼法交替之大革命,或将无由而发生也。汉典一切制度,皆有因袭而来,绝无创作,故后人之评秦汉也,谓秦"事不师古",而汉则"因承秦弊",汉承秦弊之原因,由于当时周朝旧有之典章礼制,经秦改革,已无可考,所以只有因袭秦制,半是秦之书法,半是周之还理。因袭久之,事实上礼不足以包法,转以逐渐增大,结果礼与法分道而驰:儒家用礼,法家用法,儒家守旧,法家维新。两者相抗,究之儒家守礼之势力,较法家任法之势力为强。譬如王安石变法,严连坐,行青苗之制,而一般宋儒,遂群起扑击,目为离经叛道。王安石既遭反对之讥,无所借助,于是新政惟有付诸吕惠卿等小人之手,而反对张一般宋儒之目,新法卒惨遭失败。此种儒法两家相争之事实,几可代表中国历史上全部政治分野之根源,而两者在治道上,皆无若何成就与进步。故中国从来之法律制度,其一特质是专制,其二特质是因袭,除此即无可注意者,夫吾人根据三民主义以立法，根本上固然推翻从来中国旧法所维护之专制，同时亦打破数千年的因袭，盖此时是三民主义时代，须建设三民主义的社会与制度，时代情形，一经变更，即不能与从前儒家法家，但以主观上因袭古制的观念以求治。三民主义之内容，是趋向欧战以来世界一切新学理新事实，而定一创造新国家新文化的伟大原则与计划。由此所生之法律制度，当然不致再步从来专制政体下因袭之路，无容疑义也。从前中国之礼与法，全立于家族制度的基础上，吾人立法，须立于民族利益之基础上，此其与从前立法之精神相异点一。从前立法，惟知维护君主专制，今日立法，不但拥护人民利益，且须保障以民族精神、民权思想、民主幸福为中心之新权利、新生活与新需要，此其与昔日立法精神相异之点二。从前立法，但注意农业社会的家族经济之关系，而今日之立法，则注重农业与工业并进之民族经济之关系，此其与昔之立法精神相异点三。从前中国法律，误解法即是刑，作俑者肇自吕刑唯做五虐之刑曰法，其后郑子产之铸刑书，魏国李悝之作法经，汉萧何之作九章，皆偏重刑的方面，以致法律无有进展。又古代有王子犯法与庶民同罪之格言。孟子亦有舜为天子鼓腴杀人执付有司之语。降及后世，因君主专制之流毒，于是只许州官放火，不许百姓点灯，而法愈不平等。又作法太凉，行法时不得已而从宽，即谚所谓“提起来一千斤放下来只四两”，因是人民愈益藐法而弄法。今日之立法，以法之基础，置于全民族之上，而注意保障人权，同时尤宜拥护民权，在三民主义旗帜下，法律上均平等，并宜了解立法恕行法严之精神。此其与昔日之立法精神相异点四。总此四端，可知三民主义之法律精神，完全与中国后来的法律精神有别。从前乃人治，人治之基础在礼，礼不足以治民时，则人治动摇，中间虽有法家之说，亦无以济礼之穷，而其故则由于法重因袭而无所创造；今日三民主义之法治，不特与昔之人治不同，且与昔之法亦不同。所以不同之主要理由，乃三民主义的法治范围，较昔者为大，内容亦较昔者为富，甚至一般人所谓法治与人治对立之观念，在三民主义之下亦融合为一也。

何以三民主义之立法，与欧美立法之精神不同耶？欧美法学，虽有 18 世纪之唯心主义之派，与 19 世纪之唯物主义派之争，但各国立法之根本基础，是个人的，换言之，是根本上认个人为法律对象。拿破仑之法典，可谓代表欧美个人思想之法律制度，亦可谓为欧洲中世纪之封建主义瓦解以后个人主义代与之法律的结晶。直至 19 世纪下半期，与 20 世纪伊始，世界立法之趋向，始由个人本位移至社会本位，然今日之欧美的法律，仍大半因袭从前认个人为社会本位之旧观念，而未曾大变。推究昔者立法之基本原理，乃认定个人有其天赋之权利，有其不可侵犯之自由，自然人之权利与自由，成为人权观念之内容，而人权则成为立法的基础。法律之效用,变为只有规范个人与个人间权利与自由之界限,而不知个人以外,有其他社会之利益。以此种法律制度与我国历史上家族主义之法律制度比较,在原则上,实较我国家族制度落后一步,盖欧美以个人为立法的本位,而中国则已进而以家族团体为本位矣。然而吾人对于以后以家族为本位之法律制度,绳以三民主义之原则,犹且不满?家族本位之制度,尚不能维持。况以个人为本位之欧美法律制度,焉能适用于三民主义之社会乎?总而言之,三民主义,乃需要创一立法之新趋势,由此新趋势之表见,将使中国今后之社会组织与国家组织,与过去中西之法律制度完全相异也。(注二)

注一注二系节录十七年十二月胡前院长展堂先生立法院开会辞,载在《立法专刊》第 1 辑卷首,以其与法国孟德斯鸠之法意 L'Esprit de lois 相近,故以法意名之并以为展堂先生逝世(二十五年五月十二日)周年之纪念。

第二,法术、社会科学与自然科学之关系。

知法律之原则者,法学 Reohtswissenschaft,jurisprudence 也。知之而应用于实际者,法术 ars juris,Rechtskunst 也。法术虽待法律而完全,实先法学而发生,犹之有制造之术而后化学起,有治疗之术而后医学与,法学亦然;因应用于实际而后发生。就本质言:则法学为礼,法术为用。就沿革论:则法术在先,法学在后。

近世法律,随社会物质之进步,而情形大变,所以社会科学,侵入自然科学之界限者不少。例如《民营公用事业监督条例》(十八年十二月二十一日公布)、《电信条例》(十八年八月五日公布)、《电气事业取缔条例》(十六年七月二十八日交通部令公布)、《无线电台组织通例》(十八年九月四日交通部令公布)、《电气事业条例》(十九年三日三十一日公布)。研究此项条例,至少亦不可不具有电气学之知识也。又如《助产士条例》(十七年六月十九日内政部令公布)、《管理接生婆规则》(十七年七月三十日内政部令公布),须具有胎生学之智识。《传染病预防条例》(十七年九月十八日内政部令公布)须有病理学之智识、《刑事诉讼法》(十七年七月二十日公布二十四年一月一日修正公布)检验及解剖(同法一五五条一五八条至一六零条)及《解剖尸体规则》(十七年五月十五日内政部令公布)须具有解剖学之智识。以及《海商法》(十八年十二月三十日公布)上之计算共同海损,《民法》上法人解散之清算,《破产法》(二十四年七月十七日公布)上之破产清算,《破产法》(二十四年七月十七日公布)上之破产清算,须具有数学之智识。空法 Air-law 一科,欧洲各国,已成专门研究,则关于飞机之种类及构造,至少亦不可不有相当的认识也。(注三)

毕士马克以铁血主义治德国，德奥之战，德法之战，左右政治局面者，纯由其外交之眼光手腕魄力而来。彼盖主张政治是术不是学。法律则不然，专恃经验而无学问以为之基础，则民刑庭之庭丁，日日习见诉讼程序，而不知民事诉讼法、刑事诉讼法为何物。故广义的法学，虽包法律、政治、经济而言。狭义的法学，则专指法律而言。法律非有学以充实之，则术亦无由成就，所谓（不学无术）者此也。

注三　见《北京大学社会科学季刊》第 4 卷 34 号合本，拙著《海法与空法》论文。

第三，法形。三权宪法与五权宪法之形式不同，行使政权治权之分际训政时期与宪政时期之形式不同。

法形有两种意义：一为法律本身的法形，即整个的法形 Rechtsformen, Forms of Law 也。考欧洲各国 18 世纪以前，及吾国辛亥革命以前，均只有行政一权。自孟德斯鸠推及亚里士多德及陆克之说，发明三权分立之原则，以行政权属之政府，（行政）监督权属之议会，（立法）审判权属之法院，（司法独立）欧美各国宪法，多采用之。我国法律之形式，权能分开，人民有四种政权以管理政府，政府有五种治权以发挥其能力。在训政时期，中国国民党，本其历史上所负之使命，适应国家实际之需要，代行政权，而以治权授诸国民政府，并为之制定其组织，设立五院，分负责任，以树五权宪法之宏模，建三民主义之良规。而在宪政时期，则依据宪法以产生正式之国民大会，在中央则由国民大会以行使四权，在地方则由人民大会以行使四权，（直接民权）而政府人民行使政权治权之分际与方略，悉依宪法之规定以为准绳，故不但五权宪法与三权宪法之形式，有所不同，即训政时期法律之形式，与宪政时期法律之形式，亦大有不同也。兹更举二例以明之：如预算法附件 11 之形式，即按政权行使治权形式之方式以规定之，又如刑法上之褫夺公权，旧《刑法》第 56 条，为（一）位公务员之资格，（二）依法律所定之中央及地方选举为选举人及被选举人之资格，（三）入军籍之资格，（四）为官立公立学校职员之资格，（五）为律师之资格。新《刑法》第 36 条：（一）为公务员之资格，（二）公职候选人之资格，（三）行使选举罢免创制复决四权之资格。盖施行法律之时期变动，而规定之形式，亦不得不随之变动也。

一为法律上法律行为的法形 Formelle Rehtsgechaeft 即所谓要式行为也。古代法及封建时代的法律，重视象征及形式，罗马市民法，买卖必须有五证人及携衡人莅场，由买主与卖主说出一定言词，并作一定动作，买卖始为成立。日耳曼法，亦极重形式，后来的法律，渐趋于不要式主义。但法国民法，尚有许多法律行为,须有一定形式,如赠与必须在公证人前,做成书面,遗嘱必须有 2 人以上之证人到场,且以公文书做成之遗嘱,为最郑重的遗嘱。德国民法,要式的法律行为较少,但因资本主义的发达,资本流通及商品流通日益繁多,于是交易者间,以信用关系,代实物之授受,经济学者,称此种经济为信用经济,在此种经济之中,权利化为证券,如票据、提单、货单之类,权利之转移,以证券之授受行之。法律学者,称为权利的证券化。证券的形式,规定于法律中,可谓从形式主义,到非形式主义,往返于形式主义也。《物权法》第 758 条,第 760 条。修正《保险法》第 15 条票据法第 21 条;第 117 条;第 121 条,纯采形式主义云。

第四,法源:直接的法源,间接的法源。

法源 Fontes juris Rechtsquelleu,sources of law,sources due drioit 者,法律之渊源也。有为直接的法源者:(一)总理所著三民主义,五权宪法,建国方略,建国大纲及地方自治开始实行法,为训政时期中华民国最高之根本法,举凡国民建设之规模,人权民权之根本原则与分际,政府权力与其组织之纲要,及行使政权治权之方法,皆须以总理遗教为依归。(注四)(二)第一次至第五次全国代表大会宣言及决议案。(三)应届中央执行委员各次全体会议决议案。(四)中央政治会议(五全大会后改政治委员会)此次决议案。(五)中央常务会议此次决议案。至于我国历朝律例,国际间缔结之平等条约、礼制、习惯、判例、学说、外国法等等,则只能作为间接的渊源,而非直接的渊源也。

有以宗教为法律之渊源者,此乃神权时代之思想,于我国民权时代,当然不能采用,盖在政教一致之时,世界各国,宗教势旺,学问文物,皆在僧侣掌握中,故以宗教为法律之渊源者,势使然也,如印度之马鲁法典,犹太之摩西十诫,回回之科阑经典,无不以宗教为法律之渊源,即各国之现行法律,其发源于宗教者亦多,日本刑事诉讼法中之证人宣誓,即源于欧洲宗教之遗意而来者也。妹因 Maine 曰:法律基础,发于崇敬天帝之念,即此意也。今举宗教为法律之方法如下:(一)以法律为神所自定:马鲁法典,科阑经典,皆谓有神所赐,故经典同时而为法典。(二)本宗教之教旨而制定法律:如欧洲中世纪之所谓寺院法,乃集录高僧会议之决议,而以宗教之教旨为法律者也。(三)采用宗教上之规定而为法律:欧洲诸国中,关于婚姻离婚法规,采用宗教上之规定者颇多。

我国信仰孔子,亦非宗教,虽有儒释道三教之说,然孔教非宗教也。其余神祠虽多,有根据者亦少矣。(注五)

注四参照十八年三月二十一日三全大会通过之确定总理主要遗教为训政

时期中华民国最高根本法案。

注五见十八年十月二十一日内政部通令各处调查神祠存废标准。

第五,法理指正当之法理而言 与条理有别。

法理二字;见于我新民法第 1 条,民事法律所未规定者,依习惯。无习惯者依法理。(In civil matters if there is no provision of law applicable to a case,the case,the case shall be decided according to custom. If there is no such custom,the case shall be decided in accordance with the general principles of law.)至民法第一次草案第 1 条,则为民事本法所未规定者,依习惯。无习惯着依条理。新民法改本法为法律,条理为法理云。

近世我国治民法学者,仍以条理即是法理之见解,然如此解释,不但毫无意味,且与上文改本法为法律之旨趣不合。余以为法理者,即正法之意,所谓正当之法理也。条理,Reason Gerechtigkeit od gerecht 者即正义之意,所谓自然之道理也。一为观的,一为主观的也。法理与条理,谓为两者多具相同之点即可,谓为直无区别,则不可也。

司塔姆列耳 Stamroler 释正法之意义曰:正法者,谓于特别之状态,与一般法律之根本思想相一致的法律之谓也。

"Richtiges Recht ist dasjenige Recht, Welches in einer besonderen Lag emit dem Grundgedanken des Rechtes uberhaupt zusammenstimmt. "

成法者,以强制的权力而制定。正法则纯为理性之观念也。

"Positives Recht Wurde durch Zwangsgewait gesetzt,richtiges Recht etwa durch die Vernunft ersonnen. "

凡成法者为正法。

ALL gesetste Recht ist ein Versuch,richtiges Recht zusein.

司塔姆列耳氏之所谓正法,即我新民法之所谓法理也。举例以明之:捕获之野栖动物,恢复其自由时,除原主尚在追捕外,法律上视为无主物,许人先占(民法二草八一三条)。驯养之野栖动物,失其归还性时,法律上亦视为无主物,许人先占(同八一三条二项)。蜂巢移住他人土地时,除原主人尚在追捕外,法律上视为无主物,许人先占(同八一四条)。甲蜂群与他人所有之乙蜂群相合,并住其蜂室者,乙蜂群之所有人即依先占规定,取得甲蜂群之所有权(同八一六条)。此在新民法上,无有规定,若当地有习惯可依者,自依习惯,尚无习惯可依据,依法理(客观的)则应为上述之判断,而其合于条理(主观的)与否? 则尚属问题也。又如孪生子 Gemellus Zwilling ,Jumeau,Twin 以出生之先后,定其长幼(二草第七条)。此在新民法上,无有规定,然依中国习惯,则应以先生者为长也。然该处苟无习惯可据,则依我国先生为长之法理,盖此不能谓为条理,因外国以后生者为长也。

条理在学理上颇难下积极断语,如以客观的观察,解释条理矣? 则今日之文明,究未能发现其至极之原则。如以主观的观察,解释条理矣? 则审判官依条理为判断,亦不过以审判官个人之主观的情理为目标,究难视为国民之共同信念。庄子所谓"亦一是非,彼亦一是非"条理紊乱矣。此余现时思想,所以不主条理为法源也。

第六,法锁:由义务本位到权利本位,由权利本位到社会本位。

法锁 Juris vinoulum 云者,即特定之一人或数人,于为特定之行为,使服从法律之上羁绊也。此定义更分析之如左:法锁者,法律上之羁绊也。法律上之羁绊者,即特定之人,对于他之特定之人法律上之关系也。其关系恰若以羁绊束缚之者,盖以国家之公力,而强制其履行着也。故法律上之羁绊,有属于动方者,有属于受方者,其主体即债务者。

法锁者,于为特定之行为,使之服从者也。故积极债务之关系,其目的常为特定之行为也。其行为或为积极的(即作为)或为消极的(即不作为)与物权之关系大异。盖物权者其目的常为消极的,且其行为非特定,特存有一般人不侵害其权利之关系耳。

法锁者,必对于特定之一人或数人而生着也。故吾人从无对于一般人而有法锁,一般人亦从无对于一人而有法锁,凡负有法锁者,必特别者也。其与物权关系之负担,就一般言,盖全相反,其在物权关系者,动方主体,固为特定,受方主体则否。至积极关系,则两主体皆特定,动方主体,对于受方主体,有强要其作为或不作为之力,受方主体,对于动方主体,则负有为或不作为之责,所谓给付 Leistung 者,即谓供其作为不作为者也。

罗马法所称 obligation est juris viculum ,quo neccssitate adstringimur alcujus solvendae rei,seundum nostrae civitatis jura 其 obligatio 即表示积极债务关系之语,从来各国法则,大抵取此以名编,日本民法,以积极之语,用于民法第三编,我新民法则以债之一字名编,盖即取法锁之意也。(注六)

古代法律,是以义务为中心观念,封建社会的法律上,权利与义务相结为一体,自个人主义兴,而主观的形而上的权利观念起,权利的内容,便是个人的自由意思,又可以谓为个人的利益。

个人主义衰落,则权利之观念变迁,权利的内容,不是个人的利益,不是个人的自由意思,而应当是一种社会职能,社会为达其社会的及经济的目的,而赋与个人以各尽其职责的能力,此即所谓权利,所以法律的进化,是由义务本位到权利本位,由权利本位到社会本位也。

法律之本位云者,即法律立脚点之重心观念也。法律本位之普通观念为权利,故以法律为权利之规定,法律学位权利之学,乃现代学者之通说也。因此有主张法律权利,同时存在说者,即"法律为客观之权利"objektives Recht 而"权利为客观之法律"sbjektives Recht。亦有唱权利先存说者,即主张法律在拥护权利而加以限制也。然权利观念者,乃人类社会,于某程度进化后,为法治之产物而发生,故有法律之处,不必具有权利,更奚能以权利先法律而存在耶?考人类社会进化之第一步,于团体凝固现象之前,而第一发生者,厥为义务观念,而社会之重心力,即因此义务之强要而发生法律,故义务先法律而存在,而法律乃由义务本位而发生发达者也。其最初发生发达之义务(即对于社会重心力之最高权力),为服从之义务,因此服从之结果,遂对于同团体员之他人,为法律上义务之确定,而权利观念,乃对此团体义务之结果而发生。更因个人之发展充实,由个人与最高权利对抗之结果而确定发达,至是法律观念,遂由义务本位而移于权利本位焉。

义务先法律存在,权利后法律而生,乃为理论上当然之解说,惟学者间论权利之本质,或谓为自由,或谓为意思,或谓为权益:因而权利先存说,先入为主,如德仁布喜 Dernburg 氏所谓:"权利者,为归属于一个人总意之承认,且担保其生活财货之应有部分 Anteil an den Lebensgutern 者也"之定义,即其例也。吾人以为权利为社会生活之规范,依社会力之强行,遂生法律上之重要观念由义务之进步而为法律,因法律之发达,遂由义务本位,移于权利本位,乃当然之趋势也。杜基 Duguit 权利否认论,吾人虽不赞同,然此论对于近时权利本位发生反动思想,而以权利行使为义务之显着,亦不能不认其为法律思想发达之现象也。盖权利非法律之绝对本位,法律之进化,虽由义务本位,移于权利本位,究非以此为结局,即法律因义务之强行而拥护权利,然义务之强行,及权利之拥护,尚非法律终局之目的为其手段,其终局之目的,即不外社会生产利益之保护促进。故法律非义务本位,亦非权利本位,而以社会本位为法律之理想,虽未可一蹴而企,然其为自然之趋势可知也,故当个人不自觉时代,法律为义务本位,及个人自觉时代,法律进于权利本位,及社会自觉时代,法律遂不得不更为社会本位焉。今殆为第三期之开始,故今日之法律解释,应为社会本位,今日法律之通用,应为社会本位,今日之立法,亦应为社会本位也。

注六参照拙著《罗马法与现在》四百零三页以下。

现阶段的中国司法问题

阮毅成 *

    司法院院长居觉生氏,于本年四月,在司法院扩大纪念周报告,亲自视察各省司法感想,并述及改进司法方法。原词略谓:"本人此次返籍,为先人营葬后,便道赴鄂湘赣浙苏等省对于司法党政情形,略为视察所得之感想,以为现在司法情形,较之过去虽多进步,但亟待改革之处亦有数端。关于法院之办案,目下各级法院,类以积案不能结清为苦,其原因实在法院之间推诿责任。设使各级法院之责任明确,则案件自能减少。又上诉之案件,每审似宜酌定限制,庶不必上诉之案件,免致滥诉之弊,此亦可使法院减少法案。其次现行检察制度颇有改革之必要。"于是司法界中一时以限制上诉与废除检察为目前司法上两大问题。纷纷有所议论。而关于检察制度一端尤足以使现任检察官兴奋,最近认真检举重大案件以及联名陈述应行保存检察制度意见者,均不乏其人。

    居院长在此次报告中所述的二端,诚然是现阶段我国司法上的重要问题,然若谓我国现有的司法问题仅在此二端,则未免过于乐观。盖居院长此次视察结果所发表的感想,仅为片断。前于此者,尚有去年全国司法会议开会时,所发表的开会辞与闭会辞。居氏当时曾明白指示司法的特质:"为进步的而非

  * 阮毅成(1904—1988),余姚临山人。1927 年毕业于中国公学大学部政治经济系,1931 年毕业于法国巴黎大学,获法学硕士学位。同年回国,历任国立中央大学法学院教授、中央政治学校教授兼法律系主任、《时代公论》主编。抗日战争初期任浙江省政府委员兼民政厅厅长,英士大学教授、行政专修科主任等职。抗战胜利后任国立浙江大学法学院院长,1946 年任"制宪"国民大会代表。1949 年去台湾,曾任台湾《"中央"日报》社社长、《东方杂志》主编、中山学术文化基金会董事会董事兼总干事、台湾政治大学教授兼法律系主任、世界新闻专科学校教授。著有《政言》、《国际私法》、《中国亲属法概论》、《法语》等。原文载《时事月报》1936 年第 15 卷第 1 期。江西师范大学硕士研究生吴陵珂整理。

保守的，为实验的而非理想的，为普遍的而非局部的，为整个的而非各别的。"后又再申其意谓："亟应注意三点：一、化除中央与各省司法之隔阂；二、化除各省司法机关彼此间之隔阂；三、化除司法机构与学术界律师界之隔阂，务以团结之精神，共同合作，始足以策有功。"苟执此以衡中国现在的司法，则诚如覃理鸣氏所谓："有待改进之处尚多"，决不仅如限制上诉与检察制度之若是简单。兹愿就我国目前的司法问题，择其最重要而又关系于司法本身进步最密切者，略陈数端，以为芹献。

（一）司法经费问题

关于司法经费问题，一般人每只注意其数额，以为所占太少，与其他国家支出相比，百分比过低，深为扼腕。或又只注意其在各省各县未能十足发放，致使司法人员不独不能赡养家庭，维持生活，抑且时有断炊枵腹之虞，又不禁深为叹息，认为司法官清苦不可为，经费既少，益以拖欠，固然是司法经费最显著的现象，但在我国目前，却并非为司法界所独有的痛苦。司法经费虽不宽裕，但每年支出，究亦尚占一巨大数额，并不比他项经费为特少。至于待遇过低，时有折欠，更属教育界所常有。但司法经费与教育经费相比，则其差别立见，即一已有独立的保障，一则并无此项保障而已。教育为国家的政事之一，在学校可分为大学中学小学，以学生的学力为区别；但在国家则本不当以此为区分经费来源的标准，小学出之县费，中学出之省费，大学出之国库。人民纳税于国家，其本人及其子弟即有要求国家教育的权利。纳税既概向整个的国家缴纳，何以教育机关经费分为数级。因以国家不能作通盘的教育设置，须视一县一省的自有能力，以为该地小学中学教育能否发达的基础。此在教育经费固已不合理，但因教育经费既已于训政时期约法（第 52 条）及宪法草案（第 137 条）有独立的保障，而各地方且实际亦已有保障教育经费的特设机关，故若何偏枯不平的弊病，尚不致如想象中之甚。但在司法经费，则司法为国家五种治权之一，司法组织，又向统一于中央；而自国民政府底定以来，则亦如教育经费，强分由中央与地方分担。于是所谓中央司法经费，列入国家预算，各省则自列入省预算。此为以前北京政府所未有的恶政，而为今日我国司法的根本缺陷。

前年，第二次全国财政会议在京开会，浙江财政厅曾提议："请自二十三年度起，将各省司法经费，全数列入国家预算由国库支出。"未得通过。去年全国司法会议纷纷提议，应将司法经费改由中央负担，并实行独立保障。其声述现在分担办法的弊端，以绥远高等法院原提案最透彻。该提案列举各省司法感受经费仰给地方支出的痛苦，综其要者，约有四端：（1）待遇殊悬，省自为政。

(2)畸形发展,状类偏枯;(3)法院迁就环境,难树法权独立之威信;(4)少数省份,每月计算书,类多由省府核销,不经法部转送审查,尤碍中央整个之计政。至现在急应改弦易辙,改由国库负担的理由,在东吴大学代表等所提原案中,亦说得最清楚:(1)为中央推行新法的精神计;(2)为奖用司法人才计;(3)为人才分配均匀发展计;(4)为司法独立尊严计,均应立即变更现在分担办法。盖各地财政状况不同,中央每有整个改革的计划,因经费须各地自筹,遂随即变为零碎的施行。如去年7月1日施行法院组织法,但真正施行者只得15省,其余除东北四省尚未收复,西康尚未设省,两广情事殊异外,至四川、云南、贵州、绥远、青海、新疆,则均以地方经费无着,不能遵法办理。又今年7月1日施行县司法处组织条例,亦以各省地方财政情形不同,不得不任各省分别于3年之内设法完成。至各地司法经费,因系由省政府财政厅或县政府发给,于是其发给之方法,数额之多寡,时间之迟早,能否与其他行政经费获得同等之比例,法院方面完全需仰人鼻息。而在平时,尤不得不与主管财政的地方机关,周旋联络,惟恐失其欢心。故行政兼理司法之名难除,而行政高于司法之实,反因而确立。若非使司法经费独立自给,不仰给于地方,不妄取于人民,则中国整个司法,将永无所谓尊严独立可言。

或谓中央财政,近年亦复困难,若将全国司法经费,一概令国库负担,事实上恐有阻碍。故司法院原提案,即拟定一过渡办法,大要如下:

(1)某某省受有中央辅助费而实际负担之司法经费较中央辅助费为少者,除互相抵销外,其余仍辅助各该省。

(2)某某省无中央补助费者,其实际负担之司法经费,改为协助中央款项。

(3)某某省受有中央辅助费,但其实际负担之司法经费较中央辅助费为多者,除互相抵销外,以其余款作为协助中央款项。

(4)如某某省财政特别困难,中央于可能范围以内,应减轻地方负担。

(5)各省司法经费以各该省最近2个年度开支数目为准,无论经费来源为国库负担,为地方协款,为司法收入抵支,其合计数目不得再行减少,以维现状。如为中央财力所及,对于司法经费特别困难省份,应酌景增加,俾少舒积困。

(6)各省司法经费除由法收抵支外,应由财政部指定所得税遗产税及其他确实可靠税收,按月拨付司法行政部或高等法院,统筹支配。

此项过渡办法,在消极方面,与预算章程第7条原则不相违背,在各省可免再增负担,在中央无需骤增巨额支出。在积极方面,从此司法事务,中央可以衡量财力,统筹规划,不致遇事掣肘。但即以司法院如此苦心诣,所计拟的计划,迄今并无实现之望。二十五年度国家总概算已在编制,关于司法经费,固一仍旧贯。至于所得税遗产税,财政部亦正在积极规划,征税条例业已制定,但其用途则亦早有预计,与司法无关。全国司法会议虽曾决议:其细则由司法院与中央财政当局商定之,恐亦将为"决而不行"的一件积案。所以若论我国目前的司法问题,当以经费为最重要,此不解决,其余一切,便都无从谈起。

(二)法院组织问题

我国各级法院,曾有一相当时期无组织法以为附丽。新法院组织法虽早于民国二十一年十月二十八日由国民政府公布,但迟延复迟延,直至民国二十四年七月一日方始施行。然此尚系司法行政部王部长以最大决心于最短期间所促成,否则更尚不知须待至何时。司法行政部出版的《现代司法》曾列举促成施行法院组织法的理由,颇为扼要:"一、该法既早经合法制定公布,延展不行,将减损法律之尊严性。二、本三级三审原则修正公布之刑法民刑事诉讼法均已定有施行日期,则确立三级三审之法院组织法,自亦应即予施行。三、与其畏难苟安,推诸异日,何若急转直下,决于一旦。"

新《法院组织法》的根本精神,即在确立三级三审制度。我国旧制,依北京政府《法院编制法》所定为,四级三审。三级三审之优于四级三审论者甚多。其实自四级改为三级并无若何困难,但过去司法当局,均以各省准备工作未能完成为言,坐令有法不行。在司法行政部方面,对于各省应行准备事宜,如关于法院的增设或改组,各院现有原额的斟酌损益及其经费的酌剂盈虚,亦曾揭示要点,通令各省接切地方实际情形,拟具详细计划,呈部核定,以为进行的依据。而各省虽则迭次限定期限,严命督促,准备计划,总是不能确定。去年司法行政部使其急转直下,决于一旦,也居然顺利完成,并无窒碍。于此一端,可见我国司法界平日遇事滞缓,但如在上者,能有决心,一切又非不能改革。

唯法院组织法果已施行欤? 这其中仍可以有解释上的问题。去年施行法院组织法,一则仅限于 15 省,其余则或则失地未复,或则尚未设省,或则地方瘠苦,经费无出,或则情事殊异,筹备不及,分别准其展缓 1 年。现在 1 年之期转瞬届满,除两广系属情事殊异与云贵等省系属地方瘠苦,应可以设法补救外,若失地未复及尚未设省,则依然如故。然即可以补救的数省,亦复尚未见补救之方,势必又须再展。固然我国幅员辽阔,各省法务情形及经济能力极不一致,进行步骤未能协调,但在一国之内法院组织非依同一法令办理,审级不同,究属不甚合理。

法院组织法施行后,各省法院的设置,据司法行政部出版的现代司法所载,计因筹备施行新制而增设的高等法院二十九院,合原有者为五十九院;又增设及由县法院地方分庭地方法院分院改设之地方法院为一百一十七院,合原有者共为一百七十八院。此固只为施行新制十五省的数目,不足以代表全国,但即以此十五省而论,应有若干市县,一查全国行政区域划分表即可了然。计山东共有一市一百零八县,现有地方法院者,只得二十七。安徽六十二县,地方法院八。山西一百零五县,地方法院七。湖南一市七十五县,地方法院九。湖北一市六十九县,地方法院十六。浙江一市七十五县,地方法院三十二。江苏六十三县,地方法院十三。江西八十三县,地方法院八。福建一市六十一县,地方法院十二。河南一百十一县,地方法院十一。河北一百三十县,地方法院十三。陕西九十二县,地方法院四。甘肃一市六十六县,地方法院十二。察哈尔十六县,地方法院二。宁夏十县,地方法院四。试以各省县数与现有地方法院数一相比较,即可知法院组织法虽已施行,在解释上尚大有问题。

《法院组织法》第9条,明定县或市各设地方法院,但其区域狭小者得合数县市设一地方法院。其区域辽阔者,得设地方法院分院。现在各省县数多过于所有地方法院数倍,一察其所用名称及管辖区域,即可知并非因系有若干县市合设一院之故;而其中多数省份均,可谓为县治辽阔,应设分院,论理则法院数且应超过县数。此何故欤? 即《法院组织法》的所谓施行,只对于原有法院的地方施行而止,观乎施行《法院组织法》15省中的地方法院,虽共有178所,但其中原有的61所,改设的106所,真正因为施行新法而增设的不过11县。至其他大多数县份,固一仍旧贯,仍由县长兼理司法,根本不理会法院组织法第9条为何事。是以司法行政部去年虽以革命精神,推行新法,一则只及于15省,二则只及于原有法院或极少数未有法院地方。若谓我国《法院组织法》现已完全施行,解释上能毅说没有疑问吗?

县长兼理司法为我国现在特有的畸形制度。自表面上看,地方司法经费既由地方负担,自不得不迁就地方财政情形。各地方财政不宽,只得因陋就简。劳县长代管司法之事从实际上言,则县政府与省政府均不甚愿意司法独立,其理由亦不只是单纯地为了经费问题。二十五年来,地方司法的独立运动,不知若干次,司法界律师界及法学界历次呼吁,不独如法院组织法所定每县设一地方法院办不到,甚至有办到了地方司法独立而又被取消了的。民国初年的各县审检所及民国十七年后的冀鲁等省,即为明鉴。

但要健全我国的司法组织,减轻人民诉讼痛苦,实又必须自最下级的地方法院着手。现在姑且不论在学理上,地方司法应当与行政分离的理由,即从事实上一行分析现制兼理的流弊,亦可以认定分离为迫不可缓之事。此等流弊,各县地方情形不同，多少轻重不等，自不能尽行列举或所举皆当，惟自一般言，之下列数项，恐为任何人所不可否认的最大限度内的弊端：

（1）以一县之大由一二承审员包办民刑诉讼，履勘验尸，执行判决，职重事繁，难期妥速。

（2）承审员待遇清苦，且不为司法行政部认为法官。如司法官考试条例，规定应考者须专科以上学校毕业，而承审员只须修法律之学 1 年半，即得应考。而承审员欲改任法官，则须具有 5 年以上之资历，是以中才之士，即不甚愿任承审员工作。

（3）县长既兼理司法，则为表示威信，自时干涉承审员所为之审判。

（4）县长为一县最高行政长官，负全县行政责任。有时为达到行政上目的起见，非联络地方士绅不可，而地方士绅为自己利益，或受亲朋请托，势必开说案情。县长为联络感情计，又势必加以敷衍。承审员依法既受县长之监督，而其事权又每为县长所掣肘。精明廉洁者已无可如何；其因待遇微薄而与县长通谋，借获非法之财者，亦在所不免。

（5）承审员除负审判之责外，对于司法行政事务亦负责任。如发售诉状，贴用印纸，呈报高等法院，承审员亦需盖章，与县长同行负责。但县长既对于承审员无直接任免之权，不免存有歧视之念，令欲使承审员牵制县长，其不能收效可知。故县长仍可发售白状或不贴印纸而承审员固无如之何。

（6）县政府为行政机关，县长为亲民之官。士绅领袖，出入县府本属寻常。承审员既在县政府内办公，则来宾求谒，乃亦无法拒绝。而求见者每有所要求，甚至受人贿赂，借图取利。承审员无论若何刚直不阿，但于法律范围之内，略徇情面，焉能责其必无？

凡此六端，均得之于曾认承审员者的自白，绝非臆造之词；而欲谓其说明县长兼理司法的弊端，则犹未尽其什一。故我国今日不言改进司法则已，欲言改进，则首在改革兼理的办法。司法院居院长于二十四年（1935 年）元旦日发表的《一年来司法之回顾与前瞻》一文中曾说：

……新式法院设立未普遍，致使司法独立精神未能贯彻，这是司法上第二个缺憾。查十八年训政时期司法工作六年计划，原定首二年间应设县法院一千三百六十七所，第三年后改为地方法院。……可是目前情形也很感到缺憾，大抵因为国家财政困难，所以许多计划不能按期举办。"自民国十八年以迄去年施行法院组织法，6 年期限已经届满，全国地方法院在 15 省内尚只有 178 所。以司法当局 6 年来的努力成就不过如此，若必欲严格施行法院组织法第 9 条，使全国各县均能于最近有一地方法院，其不能可知。

然不能虽属不能，改革仍必须改革。去年全国司法会议时，关于县长兼理司法问题的提案共达 20 件：其中有主张即行废止兼理制度分别设立地方法院或分院的；有主张将现制加以改善的；有主张将现在各兼理县司法事务加以整顿的；至司法行政部提案，则主张于县政府设立司法处，由高等法院院长呈部核派审判官独立行使职务，至司法行政事务及检察职务，仍由县长兼理。最后大会决议为："各县应普设法院，废止县长兼理司法。在未设立法院以前，应根据下列原则，重新厘订县政府兼理司法章程及各县司法人员任用条例：一、承审员改为审判官，并提高其待遇。二、严定审判官资格，并慎重其人选。三、审判权应使完全独立。

以关系全国最大多数县份及最主要的第一审案件，全国司法会议只作如此不彻底的决定，似不足以慰国人之望，然而乃事实问题，渐进的改革总比停滞在旧有的恶劣状况下为好。司法行政部今年已将县司法处组织条例，送请立法院通过，由国民政府公布施行，并已训令已施行法院组织法各省份，务自今年 7 月 1 日起，一律将未设法院各县司法处改组成立。万一不及，亦必须分期完成，至迟不得过明年 10 月。自表面上说，立法院前既制定法院组织法，于第 9 条明白规定每县须设立一地方法院，令乃又通过县司法庭组织条例，明白承认地方司法可以县长兼理，岂非自相矛盾。原有的县长兼理司法章程，尚系北京政府的遗留，暂准援用，并未经过立法程序，还可以说在立法系统上从来未承认县长可以兼理司法；现在立法院自行通过县司法处组织条例，虽百辞亦不能自辩，仍系维持法院组织法的精神。但此只为表面的评论，若就实际而言，法院组织法虽经施行，其区域及程度并非及于全国，已为一种事实。立法院若不设法补救，坐令现行的兼理制度照旧存在，岂不更有损于立法的尊严？严格地施行法院组织法既不可能，坐令不理，又太使一般人民受亏，自不妨制定一种过渡的补救办法。但此项补救办法必须为过渡的，否则为兼理制度求得一合法的根据，反树立了永久的基础，则新式法院的普设，各方又必泄沓下去，永无完成之望。是以此次立法院于县司法处组织条例，明定其有效期间只为 3 年。故各省虽可分期改组县司法处，但至迟必须于明年 10 月前完成。自明年 10 月已讫第 3 年终了，即为分期将县司法处改组为地方法院之时。固然去年暂缓施行法院组织法的各省，今年是否能准期不再延展；而在已施行法院组织法各省中，又可以分期筹设县司法处。则在较短的期间中，可以有施行法院组织法与未施行省份的不同，而在一省之内，又有改为司法处与尚未照改的县份之别，不免稍觉复杂。但在立法司法当局因均同抱有于 3 年以后全国均能严格施行法院组织法的决心。此项复杂为过渡时期所不免，大多数人民深切盼望其最关重要的第一审诉讼程序即得在正式法院进行，对于目前的复杂，自亦深乐于忍耐。

县司法处的组织，对于现行制度，多少是有更改的。其一，现在的各县承审员，仅由各省高等法院委任，司法行政部向不直接任命。是以中央举行的承审员考试及格人员，虽亦需在法官训练所受训 1 年，却仍就未被承认为法官。司法行政部只能将他们向各省高等法院分发，而不直接加以委任。他们到了各省亦仍与一般未经过考试训练而具有承审员资格的人一般，再行赴各县学习，回到高等法院候委，何时获得工作仍为不可知之数。现在改为审判官后，其任用的资格已稍提高，待遇亦改为历任待遇，并且各省须呈由司法行政部委派，这不但是用人权的统一，抑且任审判官者可以正式获得中央机关的委任，于铨叙资历均有关系。虽则考试院公布的县司法处审判官考试条例，其应考资格仍与普通的承审员考试条例所规定的相同，但考试科目已行更改，仅修法律学科 1 年半以上者，若非自修有素，难有竞争录取之望。

县司法处组织条例之外，立法院又制定了一种县司法处办理诉讼补充条例。这补充条例的意义，且较组织条例更为重要。因为：（1）原有的县长兼理司法章程，对于县长与承审员在司法上职务的分工与关系，并未有详明的规定，以之发生县长牵制干涉承审员的弊端。现在补充条例将他们间的职务，条分缕举，分摊得甚为清楚。（2）县司法处管辖第一审民刑案件，第一审为诉讼程序的基础，办理自不厌详明，但如必全部依据民刑事诉讼法，则手续繁多，似或又非各项案件所尽相合宜。补充条例于如何可以使案件迅速了结及如何与上级法院的程序相联系，亦一一规定明白。

补充条例尚有一项重要的贡献，即其第 29 条明定："律师对于县司法处执行职务，其办法由司法行政部定之。"按现行律师制度的最大缺点，即在人才资格之滥与地域限制之严。司法行政部年来对于律师的甄拔，虽略将标准提高，但所能补救者仍属有限。唯于已取得律师证书者，则复又严限其执行职务的地域。依现行律师章程，律师只能在设有独立法院的地方出庭，我国已设地方法院地方共只 178 县，非通都大邑即省会商埠，故律师非在通都大邑省会商埠生活不可。其实，未设法院地方并非没有诉讼，亦并非不适用国家的一般法律与审判手续。内地人民案件之属于第一审者，其需要律师为之保障协助，且较通都大邑省会商埠为甚。政府年来屡屡昭告大学毕业生赴内地服务，但于习律者，独限之通都大邑、省会商埠岂能谓为不相矛盾。律师界及法学界人士呼吁当局消除此项矛盾，不知几千万次，而司法当局或则固于现状，以为前此未曾试验,不可轻于解放,殊不知民国十六年时,司法部尚未成立,各省由司法厅掌管司法行政,浙江省司法厅即曾有单行条例,准许律师在各兼理司法县政府出庭,试行 1 年成绩良佳,此中央司法部成立反被取消。或则囿于成见,以为现在律师界人品不齐,准其赴各县执行职务,将非人民之福,且增加县司法人员之困难。又殊不知我国人民诉讼,虽无律师可聘,亦必有讼师为之画策及代撰状词。讼师不明现代法律为何物,社会道德为何事,人民及县司法人员受其涂毒者不知凡几,司法部并未能一一依刑法加以制裁,而独不许曾受法律教育训练并公开执行职务的律师在各县出庭,未免是非倒置。此次县司法处组织成立后,律师亦可以出庭,实为我国司法制度的一大进步。

(三)废除检察问题

观篇首所引居院长在司法院扩大纪念周的报告,虽未明言废除检察制度,但对于现行检察制度的不满,则已有所表示。去年全国司法会议时,关于检察制度的提案共 17 件,意见则可分为两派,但于现行检察制度认为不当则一。一派以为如"不崇其组织即径予废除"。贵州高等法院首席检察官的提案,即以此为标题。所谓崇其组织,不外褐橥名称提高待遇,充实职权。另一派则以为检察制度亟宜裁撤,将经费移设法院,以便统一司法行政而明事权职责。大会最后决议为:"由司法院留交法规研究会。"现在司法院法规研究委员会成立甫经半年,自尚未研究及此。唯最近以居院长的报告,一时废除之说,忽又甚嚣尘上。

我国现行的检察制度,确亦为畸形制度的一种。我曾在《所企望于全国司法会议者》一文(《东方杂志》第 32 卷第 10 号)中,痛切陈词。考检察制度的起源,乃法国王政时代的产物,并非罗马的法制,亦非法国的古法。其功用则在出国家专设弹劾机关,并委以对于犯罪人有起诉之权,而对于私人的起诉权则加以限制。我国改订司法制度之初,即从日本间接摹仿,于各级审判厅外,另设检察厅与之对峙。国民政府底定以后,虽废除各级检察厅,但仍于各级法院之内设立检察处;而原称为检察长者,则称为首席检察官,其余固一仍旧惯。其后法院组织法制定,虽于各方面面目一新,而未能趁此彻底废除检察制度,并将最高法院置于司法院之下,最高法院的检察署与各级法院置于司法行政部之下,以之将同一审检的系统强分为二段,致使院部之间,工作不易调整,实为法院组织法的最大缺陷。迨修正刑事诉讼法于去年七月一日施行,其第311 条,已将自诉扩充,毫无限制,而仍保留检察制度,尤属未能一贯。

我国的立国根本主义与政制组织,既与当时的法国与今日的日本迥非一致,勉强模仿已属不必。且仿行以来,忽忽二十余年,其利未闻,其弊则到处可见。可以说自实行之日，即同时有撤废的要求。法界同仁，甚至曾任或现任检察官者，亦不知声言若干次，而此种畸形制度，仍屹然照旧，岂非怪事？我国最初审判与检察对峙，各有职权，地位平等，并无轩轾，尚与法日相近。迨国府奠定后，各级法院初出院长制改为委员制，继又由委员制改为院长制，于是各级法院的首席检察官遂并无任何权限。其后司法行政部颁布法院院长办事权限及检察处处务章程，表面上虽一若职权划分甚明，但实际上院长与首席检察官二者既非平等，又非系属，因而意见横生，触处皆是。此中症结凡熟悉司法界情形者，莫不能道其详。

去年全国司法会议时，主张废除检察制度者，所述理由，甚为充分，大别之可分为几点：（1）废检察机关而留检察官，实有碍于司法行政之统一与整理。（2）新刑诉法已扩大自诉范，固检察官除办理执行外，几无事可做。（3）检察官所已履行之程序毫无补于审判，徒然羁延时日，往返公文，多所麻烦，殊与做事效率合理化相违。（4）就世界立法趋势言，检察制度已在必废。（5）我国采用检察制度已 20 余年，检察官实行自动检举者，千中不得一二，其余均由于警察之移送、被害人之告诉，或他人之告发，检察固有的精神，已早不存在。（6）检察官侦查与起诉之职务，性质上实为审判之一阶段。检察官起诉或不起诉之处分与审判官所为之有罪无罪判决，二者性质亦复相似。故现在之三级三审制，实不啻六级六审，程序繁复，而当事人因此所耗费之金钱、时间与所受之痛苦，更不堪设想。（7）检察官认定犯罪嫌疑之充分与不充分，而定其起诉或不起诉之处分，多由于自己武断之见解，并无严格法定之限制，而以此为公益之保障，危险实大。（8）年来案件增多司法经费支绌，以致各级法院积案不决，法官辛劳异常，而检查方面以自诉扩充，事务减少，双方劳逸，亦殊不均。

废除检察制度的呼吁虽久，理由虽充分，但卒不能早日撤废者，不外有两种考虑。第一，不外如黄右昌氏在《北京大学社会科学季刊》所论，因现有若干担任检察方面职务的司法官，需另加以安插。其实，这一层可以说是毫无问题。在他国或许任审判之职的与任检察之职的，其所受的训练不同，所具备的专职有别。而在我国，则向未有明显之区分，自大学法律系以迄法官训练所，自高等考试司法官考试以迄任用考绩，从未将推事与检察官分别办理，往往今日为推事者，明日即可被命为检察官。则将检察制度废除以后，移其经费与人员以为扩充法院之用，一转移间，国家的法院即可充实并扩大将近一倍，将为如何两美之事。或谓现任检察官中，尚有担任首席的人员，一旦改为法官，岂非失去首席地位？然法院既可因而扩充，院长的人数亦必增加。由首席改任院长，恐必不为所拒吧？

第二,司法当局所考虑的,为如何将检察官现任的职务,移交于适当人员的问题。盖依现行法检察官的职务,除提起公诉外,尚有:协助自诉、担当自诉、执行判决、履勘验尸等事。公诉固可因自诉扩充而毋庸再由检察官办理,但其余各项,势必须另各有适当人员担任,方可以将检察官全行裁撤。其实这一层考虑更属不必要。世界上有许多不采用检察制度的国家,他们是如何办理这些事项的呢?我国昔日既能沿袭法日有检察官办理,又有何难沿袭其他国家的办法呢?即如监狱的监督,在北京政府时代,本属于检察厅的职权,自国民政府以后,改由法院院长监督,实行以来并无何种不便。足见得检察官于公诉以外的其他次要事务,另交由他项人员或机关主办,决无不便之可言,而毋庸多作考虑。总之,司法当局及全体司法界人士既已认定现行检察制度为不当,立法院又已将自诉范围于刑事诉讼法中扩大至最高度,表示不欲再维持检察公诉制度,则即应急转直下,将此项畸形制度彻底废除,以慰民望。居院长亲自视察所及,自非寻常所可斥为蜚书者可比,与其因此而注意侦查或发抒保留意见,不若遵从撤废改革方面及下探讨功夫,此不独可以解除中国目前司法的一个难题,抑且对于中国司法制度,确立合理的基础,具有极重大的功绩与贡献。

(四)限制上诉问题

近年以来,社会穷困,人心虚浮,民刑诉讼案件,增加甚速。司法行政部的司法统计,现在虽尚只发表到民国二十一年度,但也已可以观察出增加的速度。在民国二十一年度,全国各级法院(但最高法院及兼理司法县政府并不在内),所受理民事第一审案件总数,计旧受者4705件,较上年度多164件;新收者48434件,较上年度多8240件;共计53139件,较上年度多8404件。刑事第一审案件,计旧受者3226件,较上年度少184件;新收者82080件,较上年度多17646件;共计85306件,较上年度多17462件。又司法行政亦最近曾将本年1月份各级法院办案情形列表公布,计在1个月中,各省高等法院检察处新收刑事案10561件,法院刑庭新收刑事案6470件,法院民庭新收民事案5088件。地方法院检察处新收刑事案件21587件,法院刑庭新收刑事案16986件,法院民庭新收民事案21604件。一个月的新收案件数目已属如此,则讼案的迅速增加,自为不可掩之事实。

第一审讼案增加,而法院经费不增,人员不增,司法人员的繁忙辛苦,可以想象。若欲对于每一案件仔细推求,则案件必致积压。若欲随到随传,随传随审,随审随结,则其中草率敷衍自所不免,当事人势必向上级法院上诉。上诉逐级而至最高法院,于是下级疏通而上级拥塞。最高法院系为最终的审判,一经判决确定,当事人在原则上即别无救济的机会,自必再三审慎不厌周详。若于事实上尚待调查,发阅各省更审,最高法院方面一时虽得清理,而各省高等法院又行拥挤。总而言之,在整个审级系统上,新收的案件日增,不能与结案数目相抵,无论仅从某一级法院去清理疏通,必仍不能达到目的。试观民国二十一年度司法院计所载,全国各级法院所收第一审民事案件,已判决者 32078件,和解者 7820 件,撤回者 4233 件,其他者 4062 件。而未结者达 5037 件。刑事则科刑者 67527 件,无罪者 4159 件,免诉者 627 件,不受理者 4413 件,管辖错误者 151 件,其他者 5469 件,而未结者亦达 2960 件。至本年 1 月份的情形,则各省高等法院检察处未结案 516 件,收结比较差 72 件;刑庭未结案6656 件,收结比较差 370 件;民庭未结案 4393 案,收结比较差 374 件。地方法院检察处未结案件 3656 件,收结比较差 33 件;刑庭未结 7657 件,收结比较差 1781 件;民庭未结 20629 件,收结比较超过 594 件。至最高法院虽未见公布,但传闻未结案现尚在 5000 件左右。

最高法院的案件何以如此之多,确属为一不易解答的问题。若谓最高法院人员太少,则以近年来逐渐增庭添员,现已增至 16 庭,推事将近 100 人。若谓办案不力,则每人每月至少须办结 18 案,已属辛劳备至。若谓因施行法院组织法,全国第三审案件均集中于此,但最高法院之有积案,并不自法院组织法施行之日起,且施行以后亦并未有特别大量的增加。若谓下级法院以厉行司法行政部的考成,收支勉强求其相抵,因而办案敷衍草率,或现在下级法院人才不充,办案能力欠缺,处判不公,故当事人纷纷不服上诉,但现任最高法院人员,无一非由各省高等法院选擢而来,且均于不久以前,尚系在各省高等法院服务,亦何能独深责现在各省服务的法官。若谓因现行诉讼法对于上诉的限制太宽,或刑诉法修正后将徒刑 1 日抵拘役 1 日,因而被告乐于为上诉的尝试,以求侥幸,实亦未必,盖徒刑 1 日抵 1 日,表面上被告滥行上诉,并无损失,实则一经上诉后未必却能迅速结案,即幸而获得无罪或改判,也已浪费了许多羁押时间。观乎国营招商局前经理李国杰舞弊案,最近三审终结处徒刑 6 月,但是在押已 2 年有半;不独 1 日抵 1 日谈不到,即 5 日抵 1 日亦属有余。似此,于判决确定处刑之日,即将被告释放,固属有妨司法的威信,但是因过去羁押日数已多,特于终局判决中加长其刑期,亦过于妨碍人民权益。是以有人主张恢复昔日 2 日抵 1 日的规定,或予法官以 2 日或 1 日拆抵的权衡。殊不知其上诉关键并不在此。且制决在先,上诉在后,法官决不能先询明被告苟上诉则制以 2 日抵 1 日,不上诉则判以 1 日抵 1 日也。

于现在讼诉迟延及对于刑事被告滥行羁押的情形下,刑事被告实并不甚乐于上诉。侥幸的无罪或减轻尚在不可必得,而身体先多陷于囹圄,困于缧绁。刑事案件,虽定有审限,而迟延仍所在均是。上面所引的统计数字中,固已充分表现。兹再举一二实例,便可略窥迟延的真相。如某地方法院有一件侵占白米 90 余石的案件,自民国二十年三月三十日提起自诉,迄民国二十二年二月二日方始三审终结,在三次判决中,最高只判了 10 个月的徒刑,终局判决只为徒刑 5 个月,但全案却延展了将近 2 年。又有一件土劣侵占保卫团经费 4 成的案件,自民国十九年 1 月 20 日告发,2 月 14 日开始侦查,迄民国二十二年 10 月 25 日终局判决,其中曾于第一审时判过徒刑 1 年,而结果是宣告无罪,但全案卸拖长到 2 年零 9 个月。再有一件殴伤旁系尊亲属的案件,自民国二十一年 7 月 21 日告诉,迄民国二十三年 5 月 11 日方始三审终结,结果处罚金 10 元,但全案也拖延了 2 年零 10 个月。

再说刑事被告的滥行羁押。现在大家都知道监狱有人满之患,在民国二十一年度的司法统计中,已指明于该年度终了时,在监男犯达 17373 人(此只指新监而言,各县旧监并未计算在内),较上年度多 2588 人;女犯达 1539 人,较上年度多 340 人。其实,已决犯固然拥挤,看守中的未决犯却更拥挤。如民国二十三年度镇江地方法院统计,在押男刑事被告 250 人,其中已押 2 个月以上者 53 人;又有 20 人,已在押 100 日以上。女刑事被告 47 人,其中已押 2 个月以上者 14 人;又有 4 人已在押 100 日以上。这只是一地 1 年的情形,其比例已很可观,推而至于全国,实不忍想象。

此次居院长出发视察,据闻亦系目击刑事被告羁押太多,但一经询及,则每谓正在上诉期间,既不能即认定为有罪之人移送监狱,又不能即认为系无罪之人,遂予释放。因而有人谓与其因上诉迟延而多受羁押,何若限制其上诉使案件早得解决,此所以有限制上诉的主张。惟我国现在既采用三级三审,则人民依约法有诉讼之权,即有受审三次的权利。现行诉讼法对于上诉已经加有限制,如民诉法第 463 条,已规定如因上诉所受之利益不逾 500 元者,不得上诉至第三审,无形中使资产能力薄弱者受到损失,无端由三级三审降为三级二审。又如刑事诉讼法第 368 条,规定刑法第 61 条所刑各罪之案件,经第二审判决者,不得上诉于第三审,亦成为三级二审。故若再将对于上诉的限制加严,实为不公平不合理之事。

在今日欲言救济上诉案件的增加,自必须从第二、第三审法院着手布置。第三审法院依法本为法律审,民事诉讼法第 464 条,刑事诉讼法第 369 条,均有明文规定,惟现在最高法院所收录的第三审案件是否均适合于此等规定,颇甚研究。若谓凡经第二审判决案件,均得以违背法令为理由而上诉,则诚不知各第二审法院何以会荒谬至此。但一检最高法院所为各案的判决文,即可知真正系因违背法令而上诉者,实绝无仅有。若谓最高法院亦应为事实审的继续,自需先修正民刑诉讼法。若谓最高法院确应系法律审,但当事人既对于事实上诉,亦不得不更为审判,则最高法院即系显然地违背民刑诉讼法。下级法院以当事人好为上诉,轻率处断,任上级法院再去研求判决;或则上级法院认下级人员能力不充,办案多舛,如不许当事人上诉以为救济,或则不许改判以为矫正,或则虽发阅亦必不能达到美满,不如径行越位审查事实,凡此种种,均居院长所谓各法院之间推诿责任。此而不除,一切改革办法均成为枝节。

欲上下级法院无推诿责任,最好的方法即在使上级人员参与下级人员的工作,彼此既共同参与其事,即应同行负责,不能互诿。近年救济上诉增加的办法,只在充实上级的最高法院,案件增加而随即增庭增员,庭员虽增而案件仍不能结清。此种充血的办法,实非正本清源之道。最高法院既定为法律审,何需要如许多的庭数与推事?现在之所以需要,即因系并未严格地成为法律审而仍管事实问题。何以要兼管事实,则因下级人员能力的不充分。改革之道,即在将上级人员推回到各省去任院长庭长,督同下级人员慎重办案。由上级人员实地指导监督,下级人员必不能敷衍草率。德国的法官训练办法,每一法官在未任职以前,必须迭经各级法院实习,以明其间的联系,实比我国之只在下级法院实习为有意义。以最高法院人员分配各省,仍保留原薪原资,则上下沟通,事无不举,责亦难推。民刑诉讼法本规定原审法院如认为上诉不合程序或无上诉权,即可以用裁定驳回,毋庸向上级照送。现在各省从未注意及此,以后即可将此项权限,委之由最高法院派去人员,负责注意。下级人员既经获得良好的指导监督,而不合上诉的案件又经驳回,最高法院尚有何案件积压可言,仅留少数人员专司法律审之事,十分足用。而派往各省的最高法院人员,且尚可用巡回方法,就地矫正下级的错误,以便于真受冤屈而未尝上诉者,亦能有平反机会。其滥用上诉者,因无法可以达到最高法院,亦不得售其拖延狡赖之伎俩了。

关于我国现在的司法问题,真是千头万绪,说不尽许多。本文因限于篇幅只分析了四个问题。其余若关于法律之改造,制度之更张,监狱之改革,人才之训练,其重要性彼此相似,实不及再一一详解,容于日后再行研讨。本文请先止于此。

民国二十五,六月二十日。南京。

中国检察制度的改革

吴祥麟[*]

一、中国司法的两大问题

怎样可以使讼事速结,使案如山积的法院迅速确定讼案的判决?怎样可以增强司法的效能,使手无寸铁的法院具有镇压犯罪的能力?这是目前中国司法两个最严重的问题。

第一个问题的出路,在于审级制度与审判程序的改善,作者于本年4月间在《中国司法制度的改造》一文内,对于现行的审级制度会为详密的讨论,其目的即在谋求如何速结讼案。至于审判程序的改善,作者当于最近期间内另草一文研究之。本文的主旨,系从学理和事实的两方面去考察检察制度,以期解决如何增强司法效能的问题。

二、中国的现行检察制度

中国旧时无行政司法的分划,也没有审判与检察的差别,原无检察制度存在的可能。那时的诉讼,不分民事刑事,皆由当事人或者第三人向官厅申告,或径由审判衙门直接依职权搜捕审问。

自清末变法,乃仿欧陆立法采用检察制度。逊光绪三十三年八月初二,修

* 吴祥麟(1903—?)浙江嘉兴人,曾任国民政府司法院中央公务员惩戒委员会委员。去台湾后,补选为"立法院"立法委员。原文刊载《现代司法》1936年第2卷第3期。江西师范大学政法学院硕士研究生刘洋整理。

订法律的大臣沈家本奏拟《法院编制法草案》。规定各审判衙门分别配置检察厅，各置检察长一员检察官二员以上。同年十月二十九日，法部奏准《各级审判厅试办章程》，亦规定各级法院均设置检察官，统属于法部大臣，而受节制于其长。宣统二年十二月二十四日沈家本奏拟《刑事诉讼律草案》，详细规定了检察官进行诉讼主义的实施，是为中国采行检察制度的开始。

中国检察官的职权，依《法院编制法》的规定，除民事及其他事件外，其刑事职权为实行搜查处分，提起公诉，实行公诉，并监察判决之执行。《各级审判厅其试办章程》规定检察官就审判管辖区域内，负有检察之责，其刑事职务，为(1)提起公诉，(2)收受诉状请求预审及公判，(3)指挥司法警官逮捕犯罪者，(4)调查事实搜集证据，(5)监督审判并纠正其违误，(6)监视判决的执行。凡刑事虽有原告，概由检察官用起诉正文提起公诉，其未经起诉者，审判厅概不受理。惟《试办章程》难以公诉权专属于检察官，其检察官职权的行使，却有极大的限制。《试办章程》采用预审制，凡地方审判厅第一审的刑事案件之疑难者，应由法院推事为预审。而现行犯、附带犯罪、伪证罪等可不经检察官经为预审或者公判。又除亲告罪外，凡应公诉案件，不论受害者愿否诉讼，该管检察厅当实施起诉，且检察官收受诉状，必须于 24 小时内移送审判厅，依《试办章程》规定，虽名义上检察官有独占的公诉权，而实际上审判厅的审判权，因为有上述种种规定，尚可充分行使。

至《刑事诉讼律草案》则不然，《刑事诉讼律草案》确定检察官职权范围的原则凡三：(1)厉行检察官进行诉讼主义；(2)否认当事人——检察官与被告——处分刑事诉讼权；(3)以预审处分属诸检察官。据沈家本等的奏折，这说明这三点的立法理由如次：(1)检察官提起公诉。犯罪行为与私法上之不法行为有别：不法行为不过害及私人之私益，而犯罪行为无不害国家之公安。公诉即实行刑罚权以维持国家之公安者也，非如私讼之仅为私人而设。故提起之权应专属于代表国家之检察官。(2)当事人无处分权。查民事诉讼，乃依私法上请求权请求私权之保护者，当事人于诉讼中均得随时舍弃。惟刑事诉讼乃依公法上请求权请求国家科刑。权之适用者，其权固属国家，虽检察官不得随意处分，被告更不待言。是以近日各国立法例除亲告罪外，不准检察官任便舍弃起诉权，不许犯人与被告人擅行私和并在诉讼中撤回公诉。(3)预审处分属检察厅。预审制度各国均归属诸审判官，而考掘制度之由来，实始于法国。论其性质，本与侦查处分无异。而法国治罪强分为二，以侦查处分属检察，以预审处分属审判。其立法之意，无非恐检察官滥用职权，致滋流弊。不知是特就法国当日情形而言，本非通论，如虞其滥用职权，审判官独毋虑，是以一侦查处分为二,法理既不可通,事实亦多不便。用是舍外国之成例,使预审处分属检察厅。

《刑事诉讼律草案》于民国十年三月二日经广东军政府修正公布,至民国十七年七月二十八日由国民政府重颁,通行全国,名为刑事诉讼法。纵条款章节,略有变更,这三个大原则并无改变。民国 10 年间,北京政府曾公布《刑事诉讼条例》先施行于广东特别区域,旋于翌年通行于所辖各区。依《刑事诉讼条例》的规定,检察官的职权亦殊庞大。检察官为实施侦查,得发传票、拘票、及押票,并得传唤证人予以讯问。虽然恢复了推事预审制度,但其范围仅限于高等审判厅管辖第一审的案件及地方审判厅管辖第一审最轻本刑为二年有期徒刑的案件,并且预审的开始系在检察官侦查完毕以后,实际上预审的效率殊难表现。法院的审判既以起诉为要件,而刑事起诉原则上又属于具有公诉权的检察官,检察官并得于起诉后第一审判开始前撤回公诉,及为不起诉的处分,故检察官的刑事职权,实驾法院推事而上之。就法理言,我国检察职权之大,可说世界上莫与伦比。

此项制度实行后,流弊殊多,故后来中央政治会议讨论制定法院组织法原则,即决议将检察制度加以改善,扩张自诉的范围,并命检察官协助及担当自诉的义务。民国二十四年七月二十二日《法院组织法》第 28 条规定检察官的职权,除实施侦查,提起公诉,实行公诉,指挥刑事裁判之执行及执行其他法令所定职务外,增加协助自诉与担当自诉二者。民国二十四年新《刑事诉讼法》规定犯罪之被害人均得自诉。于自诉案件,检察官得于审判期日出庭陈述意见。自诉案件,自诉人经合法的传唤无正当理由不到庭或到庭不为陈诉者,法院认为有必要时得通知检察官担当诉讼,其自诉人于辩论终结前死亡或丧失行为能力者,法院亦得通知检察官担当诉讼。自诉案件经法院为不受理或管辖错误之判决者。检察官认为应提起公诉时,应即开始或继行侦查。检察官的公诉权,因自诉扩张,自应减去不少。刑事诉讼的提起权专属于检察官的原则,至是可说业已破毁。可是因为社会习惯和人民经济知识能力的关系,我国的检察职权,实际上并不因此而稍减威力。

三、废除检察的理论

我国采行检察制度以来,因为在法律上检察官的职权太大了,事实上往往名不副实,有时检察官或竟滥用法律上的职权,破毁了本身神圣的职务。所以近年来,废除检察制度的议论,甚嚣尘上。去年全国司法会议,有许多学者专家主张将我国的检察制度根本取消。国立北京大学教授吾师燕召亭先生和厦门大学法商学院教授张庆桢先生都是主张裁撤检察制度的。张庆桢先生的提案原文是:

> 按检察制度之不利于司法现状,应及时裁撤,国人论之详矣。如云重在弹劾,则人群专繁颐,诡伪百出,事非干己,最易漠视。现时检察官所起诉之案件,多数由于告诉其以职权检举者,可谓绝无仅有。况犯罪之发觉,既出于人民自卫之结果,而必强夺其诉讼之权,与之检察官,究非妥善之策。如云重在监审,则检审对峙,虽有相当之监督,然双方立场不同,遇事观念自异。意见分歧,究所不免。检察官有时迫于环境,凝于感情,往往息于上诉。否则,意气显突,为无益之上诉,罔顾人民之拖累。其尤甚者,凭借其地位,摧残民权,滥押无辜,有损司法之威信。查此制原滥于法国十四世纪之王室代表,只限于特定事物。我国无此沿革,本无采用必要。迄今相袭沿用,职务益繁。每一侦查起诉,公文往返,必须经历数重机关,或更迭数次程序。不仅案件稽迟,人民多受羁累,而被告人往往乘此机会,翻供串供,饰词狡辩。诈伪多端,真想混淆,莫可究诘! 不如以侦查之时,即谓审判之候。发奸摘伏,较为直捷。

张先生的理论,值得我们极度的注意。假侦查之名,行审问之实,滥权拖延,这是检察官不应该做的事。

至于燕先生的提案理由,他批评检察官的不起诉处分权,检察官的不厉行检举职权,和检察官的武断处分权,更为精当。他说:

> 我国现在检察制度之下,被害人请求昭雪,满腹冤抑,先受检察官起诉不起诉处分之拦阻,而不能直接请求法院正式审判。倘检察官与不起诉之处分,必须再经申请再议之难关,始得足登法庭之门。利害关系人,因此愤懑不平,法律尊严,法院威严,因此而大受损失。检察官检举之职权,为国家防止犯罪之重要手段,亦即检察官之重要职责,但实际上一般犯罪之败露,皆由于被害人、第三人之告发,或犯罪人之自首。其由检察官自动举发之案件,乃绝无仅有之事。检察官若不能利用检举之大权,肃清社会犯罪之恶风,是检察制度之精神根本消失,检察官之设置,亦即丧失其意义。检察官侦查与起诉之职务,性质上实为审判之一阶段。检察官起诉或不起诉之处分,与审判官所为之有罪无罪之判决,二者性质亦复相似。检察官提起公诉之后,法院又为判决实等于二重之判决,若一案经第一审检察官提起公诉之处分,与第二、第三两审检察官所缮具之上诉理由书,再加以三审三次之判决,是现在之三级三审制,实不啻六级六审矣。程序繁重,而当事人因此所耗费之金钱、时间与所受之痛

苦,更不堪设想! ……检察官认定犯罪嫌疑之充分与不充分,而定其起诉或不起诉之处分,多由于其自己武断之见解,并无严格法定之限制。而以此为公益之保障,危险实大。

真的,我国检察制度最可非难的地方便是包揽刑事诉讼而滥用不起诉处分权。并且,因为检察官兼有侦查及预审职权,侦查、预审和本案的审讯既没有在法律上规定适当的界限,所以最好的检察官也不过僭越法院推事职权,为变相的推事吧。六级六审,司法的效率从何讲起?国家设官分职,原是为增进人民的幸福,检察官既不能为人民积极做好事,那又何贵乎特设检察官呢?

四、检察官的存在价值

我国现行检察制度的不满人意,已是无可否认。但是发现了检察制度种种的缺点,是不是便该根本予以废除呢?作者认为要决定社会制度的取去,第一要明白这个制度的作用。必产生制度的需要并不存在,然后应该把这制度取消。否则,制度所欲满足的社会需要如果依然存在,不过因为制度的机构不甚健全或者充实机械力量的人,不能尽皆称职,那么我们只应该一方面从制度的组织上去考求改良的方案,另一方面,从人才的登庸和培养去求一适当的办法,决不能因噎废食,将社会所需要的制度倡议废除。

其实,检察官的设置,却系为执行现代国际刑事法令所必需的。孟德斯鸠说:"我们(指法国)有一个最好的立法:就是君主为执行法律,在每一个法院里面设置以为专任的官吏,以君主的名义负追诉一切犯罪的责任;滥诉诬告的风气,因之绝迹。……公家(La partie－publigue)替人民除暴,公共的力量发动而人民便可安居乐业了"。孟德斯鸠所说的这位专司追诉犯罪替人民除暴的官吏,便是我们所称的检察官(Le ministere public)。

从历史上看来,犯罪的追溯方式,计有四种。在初民时代及各种野蛮民族,诉讼制度均为私人告劾式(Laccusation prive),凡因犯罪行为而受有损害者,被害人或其继承人,得为己身的利益,请求赔偿,这种纯粹私人告劾的诉讼制度,不合刑事为社会制裁的特质。所以到了文明进步的社会,尤其在危害公安的重大案件,决不是专恃私人告劾式能够维持国家的和平的。从私人告劾式进步,便有民众告劾式(Laccusation populaire)。在行民众告劾式的国家,不问是否为被害人或其亲属,任何人均可为公众利益,代表国家,以团体名义请求处罚犯罪。民众告劾式的好处很多,不过因为畏权、舞弊或不欲麻烦,民众往往不行使告劾权,而有时却变为讼棍恐吓诈财的工具。为补救私人告劾式的不足，纠正民众告劾的缺点，再后乃产生职权追诉式（Poursuite d'office）。依职权追诉式，凡重大的刑事案件，不论有无告劾，司法官为公共利益，得径以职权对犯罪予以侦讯及追诉。专司侦查和追诉式进化，最后才演成公共告劾式（L'accusation publique），由国家特设检察官，专司侦查和追诉犯罪的责任。在现代社会，人人都有繁忙的职业，谁肯去多管人家的闲事？况且便是要管人家的闲事，也没有这许金钱和时间去进行诉讼。我们须知，现代国家的社会关系是非常复杂的，犯罪的侦察和犯罪事实证据的判断，绝不是没有专门知识的人可以胜任，如果没有检察官去侦讯诉追，恐怕刑事审判很难得有良好的结果。

试观近世欧洲文明各国的司法，差不多没有一国没有检察官的存在。便在英美诸国，原来采取告劾式的，他们的检察制度也一天天地发达。这已经明白地证实了近代社会对于检察官的需要。

欧洲大陆各国都行检察制度，是我们大家所知道的。其实英美诸国，现在的检察制度，也已有了相当的历史。英国苏格兰和爱尔兰本是设有检察官的。原则上任何人均有追诉犯罪的权利，不过检察长副检察长与检察官等，其追诉犯罪之权略与欧陆诸国相等。至于大不列颠本国，向来仅限于特别重大的案件或与国家财政有关的案件，方由为国家律师的检察长 Attorney－General 或副检察长（Solicitor－General）追诉或辩护。其他一般的刑事犯，在 1879 年以前，都是任私人告劾，并没有特设官吏，担负追诉的责任。迨 1879、1884 及 1908 年三次《犯罪追诉法》（Prosecutions of Offences Act）颁行，在各级法院以外，乃有检察官或公诉指挥官（Director of public prosecutions）的设置，负追诉刑事犯罪的专责。

美国的联邦政府与各邦政府亦均设有检察官。联邦或各邦政府各依宪法或法律设置公共检察官（Public Prosscutor）、公诉检察官（Prosecuting Attorney）、地方或邦检察官（District/state's Attorney）。联邦检察官代表联邦，在其管辖区域内负追诉一切违反联邦法律的刑事犯的责任。各邦的检察官为各邦司法官吏，在其管辖区域负责追诉一般刑事犯的责任。除了受宪法上的限制，各邦政府得视社会之需要，以法律设置任何名额的检察官。虽然美国的刑事诉讼，理论上并不一定需要检察官去干涉，可是美国的检察官有在任何时候担当诉讼之权，事实上刑事诉追几乎没有不赖检察官的力量的。

中国社会，从清末到现在，犯罪的数目，倍增往昔。"各人自扫门前雪，休管他人瓦上霜，"这种民族心理一天存在，公共告劾当然绝对不能有效。而被害人的畏缩，又在阻却刑事的追诉。至于司法警察官，如县市长官及行政警察等,往往滥用职权,舍真正的犯罪不予检举,反将无关的人民罗织成罪,以图诈案。在这盗匪横行,人民知识能力幼稚,官吏警察横行滥权的现中国,欲图真正社会安宁的现实,谁说不需要一个专司侦查犯罪的检察官?

就反面讲,中国的检察官如果一旦废除,进行刑事诉讼的事实上困难,亦不易解决。司法行政部王部长最近在《二十五年来之司法行政》一文内,论述中国审检制度,对于这点说得很透彻。他说:

余以为一制度之存废,必察其相关事实如何,而排可以空论争也。今假定废去检察制度。试问(1)二十余年刑事案件向检察官告诉告发之习惯一旦改变,而人民不感其不便否? 证之自诉扩张年余,而自诉案件甚少,有以知其不然。(2)因恐惧因私欲或因事不关己而无人提起之诉,又谁负其责?(3)法律知识生疏之自诉人,又谁协助? 撤回之自诉,而属于应起诉者,又谁担当?(4)英美法庭之刑事案件,除个人宣誓告诉者外,尚有国家律师与大陪审官之宣誓告诉,以救济审判之不公允。吾国是否于废止检察官后,复设国家律师大陪审官之以代之?(5)无检察官侦查之案,必经预审程序。预审结果,仍将案卷转送刑庭,是与检察官之侦查起诉何别? 废检察官而增预审推事又何取?(6)英美以私人追诉为原则,然私人若怠于告诉,则法纪仍虑其废弛。故被害者对于重罪之侵害人秘不告诉,并需处轻微罪以防流弊。又孰如设有专官,非徒受人告诉告发,并应自动检举侵害国家法益,为愈。

作者认为现在中国的检察制度固然不能运用得当,但其咎乃在检察制度的结构不良与人才不当,没有彻底充分发挥检察的效用,并不是检察官本身不应该存在。这是我们应该深切了解的。

五、改革检察制度应取的途径

中国现行检察制度的缺点,在独占公诉权而不厉行侦查及滥用羁押与不起诉处分权,主张废除检察的人已经说得很明白。我们如果要保存检察制度,要匡正我国现行检察制度的弱点,必须从制度和人才两方面为彻底的改革。

法由人行,人选和督责工作的重要,实在在制度本身作用之上。有善法而无善人,这是不能希望有良好结果的。现代机械文明已有相当的发达,犯罪的方法也日新月异,以老弱无能的检察官去追诉精明干练的犯罪人,事实上已有无限的困难。况且现代刑事学和刑事犯罪的侦察,都成了专门的学术,如果没有特种学识的涵养,岂能尽其法律上应尽的职务? 我们主张改革制度,我们当然不能忽略人事上的更张。

关于检察人选的改良,王部长在《二十五年来之司法行政》内文,主张应考选推事不同的人才,这是很正当的。他说:"检察官之与推事,向多互易,几无差别,因之其重要职务之侦查与检验,涉于专门经历者,大都茫然莫辨,此后考试与实习,检察官与推事,应有相当各别办法。"至于检察官的训练,王部长也主张各别办理。他说:"各院检察官习气未改,乃不顾念检察官与中央纵的关系之本义,今后指导训练,当注重此,使知与推事横的关系之不同,在中央直接指挥之下活动,以整肃国家之纪纲。"

必检察官的人选与训练同时努力,制度的改革方能发生预期的效力。可是仅仅人才充实,而不改革制度,那么检察官行使职权的时候,仍阻碍横生。所以人才的选择和训练,应该和制度的改革同时并举。

要改革我国的检察制度,就作者个人意见,至少应该注意下列四点:(1)取消检察官的预审权;(2)限制检察官的公诉处分权;(3)增加检察官的司法警察权;(4)添设国立或公立辩护官。现在且分析说明如下:

(1)取消检察官的预审权。检察制度发源于法国。法国检察官的主要职权为进行公诉及实施司法警察权。至于发觉犯罪行为以后,为重罪案件搜查犯罪证据和判断犯罪行为的性质,于未提起公诉以前,均有职司审判的法源进行预审(L'instruction pre'ala—ble)。预审职务的实施,在第一审为预审推事(Juge d'instuction),第二审为公诉庭(Chambrea des mises en accusation)。凡传票、拘票的签发,除为现行犯检察官得依《刑事诉讼法》第 40 条及 1863 年 5 月 6 日法律,警察长官得依同法第 10 条等少数例外为之外,原则上属于预审推事及推事职权。并且,传票、拘票、押票等的签发,预审推事不许任意授权无签发权的官吏行之。他若勘验、搜索、传讯证人、鉴定人并询问被告人亦均须预审推事偕同检察官为之。法国的诉讼法制定在拿破仑专政的时候,尚且不把预审权付与检察官,这是因为保障被告人利益起见,被告的审问权,性质上应属于独立判断的推事,不应属诸受上级长官指挥的检察官。

其在英国,刑事诉讼原则上由人民公开告诉,经法院受理审判。刑事诉讼的初步程序为将犯罪人交付于公安推事(Justices of The Peace),故传票、拘票等的签发,由公安推事或高等法院刑庭推事为之。仅限于现行犯或重大危险之犯罪,警察官长或人民得将罪犯逮捕解案。法院接受犯罪人后,于轻微案件,得不经陪审,由公安推事一人审判之。是为简易审理(Summary Trial)。其在重大案件,公安推事得为事实上的预审(Preliminary Examination)。除认为罪证不足不予追问外,应依法送付巡回庭(As—sizes)或四季厅(Quarter Sessions),由陪审员及推事审理。英国检察官为公诉人时,其职权盖与人民私诉人相同,仅能调查犯罪证据并在审判时为种种诘问(Cross－Examination),而无独立为预审的权力。至于公安推事的预审,在英国因为案件性质比较重大,须经陪审员为事实上的认定,再经正式审判,所以公安推事的审判只能作为预审。

德国的检察职权,较英法诸国为大。只是德国检察官的侦查程序,限于为发现罪行为犯罪事实的主体和客体,就性质言,纯为司法警察行为的一种。其预审职权,仍属于预审推事,谓之推事的预审(Gerichtliche Voruntersuchung)。凡属联邦法院或陪审法院管辖事件或地方管辖案件经检察厅或被告申请时,均须经过预审程序,由预审推事司审判的责任。刑事被告人或犯罪嫌疑人的逮捕羁押,除现行犯外,其裁定权属于法院及预审推事。被逮捕或被羁押人,且应由推事在最短期间内予以讯问,至多不得超过24小时。

实则预审制度与公判程序叠床架屋,并非必要。预审制度本系纠问主义的遗制,近代学者很多主张根本取消,这是非常妥当的。近世刑事诉讼既采直接审理与自由心证主义,同一案件的预审程序,乃需由另一推事办理,与此项原则不合。以人类有用的聪明才力,虚掷于无谓的造卷阅卷工作之内实在未免太可惜了。沈家本等制定《刑事诉讼法草案》,既主维持不必要的预审制度,而又以预审属诸检察官的职权,遂使不分重大案件与轻微案件,均需经过检察官的间接审问,稽延时日,拖累押犯,翻供伪证,法院推事与刑事被告人咸受莫大的痛苦。害官病民,这是很不好的现象。我国刑事诉讼法规定检察官于非现行犯,亦得签发拘票、押票,又因侦查兼有预审职权,故得将被告羁押至二个月之久,其讯问被告人及讯问证人、鉴定人之权,检察官亦与推事丝毫无异,六级六审,宁非咄咄怪事?作者认为要改革现行检察制度,要增进司法的效率,我们第一件应该废除检察官的预审权。凡检察官或司法警察或人民侦知犯罪事实及犯罪人后,应即速报告法院。除现行犯或有重大嫌疑及逃亡之虞者外,其拘票应由检察官请求法院推事签发,即由推事直接讯问,将侦查中的审问羁押根本废除。检察官如欲以公诉人资格诘问被告人、证人、鉴定人以定其应否起诉者,可在推事审理期间内同时为之,不必另设独断独行的检察官预审程序。

这样,检察官既无拘押犯人的特权,自不生滥捕滥押的危险了。

(2)限制检察官的公诉处分权。英美诸国采民众告劾式,检察官无处分公诉的权力,自不待言。公诉制度始于法国。但德国的检察官并不得任意处分诉权。法国刑事诉讼的进行方式有二:公诉(L'action pe'nale ou publigue),即检察官为社会公益以公共名义所为的刑事诉讼;诉讼(L'action prive' ou civile），即与社会无甚关系，直接损害私人法益的犯罪，由私人向刑事法院请求赔偿的刑事诉讼。公诉与私诉在法国是并行的，因犯罪而损害私人法益时，不论其为重罪轻罪。被害人可向受理公诉的同一刑事法庭提起私诉。不特在检察官已经提起公诉的时候，被害人可附带提起私诉，便在检察官不行为的时候，被害人亦可请求刑事法院就私诉的刑事和民事两部分，一并审理，法院不能拒绝审判。从理论上被害人私诉的范围仅限于损害赔偿的部分，但在检察官故意或无故不行为时，法院得因被害人的告劾，径将犯罪人处以刑罚。不过关于处刑部分，被害人不若检察官得向上诉法院提起上诉而已。至于公诉，法律上虽明文规定属诸检察官，可是法国检察官对于公诉并不能任意处理。盖处罚犯罪为社会全体的权利，只有社会可以依法处分公诉如大赦、特赦以及上诉权的消减等是。检察官不过代社会行使公诉权，故不能以其自由意志与犯罪人私和刑案，亦不能任意撤回公诉，和事前表示舍弃上诉。在检察官故意不为诉追的时候，法国法律规定得向高等法院（Cour d'appel）上诉，或向上级监督长官申诉，或由被害人私诉。在得到高等法院或上级监督长官的命令或被害人私诉状后，检察官便有起诉的义务，虽与检察官的意思相反，法院仍可进行判决，不受检察部分是否起诉意志的拘束。

奥国的检察制度为比较进步的法例，检察官亦无刑诉的独占权。奥国检察官虽得于任何撤回公诉，但人民却有三种私诉权为补充。一为私诉人（Privatanklager），一为补充私诉（Subsidiaranklager），一为附带私诉人（privatbeteiligter）。除一般私诉与附带私诉与中国现行制度无甚相异无庸赘述外，补充私诉制实为一极好的制度。依奥国刑事诉讼第 48 条的规定，凡检察官拒绝提起公诉或撤回公诉时，非亲告罪的被害人得于法院监督之下补充检察官担当公诉，这实在是检察官怠于公诉时一种必要的救济方法。

中国的检察官，向来并不积极搜查犯罪证据，一经被害人告诉告发，动辄以证据不足、嫌疑不足滥为不起诉处分，若有特种关系，并可任意撤回公诉，这固然违反了刑事诉讼有罪必罚的重大原则。新刑事诉讼法虽已遵照中央所定原则，扩张自诉的范围，可是对于公诉，检察官仍得自由为撤回及起诉或不起诉之处分，并且明文规定同一案件经检察官侦查终结的，即不许再行自诉，这不是将自诉列为与公诉竞争的程序，而以法律所赋予被害人的自诉权加以严格的限制。检察官终结侦查而为不起诉处分或在第一审辩论终结前撤回公诉者，被害人除申请再议外，依然不能得到法院慎重缜密的审问。可怜原想省事省钱的被害人，在新法之下，还是不能和能聘请律师的人们享有法律上同等的保障。这是何等的不公平！作者认为我国检察官的公诉专属权与任意处分应仿照德国新刑事诉讼法第153条规定征求法院的同意,法院不同意时,被害人可担当其公诉。又在检察官已起诉后,法院如认为案件极轻微或全无根据者,亦得征求检察官的同意不为追诉判决。不过这是应许被害人向其上级监督长官的法院或首席检察官请求救济。既然法律上规定被害人不能处分刑事诉讼,检察官又何能任意处分呢?这虽然是不同的逻辑,必限制检察官的公诉处分权,检察滥权怠职的危险,才可以根本免除。

(3)增加检察官的司法警察权。检察官于具有公诉权外,其主要的职权为司法警察权。检察官的存在价值,即在能侦查犯罪人及犯罪事实,这些都是属于司法警察职务的范围。法国、德国等欧洲大陆国家,检察官之所以有声有色,极为社会所重视者,也就在此。中国的检察官,向重开庭审问,亦是消极地接受人民的抗诉,并不积极去揭发犯罪,搜查罪证,检察制度的受人攻击,这是一个很大的原因。并且,因为中国警察兼有无限制的自动检察权,事实上侦查职务几全操诸警察官吏之手,流弊不可胜言。作为认为今后我国检察制度的命运,当决定于检察官能否负起积极侦查的责任的一点,社会不能镇压犯罪,检察官应负完全责任。

去岁在全国司法会议时,作者与沈委员君匋曾提议整顿我国检察制度,厉行检察官侦查犯罪的职务,其重要原则为:(1)制定最高法院检察署长及各级法院检察官指挥监督司法警察及司法警察章程使县市长官及警察官长及警察宪兵等,于执行司法警察职务时,受检察处之直接指挥监督与调度;(2)确定检察署长及各级法院首席检察官对于受其指挥监督之司法警察官或被其调度之警察宪兵等,有依法惩奖之权;(3)限制县市长官警察官长及警察宪兵等关于侦查犯罪之权限,仅在现行犯而有毁灭罪证之虞及无检察官或检察官不能莅至或不及莅至时,方得对于刑事犯罪必要之处分及侦讯,否则应立即报明检察官侦查。

必增加检察官的司法警察权,使能充分负侦查的职责,检察官设置得理想目的,才能圆满达到。其由怠于职守,不尽侦查责任的,司法院司法行政部应依法予以惩处,而尽责完成其司法警察官职务的,并应予以适当的奖励。这样,赏罚得当,检察官方无尸位之讥。而司法效率可以极度地增强。关于检察官指挥监督司法警察的办法,最近国民政府公布的调度司法警察章程已有详密的规定。司法警察或司法警察官关于犯罪的侦查,应听检察官的指挥与调度。

除现行犯及通缉犯得立即逮捕外,司法警察或司法警察官对于被告之拘提应请检查单签发拘票。搜索时,除以《刑事诉讼法》第130条、第131条外,亦应请检察官发搜索票。司法警察或司法警察官执行拘提完毕后，应将被告连同传票，移交该检察官，其对于告诉告发自首之事件调查后，应将有关之文书及证物迳送检察官，告诉告发案件经撤回者亦同。司法警察和司法警察官等成绩优良者，法院院长或首席检察官得函请该管长官奖叙；其有违背或废弛职务之情形时，并得函请该管长官惩办。这个章程所规定的，虽不及我们原提案的彻底，可是检察官的司法警察权确已增加不少了。我们盼望检察官办理侦查的奖惩条例或章程，也能和调度章程同样早日颁行！

（4）添设国立或公立辩护官。检察制度一经改革，检察官即变为专司侦查犯罪进行公诉的官吏。欧洲中古时代秘密纠问式下预审推事的职权，既不需检察官负责行使，那么检察官在性质上便是刑事诉讼的真正原告了。虽说对有利于被告的情形，检察官在法理上也应一律注意，可是在事实上检察官的职务既重在追诉犯罪，除了因特殊关系大开方便之门外，其心理上的注意力当然侧重于对不利于被告的一方。当检察官尽其知识能力搜集不利被告的证据时，刑事嫌疑人或被逮捕拘禁，或无能力去搜集有利于己的证据，或财力不足不能聘请律师为他辩护这是很普通的。国家司法，首重公平，有罪的人固然应该尽法严惩，但是无罪的人我们却不应使其含冤。英美的国家律师，本兼检察与辩护二重不同的职务。美国自 1913 年起已有公立辩护官的设置，他如 Portland（Oregon）匹茨堡 Pittsburg（pa.）等地亦都相继设置辩护官，这实在是检察制度风行后应有的办法。

作者前在司法会议时会提设置国立辩护官的议案，拟于各级法院检察处外设立辩护处置辩护官若干人，专司各种检察官公诉案件及无力选任辩护人之刑事案件的辩护，便是因为检察制度的厉行与辩护制度有密切关系的缘故。作者认为保障被告利益而鼓吹采用失去时代性的陪审制度是不需要的。但是为保障无辜的被告的利益而添设国立或公立辩护官却是十二分的必要。最高法院庭长夏敬民先生最近论公设辩护人制度，竭力主张予以采用，这实在是改革检察制度后，应该连带实行的一件要政。因为只有国立辩护人与检察官分工合作，从相异的方向着手，同为犯罪真实的发现，才能使法院、检察官与辩护官成三角鼎力的形式，具有互相制衡及加速进行的功用。

上诉四点的改革，如果能够做到，中国司法的效能定可增强，而手无寸铁的法院方能真有镇压犯罪的能力。取消了检察官的预审权，使法院推事为第一步直接的审问，于诉讼时间、经济、精力都可节省不少。限制了检察官的处分公诉权，使人民与检察官共同竞争追诉犯罪，有罪必罚，司法的尊严，自可蒸蒸日上。增加了检察官的司法警察权，使县市长官等司法警察官都受其指挥监督进行犯罪的诉追,检察制度的功效必能积极地表现。添设了国立或公立辩护官,使重大的刑事案件或贫而无告的犯罪人不因无力聘请律师或聘请不良的律师,而丧失其法律上应受的保障,检察制度的流弊定可根本免除,而刑事真实的发现益臻精确。作者对于中国司法制度的改革,向主以简、速、妥、省为标准,检察制度这样改革,便是谋合这四个原则必须采取的途径。

五权宪法中的司法建设问题

张知本 *

在这八年来的抗战建国过程当中，关于司法的建设，政府为适应战时的需要和战后的准备，曾经尽过相当的努力，并且目前正在积极筹划中，这是我们共知的。不过因为司法是整个政治中的一部分，同时司法方面的"法"，和立法有关，"司"之者又和教育有关，要想建设一个完善的司法制度，当然非鞭策一国整个政治齐头并进不可，尤其是立法方面的法律改正，教育方面的司法人才的充实，是建设司法的必要条件，所以现在的司法，虽然是有许多好的成绩表现，但是为了这种种关系尚不能尽如人意。

吾国司法制度的革新，比之其他的国政，速度较快，挫折较多。前清末年，便已建立了四级三审的审判制度，中央有大理院，各省有高等审判厅，商埠及省会有地方及初级审判厅。辛亥革命后，更有许多省份，如湖北、湖南等省，力图积极地改革，曾在各县普设过地方及初级审判厅。满以为中国新的司法制度，从此可以日新月异，以达到尽善尽美之境，然而为时未久，所有已设的审判厅，反而纷纷加以裁并，存者远不及清末之多，20 余年来，虽常有变革，都只是维持现状的成分居多，并不能认为有一种很大的改进。这个原因正是如前面所说，司法是整个政治中的一部分，只能随着整个政治的建设，按部就班地进行。

目前中国的政治，正在一面抗战一面建设世界新秩序的奋斗中，关于领事裁判权的撤销，已有同盟国的诺言，而踏进了实现阶段，在国际上的政治地位，随同国内政治建设而益增高。这个时候，不消说所有司法的建设，自然要建设

* 张知本（1881—1976），号怀九，汉族，湖北省江陵县人，法学家，历任国民政府司法行政部部长等职。原文刊载《三民主义半月刊》1945 年第 6 卷第 4 期。江西师范大学罗金寿整理。

整个的政治之下,求得一个如何尽善尽美的制度,内以□本国民众的期望,外以博友邦人士的同情。但是要想建设一个完美的司法制度,是一个极其艰辛的工作。究竟要用如何的建设方案,才能达到这个目的,但因各人的见解不同,议论很不一致。现在暂把我个人的意见写在下面,以供注意司法建设者的研讨。

(一)厘正现行的法律

国民政府成立以后,十余年来,立法方面,已有相当的成绩,所有各种的法律,大概多已制定改正。惟因立法技术问题和社会变迁的关系,以前所颁行的一切法律,或者立法上不免有多少的缺陷,或者以时间的经过,已不能适应现在的人民生活。在这样的法律情况之下,司法的人来判断讼案时,便只有两种办法。第一,是依民法第1条的规定,于法律简直没有规定的事项,来依照习惯或法理。第二,是本着司法官不能立法的原则,虽明知已有的法条,不能适合现势,却仍将错就错,而作出尽适当的裁判。依第一种办法而为裁判的结果,每每因为司法者的主观见解各殊,对于同一的案情,甲司法官的判断如彼,而乙司法官的判断如此,致人民受不到平等的保护,所以民法第1条规定的办法,虽然是采用多数国家的一般立法例,虽然是对于复杂社会民事不得不有的办法。但是可以用法律来规定的,仍需力求完备,方为妥当。况且刑事方面,必须以律有明文规定的为限,诉讼程序,也无所谓习惯或法理的适用。假使法律规定不完备的话,那更无法救济,这是对于现行法律有不完备的,在筹划建设完善的司法制度之下,必须赶快来补订。至于使照第二种办法而为裁判的结果,那更是失掉了司法的精神。司法原不仅能执行法律为已足,还得要有一种适合现实民生的允妥裁判。兹因法律未能随着社会的发展而改进,致使司法者不能超越这种旧的法律范围,以达到裁判允妥的目的。这样,人民所诉求于法律来解决讼争的,其结果或许不惟能获得实益,反而要蒙受一种损害了。这种司法,自不免要为人民诉病。所以欲求建设一个完善的司法制度,对于现行法律有与现实民生不能适应的,应该赶快加以修正。

我们拿现行的民法刑法和民刑诉讼各法来看,民法的颁布施行,已经过了十余年,在这十余年当中,吾国社会民生状况,实已有了难于言语形容的重大变迁。适应十年前的民生状况而制定出来的民法,当然服许多地方要和有了重大变迁的现在的民生状况相上龃龉。且中国的民法法典,在当时还是初次颁行。经过十余年来应用上的体验。立法上也不无多少原始的缺点。例如财产所有权的限制和契约自由的限制,在现行民法当中,固然有许多地方,立法者确已注意到当时的民生状况。但是到了今日,在法条中所加的限制,尚嫌不够，现在单就不动产的土地和房屋来说，关于土地的租赁契约，因《土地法》的施行，耕地租用契约自由，已受到彻底的限制，所有佃农的生活，固然能够受到现行法律的保障。然而其他的土地租用契约，如租地建房之类，地主仍可自由增加租金，收回土地，每使承租土地之人生活上感到重大的打击，至于房屋的租赁，在现行民法中，仍然是采用契约自由原则，重取押租，重取租金，终止租佃，房主都可自由为之，而房客无法负担，或者栖身无所时，在法律上找不着相当的条文，来予以救济（土地法上的房屋救济办法不能无条件应用）。这在人口集中于都市的现代社会情况下，是极其普遍的一种现象。如果不能就此项租赁关系，在法律上加以新的修正，其足以影响一般民生，实非浅鲜。又如现行民法，采取民商合一的办法，将许多商事关系，都归并在民法当中来规定。这种违反法律由合而分原则的立法，在这十余年的经验中，是否能够适应商业日增复杂的社会，虽因个人见解不同而解说不一，但是实际应用时，确不无多少妨碍。以上不过略举一二为例言之，我们觉得整个的民法内，都应该详细审查，来适应现在民生状况加以修改。

现就刑法来说，刑法在十几年之内，曾经修改过两次，而现行的刑法，且是民国二十四年修改过的，距今不过六七年，其中的缺陷，当然比较要少些，不过在修改现行刑法的当时，立法者仍多偏重客观主义的理论，刑法的条文中，所有客观主义的成分是不少。如伤害罪、杀人罪、强盗罪、窃盗罪各条，到处看到这种客观主义的成分。刑罚应注重犯人的行为，不应注重客观的犯罪事实，这是现代新刑法的精神，这样足以达预防社会危险的目的。我们觉得现行刑法，也要本着这种精神来加以适当地修正。

至于现行民刑诉讼法，其中许多规定，我认为太机械太繁复了。在新的诉讼程序知识尚未普及于一般人的中国，在审判上经验丰富的司法官尚不多的中国，常常因诉讼人违背了诉讼法的规定，或司法官拘泥于诉讼法的规定，而使诉讼当事人枉耗若干时间或金钱。例如关于婚姻之诉，专属夫之住所地法院管辖。此种专属管辖，依法是不能由几方合意来变更的。但是现在社会一般人的生活，多已不是永久固定的农村生活，今日谋生于甲地的，可许过几年又转而谋生于乙地。在这个转徙谋生的当中，随地而和人缔结婚姻者，原是一件极普通的事。一旦彼此发生离婚，在诉讼上来解决时，便非在夫之住所地起诉不可。倘使夫为四川人，妻为广东人，因夫在广东经营事业，彼此在广东结婚，发生离婚时夫妻仍寄居广东，此时二人必须相偕来夫之住所地四川涉讼，试想事实上该有多大的困难。我常听到人们说，婚姻事件的讼案，因第一审或第二审未注意专属管辖，在系属于第二审或第三审时，便以管辖错误为理由而废弃原判驳回原告之诉,致使双方耗时费财涉讼经年的问题,未能得到解决,又非为第二次的耗时费财不可。这样情形,当然是现行民事诉讼法不承认婚姻事件的合意管辖的结果。我以为在今日的社会情况下,此种婚姻的专属管辖,实有斟酌改善的必要。此外,其他事件的专属管辖,假使也有同样不便利于诉讼的情形,也无妨予以相当的修正。又现行民事诉讼法关于事件牵涉多人数事者,仅有共同诉讼,合并起诉及反诉等规定,且其限制极严。每有此件与彼件虽然连带关系,然也非另案起诉不可,吾国旧制,凡与一件案件有关系的,都可并案审理,由司法的人一次予以总解决,实在足以减少人民的讼累。新的诉讼程序不仅不能与刑事合并审理(附带民事诉讼例外)。而此一民事与彼一民事,除合乎共同诉讼,合并起诉及反诉等规定外,也不能在一起合并审理。因之一个诉讼发生后,在其连带关系下,又发生若干民事或刑事时,必须一件一件地分别起诉,将见诉讼当事人,今日因甲案出庭,明日又要因乙案出庭,他们可贵的光阴和金钱,或许在案件未结束的数年之间,要受到无限的牺牲。要是像现在法院分案的办法,各项牵连案件,并不分配在一个推事承办,有三案则由三个推事分办,有四案,则由四个推事分办,每个推事都要就牵连的共同事实调查一番,那更要使诉讼当事人多受拖累了。我觉得这种诉讼程序,无妨适当加以变更,使一个司法官得就一切牵连事件上,全部并案审理,其判决或分或合,可视其案情而为酌定。此种办法,有人名为吸收主义,在诉讼法上,余意可以"并合诉讼"称之,"并合诉讼"不必专限于民事,就是牵连的刑事,也可以一并审理判决。这样当可减少诉讼当事人的讼累不少。此外诉讼法上其他的规定,如有涉于繁复或机械的地方,亦当力求简便地予以改善。

(二)减少特别刑法

社会愈发展法律的部门愈细分,在普通法之外,另有种种的特别法,这本是一般法治国家的通例。不过没有设置特别法的必要时,也不可法外有法,过涉烦苛。吾国近若干年来,因社会纷扰不宁和其他种种特殊情况,政府为维持国内秩序,和推行重要国政起见,于普通刑法之外,颁行了一些特别刑法,尤其是在抗战以后,此项特别刑法,颁行的更属不少。如《私盐治罪法》、《惩治盗匪暂行条例》、《惩治土豪劣绅条例》、《禁烟禁毒治罪法》、《惩治偷漏关税条例》、《妨害国币惩治条例》、《惩治贪污条例》、《惩治汉奸条例》、《危害民国紧急治罪法》、《违法兵役治罪条例》等等,总计约在十余种以上。凡属特别刑法,其所定的处罚,大概都是较重的。韩非子云:"十仞之城,楼季弗能逾者,峭也;千仞之山,跛牂易牧者,夷也。"据他的这种说法,是认为只有严刑峻罚,才足以防范奸,维持治安。因之吾国过去颁行的许多特别刑法,在某种特殊情况之下,尤其在抗战军兴的时期，依照韩氏的理论，我们当然不能有何种异议，不过刑法的目的，重在感化犯人，使之改过迁善，不重在报复犯人，给予以重大痛苦，这是现代主观的刑法的一个大原则。上述的严刑峻罚的特别刑法，是和这个原则相龃龉的，固然于某种必要时，不但不采取严峻的（刑）事政策，但是到了可以不必采用这个手段的时候，便毅然决然地分别予以废止。

在许多特别刑法中，还不仅所定的处刑较重已也，而审判的管辖，且多划归在军事机关范围之内。这种办法，便有□与五权分立的原则不合，而违背了司法独立的精神。查军事机关所□审判的案件，原只以军人犯罪，或者在战地和戒严区域的普通人民犯某种罪名的为限。这是一般法治国家的通例。在吾国为适应社会特别环境计，既于特别刑法当中规定了特别从重的刑罚，复除《私盐治罪法》，《妨害国币惩治条例》等少数特别法外，多把审判犯罪之权规定属于军事机关管辖。在立法者之意，大概以为军事审判程序，较为简便，对于适用重刑的人犯，从里到外应该采取"快刀斩乱麻"的迅速手段，以免贻误事机，酿出其他事端。这种想法，自然也有很大的道理，原以为我们不能否认的。不过以军事审判，来办理应属普通司法机关管辖的刑事案件，实在是害多利少。(1)司法独立，为五权宪法的政治要点。以普通人民的刑事案件，置于军事机关的管辖之下，这当然是和司法独立的原则相背戾。且陆海空军刑法，为尊重司法独立起见，已明明规定军人不得受理民刑诉讼事件，而特别刑法中，却就其普通刑事诉讼，允许军事机关受理，其后者之有碍司法独立，更可就陆海空军刑法的规定得到一种考证。(2)普通法院除一审法院外，倘有第二审第三审的上诉法院。在人民认为判决失平时，还可声明不服上诉于第二审第三审的上诉法院，以求适当的救济。军法审判，一经宣告判决，便已确定。被处刑的人纵属满腹冤抑，也将无法申雪！固然陆海军审判法中，曾有一种复审的规定，已受判决刑罚宣告的被告，可为复审呈诉。但是这种复审，和普通刑事诉讼法中所规定的再审相似，其限制极其严格，非基于诬告、伪证等判决，或发现其他新证据，不能为呈诉复审的理由。在现在社会情事复杂和法律理论深微之下，承审人员纵无其他情弊，而因错误事实和误解法律，致使被告受到一种极不利益的判决的，自所难免。此时既无呈诉复审的理由，复无其他上诉方法；被告被判决所剥夺的权利，已是挽救无术，徒唤奈何而已。这于保障民权的民权主义精神是有些不甚贯彻的。(3)承办军事审判的人员，据现行法的规定，在军事机关，为特设军法官，在各县便以县长兼理军法官。此等人员，像普通法院的司法官，受有相当的审判上训练的，大概要占少数。以训练不够的人，来担任刑事审判的任务，在事实认定上，在法律的见解上，恐怕都要低人一等罢！且军事审判,对于法定的诉讼程序,多数不严格遵守。要使遇着任性使气,或别有偏见的军法人员,有意地歪曲事实,滥用法律,甚至刑讯无辜,或者纵逸元凶。这样,将见黠者巧说法网之外,愚者惨蒙不白之冤,是非颠倒,曲直不分,审判失其平允,法律等于虚设,此岂国家之幸！社会之福！前日这有人来告:"谓某县长和一法律毕业的某甲素有嫌怨,竟借兼军法官的职权,引用《惩治土豪劣绅条例》,依陆军审判法所规定的缺席审判方法,将某甲判处徒刑9年,并瞒报上级军事机关核准执行。某甲当供职在外,迨回县后,某县长便派警逮案监禁。这种非法的事例,在普通法院是绝不会有的。惟有在军事审判之下,遇着了未受审判训练的军法人员,才会发生这种情形。综上所述弊害,所以我对于特别刑法主张减少,不仅以其严刑峻罚的刑事政策不当,而以许多刑事案件划归军事审判机关管辖,也是我要主张减少特别刑法的原因之一。

(三)改善司法机构

吾国现在的司法机构之应当改善,不仅是要调整各级法院的组织,而司法院直辖各部院会,也有调整的必要。因为审判上及其他司法行政,要想推行尽利,没有其他弊害,非改善各种司法机构,是不容易得到圆满的结果的。现在特特将个人对于改善司法机构的见解,简略的写在下面。

1. 变更审级

现行的三级三审的审判制度。还不如以前的四级三审制度足以使诉讼当事人得到诉讼上的便利和裁判上的公允,这是我们常谈到的。在从前的四级三审制度中,于地方法院的下面,另有一个管辖简易案件的第一审初级法院。此种法院,内部组织简单,普遍设立较易,一个地方法院管辖区域之内,无妨分区设立多院,使一般较简易事件涉讼的人,可能就近诉请解决,免致多耗时间与金钱,其利一。初级法院的司法人员既系为专办简易案件而设,他们便以办理简易案件为其应有的职责,其调查审问和判决,当一如承办重大案件之详尽审慎,若无初级法院,而不问案件的巨细,一律由地方法院管辖第一审,承办人的心理上,每每重视重大案件而忽视简易案件,易使简易案件得不到一个近情近理的解决。在有初级法院的四级三审制度之下,便无这种弊害,其利二。简易案件所争案件,多以诉于上诉的第二审为止,不能与重大案件一同享受第三审的利益,还在承办第二审的,为学优才富不存偏见的人,或许能够以公平的裁判,不致使诉讼当事人受屈难伸,如果不然的话,其因见解错误而为枉判的,固所难免,或者还有因其不能上诉,而故意枉判的,以图遂其不正当之私意者。在简易案件也可上诉三审的四级三审制度,便可免去此弊,其利三。四级三审制度，比之三级三审制度较为优良固矣。不过吾国改行为三级三审制度，已有多年，不仅设备较为简捷，而人民也久成习见，马上改弦更张，恢复旧制，在经费、人才以及其他种种方面，都觉得有点困难。余意现在的救济办法，可暂将不得上诉于经三审的案件，缩小其范围。民事姑且不论。而刑事案件，不能够限于刑法第 61 条所列举的，均不许上诉，应该以宣告刑的轻重为标准。宣告罚金拘役的，可能禁止上诉于第三审，而徒刑不得上诉于第三审的，应该以宣告 1 年以下的徒刑为限。这样一来，固然上诉于第三审的刑事案件要骤然加增，然于最高法院添设刑事庭数庭，原是一件不甚困难的事。这不过是暂时救济办法，将来仍以徐图恢复四级三审的审判制度为宜。

2. 废止院长兼任的制度

现行的各级法院组织，高等法院以下，系由推事兼任院长，最高法院，系由院长兼任推事。这种办法，如果真正实行起来，便于一院的司法行政和司法审判的两方面，均有重大的妨碍。因为一人的精力和每日的时间有限，从事于此者，自必荒废于彼。兹以负全院司法行政责任的人，来审理诉讼案件，则于推敲案情，劳形听断之余，何能再有闲暇注意到司法行政上的推动。有若干法院，在司法行政上欠缺条理，因而影响于司法，致为人所诟病的，未必不由此。若以负司法审判责任的人，来职掌司法行政事务，则于整理院务，监察属僚之余，自难再望其在审判上尽其详慎的能事。因之草率听断，贻累于诉讼当事人的，或亦难免，

况且推事兼院长，或者院长兼推事的规定，现在已成为有名无实的具文。在高等法院以上的院长，除分院外，很少有院长亲身处理审判事务的。就是地方法院的院长，虽然确已兼施审判，但承分的案件，都是较少于其他推事。甚至审判虽由院长躬亲其事，而制订判决书，则委之于其他推事或书记官，常常弄到判决书的内容，和案情大相冲突。

因为这样，所以要主张废止院长兼推事以及推事兼院长的制度，俾院长得全力主持一院的司法行政事务。如此，我想各级法院，在行政上当然日臻井然有序，而怠职辱职的吏员，也将因院长的职务专一，容易予以纠正了。

3. 增强检察制度的效果

吾国刑事诉讼旧制，向采纠问主义和个人弹劾主义，对于犯罪的人，只是由州县官径行逮捕审判，或由私人诉之于州县官，并无所谓国家弹劾主义的检察官制度。前清末年改行新的司法制度后，检举犯罪和裁判犯罪的职务，设官分掌，自是检察制度，始告成立。这是因纠问主义的诉讼程序，审判官以一身而兼裁判和检举的职权，可对于人民任意逮捕审判，难免不有裁判偏颇，罚及

无辜的地方。所以分设检察人员,专司法搜查起诉,监视裁判等事,以求得审判上的公平,这原是一种最好的诉讼制度。不过吾国自检察制度施行以来,虽亦间有惊人的特别成绩,如从前复辟案的检举,和金佛郎案的检举等,为我们不能否认。但是就一般的说来,检举制度的效果,实在太微弱了。检察官原为国家的代表,对于犯罪嫌疑者代表国家诉追,自不仅以根据告诉,告发,自首等而知其犯罪情事者为限,凡由其他所见所闻,探得某种犯罪嫌疑的时候,也当自动赶快加以检举。然而在各级法院的检察官,深居简出,仿佛如不告不理的审判官一样,要是没有人递一张诉状到检察处大概是不肯自动来检举一起犯罪事件的。这就检察处分配案件簿一看,我们便可知道。因簿中所载,都是依诉状来要配案件于检察官,诉讼以外,已不见再有案件来分配了。检察官这种不肯自动检举的原因,一面固由于检察官本身多未了解自己职权之所在,一面又未始非由于检察机关的组织之有欠周备。关于检察机关的组织须具备下列三个原则,(1)独立性,(2)统一性,(3)不可分性。吾国检察机关的组织,过去是审判机关与检察机关对立,有一审判厅,即有一检察厅,现在系于各级法院配置检察官,没有检察机关的设置。过去审检对立的检察制度,因其对于审判应有独立的行政权,其独立性固未消失,然各级检察官,系由司法部直接荐用,而考核之权,亦完全操之于司法部,在全国最高检察机关的总检察厅,是和下级检察官没有什么关系的。虽然名义上对于下级检察官有指挥监督之权,而实际上,下级检察官为何姓何名,恐怕总检察厅亦不尽知,试问怎样来监督指挥。这种情形,便失却了行政上的统一性。至于检察官的不可分性,就是所谓"检察一体"的意思。过去的审检对立时,检察官行使职权,都是视为个别的行为,和检察一体的原则也不相符,这又欠缺了不可分性的。再就是现在各级法院配置检察官的制度来说,更较过去审检对立的检察制度还逊一筹。现在的检察制度,不仅是统一性和不可分性的欠缺,和过去的一样,并且因其没有执行职务的独立机关,还欠缺了行政上的独立性。因为这样,所以过去审检对立的检察制度,固然是不甚妥当,现在配置检察官的检察制度,尤其是未臻完善。此后关于司法方面,要想增强检察制度的效果,我以为要从改善检察的机构着手。在不久以前,有人主张检察机构的改善,需于中央设一总检察署,各省设省检察署,各地方设地方检察署,总检察署上而直隶于司法院,下面统辖各省及各地方检察署,所有各级检察官,除由总检察署指挥监督外,而荐用考核之权,亦并之于总检察署。这种主张,我们甚为赞成。因为依此改组,颇合乎前述检察制度的三个原则。在法院之外,另设检察官署以独立行使检察职权是和独立性的原则相合的。各级检察官的指挥监督和荐用考核统属于中央总检察署,则指挥灵便,考核有方,上下相辖,系统井然,是和统一性的原则相合的。检察方面的行政系统,既归于一,则检察官行使职权,便易贯彻"检察"的精神,这又是和不可分原则相合的。这样,我想检察制度的效用,一定要比前增大无疑。

4. 调整司法院的直辖机关

现在司法院直辖的机关,除司法行政部已隶行政院外,尚有最高法院、行政法院、中央公务员惩戒委员会。这些机关,都是各别的行使职权,很少由司法院直接来处理这些事务。因之司法院几等一个单纯的存转机关,这是很不妥当的。在五权宪法下的五院之一的司法院,本是要一面职司审判事务,一面兼司法行政事务的,并不必于司法院之下,再设独立的最高审判机关和最高司法行政机关,这在总理关于政治建设的许多遗教中,都可看得出来。且司法院为一个国家的最高司法机关,不问对内对外,所有司法方面的交涉,都要问之于司法院。如果司法院未曾直接处理审判事务和司法行政事务,必将常因情事隔阂,而发生一种交涉上的困难。至于因直辖机关的复杂,致使办事效率较低,经费需要较巨,那更是显而易见的事。

为了实现五权宪法下的五院制度,并免除过去一切弊害起见,应当把独立的司法行政部,最高法院、行政法院、中央公务员惩戒委员会等一律撤销,扩大司法院的内部组织,把那些部院会所管的事务,都归并于司法院来直接处理。关于司法院内部组织扩大办法,在司法行政方面,可暂置一司法行政委员会,在司法院组织之下,专管筹设法院和改良监狱等事(战时无妨隶属行政院)。到了相当的时候,再改为司法院中之司法行政处或总务处,或其他适当的名称。在审判方面,便可在司法院组织之下,设立民事庭、刑事庭及平政庭(或政事庭),察吏庭(或吏事庭),分掌民事、刑事及平政、惩戒等审判事务。这样,那司法院,才是真正的司法院,才是五权宪法下的五院之一的司法院,同时在办事方面,经费方面以及其他种种方面,不消说,也要得到许多益处。

(四)培养法学人才

司法人员,是要从学习法律的人们中挑选而来的。如果全国学习法律的人本来就不多,或者所学的本来就不甚好,便将没有许多的来供挑选了。近几年来,关于司法人员的考试,每每因报考人数不多,所录取的,不仅不够预定名额,而成绩水准也要降低些。例如民国三十年度的司法人员临时考试,预定录取司法人员的名额为 500 名,结果以应试者少,只录取了 205 名,而书记官亦仅录取了六十七名,并且所录取的成绩,或不免降格相求。这当然是由于这几年来学习法律的人不多,以致发生了这种供不应求的结果。

目前吾国大学教育政策,因吾国工业的落后,特别侧重于实科的教育,而于法律学科的教育,则不甚注意。所以对于法律学生的名额,要加以限制,对于法律科目的讲授时间,也是随便配置。现在大学中的法律系学生,每班名额,是不得超过若干人的,要是超过了限定的额数,那便不能核准。依理论来说,法律的科目,大概都是讲演式的教授,而用实验式的教授甚少,每班就是有100人以上听讲,也无碍于学生学业的进展,且以同等的教育经费,而造出较多的法学人才,尤于国家的财政,不无相当的裨益。限制法律学生的名额的办法,好像没有多大的意义。至于法律科目讲授的时间,未免配置得过少。如刑法、民法、民刑诉法等主要法律科目,依照部定的时间来讲授,就是专讲条文,时间也来不及,哪里还有余暇来谈学理。所以每每有一门科目未讲一半,而配置的时间已经完毕,这样造出来的学生,试问哪里能够窥得法学的门径。全国法学的人才,既因学生的名额的限制,而培养出来的数量少,复因科目讲授时间配置得不适当,而成绩又多欠优,所以于挑选出来的司法人员时,要发生如上所述的供不应求的结果。

在这个筹划建设司法的紧要期内,那司法人员所从出的法学人才,是非赶紧来培养不可的。这种培养的办法:第一,是撤销法律系学生名额的限制。限制名额不宜,前已说过。目前的司法人员,已是深感缺乏,一旦抗战胜利,恢复沦陷区域,则所需的司法人员,更是特别增多。此时再不撤销限制,令其多多造出一些法学人才,则影响司法的建设,当匪浅鲜! 第二,是增加主要法律科目讲授时间,现在法律系主要法律科目讲授时间,实在是太少了,应当赶紧的酌量增加,俾各门讲授的人,得有适当的时间,来灌输学生以各门全部的学理。这样,则每一学生,必将都可成为有用之材。第三,是在各大学中添设法律系,现在各大学因为侧重实科的关系,有许多学校,差不多都未有法律系的设置,因之学习法律的人,已是一天天少了,以后每所大学中,如果没有甚么困难,都应该令其添设法律系,以增多培养法学人才的地方。第四,准许设立短期法律训练班或讲习所。司法人员中,如书记官之类,也是感到缺乏的。此类人员,虽不必限于长期法律毕业的人,但是以毫无法律知识者来充任,却不十分相宜。为了充实这一类的司法人员起见,应该准许各大学附设一年半至两年毕业的法律训练班或讲习所,就是于大学之外,有另行独立设置这一类短期学校的,也就应该予以允许。况且现值实行法治的时期,法律知识能够普及于多数的人们,是很有补于法治之实行的。就这一点言,多设短期的法律训练班或讲习所,也有必要。

(五)详密考核司法人员

现在各级法院的司法人员,毋虚职守的,固然是很多,但是未能认清本身的职责,或者由于自己的学识不够,以致工作上发生不好的结果的,也不能说没有。要想司法的前途日臻光明,凡是对于司法人员有监督权的,应当设法详加考核,予以适当地纠正。

先就推检来说,推检所在的职务,与人民的生命、财产自由、名誉,有重大的关系,要是不详加考核,使之各尽其职,则影响所及,必将不堪设想。现在各级法院的推检,我们随时都听得到。一案分配到了手,总是任意搁置,不肯急于办结,或者挨到一月半月,才出票传案,或者到了审期,要从上午延到下午,甚至有一个讼案,悬搁到一年半载而不审不结的。尤其是执行的案件,更是疲顽得很。在民事执行,执行推事每每以执达员不实的报告为主,不是诿之于债务人逃避,就是诿之于执行标的物消失。结果,是案虽判决确定,而债权人还是落一个空。在刑事的执行,检察官又每每以司法警察不实的报告为主,根据确定的判决出了传票或拘票以后,只要法警报告一声"犯人出外已久",那判了四五年的确定判决,便成为一纸具文了,而犯人是否真正出外已久,检察官是不再加考查,设法拘案执行的。以下是就推检怠忽职务方面而言。至于学识方面,也有不少浅薄情形。承办民事的推事,对于很平常的民事法律名词,如债权契约和物权契约的效力,定期租赁和不定期租赁的性质等等,偏有分不清楚的。承办刑事的推事对于罪名是否成立,也是常常弄不明白,不能成立罪的,错认为有罪,应当有罪的,反认为无罪,甚至还有对于未经公诉或自诉的被告,也径行判处刑罚的。这种怠忽职务以及常识浅薄的结果,当然要使诉讼人受到很大的损害。

再就书记官来说,书记官职司收发案件,管理卷宗以及记录口供等事,责任也是很重大的。要是听其放纵自由,不加考核,也要发生影响于诉讼当事人的流弊。听说现在法院的书记官,也有许多是恶习甚深,不尽职守。但任收发的书记官在收诉状时,籍故和当事人为难,气势赫赫可畏,还不必说。其所收的诉状,常有一星期以上,尚未分交承办推事阅办的,应送的裁判正本,也常有于宣告主文后,延至一月以上,尚未送达于诉讼当事人的。至于管卷宗的书记官,不是甲案的文件,混到乙案的案内,就是把文件弄得不见。记录的书记官,他所录的供词,不是文笔不顺,遗漏要点,还有些和当事人所供的意思相反,这种情形,实在是司法界的一个大不幸。

现在司法行政当局,对于推检和书记官的服务情形,本也有一种考核的方法,但是现行的那个方法,可说是丝毫没有效果。比如对于推检的办案是用月报的方法来考查其办事的勤惰及其学识的优劣的，但各推事所造的月报，听说并不是按其实际所办的案件而为填载，仍是照例任意具报，本月办结的案件多，从便留下几件称作下月的已结案件，本月办结的案件少，便把未结的提早报结，下月办结后即不再报，法院流行术语，呼此项早报迟结的案件，名曰"黑案"。此外，随同月报附送判决书，也不过选几件比较错误少的，送请考核而已。这种考核的方法，最高司法行政当局，每每在月报中看不出谁人办事的勤惰，谁人学识的优劣，想也只是照例批示存查罢。其推检所属法院院长或首席检察官，因有监督之责，虽也可以考核后呈报上级核办。但以其同处一院，彼此阶级亦几乎等，遇推检涉有错误，将见代为掩饰之不暇，何肯开罪同僚尽情上闻，因此，所以现在对于推检的一种考核方法，实不能不说是一种具文。至于现在各级法院的书记官，其由各院长及首席检察官保举充任的居多，在书记官有错误时，院长及首席检察官每每碍于情面，不肯追究，而推事检察官，亦以背景有人，置之不问，所谓考核，也是几等于零。

要建设一个尽善尽美的司法制度，对于司法人员的考核，实是要筹划一个很好的方法的。已往的考核办法，固然是不能够全废。但我个人的见解，认为下列三种方法，似可予以采用。第一，施行上诉审考核法，已往推事承办的案件，虽然事实上或法律上显然错误，甚至故意枉断。然上诉审除废弃或撤销其原裁判，予以相当的纠正外，而办案不当的推事，并不负何种责任。因之错误与枉断，在推事们看来，已认为并非一件大不了的事。其不查事实，不依法律，随其意之所及，而为一种不公允的裁判，自不免要层出不穷了。如果长此不图挽救，殊非司法前途之福。在裁判上的错误或枉断只有上诉审最易发现。过去上诉审仅为裁判上的纠正，不负行政上检举之责任，未免不足以策动下级推事之向上，以后上诉审的推事发现下级推事的裁判，显然失当时，应该于废弃或撤销原裁判后，送交有惩戒权的人，予以惩戒。这样，则推事承办案件，一定要多加推敲，务求判断允协，不仅故意枉判的要少，而草率了事致涉过误的想亦不多见了。第二，设置司法巡视员。要想知道各级法院关于司法方面的实际情形。必须加以实地巡察，才能有济。现在中央司法行政机关，因为仅以例行的月报，作为考察的根据，而各级法院内部的真相究竟如何？以及司法人员办事的成绩究竟如何？大概是不十分了然的。在这种情况之下，所谓指挥监督，必将扦格的难施其计。固然，各级法院院长及首席检察官，在司法行政上，有直接指挥监督之责，对于本院内部及所属司法人员，可以随时考察具报。但是关于内部整个弊病，及其本身的办事失当失处，尤与院长和首席检察官自己的利害有关，此时又何能望其据实具报，自陈自短乎。所以中央最高司法行政机关,要想知道各级法院实际的好坏,只有设置司法巡视员若干,经常轮流巡视各地方法院,随时报告其实际的情形于监督机关,以为兴利革弊的根据。此项巡视员赴各地考察,或者秘密或者公开,则视其情形,由各巡视员自由行之。第三,实行严密的惩罚,关于司法人员的惩奖,一事实上要以其实际的成绩作为标准,办事无能以及学识欠佳者,应该毫不犹豫地予以相当惩罚。办事勤劳以及学识优良者,应该特别的予以奖励。近年以来,因司法人才的缺乏,所谓罚过赏功的事,似乎未曾加以重视。有初任推事,并无什么特别的成绩,不及 2 年,竟由第一审推事,而升为第二审推事,或由推事而升为院长者,又有初任录事,未逾多日,决由录事而升为书记官,由书记官而升为书记官长。至于不称其职的司法人员,纵有人诉之司法监督机关,总是视为一种寻常的例行公文,并不雷厉风行地加以查办。这种情形,实不是以资鼓励而昭炯戒,其影响司法前途,自匪浅鲜,所以对于司法人员,以后非得严明的惩奖不可。

(六)严厉约束员丁和法警

现在各级法院的执达员法警和庭丁或由招考而来,或由雇佣而来,现未限定相当的资格,其知识的水准,当是高低不匀,因之能够认识本身职责之重大的,已属寥寥无几。加以吾国司法的革新,为日不多,从前衙役的习俗,犹深印在一般人的脑际,一为法院的员警及丁役,复不免受着昔日的衙役之遗传,在道德上又难责其谨守范围。因之传案也,报到也,值庭也,执行也,无处不见其怪相。此种怪相,在各级法院首长,或也知之甚悉,但除用文告加以儆戒外,并未见其为若何有效的制止。实以明知故昧,似不为过。此后要想推进司法至尽善尽美的境地,当首先对于此辈员警庭丁,加以严厉约束,务使其恪遵法规,执行本身的职务。如果稍有越法轨,便当勿稍姑息地加以惩治。尤其是执达员和法警,每逢传案或执行,自己并不亲身行使其职务,常常另觅他人代为办理,此种代理的人,名曰"白役"。以"白役"而代行其职务,其违法舞弊之处,当较甚于本人,自是不言而喻。有监督之责的人,更需设法予以防止。

综上所述,仅就司法本身最切要的"法"与"人"立言。至于司法经费应如何充实,监狱设施应如何周备,刑事政策应如何运用,法治精神应如何培养,法律常识应如何普及以及其他有关司法建设的种种问题,谏为海内法学家所注意,宁惟法学家,凡研究政治、经济、教育、社会诸科学之人士,亦与有责焉,当各抒所见了,俾五权之一的司法建设臻于完善之域,则拙著之抛砖引玉为不虚也。

改进吾国司法现状的几点意见

梅仲协 *

吾国古代,治权不分,牧民之官,兼理狱讼。清季变法,号称维新,行政和司法,始各具门户。其司法制度,都是摹仿日本。民国肇建,以迄今兹,其间数十年来,司法制度虽迭经变革,可是立法都喜采用外国法制,未能顾及本国国情,削足就履,甚不便于民。不佞服务法界,亦历有年所,窃以吾国司法的现状,确有改善之必要。爰就管见所及,略陈数端,借供参考云尔。

(一)检察制度应予废止

考检察制度,渊源于法国,日本明治维新以后,一切法制,都仿效于法兰西。明治二十三年的旧刑事诉讼法,便把法国的检察制度与预审制度,整个搬过来。我国现行的检察制度,又是直接效于日本,间接师承于法国。可是这种制度,在我国既无历史上的根据,又不合于实际的需要,所以自前清末年,一直施行到如今,总觉得检察制度,只有坏处而无好处。第一,程序重复迟滞,徒使人民受诉讼的拖累。记得在《高等以下各级审判厅试办章程》及《刑事诉讼条例》时代,刑事诉讼,除采检察制外,并确认预审制度。那时候刑事官司,名义上虽则是四级三审,实际上却是四级九审。这话初听起来,好像很奇异,但是情形,确然如此。案件经告诉人告诉以后,经检察官侦查,予以却下者,告诉人得声请再议。再议如被驳回,可以声请再再议,其间共经过三个审级。受理

* 梅仲协(1900—1971),字祖芳,浙江永嘉人。法国巴黎大学法学硕士,先后担任国立中央大学(南京东南大学前身)和中央政治学校民法讲席,中央政治学校法律学系主任,抗战期间重庆东吴大学教授。后到台湾,历任台湾大学法学院民法教授(并主持该校法律研究所)、司法行政部司法官训练所民法讲师、台湾省立中兴大学法商学院商事法教授、教育部学术审议委员会委员。本文原刊载于《新政治》1940年第4卷第5期。江西师范大学罗金寿整理。

再再议之审判机关，若将案件发回，经检察官重行侦查之结果，认被告有犯罪嫌疑者，则行移付预审。此时检察官即处于原告地位，对于预审庭所下之不起诉裁决可以提起抗告，并再抗告。期间又可经过三个审级。连前共为六审。如受理再抗告之法院，将案件发回重行预审，而经裁判起诉者，那么案件移付刑庭审理。第一、二两审为有罪之判决时，被告当然可以提起控诉或上告；为无罪之裁判时，第一审或控诉审检察官，亦可分别提起上诉。这样一来，刑事案件，自开始侦查，以迄于判决确定止，其间不是可以经历九个审级吗？当时司法当局，深知道这种诉讼程序，既重复，又烦累，于是颁行旧《刑事诉讼法》废止预审制度，并限制告诉人对于检察官所为之不起诉之处分，只能声请再议一次。现行《刑事诉讼法》的内容，虽与旧《刑事诉讼法》颇有出入，但对于检察制度，始终不肯为彻底之改革，其检察程序，仍循旧《刑事诉讼法》之例。故其程序虽较试办章程及刑诉条例时代，略为简单，而依然还是三级五审。无辜的被告，往往有不堪拖累之苦，甚且有因羁押日久，而瘐死于囹圄者。第二，犯罪证据，每以检察官侦查时，未为严密注意，致湮灭，使裁判难期成为信谳。在现行司法制度之下，检察官的职务，仅在侦查犯罪。检察官侦查所得之一二证据，足以认被告有犯罪嫌疑者，即可提起公诉。犯罪嫌疑，固须凭证据以认定，但究与认定犯罪事实而为科刑判决时所需之证据，程度上略有区别。科刑判决中所采用之证据，大抵较为丰富而确切，而在检察官侦查中，只需略有一二事实，足认为犯罪嫌疑者，便可为公诉之提起。更有人事上言，检察官中，固不乏精明干练，忠于职务之能员，但亦有因工作过于繁剧，收案结案的考核过于苛求，为精力及时间所限，对于所承办之案件，但求略有头绪，足为起诉之张本者，即率而提起公诉，把案件移送公判庭，便算是卸了责任。因此往往对于应搜查之处所，未为搜查，应勘验之物件，未为为勘验，而应传讯之人证，未为传讯，致使被告或与被告有密切利害关系之人，得以从容湮灭证据，或串通人证，卒至黑白颠倒，真伪难分。在此种情形之下，公判庭推事，即欲为周密之调查，无如事件已失去其真实性与时间性，无从着手了。而被告反可利用机会，以攻击起诉意旨，希图漏网。承审推事，有时亦明知被告确有犯罪行为，但苦无确切之证明，只得任其出脱。第三，推检同僚，情谊关系，易使审判失去公平。就法律上言，检察官只有侦查犯罪的职权，而无判决罪刑的权限。可是检察官与推事，同系司法官，都须有具备法院组织法所定的同等资格，而被任用的，且又同院办公，情谊当然厚密。检察官提起公诉以后，依法律便居于原告的地位，他只能与被告讲平等，却不能与公判庭推事通人情。须知道要面子是人们的通病，提起公诉的案子，如果被刑庭宣告无罪，那么不但攸关考绩，在面子上是大大的过不去。在这个当儿，非提起上诉不可。所以凡刑事案件，经检察官起诉者，推事为顾全同僚情谊起见，被告总要晦气，十分之九皆受科刑的判决了。若要宣告无罪，只有两种办法：或者被告能够提出千真万确的无罪反证，或者推事预先得到检察官的同意。所谓审判独立，法院超然的话，在富于讲面子顾人情的中国民族性，简直没有这回事。我从前在某审判庭服务时，亲见一位很有些背景的检察官，对于其所提起的案子，被第一审推事为无罪的宣告，竟尔大肆咆哮，恶言诋詈。后来总算经高等厅的厅长，从中斡旋，请其提起上诉，把被告于受科刑判决之同时，宣告他一个缓刑。好在中国的老百姓，像羔羊似的，只要无需坐牢，有罪无罪，他是不太理会的。检察官的面子既顾到，老百姓事实上又不吃亏，在老官僚的心目中这是一件多么圆滑的玩意儿，可是若把法治精神来讲，也未免太笑话了。第四，在现状下之检察制度，检察官不能尽检举犯罪之能事。若按现行《刑事诉讼法》第207条载：检察官因告诉告发自首或其他情事，知有犯罪嫌疑者，应即侦查犯人及证据。法院之贵乎有检察官者，在乎能代表国家，摘奸发伏，自动地检举犯罪，消极地为社会扫除败类，积极地为大众维持安宁与秩序，而不希望他专等人民为告诉告发，而后开始侦查。我国自采行为检察制度以来，不下30余年，但所谓检察官因告诉告发等以外的情事，知有犯罪的嫌疑，而自行检举者，可说是绝无仅有。检察官远不是和推事一样，终日端坐衙中，专等着老百姓来告状。谁看见法院的检察老爷，如包公传中所说的私行察访过一件案子。据司法行政部最近披露的民国二十五年度司法统计表所载：该年度内226698件侦查案子，内中只有1086件是由检察官自行检举的（见司法统计刑事侦查案件第二表。惟该表内所立"由于声请"一项目，谅系"由于检举"之误，而并非指刑法第119条请求乃论之罪而言），仅及总数4‰强。且就该1086件检举的案子内容以观，其中数字较大的：属于伤害罪者，计283件；属于伪证及诬告罪者，计126件；属于窃盗罪者，计68件。其检举的经过如何，统计表上固未予说明，而依吾人的推测，如伪证与诬告罪的案件，大抵与他案有关，因他案确定后，检察官乃从卷宗中发现出来的。这种检举，仍旧可以坐在衙门办理，不必到社会中去搜寻。只要看表上所载关于赌博罪之由于检察官自动检举的，在民国二十五年度，仅有3个案子。以中国之大，人口之众，若检察官能厉行检举职权，难道一年之中，只会发觉3起赌案。要之，在现状下的检察官，因于工作的繁剧，和司法经费的支绌，没有时间与金钱可以深入社会去工作。只好像推事一样，你不告，我不理，多一件事不如少一事，得过且过罢了。

依吾的愚见，检察制度，在我国既然是弊多利少，就应该直接痛快地根本废止掉。凡侵害个人法益的事件,应许被害人或其利害人或其利害关系人,迳向刑庭自诉;或侵害国家或社会法益,或虽系侵害个人而私人有所惧不敢自诉,而事关公序良俗者,则应由行政警察机关,负检举之责。在现制度下检察官,论其性质,原来也是行政官员,不过专司关于刑事诉追的事宜而已。如果废止检察制度,把这部分的刑事诉追权由行政警察机关兼理,在事实上不特毫不增加困难,而且较便利,现制下的检察官,在执行职务之时,每感不能得行政机关的协助,致减弱其工作效率,如使把刑事的诉追职权,由行政警察机关兼理,则责无旁贷,自不能不奉行法令。况且警察机关,遍设全国,耳目既广,犯罪的检举,自较端坐衙中之检察官为易。至于行政警察机关,因兼理检举职务之故,其机构应如何扩充,乃是技术上的问题,是很容易解决的。

(二)司法官的任用应破格进贤

逊清末年以及北政府时代,对于司法官的任用,非常谨慎而严格。国民政府定鼎南京以后,为充实各级法院的人员,并且为罗致英才起见,推事与检察官的擢用,尝破格以求。尤其是最近几年来,只要是"能员",为有进身的机会。最高法院的书记官,可一跃而为同院的推事,陆军少将出身,也可任最高法院的庭长。立法院的衮衮诸公,为使立法与司法取得密切联系起见,曾经郑郑重重地把施行未及一个月的法院组织法第 33 条、第 37 条及第 38 条,予以修正。凡曾任立法委员 3 年以下者,得充简任推事或简任检察官;曾任立法委员 5 年以上者,得任最高法院院长(因为立法委员不肯大材小用,所以在修正第 33 条中,并未列有曾任立法委员几年以下的一项)。足见现时司法界,对于人才的罗致,是何等关怀。不过美中远有些不足。立法与司法当局,对于国内各公私立大学法律学系的毕业生,尚未予以充分的注意,不能无憾。近十几年来,各大学的法律学系,则因师资的缺乏和经费的拮据,各种设施,未能尽满人意,但是现时学习法律的青年,其常识之丰富,与精神之饱满,则远非民国初年的法律别科或法政讲习所学员可比。近今读律的学生一年少一年,这其中固然因朝野奖励实科人才,潮流所趋,青年们自然不高兴学习法政之学,但是司法当局,不肯提携读律的学子,也不失为一个重大的原因。据我的观察,近时青年,不愿读律则已,如果立志要习法律之学,则莫不对这个学科,感觉甚大的兴趣,并且深愿对于司法前途,有所贡献。可是事与愿违。辛辛苦苦学了 4 年,最多只能当一员书记官;非经高等考试的一场考取,休想任推检。诚然,考试制度,如果严格推行,凡是事务官,非考取不得任用,那么司法官当然不能例外。无如事实上却并不这样,要做行政官,大半只要有靠山或八行便得,而司法界则无此方面之门(为罗致英才,当然有例外),尤其对于青年,更毫不假以辞色。

老实说,现时各大学的法律学系的毕业生,委实有些了不起的人才,只因司法界的重门深锁,进身无路,只好所学非所用,在社会上乱碰乱撞,这确是国家的重大损失,立法与司法当局,应该设法救济才昌。不佞以为凡国内公私立大学法律学系毕业生,成绩异优,思想纯正,经校方保送,并经审查合格者,得充候补推检。庶几读律的青年,也可和立法委员一般,与司法界可以取得密切的联系。

如上所言,青年们要服务司法界,已经不是一件容易的事,但是经过了千辛万苦,跨进法院之门以后,而前辈司法官不特不肯提携后辈,反而阻挠后辈的进取。顷读《司法评论》创刊号辑五先生著《中国司法危机》一文,有如下一段沉痛的论述:"在司法界服务,如无前辈提引,则终身不能上进,此几已成为一种显著之事实。但一般前辈对于后辈,则多极尽嫉刻压迫之能事,惟恐后辈之不湮没无闻以死,而一跃与其并驾齐驱,除少数以特殊关系,得上进外,真能因僚属师生而相互深知,由前辈在下层工作之后辈,作公正之提引者,实为不得一二焉。例如老司法官类皆饱尝候补之苦味,如有后辈候补,请其提引补一正缺,必骇然作色曰:你尚年青,可再等几年,我也曾当过候补十几年才补正缺。又如,中央从事司法工作人员,将有以正缺推检分发之说,某老司法官闻之,便跳起脚道:那除非天翻地覆,我看是百分之百不可能的。及后,果以正缺推检分发,则又拍案大叫道!毛头小子,一出即为正缺,司法界从此多事矣。……惟彼老前辈之意,似曰:我们吃过的苦,非见你们后生小子吃不足以资报后,而扬我威。……在此种情形下,老前辈们即不很公公正正地为整个国家民族之司法,提引后辈人才,所提引的则仅为其特殊的关系所属之奴才。甚至循环的,奴才又提引奴才,而真正有作为之司法人才,则永落在十八层九幽地狱,无法超升。此当然在国家民族任何方面,均为一种最大损失!……"

民族要绵延,人才亦要有接替,学问与地位,更是不可以垄断居奇的。所贵乎前辈者,即在于能够提携后辈和训导后辈,继往开来,使文化的前途,迈进而无疆。目前司法官的待遇,比任何一种公务员都不如,我们正在督促政府,提高司法官的精神上与物质上的待遇(见《新政治月刊》第1卷第2期拙著《改革法律教育与提高司法官待遇》一文),由候补升一个正缺,算得什么,对于这一层,法界的前辈,倘有所嫉妒,其余则可不必问了。司法界的前途,真是不堪设想。

(三)民事诉讼文件应以邮局送达为原则,执达员应即撤裁

按现行《民事诉讼法》及《法院组织法》上所谓执达员,即旧法上之承发吏,名称虽则改变,而其地位与待遇,仍丝毫没有变易。依照各地方法院办事的惯

例，凡有关民事诉讼的文件之送达，都交给执达员行为，法律虽明定邮务局亦可充送达机关，但送达之由邮局为之者，极为罕见。在执达员为送达时，一切舟车膳宿，及其他费用，均须由当事人负担，仅仅一纸传票，受送达人往往要破费五六元之多。这还不过是徒增人民负担而已。至于由执达员为送达，其流弊诚不堪设想。现时各地方法院执达员的人数，多者十数人，少者三五人，如果一切应为送达的文件，都由执达员亲自送达，在事实上万万不可能。所以执达员必须私雇副手至五六人之多。法院当局，亦明知道这是违法的事情，却为事实所限，也无法加以禁止。这些副手，大抵都是些地痞流氓，在他们代执达员送达文件时，除支取依法应缴之送达费用外，还勒索酒资鞋钱（因为执达员所私雇的副手，照例不给薪水），甚且寄宿在当事人的家中，硬要杀鸡为馔，滋扰不堪！这还不算是最可恶的。最可恶的，是恫吓诈财的勾当。他们是执达员的副手，终日在执达员办公室里扯混，关于法院承办的案件，他们多少可以得到点消息，承审推事的个性和作风，他们亦皆了了于胸。利用送达文件的机会，便在当事人面前，说得如此如此，这般这般，或用硬功，或用软法，总要使当事人入其彀中，即俗所谓"撞木钟"是。这种弊病，老法官没有不知道，可是谁也不肯革他们的命。

依吾的愚见，执达员应该根本撤裁。民事诉讼的文件，除有特别情形，由书记官为送达外，概由邮务局行之。邮局遍设全国，虽穷乡僻壤，亦有邮差的足迹，难道还怕无法送达吗？在离法院遥远的地方，由执达员为送达，其送达费用，非三五元不可者，若由邮局行之，仅费一二角钱便够，减轻当事人的负担不少。熟悉法院内情的人们，既无由与当事人相接触，招摇撞骗之风，可以大刹。

（民国 29 年 8 月 13 日，于南京）

今后司法改良之方针

王宠惠 *

自司法院成立以来，司法独立之真精神，甚为一般民众所注意。但其着手整理之点，则复杂困难，异乎常。盖论制度，则虽因实创，论手续，则似简实繁，此中权衡，已属不易，而同时对内又负有建设法治国之责任，对外又应付领事裁判权之撤销，由此种种原因，则主其事者，第一当熟知各国司法状况，第二当熟筹本国司法之改良，二者盖相因而又想成者也。顾各国司法状况，其事至繁，其制度亦日新月异，要非在最短时间及有限篇幅中所能发挥尽致。若语焉弗详，不如姑舍是而专述吾国今后改良之方针。

吾国今后司法改良之方针，其事亦非数言所能了。但在训政开始期内，当然先就其牵连大者为着手进行之方。而中最宜注意之点，则是今兹之所谓改良，要与我革命军未统一以前之司法改良迥乎不同。

近十余年来，司法改良之说，亦当熟闻之矣。然卒未睹改良效者：其一，则由于司法权之不能统一；其二，则由于司法制度未臻于完善；其三，则由司法人才之缺乏；其四，则由于司法经费之不能确定。而其总因，则实由于军阀专横、对于司法事物或漫不加意，视为具文；或恶其害己，时加蹂躏。因此之故，从前司法事业，从一方面观之，不过仅具雏形，从他方面观之，实则同一赘疣。以此而云改良，真是欲南辕而辙也。

今者首先打破上述之根本障碍，则是已由黑暗而入于光明时代。宠惠不才，适当其役，实惧驽钝，无以副斯新制。顾念责任所在，不能不确定司法改良

---

* 王宠惠（1881—1958），字亮畴。广东东莞人。民国时期著名法学家、政治家、外交家。曾任国民政府外交部长、代总理、国务总理、司法院院长等职。著有《宪法评议》、《宪法危言》、《比较宪法》等。原文刊载《法律评论》1929 年第 281 期。江西师范大学法律系聂华整理。

之方针,以弼成五权独立之治体;爰本国民政府组织法所规定之职权,择其最重要而切实可行者,略分先后缓急,列举如下:

(一)宜进司法官以党化也

以党治国,无所不赅,法官职司审判,尤有密切之关系。何况中央及地方特种刑事法庭业已裁撤,所有反革命及土豪劣绅案件,悉归普通法院受理,为法官者,对于党义,苟无明澈之体验,目前首应注意之点。关于此项计划,约分为三种。(1)网罗党员中之法政毕业人员,使之注意于司法行政及审判实务。以备任为法院重要职务,俾得领导僚属,推行党治。(2)训练法政毕业人员,特别注意于党义,务期娴熟,以备任用。(3)全国法院一律遵照中央通令,实行研究党义,使现任法官悉受党义之陶镕,以收党化之速效,此应注意者一也。

(二)宜筹备普设县法院也

从前县公署兼理司法事务,实为一种不良制度。盖以行政官吏兼理司法,已非司法统系所宜有,而为县长者,又多趋重行政方面,司法事务不暇兼顾,至于法律智识尤成问题,此种现象,在今日仍不敢谓为必无,实不能不筹一根本解决之办法。

但查凡未设有法院之县政府,相沿旧制,皆设有承审员一二员不等,为县长兼理司法之辅助,此项承审员,办事一应经费,实已为各该县预算之一宗,随将承审员之合于法官资格而办事有成绩者,即时改为各该县法院之法官。此种办法之设备既简,成立自易;原日预算,即有不敷,相差亦属有限,另筹辅助,当非甚难,一转移间,而县法院编于全国矣,此应注意者二也。

(三)宜求司法官独立之保障也

司法独立,人尽知之。然欲求司法真正之独立,首当力求法官之保障。关于此点其事有二:(1)职务上之保障法官办理民刑案件,一以法律为准,如有顾忌,即不能尽其职。军阀时代,武人干涉审判之事,数见不鲜,法官力不能抗,或委屈迁就,或掣肘时闻,至于其他障碍,以致不能行使职权之事,尤难指数。今者军事告终,一切阻力,逐渐扫除。但恐仍有顾虑之端,尚需细考原因,以求职务保障之方法。(2)地位上之保障。法官无故不得降调免职,为各国之通例。盖久于其职,乃能安心任事。所以有法官终身之称。反观国内法官之迁转频繁无论已,往往僚属之进退、俸级之高低,悉凭长官之爱憎为标准。为法官者方惴惴不能自保,更何能责其尽职耶?关于上述两点,现拟详订办法,力予实行,庶可收独立行使职权之效,此应注意者三也。

(四)宜采用巡回审判制度也

巡回审判制度,不但为英美各国所采用,即吾国从前巡按巡道制度,凡其巡历所至,均可勾稽词讼,亦含有巡回审判之意。此种制度,按诸今日形情,实有采用之必要。盖各省幅员辽阔,交通尚成困难,各县人民诉讼,每以距省遥远,需费甚巨,不愿上诉,即或上诉,又因传提人证,动辄经年累月,不能审结,今宜就各省交通不便之处,筹设巡回审判以资救济。凡不服各法院判决而上诉于高等法院。每年分上下两期,派遣推事三人检察官一人前往受理。似此办法,既可以图诉讼之迅结,又可以除人民之苦痛矣,此应注意者四也。

(五)宜限制无理由之上诉也

民刑诉讼,无论轻微重大,按照现制,均可提起上诉。此项办法,原为慎重诉讼而设。但近来民刑诉讼人,往往于原判不利之时,不问理由有无,径行提起上诉。既抱拖延执行之想,又存侥幸胜利之心,以此狡讼不休,与相对人利益有碍,而且因上诉案件过多,以致不能速结,积压羁延,大半受无理由上诉之影响,查刑诉法第 387 条对于一年以下之轻微刑事案件,为图迅速结案起见,既减少其审级(只有二审),则此项无理由之上诉,亦应略加限制,以资救济,应于民刑诉讼法上诉审程序内,另设专条,凡刑事当事人,明知或得知上诉无理由而始行提起者,一经上诉审审定属实,维持原判,应科以相当罚金(奥国刑诉法草案已如此规定)。如系第二审案件,并应禁止其再行上诉,其民事案件上诉者,或仿英国制度,凡上诉之理由有疑问,得令其缴纳相当之保证金。又民刑案件上诉者,或仿他国办法,酌定审查上诉之法官核其上诉之理由是否充定(此系专指审查上诉有无理由而言,并不涉及本案内容)。似此限制,则狡讼之弊,可以稍减少,此应注意者五也。

(六)宜详细审查从前判例也

从前判例,现在原准援用,但其中有应分别择者,例如:(1)彼时势不同,所判情形有不合于国情者。(2)彼时判例用于刑律有效时期,所引条文与现行法有抵触者。(3)有就一时一地而言,按之现时普遍地点,或反一社会心理者,致使前判例不能一致者。(4)有历时既久,案件过多,案情大致相同,因查考不细,致使前后判例不能一致者。(5)有引断本已错误,而相率互引,沿误袭谬者。(6)有虽非错误,而判断未精,因成错案,致为一般人所不满者。凡此种种,均应及此时机,详细审查,一一予以更正,或更删繁就简,存其精彩,去其芜杂,庶可使援用者一目了然,且不致误入歧途矣,此应注意者六也。

(七)宜略采用陪审制度也

东西各国,对于刑事事实之判断,有附于陪审之评议者,我国周礼秋官,有议万民之制,亦即今日陪审之意。如无论何项案件,一律适用是制,则手续繁多,反与诉讼进行,有所窒碍。应于科刑较重之案件,采用陪审,而初陪审制度之时，其原受陪审之审判与否，无妨征求犯人之意，待其至若干年以后社会业经明了办法，便可施行强迫陪审制度，此外如陪审人员，均由法院先期审定资格，编造名册，遇有应行陪审之时，即就名册内抽签定之，其余详细办法，自应审酌现请，妥慎规定，此应注意者之七也。

（八）宜设幼年法院也

幼年人犯罪之心理，既与成年人不同，其受审判环境之上刺激，又与成年人有别，所以近年来外国司法制度，对于幼年人犯罪有另设幼年法院审理者，今宜酌量仿行。但我国幅员广大，司法经费又极困难，倘于普通地方法院所在地一律设置幼年法院，实际上恐有未能，就繁盛地方先行设，所有幼年之刑事案件，概归其管辖，所以拟设此项法院者系为顾全幼年人廉耻起见，以免其受普通法庭种种之感觉。俟详细研究再定，至于是项法院如何组织以及审判官等如何任用，及审判应用何种手续亦需斟酌规划，期于最短时期内实行，此应注意者八也。

（九）宜求司法经费之确定也

民国以来扩充法院，建筑监狱，当局者未尝无宏大之计划。是枝枝节节终不能照规定程序切实进行者，则以经费限之也。近年战事频仍，府库空虚，驯至已成立之法院监狱，几有不能维持之势，法官枵腹以从公，囚徒绝粮而哗噪，不成事体，可胜要概叹。今者政局粗安，渐复常轨，裁兵正在进行，预算可冀成。司法之改良既不容缓，经费之确定尤所宜先。如能实现经费使全国法院于期年之内同时成立者上也。不得已而斟酌先后分年筹备，源源接济，无虞中辍抑其次也，至于经常之费，亦当于预算内明确规定，无论何人不得挪作别用，或指定税源作为专款，如教育经费之独立然，则善矣，此应注意者九也。

（十）宜注重司法统计也

政治设施之方针依据于社会之状况而定。我国幅员广大，五方之民各异其俗，文明程度高下不齐，益以人事纷繁，变迁无常，欲明了其真相尤非有精密之统计不为功。百政皆然，在司法实务尤为要著。就司法而言，有民事统计，如婚姻承继债务等；刑事统计，如犯罪之性质，刑名之类别、刑期之长短、犯人之性别及年龄等；监狱统计，如人犯之出入，作案之盈缺及其疾病死亡等；司法行政统计如法官办案之勤惰，法院支援之员额，讼费征收之轻重，律师登录之增减等，皆当一一调查，编列详表，以资比较。庶社会上各种状况灿然具备，豁然成路，然后因革损益，有所标准，一切措施咸得其宜矣，此应注意者十也。

（十一）看守所及旧监狱宜迅求改良也

监狱为执行已决犯之地，看守所为羁押未决犯之处，其亟整顿，实与扩充法院同样重要。我国新式监狱就各省情形论，设置完备者寥寥无几，大抵一省只有二三处，或并一处而无之。至各县之旧监所无不因陋就简。然新式监狱之建筑大者需费十余万，小者亦数万，以目前之财力恐不可同时兴办。惟有先将各县旧监所大加改良，囚徒则施以教诲授以工艺，看守则劝其训练，严其赏罚。一面就各县选中之地分期建筑新式监狱，一处成立即将附近各县囚徒移进于内，而将旧监狱除之。但使司法经费果能确定，则三五年之后，全国新监亦可依次完成矣，此应注意者十一也。

（十二）检验吏及法医宜注重也

刑事案件以杀伤罪为最繁难，临场勘验必十分详慎乃能得其真实情形。稍有疏忽便致乖舛，往往失之毫厘，差之千里，法官据以定谳，其影响于罪刑之轻重出入者殊非浅。我国检验事项向来墨守旧法，但凭经验，不明学理，一遇疑难案件，瞠目不知所措，又以地位卑贱，侪以皂隶，舞弊枉法，恬不为怪。民国以后改为检验吏，稍稍遇之，而其弊未能斩除。今宜于各省高等法院附设检验吏讲习所，抽调各法院及各县之检验吏分班入所训练，授以法院之普通知识，毕业之后，各回原职，酌增薪给，以养其廉，严守条教，以惩其贪。一面筹设法医学校，培植法医专门人才，并酌量于各生活上医科专校添设法医学，一门以广造就，而利任吏。数年以后，人才足用，可不必假定于旧日之仵作矣，此应注意者十二也。

（十三）宜筹出狱人之工作介绍也

近世监狱政策咸取感化主义，盖予犯罪者以自新之路，不致终身堕落，贻害社会。即先哲所谓刑期于无刑也擅是以犯人虽囚之于监狱之内，而必施以教诲，所以冀其迁善也。必授以工艺，所以预为出狱之为谋生之路也。但一旦刑期已满，释放出狱若不代筹谋生之路，则若辈大多无家可归，或穷无聊赖之徒，饥寒所迫，恶念复萌，其不仍流为盗贼者机希。故再犯之案，比比皆然，是昔之所以感化之者，等于无用，而社会之蟊贼，终不能减少也。所以各国多有救助出狱犯人之会合，于犯人之有技能者且为之介绍工作，俾执一业，以自食其力，法良先美，莫过于是。我国向来尚鲜略种组织，所当亟于提倡者此应注意者十三也。

以上不过此举其大者，以为先行筹备之资，其实司法实务极其纷繁，非有精密之计擘，不足以言改良。但就平日见闻及经过情形而论，则上开各款，实为今日更不容缓之要图。且私意以为凡事均应重在实行，不宜徒诉空言。从前往往定一计划，总设为分期实行之说，以为塞责。所以此项改良方针不注重于期限，而注重于能先行者即实行之，盖为实事求是计也。

战时司法问题

谢冠生 *

　　此次抗战，是中华民族求生存独立，质言之，即民族革命。通常革命势力之获胜，系于精神，而非物质，吾人之物质虽逊于敌人，但如辅以坚强卓越之精神，则制胜可操胜券。

　　总裁发动国民精神总动员，用意即在于此。司法任务，为维持公私法律生活之秩序，平时已甚重要，战时责任益大。从事司法人员，如仍安习故常，墨守成规，殊嫌不够，自非振奋精神，遵循（1）国家至上，民族至上；（2）军事第一，胜利第一；（3）意志集中，力量集中之目标，迈步前进，实不足以适合战时之需要。

　　司法事务，与人民关系非常密切，倘使司法人员业经做到精神动员，其对于人民必发生有效的教育作用，因而达到国民精神总动员之最后目的，自无待言。

　　司法人员应如何振奋精神？即如何使用司法适合战时之需要，而成为抗战建国之工具？吾人根据国民精神总动员三个目标，认为有几点应特别注意者，兹略于左：

---

　　* 谢冠生（1897—1971），名寿昌，字冠生，嵊县（今嵊州）城关镇人。1922 年毕业于震旦大学，后赴法留学，1924 年获法学博士学位。回国后历任震旦大学、复旦大学、法政大学教授，中央大学教授兼法律系主任、法学院院长。历任外交部秘书，国民政府司法院秘书长、司法行政部部长，总统府行政院政务委员、公务员惩戒委员会委员长兼司法院秘书长，司法院副院长、院长等职。著有《中华民国宪法概念》（英文版）、《法理学大纲》、《罗马法大纲》、《中国法制史》（法文版）、《苏联与国际法》（英文版）、《篁笙堂文稿》、《模范法华字典》等。本文刊载于《时事月报》1939 年第 21 卷第 5 期。西南政法大学新闻与传播专业硕士刘旖舟整理。

一、注意法治精神之建立

要建设一个近代国家,法治乃先决条件,盖人人能尊重法律,即为表示国家之统一与团结,国家既能统一,又能团结,任何困难,均足以担当。但国人服从法律观念,素来薄弱,抗战以还,于不知不觉之中,暴露诸多妨害国家民族行为,良深浩叹。今欲树立法律的尊严,使人民的国家民族观念日增浓厚,司法机关认真执行法律外,其道无由。法官无论对于官吏或平民,决不应予以歧视。法律许以权利或利益者,应尽量维护之,法律课以义务或制裁者,则丝毫不予以宽假。各项战时法令以及与抗战有关的平时法令,倘为职权之所及,即应充分发挥其效用,凡妨害抗战者,不使其幸逃法网,抗战有功则设法予以方便。如此,人民始发生对政府与法律之信心,从而爱护国家民族,亦为必然之趋势。

二、运用法律需适合战时之需要

战时环境与平时大异其趣。平时法律之意旨,每有未能与新环境相吻合之处,首先例如民法债务履行之规定,法定期间之规定,当此大多数人民开赴前方抗战或转徙流离之际,如一成不变地依照旧例处理,势必发生极不公平不合理之现象。其次,尚有不少事件,明知其有碍抗战,而竟无适当法律可资适用,在欧战时各交战国皆有战时法规之编制,以资应付,其中以法国为最完备。我国自抗战以来,虽亦颁布不少法规,然未及规定事件,仍恐不少,司法机关执行其职务时,自不免发生困难,但若一一从立法方面去补救,一则程序繁重,二则战时瞬息万变,亦难包括无遗,此际惟赖吾人运用法律时,以国家利益与抗战利益为前提,法律上有规定而未吻合情势者,则力谋其所以吻合,无规定而显系不能放任者,则宜运用司法上之解释为之补充。要以适应战时之需要为归宿。

三、要有积极的负责的精神

从事司法人员,为职务关系,往往精神较为不振,缺乏朝气,然当全民族求存之际,人人皆当奋发踊跃,自强不息,方可克服当前困难,国民精神总动员纲领所示:(1)改正醉生梦死之生活;(2)养成奋发蓬勃之朝气;(3)革除苟且偷安之习性；（4）打破自私自利之企图；（5）纠正分歧错杂之思想诸端，固皆为司法人员所当切实砥砺深省者。除此而外，余以为尚有不可缺之两种精神：第一，找事做的精神，即积极的精神，凡是在职务范围内之事，皆不应使其遗漏，否则即属有亏职守。比如检察官除告诉告发之案件而外，应自动检举之案件，亦不可置之不问。沦陷区域司法人员分发各法院办事者甚多，虽为救济其生活起见，惟既分发办事，即应一体努力工作，不可自以为投闲置散，因而懈怠。第二，负责的精神，找到了事体做，如果随意敷衍，实与未做无异，比如检察官起诉一案，或推事判决一案，对于调查事实搜集证据，未能详尽，以为审判机关及上诉机关，均可重新调查，便不切实负责，其结果徒增人民之诉累而已。所以负责的精神，尤为司法人员所不可缺。

四、要做到迅速的机宜的地步

战时一切皆为动态的，时间与机宜，最易于失误，如不把握时间，适应机宜，则所做之事动辄失其意义，甚至发生意外之损失，所以第一注意的是要迅速。在平时需一天始能办毕之事，此时宜乎半天即了办毕。不但与抗战直接有关之案件，不容稍事稽延，既其他普通民刑事件，若不迅速处理，亦格外增加当事人之损失。对于不十分必要的程序，可省略者则省略之，时间极力求其经济，效率自然可以增加。第二，要注重的是机宜，战时每多发生临时紧急的事件，此类事件，既需当机立断，尤要处置得宜，例如疏散监犯，如情形紧迫，既不能犹豫不决，尤不可惊惶失措。又如接近战区之法院，处处与军事相关，举凡处理一切事务，必须有临机应变之方法。

以上概括的揭举数端，系以战时司法任务为出发点，以国家民族生存至上为目标，司法人员，应集注全副精神以赴之，以之增强抗战力量，并表率国民，而完成国民精神总动员之使命。惟此决非徒托空言而已，尤应切实见诸实行。推动之方，应以组织为中心，各级司法机关，需立即成立小组会议，借以互相研讨，互相观摩，高级长官，尤应以身作则，随时考核，庶几精神动员之推行，可遍及于司法人员矣。

对于少年犯罪之刑事司法政策

赵 琛[*]

一、少年法院之设置

依据刑事立法,运用刑事政策而为适宜之处分者,为刑事司法政策。立法机关为抽象的刑事政策之实行者,司法机关为其具体的刑事政策之实行者。实则运用刑事司法者,除法院与检察官外,为警察机关监狱看守所以及保安处分之机关,均有其责务焉。

为推行少年犯刑事司法政策,治本之计,首需设立少年法院,以审查少年犯罪之原因,施以适当之救治,使之趋入正轨,成为有用之良民。

少年法院之基础观念,为"儿童非罪人,儿童亦不能为罪人"。其成立之历史在美洲始于1891年美国芝加哥律师协会及妇女俱乐部所提到关于儿童犯罪应否与成人同视问题之研究。就其调查结果,成为美国设立少年法院之原因。1899年芝加哥成立第一少年法院,同年丹佛少年法院亦告成立,至今美国48州中已有40余州设立少年或儿童法院。此外如北美洲之加拿大,中南美洲之哥伦比亚、阿根廷及巴西诸国,亦皆相继设立。

---

* 赵琛(1899—1969),浙江东阳人,字韵逸。中学毕业后留学日本,入明治学习法律。历任安徽大学、复旦大学和政治大学、中央警官学校教授。抗战胜利后,任首都高等法院推事兼院长。1948年底,任司法行政部政务次长、代理部长职务。去台湾后历任台湾大学、陆军大学等校教授,及至"最高法院"检察署检察长等职。赵琛为民国时期著名法学家,尤在刑法学上造诣与影响最大。原文载于《法学杂志》1937年第6期。江西师范大学法律系聂华、韩旭整理。

欧洲方面，1908年英国制定儿童法，乃包含126条384项之一大法典，少年裁判制度，于兹确立，而法、比、德、奥、匈、荷、瑞士、瑞典、亦均先后设立少年法院。

意大利后于1935年7月14日施行保护少年之特别条例，依此条例设立新少年法院。

亚洲方面，印度已于1920年有儿童法院之设立，日本则在1922年始依少年法设立少年法院，除如非洲之埃及与南非共和国，澳洲之奥迪利亚与桂因斯兰等地，亦有少年或儿童法院之设立。

我国少年犯罪，渐见增多，证以各国探行少年法院制度以纠正少年犯罪之成效，实已有少年裁判制度之需要。

少年裁判制度之重要意义，在乎打破责罚观念，代以慈爱精神，其性质半为法律机关半为社会机构，与普通法院诸多不同。参照各国制度关于少年法院之设置，似应依照下列之原则。一是少年法院应与普通法院分离，方为独立之社会组织的司法机关。少年法院之建筑布置，不同普通法院，宜与社会机关仿佛，审判与庭丁概不必穿着制服，使少年犯不觉在法庭受审，而将真情吐露。

二是少年法院之审判官，固应精通法律，洞彻少年犯罪心理，对于少年之保护与教育，更需具有充分之知识经验与兴趣，而又热忱慈爱者充任为相宜。必有是项人员充任审判官，始能本其慈爱观念以为国家感化儿童，而少年法院制度之真实价值，方能表现。

三是少年审判之手续，以不妨害少年之保护教育为本旨。一般的刑事案件，程序繁重，其审判多属公开，且使多数被告可以同席，而少年审判则应与其他被告隔别询问，使其不得闻之犯罪手段之供述以煽动其模仿性也，又以不公开审判为原则，以保护存其羞耻心荣誉心，且使其不致为公众场所不齿也。故各国少年审判法，大多禁止新闻杂志为关于少年犯审判事项之记载。而少年法院之旁听者，应以少年犯之法定代理人，成年家属及感化机关之人员为限，少年犯出庭以由法定代理人带领为宜，不应使法警拘提，审判官询问时，需用温和态度浅显语言，说明其被控制之事实，而后逐一询问之。

四是对于少年之保护处分，各国法令所探之普通手段，大约如左：

(1)送还少年于其家庭，使为更适当之监督。

(2)少年家庭腐败或不适宜于少年之教育时，则委托于其他适当之家庭或保护团体，使其为保护监督。

(3)少年堕落之程度甚深，认为前项处分不能收效者，则收容于施以一定的矫正或感化教育之处所。

（4）如因精神上之缺陷，而为犯罪或有犯罪之虞者，为施以治疗得送于适当之病院。

少年法院惟依法律为相当之保护处分，以矫正少年犯之性格，而其事业之收效，则有待于从事于保护事业慈善事业多数有志者之援助，否则虽有少年法院之设置，徒存躯壳而已。故欧美各国少年法院之运动，多由社会有识之士，制造一般舆论，依社会上热烈的请求，始见诸立法上之实施，当时机如未成熟，即不易贯彻少年法院之目的也。愿社会上有志之士及为民众喉舌之新闻报纸，极力鼓吹提倡各种保护儿童之事业，使少年法院之成立，得早日见于事实也。

二、少年监狱之设置

少年犯当以送入感化教育处所施以感化教育为原则，若确有科以自由刑之必要，亦应送入少年监狱，以与成年犯隔离，始为合理之处置。

少年监之制度，滥觞于 1703 年 11 月 14 日，罗马教皇克勒曼斯十一世，以桑米格尔病院的一部，设为幼年监，专收未满 20 岁之幼年囚犯，及不良少年，实行矫正主义，代国家而对幼年囚犯执行其刑罚，代父兄而对不良少年改善其品性，夜则隔难（离）而分居于独房，昼则沉默而劳役于工场。其遇囚之要旨有云："须使彼辈屈服于国法之威严，且使受教育于严正纪律之下"。今日各国之少年监制度，实当以此为权与。

比利时监狱制度在 18 世纪已有可观。1920 年创新学校监（Les Prison-seooles 即少年监）。收容民法上未成年人（未满 21 岁）而在刑法上有责任能力（16 岁以上）刑期在 3 月以上之少年人，若得司法部特许，并的收容 30 岁以下之犯罪人。其目捷克斯卜拉斯监狱典狱长特里纽克斯（Del erneux）于一九二六年在国际刑法会议《关于少年犯罪问题之报告》，认定百分之八十，由于社会病所产生，故学校监之责任，即少年犯父母所负之责任，必须代尽少年犯父母之责任，以教育社会基本分子，始无愧于少年监所负之使命。目前比国此种少年监，共有两所：一在刚城，为工业学校监，建筑分为监房工场两部，有监房 147 间，工场有冶金、铁工、细木、鞋子、缝衣、订书、建筑、图样工等科，此外有教室、音乐室、讲演、图书、阴雨运动场之设施。其二在抹萨婆尔斯，以农业为教育主旨，称曰农业学校监，与工业学校监工作种类固不同，而其处遇方法则一致，少年犯初入 3 个月，称为入监检验期，绝对分房，典狱长、教诲师、宗教师、监护人等，逐日访问，以察改造之所需。检验期满，根据结果，决定待遇之等级,共分观察级、恶劣级、良好级、优良级等四级,除观察级以 3 月为期外,其余各级以因人之努力程度为依据,藉以鼓励其向上心,如达到优良级,确有生活能力,即可予以假释。

依英国幼年囚规程,其处置方法大要如下:(1)刑期 1 月以上之幼年囚,押送与少年监,1 月未满者与年长者,隔离拘禁于监狱。(2)幼年囚与年长者隔离而为运动及受教育,即在教诲堂中,亦常使其不与年长者接触,且应列于不能互见之位置。(3)对于幼年囚之监狱纪律,无妨稍宽,不可无卧床使其睡眠,刑期内得许其阅读书籍,工场及户外劳作得与其他幼年囚混同服役,授以出监后必要的职业,体育上认为适当时,得许其每日散步与操练。(4)巡阅委员认为与幼年囚之道德上及其前途有利益者,得特许为限制外之接见。(5)教诲师对于幼年囚,当特别留意,且需会同巡阅委员及出狱保护团体,关于出狱后之保护,予以尽力协助。

民国十九年司法行政当局曾拟定训政时期之司法行政工作大纲,原拟于普通监狱之外,酌设少年监,专收 25 岁以下的初犯,以便实施教养,每省设置一所或二所,其收容人数,定为 500 或 1000 人,预定第一年:(1)预定本年内全国共筹设少年监 28 所;(2)督促各省司法长官,依照筹设法院监所工作等表所列次序地点办法,将上开各少年监,实行设立。第六年:(1)预定本年内全国共筹设少年监 19 所;(2)督促各省司法长官,依照筹设法院监所工作等表所列次序地点办法,将上开各少年监实行设立。直至民国二十二年始于山东济南设立少年监,次年继有湖北武昌少年监之设立,且有少年监阶级处遇规程及少年犯教育实施方案等之颁行,实施方案中规定,应依三民主义之精神,授少年犯以相当知识与技能,以正确其思想,养成其勤劳,俾能复归社会生活为宗旨。此项事业,虽已由理论趋于实际,然至今成立者,犹不过二三处,去原拟设立之数,相差甚远。苟国人确知少年监之重要,努力进行,共筹普设,则为犯罪少年求改善,即为整个民族谋复兴,企予望之。

山东少年监,容额为 240 名,其组织形式,虽有似乎普通监狱,而教务所职权较为广泛,另有教师 4 人教诲师 1 人之设置,管理采用阶级制,兹摘录该监阶级处遇规程之重要规定于下,以资参考。

(1)新入监者定其分类编入强制级,依其得分,循次进级(第 3 条)。

(2)在强制级或训练级,而行状善良,确有后悔之实据时,得进训练级或自治级。达规定之分数后,15 日内刑期即可终结者,得不为进级(第 4 条)。

(3)分类变更及阶级升降,于监狱官会议决定之(第 5 条)。

(4)从他监转入者,审查前监狱之成绩,编入相当之阶级(第 6 条)。

(5)在强制级者,拘禁于独居监,在训练级者,拘禁于夜间独居监,在自治监者拘禁于杂居监。在第一类强制级而行状稍良者,得拘禁于杂居监,在训练以后,认为必要时,仍得以独居监据禁之(第 7 条)。

(6)犯规情节重大者,降一级或二级,在同一阶级,1 月有 2 次以上被处罚者,降一级(第 19 条)。

(7)在自治级而行状善良,其经过刑期,有合于刑法第 93 条(假释)之规定并具备实质上之条件者,得为假释之声请(第 21 条)。

日本少年监为小田原、川越、松本、姬路、冈崎、久留米、盛冈等处,收容 15 岁以上至 18 岁之少年犯罪,尤以小田原少年刑务所为最著,该所对于少年犯之教育,极为注意,每日需受 2 小时之教育,卫生亦较普通监狱设备周至,并领有旧军舰一艘,停于浦贺海滨,内设渔捞训练所,设授捕捞鱼类及其他水族并水产制造之术。其奖励渔业之政策,竟及于少年犯之间,可想见其别有用心矣。

三、感化院之设置

依新刑法第 86 条,对于未满 14 岁而不罚,及未满 18 岁而减轻其刑者,既有得令入感化教育处所,施以感化教育之规定,则关于感化院之扩充添置,实为急不容缓之事。法院科刑,含有制裁之意,而感化处分,则重在改善品性与预防犯罪,德礼之不修,乃专恃刑威以齐其末,自非正本清源之道也。

第一,感化教育之主义:

训练上之二主义,感化教育之训练方针,向有保护主义与自由主义之分。法国采保护主义,以保护干涉为主,对于少年犯行为,无论巨细,均不厌烦琐,加以干涉,美国采自由主义,依自由本位,训练少年,助其自由发展,使知负责任守纪律,以养成独立独行之自治能力。保护主义似嫌严格,自由主义,稍嫌放任。故英国之训练方针,调和于两者之间,一方加以严重的监督,他方又许以相当之自由,迨折衷之主义也。

第二,集合感化之制度:

感化院集合感化之制度有下列三种:

甲,兵警式 其组织与兵营相似,教职员为将校,受感化之少年为士卒,凡起卧饮食及其他一切进退纪律严肃,概与兵营无异。此种制度,以服从命令为最大关键,对于顽劣儿童,加以严厉约束,虽足以养成有规则的习惯,然感化教育,重在感情上之熏陶,贵能斟酌个人性格,以为改善,若临以威严,强令就范,终非心悦诚服,恐难有消除其根本上之恶性也。

乙,家庭式　收容若干儿童为一家,集合多数之家为感化院,与家庭同,感化院之监督者,对于少年人,如父母对子女,其起居饮食,无异家庭,故曰家庭式之感化院。此制虽可矫正兵营式之弊,惟过重温情,轻于约束,又恐易生不守规则之习惯,且收容人数不多,管理需费颇巨,亦其弊也。

丙,学校式　与普通学校之组织相类似,管理之法宽敞得中,所有教室寝室膳厅等无不完备,实行强制教育,使其不再游荡而无依归。此制较前两者为优,盖训育方法,注重个性,启感德趋善之心,无恃爱生玩之弊,而容量颇多,教材易得,费用经济,实行非艰,尤其馀事耳。

第三,感化教育之三方面:

感化教育之宽施,应注意下列三则:

(1)生产的技能之磨练,养成少年人竟来独立经营生计之能力。

(2)道德的判断之教养,养成其有精确判断是非善恶之能力。

(3)道德的品性之陶冶,养成其取善避恶努力向上之品性。

第四,各国感化教育之概况:

英国感化院之首先成立者,为 1817 年伯明翰(Birmingham)附近设立之感化所,盖自伊丽莎白(Elisabeth)女王,对于失教儿童及幼年犯,深加注意,及英人伯兰顿(Blanton)等主张 16 岁以下之犯罪儿童,不愿拘禁狱中,常组织特殊机关加以训练,遂引起若干新制之试探。1864 年始得国会通过,由政府设立。1847 年圣乔治(St. Georgos)区域之感化院,且注意及于有犯罪倾向之儿童,于是此项运动,日益进展。1854 年国会通过感化院发,在法律上之地步益固,其最著条款如(1)需有工艺训练;(2)管理采家庭式;(3)厉行假释;(4)少年家庭如有经济来源,父母须担任一部分之经费;(5)收容少年年龄在 12 岁以上 19 岁一下;(6)感化期间 3 年以上 5 年以下。现在英国感化已达二百数十处,其中有少年感化学校,工艺训练学校,流浪儿童训练学校等之区别。合计男女人数约在 20000 以上。

美国感化院,始于 1824 年纽约州兰达尔岛(Raedals Island)之庇护所(The House of Bo)。

惟以前对于训练,重在经济方面,认定贫穷为儿童犯罪之主要原因,经历年研究结果,方知道德的问题,尤为重要。1876 年勃洛克为(Z. R, Brockway)任爱儿米拉感德化院(Elmira Beformutory)管理员,主张感化方法,当先养成少年人之自治及自尊之心理,故其根本原则,认定:(1)少年犯有改良之可能;(2)少年犯改过迁善,为其权利,同时为国家义务;(3)改良少年犯当察个人需要而纠正之；(4)少年犯人改良，当设法使之自动；(5)应先决定少年犯在院期间之久暂，方可得到改良圆满结果；(6)改良方法纯用教育方法，必使个人身心因教育能获到自由之进展。

苏俄对于少年犯有布耳什服(Bolcheves)温尼哥罗(Zwenegorod)等分工区域之组织，重在集合劳动之训练，收容人数有 2000 人或千余人之多。其场所如一乡村，不用环场围绕，亦无多数守卒，而脱逃之事，甚少发生，盖其精神戒护有足多也。除努力施以相当工业知识之训练外，并有网球场及其他运动方面之设备，有称此为全世界少年感化机关最人道最合理者。

比利时感化教育之设施，除少年监外，为国立教育所，收容 16 岁以下之刑事无责任能力之幼年犯，有男教育所女教育所之分，其处遇分可望改善、却能改善、已经改善、三级。各斟酌需要，而施以适当之教育。此外尚有病态儿童教育所之设立，除用智育德育培养外，并用医学方法，为病菌之扫除。

丹麦对于 15 岁至 21 岁之少年犯，亦以教育感化代监禁，教养期间，不由法院判定，法律仅有 1 年至 3 年之限制，其责由教养机关在范围内，酌察教养结果如何，以为伸缩标准。

荷兰感化院，全采教育制度，收容 16 岁以下之少年犯，得留置至 18 岁为止，全国共有 4 处，其一为女子感化院，对于少年男女，施以感化教育，使其得有入社会中生活之准备，而手工艺及其他一般教育，亦甚注意。

捷克斯拉夫，有感化院 2 处，一在密古拉，专收容 20 岁以下之少年犯，其刑期在 6 月以上者；一在哥夕斯，其中分为二部，一部收容刑期 6 月以上之少年犯，一部收容道德堕落或缺陷之少年人，皆注重感化教育之实施。

日本自大正二年公修正感化院法，规定北海道及各府属应设感化院，经费由各该地方负担，收容 8 岁以上未满 14 岁之不良少年，于团体或私人设立之感化事业，得代用为感化院。现全国共有感化院 50 余所，收容人数约一千二三百人，感化院中国立者琦玉县大门村之武藏野学院，收容品行不良程度较高之少年，此外办有成绩之感化院，为井之头学园、小笠原修济学校、泷之川学校、巢鸭家庭学校及其分校函馆训宥院、下涩谷东京感化院、大阪府立修德馆、小石川儿童一时保护所以及妇女娇凤保护所。至于横滨家庭学校，专为收容不良少年之唯一机关。

我国在民国十年以前，尚无感化组织之设立，民国十一年二月，始由北京政府司法部颁布感化学校暂行章程，同年秋间，香山慈幼会为教育不良儿童，设置感化院，实为我国感化教育之发。民国十二年法部筹设感化机关，乃商于香山感化院，合组北京感化院学校，地址在宣武门外下斜街，占地十四亩，命各省新监幼年犯，概移送该校施行感化，采用普通小学课程及工业之训练，德知兼施，以期达到（感化成为良民）之目的，此我国国立感化教育组织之创始也。国民政府成立以来，刑法已经一再修正，社会防卫主义之色彩益超浓厚，而感化教育组织之设置尤感需要。据民国二十四年司法行政部统计室所发表各省保安处分执行处所之调查，其中关于感化教育组织共有公立 25 所、私立 19 所，分析之则如下表：

感化所

省	所在地	私立	公立
江 苏 公立 1 所 私立 18 所	上海第一二特区法院	5	
	上海地方法院	1	
	吴县地方法院	1	
	镇江地方法院	1	
	江都地方法院	1	
	松江地方政府	1	
	铜山地方政府	1	
	苟容地方政府	1	
	南雁地方政府	1	
	海门县政府	1	
	如皋县政府	1	
	淮阴县政府		1
	淮安县政府	1	
	豊县县政府	1	
	坯县县政府	1	
浙江 公立 1 所	新昌地方法院		
安徽 公立 4 所	怀宁地方法院		1
	凤阳地方法院		1
	凤台地方法院		1
	望江地方法院		1

续表

省	所在地	私立	公立
福建 私立1所	安侯县政府	1	1
河北 公立5所	北平地方法院		1
	监山县政府		1
	吴桥县政府		1
	故城县政府		1
	井陉县政府		1
河南 公立6所	开封地方法院		1
	郑县地方法院		1
	宁陵县政府		1
	拓城县政府		1
	永城县政府		1
	团乡县政府		1
山东 公立4所	青岛地方法院		1
	章邱地方法院		1
	城武县政府		1
	文登县政府		1
江西 公立4所	高等法院第一分院		1
	南昌地方法院		1
	九江地方法院		1
	上饶县政府		1
总计		19	25

第五,设置感化院应注意之事项:我国感化院为数甚少,殊不足以供应当前之需要,今后应积极提倡,普通设置,实为司法行政之中心工作。唯其设置,当求其完善组合于我国之情形,似有可注意者数端,足供商榷。

(1)感化院之目的,在于收容不良幼童或犯罪少年授以知识道德并适当之职业教育,使其将来得利于社会,成为有用之良民。

（2）感化院县感化教育之组织，应效仿学校组织，不可类似于惩罚组织之监狱。

（3）感化院宜设于乡村，既可与城市恶劣环境相隔离，又可受大自然之感化。

（4）感化院之教育程度，授以普通教育为原则，年龄稍长者，则施以补习教育，图书馆、运动场均需设置，尤应提倡旅行各名地，以调和其精神健全其骨格，增加其爱国之情绪。

（5）德育方面，除授以三民主义之精神要旨，及古圣名贤之言行外，对于新生活运动之原理，尤因特别加以说明，使其尊重中国之固有道德。

（6）感化院对于将来必须离院入于社会生活之儿童应许其有相当程度之自由，以养成自信自治自立之精神。

美国欧本（Uiban）矫正院，采用自治制，院中组有各种团体，使少年各基于其特殊才能，自由集合，共同作业，教员非于必要时，不滥加以监督指导及协助，其设备及议决等种种之创作，需使彼等信为发于自身者，男童中所组织之团体，为体操团、消防队、童子军、卫生队、音乐队、动物爱护会、植物培养会等，女童所组织之团体，有儿童音乐会、声乐会、跳舞会、女童俱乐部等，各团体男女，均有集合所，以养成儿童之自治与合之心理。

（7）感化院为培养儿童之职业技能，应设置农场与工场，农场之面积宜大，农业之范围宜广，使其出院后得以深入内地，为复兴农村之干部。至工场设计，不以机械工业、城市工业为主，而当注重于手工艺技、乡村工业，以养成勤劳朴素之生活习惯。

（8）感化院之职员，应于教育中遴选之，不应选用会服务于监狱之人员，盖此辈受职业上多年之陶镕，势必视感化教育院如监狱，视儿童如成年之犯人也。

四、置添查访少年犯之警察

国家设置警察之目的，以预防与侦查犯罪为其主要之任务，故任司法警察之职者，平素应留意社会之变迁，人心之趋向，考究关于犯罪诸般之现象，期尽其职责而无遗憾，尤应谨慎言行，廉明公正，敏活周密，联络调协，不为外议所动，不为私情所泥，尊重道义人情，毋害善良风俗，至其行使职务之时，更应恪遵法令，严守秘密，以防止侦查之障疑与犯行之传播，尤不可毁损被疑人及其他关系人之名誉。

预防犯罪既为警察之重要使命,则各地警察机关,应设法消减种种引诱犯罪之现象,使社会上不致有违法之事件发生,据美国中央与各州监狱之统计,社会不法之徒,大多为青年之变相,1927 年狱囚 44062 人,有 23％为 21 岁以下之青年,足知大多数成年人之犯罪,其始皆由于少年堕落而起,则关于少年犯罪之预防,实为司法警察之重要工作。如荷兰首都警察厅,特设儿童部,执行其任务,日本警察官署,对于少年犯罪,亦有专设警察,处理其事,日本司法警察执务规范第 7 章,且设关于少年之特则如下:

(1)对于少年事件,应以教养保护为主之精神处理之。

(2)对于少年被疑人为调查时,不应触他人之耳目。

(3)少年被疑人应使其与其他之被疑人隔离,毋使接触。

(4)少年被疑人,除有不得已之情形外,不得拘束之。

(5)逮捕或解送少年人之时,所用之方法及强制之程度,应为慎重之注意。

(6)对于少年人被疑事件,虽认为犯罪事实轻微,无处罚之必要,亦不得为微罪处分,仍应送交检察官。

(7)对于少年人之刑事案件,不独关于侦察预审,即付公判之事项,亦应严守秘密,少年法院审判之事项亦同。

执行保护妇女儿童之工作,男警察不若女警察为妥善,盖男警察以性别关系,有打草惊蛇之虞,女警察则能不动声色,混迹其间,从事视察及探取情报。尤以处理性的犯罪时,对于妇人或少女之讯问,如交女警察办理,更属相宜。故德国 1903 年即有女警察之设置。1910 年美国加州洛杉矶,首先任用女警察,大战开始后,伦敦警察厅任用大批女警察,派在伦敦街上,担任巡逻与侦探之工作,今则女警之添设,已风行于欧美各国矣。女警专用以办理保护妇女儿童范围内之警察事件,如看管留置之妇女与儿童,调查及保护妇女或儿童之私奔与迷途者,侦查妇女与儿童之犯罪行为,取缔或教诲娼妓,取缔贩卖妇孺,取缔对于妇女之猥亵行为,调停家庭纠纷,监护无业流浪有入邪道之虞的妇女与儿童尤以预防社会一般少年,使不陷于堕落,为最要之使命。盖今日之少年,即将来国家与社会之柱石,关于其一言一动均不容任其放避邪侈贻误终身也。

兹录美国积彩市警局女警部之工作统计于左,以见女警成绩斐然之一斑:

十七岁以下之少年男女被处理之人数　5018 名

此等案件中发生之问题如下:

1. 失踪儿童　　　　　　　　　　　80 名

2. 无人料理兴待救护之儿童　　　　1248 名

3. 无保障之少女　　　　　　　　　414 名

4. 逃学不受约束之少女　　　　　　　742 名

5. 偷窥不受约束之少女　　　　　　　297 名

6. 与下流人来往　　　　　　　　　　809 名

7. 不道德　　　　　　　　　　　　　550 名

8. 其他　　　　　　　　　　　　　　123 名

9. 在法庭案件之证人　　　　　　　　755 名

二、上述案件之处理：

1. 被整理　　　　　　　　　　　　2827 名

2. 交私人机关　　　　　　　　　　1176 名

3. 在少年法庭告发备案　　　　　　　133 名

4. 交其他公共机关　　　　　　　　　676 名

5. 送还其他城市　　　　　　　　　　206 名

余以为欲完成对于少年犯罪之刑事司法政策，警察机关中亦应仿照各国设置儿童部，并添置专对少年犯罪之男女警察，分发城市内各地段、商店、公共休息所、公园、车站、轮埠、码头、职工介绍所、餐馆、宿舍、形迹可疑之旅店、公共场所、跳舞场、剧院、娱乐场、咖啡店、酒排间、茶室及私娼出没之地，专注意失踪儿童、沿街做小买卖之儿童、逃学与离家之儿童、街上与男青年相识之少女、引人注意或竞向人兜揽生意之私娼、与恶人同行之女子、酒醉之青年之男女、向少女引诱之男子，在商店或沿途扒窃之儿童等，则其预防犯罪与保证少年男女之成绩，必有可观也。

科学行刑的理论和实际

张达善　王全杜 *

一、科学行刑的意义及其理论的基础

行刑的目的，不是报复，尤其对于自由刑的罪犯，不仅在完成其消极的惩罪主义，更重要的是达到积极的感化效能。所以监狱行刑的最后结果，要使罪犯从监狱中释放出来后，不仅对于违法行为知所畏惧与避免，且能进一步明白如何重新做人，如何始能享受其一切合理的自由。所谓罪犯犹病人，监狱实医院，其实犹未尽然，监狱之于罪犯，其任务较医院当更进一步。医院之于病人，其任务只需根治其病，而无需负责其养成卫生习惯；但监狱之于罪犯，其任务不仅建设正常之心理，且应导以社会的适应和生理的矫治，完成其良好的品格，使其不再感受到外界势力的恶化，而达到自存自治之目的。因是监狱行刑之意义与价值实深重大，而科学行刑即为达到此种目的之唯一手段。

以往刑罚的观点是从报应刑主义为出发，以意志自由为行刑的基点，认为犯罪是违反正义的行为，所以行刑的目的是在填补过去的损害，只要使罪犯感受痛苦——一种报复作用，而近代刑罚的动向，已从报应刑主义转向保护刑和教育刑主义，认为刑罚只是一种手段，其目的在防卫社会，而是一种教育犯人的方法，使罪犯在教育的澄清中归返社会，复成为服务社会共同生活的一分子，而科学行刑即为建立在这个理论的基点上之手段。

科学行刑即以刑罚为重心教育罪犯归返于社会为手段，故必以心理学、社

---

* 作者生卒等信息不详。原文刊载《现代司法》1937 年第 4 期。江西师范大学政法学院硕士研究生吴陵珂整理。

会学、教育学和生理学等为依据,用科学的方法诊查犯人之身心状态、社会背景与教育程度等,依据诊查的结果,在消极方面设法摒除其犯罪原因之再现,在积极方面指导其新的生活习惯的养成与思想之训练。所以科学行刑的自身,当有其自身的理论基础,兹略述如下:

(一)适应个性

以往罪犯是被看作猪狗不如的动物,他们丧失了自由,更丧失了一切,他们的个性,从来没有被人注意过。人类个性的差异极大,虽为同一案情的罪犯,但绝非同一程度之个性,因是用同一方法教育或感化不同个性之罪犯,其结果和效能必不能相同。自从行刑的观念改变以后,监狱对于罪犯已渐渐注意到个别的特殊的需要,而设法予以不同的"个别待遇"(Individualization of Treatment)。不过要明了罪犯的个别情形,决非普通的访问和观察所能奏效,一定要采用科学的方法,将各个罪犯的社会背景、心理状态和生理情形,有一个详细的调查,做一个详细的记载,然后根据其特殊的需要,予以个别的指导与训练。这样自能适合各个罪犯的个性,而达到感化的效能。所以科学行刑的最大基本原则,就是适应个性。

(二)便于训练

没有运用科学方法将罪犯分类而予以同一方式的训练,不是不可能的事实。但在进程上除了进行迟缓外,必会发生种种复杂的纠纷。而这种纠纷的处理,亦极困难。例如极明显的事实,一个全无职业技能的罪犯,最初没有明了他所具有的能力,就随便令他学习一种工作,最初只是工作成绩恶劣,逐渐他就无心工作,而发生种种破坏工作的行为,终乃引起多数人的纠纷。又如一个好活动的罪犯,如不用活动的方式来使他潜伏的能力升华,又不令其担任相当工作,使其精力有所发泄,而予以静止的处遇或训练,他就会感到厌恶和痛苦,竟至有发生一种反抗行动的可能。倘使运用了科学方法的分类,则不但便于训练,且分类施教以少数人控制多数人也是非常经济的。

(三)合乎论理

人类行为的发展是渐进的,当然人类行为的改变也是渐进的,且唯渐进的改变,才是真正合理的改变。这种行为改变的演进,在变化多端的社会上,似不能捉摸其程序和方向。但在被控制的情境中,就可觅到规则的或预期的途径,训练者明了这种途径后,则一切设施就无往不宜了。这是理想的从归纳到演绎的方法,也是最有效的论理方法,而这种理想的方法必须从科学行刑的方法入手,由科学的诊查找寻其控制其行为的途径,由科学诊查的结果,作演绎的起点,最终归结于确定的目标。所以科学行刑的手段是合乎论理的原则。

科学行刑的史的发展,可以说正式自朗勃罗梭(Lombroso)氏开始。朗氏认为将罪犯分类,可以使监狱的管理便利,可以帮助刑法之不足。因此,朗氏即根据了他的远祖遗传论,分罪犯为:(1)天生犯;(2)疯癫犯;(3)感情犯;(4)偶发犯四类。后来他的门人费利(Enrico Ferri)认为不十分完善,就根据了综合犯罪学,分罪犯为:(1)疯癫犯;(2)天生犯;(3)习惯犯;(4)偶发犯;(5)感情刺激犯五类。

这两种分类的最大缺点,就是建筑在罪犯定型论,不合于事实,不适于用,虽有科学行刑的意味,但全无科学的基础。格罗法路(Garofaro)曾根据在司法界之经验分罪犯为:(1)特性犯或杀人犯;(2)强暴犯;(3)缺乏忠直的犯人或盗贼;(4)淫荡的犯人或性欲犯。这种分法依据品格分类,似乎在应用上可以便利些,但是这种分类全凭经验,非有精确的观察,经过相当的时间不能断定,且往往失之片面的判断,实在太不科学。最近,泊米里(Pamelee)集合各家学说,采取精神病理上的见解分罪犯为:(1)低能的罪犯;(2)精神病的罪犯;(3)职业罪犯;(4)偶发罪犯;(5)政治罪犯五类。这种分法,融各家新旧犯罪学者之意见于一炉,似费不少苦心,然类别既不能十分适当,又同样缺少分类标准和应用价值,仍非实施感化之最合理想的标准的科学方法。真正的罪犯分类,应介乎最圆满的理论和具有最大的应用价值,从分析各个犯罪者的原因入手,根据罪犯的心身、状态、社会背境、教育程度等各方面,实施个别诊断和治疗,则感化的最终目的自能达到。此即美俄诸国监狱最新之科学行刑法。

二、科学行刑的条件

科学行刑既以心理学、社会学、教育学和生理学等科学为依据之科学方法,则这种方法的实施,自为一种确切的科学程序之实施,而不是一种理想或一种主张,必须充分具备可能实施之条件。始能达到实现这种手段所必须达到之目的,什么是科学行刑的必要条件?举其要者而言,不外工具、人才与组织三方面之完备,兹分别叙述于下:

(一)诊断的工具

科学行刑的实施,以罪犯诊断为出发点。由诊断始能明了罪犯的一切,始能搜集许多有用的材料,按其性质分类。但是诊断工作不是一件简单的事,一定需要长时间的多方试探,及正确和精良的工具,然后可以得到正确精良的材料与结果。所以工具的准备,实为实施科学行刑的先决条件。

所谓正确精良的工具是什么呢,除了生理方面的诊断,可应用医药方面的器械以外,关于罪犯行为之各方面的诊断,在目前可以说还没有一套可以采用的完备的工具。在心理与教育方面,测验的应用,虽很普遍,且具有相当的正确性与可靠性;在社会调查方面,也有个案研究的方法及其他调查的方法。但是要适合于诊断犯人之用的工具为数却不多。所以,我们一方面,要郑重选择既有的工具,另一方面,还要长时期的研究与准备,以创制一套较完备的工具,作为诊断之用。下文所述,只是讨论各方面诊断上所必需的最少限度的工具。

(1)社会调查之工具:社会背景的调查,以用"个案研究"为最适当。对于犯人的家庭背景,生命历史,应有详细的研究,精密的分析,以明了各个罪犯之犯罪原因。不过普通应用的调查工具,系以普通人为对象,不一定适于调查犯人之用。所以在进行调查之前,应先考虑到所欲调查的内容,编造或创制一套表格,以为专门调查犯人之用。

(2)心理测量之用具:在心理测量方面,各种诊断的工具已不在少数。论理罪犯之心理状态,似可应用那些现成的工具,而不必另行编造。但是普通的心理测验,尤其是测量智力、品格及情绪方面的,大部分都以普通成人或学校儿童为测验的对象,故其编造的方法及其根据均各不同。倘以之施用于罪犯的诊断,不一定全部适用。其理由如下:第一,一般测验大部分为文字的,但罪犯团体是一个极复杂的组织,一方面,拥有大量的文盲,另一方面,包有中等教育以上的知识阶级,所以一般的文字测验多在监狱中即失其实效。第二,测验的手续是很麻烦的,被试者的了解与否,对于测验的结果具有甚大的影响。在学校中儿童多少受过一些训练,所以施行起来问题还少,但狱中罪犯全无测验概念,如用一般的测验,其结果很有问题。第三,一般测验所欲寻求或诊断的性质和罪犯的诊断不同。我们如果应用性质不同的测验以诊断罪犯,则诊断所得,必非吾人所欲诊断的东西。换言之,这种测验,就失其正确的程度,所以在施行罪犯的心理诊断时,我们一方面,要郑重选择现有的测验工具,能应用的加以采用;另一方面,应考虑所欲诊断之性质,而改编固有之测验或创制一种新测验,使适于测量罪犯心理各方面情形之用。

(3)教育测验之工具:罪犯教育之诊断,可分两方面:一为入监时教育程度之调查。此种调查,一部分可利用现成的教育测验,其余一部分可应用自制之表格,二为实施教后教育成绩之考核,此种测验,当以自编为原则。因为普通的教育测验,其材料系根据学校中通用的教科书而得,且均以儿童为测验的对象。在监狱中,一方面,因施教时所用的教材不同;另一方面,罪犯均为成人,所以普通的教育测验,在应用上自难十分适当。故考绩时所用之测验,最好能自行编造。

此外关于作业兴趣的诊断,也是非常重要的事情。因为监狱所注重的,一方面,是训练技能,另一方面,是实施感化.前者属于作业部分,后者属于教育部分,我们要使作业适合于各个罪犯的能力、兴趣,那么事先一定先要有个调查,诊断各犯之作业能力、作业兴趣,以便分配于相当的作业中。这种测验的编造,先要分析各项作业所需的要素,作为测验之内容,然后以之测量各个罪犯之能力,而定其兴趣之所在。不过,编造这种测验.其困难较之心理的与教育的测验要困难得多。

(二)实施的人才

有了诊断的工具,如果没有相当人才去实施,结果还是徒然的。所谓相当的人才,一方面,是指主持策划的专家,另一方面,是指受有严格训练的实施人员。关于前者,至少要聘用三种专家:一为社会调查专家,从事于个案的研究;一为心理测量的专家,从事心理行为之分析及测验工具之编造;一为教育专家,从事于教育程度的调查及计划教育的活动。这三种人才,至少应具有大学以上的资格,受过专门训练,而具有相当的经历与研究。至于人数的多寡,则视情形而定。关于后者,实为实施科学行刑的干部人,他们不但需要相当经历,同时对于上述三方面的工作,还要受过严格的训练,然后在实施上方可进行顺利。除专门人才而外,监狱行政人员对于科学行刑的意义,亦应有确切的认识。而在实施上予以便利与助力,这样一致进行,收效必宏。

(三)健全的组织

科学行刑是监狱行政中最重要的工作,所以一切其他行政工作,均应以此为中心。不过在科学行刑实施的初期,一切计划尚未筹备妥当,而有待于长时期之试探与研究。故科学行刑的研究部分,应有独立的组织,以便从事于工具的创制、计划之规订。工具完备后,再向各处加以试验,以便修改后正式推行。至于主持实施的人员,在理论上应以监狱之看守为实施科学行刑的基本干员,不过在实施的过渡时期,每监狱应设指导员若干名,从事于训练看守的工作,而督率及指导他们进行。照这样的组织,一方面,有策划研究的机构,另一方面,有主持进行的人员,然后才能使科学行刑实施得很有成效。讲到组织的系统,也不妨趁此略述:在部方应有一个最高的研究机关,策划全国监狱之科学行刑的实施;在各省市可分区设立一所研究机关,秉承最高研究机关之计划,在各区试验。同时贡献其意见于上级机关;在各监狱则另设研究员或指导员,负实际推行之责。能有这样的健全组织,科学行刑才能彻底的成功。

最后,除上述三种案件外,经费问题亦应予以顾及。因为经费是一般事业的原动力,如果没有充分的独立的经费,工具就无从准备,人才就无从罗致,事业就无从发展。

三、科学行刑实施的步骤

科学行刑的实施，可分研究和处遇两方面；研究的结果，可以作为处遇的根据。本节所论，即自研究至处遇之实施步骤。在东西各国监狱，采用此种科学的实施步骤，已有惊人之成绩，惟各国之国情不同，人民之性格互异，本节所述，则为合于本国情形，就事实之可能加以列论：

（一）分房住居

分房住居为科学行刑之第一步骤。犯人入监后，先领入假留室，经过沐浴、更衣，然后施以简单之体格检查。如有传染病之罪犯，则立即使其隔离。其他无传染病之罪犯，经过简单之体格检查后，则使其分房独居，以便详细研究。但在事实上无法分房独居者，则可就罪名、犯罪次数及年龄等作简单的分类居住。

（二）个别谈话

个别谈话的目的，在使罪犯对于监狱获得一种认识。例如监狱规则的说明、监狱环境的认识以及研究工作的了解等。这种谈话的实施，在研究和诊断时期，应随时相机进行。

（三）个案研究

这是最重要的诊断步骤，可包括以下四方面：

（1）生理检查。包括体格、神经等的精密检验。

（2）社会调查。包括家庭背景、最近历史、犯罪经过以及环境的分析等。

（3）心理测验。包括智力测验、品格测量（如个人的感受力、情绪、忍耐、信赖心、意志、判断等）和作业测验等。

（4）教育调查。包括教育历史，教育程度等调查和测验。

（个案研究的目的，一方面，要明了各个罪犯的特殊之点，详悉各个罪犯的症状，以便施行个别的处遇。另一方面，要寻找团体的趋向，和整个的共同症状，以便予以团体的训练。）

（四）分类

分类是研究工作的最后步骤，同时也是实施处遇及训练开始。其方法系将个案研究所得之诊断结果，依据心理状态、社会背景和教育程度等作概括之分类，使罪犯分类居住，然后，更按照罪犯之罪名、犯罪次数、年龄等作进一步之精密的分类，以便实施训练。

（五）处遇

处遇的办法，东西各国多采用分级自治累进的制度。这种制度，系按照个案研究的结果，将罪犯分为若干级，而予以不同的待遇。其级愈高者，处遇愈佳，级愈低者，处遇愈劣。至于阶级的升降，则视罪犯在监时努力的情形而定。最努力者，可早日达到最高级，享有种种优待，即假释之审定，亦以等级为根据、达于最高级之罪犯，如刑期已过半数，即有假释之希望。但在低级者则无此权利可享。这样，罪犯在监时，自能孜孜为善，向上迈进，而达于自新做人之最终目的。

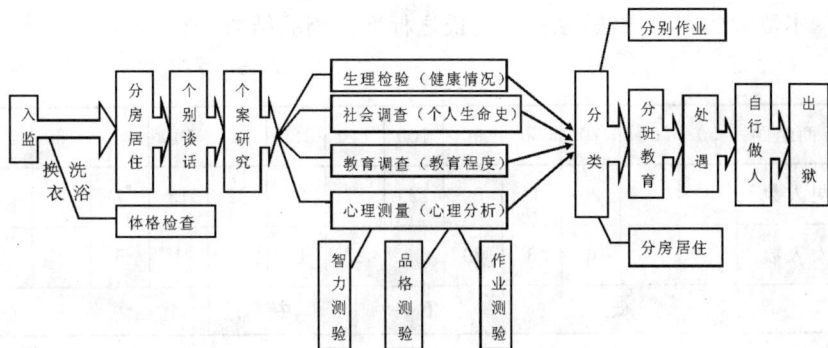

图1　科学行刑实施程序

四、最近尝试的研究结果

根据了前述的理论，在缺乏相当工具的环境中，我们开始了最近的尝试，这就是部辖第二监狱最近四月来之罪犯研究工作：

（一）心理测量

（1）智力测验：智力测验的工具，现成的不在少数。普通分文字测验与非文字测验两类，而在试验的方法上，又分个人测验与团体测验两大类，我们所采用的，系古特依纳夫（GoodEnough）之画人测验。此项测验，是非文字的；试验的方法，是个别的。至于采用此项测验之用意，约有下列三点：(1)普通智力测验，在年龄与学历上都有相当的限制。如陆氏订正比纳西门智力测验，其年龄从3岁起至16岁为止，以上即不能适用；又如廖氏团体智力测验，则自初小三年级（约9岁）至初中二年级（约14岁）止，再上亦失其功效，但犯人团体的年龄,参差不齐,距离甚大,普通测验极不适用。至于画人测验,则无论老幼均可施行。(2)普通智力测验,常受个人教育程度的影响,而不能测量到正确的智力,画人测验则此项缺点较少。(3)普通智力测验,施行的手续颇为麻烦,画人测验,则简单而易行。

至于试验的方法,系用个别测验法。个别的测验,虽在时间上不很经济,但测验时主试者对于被试者在测量时的行为,可有真切的观察与控制的机会,这是个别测验的最大利益。尤其是举行罪犯测验,更以应用个别测验为佳,因个别测验的结果,不但可以使主试者断定被试者智力的高低,并且对于他的性情、态度、情绪反应等,亦可以有相当的诊断。

本测验的记分方法,系依据古氏之标准。测验结果,列表如下:

表 1

智商组距	50	60	70	80	90	100	110	120	130	140	150	160	170
男人数		6	20	44	99	129	87	30	32	13	7	2	
女人数			6	6	29	39	27	13	8	4	5	3	1
等　第	低				下			中		上		优	

上表智力的等第,根据常态曲线的分配,分为 5 等。智商在 140 以上者为优等,120 至 140 为上等,90 至 120 为中等,70 至 90 为下等,70 以下为低等。这种分等,可以显示出智力分布的大概趋势。倘就犯罪者之罪名,按照智力的高低分析之,更可显示智力和犯罪的关系。

下列两表,一为各种罪犯之平均智商;一为各种罪犯在智力上之分布百分数。前者可以比较各种罪犯之智力程度;后者则用以表示各类犯罪者智力之分配情形;所谓优,就是智力较优异,智商在 130 以上;常为常态,其智商为 90 至 130;低为低能,智商在 90 以下。由上表观之,可以见到:凡案情较为严重而复杂者,在犯罪的构成上,其所需之智力亦较高;反之,案情较简单者,在构成上所需之智力亦较低。再就各种罪犯智力的分配情形而论,则约有半数以上之罪犯,其智力属于常态,约有 4/10 以上的罪犯,其智力属于低能,其智力优异者,平均不到 1/10。

表 2

罪名	强盗	窃盗	掳人勒赎	吸食鸦片	贩卖毒品	杀人	妨害风化	伤害	行使伪币	危害民国	妨碍自由	妨碍家庭	抢夺
男 智商	93	96	90	96	105	100	94	86	88	108	76		94
女 智商	104	9	112	90.6	98.3	—	112.5	85	83.4	—	90	97	—

表 3

男女智力 \ 罪名		强盗	窃盗	掳人勒赎	吸食鸦片	贩卖毒品	杀人	妨害风化	伤害	行使伪币	危害民国	妨碍自由	妨碍家庭	抢夺
男犯	优	2.5%	1.4	4.2	4.3	13.3	—	—	—	—	33.3	—	—	—
	常	56.4%	48.6	50	50	73.4	80	81.8	54.5	41.4	50	40	—	63
	低	41.1%	50	45.8	45.8	13.3	20	18.2	45.5	55.6	16.7	60	—	36
女犯	优	—%	—	22.2	22.2	5.1	—	33.3	—	—	—	—	8.3	—
	常	87.5%	66.7	66.7	66.7	56.4	—	50	40.0	—	—	44	41	—
	低	12.5%	33.3	33.3	11.1	38.5	—	16.7	60.0	100	—	56	50	—

注:上列两表,凡每类罪犯不满5人者,概不计算。

(2)品格诊断:品格的特质。内含复杂,变化无常,诊断既难又不容易得到正确的结果,所以关于这方面的测验,尚在尝试的阶段中。我们所应用的方法多系依据泼来西(Pressey)的情绪考查法与陶纳(Downey)的意志分析法,参以画人测验及谈话所得的材料。按照分析表(见表5)分析,同时施行一种内外倾的测验,以视各犯情绪反应的现象,而予以品格的评价。分等办法,采用五级制即优、上、中、下、低。各级人数,概见下表:

表 4

等级		优等	上等	中等	下等	低等	总计
男犯	人数	26	94	201	107	32	460
	百分比	5.65	20.44	43.69	23.26	6.96	100
女犯	人数	7	27	87	33	9	163
	百分比	4.29	16.56	53.37	20.24	5.53	100

　　表中优等之罪犯，系被认为品格易于感化，易于接受真诚的劝导意见者。此种罪犯的行为，多在合理的环境下，常能适应使其行为合理化。上等罪犯则较优等为差，愚易感化对于环境之势力，有时不能辨别其是否合理。换言之，此等罪犯，有时能受环境之支配。至于中等罪犯，则大部分为受环境支配之徒，易感化亦易染恶习，在优良环境中行为优良，在恶劣环境中行为恶劣。在狱中之适宜环境下不难成为一良善分子，但一旦出狱，往往易受社会势力之支配，而作奸犯科，此等罪犯极易改悔，但同时亦较难感化，惟情绪尚稳定。下等罪犯之品格，初视与中等者并无二致，惟成见较深，情绪不良，常易感情用事，发生犯规行为，且不愿接受他人之劝告。然此等罪犯，实非不能感化者，如能剀切晓谕，使其明白事理，徐徐引导，亦能收感化之效。最后为品格低等之罪犯，此辈恶习已深，感化较难，欲其悔过自新，自非一朝一夕之功。而需视其个性之所近、所好，多方诱导，始终循序渐进，于不知不觉中转换方向，孜孜为善。

表 5　画人测验分析记载

性质	男	女	大人	小孩	（　）
轮廓	完全	不完全	上部完全	下部完全	无组织
最明显点	头	四肢	五官	内部	（　）
特点	裸体	半裸体	衣冠整齐	（　）	（　）
姿态	正面	侧面	动作表现	（　）	
最大错误点	头	四肢	五官	内部	（　）
其他					

品格	情形	程　度			附记
		优	中	低	
意志	用笔轻或重				
负责	图形完全				
精细	完成部分的程度				
固执	改正点				
其他					
总评					

(二)教育调查

缺乏教育的人,对于道德的理解不清,法律的认识不明,易受诱惑与利用,因以误入歧路。故增进罪犯的教育,亦为感化罪犯之重要工作。但犯人中的教育程度,参差不齐,应有教育调查,以分别其程度,而作为指导的根据。兹将调查所得之结果,作初步统计于后:

表 6

教育程度		私塾	小学	中学	识字	不识字	总计
男犯	人数	169	94	14	38	145	460
	百分比	36.74	20.44	3.04	8.26	31.52	100
女犯	人数	7	3	2	21	130	163
	百分比	4.29	1.8	1.2	12.89	79.82	100

从表中看来,男犯中以受私塾教育者为最多,占 36.74%,不识字者次之,占 31.52%。女犯中以不识字者为最多,占 79.82%,略识字者次之,占 12.89%,此为值得注意之事实。若就男女犯合并之趋势观之,则受私塾教育者占 28.25%,受小学教育者占 15.57%,受中等教育者仅占 2.57%略识字者有 9.63%,不识字者占 45.59%,几近半数,可见今后对于初等教育的灌输,实属刻不容缓。

(三)社会调查

社会背景,内容复杂,欲编制一套尽善尽美的调查表格,颇非易事。同时调查手续与整理结果,亦甚复杂。兹将一部分已整理好的结果,列于下表:

表 7

性 别 家庭 罪 名	男 犯		女 犯	
	家庭组织不良 (%)	家庭组织尚佳 (%)	家庭组织不良 (%)	家庭组织尚佳 (%)
强盗	75.8	24.2	87.5	12.5
窃盗	79.2	20.5	45.5	54.5
掳人勒赎	76	24	66.6	33.3
吸食鸦片	72.4	27.6	52.2	43.8

续表

性　别	男　　犯		女　　犯	
罪　名	家庭组织不良（%）	家庭组织尚佳（%）	家庭组织不良（%）	家庭组织尚佳（%）
杀人	87.5	12.5	100	——
贩卖毒品	64.3	35.7	71.1	28.8
妨害风化	66.6	33.3	85.7	14.3
伤害	66.6	33.3	100	
行使伪币	77.8	22.1	80	20
危害民国	83.3	16.6	50	50
妨碍自由	80	20	100	
妨碍家庭		——	38.3	66.6
赃物	——	——	100	——
堕胎致死	——	——	100	——
抢夺	81.9	18.1	——	——

表 8

性别配偶	男　　犯					女　　犯				
罪　名	有配偶（%）	无配偶（%）	感情恶劣（%）	姘识（%）	死亡（%）	有配偶（%）	无配偶（%）	感情恶劣（%）	姘识（%）	死亡（%）
强盗	51.1	28.6	2.0	3.6	14.6	25	—	12.5	50.0	12.5
窃盗	52.2	34.9	2.9	4.3	5.7	45.4	18.2	9.1	9.1	18.2
掳人勒赎	48	16	4	4	2.8	33.3	—		33.3	33.3
吸食鸦片	65.9	17	—	4.2	12.8	50	—	4.2	2.1	43.7
贩卖毒品	71.4	—	7.1	—	21.4	36.8	—	13.2	7.9	42.1
杀人	25	43.7	6.2	12.5	50	50	—			
妨害风化	30	50		10	10	28.6	—		48.2	28.6
伤害	60	20			20	75	—		25	
行使伪币	77.7	—	11.1	—	11.1	20	—		—	80

续表

性别配偶／罪名	男 犯					女 犯				
	有配偶(%)	无配偶(%)	感情恶劣(%)	姘识(%)	死亡(%)	有配偶(%)	无配偶(%)	感情恶劣(%)	姘识(%)	死亡(%)
危害民国	16.6	66.7	—	—	16.6	—	100	—	—	—
妨碍家庭	—	—	—	—	—	58.8	—	—	8.3	33.3
妨碍自由	80	—	—	—	20	22.2	—	—	33.3	44.4
赃物	—	—	—	—	—	—	—	—	—	100
堕胎致死	—	—	—	—	—	—	—	—	—	100
抢夺	59.1	31.8	—	—	9.1	—	—	—	—	—
伪造	—	—	—	—	4.0	—	—	—	—	—

表9 男犯职业状况表

职业	人数	百分数	职业	人数	百分数
店伙	62	15.3	驾驶	6	1.5
小工	45	11.1	厂工	5	1.2
侍役	34	8.4	泥水匠	5	1.2
小贩	43	10.6	厨师	5	1.2
机器匠	27	6.6	医药	4	1.0
木匠	23	5.7	皮匠	6	1.5
印刷	18	4.4	经纪商	4	1.0
军警	16	3.9	理发	8	0.7
种田	9	2.2	漆匠	7	1.7
机工	15	3.7	弹棉花	1	0.25
拉车	15	3.7	制帽	1	0.25
洗染	11	2.7	藤工	1	0.25
裁缝	11	2.7	竹匠	1	0.2
白铁匠	7	1.7	其他	6	0.15
教育界	7	1.7	失业	1	0.25
铁匠	7	1.7	总数	406	100

从上列三表的百分数看来,有三点明显的结论：

(1)罪犯的家庭组织大多不良。

(2)罪犯的配偶,多数不良,而尤以多数女犯之与人姘识,为更甚注意之事实。

(3)罪犯的职业,大多为雇用性质。无需专门技能,因是失业容易,而犯罪亦容易。

(4)犯罪原因分析：一个人犯罪的原因,非常复杂,如果没有规定的标准,去加以分析,实在是一件难事。就大体上说：犯罪的原因,不外分社会原因和个人原因两大类,因为一个人的犯罪,一方面固然由于个人行为的越规,但是社会的关系,亦具有极大的影响,而不能忽视。譬如,犯窃盗罪者,其犯罪原因虽由于个人之智能薄弱所致,但社会经济的衰颓,使其无法营生,亦足以促成其越规犯科。所以分析一个罪犯的犯罪原因。不仅要从个人方面去推求,同时还应分析促成其犯罪的社会原因。兹将分析的结果,表列于下：

从表上看来,犯罪之社会原因,以结交不慎最多,有 42.72％,几占半数；其次即为经济压迫,约占三分之一。所以在监房的分配与作业方面。均应予以极大的注意。在个人原因中,以智能薄弱为最多,约占三分之一,但凶恶成性者,亦占五分之一。所以教育的灌输及品格的培植,亦属当急之务。

以上是部辖第二监狱四个月来研究工作的大概情形。当然这些自己都认为不满意的结果,要使读者感到满意,那是不可能的事情。所以我们只能说是尝试,不敢说是工作。不过,我们得声明：从事于全部工作的规划与进行,根本上只有两个人在那里主持,既没有工作的助手,又缺乏充分的经费,同时还得兼顾其他杂务,因此事实上甚难获得良好的结果。不过我们相信：只要经费有办法,人力能充实,那么未来的工作,至少要比现在有把握,有希望。

五、未来的工作计划

最近的尝试,只是个开端；未来的成就,实有待于目前的计划。在尝试的序幕中,我们虽感有许多不满意的地方,可是为了未来工作的发展和希望,我们决不能因此而沮丧,所以我们就进一步定了一个未来的计划。这个计划不能说是最完善的,但如实施的条件能够全备,那么至少总能有些成效。否则理想是理想,这个计划恐怕要变成具文了。这个计划的大纲约略如下：

(一)工具的准备：

在工具的准备中,我们的计划是：

(1)编造心理测验量表。测验的形式与内容,应依对象而不同,我们要采用测验的方式来研究罪犯的心理行为,一方面,就得改编现成的测验,另一方面,应自编若干测验以求适合于罪犯之用。改编或编造的原则,第一应多多采用非文字的图形测验;第二测验的手续,应简单明白。现在把计划中之各种心理测验分述于后:

(甲)智力测验。智力测验应编制甲乙两份,用图形测验。

(乙)品格测验。品格测验中包括意志强弱,决断、自信、诚实、精密等性格,用图形的方法编制之。

(丙)情绪测验。情绪测验的编制,最为困难,除用仪器及文字外,实难有良好之方法。故拟采用个别方式,用自由联想方法,编定自由联想的标准刺激语。

(2)编造教育测验量表。监狱罪犯的教育情形,极为参差,无论为教育程度的度量或教育成绩的考核,都不能用一般的学校所用的测验。因为学校测验是依班级分的,在程度上之齐一性较大,无若何困难,而监狱中则不可能。故应另行编造:

(甲)教育测验。根据一般成人教育用书编制。

(乙)识字测验。依照教育部颁行之《初级暂行常用字》来编制。

(丙)普通测验。考核成绩用,采取新法考试方式。

(3)订定分析罪犯社会背景的表格。个人社会背景的复杂,前已言之。上节应用之社会调查表格,只是一个尝试,还不能予以确定。我们以后拟采用意见征询法,将所有拟之表格,送往各处试用,然后征集一般意见,而将原表修改订正。此外对于几个社会背景特殊的罪犯,拟进行一种更进一步的研究(Intensive Study)。

(二)活动的规划

教育本来就是生活,所以指导生活的活动,实为训练生活习惯的最有效之方法,同时亦为改变人生行为最大的动力。故在学校教育方面,对于学生之课外活动,极为注意。监狱之于罪犯。其情形亦同,故应以此种活动之领导与训练,视为行刑程序中之重要工作。不过生活活动之范围极广,活动之方式亦极繁复,必须加以详尽之规划,务使一方面对于戒护上不生妨碍,而他方面又确能使罪犯获得良好生活习惯的养成,此则监狱中指导罪犯活动所应特别加以注意者。

(1)休闲活动。休闲活动是调剂精神,改变情绪的活动。此种活动之目的,在使罪犯于作业之暇,享受到一种性情上的修养,而使其精神得有所代替或升华。休闲活动之方式极多，但为适合监狱情形起见，似以下列各种为较宜：

（甲）音乐会。此种活动，可由罪犯中具有音乐才能及音乐兴趣者组织之。组织范围不必限制，活动时间，可于每周中举行一次或三次，待有相当之成绩，可举行音乐表演，以娱大众。

（乙）运动会。运动为罪犯在监中每日应有的规定生活，且为转变罪犯精神生活的良好方向。因是每日予罪犯以适宜之运动，乃一种良好之训练，且可使罪犯之好斗善勇者得有精神上之升华。所以利用罪犯之每日运动，予以规定的集团活动。每月举行部分的，每半年举行全部的运动会一次，使其精神寄寓于运动的活动中。此外更可以举行球类竞赛，以训练其遵守纪律，服从指挥的精绅。

（丙）教育电影。每月开映教育电影一次，轮流欣赏。

（2）学艺活动。学艺活动是增加知识和技能的兴趣的活动，此种活动，一方可以利用罪犯固有的能力，一方可以训练罪犯使具有适应社会的必需能力。

（甲）演说竞赛会：选择罪犯之擅于演讲者，定期举行演说会。此种活动之举行，一方在利用罪犯感化同犯，一方在引导罪犯思想循正轨发泄。

（乙）发行自新刊物：每周或每半月出版自新报一份，以简要时事、总理遗教、名人嘉言懿行、日常生活常识、演讲记录及在监人言论等为主要内容。

（丙）设立流通图书馆：集中犯人所有之图书，为之分类编日，流通借阅（此项活动，本监已在进行之中，不日即可成立）。

（丁）作业成绩展览会：将作业成品之精良者，每半年或一年，陈列展览一次，一以鼓励勤于作业之罪犯，一以引起其他罪犯之作业兴趣。

（3）编订指导材料。在实施累进处遇的过程中，看守之职责，不仅止于戒护，同时还需负起指导犯人生活的责任。所以编订指导材料，供给看守参阅，也是未来计划中的一大工作。编订的材料，拟分以下数类：

（甲）改变情绪的：心理不卫生是犯罪的最大原因，而情绪之影响心理，又甚重大；所以情绪恶劣的罪犯，为监狱中最难应付的罪犯，此种指导最为困难，同时亦最为重要。吾人编制此种材料，拟分指导的方法和实际应用的材料两部分。

（乙）训练技能的：从我们尝试研究的结果看来，没有专门技能的罪犯，占有全部罪犯半数以上。所以无论是本着教育刑主义，还是报应刑主义，训练罪犯的职业技能，使进入社会后独立自存，都是同样的需要。不过各个人的兴趣不同，习惯不同，能力不同，技能之训练，不仅加之于一无长技者，其已有相当技能者,亦应加以指导,使其能力增强。编订此项指导材料之目的。即使人人能有生活的技能,使人人能有良好的生活技能。

(丙)增加学识的:罪犯的才智互异,普通的教育,只能满足一般的需要,至于个人特殊的需要,则应有个别的指导。这种指导分两方面:一种是修学方法的指导,一种是良好书籍的介绍。

以上这个工作计划只是实施科学行刑最低限度的工作,并不是全套的整个的计划,所以挂一漏万,在所不免,尚希识者指教。

六、绪论

自来行刑的实施,都根据了客观主义的理论,以罪犯所犯的客观事实为行刑的轻重标准,认为罪和刑具有等价的关系。对于罪犯的人格,全不过问。恶性的习惯犯,犯了轻微的罪,只是轻微的刑罚;但是恶性极小的偶发犯,如犯重大的罪过,则科以重刑。殊不知人类的意志,是受着人的性格和社会环境的支配,犯罪的行为,是由于主观的特性和客观的环境所造成,那么罪犯的主观责任,当各有差别,而不应以犯罪的客观事为唯一的标准。所以刑罚的个别主义者(即主观主义者)主张刑罚的标准,应注重罪犯的"主观责任"。然而现代各国刑事的立法,并未完全舍弃这种客观主义,因此行刑的修正,不得不赖监狱来调剂,不得不从监狱的行刑,导向合理的教育刑主义的途径发展。

再从行刑本身的意义上论:从前人们都认为刑罚是犯罪应得的结果,而且是惩治犯罪和预防犯罪的有效方法。近几年来,许多国家都放弃了这种见解了。他们对于犯罪者——尤其少年犯——的情感已经改变了。他们认为:施行刑罚的结果,有时使犯罪者更增强其反抗社会的态度,而且刑罚往往不足以使犯罪者悔过自新。所以他们说:主张以刑罚惩治犯罪者的人们是太残酷了,同时,他们把犯罪问题看得太简单了。根据现代的观点,监狱行刑的作用,已由个人的报复,转向社会的保护;监狱的实施,亦从"以戒备为中心"转向到"以训练为中心"。监狱不再是一个可诅咒的场所,它的组织和效能,应与学校和工厂一样,罪犯就是学生,就是工人,在相当的范围内,应予以相当的自由,相当的活动,使他们在监狱的时期,一方面,养成良好的生活习惯,另一方面,学习谋生的技能,以便将来重新做一个良好的有用的公民,为社会服务,为国家尽力。更先进的监狱,则不但负在监时训练之责,同时还顾及罪犯出狱后之职业问题,如苏联的"劳工拓殖所"(The Lab our Colony),对于出狱后无法谋生的罪犯予以职业的安插,即是一例。从这一点看来,监狱实已胜过学校了。

　　总之,自从行刑的观念改变以后,监狱的一切旧的实施方法,都已无存在余地。现代的理想,希望把监狱变成一个学校,一个工厂,其实施应适合各个罪犯的个别需要。科学行刑,就是达到这种理想目标的唯一手段。

裁判无效的史观

王锡三 *

　　裁判无效的史观云者,乃研究司法机关的意思表示的诉讼行为,而加以史的观察之谓,换言之,即裁判虽存在,而不生效力的史观也。考判决无效的问题,虽发源于罗马法典日耳曼法,而其思想则各有不同。盖以罗马法虽认判决之无效,而日耳曼法,则不认之。于中世意大利的诸市法,则一方基于日耳曼法之观念,而采罗马法之思想,认"判决无效的声明"(Nichtigkeitsbeschwerde)。于他方,则基于罗马法之思想,而认"判决无效的抗辩"(Exceptio nullilatis)。惟此时之学说,则这又与此相反。一方,依罗马法之观念,而渐近于日耳曼法的思想,竭力阐明"判决无效的声明"。于他方,则仍认"判决无效的抗辩"德国普通法,乃继承意大利诸市法的"判决无效的声明",同时,亦认"判决无效的抗辩"。至其现行法所确定判决无效之诉,日本及我国民事诉讼法,所认准定判决取消之诉,(再审之诉)乃胚胎于"判决无效的声明"者,自不待论。惟关于"判决无效的抗辩",则非特在诉讼法中无直接之规定,即于学说中,亦少论及。迨至近世硕儒 Wach 及 fuscher 二氏,关于"判决无效"之论争,始促进此问题之研究者,为吾人之所知也(Wach, urtheilsnichtigkeit in Rheinsicher Zeit Chrift Zivil－u Prozessrecht, iahrg. Ⅲ. (1911) S. 373 f; Dersebe, nochmals die urtheilsnichtigkeit, in derselben Zeitschrift, Jahrg Ⅳ (1912) S.

---

　　* 王锡三(1906－2004),河北丰润人。1931 年毕业于平朝阳学院法律系,1935 年毕业于日本东京明治大学法学部。历任燕京大学讲师、朝阳学院教授、贵州大学法商学院教授兼法律系主任、西南政法学院教授,南京大学法律系兼职教授、中国诉讼法学研究会顾问。著有《修改民事诉讼法要论》、《资产阶级国家民事诉讼法要论》等;译有《日本民事诉讼法》、《民辜攀证责任论著选译》等。原文刊载《法律评论》1934 年第 569 期、第 571 期。江西师范大学法律系聂华整理。

50 f; Derselbe, nachlese Zur urtheilsnichtigkeit in derselben Zeit, iahag Ⅵ (1914) S. 357f; fischer, unmoglichkeit als nichti gkeitsgrund beiurtheilenu, Rechtsgeschaft(1912) Derselbe. unmoglichkeit als nichtigrund beiurthreilen und Rechtsgesch affen Zweitet beitag(1913)).

一、裁判及其性质

1. 裁判在诉讼行为论的地位

诉讼行为,依一般学者之所认,得大别之为当事人的诉讼行为与司法机关的诉讼行为;司法机关的诉讼行为者,乃指法院、审判长,受命推事,受托推事、书记或承发吏等的行为,而可生诉讼法上之效果者而言。详言之,即谓:依民事诉讼法之规定,而开始诉讼,进行诉讼,或终结诉讼,或影响于诉讼的开始、进行、终结的行为而言者也。

(注一)诉讼行为者,为诉讼法上的法律事实也。而法律事实者,谓可生诉讼法上之效果的事实也。故诉讼行为的观念,乃着眼于其行为,使生诉讼法上之效果,而为规定者,于研究方法上,不可不谓为妥当耳。且行为而可生诉讼法上之效果,要不外下列数端:

(1)直接开始诉讼,或进行、终结、现已系属的行为者。

(2)或应开始,进行,终结,将来的诉讼行为者。故诉讼行为者,以依民事诉讼之规定,而开始诉讼,进行诉讼,或终结诉讼的行为;或将来开始诉讼,进行诉讼,或影响于终结诉讼的行为为定义,颇为正当(Vgl. Hellwing, Processhandlung und Reehtsgeschaft Bd 1. § 144. S. 421fa. a. o.)。

司法机关的行为者,以其行为的效果及对于诉讼物的关系为标准,而为区别时,得大别之为终结诉讼的行为及私权保护的行为,与使终结诉讼的行为和准备保护行为或使保护为可能的行为。终结诉讼行为者,为终局确定判决也。本案终结判决,苟为确定之时,则私权或私法之上之地位(Privatrechtslage),即依既判力、执行力,或创设力,而受保护。使终结诉讼的行为及使保护可能的诉讼行为者,为法庭警察的行为,而开始诉讼关系,或可进行诉讼关系的行为(关于诉讼指挥的行为及搜集诉讼材料的行为),及关于将来的诉讼的开始,或进行的行为也。若以行为的内容为标准,而区别之,则又可分为意思表示行为与非意思表示行为。而后者,又可细别之为认识行为(Wahrmung),与证明行为也(Beurkundung),及通知行为,或送达行为(Mittleilun)。前者,称之为裁判(Entsdeichungen)。

2. 裁判是否有法律行为的性质

裁判者,即司法机关之意思表示的诉讼行为。若以形式为标准,则可区别为判决及裁定。若以内容为标准,则可分为确定的、命令的、形式的裁判。判决云者,谓基于必要的言辞辩论,依法定方式的法院的意思表示行为,或关于诉讼事件,而为的行为,(终局判决)或为判断先决问题的争点,而为准备终局判决的行为者也(终局判决前之判决即中间判决)。裁定者,为法院之裁判,而非判决。

民事诉讼,在私法解释观盛行之时代,或以诉讼行为为法律行为,或虽不以诉讼行为为法律行为,而亦以为有法律行为的性质(Rechtsgeschaftlichntur),特关于当事人的行为为然耳。迨至近世,非惟私法学者,关于法律行为之研究,大有进步。即关于诉讼行为之研究,较前亦颇有起色。故不仅不认司法机关之诉讼行为,有法律行为之性质,即当事人之诉讼行为,亦无法律行为之性质也(日本雉本博士,《最近十五年间,民事诉讼法学说的变迁》。法律新闻千号三九六页以下,及诉讼行为论的一班,同新闻千二号四三五页以下参照)。

裁判虽为司法机关之意思表示行为,然其所以生诉讼法上之效果者,则不问为形式上的效果与内容上的效果。且不问司法机关,欲其效果发生与否,而法律对之即付与效果者,乃为承认司法机关之效果意思,而非欲使发生适合于此效果意思的效果故也。然法律行为之特质,为效果意思之表示,而法律之所以承认其效果意思者,必须适合于法律上效果的意思表示,即为具备主要法律事实的法律要件是也(冈松博士,法律行为论及同处所引用的学说和 Hell Wing,System Bdls 423fg 参照)。故裁判无法律行为的性质,毫不容疑。

由是观之,裁判既无法律行为的性质,则其撤回,取消及无效等问题,当然不能适用或准用民法上法律行为之各种规定,已至为明显。其必依诉讼法规,以解决之,亦属毫无问题。惟宜注意者,即我民事诉讼法规,关于裁判的撤回及声明不服等项,既以明文规定,而独关于裁判的无效,则不设明文规定者,为不认裁判的无效乎?或以裁判的无效,为罕见之事,如有其事发生之时,条理上,即不得认其为无效之故乎?此诚不可不研究之也(Skede Die Urtheisnichtigkeit in aslerreisch Processrecrt,beigrunhut Zut f Prive u affent Recht Bd 14 S 100 Aum 51)。

二、无效的意义不成立与无效(nonexistenz u. nichtigkeit)

不成立，即不存在之义；无效，即虽存在，而不生效力之义。二者之区别，至为明显，不易混淆。乃今日一般学者，多同一视之，其为害于法学者，实非浅鲜。此在私法学界中，如将二者同一视之，则生观念错杂之弊，而为近世学者所讥笑(Schlossmann, Zur lerhe Vom Zwange (1874) S. 16. f; leonhard, Das Recht Desbury. gesetzbuchs. allgemekinertheil § § 94—95s. 423 f; aertmann, Allgeiner theil bvar Dritter Abschnitt. S. 298 fu. vor § § 139 ff. S. 437 f.)。在公法学界中，若将此二者混为一谈，则不仅生观念错杂之弊，即于实际上亦生差别；于诉讼法学界中，亦然耳。惟关于此点，在从来的诉讼法学界中，则多不注意及之，为吾人之遗憾也。盖不成立与无效之混同，其源发生于罗马法、考罗马法，在各处均使用 nulus 一语，而与德国的 nichtig 同。依情形之不同，或为不存在之义(non Existens)，或为有瑕疵(mangelhafte, vitiosum)之义。然而研究罗马法者，亦多不明此区别也。如以为 windscheid 者，且将 negotium nullum 由其效力观察，而以为 negotium non cxistenz 者，是混同不成立与无效也(windscheid. Pandkt. 7. Autlage S. 220 Anm)。此思想之混乱，在德国民法及同法所使用的 nichtig，或为 unwirksam 术语的意义，颇为暧昧，已为彼国学者之所攻击(leonhard, a. a. o. Aertmann, ebens a. a. o.)。日本民法，既混同成立与效力之发生，且又将不成立与无效，混为一谈。换言之，其行为即为不存在(non existcnz)。故于此场合，其行为即谓为不成立，或不存在。又有谓非行为(nichthandlung)者盖意以为谓为行为的无效者，实有未当耳。正如于刑法学，在尚未具备犯罪要件之时，即不能为既遂犯，而为犯罪之不成立，并非为犯罪之免除(leonhard ebenda § 94 S. 423 ff. a. a. o; oertmann lbenda)；反之，某行为若具备必要的法律要件(thalbesland)时，该行为即不得不谓为成立。但若有其他事由，或障碍(nebenum stande Hinderniss)者，即因此而不能发生与其行为相适合的效力，于此场合，其行为非不存在也，乃存在而不生效力也。故称之为"行为的无效"者，殊为妥当(leanhard ebenda § 94 s. 425; oertmann ebenda s. a.)。吾人依此见解，区别为非裁判(nichtentscheidung)与裁判无效(nichtigkeit der Enscheidungen)之二种。非裁判云者，乃非裁判。换言之，即谓裁判不存在。裁判的无效云者，即谓裁判虽存在，而不发生裁判的效力也。

裁判无效的论争，最初起于罗马法系之思想与日耳曼法系的思想的抵触，

其相互商议之历史,即为裁判无效的法制及学说的变迁史。兹分析说明如次:

一、罗马法的判决无效

a nullus 一语,在罗马法,则依情形之不同,或为不存在之意义,或为虽存在,而不生效之意义。至最近,始为学者之所注意(schlossmann,zy lerhe vom zwange 1874 s. 16 f. 23 Anm. 30 u. s. 25. a. a. o;leonhard ebthenda)。因而,在罗马法源称为"sententia nulla. sententianullius momenti sit"者,亦依情形之不同,或为非判决之义,或虽为判决而不生效力之义,不难想象(schlossmann ebenda s. 16 f.)。

(注二)惟从来之学者,关于罗马法源,究为如何之意义,未予一一判定,而留议论者,为吾人之遗憾也。吾人学识浅陋,研究未周,亦不能一一判定其为非判决,或为判决之无效,然 sententia nulla 之观念,则为罗马法各时代之诉讼所通行也。兹说明如左:

(1)legis actions 时代的罗马诉讼法,亦认非判决,或判决无效的观念。若就强制执行之要件而论,则以有确定判决及该判决所裁判之权利,尚未清偿者(quandoenon solvisti),为必要不可缺之条件,故原告欲请求强制执行时,需先证明自己有确定判决。被告对此,若以 judicatum non esse 为抗辩者,要亦不外为主张确定判决不存在(即非判决),或判决不应生效力等之抗辩(判决的无效)也(Eissle, Abhandlungen zum Romischemivilproeess Bd. Ⅳ uber Actio judicafi und nichtigkeitsbe chwerbe 1889 S. 141 ff.)。要之,于此时代之诉讼法,虽认判决无效之观念,然此系对于强制执行有异议时,方得主张之,而不得以诉主张之。

(2)于 formula 诉讼时代,受胜诉判决之原告,欲为强制执行时,须依确定判决,以诉(Actio judicati)请求之。惟于当时之学说,则主张于请求确定判决之执行时,原则,以为无方式之声请为已足,不必依确定判决,而提出诉讼。虽然,如 Eisele 云云的 Praltor 者,为付与被告主张确定判决不存在,或不生效力之旨的异议的机会,特以认基于确定判决之诉,而为主张者,为正当(Eisele,ebenda Bd. Ⅳ. S. 154;michall,Ab3 alutenichtigkeit S. S. a. a.)。

(3)在帝政时代之诉讼法,于裁判机关之间,设上下之阶级,同时,认上诉制度(Appelatio)。故于已盖上诉手段之时,其判决即为确定,而生形式之确定力。虽然,非判决或判决的无效,则得不依上诉,而主张之。若依当时的思想言之,则上诉为主张违背实体法之规定,而声明不服的方法。反之,判决如违背重要诉讼程序，或违背重要诉讼主体的规定时，或违背绝对的强行规定之时，此判决即为非判决，或为判决的无效（judicatumnonest），得不依上诉主张之。至其主张之方法，可大别之为二种；即（1）在原告之一方，如以确定判决所裁判之权利，提起新诉时，被告对之，若主张为有既判力之抗辩者，原告对其抗辩，可为非判决，或为无效之确定判决的再抗辩；（2）在被告之一方，则得依 in duplum revocatio 主张之。盖于此时代，原告请求强制执行时，则不必依确定判决，而提起诉，仅为无方式之声请，为已足。故被告即因此而丧失以异议主张其为非判决，或为无效判决，而不得执行的机会。职是之故，被告得以非判决，或无效判决为理由，而请求原告返还因此判决之执行所得的利益（Eisele, cbenda S. 171ff; nichael, ebenda S. 5f; a. M skedl, nichtigkeitsbesch werde S. 2 Anm. 3）。

（4）在儒帝时代的诉讼，对于不存在的判决，或无效的判决，得以上诉主张之。然不以上诉声明不服者，亦得主张为非判决，或为无效的判决。即所谓"无上诉之必要"云者，表彰此时之思想，最为明白。且于此时代，Pevocatio 的制度，已不能行。而原告欲执行非判决，或无效判决之时，被告对此，若为非判决，或无效判决之异议者；又于原告提起新诉之时，而被告为既判力之抗辩者，原告得以非判决，或无效判决为再抗辩（skedl, lbenda slf Bethmann Hollo Wig. Der Civiprocess des gemeinen Rechts Bd. 11 S. 721 ff Bager, Vortrageu-ber den deuts chen gemeinen Ardenthichen Civilpro Cess 10 Auff 1869 S. 1094 ff.）。

要之，于罗马诉讼法，无论于任何时代，（nulla sentential nueltus mome-itia）均认非判决，或无效判决之观念，纵设上诉制度，亦无以上诉主张之必要。盖以非判决，或无效判决，在被告，对于强制执行，则得声明异议，或以抗辩主张之亦可。在原告，若以确定判决所裁判之事项，提起诉讼时，被告对此，如为一事不再理，或既判力之抗辩者，其对此之再抗辩，通常多主张为非判决，或无效判决。

二、日耳曼古法之判决的形式效力及对于判决案之异议

（1）考日耳曼古法，其裁判机关，及裁判程序，与罗马法大有不同。日耳曼古法，则区别为判决案的作成者与为判决者。为判决与宣告判决之权限，则关于民族最高机关的民族总会，而判决案则为民族的 Schotfen 之所作成。人民总会，如承认其所作成之判决案时，则裁可之，公布之，殆与现代立宪制度下之

立法程序无效异也。然则，日耳曼古法之判决，其意义与罗马法今日诉讼的判决，完全不同，亦可知也。日耳曼法的判决，乃对于特定事件，解释已存在之法律，并非适用法律。又于制定特定事件的法律时，即确定其事件之权利关系。此点与今日之立法，亦有不同。盖以仅为特定事件之法律，而非为一般的法律故也。且一方制定法律，他方适用法律，殊有立法与司法同时并行之嫌（Schultze,Prvatrecht und in ihver wechselbeziehung Bd 1(1883)S. 118 f a. a. o.）故日耳曼法之判决，应解为有法律之效力。（Schultze, a. a. o. Skedl, Die mchtigkeitsbeschwerde in ihrer geschtlichen Entwlchelung(1886)S. 5 Anm 10；Michael, Absalute nichtlgkeit(1906)S. 7）。

（2）依上所述，则日耳曼古法之判决，有法律之效力，已至为明显。故对于判决，不认上诉与判决无效之声明，而仅认对于判决之异议。

对于判决案之异议，并非上诉，乃欲变更不谙法律之人所提议而作成之不当判决。其目的，则在影响于人民总会，所宣告之判决的内容。故对于判决案之异议，非如上诉，乃系对于下级审之判决，向上级审声明不服，而请求上级审覆审其当否之手段。当事人或第三人得以作成判决案之为对方，而提起独立的异议。至此异议被解决之时止，停止判决案之裁可及判决之宣告。如其异议为无理由时，则声明异议之当事人，实为侮辱作判决之人，故应纳罚金（Bnsse）以赎其罪。是为此制度之特征（Skcdl,cbcnda a. a. o.）。

要之，日耳曼古法的判决，为民族最高机关之权限。又于制定法律之同时，适用法律，为制定特定事件法律关系的行为，而有法律的效力，故非特不认判决无效之主张，且亦不认上诉（声明不服）。

三、中世意大利判决无效的法制及学说

西罗马帝国灭亡后，日耳曼之野蛮民族，遂占领罗马旧地，而施行日耳曼法。虽然，日耳曼种族蛮民之文化，较罗马文化，则望尘莫及，故渐为罗马所通化，同时，其法律亦受罗马的影响，因此，遂产生罗马法与日耳曼法的混合法。此非惟现今之法制，发源于其端，即关于非判决或无效，及其主张方法之论争，亦莫不发端于此时也。兹于左分别而说明焉：

（一）中世意大利判决无效之法制

1. Longobardei 法的上诉及判决的无效

罗马法与日耳曼法，最初的混合法，即 Romdardi 法。此法所认之上诉，虽发源于日耳曼法系，而为对于判决案的异议者，然其受罗马法上诉之影响者,实亦不少。盖以此法所规定之上诉,非为发生于当事人与作判决者之间的特别诉讼,乃对于下级审的判决,声明不服,而请求将案件移送于上级审以为审判也。故由复审下级审判决之点观之,则为基于罗马法的上诉制度。虽然,于日耳曼法,则认判决有法律的效力,而生形式的拘束力。且对于判决声明不服的理由,亦不区别以实体上的不当与无效,均需以上诉主张之,此又与罗马法不同(Skedl, nichtigkeitsbeschwerde S. 8. f. S. 20. fu. S. 32. a. a. 0)。考Romdardi 法的上诉制度,至 Romdardi 灭亡后(774 年),尚为 Frank 王国所继承,直至 12 世纪,亦未发生大变化耳。

2. 诸市法判决的无效

(1)在第 12 世纪 Romdardi 的上诉,不区别上诉的理由,为实体上的不当与无效者,已如上述。然至第 12 世纪中叶,及发生两者混同之弊;此于诸市法,虽尚未区别,而法院于实际上,则已渐次区别之矣。证于当时之文书(例如1186 年 Como 的文书,1193 年 3 月 12 日 Brescia 的文书等)即可知也。

(2)至第 13 世纪诸市法,始区别违法的判决与无效的判决。如 Como(1281),Novara(1281),Bologna(1250),Iadua(1285),Alessdudria(1242)Verond(1228)等是也。特 Pisd 的市法(1241—1281),更区别上诉与无效判决的声明;后者,亦为声明不服的手段,可生移审的效力,上级法院,不仅裁判其判决无效与否,且应对于本案为裁判耳。不过,其已被声明为无效裁判之法院,得自己裁判其判决的无效与否。又判决无效的声明,不必于上诉期间内(10 日)提起之,于其判决所裁判的权利之时效消灭期间内,提起之可,与上诉合并提起之亦可。至其判决无效的事由,则应以管辖权及实体上的具体事实定之,而不能是抽象的,预先规定其共同的原则也。

3. 第 14 世纪的判决无效

至第 14 世纪中叶,主张判决无效之方法,乃大为发达,若依此时之诸市法,而研究之,则可分为二种。

(1)对于无效的判决,得以无效的声明,主张之。且此声明,既得独立为之,又得与上诉合并为之。(2)对于强制执行的异议,得主张判决的无效,兹详细说明如左:

甲、判决无效的声明。

A. 独立声明无效的场合。

a.形式。

此时的学说,虽承认得以诉主张判决的无效,然诸市法,则规定应依上诉之形式主张之,且生移审之效力。Rom(第 14 世纪),Bergamo(第 15 世纪),

milano(1498 年),verona(1450 年),Eergamo(1566 年)等均认之。惟特别之情形,则得以诉主张之,而不必拘于上诉之形式也。又对于声明判决的裁判,得更声明上诉(Skdel,ebenda S.67－83)。

b.声明无效的期间。

此期间,以当时于实际的情形,受罗马法的影响,认判决亦有极微弱的效力。故无效的声明,虽应依上诉之形式提起之,但可不从上诉期间之限制,得永久的,或于无效判决所裁判之权利的时效消灭期间内,提起之。苟如此,其实际上,亦不免陷于矛盾。何则?盖以无效之声明,既可不受上诉期间之限制,而依上诉形式主张之,则此判决,若由其不得以通常上诉,声明不服之点观之,则已确定。若由依上诉形式声明不服之点观之,则又为不确定也。于是,诸市法为贯彻罗马法系之思想,而认"无上诉之必要"之原则,亦不外为恢复日耳曼法系与 Romdardi 法之思想耳。故于此后之诸市法,定声明无效判决之期间,较长于通常上诉之期间(例如 1327 年 modena 市法其上诉期间为 10日,而声明无效判决之期间,反规定为于判决已定的期间内,或于无此期间之时,得于 30 日内提起之)。此后,更定同一上诉期间与声明判决无效期间,例如 Cesena,Verona,Bergamo,Eerrara 等市法。但其判决为显著无效之时,不在此限。而得于该判决所裁判之权利的时效消灭期间内,为判决无效的声明,例如,Cessena 市法。且此等市法之规定,苟于声明无效的期间内,不为此声明之时,则所谓无效之判决,即因此而生形式的效力。判决无效之声明,不仅得独立提起之,在大多数之市法,且认与上诉合并提起之,例如,Ferrsra,mai-land 等市法。惟与上诉合并起之时,其判决无效的声明,乃为与通常上诉云者,不同的上诉也。(Skde,ebenda S.91f.)。

乙、判决无效的抗辩。

判决无效的声明,依第 14 世纪及第 16 世纪诸市法之规定:其结果,仍为于通常上诉的同一期间内,依上诉形式,而提起声明不服的方法也。苟经过此期间,或已经使用声明不服的方法之时,则所谓无效判决,亦有确定力,已如前述。故诸市法所认之无效声明,虽名为无效判决之主张,其实亦不过为异事由的上诉,与罗马法"判决无效"云者,其观念完全不同。惟诸市法于极小的范围内,认判决无效的抗辩。且复于此范围内,依罗马法之观念,认判决之无效及"无上诉之必要"的原则。即在第 12 世纪之市法,虽尚未规定无效之抗辩,然于 1193 年 8 月 11 日之文书,Verona 的领事,则有认对于既判力之抗辩,而主张其判决无效之旨的再抗辩之证据(Skedl,ebenda.S.100)。又依第 13 世纪至第 14 世纪初叶的诸市法,亦有间接认无效抗辩之规定,即于 Verona 市法

（1228 年）。对于确定判决之执行，苟法律上得主张抗辩者，虽于判决确定后，尚得主张之，且于此抗辩中，包含判决无效的抗辩。又于 Pisa 市法（1313—1337 年），关于不法行为的给付判决，谓为……non Possint dict nulle aut remedio nulliatisinfingi……所谓 nulle dici，若与 remedium 相对立之点观之，则应解为判决无效之抗辩（Skedl，S. 102a，a，0）。且于 Padua 的市法，更规定对于判决如已上诉，或非为 Coantra leges vel Probatum usum vel statutum iate fuerint 之时，则可得执行。此规定亦不外明示于有上述事由时，得以判决无效主张之，故有碍其判决的执行。又于 Pisa 的市法，规定于有特定事由之时，其判决即为无效，而认无上诉之必要。故当事人这一方，如欲援用无效判决，而请求强制执行时，则应解为相手方得为无效判决之抗辩。及至第十五六世纪，判决无效的声明，则得于上诉期内，声明不服。且又认判决无效的抗辩，即（1）于判决缺必要条件之时，换言之，即判决不存在之时（即对于当事人传唤的欠缺，裁判权的欠缺等均属之）。（2）于实证上为显著无效的判决，命给付不能的判决等，均为无效的判决，而得以无效的抗辩主张之（如 Cesena，Ferrara 市法等是）。又于当呈人之一方，欲基于确定判决，而为执行之时，其相对方得为判决无效的抗辩，而管辖此强制执行的法院，对此抗辩，即应为其裁判。

要之，中世意大利的诸市法为（1）以日耳曼法之判决有形式效力为主义的 Romdardi 的上诉制度，且依罗马法之思想，认"判决无效的声明"的制度。虽然，其声明必须为阻碍判决确定的上诉，而生移审之效力者，且又需于法定声明期间内提起之。如过此期间，则纵为无效判决，而亦有判决的效力。故诸市法，所谓判决的无效，与罗马法之所谓判决的无效大有不同，仅以声明不服，即得取消。简言之，则所谓判决无效的声明者，实不过为相异不服事由之上诉，而阻碍判决确定也。如罗马法之判决无效的声明，则非为确定判决不存在，或确定判决虽存在，而生效之效力的手段。（2）惟诸市法，则于极小之范围内，依罗马法之思想，而认"判决无效的抗辩"。故得主张判决的不存在，或不生效的效力。但此仅限于判决权的欠缺，或当事人不存在，而为的判决，命给付不能的判决，或其他显著无效的判决之时而然耳。毕竟，日耳曼法采判决形式效力主义者，为出于矫正发生非条理的结果也。

由是观之，中世意大利之诸市法，关于无效的事由，则得区别为二种。一为需以特别的声明不服方法主张之事由，此仅阻碍判决的确定，判决如为确定之时，即不能阻碍判决的效力。他为得永久的阻碍其判决的效力。

（二）中世意大利判决无效的学说

中世意大利，关于判决不存在，或无效的学说，与诸市法的规定，颇有不同。此非特影响于德国普通法时代之学说，即今日之学说亦然。兹分析说明于次：

1. Glossatoren 以 Sententia nulla 为非判决

Bulgarins 既为适合一切法律要件之裁判官的裁判，始得谓为判决。故于缺其要件之时，即不得谓有判决（Bulgarius，ordo judieio Rum 1148）。Plaeenten 亦从之（Summa Zom Ccdex）。Azo，Sententia mulla 不生确定力与执行力，亦不终结已系属之诉讼。

Glossatoren 对于无效判决，更主张为无上诉之必要。盖以为上诉，需对于违法之判决乃能为之。换言之，即对于已存在之判决而为之也。Sententia mulla 者，为不存之判决，在法律上，本无关重要，故 Bulgarius 者，非特无上诉之必要，且亦不得为上诉。Azo 亦然。彼 Placentia 者，对于 Sententia nulla 虽不得提起上诉，实亦无其必要与利益。

罗马法的注释家，对于无效判决，禁止上诉，或以上诉为无必要，已如上述，兹不再论。然当事人，并不因此主张，而遂蒙不利益。盖以无效判决，不生既判力与执行力。故于原告败诉之时，而更提起新诉者，被告即不得为既判力之抗辩。若被告败诉之时，则仅对于该判决之执行，为无效抗辩为已足。

2. 至 13 世纪中叶，寺院法学者之学说，亦与注释家同

Schulte（ordo iudieidriusp. 1. 1. 1.）以为判决，若违反条理及良俗之时，当然为无效。对于无效之判决，无上诉之必要者，亦系当然之理。当事人之一方，如欲援用此无效判决之时，其相对方，即应为无效判决之抗辩。

若就此时之学说论之，其影响于后世诉讼学说之最大者，则为 Tanerde 氏。氏关于无效判决，亦认罗马法之思想，而主张无上诉之必要。尽以无效判决，非惟无既判力，且无执行力故也。是以，故无论何人，若欲依无效判决，而主张权利或行使权利之时，其相对方，仅为无效判决之抗辩，即为已足。

3. 诸市法的 Nichtigkeitsbeschwerde，在当时学者之解释

意大利诸市法，于实际渐次采用判决无效之声明的制度，而引起一般学者之注意，故对于其学说，遂亦发生重大之影响。此判决无效的声明，虽为基于日耳曼法上判决之形式效力主义之制度，（参照前述第一目（三））然关于判决无效之学说，则欲以罗马法之思想，而说明之。换言之，即此时之学说，于判决无效之时，则对于为此判决之法院，仍得提起同一之诉者，系以罗马法源，并限于特定之情形，认推事自己得撤回其自己所宣告之判决之法源为根据。苟有无效判决之时，则为其判决之推事，得撤回其判决。一方采日耳曼法的形式效力；他方，则欲依罗马法之思想，而贯彻无效判决之观念，如 Hostiensis 以宣告

判决之法院，不得撤回其判决为原则。虽然，无效判决不在此限。又受托推事所为无效判决，为嘱托之法院，得使其受托推事，或其他受托推事撤回之。

Durantis 主张宣告有效判决之推事，虽不得撤回之，然宣告无效判决之推事，则得撤回之者，为当然耳。盖以对于有效判决，应以上诉方法声明不服，对于无效判决，则应以无效的声明，而声明不服也。且以无效判决所裁定之权利，而提起新诉之时，需先为无效的声明。该氏更主张无效判决的声明，不仅对于为无效判决之法院，得提起之，即对于上级法院，亦得提起之。简言之，Durantis 氏，乃由罗马法之见地出发，而解释诸市法的 Nichtigkeitsbeschwerde 的结果，遂渐为日耳曼化。诚如此，则虽为无效判决，而亦得以无效的声明，声明不服者，为必然的结果。当事人如不为此声明之时，其无效即因此而视为补正。故如 Hatiensis（Summa hd. 11. rud. De muleta. nr. 4）Durnatia（Speeulum lib. 11. partie 111. rub Desententia）亦认不得补正的无效与得补正的无效之区别。前者，虽认无上诉必要之原则，而后者，则于无效声明之时，其无效即因此而补正。

4. 第 14 世纪至第 17 世纪中叶判决无效的学说

Nichtigkeitsbeschwerde 乃依日耳曼法之思想，而被采用之者。独于此时之学说，则欲以罗马法之思想，而说明之的倾向依然存在，兹详细说明于下：

（1）此时之学说则以 Nichtigkeitsbeschwerde 为 Remedium。即以为无理由之不服声明，非相当于上诉。且得不依其他之上诉手段，而提起之。至关于此制度之根据，虽不无异论，然若依当时之通说，则应解为乃系基 jus naturle 也。如 giphantns 则为对于无效判决之不服声明，即谓对于不存在之判决声明不服者，虽无何等意义，然亦不外为基于实际之便宜，而认 Nichtigkeitsbeschwerde 耳。

（2）无效云者，不问其为任何法院之判决，且不问其诉讼物之种类如何，苟以废弃无效判决为有利者，则不论当事人与第三人，均得为无效判决之声明。若无此声明之时，则纵为无效之判决，而亦发生确定力。

（3）若以声明无效之方法而论，则有三种。即做为主要的声明，而主张无效之时，做为先决问题，而主张无效之时及作为抗辩，而主张无效之时等情形是也。兹详细说明之于下：a 作为主要的声明，而主张无效之时。于此情形，当事人非特得独立主张判决的无效，且亦得预备的，并合于上诉而主张之。换言之，即第一位的声明，请求宣告为无效判决，而被驳斥时，应以判决实质上之不当为理由，而声明上诉耳。b 作为先决问题，而主张无效之时，或当提起上诉之时，作为先决问题，而主张无效者，或以无效判决所裁判之权利，提起新诉,而以判决的无效为先决问题也。c作为抗辩,而主张无效之时。于此场合,则或为对于强制执行的请求,所为的无效抗辩,或对于既判力之再抗辩,而主张为无效判决。

(4)判决无效的事由。此无效事云者,在当时之学说,则竭力阐明仅为违法事由之区别。Tancred特分无效事由为七种,即如左述:

A. 裁判权之欠缺。兹就普通法院而论,若无推事之资格,而为裁判者,或关于诉讼物,虽无管辖权,而已为裁判者,则其裁判为无效。又受托推事,除上述事由外,如嘱托法院,无为嘱托之权限时,其受托推事,即为无受托之资格。又如无适法之嘱托时,其受托推事,所为之裁判,亦为无效。

B. 代理权之欠缺。

C. 当事人能力及诉讼能力之欠缺。

D. 传唤之欠缺。若无传唤之时,或为不适法之传唤时,推事为判决,而不知有传唤时,已被传唤之当事人,因正当事由,而不能出席时,为推事所知者,均为传唤之欠缺。

E. 诉讼程序之欠缺。如不作成诉讼卷宗,不应诉,不遵守日期等,皆为有违于重要诉讼程序。

F. 判决方式之欠缺。此种情形,约不外为下列数端:即(1)不从宣告判决之方式,而宣告判决之时。(2)于当事人不在庭,而宣告判决之时是。

G. 判决之内容,违背法律时。此即判决之内容违背法律与确定判决抵触时,命为不能的给付时,计算上显然有错误时,不与请求符合时、不驳斥其请求,而亦不命为给付时,不定给付之数量时,为收贿推事,所为之判决时,其判决,均为违背法律,而应为无效者。不特此也,即为强制执行时,如反于判决之旨,而为执行者,或于判决,尚未确定之期间内,而为执行者,其执行亦当然为无效。

要之,中世意大利之学说,在最初,则维持罗马法之思想,而认无效判决为无上诉之必要的原则,惟诸市法,既认依上诉之形式,为无效之声明,而又欲依罗马法解释之。即不外认为无效判决之推事,得撤回其判决,以及无效的声明,得于30年内,向为此判决之法院,提起之。换言之,即于无效判决,所裁决之权利的时效消灭期间内提起之。虽然,其后诸市法之规定,更为进步,对于无效判决之声明,则不仅不得向上级法院为之,且认无效声明之必要及无效判决之确定力,而遂倾于日耳曼法之思想。于此时代,则仍对于为无效判决之法院,得于权利之时效消灭期间内,为不服声明。此外尚认无效判决之抗辩,得不依声明不服之方式主张之,亦无非仍认罗马法之思想的无效判决也。

四、德国普通法及各州的判决的无效

（1）德国普通法,乃继承中世意大利诸市法及学说之诉讼制度,而制定者。惟意大利诸市法的无效判决之声明,乃为相异不服事由之上诉,而阻碍判决之确定者,是基于日耳曼法之思想也。至其所认无效之抗辩,而主张判决之不存在,或不生效力者,则又基于罗马法之思想。虽同谓无效判决,然其意义究有不同。且于此时之学说,对于无效判决者,则又基于罗马法之思想,而认无上诉必要之原则。终则仍依日耳曼法之思想,而认 Nichtigkeitsbeschwerde。此即对于为无效判决之法院,非特得于 30 年内请求其撤回,而亦认无效判决之抗辩者,已如前述,兹不再论。

德国普通法,既继承如此状态之法制与学说,故于继承后,关于判决无效问题之学说,遂议论纷纭,莫衷一是。因之,于千五百二十一年的 Kammergerichtsordnung,非为"对于判决"而为上诉之时,同时,亦得声明判决之无效,如不提起上诉之时,即由为无效判决之时起,得于 30 年内为无效判决之声明"。千五百五十五年的 Kammergerichetsordnung,亦认之。千六百五十四年的 jungster Reichsabscheid 欲以为决定判决无效之声明与上诉关系。特关于无效判决之声明,除于上诉之期间外,尚得于 30 年内声明与否,尤为注意。于第 121 条规定:"……对于判决无效的不服声明,对于违法的上诉,应同于上诉期间,提起之。如于此上诉期间内,不提起之时,即应受迟误之效果。非特此也,即 Kammer-gericht 亦可确守此规定耳。惟第 122 条规定:"不得补正的无效,即关于当事人,推事,或重要诉讼程序之欠缺,而不可补正者,依普通法之规定"。不得补正的无效者,不需于上诉期间内主张之,已至为明显,得于无效判决所裁判之权利的时效消灭期间内,主张其为无效也,无疑。在普通时代之学说,除得以 Nichtigkeitsbeschwerde 主张无效（即得补正的与不得补正的无效）外,尚认以无效之抗辩或再抗辩主张判决的无效耳。即 inade 之所谓:"元来无判决时,或判决虽不驳斥其请求,而亦不命为给付时,判决之内容为不分明时,命为不能或不能应准许之事项时,简言之,即判决不能执行时,较之不得补正的欠缺,其情节更为重大,故不必以 Nichtigkeitsbeschwerde 主张之。是以无论何人,若欲援用此无效判决之时,换言之,若欲援用此法律生活上之怪物者,推事则仅防止其因此所生之一切的不利益,为已足。"(inde, lehre von reehtsmittln 1840 S. 264. S. 548 ff; Handbuchbes gemeinen deustschen zivilprocesses Bd. 111（1845）。且判决无效的主张,即"judicatum non esse"

（为有效的确定判决，不存在）的主张，得以诉或抗辩为之，为普通法时代通说之所认也（Bagev,vortrage uber den deutschen gmeinen ordentlichen zivilprocesses Bd. 11. (1858) S. 248；Recand, lehrb. des gemeinen denl zivilprocesssechts 2. Autl. (1873) S. 5 2 ff；Wetzel, Syetem def ordentlichen zivilprocesses 3. Auflr(1878) S. 784.）。

要之。德国普通法与意大利法同，一方，基日耳曼法的思想，而认以Nichtigkeits—beschwerde 主张判决无效的声明；他方，则依罗马法之思想，而认得以抗辩或再抗辩主张判决的无效。前者，虽称为无效，其实亦不过得于上诉期间内，或时效消灭期间内，主张取消的事由而已。后者，乃真正主张判决之不存在，或不生效力也。

（2）德国各州，除认得于上诉期间内，或无效判决所裁判之权利的时效消灭期间内，以 Nichtigkeitsbeschwerde 主张判决之无效外，尚认以 Exceptio nulltatis 主张为真正的无效。（注）或有以明文规定之者（Würtemberg gemein laudrecht(1567) theil 1. rub v onexeeution ete. rub. von nichtigkeit der vertheilen ete，Würtemberg erneuer gemein Landtvecht(610) Thcil 1 tit. 67. 68. 55. 56；landrecht von Baden—(1588) theil 1 tit. 41. §. 11. 12. tit 39 § 4. tit 40；jülieh Bergisch recht—orenung u Reformation(1564) Cap. 34 56. Warmser retomation(1498) Buch 111 Theid 26 tit 11 Theil3 tit 26），或虽无明文规定，而于学说及实际，亦有承认之者，例如，普通的 Allgemeine gerchtsordnung，虽无认无效判决抗辩之明文，而于学说，则主张其不从一定方式之判决，即不能存在者，已无异论。他如，不驳斥其请求，而亦不命为给付之判决，亦为无效，故得以诉主张其为无效。（注）关于各州法之详细制度，请参照 Vgl. Skedl. nichtigkeitsbeschweree S. 173 Hum. 10.

五、结 论

以上所述，若简而言之，（1）在罗马法，则认判决之不存在及无效。且认其主张之方法，不必为上诉，得永久以诉或抗辩主张之。（2）于日耳曼固有法，则一方为判决，他方为立法，而认判决有法律之效力，故非特不许单独主张无效，且亦不许以判决违法为理由，而声明不服（上诉）。（3）至 Romdardi 法，则系基于罗马法之观念。对于判决，虽许声明不服，但不区别其不服之理由，为主张判决之违法与主张判决之不存在，或主张判决的无效也。（4）中世意大利之诸市法乃系基于 Rombardi 法之上诉制度，认判决无效之主张，亦得依上诉之形式为之。且于较长于通常上诉期间之期间内,亦得主张之(Nichtigkeitsbe-schwerde),虽然,其后,则限为仅得于通常上诉期间内始得为之。所谓判决无效的声明云者,其实亦不过为基于他事由之上诉也。惟于他方,则依罗马法之思想,而认判决之不存在,或真正的无效。且亦不必依上诉之形式主张之,即以无效判决的抗辩或再抗辩主张之亦可。(5)德国普通法及各州法,与意大利之诸市法,大体相同。不过,普通法,虽区别无效的事由,为得补正者,与不得补正之二种,然所谓不得补正的无效,非特得于上诉期间内主张之,即于已被裁判之权利的时效消灭期间内,亦得主张之。且又依罗马法之思想,认得以抗辩或再抗辩主张判决的无效也。此抗辩或再抗辩,乃主张判决之不存在,即非判决,或虽为判决,而是不生效力者也。

《司法》杂志
JOURNAL OF JUSTICE
稿 约

一、《司法》系以司法制度、纠纷解决和程序法为重点的学术刊物,每年出版一辑。

二、本刊强调"问题中心"的经验研究与理论探讨,关注中国问题,强调比较法视角,坚持理论与实践的互动,倡导法律与人文、社会科学的交叉研究。

三、本刊设主题研讨,一般只发表与主题相关的文章。每一辑为某一论题之前沿研究。征稿主题详见:http://blog.sina.com.cn/poetjustice。

稿件不拘形式,举凡论文、调查报告、评论、书评、译文、文献综述、研究纪要,均在欢迎之列。以学术为唯一价值取向,所刊文字没有上限。

四、本刊要求首发权,谢绝一稿多投。请通过电子邮件投稿,以 Word 文档,采取附件方式,将电子文本发至:justice.2005@163.com。

投稿包括英文标题、中英文摘要及作者简介。

五、本刊注释体例参照《法学研究》,实行脚注连续计码制,请将注释号用阿拉伯数字标在右上角,格式为:作者,书名,卷次,译者,出版社及出版时间,页码。

六、本刊实行快捷审稿制,2 周内通报初评结果。初评通过后,实行双向匿名评审制,1~2 个月内通报最后结果。

七、稿件涉及版权问题(如译文、图片及较长引文),请事先征得版权人同意,本刊不负版权责任。任何转载、收录需事先获《司法》编辑部许可。

八、因定位于专题研究,本刊会对稿件进行严格的编辑工作,部分稿件可能有较大修改,当然主要是文字方面的技术处理。投稿者视为接受本刊对稿件的编辑和修改。

九、集刊接受国内外学者自行组织的专题研讨稿件,或委托其组织稿件,由其担任当期执行主编。

十、本刊为《中国期刊网》、《中国学术期刊(光盘版)》全文收录期刊和中国学术期刊综合评价数据库来源期刊。官方网站:http://blog.sina.com.cn/poetjustice。凡在本刊发表论文,视为作者同意本刊拥有文章的网络首发权。

《司法》编辑部

图书在版编目(CIP)数据

司法 . 第 7 辑,近代司法/徐昕主编. —厦门 : 厦门大学出版社,2012.12
ISBN 978-7-5615-4483-9

Ⅰ . ①司… Ⅱ . ①徐… Ⅲ . ①法制-中国-文集②司法制度-中国-近代-文集
Ⅳ . ①D920.0-53②D929.5-53

中国版本图书馆 CIP 数据核字(2012)第 281206 号

厦门大学出版社出版发行

(地址:厦门市软件园二期望海路 39 号　邮编:361008)

http://www.xmupress.com

xmup @ xmupress.com

沙县方圆印刷有限公司印刷

2012 年 12 月第 1 版　2012 年 12 月第 1 次印刷

开本:787×960　1/16　印张:30　插页:2

字数:518 千字　印数:1～1 000 册

定价:55.00 元

本书如有印装质量问题请直接寄承印厂调换